1 裁判実務シリーズ

労働関係訴訟の実務
〔第2版〕

白石 哲 編著

商事法務

● 第2版はしがき

　東京地裁の労働専門部に勤務経験のある裁判官が多忙な執務の合間を縫って執筆した『裁判実務シリーズ1　労働関係訴訟の実務』の初版が発刊されてから6年近くが経過した。この間、幸いにも本書は、法律実務家を中心に多くの方に読んでいただけたようであって、第5刷の発刊までに至り、東京第二弁護士会の会報（「特集『この一冊』特別版　法律実務書セレクト　労働法編」NIBEN Frontier 2016年8・9月合併号［156号］30頁）では、光栄にも必見の実務本として取り上げていただくなどした。

　しかしながら、近時の雇用をめぐる社会経済情勢の変化は著しく、これに連動して労働法の分野での法改正等もめまぐるしく行われ、労働関係訴訟においても重要な最高裁判決も相次いで言い渡されており、本書も、これらを踏まえた改訂がされるのが望ましかったといえよう。私も、このことは認識しつつも、改訂には大きなエネルギーが必要である上、執筆者の裁判官の多くも、私も含めて労働専門部を離れていることもあって改訂はなかなか難しいと思っていたところ、株式会社商事法務書籍出版部の岩佐智樹氏が、平成28年5月、私が部総括判事として勤務していた福岡高裁まで、わざわざ出向いてくださって、読者からのリクエストも多く寄せられているとして改訂版の発刊を熱心に勧めていただいた。これを契機として、後記のとおり、吉川昌寛判事と西村康一郎判事の熱心かつ献身的な尽力を得て、各執筆者からの快諾もいただいて改訂作業を進めるに至ったものである。

　本書の第2版作成に当たって、各執筆者は、参照文献の最新版への差替え、法改正の反映、最新の裁判例の加筆のみならず、既存の記述に関する議論の深化を踏まえた論述や新たな論点についての考察を付け加えたり、新刊書籍とのクロスリファレンスを図ったりするなど、可能な限り内容面でのアップデートも図ろうとしており、その結果、第2版は600頁を超え、初版の約14パーセント増の書物となった。各執筆者の皆様に改めて厚く感謝する次第である。

本書第2版も、初版以来の特色であり、セールスポイントでもある、各論稿ごとの「労働者側の主張立証上の留意点」、「使用者側の主張立証上の留意点」という視点設定と、事項索引・判例索引の詳細さを維持しており、今後とも、本書が、労働関係訴訟に関与する方々の少しでもお役に立つことを願っている。

　本書第2版発刊に当たっては、初版の発刊において八面六臂の活躍をされた吉川昌寛判事に、東京地裁での裁判実務とともに中央大学法科大学院派遣教官としての執務で多忙を極めるなかで、再び、本書改訂作業の中心的役割を担っていただいた。そして、二度目の東京地裁労働部の勤務となり、現在の労働関係事件の実務を熟知する西村康一郎判事からも、貴重な助言をいただきつつ、吉川判事とともに改訂作業の中心的役割を果たしていただいた。両判事の献身的で超人的な働きがあって、何とか予定どおり第2版の発刊ができたといっても過言ではない。

　最後に、改めて、両判事をはじめとする執筆者の皆さま、発刊まで粘り強く懇篤なご尽力をいただいた商事法務の岩佐智樹氏に重ねてお礼を申し上げる。改訂された本書が、労働事件のより良い審理や訴訟活動に少しでも役立つことがあれば幸いである。

　平成30年3月

編著者として

福岡地方裁判所所長　　白石　哲

● はしがき

東京地裁労働部（民事第11部、第19部および第36部の3か部）は、全国の労働事件の約3分の1を担当しているところ、平成20年9月のリーマンショックの影響を受けて、わが国の雇用経済情勢は悪化し、これに伴って裁判所に持ち込まれる労働事件は、訴訟事件、仮処分事件、労働審判事件を問わず、著しく増加し、その後も高水準を保っており、その内容も一層複雑化している傾向にある。また、労働事件を担当する代理人弁護士も、労働者側、使用者側を問わず、広がりを見せ、必ずしも経験が十分でない者も含まれているように思われる。

前記の労働事件をめぐる状況を踏まえ、本書は、労働関係訴訟の実務において重要な30の論点について、裁判所での最近の実務上の運用、判例の考え方をベースに解説し、労働事件を担当する裁判官や弁護士が、訴訟の際に適宜参照でき、訴訟活動や審理を円滑に進めるための参考となるようなものを目指して発刊するものである。

本書は、基本的に各論講ごとに、「Ⅰ　はじめに」として、各論点をめぐる問題状況等を掲げ、次に「Ⅱ　判例の考え方・実務の運用」を説明した上で、「Ⅲ　労働者側の主張立証上の留意点」と「Ⅳ　使用者側の主張立証上の留意点」を掲げて、労働者側や使用者側が陥りがちな問題のある主張立証例も取り上げ、あるべき主張立証方法を述べ、最後に「Ⅴ　おわりに」として、全体のまとめをするという構成をとっている。殊に、「Ⅲ　労働者側の主張立証上の留意点」と「Ⅳ　使用者側の主張立証上の留意点」は、本書のセールスポイント（特色）であり、事件を担当する各弁護士にとって、主張立証の方向性を定めるときばかりでなく、依頼者からの聴取事項や資料収集の際の参考ともなろう。また、前記の構成を基本的にとることで、30講全体としての一定の統一性も図ろうとしたものである。

30講の各執筆者は、専門部である東京地裁労働部に現に勤務するかまたは過去に勤務したことがある、労働事件の経験の深い裁判官ばかりであり、繁忙な中で快く執筆をお引き受けいただいたものである。本書の発刊

に当たり、改めて厚く感謝する次第である。

　本書の執筆者でもある、東京地裁労働部の吉川昌寛判事、光岡弘志判事および島根里織判事補には、本書の編集委員として、いろいろと尽力いただいたものである。殊に、吉川判事は、本書の計画段階から深く関与していただき、本書の前記構成のアイデアも出していただくなど、本書の発刊まで八面六臂の活躍であって、本書が比較的早く発刊できたのも、同判事のおかげといっても過言ではない。また、商事法務書籍出版部の岩佐智樹氏には、熱心に御協力をいただき、何とか発刊に漕ぎ着けることができた。御尽力をいただいた皆様に重ねてお礼を申し上げたい。

　本書が、今後の労働事件の訴訟活動や円滑な審理に、少しでも役立つことがあれば望外の幸せである。

平成 24 年 3 月

　　　　　　　　編著者として
　　　　　　　　東京地裁民事第 11 部部総括判事　　白石　哲

● もくじ

第 1 講　労働者性　　　　　　　　　　　　　　　光岡弘志　　1
　Ⅰ　はじめに　1
　Ⅱ　判例の考え方・実務の運用　2
　Ⅲ　労働者側の主張立証上の留意点　15
　Ⅳ　使用者側の主張立証上の留意点　17
　Ⅴ　おわりに　19

第 2 講　使用者性　　　　　　　　　　　　　　　渡辺　弘　　21
　Ⅰ　はじめに——使用者に関する論点　21
　Ⅱ　労契法ないし労基法上の「使用者」と
　　　労組法上の「使用者」　22
　Ⅲ　契約の当事者の認定（どのような場合に、
　　　労働契約の使用者との認定が可能か）　26
　Ⅳ　どの法主体が、使用者であるかが問題になるケース　34
　Ⅴ　まとめ　37

第 3 講　年次有給休暇と時季変更権の行使　　　島根里織　　39
　Ⅰ　はじめに　39
　Ⅱ　判例の考え方・実務の運用　40
　Ⅲ　労働者側の主張立証上の留意点　50
　Ⅳ　使用者側の主張立証上の留意点　52
　Ⅴ　おわりに　52

第 4 講　実労働時間の認定・評価・判断に関する諸問題　藤井聖悟　　54
　Ⅰ　はじめに　54
　Ⅱ　実労働時間の立証ないし事実認定の方法　56
　Ⅲ　労働時間該当性の評価・判断の方法　62
　Ⅳ　おわりに　69

**第 5 講　変形労働時間制・フレックスタイム制と
　　　　　時間外手当**　　　　　　　　　　　　　武智舞子　　71
　Ⅰ　はじめに　71
　Ⅱ　判例の考え方・実務の運用　72
　Ⅲ　労働者側の主張立証上の留意点　89

Ⅳ　使用者側の主張立証上の留意点　89
Ⅴ　おわりに　90

第 6 講　事業場外労働・裁量労働と時間外手当　　　　村田一広　92
Ⅰ　はじめに　92
Ⅱ　事業場外労働（労基法 38 条の 2）について　93
Ⅲ　専門業務型裁量労働制・企画業務型裁量労働制　102
Ⅳ　おわりに　113

第 7 講　固定残業代と割増賃金請求　　　　白石　哲　115
Ⅰ　はじめに　115
Ⅱ　判例の考え方・実務の運用　118
Ⅲ　労働者側の主張立証上の留意点　144
Ⅳ　使用者側の主張立証上の留意点　146
Ⅴ　最後に　147

第 8 講　管理監督者、機密事務取扱者、
**　　　　監視・断続的労働従事者**　　　　細川二朗　151
Ⅰ　はじめに　151
Ⅱ　管理監督者（労基法 41 条 2 号）について　153
Ⅲ　機密事務取扱者（労基法 41 条 2 号）について　160
Ⅳ　監視・断続的労働従事者（労基法 41 条 3 号）について　161
Ⅴ　おわりに　165

第 9 講　就業規則の不利益変更　　　　西村康一郎　166
Ⅰ　はじめに　166
Ⅱ　判例の考え方・実務の運用　168
Ⅲ　労働者側の主張立証上の留意点　196
Ⅳ　使用者側の主張立証上の留意点　197
Ⅴ　おわりに　199

第 10 講　降格・降級の有効性　　　　松田典浩　201
Ⅰ　はじめに　201
Ⅱ　降格と他の争点との関連　204
Ⅲ　判例の考え方・実務の運用　209
Ⅳ　労働者側の主張立証上の留意点　214
Ⅴ　使用者側の主張立証上の留意点　218

Ⅵ　おわりに　218

第 11 講　配転・出向・転籍命令の有効性　　　　　　　　西村彩子　220
　Ⅰ　はじめに　220
　Ⅱ　配転　224
　Ⅲ　出向・転籍　233
　Ⅳ　その他の問題点　236
　Ⅴ　おわりに　238

第 12 講　メンタルヘルスと休職命令、復職可否の
　　　　　判断基準　　　　　　　　　　　　　　　　　渡邉和義　239
　Ⅰ　はじめに　239
　Ⅱ　使用者の労働者に対する休職命令の可否　239
　Ⅲ　休職中の労働者の復職可否の判断基準　246
　Ⅳ　おわりに　253

第 13 講　インターネットの私的利用に関する諸問題　　古庄　研　256
　Ⅰ　はじめに　256
　Ⅱ　インターネットの私的利用を解雇理由や
　　　懲戒事由として主張するケース　257
　Ⅲ　インターネットの私的利用を時間外の労務提供の
　　　事実に対する積極否認の理由として主張するケース　263
　Ⅳ　主張立証上の留意点　266

第 14 講　セクハラ、パワハラ、マタハラに関する
　　　　　諸問題　　　　　　　　　　　　　　　　　　光本　洋　269
　Ⅰ　はじめに　269
　Ⅱ　判例の考え方・実務の運用　271
　Ⅲ　労働者側の主張立証上の留意点　284
　Ⅳ　使用者側の主張立証上の留意点　288
　Ⅴ　おわりに　292

第 15 講　安全配慮義務　　　　　　　　　　　　　　　三島聖子　293
　Ⅰ　はじめに　293
　Ⅱ　労使関係における安全配慮義務について　293
　Ⅲ　具体的な想定例の下での主張立証について　304

第 16 講　普通解雇と解雇権濫用法理　　　　　　　　伊良原恵吾　307

Ⅰ　はじめに
　　——解雇規制一般と解雇権濫用法理の必要性等について　307
Ⅱ　判例の考え方・実務の運用——解雇権濫用法理の適用要件　311
Ⅲ　主張立証上の留意点（設例に基づく具体的なイメージ）　325
Ⅳ　おわりに　329

第 17 講　解雇事由が併存する場合における
**　　　　　解雇権濫用法理の運用**　　　　　　　　　　伊良原恵吾　330

Ⅰ　はじめに　330
Ⅱ　運用面における実務上の問題点　331
Ⅲ　労働者側の主張立証上の留意点　339
Ⅳ　使用者側の主張立証上の留意点　339
Ⅴ　おわりに　339

第 18 講　有期労働契約の期間満了と雇止め　　　　多見谷寿郎　341

Ⅰ　はじめに　341
Ⅱ　判例の考え方・実務の運用　342
Ⅲ　労働者側の主張立証上の留意点　356
Ⅳ　使用者側の主張立証上の留意点　359
Ⅴ　おわりに　361

第 19 講　整理解雇　　　　　　　　　　　　　　　吉川昌寛　363

Ⅰ　はじめに　363
Ⅱ　判例の考え方・実務の運用　369
Ⅲ　労働者側の主張立証上の留意点　379
Ⅳ　使用者側の主張立証上の留意点　384
Ⅴ　おわりに　388

第 20 講　懲戒解雇　　　　　　　　　　　　　　　三浦隆志　390

Ⅰ　はじめに——論点の要件事実上の位置付け　390
Ⅱ　判例の考え方・実務の運用　390
Ⅲ　労働者側の主張立証上の留意点　402
Ⅳ　使用者側の主張立証上の留意点　404
Ⅴ　おわりに　406

第 21 講　退職金不支給規定の合理性　　村田千香子・西村康一郎　407

　I　はじめに　407
　II　判例の考え方・実務の運用　408
　III　労働者側の主張立証上の留意点　419
　IV　使用者側の主張立証上の留意点　421
　V　おわりに　422

第 22 講　採用内定の取消し　　　　　　　　　　　篠原絵理　424

　I　はじめに　424
　II　判例の考え方・実務の運用　428
　III　労働者側の主張立証上の留意点　433
　IV　使用者側の主張立証上の留意点　435
　V　おわりに——「内々定」をめぐる問題　436

第 23 講　試用期間に関する諸問題　　　　　　　森岡礼子　438

　I　はじめに　438
　II　判例の考え方・実務の運用　439
　III　労働者側の主張立証上の留意点　453
　IV　使用者側の主張立証上の留意点　454
　V　おわりに　456

第 24 講　労働者派遣の諸問題　　　　　　　　　早田尚貴　458

　I　はじめに　458
　II　派遣労働者の期間途中の解雇　459
　III　登録型派遣労働者の雇止め　464
　IV　常用型派遣労働者の雇止め　467
　V　おわりに　468
　VI　追補　469

第 25 講　高齢者雇用に関する諸問題　　　　　　菊池憲久　471

　I　はじめに　471
　II　判例の考え方・実務の運用等　472
　III　労働者側の主張立証上の留意点　484
　IV　使用者側の主張立証上の留意点　487
　V　おわりに　488
　VI　追補　489

もくじ　ix

第 26 講　脳・心臓疾患と業務起因性　　　　　　青野洋士・鈴木拓児　494

Ⅰ　はじめに　494
Ⅱ　判例の考え方・実務の運用　496
Ⅲ　被災労働者等（原告）の側の主張立証上の留意点　506
Ⅳ　処分行政庁（被告）側の主張立証上の留意点　509
Ⅴ　おわりに　511

第 27 講　自殺・自殺未遂と業務起因性　　　　　　　　鈴木拓児　513

Ⅰ　はじめに　513
Ⅱ　判例の考え方・実務の運用　516
Ⅲ　被災労働者等（原告）側の主張立証上の留意点　533
Ⅳ　処分行政庁（被告）側の主張立証上の留意点　535
Ⅴ　おわりに　536

第 28 講　労働訴訟における証拠保全、文書送付嘱託、
　　　　　　文書提出命令、調査嘱託等　　　　　　　　内藤寿彦　538

Ⅰ　はじめに　538
Ⅱ　証拠保全（民訴法 234 条〜242 条）　539
Ⅲ　文書送付嘱託（民訴法 226 条）　546
Ⅳ　文書提出命令（民訴法 220 条〜225 条）　548
Ⅴ　調査嘱託（民訴法 186 条）　551

第 29 講　仮処分　　　　　　　　　　　　　　　　　田中一隆　557

Ⅰ　はじめに　557
Ⅱ　賃金仮払仮処分　557
Ⅲ　地位保全の仮処分　563
Ⅳ　配置転換の効力停止を求める仮処分　565
Ⅴ　解雇の事前差止めを求める仮処分　566
Ⅵ　労働者側の主張疎明の留意点　567
Ⅶ　使用者から申し立てる仮処分　568
Ⅷ　労働組合の内部関係に関する仮処分　569
Ⅸ　不服申立て　570

第 30 講　労働審判制度　　　　　　　　　　　　　　白石　哲　574

Ⅰ　はじめに　574
Ⅱ　東京地裁における労働審判事件の概要　575
Ⅲ　東京地裁における労働審判手続の審理の実情等　579

Ⅳ　労働者側の留意点　　584

Ⅴ　使用者側の留意点　　591

Ⅵ　最後に──よりよい労働審判手続の実施のために　　594

事項索引　　597

判例索引　　600

● 凡例

[法令名]

育児・介護休業法	育児休業、介護休業等育児又は家族介護を行う労働者の福祉に関する法律
一般社団・財団法人法	一般社団法人及び一般財団法人に関する法律
高年法	高年齢者等の雇用の安定等に関する法律
雇用機会均等法	雇用の分野における男女の均等な機会及び待遇の確保等に関する法律
最賃法	最低賃金法
賃確法	賃金の支払の確保等に関する法律
入管法	出入国管理及び難民認定法
派遣法	労働者派遣事業の適正な運営の確保及び派遣労働者の保護等に関する法律
パートタイム労働法	短時間労働者の雇用管理の改善等に関する法律
民訴規則	民事訴訟規則
民訴法	民事訴訟法
労基則	労働基準法施行規則
労基法	労働基準法
労契法	労働契約法
労災保険法	労働者災害補償保険法
労組法	労働組合法
労調法	労働関係調整法
労働契約承継法	会社分割に伴う労働契約の承継等に関する法律

[判例]

大 判 (決)	大審院判決 (決定)
最○判 (決)	最高裁判所第○小法廷判決 (決定)
最大判 (決)	最高裁判所大法廷判決 (決定)
高 判 (決)	高等裁判所判決 (決定)
地 判 (決)	地方裁判所判決 (決定)
支 判 (決)	支部判決 (決定)

[判例集]

民 集	大審院民事判例集・最高裁判所民事判例集
刑 集	最高裁判所刑事判例集
集 民	最高裁判所裁判集民事
高民集	高等裁判所民事判例集

下民集	下級裁判所民事裁判例集
労民集	労働関係民事裁判例集
裁　時	裁判所時報
訟　月	訟務月報
判　時	判例時報
判　タ	判例タイムズ
労　判	労働判例
労経速	労働経済判例速報
命令集	不当労働行為事件命令集

［文献］
・雑誌

季　労	季刊労働法
最判解民事篇	最高裁判所判例解説民事篇
ジュリ	ジュリスト
重　判	重要判例解説
主判解	主要民事判例解説
曹　時	法曹時報
法　協	法学協会雑誌
民　商	民商法雑誌
労　協	日本労働協会雑誌
労　研	日本労働研究雑誌
労　旬	労働法律旬報
労　働	日本労働法学会誌

・単行本

荒木	荒木尚志『労働法〔第3版〕』（有斐閣、2016）
荒木ほか・労契法	荒木尚志ほか『詳説 労働契約法〔第2版〕』（弘文堂、2014）
安西	安西愈『新しい労使関係のための労働時間・休日・休暇の法律実務〔全訂7版〕』（中央経済社、2010）
石嵜	石嵜信憲編著『労働時間規制の法律実務』（中央経済社、2010）
岩出（上）（下）	岩出誠『実務労働法講義（上）（下）〔第3版〕』（民事法研究会、2010）
概観⑴、⑵、⑶	最高裁判所事務総局行政局監修『労働関係民事裁判例概観1〔改訂版〕、2〔改訂版〕、3〔改訂版〕』（法曹会、1998〜2001）

凡例　xiii

概観（上）	最高裁判所事務総局編『労働関係民事裁判例概観（上）』（法曹会、1987）
講座（10）	日本労働法学会編『現代労働法講座10　労働契約・就業規則』（総合労働研究所、1982）
厚労省・平成22年労基法(上)	厚生労働省労働基準局編『労働法コンメンタール③〔平成22年版〕労働基準法（上）』（労務行政、2011）
裁判法大系21	宗宮英俊ほか編『現代裁判法大系21　労働基準・労働災害』（新日本法規出版、1998）
下井	下井隆史『労働基準法〔第4版〕』（有斐閣、2007）
重要判決50選	須藤典明＝清水響編『労働事件事実認定重要判決50選』（立花書房、2017）
新大系16・労働関係訴訟Ⅰ	林豊ほか編『新・裁判実務大系16　労働関係訴訟法Ⅰ』（青林書院、2001）
新大系17・労働関係訴訟Ⅱ	林豊ほか編『新・裁判実務大系17　労働関係訴訟法Ⅱ』（青林書院、2001）
審理ノート	山口幸雄ほか編『労働事件審理ノート〔第3版〕』（判例タイムズ社、2011）
新・労働法実務相談	労務行政研究所編『新版　新・労働法実務相談〔第2版〕』（労務行政、2014）
菅野	菅野和夫『労働法〔第11版補正版〕』（弘文堂、2017）
菅野・労働審判	菅野和夫ほか『労働審判制度〔第2版〕』（弘文堂、2007）
争点	土田道夫＝山川隆一編『労働法の争点』（有斐閣、2016）
大系4・民事保全	丹野達ほか編『裁判実務大系4　民事保全法』（青林書院、1999）
大系5・労働訴訟	渡邊昭ほか編『裁判実務大系5　労働訴訟法』（青林書院、1985）
土田・労契法	土田道夫『労働契約法〔第2版〕』（有斐閣、2016）
東大・労基法（上）（下）	東京大学労働法研究会編『注釈労働基準法（上）（下）』（有斐閣、2003）
西谷	西谷敏『労働法〔第2版〕』（日本評論社、2013）
西谷・労組法	西谷敏『労働組合法〔第3版〕』（有斐閣、2012）
百選	村中孝史ほか編『労働判例百選〔第9版〕』（有斐閣、2016）
水町	水町勇一郎『労働法〔第6版〕』（有斐閣、2016）

山川	山川隆一『雇用関係法〔第4版〕』（新世社、2008）
類型別実務	佐々木宗啓ほか編著『類型別 労働関係訴訟の実務』（青林書院、2017）
渡辺・労働関係訴訟	渡辺弘『リーガル・プログレッシブ・シリーズ 労働関係訴訟』（青林書院、2010）

● 執筆者一覧（五十音順）

青野 洋士（元東京高等裁判所部総括判事・公証人）

伊良原 恵吾（東京高等裁判所判事）

菊池 憲久（東京法務局訟務部長）

篠原 絵理（東京高等裁判所判事）

島根 里織（盛岡地方裁判所判事）

白石 哲（福岡地方裁判所長）

鈴木 拓児（名古屋法務局訟務部長）

武智 舞子（鹿児島地方裁判所判事）

田中 一隆（松山地方家庭裁判所西条支部判事）

多見谷 寿郎（福岡高等裁判所那覇支部長）

内藤 寿彦（広島地方裁判所福山支部判事）

西村 彩子（裁判所職員総合研修所教官）

西村 康一郎（東京地方裁判所判事）

早田 尚貴（元東京地方裁判所判事・弁護士）

藤井 聖悟（東京地方裁判所立川支部判事）

古庄 研（知的財産高等裁判所判事）

細川 二朗（大阪高等裁判所判事）

松田 典浩（水戸地方裁判所土浦支部長）

三浦 隆志（東京地方裁判所立川支部部総括判事）

三島 聖子（大分家庭裁判所判事）

光岡 弘志（最高裁判所調査官）

光本 洋（さいたま地方裁判所判事）

村田 一広（最高裁判所調査官）

村田 千香子（仙台地方裁判所判事）

森岡 礼子（知的財産高等裁判所判事）

吉川 昌寛（東京地方裁判所判事）

渡辺 弘（東京地方裁判所立川支部部総括判事）

渡邉 和義（東京高等裁判所判事）

＊ 所属・肩書は平成 30 年 1 月 10 日現在。

第1講
労働者性

光岡　弘志

I　はじめに

　労働関係訴訟においては、多くの場合、労働契約法（以下「労契法」という）、労働基準法（以下「労基法」という）、労働者災害補償保険法（以下「労災保険法」という）等により立法上認められた権利や個別的労働関係について判例上形成された解雇権濫用法理等に基づいて、請求が基礎付けられることとなる。本講で取り扱う「労働者」性の問題は、このような個別的労働関係を規律する立法その他の適用対象となる労務供給者に該当するか否かの問題であり、一般に、労働関係訴訟における最も基本的な請求原因に関する問題となる。すなわち、これらの立法等は、労働契約において労務を提供する側の当事者である労働者の保護を目的として、契約内容決定の自由等を一部修正し、当事者間の法律関係に強行的に介入する効力を有するのであり、このような立法上の規定や判例法理等に基づいて請求を行う当事者は、まず、請求原因として、自身が当該立法等の適用対象である「労働者」であることを主張、立証する必要がある。

　以上のほか、「労働者」性は、たとえば、ある事業所において従業員に適用される退職金規程が特定の取締役にも適用されるか等、当該事業所の就業規則等の適用対象となるか否かといった形でも問題となり（この点を厳密にとらえ「従業員」性の問題と称されることもある）、当該就業規則等に基づく請求をする当事者は、まず、請求原因として自身がその適用対象者であることを主張、立証する必要がある。

　このように、労働者（従業員）性の問題は、労働関係訴訟において最も

基本的な請求原因に関する問題であることから、迅速、円滑な争点整理を志向するためには、訴訟手続の早期の段階で、この問題について充実した主張、立証がされることが必要となる[1]。

Ⅱ　判例の考え方・実務の運用

1　労働者性判断についての基本的な考え方

　上記のとおり、「労働者」性は、個別的労働関係を規律する立法その他の適用範囲を画する概念であることから、その範囲は客観的に明らかにされる必要があるが、この点に関する労契法や労基法の定義規定（労契法2条1項「使用者に使用されて労働し、賃金を支払われる者」、労基法9条「事業又は事業所……に使用される者で、賃金を支払われる者」[2]）のみでは、直ちにその範囲を明らかにすることはできない。

　また、「労働者」は、労契法、労基法等で用いられている契約概念である「労働契約」の一方当事者であることから、問題となっている法律関係が「労働契約」に該当するか否かといった点を検討してその一方当事者の「労働者」性を判断することが考えられる。しかし、「労働契約」については、労契法および労基法上格別の定義規定は設けられておらず、労契法2条、6条、労基法9条等の規定から、講学上一般に「当事者の一方（労働者）が相手方（使用者）に使用されて労働し、相手方がこれに対して賃金を支払うことを合意する契約」などと定義されているにすぎないため、これらの規定からは、「労働契約」を画する具体的基準について、上記の「労働者」の定義規定から得られるもの以上の示唆を得ることはできない。

---

1)　類型別実務11頁以下（第1章Q6）も参照のこと。
2)　労契法と労基法の「労働者」は、基本的には同一の概念であるが、労基法の労働者においては、「事業」（労基法9条参照）に使用されていることが加重的（限定的）要件とされている。また、労災保険法にはその保護対象となる「労働者」の定義規定は置かれていないが、同法の趣旨・構造から、同法の適用を受ける労働者は労基法上の労働者と同一のものと解釈されている（最一判平成8年11月28日判タ927号85頁・横浜南労基署長事件）。

もっとも、「労働契約」と労務を伴う民法上の典型契約（雇用、請負、有償（準）委任）との関係について、従前より議論のあるところであるが、裁判例実務および学説の多数は、基本的に、労働契約は民法上の雇用契約（民法 623 条）と同一の概念であると解しており、請負契約（民法 632 条）や有償（準）委任契約（民法 643 条、648 条、656 条）と対比した場合の雇用契約の重要な特色として、㋐労働それ自体の提供が契約の目的とされ、仕事の完成や統一的な事務処理が契約の目的となるものではないこと（一種の手段債務と解されている）、㋑それ故に、労働を行う者の労働を経営目的に沿って適宜に配置、按配して一定の目的を達成させることは、使用者の権限（労務指揮権）となり、基本的に、労務を提供する側が労働内容を自主性・独立性・裁量性をもって決定するものではないこと（労働の他人決定性）が挙げられる。そこで、「労働契約」の該当性判断に当たっても、契約の形式（契約書の文言等）いかんにかかわらず、これら㋐、㋑の特色を有するか否かといった点が重視されることとなる。

以上の点、すなわち労契法、労基法上の規定内容や労働契約と基本的に同一の概念と解される民法上の雇用契約の特色から、一般に、労働者に該当するというためには、①使用者の指揮監督下において労務の提供をする者であること、②労務に対する対償を支払われる者であるという 2 つの要件を充足することを要するものと解されており、この 2 つの要件を併せて「使用従属性の要件」と称している。

ただし、労働者性の判断が、基本的に、契約の形式（契約書の文言）いかんにかかわらない使用従属性の要件充足の有無の判断になるといっても、契約の形式（契約書の文言）が、契約内容についての当事者の意思を認定するための重要な事実であることからすれば、労働者性の判断に当たっては、当該形式の内容（雇用、委任、請負、業務委託等）および当該形式を採用するに至った経緯等も、補強要素として併せ考慮されることになると解される。

裁判実務においては、これまで最高裁判所の先例で使用従属性の要件の判断に関する一般論を示したものは見当たらず、個々の事例に則して事例判断が積み重ねられている状況にある。また、使用従属性の要件該当性が

Ⅱ　判例の考え方・実務の運用　　3

問題となる類型は、主として、個人事業者と労働者の区別が問題となる類型、経営者（典型的には株式会社の取締役）と労働者の区別が問題となる類型およびその他の類型に分けられ、実務上、当該類型ごとに使用従属性の要件充足の有無の判断に当たって考慮すべき具体的要素が（重なるものも少なくないが）異なる。そこで、以下、これらの3つの類型ごとに、裁判例の考え方・実務の運用について概観する。

2 個人事業者的類型について [3]

　この類型に関しては、これまでの判例ないし裁判例上、傭車運転手（前掲最一判平成8年11月28日・横浜南労基署長事件。労働者性否定）、一人親方の大工（最一判平成19年6月28日判タ1250号73頁・藤沢労基署長事件 [4]。同否定）、映画製作スタッフ、吹奏楽団の楽団員、証券会社・保険会社の外務員（最一判昭和36年5月25日民集15巻5号1322頁・山崎証券事件。同否定）等 [5] の労働者性が問題とされてきた。また、その使用従属性の要件該当性について、従前の裁判例等における判断基準を整理し、分析したものとして、労働基準法研究会（省庁再編前の労働大臣の私的諮問機関）の昭和60年12月19日付け報告書「労働基準法の『労働者』の判断基準について」（労判465号69頁に掲載。以下「労基研報告」という）があり、これまでの裁判例は、基本的に労基研報告の指摘を踏まえつつ、具体的な事情を総合考慮した判断がされているといえる（なお、建設業手間請け従事者および芸能関係者について労基研報告の判断基準をより具体化した判断基準のあり方について検討したものとして、労働基準法研究会労働契約等法制部会労働者性検討専門部会の報告書「建設業手間請け従事者及び芸能関係者に関す

---

3)　類型別実務14頁以下（第1章Q7）も参照のこと。
4)　同判例については、重要判決50選3頁（島尻香織）も参照のこと。
5)　その他、個人事業者的類型における使用従属性の要件に関する判断を示した最高裁判所の先例で公刊物に登載されたものとしては、最二判昭和37年5月18日民集16巻5号1108頁・大平製紙解雇事件（嘱託従業員の労働者性を肯定）、最三判平成元年10月17日労判556号速報カード88頁・日田労基署長事件（山林作業員の長の労働者性を否定）等がある。

る労働基準法の『労働者』の判断基準について」（平成8年3月。労働経済旬報1559号22頁に掲載）があり、裁判実務上も参考にされている）。

　そこで、以下、労基研報告に掲げられたものを中心として、個人事業者と労働者の区別に当たって裁判実務上用いられている主な考慮要素を掲げる。

(1)　使用者の指揮監督下における労務提供の有無に関する考慮要素

　ア　仕事の依頼、業務従事の指示等に対する諾否の自由の有無

　一般に、これらに対する諾否の自由を有していれば、指揮監督関係を否定する重要な要素となり、逆に、有していない場合は、一応、指揮監督関係を推認させる重要な要素となるとされる。もっとも、当事者の契約によっては、一定の包括的な仕事の依頼を受諾した以上、当該包括的な仕事の一部である個々具体的な仕事の依頼については拒否する自由が当然制限される場合があり、また、専属下請のように、事業者性が強い者であっても、事実上、仕事の依頼を拒否することができないという場合もあり、このような場合には、直ちに指揮監督関係を肯定することはできず、契約内容等も勘案する必要があると指摘されている（労基研報告）。

　イ　業務遂行上の指揮監督の有無

　㋐　業務の内容および遂行方法に対する指揮命令の有無

　業務の内容および遂行方法について使用者から具体的な指揮命令を受けていることは、指揮監督関係の基本的かつ重要な要素であるとされる。もっとも、この点については、指揮命令の程度が問題であり、通常注文者が行う程度の指示等にとどまる場合には、指揮監督を受けているとはいえないと解されている。他方、管弦楽団員、バンドマンの場合のように、業務の性質上、放送局等使用者の具体的な指揮命令になじまない業務については、それらの者が放送事業等当該事業の遂行上不可欠なものとして事業組織に組み入れられている点をもって、使用者の一般的な指揮監督を受けていると判断する裁判例があり、参考にすべきであるとされている（労基研報告）。

　　　　　　　　　　　　　　Ⅱ　判例の考え方・実務の運用　　5

(イ) その他

a 使用者の命令、依頼等により通常予定されている業務以外の業務に従事することの有無

このような事情により通常予定されている業務以外の業務に従事することがある場合には、使用者の一般的な指揮監督を受けているとの判断を補強する重要な要素になるとされている（労基研報告）。

b 提供する労務の範囲・性質（広汎性の有無・程度、専門性の有無・程度）

提供する労務について、その範囲が広汎であることや、その性質上専門性が高いものであることが、使用者の指揮監督を受けていることを減殺させる補強的要素の１つとされることがある。

ウ 時間的、場所的拘束の有無

勤務時間および勤務場所が指定され、管理されていることは、一般的には、指揮監督関係の基本的な要素とされる。もっとも、この点については、業務の性質上（たとえば、演奏）、安全を確保する必要上（たとえば、建築）等から必然的に勤務場所および勤務時間が指定される場合があり、当該指定が業務の性質等によるものか、業務の遂行を指揮命令する必要によるものかを見極める必要性があると指摘されている（労基研報告）。

エ 労務提供の代替性の有無（交代、補助者使用の有無等）

本人に代わって労務を提供することが認められていたり、本人が自らの判断によって補助者を使うことが認められているなど、労務提供の代替性が認められていることは、指揮監督関係を否定する要素の１つとされている。

(2) 報酬の労務対償性の有無に関する考慮要素

ア 額、計算方法および支払形態

報酬が時間給を基礎として計算される等労働の結果による較差が少ない、また、欠勤した場合には応分の報酬が控除され、いわゆる残業をした場合には通常の報酬とは別の手当が支給されるなど、額、計算方法および支払形態において従業員の賃金と同質であり、報酬の性格が使用者の指揮

監督の下に一定時間労務を提供していることに対する対価と判断される場合には、使用従属性を補強する要素になる。

　　イ　給与所得としての源泉徴収の有無、雇用保険、厚生年金、健康保険
　　　の保険料徴収の有無

　これらの処理がされている場合には、賃金性を基礎付ける要素の１つとなり、報酬の労務対償性を補強する要素になり得るものと解される。もっとも、これらの事項は、当事者が任意に操作しやすいことから、その経緯や他の従業員の取扱い等を検討の上、考慮要素としてどの程度の重点を置くべきか判断すべきものと解される。

(3)　関連するその他の補強要素

　　ア　事業者（自らの計算と危険負担に基づいて事業経営を行う者）性の有
　　　無に関する要素

　　㋐　機械、器具の負担関係

　特に、本人が所有する機械、器具が著しく高価な場合には事業者としての性格が強く、労働者性を弱める要素となる。

　　㋑　その他

　業務遂行上の損害の負担を負う、独自の商号使用が認められている等の点を事業者としての性格を補強する要素としている例がある。

　　イ　専属性の程度に関する要素

　　㋐　経済的従属性の有無・程度

　他社の業務に従事することが制度上制約され、また、時間的余裕がなく事実上困難である場合には、専属性が高く、経済的に当該企業に従属していると考えられ、労働者性を補強する要素の１つと解されている。

　　㋑　報酬の生活保障的要素の有無・程度

　報酬に固定給部分がある、業務の配分等により事実上固定給となっている、その額も生計を維持し得る程度のものであるなど、当該報酬に生活保障的な要素が強いと認められる場合には、労働者性を補強する要素の１つと解されている。

Ⅱ　判例の考え方・実務の運用　　7

ウ　その他

　その他、使用者が当該労務提供者を自らの労働者と認識していると推認される事情（採用、委託等の際の選考過程における正規従業員の採用の場合との異同、労働保険の適用対象としているか否か、服務規律の適用の有無、退職金制度、福利厚生の適用の有無等）があることも、労働者性を肯定する判断の補強事由になり得るものと指摘されている。

　以上のとおり、労働者性判断において裁判実務上用いられている考慮要素は、労基研報告の内容を基本として多岐にわたるものとなっており、また、判断過程において上記の各考慮要素をどのように位置付け、どの点に重点を置き、どのように評価するかといった問題については、具体的事案に応じ、裁判例ごとに異なっていることから、結局は、個別具体的な事案に応じて重要となる考慮要素を抽出した上で、それらを総合考慮して労働者性を判断するほかない。

　もっとも、前掲最一判平成 8 年 11 月 28 日・横浜南労基署長事件は、傭車運転手のように事業用の資産を所有し、自己の危険と計算の下に運送業務に従事していた点で一定の事業者性を有することを前提として、同事業者性を減殺して、その労働者性を積極的に肯定させるような事情があるかどうかという観点から検討を進めているものと評価されており（同最判掲載の判例タイムズ無記名コメント部分等）、同最高裁判例を前提にすると、少なくとも、自己の所有する事業用資産を用いて自己の危険と計算の下に労務に従事するなど一定の事業者性が肯定される者については、労働者側において、同事業者性を減殺して、その労働者性を積極的に肯定させるような事情を主張立証しない限り、労働者性を認めることはできないものと解される。

3　経営者的類型（典型的には株式会社の取締役）について [6]

　株式会社の取締役は、一般に会社と委任関係にあるとされ（会社法 330

---

[6]　類型別実務 15 頁以下（第 1 章 Q8）も参照のこと。

条）、取締役会の構成員として会社の業務執行に関する意思決定を行い（取締役会設置会社）または自ら業務執行に当たる（取締役会設置会社でない会社）者であることから、このような法的関係を前提とする限り、基本的には労働者に該当しないものと解される。しかし、同じく取締役たる名義を有する者であっても、実質的に経営者的役割を担って会社の業務執行権を行使している者から、その労働力の処分につき上司の指揮命令を受けている者まであり、取締役と従業員との区別は明確ではない。また、従業員として雇用されていた者が、取締役に就任して工場長・部長等の肩書を付され、従業員と取締役を兼務する場合（いわゆる使用人兼務取締役または従業員兼務取締役）も多く存在しており、このような従業員兼務取締役と（従業員と兼務ではない）取締役の区別も、実態上必ずしも明確ではない。

このような実情を踏まえ、裁判例において、名目上は取締役であっても上司の指揮命令を受けて労働に従事する者については、労基法、労災保険法の適用の関係で労働者性を肯定するものが少なくない。また、取締役が、就業規則・退職金規程上の「従業員」に該当するか否かが問題となる事案においても、直接的には法令上の「労働者」該当性の問題とは異なるものの、これらの就業規則・退職金規程が通常労基法上の労働者に適用されるために定められるものであるという点に着目して、裁判例上、労契法・労基法上の「労働者」該当性の問題とほぼ同様の判断枠組みにより「従業員」該当性の判断がされている。

以上のような取締役の労働者（従業員）性の問題に関し、具体的に判示した最高裁判例は見当たらない[7]が、この点に関する下級審裁判例は相当程度積み重ねられており、この類型の事件を取り扱うに当たっては、これらの裁判例で採用されている考慮要素を中心に検討を進めることが基本となる。そこで、以下、取締役の労働者性（従業員性）の判断に当たって従前の裁判実務上用いられている主な考慮要素を掲げる（この問題に関し詳細に整理・検討したものとして、下田敦史「『労働者性』の判断基準——取締

---

7) ただし、「専務取締役」の名称が付されて業務を執行していた合資会社の有限責任社員の労働者（従業員）性について判断（肯定）したものとして、最一判平成7年2月9日判タ874号123頁・興栄社事件がある。

役の『労働者』性について」判タ 1212 号 34 頁以下があり、以下の記述も同論
説に依拠するところが大きい)。

(1) 取締役就任経緯等

ア　従業員から取締役に選任された場合

就業規則上取締役就任が従業員の退職事由とされているか、取締役就任
時の退職金の支給の有無、同就任時の退職手続の有無（退職届、雇用保険
資格喪失手続等）、会社における従来の立場・関係の変更の有無等が主な考
慮要素となり、これらの事情が認められる場合には、労働者（従業員）性
が否定される要素として考慮される。

イ　当初から取締役である場合

主に会社設立当時の役割が問題とされ、中心的役割を果たしていたこと
は、労働者（従業員）性を否定する要素として考慮される。

(2) 取締役としての権限・業務遂行

ア　法令上の業務執行権限の有無・内容

取締役会設置会社（委員会設置会社を除く）において、法令上業務執行
権限の認められる代表取締役（会社法 363 条 1 項 1 号）および取締役会決
議によって選定された業務執行取締役（同条同項 2 号）は、取締役の中で
特に代表権や業務執行権限が与えられた者であり、自ら指揮監督を行う使
用者の立場にある者として、原則として、労働者には該当しないこととな
るものと解される。

他方、取締役会非設置会社においては、定款に別段の定めがある場合を
除き、各取締役に業務執行権があり（会社法 348 条）、また、他に代表取
締役その他会社を代表する者を定めた場合を除き、各取締役に代表権があ
る（会社法 349 条）。とすれば、取締役会非設置会社においては、単に法
令上の代表権や業務執行権限を有するからといって、そのことが、取締役
会設置会社におけるほどに直ちには当該取締役の労働者性を否定する要素
にはならないものと解される。他方、取締役会非設置会社においても、定
款によって個々の業務の決定を個別の取締役に委任されている場合の当該

取締役や、定款等によって代表取締役が定められた場合の当該代表取締役など、定款等により特に業務執行権限が与えられた者については、取締役会設置会社における代表取締役や業務執行取締役と同様に、原則として労働者には該当しないものと解される。

イ　取締役としての業務遂行の有無・内容

従前より、法令上の業務執行権限を有しない取締役（典型的には、取締役会設置会社における一般の取締役）に対して、代表取締役等から業務執行権限の一部を委譲することが行われており（一般に社長、副社長、専務取締役、常務取締役等の役付取締役であることが多い。業務担当取締役と称されることもある）、法令上これが禁止されているわけではない。

そこで、裁判例上、法令上の業務執行権限を有しない取締役であっても、当該取締役が業務執行に関する意思決定や具体的な業務執行を行っている場合（たとえば、取締役会出席、役付取締役としての業務執行、会社経営への直接関与、代表取締役と共にまたはこれを補佐しての業務遂行を行っている場合等）には、これを労働者（従業員）性を否定する要素として考慮し、他方、当該取締役が会社の業務執行に関する意思決定を行っていないような場合には、これを労働者（従業員）性を肯定する要素として考慮しているとされる。

もっとも、取締役が業務執行を行っている場合であっても、それが業務執行権限の委譲を受けた取締役（役付取締役）として業務の執行を行っているものか、従業員兼務取締役として業務の執行に当たっているものかの区別が困難であることも少なくなく、そのような場合には、たとえば、役付取締役の名称が単なる通称または自称にすぎないのか、定款等によって職制上の地位が付与されているのかといった点や、当該取締役が従業員としての職制上の地位（部長、支店長、支配人、工場長等）を有するか否か（このような職制上の地位を有する場合には基本的に従業員兼務と解される）といった点も斟酌しながら、判断することになる。

ウ　代表取締役からの指揮監督の有無・内容

一般に、代表取締役の指揮命令の下で労務を提供していたことが労働者（従業員）性を肯定する理由として掲げられることがある。もっとも、こ

Ⅱ　判例の考え方・実務の運用　　11

の点については、当該指揮監督が、①労働者に対するものと評価されるべきものか、それとも②組織運営上の必要性等から導かれる取締役間の序列に基づくものと評価されるべきものかを見極める必要があり、①と評価されるべきものであれば労働者（従業員）性を肯定する要素として考慮されるが、②と評価されるべきものであればそのような要素にはならないものと解される。

エ　拘束性の有無・内容

勤務時間、場所の管理や拘束がある場合（典型的には、勤務時間が定められ、タイムカード等出退勤管理を受けている場合）には、使用者の指揮命令を受けているものとして、このことは労働者（従業員）性を肯定する要素となると考えられる。

しかしながら、労働者であっても、経営者と一体的な立場にあるいわゆる管理監督者（労基法 41 条 2 号）には、労基法第 4 章、第 6 章および第 6 章の 2 で定める労働時間、休憩および休日に関する規定が適用されないこととされており、このように法令上労働時間規制等を受けない労働者の存在が是認されていることからすれば、上記のような拘束性のないことをもって、これを直ちに労働者（従業員）性を否定する重要な要素とすることはできないものと解される。

オ　提供する労務の内容

具体的な業務内容について、一般の従業員の業務内容との異同が問題とされ、他の従業員と同様の業務内容に従事していた場合には、基本的に、労働者（従業員）性が肯定されやすいといえる。もっとも、会社の規模が小さく、代表取締役自身も同様の業務内容に従事するような小規模の会社においては、必ずしもこのことが労働者（従業員）性を肯定する要素にはなり得ないものと解される。

(3)　報酬の性質および額

この点については、①会計上、賃金として処理がされているか、それとも役員報酬として処理されているか（従業員兼務取締役の該当性が問題となる場合には、従業員部分の賃金と取締役部分の報酬が区別されているか）、②一

般の従業員との異同（一般の従業員と比較して額が高額であるか否か、就業規則等所定の諸手当の支給の有無、勤務時間や欠勤等に関係なく支給されているか否か等）、③（従業員から取締役に就任した場合）就任時の支給額の増額の有無・程度などの事情が、考慮要素として斟酌されている。

　すなわち、報酬について、①賃金としての決算処理や税務処理がされている、②一般従業員と比較しても高額ではないことなどから、従業員と異ならない場合には、労働者（従業員）性が肯定されるのが一般である。他方、①会計上、役員報酬として処理されている、②従業員に支給される諸手当が支給されておらず役員報酬のみが支給されている、③額が一般の従業員に比して高額である、④報酬が勤務時間や欠勤等に関係なく支給されているなどから、従業員と異なる場合には、これらの事情が労働者（従業員）性を減殺する要素として斟酌されるが、このような事情が認定されながらも労働者（従業員）性が肯定される場合も見られる。

(4)　労働保険・社会保険上の取扱い

　裁判例上、補足的な考慮要素として特に雇用保険加入の有無、経緯について触れるものが多く、一般的に、これに加入していることは、労働者（従業員）性を肯定する一要素として斟酌されている。しかし、個人事業者的類型において述べたところ（前記 2 (2)イ）と同様に、労働保険・社会保険の加入等は当事者が任意に操作しやすい事項であることから、その経緯や他の従業員の取扱等を検討の上、考慮要素としてどの程度の重点を置くべきかについて判断すべきものと解される。

　以上のとおり、取締役の労働者（従業員）性についても、裁判例上用いられている考慮要素は多岐にわたるものとなっており、これらを総合的に斟酌して判断をしていくこととなる。

　なお、取締役の労働者（従業員）性が肯定された後の問題として、解雇予告手当や就業規則に基づく退職金請求の事案において、全くの名目的な取締役にすぎないと認定される場合には、得ている報酬の全額を賃金として退職金等を算定すれば足りるものと考えられるのに対し、両者の地位を併有する従業員兼務取締役であると認定される場合には、従業員部分の賃

金額を確定することが必要となる。その際、従業員としての給与と取締役の報酬とが区別できる体系になっていれば、基本的にはそれぞれの規律に従った処理をすべきであり、他方、全額を賃金として処理している場合には、基本的には全額労務提供の対価である賃金で、取締役の報酬はないものと解される（もっとも、このような場合には、取締役が名目的なものと認定されることが多い）。これらに対し、全額を役員報酬として処理し、かつ、取締役が名目的なものではなく実質的にもその地位を併有していると認められる場合には、従業員部分の算定が困難となるが、1つの考え方として、取締役就任直前の賃金額がその参考になるものと解される。他方、労災保険において、労働者でないことを理由に不支給処分がされた場合におけるその取消訴訟においては、労働者性が認められれば取消請求が認容されるのであり、全くの名目的な取締役であるか従業員兼務取締役であるかという点は、問題にはならない。

4　その他の類型（教育訓練的類型等）について

　労働者性の問題は、典型的には、上記2の個人事業主との区別および上記3の経営者との区別が問題となることが多く、これらの問題については、使用従属性の要件（①使用者の指揮監督下において労務の提供をする者であること、②労務に対する対償を支払われる者であること）のうち、主に①の使用者の指揮監督下にあるか否かおよび②の報酬の労務対償性に関する考慮要素が重視されてきた。

　他方、研修生等の教育訓練を受ける者の労働者性が問題となる場面においては、上記①の要件中、そもそも当該研修生等が労務の提供をする者といえるか否かという点も併せ問題とされている。すなわち、最二判平成17年6月3日民集59巻5号938頁・関西医科大学事件は、医師法所定の臨床研修を行う医師の労働者性が問題となった事案について、研修医が医師法所定の臨床研修において医療行為等に従事する場合には、これらの行為等は病院の開設者のための労務の遂行という側面を不可避的に有することとなるのであり、病院の開設者の強い監督の下にこれを行ったと評価

14　第1講　労働者性

することができる限り、上記研修医は労基法9条所定の労働者に当たるものというべきであると判示した上、当該臨床研修のプログラムの内容と実施態様を踏まえ、当該研修医の労働者性を肯定したものであるが、同最高裁判例は、教育を受けているか、労務を提供しているか、というのが択一的関係にあるわけではなく、教育を受けつつ労務の提供をしている関係というものもあり得ることを前提として、研修医が労務の提供をする者であるか否かを医師法の予定する臨床研修の内容や実施態様を踏まえて判断したものと解されている。

　なお、従前、研修生の労働者性が争われていた外国人の技能実習制度については、2009年の入管法改正（平成21年法79。2010年7月1日施行）により、実地研修およびその後の技能実習の区別なく労契法、労基法等の適用のある雇用契約関係としてのみ認められることとされた（雇用契約でない座学は原則最初の2か月間とされた）ことから、同施行後は、基本的には、労働者性が問題とされることはないものと解される[8]。

Ⅲ　労働者側の主張立証上の留意点

1　労働者性を基礎付ける基本的な事実関係の早期の主張、立証

　労働者性については、労働者側が主張立証責任を負うことから、労働者性が争点になることが想定される場合には、労働者側は、まず、早期の段階で、個人事業者的類型、経営者的類型およびその他の類型の各類型に応じ、上記Ⅱに掲げた各考慮要素に該当する基本的な事実関係を主張、立証

[8]　ただし、技能実習制度については、2009年の入管法改正後も入管法令や労働関係法令の違反（賃金未払や長時間労働等）が発生する一方で、対象職種の拡大や実習期間の延長等の制度の拡充に関する要望が寄せられたことなどを踏まえ、2016年11月28日に外国人の技能実習の適正な実施及び技能実習生の保護に関する法律（平28法89）が公布された（2017年11月1日施行）。同法においては、技能実習の適正な実施及び技能実習生の保護を図るため、技能実習計画の認定、監理団体の許可等の制度を設け、これらに関する事務を行う外国人技能実習機構を設ける等の措置が講じられている。

することが肝要である。ここで、比較的早期に確定することが可能な事実
関係としては、①契約の形式および当該形式を採用した経緯、②契約の内
容（契約書に記載された業務内容、報酬の内容等（額、計算方法、支払形態、
源泉徴収の有無等））、③労務提供者の兼業の有無・内容、機械・器具の負
担者等事業者性に関する事実が挙げられることから、これらの事実関係に
ついて、契約書、就業規則（賃金規程）、給与明細書、確定申告書控、源
泉徴収票等に基づいて主張、立証することになると考えられる。

　また、その際、争点整理を迅速、円滑に進行するためには、単に労働者
性を基礎付ける間接事実を羅列するのではなく、上記Ⅱに掲げた各考慮要
素のいずれに該当する事実として主張するのかが分かるような順序、体裁
で主張されることが望ましい。

2　事実関係に争いのある部分と（争いのない事実関係についての）考慮要素としての評価に争いのある部分との区別を意識した主張

　労働者性判断の考慮要素に該当するとして労働者側から主張する事実に
ついては、使用者側の認否態様により、大きく分けて、①そもそも当該事
実の有無について争いがあるものと、②当該事実の存在については争いが
ないが、それが考慮要素に該当するか否かまたは当該事案における当該考
慮要素の重点の置き方について争いがあるものとに分けられる。そして、
労働者性判断の考慮要素は、客観的な事実関係に関するものが比較的多い
ことから、労働者側が主張する事実も、上記②のものが多くなる。また、
労働者側の主張する事実が考慮要素の全てを充足することは珍しく、多く
の事案では、労働者性を基礎付ける間接事実とこれを減殺する間接事実
（これは使用者側が主張することとなる）が併存し、これらが総合考慮され
ることになることから、各当事者がただ自己に有利な間接事実を主張する
のみでは、いわゆるすれ違いの主張が応酬されるにとどまり、充実した争
点整理にはなりづらい。

　そこで、労働者側においては、特に上記②の事実については、当該事実

につき、当該事案における労働者性判断において、いかなる考慮要素に該当し、かつ、当該考慮要素が使用者側の援用する他の考慮要素との対比においてどの程度の重要性を有するかといった点についても、併せ主張することが望ましい。

3　経営者的類型の事案に関する留意点

　経営者的類型の事案においては、労働者側は、①取締役たる地位を併有しない全くの名目的取締役であるとして報酬の全額を従業員としての賃金であると主張する場合（退職金請求事件等）と、②これを併有する従業員兼務取締役であると主張する場合（労災保険における不支給処分取消請求事件等）とでは、自ずと主張する考慮要素の範囲やその重点の置き方が異なるものと考えられる。すなわち、①の場合には、単に労働者（従業員）性が認められるだけでなく、それが取締役と兼務でないことや、受領している報酬が全額従業員としての賃金であることも併せ認定される必要があることから、この点を意識して主張、立証していくことが肝要である。

　なお、経営者的類型の事案に関し、取締役または退任取締役が株式会社に対し訴えを提起する場合において、当該株式会社が監査役設置会社である場合には、監査役が当該訴えについて監査役設置会社を代表することになり（会社法 386 条 1 項）、同条は、当該取締役または退任取締役が他の資格または個人としての地位において訴えを提起する場合にも適用があると解されることから、代表者の表示につき留意が必要である。

Ⅳ　使用者側の主張立証上の留意点

1　労働者側の主張する事実に対する的確な認否、反論

　使用者側としては、まず、労働者側が主張する労働者性を基礎付ける基本的な事実関係について、①当該事実関係の存否に関する認否を行うこととなるが、充実した争点整理を志向するためには、これに併せて②それが

当該事案において労働者性に関する考慮要素に該当するか否かといったことや、当該事案における考慮要素のウェイトの置き方に関する反論も行うことが望ましい。

2 労働者性を減殺する基本的な事実関係の主張、立証

個人事業者的類型における事業者性等、労働者性を減殺する事実関係については、基本的に、使用者側が主張することとなる。その際には、労働者側の主張に関して述べたのと同様に、当該事実につき、当該事案における労働者性判断において、いかなる考慮要素に該当し、かつ、当該考慮要素が使用者側の援用する他の考慮要素との対比においてどの程度の重要性を有するかといった点についても、併せ主張することが望ましい。

この点に関し、実務上、使用者側において、請負（業務委託）や委任といった契約書の文言に基づいて労働者性を否認するのみで、事業者性等の労働者性を減殺する事実関係を積極的に主張、立証（反証）しない例が見受けられるが、期日における審理を充実させるという積極否認（理由付き否認）の趣旨（民訴規則79条2項参照）に鑑み、このような否認態様は相当ではないと解される。

3 経営者的類型の事案に関する留意点

経営者的類型の事案において、従業員兼務取締役が存在することにも鑑みれば、労働者（従業員）性を争う使用者側は、一般に、当該労務提供者が取締役に該当することを主張、立証（反証）するのみでは十分ではなく、従業員兼務ではないことについても併せて主張、立証（反証）する必要があると考えられる。

また、解雇予告手当や就業規則に基づく退職金請求の事案において、使用者側としては、仮に自らの主張に反して労働者（従業員）性が肯定されたとしても、退職金等の算定基礎となる賃金額については、取締役としての報酬部分もあるとしてさらに争うことが多いと考えられる。そのような

場合において、特に従業員としての給与と取締役の報酬とが区別できる体系になっていないときは、一般に、労働者側は受領している全額を従業員としての給与であると主張することが多く、これに対して使用者側から有効な主張、立証（反証）がされなければ、労働者側の当該主張がそのまま認められることもあり得る。そこで、このような場合における取締役としての報酬部分の額については、使用者側において積極的な主張、立証（反証）を行うことが求められるが、訴訟実務においては、労働者性を減殺する主張、立証（反証）に注力されるあまり、退職金等の算定に関して充実した主張がされない場合も少なくない。

V おわりに

　以上述べてきたとおり、労働者性の問題を検討するに当たっては、当該労務提供者の名称にとらわれず、具体的事案ごとにその実態から抽出される考慮要素を総合判断していくこととなる。その際には、まず、当該事案が個人事業者的類型、経営者的類型およびその他の類型のいずれの類型に当てはまるのかを把握し、次に、当該類型ごとに蓄積されてきた考慮要素のうち当該事案に当てはまるものを抽出して、主張、立証（反証）を展開していくことが有用であると考えられる。また、経営者的類型の事案においては、労働者（従業員）性の有無のみならず、取締役たる地位と兼務であるか否か、受領している金員の内訳（従業員給与部分と取締役報酬部分）等、労働者（従業員）性が認められた後に問題となる争点についても、早い段階から充実した主張、立証（反証）がされることが期待される。

参考文献

　本文中に掲げたもののほか、
・　厚労省・平成22年労基法（上）112頁。
・　東大・労基法（上）144頁〔橋本陽子〕。
・　概観(1)1頁。

- 中野哲弘「労働者」大系 5・労働訴訟 3 頁。
- 島岡大雄「労働者・使用者」裁判法大系 21・1 頁。
- 同「労働契約の成否(1)—労働者性」新大系 16・労働関係訴訟 I 15 頁。
- 三浦隆志「『労働者性』をめぐる裁判例と実務」判タ 1377 号 4 頁。
- 竹内（奥野）寿「労働者の概念」争点 4 頁。

第2講

使用者性

渡辺　　弘

I　はじめに——使用者に関する論点

　個別労働関係紛争において、使用者であることが問題になる局面としては、前講の労働者性の裏側の関係に立つ場合（問題となる労働契約が、個別労働関係紛争を規律する労契法、労基法の適用の対象になるか否かが争われる場合）が多い。そのような場合については、前講の記述に譲ることになる。

　そのほかにも、実務で事件を担当する中で、使用者性が議論になる場合がいくつか存する。具体的な問題点としては、第1に、労組法上の使用者性の議論と絡めて、当該使用者が、労契法、労基法上に規定する使用者になり得るかという問題、第2に、契約の当事者を認定する際に、黙示の労働契約の締結主体としての使用者が問題となる場合（非正規雇用の事例で、労働者が実際に就労している職場の事業主が使用者であるという主張が問題となる場合に関する考え方にも言及することになる）、第3に、企業の解散等の場合に現れることが多いが、親会社、子会社等の関連会社が多く存在する中で、どの企業が使用者であるかが問題となる場合、中でも、法人格否認の法理が用い得るのは、どのような場合かという問題が考えられる。

　本講では、これらの問題を、個別的に検討していくことになる。

Ⅱ　労契法ないし労基法上の「使用者」と労組法上の「使用者」

1　判例等の基本的な考え方

　労働法の初学者にとっては、労契法ないし労基法上の「使用者」と労組法上の「使用者」を対比して論じること自体が、奇異なものに映るに相違ない。もとより、労働者、使用者という労働法にとって最も基本的な概念は、通常は同一の概念なのであり、使用者が労働者を雇用する場合に、労働契約関係が生じ、そこに、労契法ないし労基法上と労組法上の「使用者」「労働者」の法律関係が生じるのが通常である。

　しかし、労働法の教科書には、麗々しく「労働組合法上の使用者」の概念が謳われており、労契法ないし労基法上の使用者よりも、広い概念であると説明されている。これは、日本で「労働法」として議論されている対象には、集団的労働関係と個別的労働関係という異質な 2 つの局面が含まれているからにほかならない。集団的労働関係（アメリカ合衆国で、labor law といえば、これを指す）について、労組法は、憲法 28 条に基づいて、経済的に劣位に置かれる者の地位を引き上げて、団結権への侵害に当たる一定の行為を不当労働行為として排除、是正することにより、労働条件の対等決定を図る地位を保障することを目的とする法規範であり、この法律が訴訟の局面に表れる場合には、公法的な規制が前面に表れることになる[1]。一方、労基法は、憲法 27 条 2 項に基づいて、労働者の勤労条件に関する基準を定めるものである。つまり、労基法は、使用者に対して、自らの指揮命令下に置く労働者に対する最低の労働条件を保障しようという制度であり、訴訟の局面では、私法上の労働者の権利を、片面的強行法

---

1)　もとより、労組法違反に基づく損害賠償が認められたり解雇が労組法に違反する不当労働行為に該当する場合には当該解雇が無効になるというような私法上の法律関係にも影響を及ぼすのであるが、それは、公序に反するという理由に基づく解釈である。

規性により、同法の定める最低基準を上回らせようとする私法的な規制が前面に表れてくるのである[2]。

このような、労組法と労基法の基本構造の違いに照らせば、労働契約で労使関係が生じ、労基法上の「使用者」に該当する使用者は、当然に労組法上の使用者にも該当するが、労組法上の「使用者」は、その法目的に照らして、それよりも広い範囲の概念になり得るといわなければならない。

使用者について、この理を説いたのが、朝日放送事件の最高裁判例である[3]。この事例のX社は、テレビ放送事業等を営む株式会社であり、番組制作業務について、下請会社であるA社との間で請負契約を締結し、継続的に業務の提供を受けていた。具体的には、約70名の下請会社の従業員Bらが、勤務場所をX社として、アシスタント・ディレクターや音響効果等の業務に従事していた。労働契約上の権利・義務関係は、BらとA社との間に成立しており、BらがA社に申告した出勤簿に基づいて、A社はBらに賃金を支払っていた。また、A社は独自の就業規則を持ち、Bらは、労働組合を組織し、A社との間で、労働協約を締結していた。一方、Bらの勤務時間の割振り、労働提供の態様、作業環境等については、X社が決定していた。Bらの一部は新たに労働組合Zを組織し、X社に対して、下請従業員の賃上げ、社員化、労働条件の改善等について団体交渉を申し入れたが、X社は、Z労組の組合員との関係では、自らは使用者ではないとして、これを拒絶したため、Z労組は、労働委員会に対して救済申立てを起こし、府労委と中労委は、結論として、X社を使用者と認めて救済命令を発した。これに対する取消訴訟が裁判所に係属した。この事件で、最高裁は、次のとおり判示している。

① 労組法が、上述のような法目的を持っていることを指摘した上で、同

---

2) もとより、労基法は、労働基準監督署による使用者に対する規制を行うことを直接の法目的にしているのであり、当然、公法的な規制を目的とする法律であり、労基法違反の罰則や行政監督の対象という側面を有している（水町78頁、荒木67頁）。もっとも、裁判で用いられるのは、労基法で定める最低限の基準を下回った場合の、片面的強行法規性（同法13条）として表れる場合である。

3) 最三判平成7年2月28日民集49巻2号559頁・労判668号11頁。同判決については、重要判決50選530頁以下〔伊藤由紀子〕も参照。

法7条にいう「使用者」の意義について、「雇用主以外の事業主であって
も、雇用主から労働者の派遣を受けて自己の業務に従事させ、その労働者
の基本的な労働条件等について、雇用主と部分的とはいえ同視できる程度
に、現実的かつ具体的に支配、決定することができる地位にある場合は、
その限りにおいて、右事業主は同条の『使用者』に当たるものと解するの
が相当である。」

② その上で、この事件に関するX社について、X社は、実質的に見て、
A社から派遣される「従業員の勤務時間の割り振り、労務提供の態様、作
業環境等を決定していたのであり、右従業員の基本的な労働条件等につい
て、雇用主であるA社と部分的とはいえ同視できる程度に現実的かつ具体
的に支配、決定することができる地位にあったものというべきであるか
ら、その限りにおいて、労働組合法7条にいう『使用者』に当たるもの
と解するのが相当である。」

　上記判示を見ても明らかなとおり、最高裁は、Bらの私法上の権利義務
関係は、雇用主であるA社との間で成立していることを明確に論じた上
で、X社が、Bらの労働条件等を決定する立場にあることから、労組法上
の使用者に該当すると論じているのであり、ここでいう法律関係は、個別
労働関係紛争における使用者としての法律関係とは異なるものであること
をはっきりと明示している。また、代表的な労働法の体系書でも、労組法
上の使用者が、労基法上の使用者概念とは異なる場合には、直接に権利義
務関係がないことを前提として記載されている[4] [5]。

---

4) 菅野952頁、水町78頁、402頁、荒木673頁。

5) このような労組法と労基法ないし労契法とでは、「労働者」の意味も、上述のよ
うな両者の法目的の違いから、異なり得るとされている。最三判平成23年4月
12日労判1026号6頁・民集65巻3号943頁・判タ1347号82頁・新国立劇
場事件、最三判平成23年4月12日労判1026号27頁・判タ1350号165頁・
INAXメンテナンス事件。これらの判断は、労組法における「労働者」の概念に
ついて、労契法ないし労基法にいう「労働者」概念に近いものとして定義した下
級審の判例を、労組法の法目的に照らして、法的義務の有無を問わずに、労組法
上の「労働者」を定義している。これらの判決について、菅野和夫「業務委託契
約者の労働者性——労組法上の労働者の範囲に関する最高裁二判決」ジュリ1426
号4頁、水町勇一郎「労働組合法上の労働者性」ジュリ1426号10頁参照。

2　労働者側の主張立証上の留意点

　以上のように、労契法ないし労基法上の「使用者」概念と、労組法上の「使用者」概念は、ほとんどの事例では重なるものの、例外的に、最高裁判例は、労組法上の「使用者」概念について、労契法ないし労基法上の「使用者」概念よりも広い場合があることを認めている。現代社会では、労務を提供する態様は様々であるし、企業側の事情により、労働者の側への支配の態様が様々であり得ることもまた事実なのであり、ほとんどの事例で、使用者が労働者を雇用することで労働契約関係が生じ、「使用者」「労働者」が画されるのが通常ではありながら、例外的な場合では、労組法の法目的に沿った概念を論じる必要が生じるのである。

　ところが、労働事件を担当していると、個別労働関係紛争の事件で、直接には労働契約関係のない企業を被告にして訴訟提起をしている事例で、その被告が使用者であることの根拠として、上記の朝日放送事件の最高裁判例を引用する弁護士代理人が、散見される。この最高裁判例自体が、朝日放送事件の事例では、労働契約関係がないことを前提とした判示をしているのであるから、少なくともこの判示を、労働契約関係が存する使用者の事例と引用するのは、明白な誤謬であるのだが、ときには、専らこの判例のみを根拠にして、その被告が使用者であると論じる訴状まである。後述のように、形式的には、直接に労働契約関係がない事例でも、具体的な基礎付け事実の積み重ねにより、個別的労働関係の労働契約関係を肯定することができる場合が存するのであり、上述の労働法の基本概念は十分に弁えながら、具体的な基礎付け事実の積み重ねをする中で、朝日放送事件の最高裁判例を引く弁護士代理人の対応は、理解できるものの（判断者に対して、苦し紛れの主張という印象を与える危険はある）、上述のとおり、具体的な基礎付け事実の積み上げをすることなく、この最高裁判例を唯一の根拠にする主張をする代理人弁護士の訴状を見ると、労働法の基礎を学ぶことなく、機械的に判例検索をした結果のみで、とりあえず訴訟を起こしたのではないかとの疑いを抱く場合もないわけではない。被告の選択という、訴訟提起の前提としての重要な局面で、このような明白な誤謬をす

ることは、代理人弁護士としては、何の根拠なく訴訟を提起しているとの
誹りを受けかねない訴訟行為であるといわざるを得ないのである。

Ⅲ 契約の当事者の認定（どのような場合に、労働契約の使用者との認定が可能か）

1 一般的な考え方・判例での言及

　契約の当事者の認定という問題は、別段、労働契約の局面だけでなく、
民事紛争全体に表れる事態である。契約書が作成されていない場合に、契
約当事者は誰かが争いになる事例は少なくないし、仮に契約書が作成され
ていても、当該契約の名義人は、実質的には契約当事者ではなく、契約上
の権利義務関係を、名義上の契約当事者以外の者に帰属させなければなら
ない事例は、労働事件に限らず存するところであり、そのような事例にお
いては、当該法主体との間で、黙示の契約が締結されているとの法律構成
がされることになる。労働契約関係でも、契約当事者が誰であるかが争わ
れ、黙示の労働契約をした「使用者」が誰であるかを論じる必要がある。
その黙示の意思表示を主張するためには、その意思表示の立証責任を負う
当事者が、具体的な事実である基礎付け事実[6]を主張、立証する必要が
ある。ここでいう基礎付け事実としては、どのような具体的事実が必要に
なるかは、原則としてケース・バイ・ケースの判断が必要になるのである
が、労働契約については、複数のリーディングケースがあり、ここでいう
基礎付け事実がある程度は類型化されている。

　たとえば、企業（受入企業）が、形式的には他の企業（派遣企業）に雇
用されている社外労働者を受け入れて、自らの業務に従事させている場合
に、受入企業と当該社外労働者について、黙示の労働契約が成立するかと
いう具体的な事例を考えてみよう。この問題に関する裁判例は、一般に、
黙示の労働契約が成立するには、単に受入企業が、社外労働者を受け入れ

---

6) 司法研修所編『増補民事訴訟における要件事実⑴』（法曹会、1986）38 頁。

26　第 2 講　使用者性

て、指揮命令関係があるというだけでは黙示の労働契約が成立すると評価するには不十分であり、企業との間で労働契約を黙示に合意したと評価し得る事情が必要であるとして[7]、使用従属関係の有無をはじめ、業務内容、勤務の実態、賃金、採用形態等を検討してその成否を判断している。学説を見ても、実質的にみて社外労働者に賃金を支払う者が受入企業であり、しかも社外労働者の労務提供の相手方が受入企業であるといえる場合にのみ、社外労働者と受入企業間に労働契約関係の基本的要素が整うとし、そのためには、①社外労働者の賃金が、実際上受入企業により決定され、派遣企業を介して受入企業自身によって支払われているとみなし得ること、②受入企業が社外労働者に対し作業上の指揮命令や出退勤管理を行うのみならず、配置・懲戒・解雇等の権限を事実上保持していたり、労働者の採用に関与すること等の事情が必要である[8]等としている。また、後述のパナソニック・プラズマディスプレイ事件の最高裁判例[9]は、結論として社外労働者（受入企業との間で請負契約を締結していた派遣企業が、自ら労働契約を締結していた労働者を、受入企業の指揮命令下に置いた事例）と受入企業との間の、黙示の労働契約の成立を否定した事件で、①社外労働者と派遣企業との間の労働契約を無効と解すべき特段の事情がないこと、②受入企業が、派遣企業による社外労働者の採用に関与していたとは認められないこと、③社外労働者が派遣企業から支給を受けていた給与等の額を、受入企業が事実上決定していたといえるような事情はうかがわれないこと、④派遣企業が配置を含む社外労働者の具体的な就業態様を一定の限度で決定し得る地位にあったこと等の諸事情の下では、受入企業と社外労働者との間に、労働契約関係が黙示的に成立していたとはいえないという判示をしている。

　上述のとおり、最終的には、この問題も、黙示の意思表示を認定するには、どれだけの基礎付け事実が必要かという問題であり、最終的にはケー

---

7)　福岡高判昭和 58 年 6 月 7 日判時 1084 号 126 頁・サガテレビ事件。
8)　菅野 181 頁、水町 76 頁、荒木 61 頁。
9)　最二判平成 21 年 12 月 18 日民集 63 巻 10 号 2754 頁・判タ 1316 号 121 頁。

ス・バイ・ケースの判断が必要になるのであるが、労働契約は、使用者が労働者に対して賃金を支払い、労働者が使用者に労務を提供することを基本的な要素とする契約であるから、賃金の支払の具体的な態様、労務提供の具体的な態様および当事者の契約意思を具体的に推認させる事情を考えることが、黙示の労働契約の成否を決するということができるのであり、上記の最高裁判例、下級審の裁判例も、同旨の判断をしているものと考えられる。

2 具体的な事例を通じての検討

上述のとおり、黙示の労働契約の成否に関する基礎付け事実は、事例によってケース・バイ・ケースの判断が必要になるのであるが、以下、筆者が、実際に経験して、黙示の労働契約の成立が肯定できるという判断をした事案をもとに、具体的な事実関係を検討してみよう。その事案の概要は、以下のとおりである。

Y社は、建築請負等を業とする会社であり、Xは、Y社の求人広告に応募して、Y社に訪問して面接を受けたところ、専らY社の人事担当者が対応した。面接の席で採用が決まると、数日後、Xは、Y社の人事担当者に伴われて、「親方」と称されるAの下に連れていかれ、そこで、A・X間の時間給を毎月支払うという労働契約書が作成された。その後、Xは、Y社の現場で作業に従事した。Y社からは、Y社と記載された作業着とヘルメットが支給されていた。Y社では、人事、総務等の管理セクションの職員は、形式的にもY社の従業員であるが、現場で作業する者は全員、形式的には「親方」と称される数名の現場責任者との間で、労働契約が締結されており、すべて後述のY・A間と同一の構造で、賃金の支払がなされていた。Y社のホームページには、従業員数としては、上記の管理セクションの職員数だけでなく、形式的には親方と労働契約を締結していた作業員の数も含まれていた。親方たちは、Y社の仕事以外の現場に出ることはなかった。親方と労働契約を締結している作業員に仕事がないときは、作業員は、「工場」と称される作業場で、労働時間を大幅に短縮された上で後

片付け等の雑用作業に従事しており、その際に親方に支払われる金員は、現場に出ている1人役の6割程度であった。なお、工場での作業は、特定の作業員に偏らないように、なるべく平等になるように、Y社が調整していた。現場での仕事の割振りは、Y社の担当者が行い、Xは、Aと同じ現場の作業に従事することが比較的多かったが、Aとは別の現場での作業が割り振られることも少なくなかった。Y社はAに対して、月ごとに、Aとの間で労働契約を締結していた作業員の、実際に作業していた延人数を、1人役いくらという計算（作業員ごとに単価が異なっていたし、上述の「工場」での雑用の場合には6割で計算されていた）で、請負代金という形式で金員を支払い、Y社の帳簿上は、外注費として計上されていた。Xは、AがY社からの請負代金を受領後に、賃金をAから受領しており、請負代金とXの賃金額を比較すると、Xが受領する金額の1割程度がAの儲けになっており、それは、他の親方も同様であった。

　Xは、Y社の現場で労働災害に遭って入院したが、その労働災害については、Y社の従業員としてではなく、労災保険の特別加入制度によって、Y社としての労災保険が出る手続がなされた。退院後は、Y社の指示により、工場での雑用作業に従事した。労災保険の後始末、いつまで工場での作業に従事するかについて、Y社の人事担当者とXとの間で、口論が絶えないという事態に至り、Y社の人事担当者が、Xに対し、このままだと辞めてもらわないといけなくなるという発言をした。この間、Aは、この労災保険に関してXとは全く関与していない。その後のX・Y社間の対立関係の後に、AはXに対して解雇の意思表示を郵送した。

　この事例を検討するに当たり、まず、着目すべきは、賃金の支払方法である。労働契約は、使用者が労働者に対して賃金を支払い、労働者は使用者に対して労務を提供することを本質的な要素とする契約であるから、賃金の支払方法の具体的態様が重要になる。この事例では、Y社から支払われる「請負代金」から、AがX以下の作業員に、自由に最終的な賃金額を決めているとは考え難く、Aの取り分が1割程度になるように作業員に分配しているという賃金支払方法であるということは、実質的に見て、賃金額はY社が決定し、Y社がAを通じてX以下の労働者に賃金を支払って

いるとの評価が可能であると考えられる。これが、上記のパナソニック・プラズマディスプレイ事件の最高裁判例のいう、「社外労働者が請負企業から支給を受けていた給与等の額を、受入企業が事実上決定していた」という評価につながるものと考えられる。

　次の着目点は、同じく労働契約の要素としての労務の提供の態様である。労務提供の具体的態様は、非常に多様性の高い事実関係であり、微妙な評価が必要な事例が少なくない。今日の企業では、指揮命令関係が複雑で、労働者は、複数の系統の指揮命令を受けている事例が少なくないからである。もっとも、上記事例は、必ずしもＡがＸと同じ業務に従事しているわけではなく、作業の割振りは、専らＹ社が決定しており、その業務決定へのＡの関与はさほど重要でないとの評価が可能であった。これは、上記最高裁判例のいう「派遣企業が配置を含む社外労働者の具体的な就業態様を一定の限度で決定し得る地位にあったとはいえない」との評価を受ける可能性が高いといえよう。

　さらに、契約締結に際しての事情も重要な要素である。Ｘは、労働契約を締結する相手方当事者としては、Ｙ社を想定しており、実際に求人を行い、面接を行ったのはＹ社であって、ホームページ上も、Ｙ社が現場作業員を採用していることが記載されていて、むしろ、Ｙ社が現場作業員を採用するという意思がうかがわれた。一方、Ａは、Ｙ社を通じてＸに引き合わされた当事者であり、その意味では、ＸにとってＡを契約当事者として認識していたかは、非常に疑問がある事例であった。上記最高裁判例は、「受入企業が、請負企業による社外労働者の採用に関与していたとは認められないこと」を、黙示の労働契約成立の否定要因としているが、これは、契約意思としての契約当事者として、受入企業が全く念頭に置かれていないことを、黙示の労働契約成立の否定要因としたものと考えられる。上記事例は、契約意思という観点からも、十分に、ＸとＹ社の間に黙示の労働契約が成立するという具体的な事情が存するものと考えられるのである。

　以上のように、黙示の労働契約の成立という観点から具体的な事例を検討すると、当該契約の本質的な要素は何であり、その権利義務の具体的な

30　第2講　使用者性

履行態様を、各当事者がどのように果たしているか、当事者の契約意思という観点から、各当事者は、使用者は誰であると考えていると評価できるかという、契約当事者の黙示の意思表示を論じる上でのごく一般的な手法を用いていると考えることができる。もとより、労働契約については、一般的に、使用者が労働者に比して、圧倒的に優位な立場にあることから、上記事例でも、ごく容易に、Ｙ社はＸに対して、Ａとの労働契約を締結する形式を整えることができるという特質が存するのであり、労働契約のこの特質には、十分に注意を用いるべきであるが、その上で、黙示の意思表示を判断するという、実務的には、ごく一般的な手法を用いるのが適当なのであり、上記のパナソニック・プラズマディスプレイ事件の最高裁判決も、同様の立場をとっているということができる。

　なお、学説中には、「事実上の使用従属関係の存在自体から当事者間の労働契約締結の黙示の意思が客観的に推認される」という見解や、「使用者の側の労働契約締結の意思については事実上の使用従属関係の存在から認められるが、労働者の意思を無視して労働契約の成立を認め得ないとして、労働者は、請負元（派遣先）企業、請負（派遣元）企業のいずれに対しても、片面的に労働契約関係の存在を主張しうる」という見解があるようである[10]。これらの見解の根拠が何であるか不明であるが、その点を措くとしても、そもそも「事実上の使用従属関係」という概念が、具体的にどのようなものであるかが明白ではないといわざるを得ない。上述のとおり、実務を少しでも経験すれば、雇用の現場においては、使用従属関係というのは、無限の多様性が存することは自明であることが分かるのであり、多義的に解釈できる概念の内容次第で、重大な法律効果が発生するか否かが決する見解を実務で採用することは、極めて難しいであろう。代理人弁護士の立場で、訴訟における攻撃防御に責任を持つ立場であれば、このような多義的な概念に逃げ込むことなく、当該事実関係を推認させる具体的な基礎付け事実を丹念に調査した上で主張・立証するという、実務家

---

10)　有田謙司・百選〔第8版〕6頁。なお、この筆者は、これらの見解をとることについて、批判している。

としてのごく普通の訴訟活動を行うことが期待されよう[11]。

3 パナソニック・プラズマディスプレイ事件について

　上述のパナソニック・プラズマディスプレイ事件の高裁判決[12]と、この高裁判決を破棄自判した上記最高裁判決が、巷間、議論になるので、ここで、この判例について言及しておく。

　この事案のY社（受入企業、派遣先）の製造ラインでは、Y社の正規従業員と、Y社から業務委託を受けたA社（派遣企業、派遣元）等に雇用されていた者とが共同で作業に従事していた。派遣法にいう「労働者派遣」とは、自己の雇用する労働者を当該雇用関係の下に、かつ、他人の指揮命令を受けて当該他人のために労働に従事させることをいい、当該他人に対し当該労働者を当該他人に雇用させることを約してするものを含まない（派遣法2条1号）としている。この事例では、Y社（派遣先）がその雇用下にないA社（派遣元）の労働者に直接具体的な指揮命令を行っているという点で実質的には労働者派遣に該当するにもかかわらず、労働者派遣法の種々の規制（派遣期間制限等）を事実上脱法するために形式的に請負の形式がとられていた（俗に「偽装請負」と称せられる）。

　大阪高裁の判決は、Y社・A社間の業務委託契約は、A社が、XをY社のために労働に従事させる脱法的な労働者供給契約であり、X・A社間の契約は上記目的達成のための契約であるから、いずれも職業安定法44条

---

11)　なお、派遣労働者と派遣先企業という限局された局面ではあるが、平成24年の派遣法改正において、同法40条の6第1項は、次の4つの要件、つまり、①禁止業務へ派遣の受入れ（同法4条3項違反）、②無許可、無届けの派遣事業者からの派遣受入れ（同法24条の2違反）、③派遣可能期間の制限を超えた派遣受入れ（同法40条の2第1項、40条の3違反）、④偽装請負（法の適用を免れる目的での労働者派遣以外の名目による派遣労働者の受入れ）のいずれかを満たす場合に、派遣先は派遣労働者に直接、その時点における当該労働者に係る労働条件と同一の労働条件を内容とする労働契約の申込みをしたものと「みなす」ことを規定している。ただし、派遣先が違法派遣であることを知らず、かつ、知らなかったことに過失がなかった場合（善意無過失の場合）は適用されない（同法40条の6第1項ただし書き）。

12)　大阪高判平成20年4月25日労判960号5頁。

32　　第2講　使用者性

等に違反し、公の秩序に反するものとして締結当初から無効であるとした上で、第1に、X・Y社間には当初から事実上の使用従属関係があったこと、第2に、XがA社から給与等として受領する金員は、Y社がA社に業務委託料として支払った金員からA社の利益等を控除した額を基礎とするものであって、Xが給与等の名目で受領する金員の額を実質的に決定する立場にあったのはY社であったといえること、第3に、無効な上記各契約にもかかわらず継続したX・Y社間の上記実体関係を法的に根拠付け得るのは黙示の労働契約のほかにはなく、その内容は、X・A社間の契約における労働条件と同様と認めるのが相当であるとして、X・Y社間の労働契約関係を認め、Y社を使用者とするという判断を示した。

　この大阪高裁判決には、上記のXとA社およびY社の法律関係は、「自己（A社）の雇用する労働者（X）を、当該雇用関係の下に、かつ、他人（Y社）の指揮命令を受けて、当該他人のために労働に従事させること」という派遣法2条1号に該当する契約形態であり、職業安定法に定める労働者供給契約の規定（同法4条6項）が、労働者供給事業の定義から労働者派遣法にいう労働者派遣事業を除外していることから、Y社・A社間の業務委託契約を職業安定法違反としているのは、疑問の残る判断であるし、派遣法は、立法当初から、どの範囲の労働者派遣事業を禁止するかという基本的な点から規制の内容に至るまで、その時々の経済情勢、雇用情勢、政治情勢によって、非常に頻繁な改正がなされており、その違反行為に対して、直ちに公序良俗違反という評価を断定してよいのか等、疑問点はいくつかあるが、何よりも、契約の当事者に関する黙示の意思表示という、一般的な判断の枠組みについて、基礎付ける事情となるべき具体的事実を丹念に拾うという、民事裁判実務の通常の手法ではなく、事実上の指揮命令関係という多義的な概念を用いて、一気に結論に直結させたという点が最大の疑問点であると思われる。

　この大阪高裁判決は破棄され、上記最高裁判決は、X・A社・Y社3者間の関係は、労働者派遣（派遣法2条1号）に該当し、労働者供給事業（職業安定法4条6項）に該当する余地はないとした上で、①XとA社との間の雇用契約を無効と解すべき特段の事情はうかがわれず、両者間の雇用

契約は有効に存在していたものと解すべきであること、②Ｙ社はＡ社によるＸの採用に関与していたとは認められないこと、③ＸがＡ社から支給を受けていた給与等の額をＹ社が事実上決定していたといえるような事情もうかがわれないこと、④かえって、Ａ社は、配置を含むＸの具体的な就業態様を一定の限度で決定し得る地位にあったものと認められることという基礎付け事実を、具体的に検討した上で、Ｙ社・Ｘ間で、黙示の労働契約が成立しているとはいえないと判断した[13]。

　もとより、この大阪高裁判決の実質的な考慮、つまり、かつては職業安定法44条が、原則的に労働者供給事業を禁止していたのに、一定の規制を加えながら、派遣法がこれを解禁した後においても、特定製造業務への労働者派遣を禁止していた派遣法の回避策として、または同法による各種の規制を潜脱して労務管理コストを抑える方策として、偽装請負が横行している実態を何とかしようという方向性には、聴くべきものがあるし、偽装請負は労働者派遣としては違法であることは明らかであるが、その事態を、「黙示の契約」という手法によって権利関係を決するのは、従前からの基礎付け事実に関する実務の手法から考えれば、解釈論としては、困難な問題があるといわざるを得ないのであり、上記の最高裁判決も、そのような考え方を示したものと考えられる。

Ⅳ　どの法主体が、使用者であるかが問題になるケース

1　関連する企業が複数存する場合

　労働事件を担当していると、使用者である企業に関連会社が多数存在し、最初の求人を行った企業Ａ社に入社したのは確かであるが、その後、関連会社であるＢ社に異動し、さらにその後、Ｃ社に出向した……等と、

---

13)　その後の下級審の裁判例においては、この最高裁判例の判断枠組みによる裁判例が続いている。例えば、東京高判平成27年11月11日労判1129号5頁・DNPファインオプトロニクス事件。

34　　第2講　使用者性

業務に従事する企業が複数回替わり、労働者が、所属する企業がどれであるかがはっきりしないという形態の雇用関係が存する[14]。このような場合に、企業の側が、関連会社の業務に従事する法律関係について、在籍出向か、転籍出向か、あるいは、いったんＡ社を退社し、その後にＢ社に就職したものか等、その身分関係を裏付ける資料とともに把握していれば、訴訟提起前に被告となる企業に対して交渉をする際に、少なくとも形式的に所属する会社は、どの企業であると使用者側が主張しているのか、それについて、客観的な資料は存するのかを確認し、それを踏まえてどの企業を被告にするかの戦略を練ることになろう。ところが、企業の側が、当該労働者が、形式的であれどの企業に帰属しているのかに関する客観的資料を有しない事例もあるし、甚だしきに至っては、企業の側が、当該労働者の帰属について、明白に回答できない事例もないわけではない。地位確認請求訴訟で、被告となる企業を、選択的に２社以上を被告にして訴訟提起され、それが合理的であると思われた事例もあった。企業の側が、当該労働者が、形式的であれ、どの企業に所属しているのかを、客観的な資料を用いて説明できないような甚だしい事例では、少なくとも当初に就職したＡ社は、使用者としての義務を負うことになり、企業側が、Ａ社に法的義務がないと主張するには、Ａ社を退職して、Ｂ社に所属することになったことを、客観的な証拠に基づいて立証し、その証拠評価が争点になるであろう。

2　法人格否認の法理が適用される場合

たとえば、親会社と子会社との関係で、子会社の従業員が、親会社に対し、未払賃金等の請求ができる場合があるかという局面で、使用され得る法概念は、法人格否認の法理[15]である。法人格否認の法理には、法人格の形骸化ケースと法人格の濫用ケースとがある。

---

14)　菅野 178 頁以下が指摘するように、現在の労働関係においては、複数の企業が、特定の労働者の労務の提供について関与する事例、例えば、共同使用、グループ採用、親子会社、業務請負契約、労働者派遣、出向等の多様な場合がある。

法人格の形骸化ケースで、法人格否認の法理を認めた事例のひとつは、黒川建設事件の東京地裁判決[16]である。この裁判例は、子会社従業員の親会社に対する未払賃金および退職金請求事件であった。この東京地裁判決は、法人格が全く形骸にすぎないというためには、単に当該会社の業務に対し他の会社または株主らが、株主たる権利を行使し、利用することにより、当該会社に対し支配を及ぼしているというだけでは足りず、当該会社の業務執行、財産管理、会計区分等の実態を総合考慮して、当該会社の法人としての実態が形骸にすぎないかどうかを検討すべきであると判示し、その上で、具体的な親会社と子会社の、業務執行、財産管理および会計区分等の実態を具体的に検討して、親会社を子会社と同一視することが可能であると判断している。

　法人格の濫用ケースについて、これを肯定した近時の裁判例としては、第一交通産業ほか（佐野第一交通）事件の大阪高裁判決[17]を挙げることができる。この事例は、企業再編の中で、解散した子会社の従業員にとって親会社が使用者といえるかが争われたものである。この裁判例は、法人格の濫用ケースについて、子会社が完全に形骸化していない場合であっても、親会社が、子会社の法人格を意のままに道具として実質的・現実的に支配し（支配の要件）、その支配力を利用することによって、子会社に存する労働組合を壊滅させる等の違法、不当な目的を達するため（目的の要件）、その手段として子会社を解散した等法人格が違法に濫用され、その濫用の程度が顕著かつ明白であると認められる場合には、子会社の従業員は、直接親会社に対して、雇用契約上の権利を主張することができるとの判断を示した。そして、解散した子会社が、法人格の形骸化ケースであるかを具体的な事実関係を検討し、完全には形骸化しているとまではいかないと判断した上で、この判断の過程で検討した具体的な事実関係の下では、親会社による子会社の実質的・現実的支配がなされており（支配の要

15)　法人格否認法理を最初に認めた最高裁判例は、最一判昭和44年2月27日民集23巻2号511頁・山世志商会事件である。
16)　東京地判平成13年7月25日労判813号15頁。
17)　大阪高判平成19年10月26日労判975号50頁。

件）、労働組合を壊滅させる違法・不当な目的で子会社の解散決議をし、かつ、当該解散が偽装解散であると認められる（目的の要件）とし、法人格濫用の程度が顕著かつ明白であるとして、このような場合においては、子会社の従業員は、親会社に対して、今後も継続して従業員たる地位を主張することができるという判断を示している。

　学説は、法人格否認の法理は、個別例外救済法理としての性格から、子会社の従業員の親会社に対する未払賃金・退職金の請求のような一時的限定的な請求のみを根拠付けることができると考えられるか、それとも子会社従業員に対する親会社の継続的包括的な雇用責任をも根拠付けるかが問題であるとしている。そして、法人格濫用ケースであるとして継続的包括的な雇用責任を問うには、子会社の法人格が全く形骸化しており、しかも、子会社の労働組合壊滅を目的とした解散のような明白な法人格の濫用があるケースにのみ認めるべきであるとしている[18]。

Ⅴ　まとめ

　以下、当事者の立場からの主張立証上のあり方について触れておく。以上の検討によっても明らかなとおり、黙示の労働契約の認定の問題であれ、どの法主体が使用者であるかを検討する場合であれ、または、法人格否認の法理の適用の場面であれ、当事者が主張、立証するに当たって肝心なことは、それぞれの法的主張を根拠付ける具体的な事実関係を、いかに丹念に拾い上げていくかという点である。判例を掲げたり、あるいは法人格否認の法理、偽装請負等と、聞きかじった法律概念を、形ばかり華々しくして抽象的な議論を展開したりするものの、それを根拠付ける具体的な事実関係となると、足のつかない、薄っぺらな議論に終始して主張立証活動を行っている場合が、実務を担当していると、しばしば見受けられるところである。労働者側であれ、使用者側であれ、抽象的な議論を得々と展開するよりも、その用いている法概念を根拠付ける具体的な事情が十分か

---

18)　菅野 180 頁。

否かという地に足のついた議論をすることが、何よりも重要なのであり、上述の裁判例は、それだけの具体的な事実関係が当事者によって丹念に主張、立証されているかを問うている事例なのであり、当事者の主張を認めなかったのは、いずれも、十分な根拠付けの事実が的確に主張、立証されていないケースなのである。そして、これは、別段、労働事件に限らず、およそ民事裁判全体を通じて行われるべき、当たり前の攻撃防御方法なのであり、その基本的な考え方を身につけて実際の主張立証を行うことが重要であると考える。

第 3 講

年次有給休暇と
時季変更権の行使

島根　里織

Ⅰ　はじめに

　年次有給休暇の権利については、労基法 39 条 1 項では一定の要件を満たした労働者に対して一定の有給休暇を「与えなければならない」と規定されており、同条 5 項では「労働者の請求」する時季に「与えなければならない」と規定されていることから、その法的性質について、請求権とみるべきか、形成権とみるべきか、かつて学説上で争いが存していた。しかし現在では、労基法上の要件が充足されることによって法律上当然に発生する「年休権」と、年休を取得する時季を指定する「時季指定権」とからなるものと理解されている（二分説。最二判昭和 48 年 3 月 2 日民集 27 巻 2 号 191 頁・判タ 292 号 224 頁・労判 171 号 16 頁・林野庁白石営林署賃金カット事件、最二判昭和 48 年 3 月 2 日民集 27 巻 2 号 210 頁・判タ 292 号 231 頁・労判 171 号 10 頁・国鉄郡山工場賃金カット事件）。

　このように、発生した「年休権」は、労働者が「時季指定権」を行使することにより特定される[1]。ここにいう「時季」とは、「季節をも含めた時期」を意味するものと解されている。そこで、労働者による時季指定の方法には、①具体的に始期と終期を特定して行う場合と、②季節を指定して行う場合の 2 つの方式があることになる。本講では、実務上多い①の

---

1)　なお、年次取得の促進を目的として、年次有給休暇の付与日数が 10 日以上である労働者に対して、年次有給休暇のうち年 5 日については、使用者において時季指定をして付与しなければならない旨等を規定する労基法改正案が平成 27 年通常国会（第 189 回国会）に提出され、現在継続審議中となっている。

具体的時期を指定して行う「時季指定権」を、以下、取り上げることとする。

労働者が①の方式、すなわち、その有する休暇日数の範囲内で、具体的な休暇の始期と終期を特定して時季指定をしたときは、客観的に労基法 39 条 5 項ただし書所定の事由が存在し、かつ、これを理由として使用者が時季変更権の行使をしない限り、年次有給休暇が成立し、当該労働日における就労義務の消滅という法的効果が発生することになる。この意味で、（①の方式による）時季指定権は形成権であり、使用者の適法な時季変更権の行使を解除条件[2] として、その効果が発生するものといえる。したがって、年次有給休暇の成立要件として、労働者による「休暇の請求」や、これに対する使用者の「承認」の観念を容れる余地はない[3]。

このような法的構造から、年次有給休暇に関する訴訟においては、使用者の時季変更権の行使の適否が主な争点となることが多い。そこで、この点を中心として個別の争点について裁判例等を概観した上で、労働者側の主張立証上の留意点および使用者側の主張立証上の留意点について、検討することとする。

II 判例の考え方・実務の運用

1 時季指定の時期

(1) 時季指定の時期を制限する就業規則等の効力等

就業規則において、休暇日の前々日までに年次有給休暇を請求しなければならない旨定められていたのに、これに違反して当日になって突然年次有給休暇の時季指定をしたという事案について、前記就業規則の定めは年次有給休暇の時季指定をすべき時期についての制限として合理的なものであるから、有効であるとした（大阪高判昭和 53 年 1 月 31 日労民集 29 巻 1

---

2) 時季指定による形成的効果の発生を阻む一種の抗弁権に当たる。
3) 前掲最二判昭和 48 年 3 月 2 日・林野庁白石営林署賃金カット事件、前掲最二判昭和 48 年 3 月 2 日・国鉄郡山工場賃金カット事件。

号 11 頁・判時 880 号 11 頁・労判 291 号 14 頁・電電公社此花電報電話局事件、
その上告審最一判昭和 57 年 3 月 18 日民集 36 巻 3 号 366 頁・判タ 468 号 95 頁・
労判 381 号 20 頁）。

⑵　年次有給休暇の事後請求

　時季指定は、使用者において事前に時期変更の要否を検討し、その結果
を労働者に告知するに足りる相当の時間をおいてされなければならないも
のと解されるから、指定に係る年次有給休暇期間開始後の時季指定（いわ
ゆる年次有給休暇の事後請求）は本来成り立たないものであり、労働者が急
病その他の緊急事態のためあらかじめ時季指定をすることができずに欠務
した場合、使用者において、当該労働者の求めに応じて欠勤と扱わず、年
次有給休暇と振り替える処理が行われていたときであっても、それは、使
用者の裁量によりそのような取扱いがされるのにすぎず、事後請求によっ
て当然に休暇取得の法的効力が生ずるものではないとされている（東京地
判平成 5 年 3 月 4 日労民集 44 巻 2 号 271 頁・判タ 827 号 130 頁・労判 626
号 56 頁・東京貯金事務センター職員賃金請求事件、その控訴審東京高判平成 6
年 3 月 24 日労民集 45 巻 1・2 号 118 頁・労判 670 号 83 頁）。

2　時季変更権の行使の方法

⑴　他の時季の指定の要否等

　時季変更権を行使する方法としては、指定に係る時季に年次有給休暇を
付与し得ない旨の意思表示をすれば足り、使用者において、さらに、年次
有給休暇を付与すべき日を具体的に示す必要はない[4]。
　また、使用者の「承認しない」という意思表示でも時季変更権の行使の
意思表示に当たる[5]。

---

[4]　新潟地判昭和 52 年 5 月 17 日労民集 28 巻 3 号 101 頁・判時 854 号 112 頁・
　　労判 280 号 37 頁・新潟鉄道郵便局懲戒事件、その控訴審東京高判昭和 56 年 3
　　月 30 日労民集 32 巻 2 号 167 頁・労判 365 号 87 頁。

Ⅱ　判例の考え方・実務の運用　　41

(2) 行使すべき時期

　時季変更権は、休暇開始前に行使することが原則であるが、年休期間開始・経過後の行使であっても、時季指定が休暇期間の始期に極めて接近してされたため、使用者において時季変更権を行使するか否かを事前に判断する時間的余裕がなかったようなときには、客観的に時季変更権を行使し得る事由が存在し、かつ、その行使が遅滞なくされたものであれば適法と解されている[6]。

(3) 一部についての時季変更権行使

　複数日にわたる一括した時季指定については、その一部についてのみ時季変更権を行使することも可能である[7]。

(4) 退職前の年休取得と時季変更権

　退職前の未消化年休の一括時季指定に対する時季変更権の行使の可否については、現時点では、この点について判断した公刊されている裁判例は見当たらない。

　学説上は争いがあり、消極説[8]は、時季変更権の行使には「他の時季に年休を与える」可能性の存在が前提となるが、退職前の一括時季指定の場合にはその可能性がないとして、時季変更権を行使できないと解している。他方、積極説[9]は、「事業の正常な運営を妨げる場合」であるのに時季変更権が行使できないとすることには疑問があり、退職前であれ、解雇予告期間中であれ、要件が満たされるときには使用者は時季変更権を有するといわなければならず、そのために未消化年休の取得が不可能となっても、年休の時季指定をしないままで退職等に至った労働者が不利益を負担

---

5)　前掲最二判昭和48年3月2日・国鉄郡山工場賃金カット事件。
6)　前掲最一判昭和57年3月18日・電電公社此花電報電話局事件。
7)　最三判平成4年6月23日民集46巻4号306頁・判タ791号71頁・労判
　　613号6頁・時事通信社けん責事件。
8)　菅野538頁。
9)　下井350頁。

すべきであるとし、ただ、労働者が退職時に年休の時季指定をしたことに
関連して使用者の側に責められるべき事情があったと認められる場合に
は、時季変更権の行使が権利濫用となって効果を生じないと解することが
できるとしている[10]。

3 「事業の正常な運営を妨げる場合」

　労基法39条5項ただし書は、「事業の正常な運営を妨げる場合」を時
季変更権を行使するための要件として挙げている。この「事業の正常な運
営を妨げる」という要件の存否の判断は、個別的具体的事情にかかること
から、微妙な問題となることが多い。そこで、この要件に関する裁判例を
争点ごとに概観する。

(1) 「事業」の意義

　「事業の正常な運営を妨げる」の「事業」とは、当該労働者の所属する
事業場を基準として決すべきものであると解されている（前掲最二判昭和
48年3月2日・林野庁白石営林署賃金カット事件、前掲最二判昭和48年3月
2日・国鉄郡山工場賃金カット事件）。

(2) 現実に事業の正常な運営が害されたという事実の発生の要否

　裁判例では、業務阻害の結果が発生するおそれがあれば足りるとしたも
の（熊本地八代支判昭和45年12月23日労民集21巻6号1720頁・チッソ
年休拒否事件）、事業の正常な運営を妨げる事由の発生の蓋然性をうかがわ
せる事情が存在すれば足りるとしたもの（山形地判昭和51年5月31日判
時834号94頁・労判260号42頁・山形電報電話局停職事件、その控訴審仙
台高判昭和55年4月28日訟月26巻7号1185頁等）、当該休暇取得により、
単に一般的、抽象的に業務に支障の生ずるおそれがあるといった程度では

---

10)　なお、荒木208頁は、退職時においては諸外国でも認められているように、年
　　休手当の退職時精算を認めつつ時季変更権の行使の余地も認めるべきであるとし
　　ている。

Ⅱ　判例の考え方・実務の運用　　43

足りず、少なくとも業務に対し具体的な支障の生ずるおそれのあることが客観的にうかがえることが必要であるとしたもの（名古屋地判平成 5 年 7 月 7 日判タ 841 号 162 頁・労判 651 号 155 頁・名古屋近鉄タクシー年休事件）などがある。

⑶　判断要素

　事業の正常な運営を妨げるおそれまたは蓋然性の有無の判断は、結局は、諸般の事情を総合して個別的に行うことにならざるを得ない。一般的な考慮要素としては、事業所の規模、業務内容、当該労働者の担当する職務の内容、性質、職務の繁閑、代替要員確保の難易、時季を同じくして有給休暇を指定している他の労働者の員数、休暇取得に関するこれまでの慣行等が挙げられる（大阪地判昭和 33 年 4 月 10 日労民集 9 巻 2 号 207 頁・判タ 80 号 91 頁・東亜紡織懲戒解雇事件、東京高判昭和 63 年 12 月 19 日労民集 39 巻 6 号 669 頁・判タ 683 号 229 頁・労判 531 号 22 頁・時事通信社けん責事件、札幌地決平成元年 7 月 24 日労判 548 号 83 頁・鈴蘭交通解雇事件、前掲名古屋地判平成 5 年 7 月 7 日・名古屋近鉄タクシー年休事件）。

⑷　代替要員確保義務

　上記判断要素のうち、代替要員確保の難易については、さらに、使用者に代替要員確保等の努力をすべき義務があるか否かが問題とされている。

　この点に関する裁判例としては、勤務割による勤務態勢がとられている事業場において、使用者としての通常の配慮をすれば、代替勤務者を確保して勤務割を変更することが客観的に可能であると認められるにもかかわらず、使用者がそのための配慮をしなかった結果、代替勤務者が配置されなかったときは、必要配置人員を欠くことをもって「事業の正常な運営を妨げる場合」に当たるということはできないとしたもの（最二判昭和 62 年 7 月 10 日民集 41 巻 5 号 1229 頁・判タ 647 号 92 頁・労判 499 号 19 頁・弘前電報電話局職員戒告事件[11]）、最三判昭和 62 年 9 月 22 日集民 151 号 657 頁・

11）　同判例については、重要判決 50 選 180 頁〔吉田光寿〕も参照のこと。

判タ 660 号 78 頁・横手電話中継所職員戒告等事件)、労働者が勤務割による勤務予定日につき年次有給休暇の時季指定をしたのに対し、使用者が代替勤務者確保のための配慮をせずに時季変更権を行使した場合であっても、当該事業場における勤務割の変更の方法およびその頻度、使用者の従前の対応、代替勤務の可能性、週休制の運用、当該時季指定の時期などに照らして、使用者が通常の配慮をしたとしても代替勤務者を確保して勤務割を変更することが客観的に可能な状況にないときには、時季変更権の行使が違法となることはないとしたもの(最三判平成元年 7 月 4 日民集 43 巻 7 号 767 頁・判タ 731 号 82 頁・労判 543 号 7 頁・関東電通局職員戒告事件)、バス運転手の年次有給休暇の時季指定に対して使用者がした時季変更権の行使について、使用者として年休の時季指定がされた場合に行うべき通常の配慮が尽くされず、また、運転手の要員の不足が常態化したまま行われたものであるから、時季変更権の行使は違法であるとしたもの(金沢地判平成 8 年 4 月 18 日労民集 47 巻 1・2 号 91 頁・判タ 925 号 198 頁・労判 696 号 42 頁・西日本ジェイアールバス年休権侵害損害賠償事件、その控訴審である名古屋高金沢支判平成 10 年 3 月 16 日労判 738 号 32 頁)などがある。

(5) 長期休暇と時季変更権

　労働者が長期かつ連続の年次有給休暇を取得しようとする場合においては、それが長期のものであればあるほど、使用者において代替勤務者を確保することの困難さが増大するなど事業の正常な運営に支障を来す蓋然性が高くなり、使用者の業務計画、他の労働者の休暇予定等との調整を図る必要が生ずるのが通常である。しかも、使用者にとっては、労働者が時季指定をした時点において、その長期休暇期間中の当該労働者の所属する事業場において予想される業務量の程度、代替勤務者確保の可能性の有無、同じ時季に休暇を指定する他の労働者の人数等の、事業活動の正常な運営の確保にかかわる諸般の事情について、これを正確に予測することは困難であり、当該労働者の休暇の取得がもたらす事業運営への支障の有無、程度につき、蓋然性に基づく判断をせざるを得ない。したがって、労働者が、上記調整を経ることなく、その有する年次有給休暇の日数の範囲内で

Ⅱ　判例の考え方・実務の運用　　45

始期と終期を特定して長期かつ連続の年次有給休暇の時季指定をした場合には、これに対する使用者の時季変更権の行使については、上記休暇が事業運営にどのような支障をもたらすか、休暇の時期、期間につきどの程度の修正、変更を行うかに関し、使用者にある程度の裁量的判断の余地を認めざるを得ない（前掲最三判平成 4 年 6 月 23 日・時事通信社けん責事件）。

4 非代替的業務の予定されている日における時季指定権の行使と時季変更権

(1) 非代替的業務が予定されている日についてした年次有給休暇の権利の行使の効力

出張命令や研修命令が出されているときは、これを事前の時季変更権の行使とみることができ、時季指定権を行使することはできないのではないかということが問題となるが、このような場合であっても、必ずしも非代替的業務が予定されているといえるわけではないから、時季指定権を行使することはでき、あとは時季変更権の行使の問題であると解されている（最高裁判所事務総局行政局監修『労働関係民事行政裁判資料第 20 号 労働関係民事行政事件担当裁判官会同概要集録（その 2）』272 頁、原啓一郎「年次有給休暇」大系 5・労働訴訟 179 頁。同旨の裁判例として、静岡地判昭和 48 年 6 月 29 日労民集 24 巻 3 号 374 頁・判タ 299 号 383 頁・労判 182 号 19 頁・動労静岡鉄道管理局事件、その控訴審である東京高判昭和 52 年 1 月 26 日労民集 28 巻 1・2 号 1 頁・労判 269 号 44 頁 [12]）。

---

12) 結論的には、当該職員を研修に参加させること自体が事業場における事業の正常な運営を図ることにほかならないとして、客観的に事業場における事業の正常な運営を妨げる場合に当たるとして時季変更権の行使は適法であるとしている。

⑵ **研修期間中の年休取得と時季変更権（最二判平成 12 年 3 月 31 日民集 54 巻 3 号 1255 頁・判タ 1028 号 143 頁・労判 781 号 18 頁・日本電信電話（年休）事件）**[13]

ア　事案の概要

社内訓練施設における 1 か月弱の訓練期間中に 1 日の年休の時季指定権を行使した原告が、使用者である被告から時季変更権の行使がされたのに、訓練を欠席して組合の結成大会に出席したところ、被告から無断欠席を理由にけん責処分を受け、定期昇給の減額および賃金カットされたことにつき、けん責処分の無効確認および未払賃金の支払を求めた事案。

1 審（東京地八王子支判平成 6 年 8 月 31 日判タ 878 号 191 頁・労判 658 号 43 頁）は、時季変更権の行使は適法であり、不当労働行為にも当たらないとしながら、訓練期間中にゴルフ等を理由に年休を取得した過去の事例があることなどを考慮すると、無断欠席を理由にけん責処分等をすることは権利の濫用に当たり、けん責処分、定期昇給の減額および賃金カットはいずれも無効であるとして、原告の請求を全部認容した。

これに対し、控訴審（東京高判平成 8 年 1 月 31 日労民集 47 巻 1・2 号 1 頁・判タ 977 号 171 頁・労判 781 号 22 頁）は、時季変更権の行使は違法であるから、原告の欠席は無断欠席とはいえず、けん責処分、定期昇給の減額および賃金カットはいずれも無効であるとして、理由を差し替えて、被告の控訴を棄却し、原告の附帯控訴をいれて認容額を増額した。

イ　上告審の判旨

上告審は、まず、「本件訓練は、上告人の事業遂行に必要なディジタル交換機の保守技術者の養成と能力向上を図るため、各職場の代表を参加させて、1 箇月に満たない比較的短期間に集中的に高度な知識、技能を修得させ、これを所属の職場に持ち帰らせることによって、各職場全体の業務の改善、向上に資することを目的として行われたものということができる。このような期間、目的の訓練においては、特段の事情のない限り、訓練参加者が訓練を一部でも欠席することは、予定された知識、技能の修得

---

13)　大橋寛明・最判解民事篇平成 12 年度（上）389 頁。

に不足を生じさせ、訓練の目的を十全に達成することができない結果を招くものというべきである。したがって、このような訓練の期間中に年休が請求されたときは、使用者は、当該請求に係る年休の期間における具体的な訓練の内容が、これを欠席しても予定された知識、技能の修得に不足を生じさせないものであると認められない限り、年休取得が事業の正常な運営を妨げるものとして時季変更権を行使することができると解される。」と一般論について述べた上で、「被上告人は、本件訓練において修得することが不可欠とされ、そのため従前の講義時間が二倍に増やされていた共通線に関する講義 6 時限のうち最初の 4 時限が行われる日について年休を請求したというのであるから、当日の講義を欠席することは、本件訓練において予定された知識、技能の修得に不足を生じさせるおそれが高いものといわなければならない。しかも、被上告人は、交換課の平成元年度における唯一の代表として保全科ディジタル交換機応用班の訓練に参加していたのであるから、被上告人の右修得不足は、ひいては、交換課全体の業務の改善、向上に悪影響を及ぼすことにつながるものということができる。」として、原審の判断には違法があるとして原判決を破棄し、原審に差し戻した（差戻審・東京高判平成 13 年 11 月 28 日労判 819 号 18 頁）。

　ウ　上告審の判断のポイント

　　1 審と原審とで時季変更権の行使の適否の判断が分かれているが、本件訓練への参加が非代替的な業務であるということについては差異はなく、原告にとって年休の時季指定をした日の講義を受講することが原告の知識、技能向上に不可欠であったか否かの判断において考え方が分かれたといえる。

　　上告審では、①本件訓練が実践的なものであり、年休当日の講義科目は従前の同種の訓練において 3 時限であったものを重要性にかんがみて 6 時限に延長したものであって、訓練参加者が修得する必要性が大きいといえること、②講義科目には教科書があるといっても、教科書に基づいて自習するのと講義を受講するのとでは成果に差があるというのが経験則であること、③自習をするということは原告の意思にかかっており、客観的に自習をすることが確実に期待される事情があったことは確定されていない

48　　第 3 講　年次有給休暇と時季変更権の行使

こと、④経験則上、6時限の講義のうち初めの4時限を受講せず、自習も
しなかった者は、残る2時限の理解度も低いのが通常であることなどを
考慮し、本件講義を受講しないでも本件訓練参加による知識、技能の修得
に不足を生ずることがないというためには、原告が本件講義によって修得
することが予定されている知識、技能を既に修得していたことが必要であ
るということを導き出した上で、本件では原告が本件講義を受講しないで
もよい程度に既に知識、技能を修得していたことまでは確定されていない
として、被告が時季変更権を行使した時点において客観的にみて本件年休
取得が事業の正常な運営を妨げる蓋然性があったとみる余地が十分にある
とした。

　本件は事例判断ではあるが、認定される事実と認定されない事実を確定
し、経験則を用いながら具体的に検討を加えた上告審の判断手法は、「事業
の正常な運営を妨げる場合」の判断において参考になるものと思われる。

　なお、年休の取得が事業の正常な運営を妨げるか否かは、時季変更権を
行使するか否かを決する時点における事情に基づいて客観的に判断される
べきであり、その時点以降に初めて明らかになる事情は、考慮の対象とは
なり得ないことに留意する必要がある。本件においても、原告が本件訓練
をおおむね普通以上の評価をもって修了したという事情が存していたが、
上告審では、時季変更権行使の時点では被告の予見し得ない事情にすぎな
いとして考慮の対象とはされていない。

　エ　本件上告審判決の射程

　本件は、訓練についての判断を示したものであるが、研修、研鑽その他
これに類するものについても同様に判断することができる。

　他方で、本件は、①1か月に満たない比較的短期間に行われる訓練に
ついて判断したものであること（これより長い期間行われる訓練、研修等、
特に半年、1年、あるいはそれ以上の期間にわたり行われるものにあっては、年
休が労働者の当然の権利であることを否定する結果となるような時季変更権の
行使は、何らかの形で制約されなければならないと考えられる）、②職場の代
表者に集中的に高度な知識、技能を修得させることを目的として行われた
訓練について判断したものであること（訓練や研修の目的には、ほかにも、

従業員全員に受けさせる基礎的知識の習得のためのもの、希望者のみを対象とした特殊なもの、事業と直接関係のない一般教養的なもの、慰労出張に近いものなど様々なものがあり、講義の欠席が事業の運営に及ぼす影響にも様々な程度の違いがあることに留意すべきである）、③本件訓練において修得することが不可欠とされていた講義を欠席することとなる年休請求について判断したものであること（訓練、研修等が全体としてみれば実践性の高いものであっても、科目の内容によっては、重要性が低く、欠席しても予定された知識、技能の修得にそれほど影響が生じないものも考えられる）に留意しておく必要がある。

Ⅲ　労働者側の主張立証上の留意点

1　訴状段階での主張、立証について

　年次有給休暇に関する訴訟としては、労働者の年次有給休暇の時季指定に対して使用者が時季変更権を行使したにもかかわらず、労働者が勤務に就かず、これにより、欠勤として賃金が差し引かれたり、けん責処分等の懲戒処分を受けることとなり、労働者において、懲戒処分の無効確認を求めたり、差し引かれた賃金分につき未払賃金としてその支払を求めたり、不法行為に基づく損害賠償を求める類型等が考えられる。

　いずれにせよ、おおむね使用者側の時季変更権の行使の適否が主な争点になると考えられるが、労働者側としても、まず訴状において、①年休権の発生を基礎付ける労基法 39 条の要件が充足されていること、および、②時季指定権を行使したことを請求原因として一通り主張、立証する必要がある。このうち、①については、おろそかにしがちであるように思われるが、労基法の要件を満たして年休権が発生しているということがそもそもの出発点であることから、労基法の条文を確認するなどした上で、主張にもれがないように心がけるべきであろう。また、②については、いつ、どのような内容で、時季指定権を行使したのか、時季指定権を行使した際の使用者側とのやりとりはどのようなものであったか、といった点につい

て具体的に主張、立証する必要がある。特に、時季指定権をいつ行使したのかという点は、その後の使用者側の時季変更権の行使の適否の判断にもからんでくることから、もらさずに主張してもらいたい。

なお、労働者からいわゆる年次有給休暇の事後請求がなされ、使用者がこれを認めるという取扱いも実際には多くなされているとはいえ、このような取扱いはあくまでも使用者の裁量によるものにすぎず、当然に年次有給休暇取得の効力が生ずるものではないということについては誤解も見られる。労働者側としては、訴訟において主張を構成するに当たっては、その辺も注意してどのような構成にすべきかよく検討する必要があろう。

2　時季変更権の行使の適否に関する主張、立証等

時季変更権の行使の適否については、後記のとおり、使用者側において適法な時季変更権の行使である旨の主張、立証責任を負い、「事業の正常な運営を妨げる場合」の一般的考慮要素を意識した具体的事実、事情の主張、立証がなされるものと思われる。

しかし、特に「事業の正常な運営を妨げる場合」に当たるか否かについては、事実認定と経験則の積み重ねによる微妙な総合判断となることが予想されることからすれば、労働者側も、使用者側の主張する事実関係の存否に関する認否のみならず、早い段階から積極的に、「事業の正常な運営を妨げる場合」の該当性を否定する方向での具体的事実、事情の主張、反証を行うことが望ましいであろう。なお、考慮要素として挙げる具体的事実、事情は、時季変更権を行使するか否かを決する時点において存在していた事実、事情であることにも十分留意すべきである。

3　その他の留意点

前記のとおり、年次有給休暇に関しては、多数の裁判例が存在しているが、漫然と裁判例を引いてくるのではなく、その内容をよく吟味し、当該裁判例の射程範囲をよく意識した上で、主張、反証を行うことを心がける

べきであろう。

Ⅳ　使用者側の主張立証上の留意点

1　時季変更権の行使の適否に関する主張、立証等

　時季変更権の行使の適否については、使用者側で、適法な時季変更権の行使である旨の主張、立証責任を負うことになる。

　「事業の正常な運営を妨げる場合」の判断の際の一般的な考慮要素としては、前記のようなものが考えられるところではあるが、その単なる羅列にとどまることのないように、当該事案に即した具体的事実を拾い上げてよく吟味した上で、考慮要素との結びつき（評価）を意識しながら、具体的に主張、立証することが肝要である。損失の発生の点について具体性が欠如していたり、代替措置をとり得なかったことの主張が欠如している例等も見受けられるので、注意が必要である。なお、考慮要素として挙げる具体的事実・事情は、時季変更権を行使するか否かを決する時点において存在していた事実・事情であることにも十分留意すべきである。

2　その他の留意点

　労働者側と同様に、使用者側においても、前記のとおり、年次有給休暇に関しては、多数の裁判例が存在しているが、漫然と裁判例を引いてくるのではなく、その内容をよく吟味し、当該裁判例の射程範囲をよく意識した上で、主張、立証を行うことを心がけるべきであろう。

Ⅴ　おわりに

　以上述べてきたとおり、年次有給休暇に関する訴訟では、時季変更権の行使の適法性、特に「事業の正常な運営を妨げる場合」の要件を充足するか否かが中心的な争点となり、当該事案における具体的事実・事情を経験

則等も踏まえた上で総合的に判断していくことになる。このように、判断
としては微妙なものも多く、いかなる事実を当該事案から引き出すことが
できるかが、結論にも大きく影響するものと思われることからすると、労
働者側も、使用者側も、いずれも丁寧な主張、立証（反証）を心がけるこ
とが大切であるといえよう。

参考文献

　本文中に掲げたもののほか、
・　青木宗也ほか編『注解法律学全集44　労働基準法Ⅰ』（青林書院、1994）
　502頁〔西谷敏〕。
・　東大・労基法（下）701頁。
・　概観(3)42頁。

第4講

実労働時間の認定・評価・判断に関する諸問題

藤井　聖悟

I　はじめに

　残業代（割増賃金）請求事件をはじめとする賃金請求事件の訴訟物である賃金請求権は、労務給付と賃金が対価関係に立つこと（民法623条）、労働者は約束した労働を終わった後でなければ、報酬を請求することができないとされていること（民法624条1項）から、労働義務の履行としての労務の提供が現実になされた場合に発生するものと解される（「ノーワーク・ノーペイ」の原則）。したがって、賃金請求事件において、労務提供の事実は請求原因であり、労働者が使用者に対して労務を提供した実労働時間については、賃金を請求する原告（労働者）が主張立証責任を負う。実労働時間は、労働日ごとに始業・終業時刻のほか、割増率の関係で賃金単価が異なることから、所定外労働時間、法定外労働時間、深夜労働時間、法定外休日労働時間、法定休日労働時間の別を特定して主張する必要があり、これを特定していない主張は失当ということとなるから、訴訟提起をする原告（労働者）としては、これを特定し得るに足りる客観的な証拠に基づいて、これを速やかに行う必要がある。

　実労働時間の主張は、表計算ソフトを活用し、実労働時間に賃金単価を乗じて未払賃金額（請求金額）を算出した別表を訴状に添付することによって行われるのが一般的である。他方において、労働者に対して賃金支払義務を負担する使用者は、労基法が賃金全額支払の原則（労基法24条1項）をとり、時間外、休日、夜間労働についての厳格な規制を行っていることから、労働者の労働時間を管理する義務を負っているものと解され、

厚生労働省も、使用者が労働者の労働時間を適正に把握する義務があることを明確にするとともに、労働時間を適正に把握し、適切な労働時間管理を行うため、「労働時間の適正な把握のために使用者が講ずべき措置に関する基準」（労働時間適正把握基準）を策定し、この基準の遵守を求めている（平成 13 年 4 月 6 日基発 339 号）。したがって、実労働時間についての証拠資料は、使用者が所持しているのが通常であって、訴訟においては、主張立証責任を負担していない使用者にも実労働時間について適切に認否、反論（積極否認）・反証をすることが求められる（審理ノート 130 頁、渡辺・労働関係訴訟 176 頁）。

　実労働時間について訴訟上主要な争点となるのは、①実労働時間の立証ないし事実認定の方法と②労働時間該当性の評価・判断の方法である。労働時間を管理する義務を負う使用者が、前述の労働時間適正把握基準に記載されたとおりに、タイムカード等によって適切に実労働時間の管理を行っていれば、実労働時間については、当事者間に争いがなくなることもあるが、使用者がこれを怠っていたり、労働者の従事する業務の性質・態様に照らしてその管理が困難である場合には、実労働時間が主要な争点となり、①の実労働時間の立証ないし事実認定の方法が問題となる。また、労働者は、原則として、労働契約上所定労働時間を超えて、労基法上法定労働時間を超えて、それぞれ労務を提供する義務を原則として負わないが、労働者が本来労務の提供義務を負わない所定・法定労働時間を超えて労務を提供したとして賃金を請求する場合には、対価としての賃金の支払の対象となる労働時間に該当するか否かが主要な争点となり、②の労働時間該当性の評価・判断の方法が問題となる。そこで、本講では、Ⅱにおいて①の実労働時間の立証ないし事実認定の方法について、Ⅲにおいて②の労働時間該当性の評価・判断の方法について検討を加える。

Ⅰ　はじめに　　55

Ⅱ 実労働時間の立証ないし事実認定の方法

1 判例の考え方・実務の運用

(1) 実労働時間の立証方法

実労働時間の立証方法としては、タイムカード、ICカード等のほか、日報の類、入退室記録、警備会社による事業場の錠の開閉記録、パソコンの履歴、メールの送受信記録、労働者の作成したメモ等が挙げられる。主要事実としての実労働時間（○時間○分間）は、日ごと（○年○月○日）に始点（○時○分から）と終点（○時○分まで）を特定して主張することを要するため、これを特定し、かつ、客観的に裏付けるに足りるものである必要がある。

(2) 実労働時間の認定

ア タイムカード等の客観的な記録によって時間管理がなされている場合には、特段の事情のない限り、タイムカード打刻時間をもって実労働時間と事実上推定するのが多くの裁判例（京都地判昭和 62 年 10 月 1 日労判 506 号 81 頁・京都福田事件、東京地判平成 9 年 3 月 13 日労判 714 号 21 頁・三晃印刷（割増賃金請求）事件、大阪地判平成 11 年 5 月 31 日労判 772 号 60 頁・千里山生活協同組合事件、東京地判平成 14 年 11 月 11 日労判 843 号 27 頁・ジャパンネットワークサービス事件、東京地判平成 17 年 12 月 28 日労判 910 号 36 頁・松屋フーズ（パート未払賃金）事件、東京地判平成 21 年 10 月 21 日労判 1000 号 65 頁・ボス事件、東京地判平成 22 年 9 月 7 日労判 1020 号 66 頁・デンタルリサーチ社事件等）の立場である。これに対し、タイムカードが導入されていながら、タイムカードが時間管理のためではなく、単に出退勤管理のために設置されていたとして、タイムカードによって実労働時間を認定しなかった裁判例（東京地判昭和 63 年 5 月 27 日労判 519 号 59 頁・三好屋商店事件、大阪地判平成元年 4 月 20 日労判 539 号 44 頁・北陽電機事件、大阪地判平成 24 年 1 月 27 日労判 1050 号 92 頁・スリー・エイ

56 第4講 実労働時間の認定・評価・判断に関する諸問題

ト警備事件）もある。

イ　労働者等が業務上作成した日報等による実労働時間の認定が問題と
なった裁判例には、大阪高判昭和 63 年 9 月 29 日労判 546 号 61 頁・郡
山交通事件（日報により認定）、大阪地判平成 13 年 7 月 19 日労判 812 号
13 頁・光安建設事件（日報による認定を否定）、岡山地判平成 19 年 3 月
27 日労判 941 号 23 頁・セントラル・パーク事件（メモ等の信用性を否定
し、シフト表により認定）、大阪地判平成 17 年 10 月 6 日労判 907 号 5 頁・
ピーエムコンサルタント事件（勤務の開始時間、終了時間および超勤時間を
記載し、定期的に上司が確認していた整理簿により認定）、大阪地判平成 16
年 10 月 22 日労経速 1896 号 3 頁・かんでんエンジニアリング事件（作
業日報を作成するために労働者が当日の出勤時間、作業内容および終業時間を
記録していたダイアリーにより認定）、大阪地判平成 19 年 11 月 29 日労判
956 号 16 頁・オフィステン事件（ワーキングフォーム（出退勤表）により
認定）、東京地判平成 18 年 11 月 10 日労判 931 号 65 頁・PE＆HR事件
（手帳の記載の信用性を否定し、パソコンの立ち上げと立ち下げを記録したログ
データにより認定）、東京地判平成 21 年 4 月 16 日労判 985 号 42 頁・ト
ムの庭事件（営業開始時刻を労務提供開始時刻とし、終業時刻については、レ
ジ締め時刻に 15 分を加算した時刻を基準時刻として認定）、大阪地判平成 21
年 6 月 12 日労判 988 号 28 頁・シン・コーポレーション事件（会社の
POSシステムに入力された出退勤時刻により認定）、大阪地判平成 19 年 10
月 25 日労判 953 号 27 頁・トップ（カレーハウスココ壱番屋店長）事件（始
業時刻は「勤務リスト」により、終業時刻は閉店時刻後、営業日報の記載や会
社へのファックス送信により認定）、東京地判平成 22 年 2 月 2 日労判 1005
号 60 頁・東京シーエスピー事件（従業員の申告に基づき作成された就勤実
績表に準備時間等を考慮して認定）、東京地判平成 23 年 3 月 23 日労判
1029 号 18 頁・ココロプロジェクト事件（シフト表、人件費表、手帳など
により認定）、東京地判平成 24 年 12 月 27 日労判 1069 号 21 頁・ブロッ
ズ事件（パソコン上のデータ保存記録に基づき出勤日・出勤時刻・退勤時刻を
認定）があり、事案に応じ種々の証拠に基づく実労働時間の認定がなされ
ている[1]。

ウ　こうした直接証拠を伴わない場合であっても、間接事実の積み重ね
によって実労働時間を推認する裁判例として、タイムカードがない部分に
ついて、原告らの時間外労働がなされたことが確実であるのに、タイム
カードがなく、正確な時間を把握できないという理由のみから全面的に割
増賃金を否定することは不公平であるとして、原告ら主張の時間外労働時
間の 2 分の 1 について労働したものと推計した大阪高判平成 12 年 6 月
30 日労判 792 号 103 頁・日本コンベンションサービス（割増賃金請求）
事件、日々の時間外労働についての具体的な立証はないが、週 44 時間制
の下での月間所定労働時間 191.33 時間、週 40 時間制の下での月間労働
時間 174.48 時間は、いずれも労基法上の労働時間を超えており、原告ら
の主張する時間外労働が 1 日 8 時間、週 44 時間ないし 40 時間を超える
時間外労働であったことを推認することができるとした東京地判平成 12
年 11 月 24 日労判 802 号 45 頁・エスエイロジテム事件、控訴人（原告）
は勤務先には午前 8 時過ぎ頃までに出勤することを常としていたことが
認められるから、控訴人（原告）の手帳に記載のあるなしにかかわらず、
上記基準に従い、午前 8 時 15 分までには出勤して勤務に従事していたと
推認するのが相当であるとして、控訴人（原告）の始業時刻前の時間外勤
務手当の支払いを認めた大阪高判平成 13 年 6 月 28 日労判 811 号 5 頁・
京都銀行事件、控訴人が主張する終了時刻を裏付ける客観性のある証拠は
皆無であり、帰宅時間しか記載されていないノートの記載により控訴人の
退社時刻を確定することもできず、退社時刻から直ちに超過勤務時間が算
出できるものでもないとする一方で、被控訴人がタイムカード等による出
退勤管理をしていなかったことをもって控訴人に不利益に扱うべきではな
く、被控訴人自身、休日出勤・残業許可願を提出せずに残業している従業
員が存在することを把握しながら、これを放置していたことがうかがわれ

1)　なお、会社構内への入退場時刻を記録した IC カードの使用履歴による労働時間
の認定につき、一審と控訴審とで判断が分かれた東京高判平成 25 年 11 月 21 日
労判 1086 号 52 頁・オリエンタルモーター事件（原審長野地松本支判平成 25 年
5 月 24 日労判 1086 号 57 頁）について詳細に解説したものとして、重要判決 50
選 126 頁以下〔若松光晴〕がある。

58　　第 4 講　実労働時間の認定・評価・判断に関する諸問題

ること等からすると、具体的な終業時刻や従事した勤務の内容が明らかではないことをもって、時間外労働の立証が全くされていないとして扱うのは相当ではなく、ある程度概括的に時間外労働時間を推認するほかないとして、控訴人は、平均して午後9時までは就労しているとして、超過勤務手当の対象となると判断した大阪高判平成17年12月1日労判933号69頁・ゴムノイナキ事件がある。こうした裁判例は、推認という手法を使ってはいるものの、時間外労働時間を認定している点では差異がないといえ、推認ができる程度の客観的な資料による立証は必要である[2]。

2　労働者側の主張立証上の留意点

(1)　実労働時間（○時間○分間）は、日ごと（○年○月○日）に始業時刻（○時○分から）と終業時刻（○時○分まで）を特定するほか、労働契約・就業規則上の賃金規定、労基法37条、労基則20条、割増賃金令の規定により、賃金単価が、所定外、法定外、法定休日、法定外休日、深夜等の労働時間の性質の別によって異なることから、労働時間の別を特定して主張する必要があり、賃金額（請求金額）を算定するために表計算の形式で主張されるのが一般的である。そのため、実務上は、表計算ソフトの正確さ・便利さ、表計算ソフトによって整理された労働時間のデータの共有が残業代請求事件をはじめとする賃金請求事件の迅速・適正化に重要な意義を有する。表計算ソフトは、労基法、労基則に従ったものであって正確なものであることが必要であるが、実務上の便宜を考えると、相手方、裁判所が共有でき、操作が容易であることも重要である。相手方が全部自白する全部認容判決であればともかく、争いがある場合には、相手方の主張、裁判所の認定を反映できることが不可欠の前提となり、審理の迅速・効率

---

2)　民訴法248条の精神にかんがみ、割合的に時間外手当を認容することも許されるとした東京地判平成20年5月27日労判962号86頁・フォーシーズンズプレス事件もあるが、証拠が保全されていれば客観的な資料に基づいて立証が可能な労働時間が、単に証拠が不十分であるために証明できない場合に民訴法248条の考え方によって認容額を決定するのは、結果的に単に立証責任を軽減する結果となって相当ではない。

Ⅱ　実労働時間の立証ないし事実認定の方法　　59

化のためには、ソフトに詳しくない裁判官でも操作できる必要がある[3]。

(2) 労働者が、訴訟提起段階において、実労働時間を特定した主張をするためには、使用者が労働時間を管理するために作成保存した証拠資料が手元にある必要があるから、事前に開示を求める等して、これらの証拠方法を入手する必要があり、使用者側が任意開示に応じず、廃棄、改ざんの恐れがあるような例外的な場合には、証拠保全の申し立てがなされることもある。タイムカード等の客観的な記録によって時間管理がなされている場合には、実労働時間そのものについては争いがなくなることもあり、証拠の提出は必ずしも必要ないが、実労働時間に争いがある場合には、これを裏付ける証拠の提出が必要となる。とはいえ、タイムカードのようにそれ自体が労務提供の始期・終期を裏付ける証拠であれば、そのまま証拠として提出すれば足りるが、メール・FAXの送受信時刻、タコメータ・運転日報等によって実労働時間を立証しようとする場合に、膨大となるこれらの証拠をそのまま書証として提出するのが適切かどうかについては検討の余地がある。かかる証拠については、その記載内容を各別に検討した結果を一覧表としてまとめたものを主張書面として提出するとともに、原資料を任意開示して証拠を共有してから、相手方の認否を求め、争いのある部分に限って、時間認定の根拠となる部分にマーカーをして要証事実との関係を明確にして提出するなどして、証拠のスリム化を図る工夫が必要である。労働者が業務とは無関係に作成した出退勤時刻を記録したメモや日記に基づいて実労働時間を立証しようとする場合には、実労働時間を特定し、かつ、客観的に裏付けるに足りる信用性を有しているかどうかの吟味が必要不可欠である[4]。

---

3) このような表計算ソフトとして、中内和雄ほか「割増賃金計算ソフト『きょうとソフト』を活用した事件処理の提唱について」判タ1436号17頁で紹介されている「きょうとソフト」がある。同ソフトは、日本弁護士連合会の弁護士会員向けホームページからダウンロードが可能な状況になっている。

3 使用者側の主張立証上の留意点

(1) 使用者が作成保存している実労働時間についての証拠資料は、通常、文書提出命令の対象ともなるから、訴訟開始の前後を通じ、その開示を拒絶ないし先延ばしする合理的な根拠はなく、求めがあれば、適正・迅速に労働者に対して開示がなされる必要がある。

(2) 実労働時間については、原告（労働者）が主張立証責任を負っていることから、被告が争うというだけで、特に原告の主張に対する具体的な認否をしない例が散見される。特に、管理監督者、裁量労働制、定額残業代の支払などの抗弁がある場合、請求原因に対する認否・反論がおろそかになりがちであるが、抗弁主張が立たないリスクも念頭に請求原因についても効果的な認否・反論を行うべきである。被告が、単に「否認する」とだけ認否することは、民訴法上も問題である（民訴規則79条3項）し、労働者に対し賃金支払義務を負っている使用者は、労働者の賃金を算定し、労働時間を把握する義務を負っていると解されるから、主張立証責任を負わない被告としても、具体的な主張（反論）・立証（反証）をする必要がある。したがって、被告（使用者）も、把握している原告の勤怠状況に照らして、原告の主張に誤りがないか個別具体的に検討を加えて、実労働時間について争う場合には、積極否認（反論）・反証をする必要があり、実務上は、被告においても、表計算ソフトを用いて、原告の労働時間を労働日ごとに始業・終業時刻によって明示するのが一般的である。また、原告が表計算ソフトを使用して計算した結果に誤りがあって、請求金額そのものが変動することもあるから、その有無を検証することも有益である。

(3) 使用者が、タイムカードで時間管理していたにもかかわらず、労務

---

4) 労働者が個人的に作成したメモや日記、陳述書の証拠評価については、審理ノート131頁、渡辺・労働関係訴訟177頁、三浦隆志「労働訴訟の典型的類型と主張・立証のポイント」東京弁護士会弁護士研修センター運営委員会編『労働法の知識と実務』（ぎょうせい、2010）25頁を参照。

の提供の態様が不完全であったとして、実労働時間を争う場合もあるが、タイムカードによって時間管理がされていた場合には、タイムカード打刻時間をもって実労働時間と事実上推定するのが多くの裁判例の立場であるから、これに対する反証（実労働時間を特定して主張を要する反面として、実労働時間に該当しない部分も特定して反証する必要がある）は容易ではなく、奏功しないことも多い。

Ⅲ 労働時間該当性の評価・判断の方法

1 判例の考え方・実務の運用

(1) 労働時間の意義

労基法が規制の対象とする労働時間を労基法上の労働時間というが、判例（最一判平成12年3月9日民集54巻3号801頁・三菱重工業長崎造船所（一次訴訟・会社側上告）事件）は、労働時間に該当するか否かは、労働者の行為が使用者の指揮命令下に置かれたものと評価することができるか否かにより客観的に定まり（客観説。最一判平成14年2月28日民集56巻2号361頁・大星ビル管理事件。最二判平成19年10月19日民集61巻7号2555頁・大林ファシリティーズ（オークビルサービス）事件、大分地判平成23年11月30日労判1043号54頁・中央タクシー事件も同旨）、客観的に判断される労働時間とは、労働者が使用者の指揮命令下に置かれている時間（指揮命令下説）をいい、労働者が就業を命じられた業務の準備行為等を事業所内で行うことを使用者から義務付けられ、またはこれを余儀なくされたときは、使用者の指揮命令下に置かれたものといえ、労働時間に該当するとする。また、業務性があっても使用者が知らないまま労働者が勝手に業務に従事した時間を労働時間から排除する趣旨で、労働時間といえるためには、使用者の明示または黙示の指示を要する（菅野478頁、前掲大阪高判平成13年6月28日・京都銀行事件、前掲大分地判平成23年11月30日・中央タクシー事件参照）。

⑵ 始業時刻と終業時刻

　着替え・洗身などの始業時前、終業時後に必要な活動時間が、労働時間に該当するか否かについて、前掲最一判平成 12 年 3 月 9 日・三菱重工業長崎造船所（一次訴訟・会社側上告）事件は、作業衣等の着用が義務付けられ、事業所内の所定の更衣所等において行うものとされていたことから、装着および更衣所から体操場までの移動は、指揮命令下に置かれたものといえるとして、労働時間になると解している。また、鉄道の駅務員が始業前・終業後に業務遂行の準備行為として使用者から義務付けられて行う点呼（東京地判平成 14 年 2 月 28 日労判 824 号 5 頁・東京急行電鉄事件）、使用者によって義務付けられて行う始業前の更衣時間、朝礼時間（東京地判平成 17 年 2 月 25 日労判 893 号 113 頁、東京高判平成 17 年 7 月 20 日労判 899 号 13 頁・ビル代行事件）、使用者の明示または黙示の指示により従事した始業前の準備作業や終業後の後片付け等に要する時間（東京地判平成 20 年 2 月 22 日労判 966 号 51 頁・総設事件）は、いずれも労働時間に当たる。このように、交替引継、機械点検、整理整頓等が始業時前に行われても、通常は業務への従事として労働時間と考えるべきであるし、朝礼、ミーティング、体操等が指揮監督下に行われた場合も同様と考えられる。また、終業時についても、終業時以後に作業上必要な後始末（機械点検、清掃・整理整頓、引き継ぎ）が行われれば、業務従事の最終部分として労働時間になる（菅野 480 頁）。

　これに対し、業務性や使用者による拘束が認められない場合には、労働時間性は否定され、始業時前、終業時後の入門退門に要する移動時間、入浴、着替え等は、社会通念上も洗身・入浴しなければ通勤が著しく困難といえる等特別の事情が認められない限り、業務従事とはいえないとして労働時間性が否定される（最一判昭和 59 年 10 月 18 日労判 458 号 4 頁・日野自動車工業事件、同事件の控訴審判決である東京高判昭和 56 年 7 月 16 日労民集 32 巻 3・4 号 437 頁、大阪高判昭和 45 年 1 月 27 日判タ 248 号 234 頁・滲透工業事件、最一判平成 12 年 3 月 9 日労判 778 号 8 頁・三菱重工業長崎造船所（一次訴訟・組合側上告）事件）。

⑶　手待時間

　手待時間と休憩時間の違いは、使用者の指示があれば直ちに作業に従事しなければならないか、労働者に自由利用が保障されているかという点にあるが、休憩とされている時間も、手待時間であると認められれば、労働時間となる。例えば、店内で休憩することを要し、客が来店した際には即時に対応しなければならない場合は、手待時間となり、昼食休憩時間中来客当番をさせれば、その時間は、実際に来客がなくても労働時間である（昭和 23 年 4 月 7 日基収 1196 号、昭和 63 年 3 月 14 日基発 150 号、平成 11 年 3 月 31 日基発 168 号、大阪地判昭和 56 年 3 月 24 日労経速 1091 号 3 頁・すし処「杉」事件[5]）。実務上は、職業運転手（ドライバー）の待機時間の労働時間該当性が問題となることが多く、タクシー運転手について、前掲大分地判平成 23 年 11 月 30 日・中央タクシー事件、トラック運転手について、大阪地判昭和 58 年 8 月 30 日労判 416 号 40 頁・立正運送事件、大阪地判平成 18 年 6 月 15 日労判 924 号 72 頁・大虎運輸事件、横浜地相模原支判平成 26 年 4 月 24 日判時 2233 号 141 頁・田口運送事件、バス運転手について、福岡地判平成 27 年 5 月 20 日労判 1124 号 23 頁・北九州市・市交通局事件がある。また、事業場内における仮眠時間も、仮眠室における待機と警報や電話等に対応をすることを義務付けられている場合には、労働時間に当たる（前掲最一判平成 14 年 2 月 28 日・大星ビル管理事件）。また、断続的に生じる業務に従事する住込みのマンション管理員の従事する業務のうち、①平日の所定労働時間前後の業務従事時間帯は、事実上待機せざるを得ない状態に置かれ、使用者が業務報告を受けてその事実を認識していたような場合には、使用者の黙示の指示があったと

　5）　類似の事例として、コピーライターの作業の合間に生じる空き時間は、広告代理店の指示があれば直ちに作業に従事しなければならない時間であり、その指示に従うことは被告会社の業務命令でもあるから、被告の指揮監督下にあると認められ、労働時間に含まれるとして、この空き時間を利用してパソコンで遊んだりしていたとしても、これを休憩と認めることは相当ではないとされた東京地判平成 19 年 6 月 15 日労判 944 号 42 頁・山本デザイン事務所事件、一人勤務のガソリンスタンド店員について休憩の自由利用が保障されていないとして手待時間（労働時間）とされた東京地判平成 17 年 11 月 11 日労判 908 号 37 頁・クアトロ事件がある。

64　　第 4 講　実労働時間の認定・評価・判断に関する諸問題

いうべきで、居室における不活動時間も含めて労働時間に当たり、②土日も平日と同様の業務が遂行されていたから、不活動時間も含めて労働時間に当たるのに対し、③日曜・祝日は、管理員室の照明の点消灯、ごみ置場の扉開閉の業務以外は、労働からの解放が保障されており、上記業務のほか使用者が明示または黙示に指示したと認められる業務に現実に従事した時間に限り労働時間となり、③病院への通院、犬の運動は業務とは関係のない私的な行為であり、住込みという業務形態を考慮しても、業務の遂行に当然に伴う行為とはいえず、労働時間に該当しない（前掲最二判平成19年10月19日・大林ファシリティーズ（オークビルサービス）事件[6]、差戻審である東京高判平成20年9月9日労判970号17頁[7]）。

⑷ 時間外労働の労働時間性

時間外労働は、労働義務と不可分一体であるため、使用者の明示または黙示の指示があれば、労働時間と認められ、労働者が規定と異なる出退勤を行って時間外労働に従事し、使用者が異議を述べていない場合や、業務量が所定労働時間内に処理できないほど多く、時間外労働が常態化している場合には、黙示の指揮命令に基づく時間外労働と認められる（徳島地判平成8年3月29日労判702号64頁・城南タクシー事件、東京地判平成9年8月1日労判722号62頁・ほるぷ事件、前掲大阪地判平成17年10月6日・ピーエムコンサルタント事件、大阪地判平成3年2月26日労判586号80頁・三栄珈琲事件、東京地判平成14年9月27日労判841号89頁・都立墨東病院事件、前掲大阪地判平成11年5月31日・千里山生活協同組合事件、大阪地判平成15年4月25日労判849号151頁・徳洲会野崎徳洲会病院事件）。黙示の指示が認められれば、時間外労働への従事を事前の所属長の承認にかからしめる就業規則があっても、労働時間該当性は否定されない（大阪地判平成18年10月6日労判930号43頁・昭和観光事件）。これに対し、使用者の明示の残業禁止に反する時間外労働については、指揮命令下の労働の

---

6) 同判決については、重要判決50選117頁以下〔佐々木宗啓〕も参照。
7) 手待時間・仮眠時間の労働時間性については、多数の裁判例が集積されており、土田・労契法315頁～317頁において詳細な分析がされている。

Ⅲ　労働時間該当性の評価・判断の方法　　65

要素を欠き労働時間該当性は否定される（東京高判平成 17 年 3 月 30 日労判 905 号 72 頁・神代学園ミューズ音楽院事件）。

(5) 持ち帰り残業

使用者の指揮監督が及ばない労働者の私的な生活の場である家庭で行われる持ち帰り残業は、指揮命令下の労働とは認められず、原則として労基法上の労働時間には該当しない（安西 82 頁、厚生労働省監修『新・労働法実務相談〔改訂新版〕』（労務行政研究所、2004）293 頁）。使用者から持ち帰り残業の業務命令があっても労働者はこれに応ずる義務はないから、持ち帰り残業が労働時間と認められるのは、使用者から業務の遂行を指示されてこれを承諾し、私生活上の行為と峻別して労務を提供して当該業務を処理したような例外的な場合に限られると思われる。

(6) 移動時間の労働時間性

通勤は、労働力を使用者の下へ持参するための債務の履行の準備行為にすぎないから、通勤時間には労働時間性は認められないが、通勤時間か始業後の労働時間かが問題となる事例（東京地判平成 10 年 11 月 16 日労判 758 号 63 頁・高栄建設事件〔否定〕[8]、東京地判平成 14 年 11 月 15 日労判 836 号 148 頁・阿由葉工務店事件〔否定〕[9]、前掲東京地判平成 20 年 2 月 22 日・総設事件〔肯定〕[10]）もある。休日に出張先に出張した場合に休日労働に該当するかについて、行政解釈（昭和 23 年 3 月 17 日基発 461 号、昭和 33 年 2 月 13 日基発 90 号）は、「出張中の休日はその日に旅行する等の場合であつても、旅行中における物品の監視等別段の指示がある場合の外は休日労働として取扱わなくても差支えない」としており、出張前後の移動時間は、業務性を欠き、通常は自由利用が保障されているため、労働時

8) 会社の寮から労務を提供すべき場所である各工事現場までの往復の時間が、通勤時間の延長ないし拘束時間中の自由時間ともいうべきものである以上、原則として賃金を発生させる労働時間に当たらないとされた事例。
9) 会社事務所と工事現場の往復は通勤としての性格を有し労働時間に当たらないとされた事例。
10) 配管工の事務所と作業現場間の車両による移動時間を労働時間とした事例。

間性は認められない（横浜地川崎支決昭和49年1月26日労民集25巻1・2
号12頁・日本工業検査事件。ほかに東京地判平成元年11月20日労判551号
6頁・東葉産業事件[11]）、東京地判平成6年9月27日労判660号35頁・横河
電機事件[12]）が、出張の目的が運搬であり旅行中その物品の監視をしなけ
ればならない等出張の移動そのものが業務性を有する場合には、労働時間
性が認められる（東京地判平成24年7月27日労判1059号26頁・ロア・ア
ドバタイジング事件）。

⑺　研修等への参加

　行政解釈（昭和26年1月20日基収2875号）は、「労働者が使用者の実
施する教育に参加することについて、就業規則上の制裁等の不利益取扱に
よる出席の強制がなく自由参加のものであれば、時間外労働にはならな
い」としており、業務との関連性が認められる企業外研修・講習や小集団
活動は、使用者の明示または黙示の指示に基づくものであり、その参加が
事実上強制されているときには、労働時間性が認められるが、自由参加が
保障されていれば、労働時間性は否定され、業務との関連性の薄い会社行
事についても、使用者の明示または黙示の指示に基づくものであり、その
参加が事実上強制されているときには、労働時間と認められる場合もあ
る。この点について判示した裁判例として、企業内サークル活動について
は労働時間性を否定し、経営協議会・研修会への参加が時間外労働とされ
た大阪地判昭和58年2月14日労判405号64頁・八尾自動車興産事件、
入社以前に行われた業務内容や就労条件の説明等のための研修への参加
は、参加の強制などの事情は認められず、指揮命令に基づく従属的労働に
従事したとはいえないとされた名古屋地判平成16年1月20日労判880
号153頁・オンテックス事件、会社の業務に密接に関連し、会社が業務
関連の技能を習得させるべく奨励するWEB上のサービスを利用した業務
に関する学習活動について、上司が明示的にこれによるスキルアップを求

---

11)　休日になされた出張中の移動が休日労働に該当しないとされた事例。
12)　韓国への出張に要する移動時間が労働時間に該当しないとされた事例。

めていたこと等から、業務上の指示によるものであり、その参加時間について労働時間性が認められるとした大阪地判平成22年4月23日労判1009号31頁・NTT西日本ほか（全社員販売等）事件、同僚等に対する実習の成果発表の場として設定された発表会は、会社の業務として行われたものではなく、参加しないことによる制裁等があったとも認められないとして、労働時間性を否定した前掲注1）東京高判平成25年11月21日・オリエンタルモーター事件がある。

2 労働者側の主張立証上の留意点

　前記のとおり、労働時間該当性は、業務関連性の有無、使用者の明示または黙示の指示による義務付けの有無等に照らして、客観的にみて使用者の指揮命令下にあるといえるか否かによって判断されるから、労働時間該当性は、規範的要件事実に準ずる。したがって、実労働時間について主張立証責任を負う原告（労働者）は、労働時間性を基礎付ける事実（評価根拠事実）について主張立証責任を負う。したがって、原告は、上記の労働時間性が問題となる事例に応じて、業務関連性の有無、使用者の明示または黙示の指示による義務付けの有無などの労働時間性の有無を判断するファクターとなっている事実について具体的に主張立証をする必要がある。なお、所定の始業時刻前のタイムカードの打刻時間を始業時刻として主張する場合（早出残業）には、使用者が明示的には労務の提供を義務付けていない始業時刻前の時間が、使用者から義務付けられまたはこれを余儀なくされ、使用者の指揮命令下にある労働時間に該当することについての具体的な主張・立証が必要となってこよう。したがって、そのような事情が存しないときは、所定の始業時刻をもって労務提供開始時間とするのが相当である。

3 使用者側の主張立証上の留意点

　実労働時間については、原告（労働者）が主張立証責任を負っている

が、使用者は、適切に労働時間を管理する義務を負っていること、労働時間該当性は、規範的要件事実に準ずるから、労働時間性が争点となる場合には、被告（使用者）においても、労働時間性の評価を妨げる事実（評価障害事実）について、主張立証を行う必要がある。したがって、上記の労働時間性が問題となる事例に応じて、業務関連性の有無、使用者の明示または黙示の指示による義務付けの有無などの労働時間性の有無を判断するファクターとなっている事実について具体的に主張立証をする必要がある。

Ⅳ　おわりに

　実労働時間が争点となる事案解明のポイントは、主張立証責任を負う原告が実労働時間を特定し得る客観的な証拠に基づいて、適正迅速にその主張を特定し、争いのある実労働時間の立証を尽くせるか否かという点にあるが、これには労働時間を適正に管理する義務を負う被告が、必要な証拠の開示を行う、個別具体的な認否・反論を行うなどして、事案解明に主体的な関与をすることが必要不可欠である。とはいえ、実労働時間が主要な争点となる事案の多くは、客観的な証拠が希薄なために主張の確定自体に時間がかかり、判決を前提とする立証および事実認定には相当な困難を伴うことが多い。そうした事案においても、労務提供・受領の主体である労使双方において、実労働時間について一定の共通認識を得られることはあり、平均的な時期について実労働時間のサンプル調査をするなどして、共通認識が得られれば、それを前提に、早期に和解によって解決することも検討されてよい。

　労働時間該当性が争点となる場合は、実労働時間の基礎となる具体的な事実関係は、客観的に確定することができ、それらの事実をどのように評価するかが問題となるから、早期に客観的な事実関係を確定し、必要に応じて、これに関する書証を提出することが適正・迅速な事案解明のために必要となる。また、労働時間該当性が問題となる事案は、これまで賃金支払の対象とされていなかった時間がその対象となるかが問題となり、特に

Ⅳ　おわりに　69

仮眠時間の労働時間性が問題となるような場合には、労基法上の割増賃金規定と相まって、請求金額が多額に及ぶため、労使双方の利害対立が先鋭化する場合もある。こうした事案については、労働者が従事した労務提供の密度に照らして請求金額の具体的妥当性に疑問が生じる場合もあるのであって、労務提供の密度に応じて金額を調整するなどして早期に和解によって解決することも検討されてよい。

参考文献

　本文掲記の文献のほか、
・　石嵜。
・　岩出（上）342頁。
・　類型別実務101頁～120頁（Q21～Q32）。
・　中井智子『「労働時間管理」の基本と実務対応〔第2版〕』（労務行政、2009）。
・　日本労働弁護団編『働く人のための労働時間マニュアルVer.2』（日本労働弁護団、2015）。
・　新・労働法実務相談。
・　労務行政研究所編『人事担当者のための労働法Q&A基礎講座——実務に役立つ367問』（労務行政、2007）。
・　厚生労働省労働基準局編『労働基準法解釈総覧〔改訂15版〕』（労働調査会、2014）。

第5講

変形労働時間制・フレックスタイム制と時間外手当

武智　舞子

I　はじめに

　労働者である原告が、時間外労働があったと主張し、労基法37条1項に基づき割増賃金の支払を請求したのに対し、使用者である被告が、当該

[各制度の概要]

	1か月単位の変形労働時間制	1年単位の変形労働時間制	1週間単位の非定型的変形労働時間制	フレックスタイム制
労使協定等または就業規則等による定めの要否	労使協定等または就業規則等	労使協定等	労使協定等	労使協定等および就業規則等
労使協定の労働基準監督署長への届出	要	要	要	
各日の労働時間	(常時10人以上の労働者を使用する使用者)就業規則で定める	同左	書面で事前に労働者に通知	労働者が決定
1週間当たりの平均所定労働時間の上限	40時間(特例44時間)	40時間	40時間	40時間(特例44時間)
所定労働時間の上限		1日10時間1週52時間	1日10時間	
連続労働日数の上限		対象期間：6日特定期間：12日		

労働者には変形労働時間制（労基法 32 条の 2、32 条の 4、32 条の 5）または
はフレックスタイム制（労基法 32 条の 3）が適用されていたとして、時間
外労働時間を争う場合がある。

変形労働時間制およびフレックスタイム制は、いずれも法定労働時間を
超えて労働させることを可能とする制度であり、これらが適用されること
は、労働者からの割増賃金請求に対する抗弁として機能するため、被告に
おいて、その要件（後記Ⅱ）について主張、立証することが必要である。

なお、休日労働または深夜労働の割増賃金請求に対しては、変形労働時
間制またはフレックスタイム制が適用される場合も、使用者は、労基法 37
条に基づき割増賃金の支払義務を負うから、上記適用は抗弁にならない。

Ⅱ　判例の考え方・実務の運用

1　変形労働時間制 [1]

変形労働時間制とは、一定の期間（1 か月以内、1 年以内または 1 週間）
につき、1 週間当たりの平均所定労働時間が法定労働時間を超えない範囲
内で、1 週または 1 日の法定労働時間を超えて労働させることを可能とす
る制度であり、労働者の生活設計を損なわない範囲内において労働時間を
弾力化し、業務の繁閑に応じた労働時間の配分を行うことによって労働時
間を短縮すること等を目的とするものである（昭和 63 年 1 月 1 日基発 1 号）。

⑴　1 か月単位の変形労働時間制（労基法 32 条の 2）

ア　要件

⑺　法令の定め

1 か月単位の変形労働時間制の要件は、以下のとおり定められている [2]。

①⑺　労使協定 [3]、労使委員会の決議 [4] もしくは労働時間等設定改善委
　　員会の決議 [5][6]

---

1)　類型別実務 143 頁以下（第 3 章 Q50 ～ Q60）も参照のこと。

72　第 5 講　変形労働時間制・フレックスタイム制と時間外手当

または

⑦　就業規則その他これに準ずるもの

により、以下の各事項を定めること

ⓐ　変形期間（1か月以内の一定の期間）およびその起算日（労基法32条の2、労基則12条の2第1項）

ⓑ(ⅰ)　変形期間における各日、各週の労働時間（変形期間を平均し1週間当たりの所定労働時間が法定労働時間[7]の範囲内）（労基法32条の2第1項）

(ⅱ)　（就業規則により定める場合）各日の始業および終業時刻（労基法89条）

②　（労使協定により定める場合）

㋐　有効期間[8]を定めること（労基則12条の2の2第1項）

㋑　労使協定を所轄労働基準監督署長に届け出ること（労基法32条の2第2項、労基則12条の2の2第2項）

③　労使協定または就業規則その他これに準ずるものを労働者に周知させること（労基法106条、労基則12条）

---

2)　列車等の乗務員の予備勤務者については、㋐の要件を満たさずとも、使用者は、1か月以内の一定の期間を平均し1週間当たりの労働時間が40時間を超えない限り、1週間または1日の法定労働時間を超えて労働させることができる（労基法40条、労基則26条）。

3)　当該事業場の労働者の過半数で組織する労働組合がある場合は、その労働組合、上記労働組合がない場合においては労働者の過半数を代表する者との書面による協定をいう。以下、同じ。

4)　労基法38条の4第1項の委員会（労使委員会）の委員の5分の4以上の多数による議決による決議をいう（同条5項）。以下、同じ。

5)　労働時間等の設定の改善に関する特別措置法7条1項の労働時間等設定改善委員会の委員の5分の4以上の多数による議決による決議をいう（同項）。

6)　以下、労使協定、労使委員会の決議、労働時間等設定改善委員会の決議を併せて「労使協定等」という。

7)　40時間（労基法32条1項）。ただし、労基法別表第1第8号、10号（映画の製作の事業を除く。）、13号、14号に掲げる事業のうち常時10人未満の労働者を使用するもの（特例事業）については、44時間（労基法40条1項、労基則25条の2第2項）。

8)　3年以内が望ましい（平成11年3月31日基発169号）。

(イ)　補足説明

　　a　1か月単位の変形労働時間制を定める方法（①）

　　(a)　労使協定等により定める場合（①⑦）

　労使協定等により定めた場合、その定めに従って労働させても労基法に違反しないというにすぎず、労働者に民事上の義務を負わせるためには、労働協約、就業規則等において定めることが必要である。そして、就業規則において「1か月単位の変形労働時間制を採用し、具体的には労使協定で定めるところによる」旨定めることは、労使協定を就業規則の一部として取り扱うのであれば可能であるが、その場合、労使協定を締結する都度、就業規則の変更手続を履践する必要があると解されている（厚労省・コンメ労基法（上）406頁）。

　　(b)　「その他これに準ずるもの」（①⑦）

　常時10人以上の労働者を使用する使用者は、就業規則を作成する義務を負っているため（労基法89条）、「その他これに準ずるもの」により、1か月単位の変形労働時間制について定めることができるのは、常時10人未満の労働者を使用する使用者に限られるものと解されている（水戸地判昭和56年11月5日労判379号速報カード27頁・茨交大洗タクシー事件、昭和22年9月13日発基17号（労基法32条関係(2)））。

　なお、地方公務員の場合、「その他これに準ずるもの」とは、当該地方公共団体の条例、規則等である（昭和36年11月14日基収4918号、昭和63年3月14日基発150号、平成6年3月31日基発181号）。

　　b　労働時間の特定（①ⓑ）

　　(a)　労働時間の特定の程度

　1か月単位の変形労働時間制が適用されるためには、法定労働時間を超えて労働させる週および日を特定することのほか、変形期間を平均し1週間当たりの労働時間が法定労働時間を超えない定めをすることが必要であるため、結局、就業規則等において、変形労働期間の各日、各週の所定労働時間を具体的に定める必要がある（最一判平成14年2月28日民集56巻2号361頁・大星ビル管理事件）。

　もっとも、業務の実態から、月ごとに勤務割を作成する必要がある場合

は、就業規則において各勤務の始業終業時刻、各勤務の組合せの考え方、勤務割表の作成手続および周知方法等を定めておき、それに従って各日の勤務割を変形期間の開始前までに具体的に特定すれば足りる（仙台高判平成 13 年 8 月 29 日労判 810 号 11 頁・岩手第一事件、昭和 63 年 3 月 14 日基発 150 号）。

　(b)　労働時間の変更の可否

　使用者が業務の都合によって任意に労働時間を変更するような制度は、労働時間の特定を欠き、変形労働時間制の適用を受けない（昭和 63 年 1 月 1 日基発 1 号）。

　この点、労働時間の定めを必要とするのは、勤務の不均等配分による労働者の生活への不利益を最小限にとどめるためであることから、使用者の恣意によりみだりに労働時間の変更がされることを防止すべく、就業規則において、①労働者からみてどのような場合に変更が行われるかを予測することが可能な程度に変更事由を具体的に定めること（東京地判平成 12 年 4 月 27 日判時 1723 号 23 頁・判タ 1079 号 221 頁・労判 782 号 6 頁・JR東日本事件、前掲仙台高判平成 13 年 8 月 29 日・岩手第一事件）や、②業務上やむを得ず変更が許される例外的、限定的事由を具体的に定めること（広島高判平成 14 年 6 月 25 日労判 835 号 43 頁・JR西日本事件）を必要とする旨判示する裁判例がある。また、相当期間前の予告などの手続的配慮も要求すべきとの見解もある（東大・労基法（下）528 頁）。

　c　労働基準監督署長に対する届出（②⑦）

　労使協定の所轄労働基準監督署長に対する届出は、労使協定の効力発生要件とはされていないため、上記届出を怠った場合であっても、変形労働時間制の定め自体は有効である（ただし、罰則（労基法 120 条 1 号）がある）（厚労省・コンメ労基法（上）413 頁）。

　d　労働者に対する周知（③）

　労働者に対する周知を欠く場合、①の定めがあったものと認められない（昭和 29 年 6 月 29 日基発 355 号）。

　イ　効果（時間外労働時間）

　1 か月単位の変形労働時間制を採用した場合、以下の時間が時間外労

働時間となり、割増賃金（労基法 37 条）の支払を要する（前掲最一判平成 14 年 2 月 28 日・大星ビル管理事件、熊本地判昭和 48 年 10 月 4 日判時 719 号 21 頁・判タ 300 号 135 頁・国労熊本地本事件、前掲東京地判平成 12 年 4 月 27 日・JR東日本事件、昭和 63 年 1 月 1 日基発 1 号）[9]。

① 1 日については、

㋐ 所定労働時間が 8 時間を超える日は、所定労働時間を超えた時間

㋑ それ以外の日は、8 時間を超えた時間

② 1 週間については、①で時間外労働となる時間を除き、

㋐ 所定労働時間が 40 時間を超える週は、所定労働時間を超えた時間

㋑ それ以外の週は、40 時間を超えた時間

③ 変形期間については、変形期間における法定労働時間の総枠（1 週間の法定労働時間×（変形期間の総日数÷ 7 日））を超えた時間（①または②で時間外労働となる時間を除く）

⑵ 1 年単位の変形労働時間制（労基法 32 条の 4)

ア 要件

㋐ 法令の定め

1 年単位の変形労働時間制の要件は、以下のとおり定められている。

① 労使協定等 [10] により、以下の各事項について定めること

㋐ 対象となる労働者の範囲（労基法 32 条の 4 第 1 項 1 号）

㋑ 対象期間（1 か月を超え 1 年以内の期間）およびその起算日（同項 2 号、労基則 12 条の 2 第 1 項）

㋒ 特定期間（対象期間中の特に業務が繁忙な期間）およびその起算日

---

9) なお、①〜③により時間外労働となる時間を、それぞれの 1 か月の起算日から累積して計算し、当該時間が 60 時間を超えた場合は、その超えた時間の労働については、通常の労働時間の賃金の計算額の 5 割以上の率で計算した割増賃金を支払わなければならない（労基法 37 条 1 項ただし書。ただし、中小企業を除く（同法 138 条）。厚生労働省・都道府県労働局・労働基準監督署「改正労働基準法のあらまし」(http://www.mhlw.go.jp/topics/2008/12/dl/tp1216-1l.pdf)）。

10) Ⅱ 1⑴ア㋑a(a)と同様、労働者に民事上の義務を負わせるためには、労働協約等において定めることが必要である。

（労基法 32 条の 4 第 1 項 3 号、労基則 12 条の 2 第 1 項）

　㋑ⓐ（ⅰ）　対象期間における労働日および当該労働日ごとの労働時間（対象期間を平均し 1 週間当たりの所定労働時間が 40 時間 [11] の範囲内）（労基法 32 条の 4 第 1 項 4 号）

　　　　（ⅱ）　（就業規則により定める場合）各日の始業および終業時刻（労基法 89 条）

　　　または

　　　ⓑ　（対象期間を 1 か月以上の期間ごとに区分することとした場合（労基法 32 条の 4 第 1 項 4 号））

　　　　（ⅰ）　当該区分による各期間のうち当該対象期間の初日の属する期間（最初の期間）における労働日および当該労働日ごとの労働時間

　　　　（ⅱ）　当該最初の期間を除く各期間における労働日数および総労働時間

　㋒　有効期間 [12]（労基法 32 条の 4 第 1 項 5 号、労基則 12 条の 4 第 1 項）

②㋐　対象期間における 1 日の所定労働時間が 10 時間を超えないこと（労基法 32 条の 4 第 3 項、労基則 12 条の 4 第 4 項）[13]

　㋑　対象期間における 1 週間の所定労働時間が 52 時間を超えないこと（労基法 32 条の 4 第 3 項、労基則 12 条の 4 第 4 項）

　㋒　対象期間における連続して労働させる日数が 6 日を超えないこと（労基法 32 条の 4 第 3 項、労基則 12 条の 4 第 5 項）

　㋓　特定期間における連続して労働させる日数が 12 日（1 週間に 1 日の休日が確保できる日数）を超えないこと（労基法 32 条の 4 第 3 項、労基則 12 条の 4 第 5 項）

③　（対象期間が 3 か月を超える場合）

11）　前掲注 7）の特例事業の場合も 40 時間（労基則 25 条の 2 第 4 項）。
12）　不適切な運用がされることを防ぐため、1 年程度が望ましい（平成 6 年 1 月 4 日基発 1 号、平成 11 年 3 月 31 日基発 168 号）。
13）　ただし、隔日勤務のタクシー運転者の 1 日の労働時間の限度は 16 時間とされている（労基則附則 66 条、平成 9 年 2 月 14 日基発 93 号、平成 11 年 3 月 31 日基発 168 号）。また、積雪地域の建設業の屋外労働者等については、労基則 12 条の 4 第 4 項の規定にかかわらず、1 日の労働時間の限度は 10 時間、1 週間の労働時間の限度は 52 時間とされている（労基則附則 65 条、平成 9 年 2 月 14 日労告 8 号）。

⑦　対象期間の所定労働日数が、280 日 [14]　×（対象期間の暦日数÷365 日 [15]）を超えないこと（労基法 32 条の 4 第 3 項、労基則 12 条の 4 第 3 項）

④　対象期間において、所定労働時間が 48 時間を超える週が連続 3 週間以下であること（労規則 12 条の 4 第 4 項 1 号）

⑨　対象期間をその初日から 3 か月ごとに区分した各期間（3 か月未満の期間を生じたときは、当該期間）において、所定労働時間が 48 時間を超える週が合計 3 週間以下であること（同項 2 号）

④　（対象期間を 1 か月以上の期間に区分することとした場合）

⑦　各区分期間の初日の少なくとも 30 日前に

④　当該事業場に、労働者の過半数で組織する労働組合がある場合はその労働組合、上記労働組合がない場合は労働者の過半数を代表する者の同意を得て、または労使委員会の決議もしくは労働時間等設定改善委員会の決議に基づき

⑨　最初の期間を除く各期間における労働日数を超えない範囲内において当該各期間における労働日および上記各期間における総労働時間を超えない範囲内において当該各期間における労働日ごとの労働時間を

④　書面により（労基則 12 条の 4 第 2 項）

定めること（労基法 32 条の 4 第 2 項、38 条の 4 第 5 項、労働時間等の設定の改善に関する特別措置法 7 条 1 項）

⑤　（労使協定により定める場合）労使協定を所轄労働基準監督署長に届け出ること（労基法 32 条の 4 第 4 項、32 条の 2 第 2 項、労基則 12 条の 4 第 6 項）[16]

---

14)　ただし、対象期間の初日の前 1 年以内の日を含む 3 か月を超える期間を対象期間として定める労使協定等（旧協定）があった場合において、1 日の労働時間のうち最も長いものが旧協定の定める 1 日の労働時間のうち最も長いものもしくは 9 時間のいずれか長い時間を超え、または 1 週間の労働時間のうち最も長いものが旧協定の定める 1 週間の労働時間のうち最も長いものもしくは 48 時間のいずれか長い時間を超えるときは、旧協定の定める対象期間について 1 年当たりの労働日数から 1 日を減じた日数または 280 日のいずれか少ない日数（労基則 12 条の 4 第 3 項）。

15)　閏年の場合も 365 日（厚労省・コンメ労基法（上）434 頁）。

78　第 5 講　変形労働時間制・フレックスタイム制と時間外手当

㈠　補足説明

　a　対象期間（①㋑）

　1年単位の変形労働時間制は、対象期間を単位として適用されるため、労使の合意によっても、対象期間の途中でその適用を中止することはできないと解されている（厚労省・コンメ労基法（上）430頁）[17]。

　b　特定期間（①㋣）

　特定期間は、必要的協定事項であるから、特定期間を定めない場合には、その旨定めることが必要である。もっとも、特定期間について定めがない労使協定については、特定期間を定めない旨定められているものとみなすものと解されている（平成11年3月31日基発169号）。

　対象期間中の複数の期間を特定期間として定めることもできるが、対象期間中の相当部分を特定期間とすることは法の趣旨に反する。また、対象期間中に特定期間を変更することはできない（厚労省・コンメ労基法（上）430頁）。

　c　労働時間の特定（①㋓）

　㈎　労働時間の特定の程度

　　ⅰ　原則

　上記Ⅱ1⑴ア㈡b㈎と同様、労使協定等において、対象期間の各日、各週の労働時間を具体的に定める必要がある。また、常時10人以上の労働者を使用する使用者は、就業規則において、対象期間における各日の始業および終業の時刻を定めなければならない（労基法89条）。

　　ⅱ　対象期間を1か月以上の期間ごとに区分する場合

　上記の場合、労使協定等において、最初の期間における労働日および当該労働日ごとの労働時間ならびに最初の期間以外の各期間における労働日数および総労働時間を定め、上記各期間の初日の少なくとも30日前までに、労働組合の同意を得るなどして、当該各期間における労働日ごとの労働時間を定めれば足りる（①㋓ⓑ、④）。また、使用者が就業規則の作成義

16）　Ⅱ1⑴ア㈡cと同様、届出がなくとも変形労働時間制の定めは有効。
17）　労使協定の一方的破棄について、直近の対象期間の終了を待って効果が生ずるとの見解がある（東大・労基法（下）554頁）。

務を負う場合は、上記に加え、就業規則において、勤務の種類ごとの始業および終業時刻および当該勤務の組合せについての考え方、勤務割表の作成手続およびその周知方法等を定めれば足りる（平成11年1月29日基発45号）。

なお、各日の労働時間を定めるに当たって同意が得られなかった場合、その期間については、使用者は、当該期間の総労働時間の範囲内で、労基法32条に従って労働させなければならない（厚労省・コンメ労基法（上）433頁）。

(b) 労働時間の変更の可否

特定された日または週の労働時間を対象期間の途中で変更することはできず、仮に、労使協定において、労使が合意すれば対象期間中であってもこれらを変更することができる旨定めたとしても変更は許されない（昭和63年3月14日基発150号・婦発47号、平成6年3月31日基発181号）。

d 派遣労働者の場合

派遣労働者を派遣先において1年単位の変形労働時間制の下で労働させる場合には、派遣元の使用者は、派遣元事業場において労使協定を締結し、①対象期間を平均し1週間の労働時間が40時間を超えない範囲内において、②労働日および労働日ごとの労働時間を具体的に定める必要がある（派遣法44条2項、昭和63年1月1日基発1号、平成6年3月31日基発181号、平成9年3月25日基発195号）。

イ 効果

(ア) 時間外労働時間

1年単位の変形労働時間制を採用した場合、以下の時間が時間外労働時間となり、割増賃金（労基法37条）の支払を要する[18]。

① 1日については、

　(ア) 所定労働時間が8時間を超える日は、所定労働時間を超えた時間

　(イ) それ以外の日は、8時間を超えた時間

② 1週間については、①で時間外労働となる時間を除き、

　(ア) 所定労働時間が40時間を超える週は、所定労働時間を超えた時間

　(イ) それ以外の週は、40時間を超えた時間

③　対象期間については、対象期間における法定労働時間の総枠（40時間×（対象期間の日数÷7日））を超えた時間（①または②で時間外労働となる時間を除く）

　（イ）　変形労働時間制による労働期間が対象期間より短い場合

　対象期間中に変形労働時間制により労働させた期間が対象期間より短い労働者（対象期間中に退職しまたは採用された労働者や、対象期間中に変形労働時間制の適用のある（ない）部署から適用のない（ある）部署に配転された労働者等）については、上記(ア)①、②に加え、以下の時間が、時間外労働時間となる（労基法32条の4の2）。

　（計算式）時間外労働時間＝1年単位の変形労働時間制により労働させた期間における実労働時間－40時間×（上記期間の暦日数÷7日）－労基法37条1項に基づき割増賃金を支払わなければならない時間（上記(ア)①、②）

　（ウ）　労働時間の延長の限度

　1年単位の変形労働時間制は、あらかじめ業務の繁閑を見込んで、それに合わせて労働時間を配分するものであって、突発的なものを除き、恒常的な時間外労働はないことを前提とした制度であるため、三六協定で定める労働時間の延長の限度について、通常より短い時間（1年の場合320時間、3か月の場合110時間等）が定められており（平成10年12月28日労告154号）、これを遵守する必要がある。

---

18)　③の時間に係る割増賃金については、一般的に変形期間終了時点で初めて確定するものであり、その部分については、変形期間終了直後の賃金支払期日に支払えば足り（ただし、変形期間の終了を待たずに法定労働時間の総枠を超えた場合については、その直後の賃金支払期日に支払う必要がある）、同日が、時効の起算日となる（平成6年5月31日基発330号、平成9年3月25日基発195号）。
　なお、③についても、労基法37条1項ただし書の1か月60時間の算定における時間外労働時間に含まれると解される（平成21年10月5日基発1005第1号）。したがって、前掲注9）同様、①～③により時間外労働となる時間を、それぞれの1か月の起算日から累積して計算し、当該時間が60時間を超えた場合は、その超えた時間の労働については、通常の労働時間の賃金の計算額の5割以上の率で計算した割増賃金を支払わなければならない（労基法37条1項ただし書。ただし、中小企業を除く（同法138条）。前掲注9）「改正労働基準法のあらまし」）。

Ⅱ　判例の考え方・実務の運用　　81

⑶　1週間単位の非定型的変形労働時間制（労基法 32 条の 5）

ア　要件

㋐　法令の定め

　1週間単位の非定型的変形労働時間制の要件は、以下のとおり定められている。

① 　小売業、旅館、料理店および飲食店の事業であって、常時使用する労働者の数が 30 人未満のものに従事する労働者であること（労基法 32 条の 5 第 1 項、労基則 12 条の 5 第 1 項、2 項）

② 　労使協定等[19]において、1週間の所定労働時間として 40 時間[20]以内の時間を定めること（労基法 32 条の 5 第 1 項）

③ 　労働者に対し、1週間の各日の労働時間（1日 10 時間以内）を、当該1週間の始まる前に書面で通知すること（労基法 32 条の 5 第 1 項、2 項、労基則 12 条の 5 第 3 項）

④ 　（労使協定で定める場合）労使協定を所轄労働基準監督署長に届け出ること（労基法 32 条の 5 第 3 項、32 条の 2 第 2 項、労基則 12 条の 5 第 4 項）[21]

㋑　補足説明

　a　対象事業（①）

日ごとの業務に著しい繁閑の差が生じることが多く、かつ、繁閑が定型的に定まっていない零細事業が対象である（昭和 63 年 1 月 1 日基発 1 号）。

　b　労働時間の特定（③）

　　⒜　労働時間の定め方

　　　ⅰ　労働時間の上限

　1日の労働時間の上限は 10 時間であり、使用者が、1週間の各日の労働時間を定めるに当たっては、労働者の意思を尊重するよう努めなければならない（労基則 12 条の 5 第 5 項）。

---

19)　前掲注 10) 参照。
20)　前掲注 11) 参照。
21)　前掲注 16) 参照。

ⅱ　就業規則の定め方

　就業規則において、各日の始業および終業時刻を定める必要はなく、1週間の所定労働時間を定めるとともに、各日の始業および終業の時刻を労働者に通知する時期、方法等を規定すれば足りる。ただし、原則的な始業および終業の時刻や、これらのパターンが決まっているときなどは、その点、定めておく必要がある（厚労省・コンメ労基法（上）444頁）。

(b)　労働時間の変更

　緊急でやむを得ない事由がある場合には、使用者は、前日までに書面で当該労働者に通知することにより、あらかじめ通知した労働時間を変更することができる（労基則12条の5第3項ただし書）。緊急でやむを得ない事由がある場合とは、使用者の主観的な必要性ではなく、台風の接近、豪雨等の天候の急変等客観的事実により、当初想定した業務の繁閑に大幅な変更が生じた場合をいう（昭和63年1月1日基発1号）。

イ　効果（時間外労働時間）

　1週間単位の非定型的変形労働時間制を採用した場合、以下の時間が時間外労働時間となり、割増賃金（労基法37条）の支払を要する[22]。

①　1日については、

　㋐　事前通知により所定労働時間が8時間を超える時間（10時間以内）とされている日は、所定労働時間を超えた時間

　㋑　所定労働時間が8時間以内とされている日は、8時間を超えた時間

②　1週間については、40時間を超えた時間（ただし、①で時間外労働となる部分を除く）

(4)　変形労働時間制の適用制限

ア　妊産婦による請求

　使用者は、妊産婦が請求した場合は、上記(1)～(3)の変形労働時間制を採用している場合であっても、1週間および1日の法定労働時間を超えて労働させてはならない（労基法66条）。

---

22)　前掲注9）と同様。

イ　育児を行う者等への配慮

　使用者は、上記(1)～(3)の変形労働時間制の下で労働者を労働させる場合には、育児を行う者、老人等の介護を行う者、職業訓練または教育を受ける者その他特別の配慮を要する者については、これらの者が育児等に必要な時間を確保できるような配慮をするように努めなければならない（労基則12条の6）。

2　フレックスタイム制（労基法32条の3）[23]

　フレックスタイム制とは、1か月以内の一定の期間につき、1週間当たりの平均所定労働時間が法定労働時間を超えない範囲内で総労働時間を定めておき、労働者がその範囲内で各日の始業および終業の時刻を選択して働くことにより、その生活と業務との調和を図りながら、効率的に働くことを可能とし、労働時間を短縮することを目的とする制度であり、使用者は、労働者が1週または1日の法定労働時間を超えて労働した場合であっても、総労働時間を超えない限り、割増賃金の支払義務を負わない（昭和63年1月1日基発1号、平成11年3月31日基発168号）。

(1)　要件

ア　法令の定め

フレックスタイム制の要件は、以下のとおり定められている[24]。

①　就業規則その他これに準ずるもの[25]により、その労働者に係る始業および終業の時刻をその労働者の決定にゆだねる旨定めること（労基法32条の3）

②　労使協定等において、次の各事項を定めること

　㋐　対象となる労働者の範囲（労基法32条の3第1号）

　㋑　清算期間（1か月以内の期間）およびその起算日（労基法32条の3第2号、労基則12条の2）

---

23)　類型別実務151頁以下（第3章Q61～Q68）も参照のこと。

84　第5講　変形労働時間制・フレックスタイム制と時間外手当

ⓦ 清算期間における総労働時間（清算期間を平均し1週間当たりの所定労働時間が法定労働時間[26]の範囲内）（労基法32条の3第3号）

ⓔ 標準となる1日の労働時間[27]（労基法32条の3第4号、労基則12条の3第1号）

ⓞ コアタイム（労働者が労働しなければならない時間帯）を定める場合には、その開始および終了の時刻（労基法32条の3第4号、労基則12条の3第2号）

ⓚ フレキシブルタイム（労働者がその選択により労働することができる時間帯）に制限を設ける場合には、その開始および終了の時刻（労基法32条の3第4号、労基則12条の3第3号）

24) なお、長時間労働を抑制するとともに、労働者が、その健康を確保しつつ、創造的な能力を発揮しながら効率的に働くことができる環境を整備するため、フレックスタイム制の見直し等、所要の措置を講ずる内容の労働基準法等の一部を改正する法律案が、平成27年4月3日、第189回国会に提出された（ただし、第193回国会（平成29年6月18日閉会）においても成立せず、衆議院で閉会中審査（継続審議））。同法案におけるフレックスタイム制に係る改正内容は、以下のとおりである。①清算期間の上限を1か月から3か月に延長するとともに、使用者は、清算期間が1か月を超える場合においては、当該清算期間をその開始の日以後1か月ごとに区分した各期間ごとに当該各期間を平均し1週間当たりの労働時間が50時間を超えない範囲内において労働させることができるものとする、②1か月を超える清算期間を定めるフレックスタイム制の労使協定については、行政官庁への届出を要するものとする、③フレックスタイム制が適用される1週間の所定労働日数が5日の労働者について、労使協定により、労働時間の限度について、清算期間における所定労働日数に8時間を乗じて得た時間とする旨を定めたときは、使用者は、当該清算期間を平均し1週間当たりの労働時間が当該清算期間における日数を7で除して得た数をもってその時間を除して得た時間を超えない範囲内で労働させることができるものとする、④使用者は、清算期間が1か月を超えるものであるときの労働させた期間が当該清算期間より短い労働者について、当該労働者を労働させた期間を平均し1週間当たり40時間を超えて労働させたときは、その超えた時間の労働について法定割増金に係る既定の例により割増賃金を支払わなければならないものとする。

25) 「その他これに準ずるもの」は、Ⅱ1(1)ア(イ)a(b)と同じ。

26) 40時間（労基法32条1項）。ただし、前掲注7)の特例事業については、44時間（同法40条1項、労基則25条の2第3項）。

27) 労働者が年次有給休暇を取得した場合、当該日に標準となる1日の労働時間労働したものとして取り扱われる（昭和63年1月1日基発1号、平成9年3月25日基発195号）。

イ　補足説明

(ア)　労働者の決定にゆだねること（①）

　始業および終業の時刻の両方を労働者の決定にゆだねる必要があり、一方のみを労働者の決定にゆだねるのでは足りない。また、フレキシブルタイムが極端に短い場合や、コアタイムの開始から終了までの時間と標準となる1日の労働時間がほぼ一致している場合等については、始業および終業の時刻を労働者の決定にゆだねたことにはならない（昭和63年1月1日基発1号、平成11年3月31日基発168号）。

(イ)　清算期間（②⑦）

　清算期間が1日の場合、1日の所定労働時間が固定されており、フレックスタイム制に該当しない（厚労省・コンメ労基法（上）420頁）。

(ウ)　コアタイム、フレキシブルタイムの定め（②⑦、⑦）

　常時10人以上の労働者を使用する使用者は、始業および終業の時刻に関する事項について就業規則を作成する必要があるため（労基法89条1号）、上記使用者は、コアタイム、フレキシブルタイムを定める場合は、これらについても就業規則に規定する必要がある（昭和63年1月1日基発1号、平成11年3月31日基発168号）。なお、フレックスタイム制を採用した場合、使用者は、コアタイムを除き、労働者の個別的同意を得ることなく、一定の時刻までの出勤や居残りを命じることはできない（山川隆一「フレックスタイム制の運用状況と法的課題」季労162号29頁）。

(エ)　派遣労働者の場合

　派遣労働者については、派遣元の使用者が、派遣元事業場において、①および②の要件を満たすとともに、③労働者派遣契約において当該労働者をフレックスタイム制の下で労働させる旨定めることが必要である（昭和63年1月1日基発1号）。

(2)　効果

ア　時間外労働時間

　フレックスタイム制を採用した場合、清算期間における法定労働時間の総枠（1週間の法定労働時間×（清算期間の日数÷7日））を超えた時間が時

間外労働時間となり、割増賃金（労基法 37 条）の支払を要する[28) 29)]。

　なお、総労働時間を超える労働時間のうち、法定労働時間の総枠を超えない部分について割増賃金を支払うかは、当事者間の契約による（菅野514 頁）。

　イ　労働時間の繰越しの可否（労働時間の貸借制）

　実際に労働した時間と清算期間における総労働時間との間に過不足が生じた場合の繰越しの可否が問題となるところ（なお、法定労働時間の総枠を超えた時間については、上記アのとおり、労基法 37 条により割増賃金の支払を要するため、同時間を次の精算期間に繰り越すことは許されない）、これに関する行政解釈（昭和 63 年 1 月 1 日基発 1 号）は以下のとおりである。

① 　実際の労働時間に過剰があった場合に、超過分を次の清算期間中の総労働時間の一部に充当すること（労働時間の貸し）は、清算期間内における労働の対価の一部がその期間の支払日に支払われないことになり、労基法 24 条に反する。

② 　実際の労働時間に不足があった場合に、不足分を次の清算期間中の総労働時間に上積みして労働させること（労働時間の借り）は、法定労働時間の総枠の範囲内である限り、次の清算期間で賃金の過払を清算するものと考えられ、労基法 24 条に違反するものではない。

　これに対しては、㋐現行法上、賃金の額は、法定労働時間の範囲内での労働である限り、定額の月給制のように、労働時間の長さに応じて定める必要がないことからすると、①についても労働契約の定めとして有効であるとの見解（菅野 515 頁）、㋑労基法 32 条の 3 は、賃金の計算および支払を清算期間ごとに行うことを定めたものであるから、①および②のいずれも許されないとする見解（渡辺章「フレックスタイム制」ジュリ 917 号 63頁）、㋒②を肯定した場合、労働者の自由な決定によって次の清算期間中に発生した過剰分について使用者に割増賃金の支払を強制することになる

---

28)　前掲注 9）と同様。また、前掲注 24）の法改正がされ、1 か月を超える清算期間のフレックスタイム制を導入した場合、前掲注 18）と同様。

29)　清算期間を通じて毎週必ず週休 2 日以上休日が付与されている場合の時間外労働時間の計算方法については、平成 9 年 3 月 31 日基発 228 号。

という問題を指摘する見解（東京大学労働法研究会『注釈労働時間法』（有斐閣、1990）242頁）などがある。

　この点、⑦の指摘のほか、行政解釈が②を肯定しているように、労基法32条の3が賃金の計算および支払を清算期間ごとに行うことを義務付けているとは解し難いこと、②の場合、労働者の決定により使用者が割増賃金の支払義務を負うことになったとしても、これをもって、労使の合意の効力を否定する理由とすることは困難であること（なお、次の清算期間中の総労働時間に借り時間を上積みすると、法定労働時間の総枠を超えることになったとしても、労働者は、上記法定労働時間の総枠を超える部分について、さらに労働時間の借りをすることが可能であるから、時間外労働を強いることになるものではないといえよう）などからすると、①および②のいずれについても、有効であると解するのが相当ではなかろうか。

3　変形労働時間制およびフレックスタイム制の適用除外

⑴　満18歳未満の者

　満18歳未満の者については、変形労働時間制およびフレックスタイム制は適用されない（労基法60条1項）。

　もっとも、使用者は、満15歳に達した日以後の最初の3月31日が終了した者であって満18歳未満の者については、満18歳に達するまでの間、以下のとおり労働させることができる。

①　1週間の労働時間が法定労働時間を超えない範囲内において、1週間のうち1日の労働時間を4時間以内に短縮する場合において、他の日の労働時間を10時間まで延長すること（労基法60条3項）

②　1週間について48時間、1日について8時間を超えない範囲内において、1か月単位の変形労働時間制または1年単位の変形労働時間制の例により労働させること（同項、労基則34条の2）

(2) 一般職地方公務員

一般職に属する地方公務員には、1か月単位の変形労働時間制は適用されるが（地方公務員法58条4項）、その他の変形労働時間制およびフレックスタイム制は適用が除外されている（同条3項）。

Ⅲ 労働者側の主張立証上の留意点

まず、割増賃金を請求するに当たっては、各日ごとの始業時刻、終業時刻を主張し、タイムカード等によってこれを立証しなければならない。実務上、各日の時間外労働時間数のみを概括的に主張する労働者もみられるが、時間外労働をしたことについての主張立証責任は、あくまでも労働者が負っていることに留意する必要がある。なお、労基法、労基則所定の割増賃金の計算方法を熟知していない代理人も多い。再計算のために無駄な期日を重ねないよう、これらについて十分理解した上で、訴えを提起することが必要である。

そして、使用者から、上記Ⅱの各要件を具備していることの主張、立証がされた場合には、変形労働時間制またはフレックスタイム制が適用されることを前提とした時間外労働時間についても具体的に主張する必要がある。

Ⅳ 使用者側の主張立証上の留意点

実務上、労働者からの割増賃金請求に対し、使用者が、①変形労働時間制またはフレックスタイム制が適用されているから一切割増賃金は発生しないと主張し、労働者の主張する実労働時間について具体的に認否しない場合、②1年単位の変形労働時間制を採用する旨の労使協定を提出するのみで、他の要件について主張、立証しない場合など、これらの制度の要件および効果に対する無理解に起因すると思われる主張、立証がされることがまま見られる。

上記Ⅱのとおり、変形労働時間制またはフレックスタイム制が適用され

る場合であっても、時間外労働は発生し得、その場合、使用者は割増賃金の支払義務を負うのであるから、労働者から割増賃金の支払を請求された使用者は、早期に、①労働者の主張する始業および終業時刻について具体的に認否するとともに、②上記Ⅱの各要件につき、主張、立証した上、③これらの制度が適用される場合の時間外労働時間を明らかにすることが必要である。上記Ⅱの要件を満たさないにもかかわらず、これらの制度の適用があるから割増賃金の支払義務を負っていないなどと主張し、労働者の主張する労働時間について具体的に認否もしないなどといったことは、徒に時間を浪費するものであり、厳に慎むべきである。

　なお、使用者は、フレックスタイム制を採用した場合も、タイムカード等により労働者の労働時間を把握管理する義務を免れない（昭和63年3月14日基発150号）。労働者がタイムカード等を所持していない場合には、使用者は、積極的にこれらの開示に応じるべきである。

Ⅴ　おわりに

　上記Ⅱにおいて詳述したとおり、変形労働時間制およびフレックスタイム制の適用要件は多岐にわたっており、これらを満たさない使用者は多い。使用者としては、割増賃金について遅延損害金等が発生することも考慮すると、上記要件を充足しているかについて早期に見極め、無駄な主張を繰り返すことなく、和解による解決を図ることが肝心であろう。他方、労働者もまた、上記Ⅲのとおり、時間外労働をしたことについて主張立証責任を負っていることからすると、客観的な証拠の乏しい事案では特に、和解による解決を図るメリットは大きい。双方とも、自らの主張立証の脆弱な部分に留意しながら、訴訟活動を行うことが望まれる。

　変形労働時間制およびフレックスタイム制は、労働時間の短縮を図ることを目的として、1週間または1日の法定労働時間を超えて労働させることを許容する制度であって、単に法定労働時間を超えて労働させるための手段となっている場合など、上記目的に反する運用は法の認めるところではない。使用者が、各制度を採用するに当たっては、各要件を具備するの

みならず、上記法の趣旨に則った適切な運用をし、労働時間の短縮化に務めることが求められる[30]。

---

30) 就業規則の変更により、これらの制度を導入する場合には、業務および時間外労働等の実態が制度趣旨に合致しているかが、就業規則の変更の合理性判断に影響を与える要素になるであろう（東大・労基法（下）556頁）。

第6講

事業場外労働・裁量労働と時間外手当

村田　一広

I　はじめに

　労働基準法は、一部の例外（労基法41条）を除き、すべての労働者を始業・終業時刻、法定労働時間、時間外労働等の労働時間規制の下に置いて、労働時間の厳格な計算を要求しており、法定労働時間を超える労働が行われた場合には、当該労働について、割増賃金の規定（労基法37条）により、実際の労働時間（実労働時間）に比例した賃金支払を要求している。他方、労働基準法は、労働時間規制の適用があることを前提としながらも、実労働時間によるのではなく、労働時間をみなす方法によって労働時間を算定できる場合として、①事業場外労働（労基法38条の2）、②専門業務型裁量労働制（労基法38条の3）、③企画業務型裁量労働制（労基法38条の4）を規定しており（以下、これらを総称して「みなし労働時間制」という）、これらが適用される場合には、原則として、実労働時間の算定は問題とならない。

　裁判実務においては、労働者（原告）による時間外手当の請求に対し、使用者（被告）がみなし労働時間制の適用を主張することがあり、同主張は抗弁として位置付けられる（たとえば、所定労働時間が労働時間とみなされる場合、実労働時間にかかわらず、時間外手当が発生する余地はない）。

　ただし、みなし労働時間制は、労働時間規制のうち労働時間の算定方法について適用されるものであり、休憩時間、休日、深夜業、年少者および妊産婦等に関する労働時間規制の適用を否定するものではない（労基則24条の2第1項、24条の2の2第1項、24条の2の3第2項。昭和63年1月

1 日基発 1 号、昭和 63 年 3 月 14 日基発 150 号、平成 12 年 1 月 1 日基発 1 号)。したがって、みなし労働時間制の適用によって労働時間とみなされる時間（以下「みなし労働時間」という）が法定労働時間を超える場合には、三六協定の締結・届出を要し、超過部分については割増賃金が発生することとなり（一部抗弁）、また、みなし労働時間制は、休日・深夜割増賃金の請求との関係では、抗弁として機能し得ないこととなる。

なお、労働政策審議会は、厚生労働大臣の諮問を受け、平成 29 年 9 月 15 日に「働き方改革を推進するための関係法律の整備に関する法律案要綱」について厚生労働大臣に対する答申をしており、これを踏まえた労働基準法の一部改正等が見込まれるところ、上記要綱の内容には、企画業務型裁量労働制の対象業務を追加すること、特定高度専門業務・成果型労働制（高度プロフェッショナル制度）の創設等が含まれている。

Ⅱ　事業場外労働（労基法 38 条の 2）について

1　判例の考え方・実務の運用

労働者が事業場外で業務に従事する場合（たとえば、外交セールス、新聞記者による記事の取材、修理・保守の巡回作業等）、使用者の具体的な指揮監督が及んでいないため、実労働時間を算定することが困難となることがある。事業場外労働（労基法 38 条の 2）は、労働者が事業場外で業務に従事した場合における実労働時間の算定困難性を理由として、使用者による実労働時間の把握算定義務を免除し、一定時間により労働時間をみなす制度（以下「事業場外みなし制」という）である [1] [2]。

---

1) 事業場外みなし制は、休憩時間、休日、深夜業等に関する労働時間規制の適用を否定するものではなく、使用者は、休日・深夜労働との関係では、実労働時間の把握算定義務を免除されない。
2) 類型別実務 156 頁以下（第 3 章 Q69 〜 Q76）も参照のこと。

(1) 事業場外みなし制の適用要件

使用者は、時間外手当の請求に対し、事業場外みなし制を主張する場合、以下アおよびイを主張立証する必要がある。

ア 労働者が事業場外で業務に従事したこと

労働者が「労働時間の全部又は一部について事業場外で業務に従事した場合」であるか[3]は、使用者の具体的な指揮監督が困難であり、労働時間の把握算定義務を免除されるものかどうかという観点から判断する（就業規則の適用単位や労使協定の締結単位としての「事業場」と必ずしも一致しない）。

イ 労働時間を算定し難いこと

労働者が事業場外での業務に従事した場合であっても、使用者が実労働時間を算定できるならば、労働時間の算定把握義務を免除されることはなく、事業場外みなし制は適用されない。

「労働時間を算定し難いとき」に当たるか否かは、労働者が従事する業務の内容（事業場外における勤務の態様等）、当該業務に係る使用者から労働者に対する指示の有無・内容、労働者から使用者に対する報告の有無・内容等といった諸般の事情を総合的に考慮して判断せざるを得ないものと解されるが、使用者の労働者に対する具体的な指揮監督が及んでいるならば、実労働時間を算定することは通常可能であると解される。この点、行政解釈は、労働時間の算定が可能な例として、❶何人かのグループで事業場外労働に従事し、その中に労働時間を管理する者がいる場合、❷無線やポケットベル等によって随時使用者の指示を受けながら労働している場合、❸事業場で訪問先や帰社時刻等、当日の業務の具体的指示を受けた後に、事業場外で指示どおりに業務に従事し、その後事業場に戻る場合を挙げている（昭和63年1月1日基発1号）。また、行政解釈は、いわゆる在宅勤務について、労働者が自宅で情報通信機器を用いて勤務を行う場合、

---

3) 事業場外労働は、常態的に事業場外での労働が行われるものだけではなく、一時的なものや出張等も含まれる。一時的な出張等については、使用者が、事業場外みなし制を主張せず、移動時間の労働時間性を問題とすることも少なくない（第4講Ⅲ1(6)参照）。

原則として、①当該業務が、起居寝食等私生活を営む自宅で行われること、②当該情報通信機器が、使用者の指示により常時通信可能な状態に置くこととされていないこと、③当該業務が、随時使用者の具体的な指示に基づいて行われていないことのすべての要件を満たす限り、事業場外みなし制の適用があるとしている（平成16年3月5日基発0305001号、平成20年7月28日基発0728002号）。

　裁判例においては、事業場外みなし制の適用を否定するものが多く、募集型の企画旅行における添乗員の業務に対する事業場外みなし制の適用が問題となった阪急トラベルサポート（派遣添乗員・第2）事件において、最二判平成26年1月24日労判1088号5頁は、上記添乗業務の性質、内容やその遂行の態様、状況等、旅行業者と添乗員との間の業務に関する指示及び報告の方法、内容やその実施の態様、状況等に鑑みると、上記添乗業務については、これに従事する添乗員の勤務の状況を具体的に把握することが困難であったとは認め難く、「労働時間を算定し難いとき」に当たるとはいえないとした[4]。事業場外みなし制の適用を否定した比較的最近の裁判例として、東京地判平成22年6月30日労判1013号37頁・H会計事務所事件、東京地判平成22年10月27日労判1021号39頁・レイズ事件、東京高判平成23年9月14日労判1036号14頁・阪急トラベルサポート（派遣添乗員・第1）事件、東京高判平成24年3月7日労判1048号26頁・阪急トラベルサポート（派遣添乗員・第3）事件、東京地判平成24年10月30日労判1090号87頁・ワールドビジョン事件等[5]がある。裁判例においては、使用者の労働者に対する指揮監督が及んでおり、実労働時間の算定把握が可能であることを基礎付ける事情として、たとえば、❶使用者が事前に具体的指示を行っていること（計画表の作成等）、❷労働者が事前に業務予定を報告していること（予定表の作成、ホワイトボードへの記載等）、❸事業場外労働の責任者が指定されていること、❹労働者が訪問先、訪問・退出時間等について業務報告書等を提出していること、❺始業・終業時刻が指定され、事業場外労働の前後に出社してい

4)　同判例については、重要判決50選159頁〔鷹野旭〕も参照のこと。

II　事業場外労働（労基法38条の2）について　　95

ること、❻タイムカード等によって出勤・退勤時間が把握されていること、❼携帯電話、電子メール等を用いて、業務指示、業務報告等がされていること（可能であること）、❽業務内容、時間配分等について、労働者の裁量がないこと等が指摘されている。

これに対し、事業場外みなし制の適用を認めた裁判例は多くないものの、東京地判平成23年2月23日労経速2103号28頁・ロフテム事件、東京地判平成25年5月22日労判1095頁63頁・ヒロセ電機（残業代等請求）事件等[6]がある。

(2)　事業場外みなし制による労働時間の算定方法

事業場外みなし制の適用により、①原則として、「所定労働時間」労働したものとみなされることとなり（労基法38条の2第1項本文）、②当該事業場外労働の遂行に「通常必要とされる時間」が所定労働時間を超えている場合には、「通常必要とされる時間」労働したものとみなされる（労基法38条の2第1項ただし書、第2項）。この点、事業場外みなし制によって労働時間を「みなす」とは、その反証を許さないものではあるが、制度趣旨、制度枠組（特に「通常必要とされる時間」が所定労働時間を超えているかが問題とされる点）等にかんがみれば、むしろ労働時間を推定するもの

---

5)　事業場外みなし制の適用を否定した裁判例として、東京高判昭和45年11月27日判タ255号132頁・静岡市教職員事件、横浜地川崎支決昭和49年1月26日労判194号37頁・日本工業検査事件、大阪高判昭和57年12月10日労判401号28頁・井上運輸・井上自動車整備事件（いずれも労基法38条の2の施行以前の労基則22条に関する裁判例）、東京地判平成9年8月1日労判722号62頁・ほるぷ事件、大阪地判平成11年5月31日労判772号60頁・千里山生活協同組合事件、大阪地判平成14年3月29日労判828号86頁・サンマーク事件、大阪地判平成14年7月19日労判833号22頁・光和商事事件、東京地判平成17年9月30日労経速1916号11頁・コミネコミュニケーションズ事件、東京地判平成17年12月9日労経速1925号24頁・インターネットサファリ事件、大阪地判平成20年3月7日労判971号72頁・ハイクリップス事件等がある。

6)　事業場外みなし制の適用を肯定した裁判例として、東京地判平成21年2月16日労判983号51頁・日本インシュアランスサービス事件、東京地判平成22年7月2日労判1011号5頁・阪急トラベルサポート（派遣添乗員・第2）事件、東京地判平成22年9月29日労判1015号5頁・阪急トラベルサポート（派遣添乗員・第3）事件等がある。

に近いと解されている（東大・労基法（下）655 頁等）。

　なお、労働時間の全部が事業場外労働である場合には、その全部がみなしの対象となるが、労働時間の「一部」が事業場外労働である（事業場内労働も行っている）場合、事業場内労働については、実労働時間を把握算定することが困難であるという事情はない以上、使用者は、事業場内労働の実労働時間を別途把握すべき義務を負う。この点、事業場外みなし制による「みなし対象」を事業場内労働と事業場外労働の全体とする考え方（一括みなし説）もあるが、事業場内労働の実労働時間を別途把握すべき義務を負っている以上、「みなし対象」は事業場外労働のみとする考え方（別途みなし説）が妥当である（土田・労契法 349 頁等）。

　そして、事業場外労働が 1 日の所定労働時間帯の一部を用いてなされる場合、事業場内労働を含めて、①1 日の所定労働時間だけ、または、②事業場内労働の時間と事業場外労働に「通常必要とされる時間」とを合計した時間だけ労働したこととなり（昭和 63 年 1 月 1 日基発 1 号、昭和 63 年 3 月 14 日基発 150 号）、上記②の合計時間のうち所定労働時間を超える部分について、時間外手当が発生することとなる[7]。

　ア　「所定労働時間」を労働時間とみなす場合（労基法 38 条の 2 第 1 項本文）

　事業場外みなし制が適用される場合、原則として、「所定労働時間」が労働時間とみなされ、時間外手当は発生しない。

　イ　「当該業務の遂行に通常必要とされる時間」を労働時間とみなす場合（労基法 38 条の 2 第 1 項ただし書）

　労働者が、①当該業務を遂行するためには通常所定労働時間を超えて労働することが必要となること、②当該業務の遂行に通常必要とされる時間

---

7)　労働時間が事業場外労働と事業場内労働とからなる場合であっても、労働時間が所定労働時間帯（始業・終業時刻）に収まっている限り、時間外手当が問題となることはない。これに対し、事業場外労働が始業・終業時刻の前後に及んでいる場合、①事業場内労働時間（別途把握した実労働時間）と②事業場外労働時間（「当該業務の遂行に通常必要とされる時間」としてみなされる労働時間）を加えた合計時間の多寡（所定労働時間よりも長いか否か）によって、時間外手当の有無が決まることとなる。

Ⅱ　事業場外労働（労基法 38 条の 2）について　　97

（以下「通常必要時間」という）を主張立証した場合、通常必要時間が労働時間とみなされ（労基法38条の2第1項ただし書）、超過部分について、時間外手当が発生する。たとえば、労働者が実労働時間を前提として時間外手当を請求している場合、労働者による通常必要時間の主張は、使用者の抗弁（事業場外みなし制）を前提とした予備的請求原因に位置付けられるものと解する。

　行政解釈は、通常必要時間について、「通常の状態でその業務を遂行するために客観的に必要とされる時間」をいうとするが（昭和63年1月1日基発1号）、客観的に必要とされる時間とは、経験則上の平均値をいうものと解されている（東大・労基法（下）659頁等）。

　ただし、事業場外みなし制は、実労働時間の算定困難性を理由として、使用者による実労働時間の把握算定義務を免除するものであり、みなし労働時間は、できるだけ実労働時間に近づくことが要請されるものと解されている[8]（土田・労契法351頁等）。結局、通常必要時間は、事業場外労働の実態等を踏まえた上で適正に算定されなければならず、実労働時間の算定困難性を認めて事業場外みなし制を適用した裁判例も、事業場外労働の実態等を具体的に検討した上で通常必要時間を算定している（前掲注6）東京地判平成22年7月2日・阪急トラベルサポート（派遣添乗員・第2）事件は、「事業場外での労働は労働時間の算定が難しいから、できるだけ実際の労働時間に近い線で便宜的な算定を許容しようという趣旨である」と判示し、前掲注6）東京地判平成22年9月29日・阪急トラベルサポート（派遣添乗員・第3）事件も「当該業務から通常想定される労働時間が、現実の労働時間に近似するという前提に立った上で便宜上の算定方法を許容したものであるから、みなし労働時間の判定に当たっては、現実の労働時間と大きく乖離しないように留意する必要がある」と判示している）。事業場外みなし制は、実労働時間の算定困難性を前提とするから、通常必要時間の算定は、理論的には、経験則

8）　労働者が、（使用者の主張する）みなし労働時間は実労働時間と乖離している旨主張した場合、通常、①実労働時間の算定困難性を否認するとともに、②（労働者の主張する）実労働時間に沿った形での通常必要時間を主張しているものと解すべき場合が多いであろう。

上の平均値の算定として位置付けられることとなるが、裁判実務の観点からは、実労働時間の概括的認定に近い作業を求められることとなる場合も多いものと考えられる。

　ウ　労使協定によって通常必要時間と定められた時間を労働時間とみなす場合（労基法 38 条の 2 第 2 項）

　事業場外労働を遂行するためには通常所定労働時間を超えて労働することが必要となる場合において、当該事業場における過半数労働組合（過半数労働組合がない場合には、労働者の過半数を代表する者）との間の書面による協定（労使協定）によって、通常必要時間を定めている場合、その時間（以下「協定必要時間」という）を労働時間とみなす（労基法 38 条の 2 第 2 項）。

　したがって、協定必要時間をみなし労働時間と主張する者は、①当該業務を遂行するためには通常所定労働時間を超えて労働することが必要となること、②当該業務について協定必要時間を定めた書面による労使協定が締結されたこと、③労使協定（協定必要時間）によって労働時間をみなす旨の定めが就業規則または労働協約に置かれていること [9] を主張立証する必要があるものと解される。たとえば、労働者が実労働時間を前提として時間外手当を請求し、使用者が事業場外みなし制（抗弁）を主張した場合において、①労働者が協定必要時間に基づく時間外手当を請求する場合、協定必要時間の主張は、予備的請求原因に位置付けられることとなるが、②労働者が協定必要時間ではなく、通常必要時間に基づく時間外手当を請求する場合（たとえば、協定必要時間が実労働時間や通常必要時間と乖離している旨主張する場合など）、労働者による通常必要時間の主張が予備的請求原因に、使用者による協定必要時間の主張が抗弁 [10] に位置付けられ

---

9)　労使協定は、当該協定に定めるところによって労働させても労働基準法に違反しないという免罰的効果をもつが、民事上の義務は、当該協定から直接生じるものではなく、就業規則、労働協約等の根拠が必要であると解されている（昭和 63 年 1 月 1 日基発 1 号、婦発 1 号）。同法 38 条の 2 は、労働時間の計算規定であり、それ自体が直接労働契約上の義務にかかわるものではないが、労働時間の計算方法は賃金の計算方法に直結するものであるから、就業規則または労働協約によって、協定必要時間を定める労使協定を契約内容とする必要があると解される（東京大学労働法研究会『注釈労働時間法』（有斐閣、1990）568 頁等。なお、個別合意がある場合に契約内容となることはいうまでもない）。

Ⅱ　事業場外労働（労基法 38 条の 2）について　　99

るものと解する。

　この点、通常必要時間については、業務の実態が最もよく分かっている労使間で、その実態を踏まえて協議した上で決めることが適当であり（常態として行われる事業場外労働が事業場外みなし制の対象となる場合には、できる限り労使協定を締結するよう行政指導がされている）、労使協定に有効期間を定めるものとされているのも（労基則 24 条の 2 第 2 項）、時とともに変動する労働実態に応じた協定必要時間が定められるためである（昭和 63 年 1 月 1 日基発 1 号）。また、労使協定は、事業場外労働について定められ、事業場内労働を含めて協定必要時間を定めることはできない（昭和 63 年 3 月 14 日基発 150 号）。後述するとおり、専門業務型裁量労働制および企画業務型裁量労働制においては、週単位のみなし労働時間を定められるとする見解もあるが、事業場外みなし制において週単位の協定必要時間を定めることは、その制度趣旨（実労働時間の算定困難性等）に反して許されず、協定必要時間は、1 日当たりの時間数について定められる必要があるものと解する。

　なお、労基法 38 条の 4 に基づき労使委員会が設置されている事業場においては、その委員の 5 分の 4 以上の多数決議、労働時間等の設定の改善に関する特別措置法（以下「労働時間等設定改善法」という）7 条に基づき労働時間等設定改善委員会が設置されている事業場においては、その委員の 5 分の 4 以上の多数決議によって、上記労使協定に代えることができる（労働時間等設定改善法 7 条 1 項本文）[11]。

10)　これに対し、労働者が、協定必要時間は実労働時間や通常必要時間と大幅に乖離しており無効である旨主張した場合、当該主張は、就業規則等の合理性を否定する事情として、再抗弁に位置付けられるものと解する。しかしながら、協定必要時間は、業務の実態を踏まえて労使自治によって定められたものであり、これを前提とすべき場合が多いものと考えられる。
11)　労使協定は、労基署長への届出を要し（協定必要時間が 8 時間以下の場合を除く）、労働者への周知が必要である（労基法 38 条の 2 第 3 項、106 条 1 項、労基則 24 条の 2 第 3 項）。

2　労働者側の主張立証上の留意点

　事業場外みなし制の適用が問題となる事例においては、事業場外労働の性質上、実労働時間に関する客観的な資料（タイムカード、業務日報等）が存在しなかったり、労働時間性が問題となったりすることが多い。しかしながら、実労働時間を主張して時間外手当を請求する労働者は、実労働時間を可能な限り具体的に主張立証する必要がある。労働者は、実労働時間を具体的に主張立証し、事業場外労働の実態等を明らかにするよう努めることによって、使用者による事業場外みなし制の主張（労働時間の算定困難性等）に反論し、さらには、通常必要時間の主張立証を尽くすことになるものと考えられる。

3　使用者側の主張立証上の留意点

　使用者は、労働者の実労働時間を把握算定する義務を負担しており、事業場外みなし制を適用するためには、抗弁事実（特に労働時間の算定困難性）を主張立証する必要がある。この点、就業規則に事業場外みなし制に関する定めが置かれていること等を指摘し、事業場外みなし制の適用を当然視する使用者がいるが、誤った理解であるといわざるを得ない。なお、裁判例は、事業場外みなし制の適用を厳格に判断する傾向にあり、使用者としては、裁判例が指摘する事情等を踏まえながら、労働時間の算定困難性等について主張立証を尽くす必要がある。

　また、使用者は、時間外手当の請求に対し、労働者が主張する実労働時間（始業・終業時刻等）を具体的かつ詳細に認否する必要がある。この点、事業場外みなし制を適用する以上、実労働時間は問題となり得ないと考える使用者もいるが、仮に事業場外みなし制が適用されたとしても、（労働者が時間外手当を請求している以上）所定労働時間を超えた「通常必要時間」の算定が争点となる場合がほとんどである（なお、休日・深夜割増賃金が請求されている場合は、事業場外みなし制は抗弁となり得ない）。したがって、使用者は、実質的には、実労働時間をめぐる主張立証と同様の訴訟活

動を求められることとなり、これを疎かにすると、みなし労働時間（通常必要時間）についての主張立証も不十分となってしまうこととなる。

また、事業場外みなし制によって労働時間は所定労働時間とみなされ、時間外手当は固定残業代の支払（営業手当等の名目）で対応している旨主張する使用者もいるが、通常必要時間が所定労働時間を超えるならば時間外手当は発生するのであり、同手当の対象となるべき時間外労働時間が主張立証されなければ、使用者の支払った固定残業代が、労働基準法所定の計算額以上であるか否かを判断することもできないという関係にある（第7講参照）。

Ⅲ 専門業務型裁量労働制・企画業務型裁量労働制

専門業務型裁量労働制および企画業務型裁量労働制は、業務の性質上その遂行方法を大幅に労働者の裁量にゆだねる必要があるものについて、実労働時間とは関係なく、労使協定や労使委員会の決議で定めた時間を労働時間としてみなす制度である（以下、これらを併せて「裁量労働制」という）[12]。

1 専門業務型裁量労働制（判例の考え方・実務の運用）

⑴ 専門業務型裁量労働制の適用要件
使用者は、時間外手当の請求に対し、専門業務型裁量労働制を主張する場合、以下ア〜ウを主張立証する必要がある。

ア　労働者が専門業務型裁量労働制の対象として厚生労働省令の定める業務に従事したこと

⑺　具体的内容

労基則24条の2の2第2項は、「業務の性質上その遂行の方法を大幅に当該業務に従事する労働者の裁量にゆだねる必要があるため、当該業務

12)　類型別実務164頁以下（第3章Q77〜Q83）も参照のこと。

102　第6講　事業場外労働・裁量労働と時間外手当

の遂行の手段及び時間配分の決定等に関し使用者が具体的な指示をすることが困難なものとして厚生労働省令で定める業務」(労基法38条の3第1項)として、次の①～⑥のとおり、専門業務型裁量労働制の対象となる業務(以下「対象専門業務」という)を限定列挙している。

① 新商品や新技術の研究開発業務、人文・自然科学の研究業務
② 情報処理システムの分析または設計の業務
③ 新聞・出版の記事の取材・編集、放送番組制作の取材・編集の業務
④ 衣服、室内装飾、工業製品、広告等の新たなデザインの考案の業務
⑤ 放送番組、映画等の制作のプロデューサー・ディレクターの業務
⑥ 厚生労働大臣の指定する業務(合計14業務[13])

(イ) 補足説明

　厚生労働省令は、労働者の裁量性に着目して、対象専門業務を限定列挙しているところ、対象専門業務は、業務の性質上その遂行の方法を大幅に当該業務に従事する労働者の裁量にゆだねる必要があるため、当該業務の遂行の手段及び時間配分の決定等に関し具体的な指示をすることが困難なものとして規定されているものである。したがって、専門業務型裁量労働制が適用されるためには、労働者の従事する業務が形式的に対象専門業務に当たれば良いというわけではなく、客観的にみて労働者の裁量性が認められる業務であることを要するものと解される(土田・労契法357頁等)。また、対象専門業務の付随業務や補助業務は、専門業務型裁量労働制の対象とはならず、たとえば、数人でプロジェクトチームを組んで開発業務を行っている場合で、そのチーフの管理の下に業務遂行、時間配分を行っている者や、プロジェクト内で業務に付随する雑用、清掃等のみを行う者

---

13) 厚生労働大臣は、対象専門業務として、(a)コピーライターの業務、(b)システムコンサルタント等の業務、(c)インテリアコーディネーター等の業務、(d)ゲーム用ソフトウェアの創作の業務、(e)証券アナリスト等の業務、(f)金融工学等の知識を用いた金融商品の開発業務、(g)大学の教授研究の業務、(h)公認会計士の業務、(i)弁護士の業務、(j)建築士の業務、(k)不動産鑑定士の業務、(l)弁理士の業務、(m)税理士の業務、(n)中小企業診断士の業務を指定している(平成9年2月14日労告7号、平成12年12月25日労告120号、平成14年2月13日厚労告22号、平成15年10月22日厚労告354号)。

（昭和 63 年 3 月 14 日基発 150 号、平成 12 年 1 月 1 日基発 1 号）、研究開発
業務に従事する者を補助する助手、プログラマー等は、専門業務型裁量労
働制の対象とはならない（厚労省・平成 22 年労基法（上）545 頁～553 頁）。

　この点、システムエンジニアの従事するプログラミング業務等が対象専
門業務に該当するか否か問題となった事案について、業務遂行の裁量性が
少なかったこと、対象専門業務以外の業務にも相当従事させていたこと等
を理由として専門業務型裁量労働制の適用を否定した裁判例として、大阪
高判平成 24 年 7 月 27 日労判 1062 号 63 頁・エーディーディー事件が
ある。また、税理士法人等に勤務するスタッフの業務が対象専門業務に該
当するか否かが問題となった事案について、専門業務型裁量労働制の対象
となる「税理士の業務」とは、税理士資格を有し、税理士名簿への登録を
受けた者自身を主体とする業務をいうと解するのが相当であるとして、税
理士の資格を有しない上記スタッフの業務に対する専門業務型裁量労働制
の適用を否定した裁判例として、東京高判平成 26 年 2 月 27 日労判
1086 号 5 頁・レガシィーほか 1 社事件がある。

　イ　労基法 38 条の 3 第 1 項各号の定める事項について、事業場にお
　　　ける労使協定を締結していること

　㋐　具体的内容

　専門業務型裁量労働制を適用するためには、当該事業場において、次の
①～⑥の事項（労基法 38 条の 3 第 1 項 1 号ないし 6 号）に関し、労使協定
を締結する必要がある。使用者は、専門業務型裁量労働制について定めた
労使協定を労基署長に届け出なければならないが（労基法 38 条の 3 第 2
項・38 条の 2 第 3 項、労基則 24 条の 2 の 2 第 4 項）、企画業務型裁量労働
制と異なり、条文上、同届出は、専門業務型裁量労働制の適用要件とされ
ていないものと解される（東京大学労働法研究会・前掲注 9）注釈労働時間法
581 頁等。ただし、労使協定の締結・届出が要件になるとする見解もある（東
大・労基法（下）665 頁～666 頁等））。また、労基法 38 条の 4 に基づき労
使委員会が設置されている事業場においては、その委員の 5 分の 4 以上
の多数決議、労働時間等設定改善法 7 条に基づき労働時間等設定改善委
員会が設置されている事業場においては、その委員の 5 分の 4 以上の多

数決議によって、上記労使協定に代えることができる。

① 対象専門業務のうち労働者に従事させる業務（以下「対象業務」という）

② 対象業務に従事する労働者の労働時間とみなされる時間（以下「協定みなし時間」という）

③ 対象業務の遂行の手段および時間配分の決定等に関し、当該業務に従事する労働者に対し使用者が具体的な指示をしないこと

④ 対象業務に従事する労働者の健康および福祉を確保するための措置（以下「健康等確保措置」という）を労使協定に基づき使用者が講ずること

⑤ 対象業務に従事する労働者からの苦情処理に関する措置（以下「苦情処理措置」という）を労使協定に基づき使用者が講ずること

⑥ 労基則24条の2の2第3項の定める事項

　　i 労使協定の有効期間の定め

　　ii 健康等確保措置（労働者の勤務状況の把握を含む）および苦情処理措置に関する労働者ごとの記録を有効期間中および有効期間の満了後3年間保存すること

　(イ) 補足説明

　　a 対象業務について

労基則24条の2の2第2項が限定列挙した業務（対象専門業務）以外の業務を対象業務とすることはできない。また、対象業務の性質上その遂行方法を大幅に労働者の裁量にゆだねることができないにもかかわらず当該業務の遂行の手段および時間配分の決定等に関し具体的な指示をしないことを定めても、専門業務型裁量労働制の適用はない（厚労省・平成22年労基法（上）553頁）。

　　b 協定みなし時間について

行政解釈は、協定みなし時間の定め方について、1日当たりの時間数として定めるものとするが（昭和63年3月14日基発150号、平成12年1月1日基発1号）、週単位または月単位の協定みなし時間を設定することもできるとする見解もある[14]。

c　その他

　労使協定は、当該事業場において締結されることを要する[15]。この点、労使協定の適用単位は事業場ごとであり、異なる事業場の労使協定は適用されないこと等を理由として専門業務型裁量労働制の適用を否定した裁判例として、京都地判平成 18 年 5 月 29 日労判 920 号 57 頁・ドワンゴ事件がある。また、労使協定を締結した者は労働者の過半数を代表する者に当たらず、当該労使協定が無効であるとして専門業務型裁量労働制の適用を否定した裁判例として、大阪地判平成 27 年 2 月 20 日労働判例ジャーナル 39 号 27 頁・フューチャーインフィニティ事件がある。

　使用者が労使協定の内容を遵守していない場合、専門業務型裁量労働制の適用が否定されるかが問題となるが、労基法 38 条の 3 第 1 項は、労使協定の遵守を適用要件（効力要件）としていない。労使協定を遵守しない結果として適用要件を満たさないことになる場合、専門業務型裁量労働制は適用されないこととなるが（たとえば、使用者が労働者を対象専門業務以外の業務に従事させたり、当該業務について具体的指示をしていたりした場合、当該業務は対象業務に該当しないこととなる）、そうではない場合（たとえば、苦情処理措置が講じられていない場合など）には、適用が否定されることにはならないものと解される（東大・労基法（下）667 頁、678 頁等）。

　なお、専門業務型裁量労働制における健康等確保措置および苦情処理措置の具体的な内容については、企画業務型裁量労働制における各措置と同等のものとすることが望ましいとされている（平成 15 年 10 月 22 日基発 1022001 号）。

---

14)　協定みなし時間の対象として、週当たりの時間数を含める立場（菅野 521 頁、東大・労基法（下）667 頁、石嵜 490 頁等）や月単位の時間数を含める立場（安西 581 頁等）によれば、法定週休日ではない週休日（たとえば非出勤日とされている土曜日）における労働も協定みなし時間によって算定され、休日手当の支払義務は生じないこととなる。

15)　労使協定の締結に当たっては、専門業務型裁量労働制の対象労働者の意見を聴く機会が確保されることが望ましいものとされている（昭和 63 年 3 月 14 日基発 150 号、平成 12 年 1 月 1 日基発 1 号）。

ウ　専門業務型裁量労働制の定めが就業規則または労働協約に置かれて
いること

専門業務型裁量労働制について労使協定を締結することは、専門業務型
裁量労働制を労基法上適法とする効果を有するものにすぎず、これに即し
た労働義務・賃金支払義務を発生させるためには、就業規則や労働協約[16]
によって、専門業務型裁量労働制を契約内容とする必要がある。なお、就
業規則の合理性（労契法7条、10条）の観点からは、就業規則が協定事項
①〜⑥を踏まえた内容となっているかなどが問題とされ得る（土田・労契
法360頁）。

(2)　専門業務型裁量労働制の効果

労働者は、専門業務型裁量労働制を適用される場合、協定みなし時間だ
け労働したものとみなされることとなる（実労働時間の多寡は問題とならな
い）。協定みなし時間が法定労働時間を超えていれば、その超過時間分だ
け時間外労働をしたものとみなされ、割増賃金の支払が必要となるが[17]、
時間外手当の計算において、実労働時間は問題とならない。この点、労働
者が、使用者による専門業務型裁量労働制の主張（抗弁）に対し、協定み
なし時間は対象業務の労働時間（想定される実労働時間）として不相当で
ある旨を主張した場合、同主張の位置付けが問題となる。裁量労働制が、
みなし労働時間の設定を労使自治（労使協定または労使委員会の決議）にゆ
だねるという制度枠組を採用している以上、特段の事情がない限り、実労
働時間と協定みなし時間との差異を問題とすることはできないものと解さ
れるが、通常想定し得る実労働時間を大幅に下回るみなし時間を定めるな

---

16)　協定みなし時間による労働時間の算定を実施するためには、就業規則において、
少なくとも①対象業務、②協定みなし時間を定める必要があるが、就業規則の合
理性を担保するため、協定事項⑤〜⑥を盛り込むことが望ましいと解するものと
して、石嵜508頁等がある。

17)　この場合、協定みなし時間の中に時間外労働が含まれているから、時間外手当（割
増賃金）の算定基礎となる「通常の労働時間の賃金」額（労基法37条1項）は、
賃金月額を当該月のみなし労働時間数で割って得られる額となり、これに0.25を
乗じた割増賃金を支払えば足りると解される（東大・労基法（下）668頁等）。

どの事情が認められる場合、同事実は、就業規則の合理性を否定する事情として、再抗弁に位置付けられ得るものと解する。

また、専門業務型裁量労働制は、休日・深夜労働に関する時間規制を排除するものではなく、休日・深夜労働については、実労働時間に応じた割増賃金の支払を要する[18]。

2 企画業務型裁量労働制（判例の考え方・実務の運用）

(1) 企画業務型裁量労働制の適用要件

使用者が、時間外手当の請求に対し、企画業務型裁量労働制を主張する場合、以下ア～オを主張立証する必要がある。

ア 事業場に設置された労使委員会が、労基法38条の4第1項各号の定める事項に関し、委員の5分の4以上の多数により決議をし、かつ、使用者が当該決議を労基署長に届け出たこと

(ア) 具体的内容

労使委員会とは、賃金、労働時間その他の当該事業場における労働条件に関する事項を調査審議し、事業主に対し当該事項について意見を述べることを目的として、使用者および当該事業場の労働者を代表する者を構成員として設置された委員会[19]であり（労基法38条の4第1項柱書）、企画業務型裁量労働制を適用するためには、当該事業場に設置された労使委員会が、次の①～⑦の事項について、委員の5分の4以上の多数による決議（以下「労使決議」という）をし、かつ、労使決議を労基署長に届け出

---

18) 深夜割増賃金については、原則として、「通常の労働時間の賃金」額に 0.25 を乗じた額となるのに対し、休日割増賃金については、裁量労働制においても休日労働は想定されていないことから、同額に 1.35 を乗じた額になると解される（東大・労基法（下）669頁等）。

19) 労使委員会の委員の半数は、当該事業場に過半数労働組合（過半数労働組合がない場合には過半数を代表する者）によって任期を定めて指名されなければならず（なお、管理監督者を指名することはできない）、労使委員会の同意を得て、労使委員会の招集、定足数、議事その他運営に必要な事項に関する規程を作成（変更）しなければならず、労使委員会の議事は、議事録を作成して3年間保存し、労働者に周知しなければならない（労基法38条の4第2項、労基則24条の2の4）。

108 第6講 事業場外労働・裁量労働と時間外手当

なければならない（労基法 38 条の 4 第 1 項柱書、労基則 24 条の 2 の 3 第 1 項）。

① 事業の運営に関する事項についての企画、立案、調査および分析の業務であって、当該業務の性質上これを適切に遂行するにはその遂行の方法を大幅に労働者の裁量にゆだねる必要があるため、当該業務の遂行の手段および時間配分の決定等に関し使用者が具体的な指示をしないこととする業務（以下「対象企画等業務」という）

② 対象企画等業務を適切に遂行するための知識、経験等を有する労働者であり、当該対象企画等業務に従事させた場合に、労使決議で定める時間（③）労働したものとみなされることとなるものの範囲（以下「対象労働者」という）

③ 対象企画等業務の労働時間としてみなされる労働時間（以下「決議みなし時間」という）

④ 対象企画等業務に従事する労働者の健康および福祉を確保するための措置（以下「健康等確保措置」という）を労使決議の定めに基づき使用者が講ずること

⑤ 対象企画等業務に従事する労働者からの苦情処理に関する措置（以下「苦情処理措置」という）を労使決議の定めに基づき使用者が講ずること

⑥ 対象企画等業務に従事する労働者の労働時間を決議みなし時間とすることについて、当該労働者の同意を得なければならず、当該同意をしなかった労働者について不利益な取扱いをしてはならないこと

⑦ 労基則 24 条の 2 の 3 第 3 項各号の定める事項

　ⅰ 労使決議の有効期間の定め

　ⅱ 健康等確保措置（労働時間の勤務状況の把握を含む）および苦情処理措置に関する労働者ごとの記録を有効期間中および有効期間の満了後 3 年間保存すること

　（イ）補足説明

　　a 対象企画等業務について

労使委員会は、労使決議によって、対象企画等業務を定めなければならない（専門業務型裁量労働制と異なり、関係法令が対象企画等業務を限定列挙

しているわけではない）。この点、労基法 38 条の 4 第 3 項を受けて、「労働
基準法第 38 条の 4 第 1 項の規定により同項第 1 号の業務に従事する労働
者の適正な労働条件の確保を図るための指針」（以下「指針」という）が定
められ（平成 11 年 12 月 27 日労告 149 号、平成 15 年 10 月 22 日厚労告 353
号）、労使委員会が対象企画等業務を定める際の留意事項などを明らかに
している（たとえば、対象企画等業務の裁量性について、使用者が主観的に労
働者の裁量にゆだねる必要性があると判断するのではなく、当該業務の性質に
照らして客観的に同必要性があることを要することなどを指摘している [20]）。

b　対象労働者について

対象労働者の範囲については、対象企画等業務ごとに異なり得るが、範
囲を特定するために必要な職務経験年数、職能資格等の具体的な基準を明
らかにする必要があり、対象企画等業務に常態として従事することを要す
ると解されている。また、労使決議が、客観的にみて対象企画等業務を適
切に遂行するための知識、経験等を有しない労働者 [21] を対象労働者に含
めたとしても、当該労働者について、労働時間を決議みなし時間とする効
果は生じない（指針）。

c　その他

指針は、健康等確保措置に関し、同措置の前提として、労働者の勤務状
況を適切に把握することを求め、その方法として、いかなる時間帯にどの
程度の時間在社し、労務を提供し得る状態にあったか等を明らかにし得る
出退勤時刻または入退室時刻の記録等によるものであることを求めてい
る。

20)　指針は、対象企画等業務になり得る業務の例として、経営企画を担当する部署
における業務のうち、経営状態・経営環境等について調査および分析を行い、経
営に関する計画を策定する業務や、現行社内組織の問題点やそのあり方等につい
て調査および分析を行い、新たな社内組織を編成する業務などを挙げており、他
方で、対象企画等業務となり得ない業務の例として、経営に関する会議の庶務等
の業務、人事記録の作成および保管、給与の計算および支払、各種保険の加入お
よび脱退、採用・研修の実施等の業務などを挙げている。
21)　たとえば、大学新卒の労働者であって全く職務経験がないものは、客観的にみ
て対象労働者に該当し得ず、少なくとも 3 年ないし 5 年程度の職務経験を経た上で、
対象労働者となるかを検討し得るものとされている（指針）。

なお、決議みなし時間、労使決議に反する取扱がなされた場合の法的効果等については、専門業務型裁量労働制の対応部分を参照されたい。

　イ　労働者が対象企画等業務に従事したこと

　企画業務型裁量労働制は、労働者が労使決議の定める対象企画等業務に従事した場合において、当該労働時間を決議みなし時間とみなすものである。したがって、労働者が対象企画等業務以外の業務に従事した場合、企画業務型裁量労働制の適用はなく、実労働時間によって労働時間を算定することとなる。

　ウ　労働者が対象労働者であること

　企画業務型裁量労働制は、労使決議の定める対象労働者について適用されるものである。労働者が、①（当該労働者の適格性を問題とするのではなく）労使決議は、客観的にみて対象企画等業務を適切に遂行するための知識、経験等を有しない労働者を含んでいる、②労働者は、対象労働者に形式的には該当するが、対象企画等業務を適切に遂行するための知識、経験等を実質的には有していないと主張した場合の位置付けが問題となる。この点、対象企画等業務の範囲、対象労働者の範囲は、一義的に明らかになるものではないこと、裁量労働制は、労使決議による労使自治を前提とした制度であること、企画業務型裁量労働制は、労働者の個別同意を要件としていることにかんがみれば、上記①は、特段の事情がない限り、労使決議自体の有効性を否定するものではなく（労使決議が尊重されることとなろう）[22]、上記②は、対象労働者への該当性の否認として一応位置付けられるが、知識、経験等の有無・程度を実質的に判断し、対象労働者性が否定されるという場合はそれほど多くないものと解される。

　エ　労働者が企画業務型裁量労働制の適用を受けることについて同意したこと

　労基法38条の4第1項は、労使決議の決議事項として、労働者の同意

---

[22]　ただし、労使決議の対象労働者の定め方があまりに抽象的であるといった場合には、労使決議の有効性に影響することもあり得るだろう。また、客観的にみて対象労働者に含まれない者との関係では、労働時間を決議みなし時間とする効果は発生しない（指針）。

を定めてはいるものの、同項柱書の文言上は、労働者の同意は適用要件と
されてはいない。しかしながら、企画業務型裁量労働制の趣旨等にかんが
み、労働者の同意は、適用要件と解されており（東大・労基法（下）679頁
等）、労働者の個別同意を得ることなく、対象企画等業務に従事させたと
しても、労働時間を決議みなし時間とすることはできないと解される[23]。

　オ　企画業務型裁量労働制の定めが就業規則または労働協約に置かれて
　　いること

前記1⑴ウ（専門業務型裁量労働制の適用要件に関する説明）を参照。

⑵　企画業務型裁量労働制の効果

　労働者は、企画業務型裁量労働制を適用される場合、決議みなし時間だ
け労働したものとみなされることとなる（実労働時間の多寡は問題とならな
い）。なお、前記1⑵（専門業務型裁量労働制の効果に関する説明）を参照さ
れたい。

3　労働者側の主張立証上の留意点

　裁量労働制は、労使協定または労使決議の方法による労使自治を前提と
する制度であり（特に、企画業務型裁量労働制の場合、労働者自身の同意が要
件となる）、時間外手当の請求において、裁量労働制が問題となる事例は
それほど多くないものと解される。しかしながら、労働者が裁量労働制の
適用自体を争う場合には、具体的な労働実態（従事している業務の内容、実
労働時間等）を明らかにした上で、どの抗弁事実を争うのかを明確にする
ことが重要であろう。

---

23)　労働者は、企画業務型裁量労働制において、同意を撤回することができ、撤回
　　の事実は、再抗弁に位置付けられるものと解する。

4 使用者側の主張立証上の留意点

　労基法は、裁量労働制の適用要件を詳細に定めており、その適用を主張する使用者としては、就業規則、労使協定、賃金支払事務に関する資料等、関連する書証を早期に提出しながら、その適用要件の主張立証を尽くす必要がある（決議みなし時間が所定労働時間を超えている場合には、時間外手当の支払状況を説明しなければならない）。なお、裁量労働制を採用している使用者は、関係法令の定める各種要件を形式的に充足するだけではなく、その制度趣旨を十分に理解した上で同制度を運用することが重要である（たとえば、業務を労働者の裁量にゆだねていない、対象外の業務を多数兼ねさせているなどといった実態がある場合、裁量労働制は適用されないこととなるのであり、使用者は、制度趣旨に沿った運用に加えて、労働者の労働実態を適切に把握することが必要となる）。

　裁量労働制においては、事業場外みなし制と異なり、労働者の実労働時間を把握算定することに困難があるわけではなく（使用者は、健康等確保措置の前提として、労働者の就労実態等を適正に把握することが要請され、休日・深夜労働については実労働時間の把握義務がある）、使用者は、労働者が裁量労働制の適用を争い、実労働時間を前提として時間外手当を請求する場合においても、労働者の主張する実労働時間や労働実態について具体的に認否することが重要となる。

Ⅳ　おわりに

　みなし労働時間制は、時間外手当の算定基礎となる労働時間について、実労働時間によらずに、一定時間とみなす方法によって算定する制度であり、労働者の権利義務への影響は大きい。みなし労働時間制が時間外手当を支払わない口実とされるようなことがあってはならず、使用者は、就業規則、労働協約、労使協定等を整備し、みなし労働時間制の適用の有無等に疑義が生じないようにするなど、労基法その他関係法令に沿った適切な労務管理に努めなければならない。事業場外みなし制と裁量労働制とで制

度趣旨は大きく異なるが、使用者は、これら適用要件の主張立証責任を負っていることを踏まえて、主張立証を尽くす必要があるというべきである。

　また、時間外手当の請求をめぐる紛争は、和解になじむことが多く、みなし労働時間制の適用が問題となる事例においても同様である。当事者は、要件事実を意識して主張立証を尽くす必要があるが、労働時間の主張（具体的認否）がされ、双方の主張内容（争点）が明らかとなった段階からは、主張立証の見通し（勝訴可能性）を踏まえながら、和解を視野に入れた検討を行うことが紛争の早期解決に資するであろう。たとえば、事業場外労働については、事業場外みなし制が適用されないとしても、実労働時間の概括的認定の可否・程度が問題となり、また、事業場外みなし制が適用されるとしても、通常必要時間の算定（評価）が問題となるという関係にある。このような主張構造にかんがみれば、労働時間に関する証拠方法の有無・程度を踏まえながら、譲歩の可能性・程度を具体的に検討し、早期に和解による解決を目指すべき事案が多いものと考えられる。また、裁量労働制は、労使自治によって導入されるものであるところ、労働者がその適用を争う場合、裁量労働制の制度趣旨に反する運用実態が問題となっていることが少なくない。裁量労働制の適用によって、原則として、実労働時間は問題とならないこととなるが、訴訟の勝敗による二者択一的な解決ではなく、和解による柔軟な解決が相応しい事案も多いものと考えられる。

第7講

固定残業代と割増賃金請求

白石　哲

Ⅰ　はじめに

1　固定残業代をめぐる問題点

⑴　固定残業代とは何か

　固定残業代（定額残業代と呼ばれることもある）とは、時間外労働、休日および深夜労働に対する各割増賃金（残業代）として支払われる、あらかじめ定められた一定の金額であり、このような残業代支払のシステムを固定残業代制という。

　労基法 37 条は、時間外労働、休日および深夜労働（以下、これらをまとめて「時間外労働等」ともいう）に比例して所定の割増率による一定額以上の割増賃金を支払うことを求めているところ、使用者が、同条に定める計算方法による割増賃金を支払う代わりに、名目はともかくとして、定額の手当を支給するなどの取扱いをすることがある。殊に、時間外労働等が恒常化している業態（職場）においては、このような固定残業代制をとっている例が多いが、毎月の時間外労働、休日労働の時間数がおおむね一定している場合には、これは有意義といえるし、実際に労働した時間数が、その定められた時間数以下にとどまっている場合には、毎月の割増賃金を逐一計算する必要もなくなる。もっとも、実際の時間外労働が予定していた時間より多くなった場合には、その超過分について追加して支払われることが必要であり、その意味では完全固定残業代制というものはあり得ない。

Ⅰ　はじめに　115

また、固定残業代制は、業務内容等から毎月の時間外労働が、定められた時間を超えることが稀な会社などにおいては、定められた時間内であれば残業代は同額となるから、敢えて長い居残りをしようとする労働者の意欲を阻害することになって長時間労働の抑制手段ともなり得るといわれる。

(2) 固定残業代の問題

固定残業代の主要な問題は、労基法 37 条が定める計算方法による割増賃金に代わる定額の手当の支払いが許容されるか、許容されるとして、その要件は何かということである。仮に、使用者の労基法と異なる計算方式による固定残業代の支払という主張が認められれば、当該支払金額は、割増賃金の基礎金額から除外される上、当該金額は弁済済みということになるのに対し、この主張が認められないと、この金額も割増賃金の基礎金額となって結論に大きな差をもたらすため、実務上はこの主張の当否が主要な争点となることも多い。

また、上記の固定残業代の基本的な問題点に加えて、いわゆる年俸制や歩合給を採用している場合に、所定労働時間を超過して労働した場合などの割増賃金（残業代）が、どのように扱われるかも問題となる。

(3) 近時の最高裁判決等

近時、固定残業代に関して、後記のとおり注目すべき最高裁判決（①基本給を月額で定めたうえで月間総労働時間が一定の時間を超える場合に 1 時間当たり一定額を別途支払う等の雇用契約がされているケースについての後掲最一判平成 24 年 3 月 8 日・テックジャパン事件、②タクシー乗務員の歩合給の計算に当たり残業手当等を控除する旨が定められているケースについての後掲最三判平成 29 年 2 月 28 日・国際自動車事件、③医師の時間外労働等に対する割増賃金は一部を除いて年俸制賃金に含める合意がされているケースについての後掲最二判平成 29 年 7 月 7 日・医療法人社団康心会事件）が言い渡されている。殊にテックジャパン事件最高裁判決における櫻井龍子裁判官の補足意見を一つの契機として、固定残業代を有効とする要件として、いわゆる

対価性要件、明確区分性要件に加えて差額支払いの合意を必要とするかについて盛んに議論され、裁判例も必ずしも統一されていない。また、新たに固定残業代の時間数の上限の問題が注目されている状況にある。

2 具体例

具体的に、簡単な例を挙げると、労働者（原告）が、平成29年の1月から12月の1年間、毎月50時間ずつの時間外労働（残業）をしたとし、月額賃金30万円を基礎として割増賃金を請求した場合に、使用者が、当社は①固定残業代制度をとっており、月額賃金合計30万円の中には、基本給25万円のほかに、業務手当5万円が含まれており、これは定額の割増手当であるとか（「定額手当制」。「定額手当支給型」ともいわれる）、②基本給30万円としているが、この中には割増賃金分5万円が含まれているとして（「定額給制」。「基本給組込型」ともいわれる）、既に残業代は一部支払済みであると主張する場合である（この場合、1日の所定労働時間が8時間、所定休日が土日祝日等の119日とすると定められていたとすると平成29年所定労働日数は、246日［365日－119日］で、所定労働時間8時間×246日＝年間1968時間となるから、1年間における1月平均所定労働時間数は1968時間÷12月＝164時間となる）。

(1) 労働者（原告）の主張する割増賃金額

労働者側からすると、月額賃金30万円すべてが、割増賃金算定の基礎賃金となるから、30万円÷164時間≒1829円（1829.27円。円未満は四捨五入）が基礎単価となる。そして、この基礎単価に、時間外労働時間600時間（50時間×12か月）を乗じたものを2割5分割増した金員である137万1750円が、原告の求める割増賃金となる（なお、事案を単純化するため深夜労働や休日労働はないものと仮定する）。

1829円×600時間×1.25（割増率）＝137万1750円

Ⅰ　はじめに　117

⑵　使用者（被告）の主張する割増賃金額

　労働者の主張に対して、使用者の立場からは、割増賃金計算の基礎金額から当該固定残業代5万円が除外されて計算される上、当該金額（毎月5万円）は弁済済みということになる。

　すなわち、月額賃金30万円の中には、5万円の固定残業代が含まれていたとなると、基礎単価は、1524円（25万円÷164時間＝1524.39円を四捨五入した金額）となるから、割増賃金の合計は、1524円×600時間×1.25（割増率）＝114万3000円となる上、固定残業代分の5万×12月＝60万円は既払いであるから、支払うべき残額は、114万3000円から60万円を控除した54万3000円となる。

⑶　いわゆる残業代のダブルパンチ

　以上のように固定残業代が否定されると、使用者は、残業代として支払ったとする弁済の主張はすべて認められないばかりか、労働者の主張する使用者にとって高い基礎単価を前提とした割増賃金の支払を余儀なくされ、さらには裁判所から労基法114条の付加金の支払を命じられる可能性もありうる。このような労基法の規制に適合しない固定残業代制度を設置したために使用者に大きな不利益が生ずる事態を使用者側弁護士は、「残業代のダブルパンチ」と呼ぶこともある。

Ⅱ　判例の考え方・実務の運用

1　固定残業代についての基本的考え方

⑴　総論

　労基法が規制しているのは、時間外労働等に対して労基法37条に定める計算方法による一定額以上の割増賃金を支払うことであるから、その規制に違反しない限りは、同条に定める方法による割増賃金の計算をする必要はないといえる。たとえば、割増賃金の算定の基礎に算入すべき賃金を除外していても、就業規則で定めた割増率が高いために、法の定める計算

よりも高額の割増賃金になる場合には、労基法 37 条の規制に違反していないことになる。行政解釈も同様の立場であるし（昭和 24 年 1 月 28 日基収 3947 号）、判例学説上も異論がない（菅野 498 頁以下、荒木 167 頁以下、土田・労契法 332 頁以下ほか）。

　そして、時間外労働等に対応する手当を他の賃金と明確に区分して定額で支払う場合には、当該手当額が労基法所定の計算額以上であるか否かを判定することが可能であり、そうすると、支払われた定額の手当の額と労基法 37 条の方法によって計算した割増賃金の額を比較して、前者が多額な場合には、労基法 37 条違反の問題は生じないことになる。割増賃金請求訴訟において、前者が多額な場合には、当該手当の支払の主張は全部抗弁となるが、後者の方が多額の場合には、当該手当の支払は一部抗弁となり、労基法 37 条に違反する限度で違法となって、その差額分の支払請求が認容されることになる。

(2) 裁判例

　裁判実務においても、以上の考え方に基づいた処理がされてきたし（後掲大阪地判昭和 63 年 10 月 26 日・関西ソニー販売事件、東京地判平成 9 年 3 月 13 日労判 714 号 21 頁・三晃印刷（割増賃金請求）事件、後掲東京地判平成 10 年 6 月 5 日・ユニ・フレックス事件など）、近時の最二判平成 29 年 7 月 7 日裁時 1679 号 1 頁・判タ 1442 号 42 頁・医療法人社団康心会事件において最高裁は、これまでの最高裁判決を引用しつつ、以下のとおり判示して、改めて労基法 37 条の趣旨、使用者が労基法 37 条等に定められた割増賃金を支払ったと認められるために必要な要件等を示している。

　「労働基準法 37 条が時間外労働等について割増賃金を支払うべきことを使用者に義務付けているのは、使用者に割増賃金を支払わせることによって、時間外労働等を抑制し、もって労働時間に関する同法の規定を遵守させるとともに、労働者への補償を行おうとする趣旨によるものであると解される……。また、割増賃金の算定方法は、同条並びに政令及び厚生労働省令の関係規定（……労働基準法 37 条等……）に具体的に定められているところ、同条は、労働基準法 37 条等に定められた方法により算定さ

れた額を下回らない額の割増賃金を支払うことを義務付けるにとどまるものと解され、労働者に支払われる基本給や諸手当（……基本給等……）にあらかじめ含めることにより割増賃金を支払うという方法自体が直ちに同条に反するものではない。

　他方において、使用者が労働者に対して労働基準法 37 条の定める割増賃金を支払ったとすることができるか否かを判断するためには、割増賃金として支払われた金額が、通常の労働時間の賃金に相当する部分の金額を基礎として、労働基準法 37 条等に定められた方法により算定した割増賃金の額を下回らないか否かを検討することになるところ、同条の上記趣旨によれば、割増賃金をあらかじめ基本給等に含める方法で支払う場合においては、上記の検討の前提として、労働契約における基本給等の定めにつつき、通常の労働時間の賃金に当たる部分と割増賃金に当たる部分とを判別することができることが必要であり……、上記割増賃金に当たる部分の金額が労働基準法 37 条等に定められた方法により算定した割増賃金の額を下回るときは、使用者はその差額を労働者に支払う義務を負うというべきである。」

2　固定残業代が有効と認められる要件

(1)　固定残業代の有効要件をめぐる議論

　固定残業代について、いかなる要件を充足すれば、労基法 37 条所定の「通常の労働時間の賃金」以外の割増賃金の弁済として認められるであろうか。

　すなわち、後記の定額手当支給型、基本給組込型を問わず、①時間外労働や深夜労働の対価（割増賃金）の趣旨で支払われていること（定額手当型においては当該手当が割増賃金の支払の趣旨であるとの合意があること、基本給組込型においては、基本給の中に割増賃金の支払を含むとの合意があること。これは「対価性の要件」と呼ばれる）を当然の前提として、②所定内賃金部分と割増賃金部分とを「判別」することができること（明確区分性の要件。なお、固定残業代に関する最高裁判決は所定内賃金部分と割増賃金部分

とを「判別」することができることを求めているにすぎず、「明確に区分されること」との文言（これは後記4(2)小里機材事件の第1審判決で用いられている）は用いていないから、「判別可能性の要件」というのがより相応しいとも解されるが、当講では、これまで一般に用いられている「明確区分性の要件」の用語を使用することとする）は、判例学説上も争いがないと解される。

これらに加えて、③一定時間を超えて時間外労働等が行われた場合には別途上乗せして割増賃金（残業手当）を支払う旨の合意まで必要か（差額支払の合意の要件）については、後記(2)のテックジャパン事件における櫻井龍子裁判官の補足意見を一つの契機として盛んに議論されている状況にある。

(2) 最一判平成24年3月8日集民240号121頁・テックジャパン事件

これは、人材派遣会社に雇用されていた派遣労働者（プログラマー）からの時間外労働に対する割増賃金の請求事件であるが、最高裁は、要旨以下のとおり判示して当該会社の時間外手当についての規定は、いわゆる明確区分性（判別可能性）の要件を欠くとした。

基本給を月額41万円とした上で月間総労働時間が180時間を超える場合に1時間当たり一定額を別途支払い、140時間未満の場合に1時間当たり一定額を減額する旨の約定のある雇用契約の下において、(1)上記の月間180時間以内の労働時間中の時間外労働がされても、上記の基本給自体が増額されるものではない、(2)上記の基本給の一部が他の部分と区別されて労基法（平成20年法律第89号による改正前のもの）37条1項の規定する時間外の割増賃金とされていたなどの事情はうかがわれない上、上記の割増賃金の対象となる1か月の時間外労働の時間数は各月の勤務すべき日数の相違等により相当大きく変動し得るものであり、上記の基本給について、通常の労働時間の賃金に当たる部分と上記の割増賃金に当たる部分とを判別することはできないなどの事情の下では、労働者が時間外労働をした月につき、使用者は、労働者に対し、月間総労働時間が180時間を超える月の労働時間のうち180時間を超えない部分における時間外労働

及び月間総労働時間が 180 時間を超えない月の労働時間における時間外労働についても、上記の基本給とは別に、労基法 37 条 1 項の規定する割増賃金を支払う義務を負う。

そして、櫻井裁判官は補足意見の中で、以下のとおり述べられている。「便宜的に毎月の給与の中にあらかじめ一定時間（例えば 10 時間分）の残業手当が算入されているものとして給与が支払われている事例もみられるが、その場合は、その旨が雇用契約上も明確にされていなければならないと同時に支給時に支給対象の時間外労働の時間数と残業手当の額が労働者に明示されていなければならないであろう。さらには 10 時間を超えて残業が行われた場合には当然その所定の支給日に別途上乗せして残業手当を支給する旨もあらかじめ明らかにされていなければならないと解すべきと思われる。」

この補足意見は、本来あるべき固定残業代の姿を示すとともに、固定残業代に基づく支払が割増賃金の弁済として有効となるには、あらかじめの差額支払の合意までを要件とすることを示していると解される。

そして、固定残業代に基づく支払が割増賃金の支払として有効となるために、③の差額支払の合意ないしその取扱いまで要件とした裁判例として、東京地判平成 24 年 8 月 28 日労判 1058 号 5 頁・アクティリンク事件、東京地判平成 25 年 2 月 28 日労判 1074 号 47 頁・イーライフ事件等がある。他方、③の差額支払の合意等を独立の要件としない裁判例（東京地判平成 23 年 10 月 14 日労判 1045 号 89 頁・マッシュアップほか事件など）も多い [1]。

(3) 若干の考察

理論的には、当該固定残業代制が定めている部分を超えて時間外労働をした場合には、その超過分について割増賃金を支払うことは、労基法上、当然のことである上、また、弁済の要件事実については、㋐債務者（又は第三者）が債権者に対し給付をしたこと、㋑その給付がその債務の履行と

---

1)　同最高裁判決については、重要判決 50 選 168 頁以下〔西村康一郎〕も参照。

してされたことがあれば足りると解されており、割増賃金の趣旨で給付される割増賃金部分が金額又は時間により特定されていれば、弁済の要件事実を充足しているといえることからも、差額支払合意を固定残業代制に基づく割増賃金の支払（弁済）を有効とするための独立の要件とする必要はないと考えるのが相当であると解する（山川隆一「歩合給制度と時間外・深夜労働による割増賃金支払義務」労判657号10頁も、上記差額支払の合意は法律上当然に要求されるものであり、かかる合意が存在することは必要でないと思われる、としている）。

　ただし、③の差額支払合意の要件を必要とする見解は、固定残業代制においては、労働者が定められた残業時間を超えた時間外労働等をした場合には、当然、その分が上乗せして支払われるべきものであるにもかかわらず、これが全く支払われず、固定残業代制で定められている残業時間を超えている上に、その対価が支払われない時間外労働等が恒常化しているという事例が少なくはないという現実（サービス残業、不払残業の問題は大きな社会問題である。また、どんなに長時間残業がされていても、上乗せ分を支払う意思がそもそもなく、一定の固定残業代のみを支払えば足りると考えていると疑わざるを得ない使用者の存在も指摘されている）を踏まえ、適正な固定残業代制をとっている会社においては、当然、定められた残業時間を超えた時間外労働が行われた場合には、その差額分の支払（精算）が行われているはずであるし、その前提として差額分についての支払（精算）合意もあらかじめ成立しているはずであって、長時間残業がもたらす様々な弊害を是正するためにも、③の要件を必要とするのが相当であるとの考えに基づくものと解される。

　このような考え方は、不当な残業代未払をなくし、適正な固定残業代制を根付かせていくために有用であるし、使用者は、労働契約の内容について労働者の理解を促進することを求められていること（労契法4条）の趣旨に照らしても傾聴すべき点を持つといえよう。なお、差額支払の合意や実態を固定残業代制の独立した要件と解さない場合も、これらが本来の要件である対価性要件や明確区分性の要件を判断するにあたって、重要な間接事実となる余地はあるというべきである（後記5⑵参照）。

3 時間外労働に対して定額手当を支給する方法（定額手当制）について

(1) 総論

労働者に対して定額の手当が支給されている場合においては、その定額の手当が割増賃金に該当するか自体が争われる事例、すなわち対価性の要件が争われる事案も多い。仮に、定額の手当の名称には関係なく、それが割増賃金に代わる手当であった場合は、法の要求する割増賃金と同じ性格を持った賃金、すなわち、割増賃金に代わる手当であるから、これを再度割増賃金の算定基礎に算入するとすれば、「割増の割増」を認めることになり相当でないことは明らかである。

そして、この手当が割増賃金に該当することが肯定されれば、割増賃金算定の基礎となる賃金から当該手当は控除された上、当該手当相当分の割増賃金は支払済みとなるから、使用者が支払うべき割増賃金は、大幅に減額されたものとなる。この点が端的に表れたのが、後記の東和システム事件である。すなわち、これは、課長代理職にある者に対して支給されていた「特励手当」（基本給の30％に相当する額）が割増賃金の算定基礎に含まれるか否かが争点の1つとなった事案であるが、「特励手当」は時間外手当見合いの性質を有さないとした1審判決は、原告ら3名について約422万円から1474万円の割増賃金請求を認めたが、逆に、「特励手当」は超過勤務手当の代替または填補の趣旨を持っていると判断した控訴審判決（後記(2)肯定裁判例のエ）は、同手当を割増賃金算定の基礎に含めず、原告ら3名について約55万円から534万円の割増賃金請求しか認めなかったものである。

(2) 肯定裁判例

各種手当を割増賃金として認めた近時の裁判例としては、以下のものがある。

ア　名古屋地判平成3年9月6日判タ777号138頁・名鉄運輸事件

一般路線貨物自動車運送会社の運行乗務員に支給される「運行手当」が

深夜勤務時間に対する割増相当額とすることの適否が争点となった事案で、仕事の性質上深夜労働をせざるを得ない路線乗務員に限って支払われている点、就業規則において深夜勤務時間に対する割増賃金であることを明示している点等を考慮して、割増賃金として取り扱うことを肯定した。

イ　大阪地判昭和 63 年 10 月 26 日労判 530 号 40 頁・関西ソニー販売事件

家電製品等の卸売販売会社のセールスマンに支給されていた 1 か月 3 万円余りの「セールス手当」について、外食の費用、駐車違反の反則金等の外勤に伴う様々な支出に対する補償であるとした労働者（原告）の主張を排斥し、給与規則に「セールス手当は営業等社外での勤務を主体とする者に支給されるが、当該手当支給者には超過勤務手当及び残務手当は支給されない。なお、休日に勤務した場合には休日勤務手当が支給される」旨が定められていること、セールス手当は基本給月額の 17％であるが、会社はセールスマンの時間外勤務時間が平均して 1 日約 1 時間で 1 か月間では合計 23 時間であるとの調査結果を基にセールス手当の割合を定めたこと、休日勤務手当は別途支給されていることから、セールス手当は休日労働を除く所定時間外労働に対する対価として支払われるもので、定額の時間外手当の性質を有するとした。

ウ　東京地判平成 10 年 6 月 5 日労判 748 号 117 頁・ユニ・フレックス事件

一般労働者派遣業務等を営む会社の営業担当従業員に対して支給されていた営業手当月額 3 万円ないし 4 万円が割増賃金算定の基礎賃金に含まれるかが争点とされた事案で、就業規則上、「営業手当は、営業担当者の営業業務に対して、その職務能力に応じて支給する。この場合、時間外手当は支給しない。」とされていたことから、営業手当は、営業の特質に即した時間外手当の固定給の意義を有するとして、これを認めた。

エ　東京高判平成 21 年 12 月 25 日労判 998 号 5 頁・東和システム事件

ソフトウエア開発会社のシステムエンジニアで、課長代理の地位にあった 3 名（Xら）の割増賃金請求であるが、上記控訴審判決は、以下の諸点

を考慮すると、Xらに支給されていた「特励手当」は、超過勤務手当の代替または補塡の趣旨を持つものであって、特励手当の支給と超過勤務手当の支給とは重複しないものと解せられるから、Xらが受給し得る未払超過勤務手当から既払いの特励手当を控除すべきであるとして、当該手当を時間外手当算定の基礎に含めて計算すべきとした1審判決を変更した。

その内容は、以下のとおりである。①特励手当は、「管理職務者（課長職及び同相当職以上のもの）及びこれに準ずる者（課長代理職）は、特励手当として基本給の30％を支給する。」との給与規程に基づいて支給されているものであり、所定時間外労働（残業）が恒常的に予定されるとしている課長代理以上の職位にある者に支払われるものであること、②特励手当は、基本給の30％に相当する金額であって、同職位の者であっても手当額は同一ではないから、特励手当が課長代理の職そのもののみに関係しているとはいい難いこと、③特励手当の前身である精励手当について、旧職員給与規程は、明文をもって「超過勤務手当は、精励手当受給者には支給しない」旨を規定しており、超過勤務手当の支給と精励手当の支給とは重複しないものとしていたこと、④会社も、特励手当は、管理職に昇任に伴い、超過勤務手当に代替してこれを填補する趣旨のものであると認識していること、⑤会社において、これまで、特励手当と超過勤務手当とを重複して支給したことはないこと、⑥給与規程の体裁上も、超過勤務手当も特励手当もともに基準外給与として規定されていること、⑦課長代理の職にある者に超過勤務手当を支給するとすると、一般職のときには超過勤務手当の支給しか受けなかったのに、課長代理に昇任したことによって超過勤務手当のほかに特励手当の支給も受けることになり、さらに、課長代理職より上位の課長職に昇任すると逆に特励手当の支給しか受けられなくなって不利益となって、このような給与規程の解釈は不合理であること、⑧Xらの基本給は、46万円から47万円前後であって、基本給がことさらに低額に抑えられているとはいい難いこと。

⑶　否定裁判例

他方、当該手当が時間外手当である旨の合意の成立が認められず、通常

の労働時間の賃金に当たる部分と時間外割増賃金に当たる部分とを明確に区別することはできない等として時間外手当の支払と認めなかった事例として、以下のものがある。

　ア　東京地判昭和 63 年 5 月 27 日労判 519 号 59 頁・三好屋商店事件

　被告が、営業係の社員である原告に対し、時間外割増賃金に相当する趣旨の金員を特に区分することなく基本給と職務手当の中に含めて支給していたことは否定できないが、（本件は）割増賃金の額が法定額を下回っているかどうかが具体的に後から計算によって確認できないような場合であるから、そのような方法による割増賃金の支払は労基法 37 条の趣旨に反していることが明らかであるから無効と解するのが相当であるとした。

　イ　大阪地判平成 8 年 10 月 2 日労判 706 号 45 頁・共立メンテナンス事件

　寮の管理人である原告には、毎月 4 万円の管理職手当（この手当は、従前支給されていた管理職手当 1 万 5000 円、寮務手当 1 万 2500 円および深夜勤務手当 7000 円が統合され、増額されたものであった）が支給されていたが、右管理職手当は、その趣旨が不明確であり、原告の時間外労働等に対応したものともいえず、時間外労働、深夜労働、休日労働を補填するものではないとされた。

　ウ　大阪地判平成 12 年 4 月 28 日労判 787 号 30 頁・キャスコ事件

　使用者（被告）は、原告ら（債権回収等の業務に従事し、主任の職位にあった）に対して支給された職能手当、職位手当には時間外手当の趣旨を含めて支給している旨主張したが、「時間外賃金を定額で支払うこと自体は、割増賃金部分が他の部分と明確に区別されており、その額が労働基準法所定の割増賃金額を超える限り違法でないといえる。しかしながら、被告における職能手当は、一般職位にある者にも支給される手当であって、これに時間外割増賃金を含むか否かについては疑問があるうえ、仮にこれを含むとしても、割増賃金部分と他の部分とが明確に区分されているとはいえず、また、職位手当についても、その役職の重要度とランク評価により支給されることとなっているから、これが時間外割増賃金の定額払いの趣旨

Ⅱ　判例の考え方・実務の運用　　127

で支給される賃金とはいいにくいが、仮にこれを含むとしても、割増賃金部分と他の部分とが明確に区分されているとはいえず、結局、職能手当、職位手当の支給により時間外割増賃金が支払われているということができない。」とした。

エ　大阪高判平成12年6月30日労判792号103頁・日本コンベンションサービス（割増賃金請求）事件

出張日当・会議手当は時間外労働手当の性格を有するかについて争われたが、出張日当は労働時間という観点よりもむしろ遠方に赴くことを重視しており、また会議手当の支給も会議運営の困難さ等を考慮してのものであり、これらが時間外労働に対する割増賃金の性格を持つとするには疑問があるとして、これらを割増賃金から控除の対象とすべきではないとした。

オ　東京地判平成14年3月28日労判827号74頁・東建ジオテック事件

被告の給与規程上、職務手当の額は、一般職および主任の場合、資格および役職が上がるにつれ、また同一資格、同一職務の滞留年数を重ねるにつれ、最高額1万8900円まで漸増するが、「管理職」の最下位に位置づけられる係長に昇任すると、最低額でも6万3500円と一気に増額され（その差は4万4600円）、その後は職位および資格に応じて増加するが、増加幅は数千円にとどまること、また、「管理職」の場合、時間外休日手当および深夜業手当において一般職や主任の場合と異なる扱いがされていることが認められ、この事実からすれば、被告は、給与規程を定めるに当たり、係長以上の「管理職」については、一定の時間外勤務に対する割増賃金に見合う部分を職務手当に含ませる意図を有していたことが一応は推認することができる。しかし、そうであるとしても、係長以上の者に対し支払われる職務手当のうち、時間外労働に対して支払われる額およびこれに対応する時間外労働時間数は特定明示されておらず（一般職や主任とは異なる、係長以上の職責に対する手当の分も含まれているはずであるが、これとの区別がされていない）、そうである以上、これを時間外割増賃金の一部と扱うことはできず、したがって、係長以上の者に対する職務手当は、全

額これを基礎賃金とせざるを得ない、とした。

　カ　名古屋地判平成 17 年 8 月 5 日労判 902 号 72 頁・オンテック・
　サカイ創建事件

　使用者は、「業務推進手当（7 万 4000 円〔平成 13 年 11 月までは 8 万
4000 円〕）」の中に月 45 時間までの残業手当が含まれているとして、法定
時間外労働に対する割増賃金の未払の存在を否定したが、被告の賃金規定
の定めからすると業務推進手当による割増賃金の支払が賃金規定に明記さ
れているものとは到底認めることはできないし、契約締結過程を検討する
と業務推進手当が月 45 時間分の残業代に該当するものであることが、各
雇用契約の内容となったものと認めることもできず、業務推進手当は、「従
業員各々が任せられた職務に対する責任を認識し、その職務を工夫遂行し
ながら各人の潜在能力発揮を期待するとともに、やる気を起こさせること
を目的」として支給される職責手当の 1 つとして、職務と遂行能力に基
づいて支給されるものと認めるのが相当であるとして、業務推進手当の支
払をもって割増賃金の支払と認めることはできない、と判断された。

⑷　小括

　以上のとおり、裁判例は、各手当の実質について就業規則（給与規程）
の定め方、給与明細上の記載、実際の運用等を総合的に判断しているとこ
ろ、時間外労働等に対して、定額手当を支給するに当たっては、基本給と
は別に支払われる当該手当を割増賃金の支払に代えて支払われるものであ
る趣旨を明確にしておかないと、定額手当性は認められず、結果として当
該手当も基礎賃金算定の基礎に算入されるし、割増賃金は、全く支払われ
ていないものとして扱われることになる。

4　割増賃金を基本給に組み込んで支給する方法（定額給制）について

⑴　総論

基本給の中に割増賃金を組み込んで（含ませて）支給するタイプ（定額

Ⅱ　判例の考え方・実務の運用　129

給制のほか、基本給組込型とも呼ばれることは前記のとおり）においては、通常の労働時間に対する賃金部分と割増賃金部分との比較対照が困難で、労基法所定の割増賃金額以上の支払がされたかの判断ができない場合には、労基法 37 条の規制を潜脱するものとして違法であるとされる。割増賃金相当部分が法定額を満たすか否かを確認できない制度では割増賃金によって時間外労働等を抑制しようとする趣旨が没却されるからである。

　ただし、この場合においても、定額給のうち割増賃金に相当する部分とそれ以外の部分が明確に区別されていれば、使用者は、割増賃金に相当する部分の支払義務を免れることになる（逆にいえば、かかる区分ができていないと使用者からの上記の合意の主張は失当となる）。

⑵　最一判昭和 63 年 7 月 14 日労判 523 号 6 頁・小里機材事件

　この事案の 1 審判決（東京地判昭和 62 年 1 月 30 日労判 523 号 10 頁）は、月 15 時間の時間外労働を見込んだ上で、その分の割増賃金を加えて基本給を決定したとの使用者の抗弁に対して、基本給の中に 15 時間分の割増賃金を含めるとの合意があったこと自体を認めるに足りないとした上で、傍論として「仮に、月 15 時間の時間外労働に対する割増賃金を基本給に含める旨の合意がされたとしても、その基本給のうち割増賃金に当たる部分が明確に区分されて合意がされ、かつ、労基法所定の計算方法による額がその額を上回るときはその差額を当該賃金の支払期に支払うことが合意されている場合にのみ、その予定割増賃金を当該月の割増賃金の一部または全部とすることができるものと解すべき」と判示した。本件ではそのような主張立証がされていないとして、これを排斥した。次に、2 審判決（東京高判昭和 62 年 11 月 30 日労判 523 号 13 頁）は、1 審判決の前記判断をそのまま引用して控訴棄却の判決をし、最高裁は、原判決は労基法 37 条の解釈を誤っているとの上告理由を認めず、「原審の認定判断は、原判決挙示の証拠関係に照らし、正当として是認でき（る）」として、これを維持し、上告を棄却した。

⑶　小里機材最高裁判決後の裁判例

　小里機材最高裁判決後の下級審裁判例としては、次のものもあるが、いずれも、割増賃金を基本給に組み込んで支払う場合は、割増賃金部分が他の部分と明確に区分されていれば（明確区分性）、固定残業代として有効となるとしている。

　ア　東京地判平成 3 年 8 月 27 日労判 596 号 29 頁・国際情報産業事件

　月に支払われる賃金の中に、割増賃金の支払方法として、通常賃金に対応する賃金と割増賃金とを併せたものを含めて支払う形式を採用すること自体は、労基法 37 条に違反するものではない。しかしながら、このような支払方法が適法とされるためには、割増賃金相当部分をそれ以外の賃金部分から明確に区別することができ、右割増賃金相当部分と通常時間に対応する賃金によって計算した割増賃金とを比較対照できるような定め方がなされていなければならない。けれども、本件では、被告は、単に「基本給」または「基本給と諸手当」の中に時間外賃金相当額が含まれていると主張するだけで、時間外賃金相当額がどれほどになるのかは被告の主張自体からも不明であり、これらによって労基法 37 条の要求する最低額が支払われているのかどうか、検証するすべもない。そうしてみると、基本給等の中に時間外賃金が含まれているという被告の主張は採用することができない。

　イ　東京地判平成 19 年 6 月 15 日労判 944 号 42 頁・山本デザイン事務所事件

　毎月一定時間分の時間外勤務手当などを定額で支給する場合には、割増率が法所定のものであるか否かを判断し得ることが必要であり、そのためには通常の労働時間の賃金に当たる部分と時間外、休日および深夜勤務の割増賃金に当たる部分とが判別し得ることが必要であり、原告の給与明細には、月額の所定賃金のほかに、時間外、休日および深夜の割増賃金が支給されている旨の記載がなく、このような支給の仕方では不十分であって、基本給の中にこれら割増賃金が含まれていると認めることはできない、とした。

Ⅱ　判例の考え方・実務の運用　　131

ウ　東京地判平成 21 年 1 月 30 日労判 980 号 18 頁・ニュース証券
事件

被告の給与規定では、月 30 時間を超えて時間外労働をした者について
時間外手当を支給することとし、月 30 時間を超えない時間外労働に対す
る部分は基準内賃金に含まれるとしているが、全証拠に照らしても、原告
の基準内賃金のうち割増賃金に当たる金額がいくらであるのか明確に区分
されているとは認められないから、被告の月 30 時間分までは時間外手当
が発生しない旨の主張は採用することができない、とした。

⑷　小括

以上のとおり、基本給に割増賃金分が含まれていると主張する場合、両
者に明確な区別がなされない場合には、使用者からの上記の合意の主張は
失当となる。

5　明確区分性（判別可能性）の要件の限界について

⑴　問題となる事例について

実務上、就業規則（給与規程）で、どの程度明確に定められていたら固
定残業代制が有効となるのか、その限界が問題となる例が少なくない。

たとえば、「基本給 30 万円に固定残業代を含む」というような漠然と
した就業規則上の規定であれば、これまで述べた裁判例に照らしても、明
確区分性の要件を欠くことは明らかである。逆に、「基本給 30 万円のうち、
5 万円は、1 か月 20 時間の時間外労働に対する割増賃金分とする。」旨の
規定であれば、割増賃金部分が金額および時間により特定されており、明
確区分性の要件を充足するとしてよい（ただし、事案を単純にするために割
増率が異なってくる深夜労働や休日労働等はないものと仮定した事案であり、
深夜労働等も含まれる事案においては、現実に支払われた時間外労働等へ対価
として支払われた金額が労基法 37 条等に定められた方法により算定した割増賃
金を下回らないか否かを判断するためには上記の規定では不十分といえよう）。

そして、「基本給 30 万円のうち、5 万円は時間外労働に対する割増賃金

分とする。」旨の規定は、より明確にできる余地はあるが、25万円が純粋な基本給であると理解でき、1か月の所定労働時間が定まっていると（冒頭の例では164時間）、25万円を基礎として基礎単価1524円が導け（25万÷164時間）、5万円は32.8時間分に相当することになるから（5万円÷1524円）、この規定が明確区分性の要件を欠くとまではいえないとしてよいと解される。

⑵　より限界的な事例について

それでは、「基本給30万円には、1か月20時間分の時間外労働分に対する固定残業代が含まれる」旨の就業規則上の規定は上記明確区分性の要件を充足するであろうか。

このような規定では、直ちに時間外労働に対する割増賃金額が明らかではないようにも思われるが、1か月の所定労働時間は定まっている（冒頭の例では1か月164時間）から、次の計算式で、1か月の固定残業代部分（割増賃金部分）＝Xを導くことは可能ではある。

　　（30万円－X）÷164時間＝1時間当たりの基礎単価（これをYとする）

　　Y円×20時間×1.25＝X（固定残業代）

　　（上記の計算式によれば、Y（基礎単価）は1587円、X（固定残業代）は3万9675円となる）

とすれば、上記の場合は、明確区分性の要件は、充足しているともいえそうである。

しかしながら、そもそも労基法は、時間外労働等を規制し、これを例外的なものとし、時間外労働等が行われた場合には一定の割増率で計算される割増賃金を支払うべきことを使用者に義務付けているのである。このような労基法の趣旨に照らすと、明確区分性の要件は、厳格に解すべきであろう。たとえば、上記の計算式が周知されており、現実に、毎月、当該計算式に従って割増賃金が計算されて、超過した割増賃金がそれぞれの支払期に精算して支払われていたような場合（就業規則の不明確さを補充できるような実態があった場合）はともかくとして、上記の計算式も周知されていない状態では、労働者が、自己の毎月の時間外労働等に対する割増賃金

Ⅱ　判例の考え方・実務の運用　　133

額を具体的に算出して、不足分の精算を各支払期に求めていくことは妥当ではなく、かかる場合は、上記の明確区分性の要件は具備されているとはいえないとするのが相当である。上記のような就業規則の下で、割増賃金を求められた使用者が、これまで明らかにしていなかった上記の計算式をやおら持ち出して、当社は適法な固定残業代制をとっている旨を主張することがあるが、それまで、その計算式に従って不足する割増賃金を支払っていたこともないのであれば、上記の主張は後付けのものといわざるを得ないであろう。

6 固定残業代制における残業時間数の上限について

(1) 残業時間数の上限が問題となった裁判例

近時、長時間労働抑制が求められていることもあって、固定残業代が対象とする残業時間の上限についても問題とされており、固定残業代制を採用しているが、36協定で定めることができる労働時間の上限の月45時間（平成10年12月28日労働省告示第154号（36協定の延長限度時間における基準））を大幅に超える時間外労働分の定額手当を定めている事例について、以下のとおり、その旨の定めが公序良俗に反するなどとしてその効力が否定された裁判例もある。

　ア　札幌高判平成24年10月19日労判1064号37頁・ザ・ウィン
　　　ザー・ホテルズインターナショナル事件

ホテルの料理人に対する職務手当15万4400円が月95時間分の時間外手当であると解釈すると、労働者に95時間分の長時間労働を義務付けることになり、公序良俗に反するおそれもあるとして、労基法36条の上限として周知されている月45時間分の通常残業の対価として合意されたものと認めるのが相当とされた[2]。

---

2) 同判決については、重要判決50選63頁以下〔高田美沙子〕も参照。合意による労働条件の変更の可否がテーマとされているが、上記職務手当の解釈についても触れられている。

イ　東京高判平成 26 年 11 月 26 日労判 1110 号 46 頁・マーケティングインフォメーションコミュニティ事件

　ガソリンスタンドの従業員に対する月 18 万円程度の営業手当は、約 100 時間分の時間外労働に対する割増賃金となるところ、100 時間という長時間労働を恒常的に行わせることを是認する趣旨で、当該営業手当を割増賃金の支払とする合意がされたと認めることは困難とし、その上で、当該営業手当は割増賃金に相当する部分とそれ以外の部分についての区別が明確になっていないから、これを割増賃金の支払と認めることはできないとした。

ウ　岐阜地判平成 27 年 10 月 22 日労判 1127 号 29 頁・穂波事件

　飲食店店長に対する管理職手当月 10 万円が、みなし残業手当 83 時間相当分として支給されていたところ、これを残業代とすることは月 83 時間分の長時間残業を強いることになって公序良俗に反するとして、これを時間外労働に対する手当として扱うべきではないとした。

(2)　若干の考察

　上記各裁判例にみられるように、固定残業代が対象とする残業時間の上限を画する裁判例が散見されるようになってきた。この論点に関するリーディングケースともいうべき、前記ザ・ウィンザー・ホテルズインターナショナル事件高裁判決に対しては、前記 36 協定で定めることができる限度基準は強行的な効力を持つものではないとされることから、これを根拠として固定残業代の合意の効力を否定するのは理論的に難点があるとの批判がある上（林健太郎「賃金減額提案に対する『合意』の成否と『合意』内容の限定解釈」季労 248 号 148 頁以下。特に 157 頁以下）、労基法自体が月 60 時間以上の時間外労働を想定していることからすると（労基法 37 条 1 項ただし書）、月 45 時間以上の時間外労働の合意を一律無効といえるかどうか疑問がないわけではないものの、長時間労働抑制の観点から固定残業代制における対象残業時間を無制限とするのも相当ではなく、あまりに長時間の対象残業時間を定める合意については、無効と解する余地があると思われる。

固定残業代制における残業時間の上限に関する解釈の方向性としては、具体的な残業時間数の限度基準（例えば月 45 時間、月 60 時間、月 80 時間など）を設定するというものと（前記ザ・ウィンザー・ホテルズインターナショナル事件高裁判決）、公序良俗違反等の論理を用いた個別事案ごとの解決を志向するものとがあり得るが（前記穂波事件判決）、一定の対象残業時間以上の部分を無効と解するか（一部無効）、対象残業時間を超える合意全体を無効と解するか（全部無効）という効果面での問題とも絡んで、未だ十分に議論がされていない論点であり、今後の議論の進展が期待される（一部無効と解するのであれば、具体的な残業時間数による限度基準の設定が必要となろう。なお、前記マーケティングインフォメーションコミュニティ事件高裁判決は、明確区分性の論理を用いて、結論的に当該固定残業代の合意を全部無効とするのと同様の結論を導いている）。

7 歩合給の場合について

(1) 概説

歩合給や出来高払いについても、割増賃金規定（労基法 37 条）の規制は及び、「通常の労働時間の賃金」の計算方法が定められている（労基則19 条 1 項 6 号、菅野 498 頁参照）。

そして、最高裁は、すべて歩合給制のタクシー運転手の賃金に時間外および深夜の割増賃金も含まれている旨の基本給組込型の固定残業代の有効性が争われた高知県観光事件（最二判平成 6 年 6 月 13 日労判 653 号 12 頁・判タ 856 号 191 頁）において、次のとおり判示して固定残業代の有効性を否定した。

歩合の額が時間外及び深夜労働を行っても増額されないタクシー運転手に対する賃金が月間水揚高に一定の歩合を乗じて支払われている場合に、「時間外及び深夜の労働を行った場合においてもその額が増額されるものではなく、通常の労働時間の賃金に当たる部分と時間外及び深夜の割増賃金に当たる部分とを判別することもできないものであったことからして、この歩合給の支給によって、法（筆者注：平成 5 年法律第 79 号による改正

前の労基法）37条の規定する時間外及び深夜の割増賃金が支払われたとすることは困難なものというべきで（ある）」。

なお、最三決平成11年12月14日労判775号14頁・徳島南海タクシー事件も参照されたい。

したがって、使用者としては、時間外および深夜の割増賃金を含むものとして高率の歩合給を支給していたのであると主張しても、当該歩合給が、通常の労働時間の賃金に当たる部分と時間外および深夜の割増賃金に当たる部分と判別のできないものである場合は、労基法の要求する割増賃金を含むものとはいえず、かかる主張は、労働者の割増賃金請求に対して無意味である（実質的に考察しても、労働者としては、時間外または深夜の労働をしたときでもしなかったときでも、同率の歩合給を支給されることになるのであるから、これが、法の趣旨に反することは明らかであろう）。

なお、この場合の歩合給の基礎賃金は、当該賃金算定期間における歩合給総額を総労働時間で割った額である（労基則19条1項6号）。

⑵　最三判平成29年2月28日集民255号1頁・労判1152号5頁・判タ1436号85頁・国際自動車事件

オール歩合給制でないタクシー会社の乗務員が、歩合給の計算に当たり残業手当等に相当する金額を控除する旨を定められた会社の賃金規定の定め（歩合給は、対象額Aから割増金［深夜手当、残業手当および公出手当の合計］および交通費を控除したものとする。本件規定）が無効であり、会社は控除された残業手当等に相当する金額の賃金の支払義務を負うとして未払賃金等の支払を求めた事案である。

原審（東京高裁）は、要旨、以下のとおり判示して、歩合給の計算に当たり売上高等の一定の割合に相当する金額から残業手当等に相当する金額を控除する旨の賃金規則上の定め（本件規定の一部）は、公序良俗に反し無効であるとして未払賃金の請求を認容した。

「本件賃金規則（筆者注：タクシー乗務員の賃金規則）は、所定労働日と休日のそれぞれについて、揚高から一定の控除額を差し引いたものに一定割合を乗じ、これらを足し合わせたものを対象額Aとした上で、時間外労

働等に対し、これを基準として計算した額の割増金を支払うものである。ところが、本件規定は、歩合給の計算に当たり、対象額Aから割増金及び交通費に相当する額を控除するものとしている。これによれば、割増金と交通費の合計額が対象額Aを上回る場合を別にして、揚高が同額である限り、時間外労働等をしていた場合もしていなかった場合も乗務員に支払われる賃金は同額になるから、本件規定は、労働基準法37条の規制を潜脱するものである。」

　これに対して、最高裁は、割増賃金の支払等についてこれまでの最高裁判決と同様の一般論を述べたうえで、以下のとおり判示して、原審へ差し戻した。

　「原審は、本件規定のうち歩合給の計算に当たり対象額Aから割増金に相当する額を控除している部分が労働基準法37条の趣旨に反し、公序良俗に反し無効であると判断するのみで、本件賃金規則における賃金の定めにつき、通常の労働時間の賃金に当たる部分と同条の定める割増賃金に当たる部分とを判別することができるか否か、また、そのような判別をすることができる場合に、本件賃金規則に基づいて割増賃金として支払われた金額が労働基準法37条等に定められた方法により算定した割増賃金の額を下回らないか否かについて審理判断することなく、被上告人らの未払賃金の請求を一部認容すべきとしたものである。そうすると、原審の判断には、割増賃金に関する法令の解釈適用を誤った結果、上記の点について審理を尽くさなかった違法がある……。

　……なお、原審は、本件規定のうち法内時間外労働や法定外休日労働に係る部分を含む割増金の控除部分全体が無効となるとしており、本件賃金規則における賃金の定めについて検討するに当たり、時間外労働等のうち法内時間外労働や法定外休日労働に当たる部分とそれ以外の部分とを区別していない。しかし、労働基準法37条は、使用者に対し、法内時間外労働や法定外休日労働に対する割増賃金を支払う義務を課しておらず、使用者がこのような労働の対価として割増賃金を支払う義務を負うか否かは専ら労働契約の定めに委ねられているものと解されるから、被上告人らに割増賃金として支払われた金額が労働基準法37条等に定められた方法によ

138　　第7講　固定残業代と割増賃金請求

り算定した割増賃金の額を下回らないか否かについて審理判断するに当たっては、被上告人らの時間外労働等のうち法内時間外労働や法定外休日労働に当たる部分とそれ以外の部分とを区別する必要があるというべきである。」

　本最高裁判決は、歩合給の算定に当たり、割増賃金相当額を控除して算出するという本件規定による賃金設定の仕組みの有効性が問題となった事案において、その仕組み自体は公序良俗に反し、無効であると解することはできないとし、本件賃金規定における賃金の定め自体が割増賃金部分とそれ以外に判別できるか否か、それができる場合は支払額を算定額が下回らないかを原審において審理・判断すべきとした。このように、法令上明確な制約がないといえる歩合給による賃金設計と労基法 37 条との関係を示したものとして注目される。

　また、本判決は、前記後段のなお以下で、法内時間外労働や法定外休日労働に当たる部分とそれ以外の残業に対応する部分とを区分して判断すべきとしているが、この点の判示は、いわゆる法内残業についての割増賃金の支払義務の有無は、労働契約の定めに委ねられているものであるから（労基法は法内残業について使用者に割増賃金の支払義務を課していない）、当然であろう。

8　年俸制の場合

(1)　総論

　本来、年俸制は、単に労働に従事した時間をもとに賃金を支払うというものではなく、各労働者の具体的な成果、業績を評価して賃金を支払おうとするものであって（「賃金の全部または相当部分を労働者の業績等に関する目標の達成度を評価して年単位に設定する制度」といわれる。菅野 419 頁）、それが可能となるような業務に従事する労働者を対象とする制度であって、管理監督者（労基法 41 条 2 号）、みなし労働時間制適用労働者（労基法 38 条の 2）になじむものであって、一般の労働者を対象に導入できるかは、問題のあるところであろう。

Ⅱ　判例の考え方・実務の運用　　139

しかし、年俸制は、成果主義的賃金制度の性質を持つか否かはさておき、法的には、広く1年を単位として労働の対価を決定する賃金制度と理解することは可能であり、通常の労働時間管理を受ける一般の労働者も、年俸制の対象となり得るものである。そして、年俸制といっても、要するに、賃金の額を年単位で決定するものにすぎず、これに割増賃金が含まれているわけではなく、それ自体に時間外労働の割増賃金を免れさせる効果は持たず、管理監督者ないし裁量労働制の要件を満たさない限り、割増賃金支払義務を免れない。

(2) 裁判例

年俸制賃金の下での時間外労働手当の支給について、判断した事例として、システムワークス事件がある（大阪地判平成14年10月25日労判844号79頁）。

本件は、システム開発を業とする会社の従業員（原告）が、年俸制の労働契約を締結し、時間外労働を行ったとして、会社（被告）に対して、未払賃金（平成11年11月16日から平成13年6月20日までの未払時間外労働等割増賃金未払分および遅延損害金など）および付加金等の支払いを請求した事案である。被告は、原告に対し、時間外手当として3万円を定額支給していたので、同金額は前記割増賃金の基礎となる賃金には含まれず、割増賃金の既払い分として控除されるべきであると主張したが、本判決は、「労働基準法37条が例外的に許容された時間外労働に対し使用者に割増賃金の支払を義務づけ、労働時間制の原則の維持を図るとともに、過重な労働に対する労働者への補償を行わせようとした趣旨からすれば、時間外労働を命じていながらそれに対する割増賃金を支払わなくてもよい理由とはなりえず」と判示して、年俸制であることがことさらに超過労働手当の支払に影響を与えるものではないとし、原・被告間において、原告の賃金月額のうち3万円が時間外労働手当である旨の合意があったとは認め難く、賃金月額のうち通常の労働時間の賃金に当たる部分と時間外の割増賃金に当たる部分とを明確に区別することはできないのであるから、原告に対する毎月支払われた賃金月額のうち3万円をもって時間外労働

割増賃金の一部として支払われたとすることはできないとして、被告の主張を認めなかった。

また、同様の年俸制社員の割増賃金の請求事例として、会社が 3 か月の試用期間後に正社員とするに際し、年俸制として、時間外労働割増賃金、諸手当、賞与を含め年額 300 万円、毎月 25 万円支給とした賃金の定め方につき、時間外割増賃金分を本来の基本給部分と区別して確定できないから、労基法 37 条 1 項に違反して無効となり、時間外割増賃金等の支払義務があるとされ、時効消滅分を除く時間外割増賃金 75 万余円および原告請求分の付加金（46 万余円）の支払が命じられた大阪地判平成 14 年 5 月 17 日労判 828 号 14 頁・創栄コンサルタント事件がある。

なお、やや特殊な事案として、東京地判平成 17 年 10 月 19 日労判 905 号 5 頁・モルガン・スタンレー・ジャパン（超過勤務手当）事件がある。これは、外資系金融機関においてプロフェッショナル社員として勤務していた原告から、平日の午前 7 時 20 分から同 9 時までの間合計 535 時間の所定外労働に対する割増賃金 799 万 5181 円の支払請求がされたもので、基本給のうち時間外労働に対する割増賃金部分とそれ以外の部分が明確に区分されていない事例であるが、裁判所は、年間基本給 2200 万余円（毎月 183 万円余りの支給）に時間外勤務手当が含まれているとの有効な合意があるとして、原告の請求を棄却したものである。これは高額の報酬を得ている自己管理型労働者（当該労働者は基本給年間 2200 万余円に加えて裁量業績賞与約 5000 万円の報酬も得ている）についての判断であって、直ちに一般化することは困難であると解される（当該訴訟は高裁において和解によって終局した）。

(3) 前掲最二判平成 29 年 7 月 7 日・医療法人社団康心会事件

医療法人と、以下の定めのある雇用契約（本件雇用契約）を締結していた医師が、時間外労働および深夜労働に対する割増賃金とこれに係る付加金の支払等を求めた事案である。

ア　年俸を 1700 万円とする（①本給月額 86 万円、②諸手当（役付手当、職務手当および調整手当の月額合計 34 万 1000 円）、③本給 3 か月分相当額を

基準として成績により勘案される賞与により構成される）。1日の所定勤務時間は午前8時30分から午後5時30分（休憩1時間）を基本とするが、業務上の必要がある場合には、これ以外の時間帯でも勤務しなければならず、法人の医師時間外勤務給与規程（本件時間外規程）の定めによる。

　イ　本件時間外規程には、時間外手当の対象となる業務は、原則として病院収入に直接貢献する業務または必要不可欠な緊急義務に限ること、時間外手当の対象となる時間外勤務の対象時期は、勤務日の午後9時から翌日の午前8時30分までの間及び休日に発生する緊急業務に要した時間とすること、通常業務の延長とみなされる時間外業務は、時間外手当の対象とならないこと、当直・日直の医師には、当直・日直手当を支給することなどの定めがある。

　ウ　本件雇用契約においては、本件時間外規程に基づき支払われるもの以外の時間外労働等に対する割増賃金について、年俸1700万円に含まれることが合意（本件合意）されていたが、年俸のうち時間外労働に対する割増賃金に当たる部分は明らかにされていなかった。

　医療法人（被上告人）は、上記医師（上告人）に対して、本給および諸手当のほか、本件時間外規程に基づいて、一部の時間外手当や当直手当を支払ったが、上告人は、これらは時間外労働に対する割増賃金等の支払には不足していると主張していた。

　原審（東京高裁）は、「本件合意は、上告人の医師としての業務の特質に照らして合理性があり、上告人が労務の提供について自らの裁量で律することができたことや上告人の給与額が相当高額であること等からも、労働者としての保護に欠けるおそれはなく、上告人の月額給与のうち割増賃金に当たる部分を判別することができないからといって不都合はない。したがって、本件時間外規程に基づき支払われたもの以外の割増賃金……は、上告人の月額給与及び当直手当に含めて支払われた」旨を判示して、上告人の請求を棄却した。

　しかし、最高裁は、これまでの高知観光事件、テックジャパン事件、国際自動車事件の判断を引用した上、本件においては、「本件時間外規程に基づき支払われるもの以外の時間外労働等に対する割増賃金を年俸1700

万円に含める旨の本件合意がされていたものの、このうち時間外労働等に対する割増賃金に当たる部分は明らかにされていなかったというのである。そうすると、本件合意によっては、上告人に支払われた賃金のうち時間外労働等に対する割増賃金として支払われた金額を確定することすらできないのであり、上告人に支払われた年俸について、通常の労働時間の賃金に当たる部分と割増賃金に当たる部分を判別することはできない。したがって、……年俸の支払により、上告人の時間外労働及び深夜労働に対する割増賃金が支払われたということはできない」旨を判示して、原判決中、割増賃金および付加金の請求に関する部分を破棄して、原審へ差し戻した。

　本件事案は、医師で、かつ、高額の年俸制という特殊性はあったが、労基法37条は強行法規であり、明確区分性の要件を具備しているとはいえない以上、上記最高裁判決のとおり、医療法人の主張を認めることは困難と解される。

⑷　除外賃金と年俸制における「賞与」の扱い

　年俸制の場合、いわゆる「賞与」を時間外・休日労働の割増賃金の算定基礎から除外できるかが問題となる。

　法律上、割増賃金の基礎となる賃金から除外されるものとして、①家族手当、②通勤手当、③別居手当、④子女教育手当、⑤住宅手当、⑥臨時に支払われた賃金、⑦1か月を超える期間ごとに支払われる賃金の7つのものがあり、これらは限定列挙であるとされ、これら以外の除外は認められない趣旨である（①と②は、労基法37条5項に、③から⑦は労基則21条に定められている）。

　賞与は、一般的に、上記⑦の「1か月を超える期間ごとに支払われる賃金」に該当するとされるが、行政解釈では、「賞与とは、定期又は臨時に、原則として労働者の勤務成績に応じて支給されるものであつて、その支給額が予め確定されてゐないものを云ふこと。定期的に支給され、且その支給額が確定してゐるものは、名称の如何にかゝはらず、これを賞与とはみなさないこと。」（昭和22年9月13日発基17号）とされており、確定年俸

Ⅱ　判例の考え方・実務の運用　　143

制のように、当該年度の年俸額が確定していて、その一部を賞与月（6月や 12 月）に多く配分するにすぎない場合は、ここにいう賞与には該当せず、基礎賃金から除外されない。他方、年俸制で賞与に成果を反映させる調整型年俸制の場合には、算定基礎賃金に当該賞与（その額は、当初は確定していない）は、算定基礎賃金から除外されることになる。

なお、旧労働省の通達（平成 12 年 3 月 8 日基収 78 号）は、年俸額の 17 分の 1 を月例給与として、17 分の 5 を 2 分して 6 月と 12 月に賞与としてそれぞれ支給するとする事案につき、「賞与として支払われている賃金は、労働基準法施行規則第 21 条 4 号の『臨時に支払われた賃金』及び同条第 5 号の『一箇月を超える期間ごとに支払われる賃金』のいずれにも該当しないものであるから、割増賃金の算定基礎から除外できないものである。」としている。

Ⅲ 労働者側の主張立証上の留意点

1 割増賃金請求事件において労働者側（原告）が、一般的に主張立証責任を負う事実

固定残業代に関する事実は、基本的には使用者側が主張立証責任を負う事実であるが、まず、割増賃金請求事件において、労働者側が一般的に、主張立証すべき事柄について簡単に述べておく。

(1) 要件事実

割増賃金請求の訴訟物は雇用契約に基づく賃金請求権であり、その要件事実は、具体的には、次のとおりとなる（山川隆一「労働事件と要件事実」伊藤滋夫ほか編『民事要件事実講座 2』（青林書院、2005）308 頁）。

① 雇用契約の締結
② 雇用契約中の時間外労働に関する合意の内容
③ 請求に対応する期間の時間外の労務の提供（いわゆる「ノーワーク・ノーペイ」の原則から賃金請求権は労働義務の履行が現実になされた

場合に発生するものと解される）

⑵　具体的に主張すべき事実

そして、労働者は、上記①の「雇用契約の締結」の事実として、賃金額や労働時間の合意内容を、その雇用契約の要素として主張する必要がある。

　ア　賃金額の主張として、年俸制、月給制、日給制、時間給制の別、賃金総額のほか、その内訳等を明らかにする。

　イ　労働時間の主張として、始業・終業時刻、休憩時間、所定労働時間、所定休日（所定労働日数）の日数・内容（法定休日との関係、有給休暇であるかどうか）等を明らかにする。

上記②の「時間外労働に関する合意の内容」について、たとえば、雇用契約で、1日7時間半を超える労働についても割増賃金を支払うなどの合意があればそれを主張することとなる。ただし、これが労基法の定める労働条件を下回るものであれば、その合意の内容は無効となり、労基法の定める基準による労働条件が定められたことになるし（労基法13条）、時間外労働に関する合意が特段ない場合も、労基法37条の基礎となる1時間当たりの賃金の額を主張することになる。

上記③の「請求に対応する期間の時間外の労務の提供」については、労働者（原告）が主張立証責任を負っており、具体的には労働日ごとに始業・終業時刻、所定時間内外労働時間、深夜労働時間、休日労働時間を特定して主張する必要がある。

2　留意点

固定残業代に関しては、労働者側からの固定残業代部分をも割増賃金の基礎部分に入れての請求に対して、使用者側から、固定残業代制度をとっているから、割増賃金は発生していないとか既に一部支払済みであるとの主張がされるのが一般である。固定残業代については、基本的には使用者側が主張立証すべき事柄とはいえ、基本給とは明確に区分され、就業規則

Ⅲ　労働者側の主張立証上の留意点　145

に計算根拠等も明示された固定残業手当が支払われている実態があるにもかかわらず、労働者が、固定残業手当の存在を無視して、固定残業代部分を基礎賃金計算の基礎としたり、支払済みの固定残業代を控除しない請求をしても意味がない。むしろ、このような場合は、当初から、労働者側は、固定残業代制度を前提とした上で、その主張を構築すべきである。

　また、定額の手当が割増賃金に代わる手当と認められるか、時間外手当が基本給に組み込まれているか等が争点となる事件であれば、当初から、上記裁判例の考え方を意識した主張立証を行うのが相当である。

Ⅳ　使用者側の主張立証上の留意点

1　割増賃金事件における使用者側（被告）の一般的な留意点

　割増賃金請求事件において、最も労力がかかるのが、具体的な「時間外労働した時間」の把握であり、次いで、「割増賃金の計算の基礎となる賃金額（算定基礎額)」の認定であるといってよいであろう。本来、時間外労働した時間は、タイムカード等による記録がある場合は、ある程度、客観的に把握できる数字であるにもかかわらず、原告の主張に対して、被告が「争う」というだけで、具体的な認否をしなかったり、原告と被告の主張が離齬している場合、請求対象の期間（労基法115条の消滅時効の関係があるので一般的には2年間）が長ければ長いほど、長期間の時間外労働時間をチェックするのは膨大な作業となる。殊に、管理監督者、裁量労働制、固定残業代制などの割増賃金がそもそも発生しないという主張（全部抗弁）がある場合、請求原因に対する認否反論がおろそかになりがちであるが、使用者側としては、かかる主張が認められないリスクも考慮して、請求原因についても効果的な認否・反論を行うべきである。そもそも、労働者に対し賃金支払義務を負っている使用者は、労働者の賃金を算定し、労働時間を把握する義務を負っていると解されるから、主張立証責任を負わないとしても、被告としても、具体的な主張をする必要があるし、被告が、単に「否認する」とだけ認否することは、民訴法上も問題といわざる

146　第7講　固定残業代と割増賃金請求

を得ない（民訴規則 79 条 3 項参照）。

　そして、使用者が、雇用契約による賃金額、手当額を否認して算定基礎額（割増賃金の計算の基礎となる 1 時間当たりの賃金額）を争う場合も、積極否認をする必要がある。1 時間当たりの賃金額に争いがある場合の多くは、各種手当の性質について争いがある場合が一般であるが、被告が積極否認をして手当の性質について争いがあることが判明した場合には、当該手当の性質について、原告においてもそれに対応する認否・反論をして早期の段階で双方の主張を明らかにする必要がある。

2　留意点

　使用者側（被告）が、労基法上の割増賃金に代えて、定額の手当等の支給をしている（弁済）の事実を主張する場合には、使用者は、当該手当の支給額、支給に関する原告との合意の内容を具体的に主張する必要があるし、使用者側の固定残業代システムに従った計算式に基づいて、具体的な本来支払うべき割増賃金額と支払済みの手当等の額を明らかにする必要がある。そして、上記の裁判例の考え方を意識して、基本給部分と割増賃金部分との明確な区分ができているかを吟味した上で、その主張を構築する必要があることはいうまでもない。

V　最後に

1　まとめ

　固定残業代をめぐる争いは、これが認められるか否かで、認容される割増賃金額が大幅に異なるし、場合によれば、時間外労働等に対する割増賃金は、既に全部支払済みとして請求棄却となる場合もあって、金銭請求である割増賃金請求事件で大きな争点となるものである。そして、労基法 37 条に定める計算方法による割増賃金に代わる定額の手当の支払いは、労基法の規制に反しない限り許容されるものではあるが、これが認められ

るためには、支払われる給与の中で、割増賃金手当に代わる当該手当と基本給部分が明確に区分されている必要があり（明確区分性）、労基法による規制に違反していないかを検証するためにも当該手当が何時間分の割増賃金に該当するのかを就業規則（給与規程）、労働契約等で明示するなどの措置が講じられていなければならない。冒頭の具体例において、単に、月額30万円の給与の中には固定残業代を含むとの合意があっても、それが基本給部分と明確に区分されていないと、結局、すべてが、時間外労働の場合の基礎賃金として扱われしてしまうし、勿論、割増賃金の既払い分としても扱われない（前記Ⅰ2(3)で述べた「残業代のダブルパンチ」と呼ばれる状態となる）。

　なお、俗に、歩合給や年俸制の場合には、割増賃金（残業代）は支払う必要がないといわれることもあるが、これは前記のとおり、誤りであって、歩合制や年俸制であることが、現実に時間外労働等がされた場合の割増賃金の支払を免れる効果を発生させるものではない。

2　使用者側の紛争前の準備の必要性──訴訟に耐えうる遺漏のない固定残業代制の構築

　そして、使用者は、不完全な固定残業代制をもって勝訴することはできないし、前記の残業代のダブルパンチの打撃を受けることにもなるのであるから、訴訟に耐えうる労基法37条の趣旨に沿った遺漏のない固定残業代制を構築しておくことが最も重要である。

　すなわち、使用者は訴訟前に当該会社における固定残業代制についての上記の要件を十分意識して、①支払われる給与のうち、割増賃金部分に相当する手当ないし部分を明確にし、それが何時間分の割増賃金に当たるのかを就業規則（給与規程）、雇用契約書等に明示し、②前記のとおり差額支払の合意をも要件とする立場があることから、当然のことではあるが、固定残業代でカバーされている時間外労働等を超える労働があった場合には、その分の割増賃金は別途支払われる旨も明示しておくこと、③賃金台帳に固定残業代として計算された金額を明確に記載しておくことなどの事

前の対策を万全にしておくことである。なお、固定残業代制を導入する場合、基本給部分を低額に抑えようとするあまり、これが最低賃金を下回らないように留意することは当然である。

また、これまで固定残業代制をとっていない企業において、これを導入する場合には、一般的に基本給部分を減額する形をとることが多いと解されるが、その結果、在籍している従業員にとっては不利益な変更となるため、個々に合意を得ることあるいは、就業規則の不利益変更が許される要件を具備することが必要となる。

3　合理的な和解による解決について

残業代事件一般において合理的な和解による円満な解決には、時間やコストの面での様々なメリットがある。

そして、固定残業代が問題となる事案は、割増賃金部分とそれ以外の部分とに明確区分性が備わっていないと使用者に不利となり、明確区分性の問題が充足されていない事案は、基本的に労働者の勝訴という結論になる可能性が高いのであるから（もちろん、具体的な時間外労働等の実態についての立証の問題は残る）、使用者としては、これを踏まえて早期に合理的な和解による解決を図ることが望ましいといえよう。

他方、実務上、使用者の固定残業代についての就業規則（給与規程）の定め方が甘く、上記の明確区分性までは備わっていないものの、使用者から支払われる給与の中には、一定の割増賃金部分も含まれ、基本給部分と渾然一体となっており（それ故に、相場よりは全体として高めの賃金設定となっている）、そのこと自体は労働者も認識していると推認されるような事案も少なくない。このような場合、前記の渾然一体となった給与額全体が割増賃金算定の基礎とされ、結局、全く割増賃金部分が含まれない基本給一本の給与体系であることが明らかな事案と同じ結論となるのも、いささか落ち着きの悪さも感じられるところである。したがって、固定残業代の名を借りた不当な残業代未払が論外であることは多言を要しないが、労働者側も事案に応じて、満額ないしこれに近い請求に固執することなく、

V　最後に　　149

上記諸事情を踏まえて和解による柔軟で合理的な解決を図ることを考慮するのが相当と考える。

参考文献

- 審理ノート 115 頁以下、特に 127 頁以下。
- 類型別実務 125 頁以下（第 3 章 Q40〜 Q47)。
- 外井浩志「時間外労働と割増賃金の法律実務」労判 805 号 6 頁以下。
- 小川英郎『問題解決労働法 2　賃金』（旬報社、2008）142 頁以下。
- 峰隆之『労働法実務相談シリーズ 1　賃金・賞与・退職金 Q＆A』（労務行政、2008）126 頁以下。
- 梶川敦子「割増賃金」争点 108 頁。
- 峰隆之『定額残業制と労働時間法制の実務——裁判例の分析と運用上の留意点』（労働調査会、2016）。

第 8 講

管理監督者、機密事務取扱者、監視・断続的労働従事者

細川　二朗

I　はじめに

1　時間外等割増賃金請求と管理監督者等であることとの関係

　労働者が、使用者を被告として、労働契約に基づき、労基法 37 条 1 項所定の時間外労働または休日労働に対する割増賃金（以下「時間外等割増賃金」という）を請求する訴えを提起した場合において、使用者が、労働者が労基法 41 条 2 号の「監督若しくは管理の地位にある者」（以下「管理監督者」という）、同号の機密事務取扱者、同条 3 号の監視または断続的労働従事者（以下、併せて「管理監督者等」という）に当たることを主張立証したときは、労基法に定める労働時間、休憩および休日に関する規定の適用が除外されるため、請求に係る時間外等割増賃金は発生しないことになる。

　なお、労基法 37 条 4 項所定の深夜割増賃金については、労基法 41 条 2 号の規定は労基法 37 条 4 項の規定の適用を除外するものではなく、管理監督者に当たる労働者は使用者に対して深夜割増賃金を請求することができる。もっとも、管理監督者の所定賃金が労働協約、就業規則等によって一定額の深夜割増賃金を含める趣旨で定められていることが明らかな場合には、その限度で深夜割増賃金の請求は認められない（最二判平成 21 年 12 月 18 日判時 2068 号 159 頁・ことぶき事件）[1]。

2 主張立証のあり方

(1) 主張立証責任の内容

使用者側は、時間外等割増賃金請求における抗弁として、労働者が管理監督者等であると主張する場合、管理監督者等であることが主要事実になると考えられるので、これを推認させる間接事実を具体的に主張立証する必要がある。これに対し、労働者側は、使用者側が主張する間接事実に対して認否反論をした上で、管理監督者等であるとの推認を妨げる間接事実を具体的に主張立証することになると考えられる。

(2) 主張整理の方針

労働者が管理監督者等であると認められる場合、労働者の時間外等割増賃金請求は棄却されることになる。したがって、適切な訴訟進行および争点整理を図るためには、訴訟の早期の段階で、使用者側は、労働者が管理監督者等であると主張し、その根拠となる具体的事実を主張立証することが求められ、労働者側は、これに対応して、管理監督者等であることの推認を妨げる具体的事実を主張立証することが求められる。また、労働者側は、訴え提起までの経緯等から、使用者側が管理監督者等の主張をすることが想定される場合は、訴状において、予想される争点等として、この点に関する事実関係を主張するのが相当である。

訴訟における審理の進行としては、労働者が管理監督者等に当たらないことが明らかであるような場合を除いて、当事者双方において、以上のような主張立証を重ねながら、管理監督者性の判断上問題となる具体的事実について主張整理を図るのが相当と考えられる。

(3) 本講の概要

以下、実際の裁判実務における状況を踏まえて、管理監督者を中心とし

---

1) なお、同事件の控訴審判決（東京高判平成 20 年 11 月 11 日労判 1000 号 10 頁）は、高裁レベルで管理監督者性を認めた数少ない事例である。同裁判例については、重要判決 50 選 146 頁〔西村康一郎〕も参照のこと。

て具体的に説明することとし（後記Ⅱ）、機密事務取扱者については、簡略な説明にとどめ（後記Ⅲ）、監視・断続的労働事務従事者については、一般的な説明を行う（後記Ⅳ）こととする。

Ⅱ 管理監督者（労基法 41 条 2 号）について

1 判例の考え方・実務の運用等 [2]

(1) 管理監督者の規定の趣旨

労基法 1 条は、労基法の基本理念として、法律に定める労働条件が最低の基準であることを定める。また、労基法 37 条 1 項の趣旨は、法定労働時間および週休制の原則を維持して、過重な労働に対する労働者への補償を図るものと解される（最一判昭和 47 年 4 月 6 日民集 26 巻 3 号 397 頁・静岡県教職員事件参照）。

労基法 41 条 2 号の趣旨は、管理監督者が労働者に対して「監督若しくは管理の地位にある者」であることから、①職務および責任の重要性ならびに勤務実態に照らし、法定労働時間の枠を超えて勤務する必要があり、労働時間等に対する規制になじまないこと、②職務の内容および権限ならびに勤務実態に照らし、労働時間を自由に定めることができ、賃金等の待遇に照らして、労働時間等に関する規定の適用を除外されても、労基法 1 条の基本理念、労基法 37 条 1 項の趣旨に反しないことにあると解される。

(2) 管理監督者性の定義および判断基準

管理監督者について、労基法および労基則には具体的な内容を定めた規定はなく、また、具体的な判断基準を示した最高裁判例はない。

実際の裁判例の多くは、管理監督者は「労働条件の決定その他労務管理について経営者と一体的な立場にある者」などと定義した上で、管理監督者性の有無について、職位等の名称にとらわれず、職務内容、権限および責

---

2) 類型別実務 171 頁以下（第 3 章 Q84 〜 Q91）も参照のこと。

任ならびに勤務態様等に関する実態を総合的に考慮して判断している[3]。

(3) 管理監督者の判断上の留意点

実際の裁判例の多くは、管理監督者性の有無について、ライン職（指揮監督系統に直属する者）の場合は、以下の3点に留意し、個別の事案ごとに具体的事実を総合的に考慮して判断しているとみられる。

なお、スタッフ職（事業運営に関する企画立案等を担当する者）の場合は、管理監督者であるライン職と同格以上に位置付けられ、経営上の重要事項に関する企画立案等を担当しているか否かが判断基準になると考えられる。

① 職務内容、権限および責任の重要性

労務管理を含め、企業の経営に関わる重要事項につき、どのような関与をし、権限を有しているか。

② 勤務態様——労働時間の裁量・労働時間管理の有無、程度

労働時間について自由裁量があるか否か。すなわち、職務内容、権限および責任に照らし、勤務態様が労働時間等に対する規制になじまないものであるか否か、また、実際の勤務において労働時間の管理をどのように受けているか。

③ 賃金等の待遇

給与（基本給、役職手当等）または賃金全体において、職務内容、権限および責任に見合った待遇がされているか。

---

[3] 実際の裁判例の多くは、管理監督者性の有無について、厚生労働省における関係通達の内容を参照した上で、判断しているとみられる。

管理監督者について、①昭和22年9月13日発基17号、昭和63年3月14日基発150号は、一般的な場合における判断基準を具体的に示し、②昭和52年2月28日基発104号の2、同日基発105号は、金融機関における判断基準を具体的に示し、③平成20年9月9日基発0909001号は、多店舗展開する小売業、飲食業等の店舗における判断基準を具体的に示している。

また、厚生労働省労働基準局監督課長は、④平成20年4月1日基発401001号において、上記①の通達で定めた管理監督者の取扱いについて適正な監督指導等を求め、⑤平成20年10月3日基監発1003001号において、上記③の通達の運用に関して留意すべき事項を示した。

⑷ 管理監督者の判断上問題となる事項 [4]

実際の裁判例で、管理監督者性の判断上問題とされた事項を、例示して列挙すると、以下のとおりである。

ただし、以下の列挙した事項をどのように総合的に考慮するかは、個別の事案ごとの具体的事実に基づいて、実態に即して判断すべきものである。したがって、一定の事項に関する判断内容のみをもって管理監督者性の有無を即断するような主張は相当でないと考えられる。また、ある事項に関する具体的事実が管理監督者性の有無の判断にどの程度影響するかについても、個別の事案に応じて判断されるべきものであって、審理を充実させるためには、双方当事者はこの点に関する見解を具体的に主張することが相当と考えられる。

ア 職務内容、権限および責任との関係

・職務内容や権限が、労務管理等も含む事業経営上重要な事項に及ぶものか。

・事業経営に関する決定過程にどの程度関与しているか。

・他の従業員と同様の現場業務にどの程度従事する状況にあったか。

・他の従業員の職務遂行または労務管理にどの程度関与しているか。

・労働者のうち管理監督者として扱われている者がどの程度いるか。

イ 勤務態様および労働時間管理との関係

・労働時間が所定就業時間に拘束されていたか。

・職務遂行上、時間外労働または休日労働が避けられない状況であったか。

・労働時間の管理が、タイムカード、出勤簿の記載、出退勤時の点呼・確認等によって行われていたか。この管理により労働時間が拘束されていたか。

・時間外労働または休日労働が、事業経営上重要な事項に関し、労働者の

---

4) 下級審裁判例における管理監督者性の判断について概観および検討したものとして、細川二朗「労働基準法41条2号の管理監督者の範囲について」判タ1253号59頁があり、また、平成20年の関係通達および近時の下級審裁判例も踏まえて裁判実務を分析したものとして、福島政幸「管理監督者性をめぐる裁判例と実務」判タ1351号45頁がある。

Ⅱ 管理監督者(労基法41条2号)について 155

裁量に基づいて行われていたか。

ウ　賃金等の待遇との関係

・役職手当が支給されている場合、関連する規定または事実関係に照らし、役職に見合った対価として支給されているといえるか。

・役職手当が、実質的にみて、時間外等賃金の全部または一部として支給されているものではなかったか。

・役職手当が支給されていない場合、給与または賃金全体において、役職に見合った金額が支給されているか。

・職位または資格が低い労働者と比較して、給与または賃金全体の額がどのように異なるか。

・労働者が役職者に昇進した際に、給与または賃金全体の額がどのように変わったか。

⑸　各判断事項の検討方法について

ア　各判断事項の不可欠性

労基法 41 条 2 号の趣旨に照らすと、①職務の内容、権限および責任の程度と、②労働時間に関する自由裁量、労働時間管理の程度について、これらの判断要素を充足しない場合は、管理監督者性を肯定することは難しいと考えられる。

③賃金等の待遇の程度については、待遇が役職に見合ったものであることを要することから、これを充足しない場合は、管理監督者性を肯定することは難しいと考えられる。ただし、上記①または②の点において、管理監督者性を肯定し難い場合は、待遇が高い程度のものであったとしても、管理監督者性を肯定することは難しいであろう。

イ　各判断要素の関係

①職務の内容、権限および責任の程度と②労働時間に関する自由裁量、労働時間管理の程度との関係については、①の点は、管理監督者という条文の文言に照らしても、当然に検討を要するものであること、②の点について検討するに当たっては、職務の内容、権限、責任に関する点を踏まえる必要があることを考えると、①、②の順で判断することになろう。

③賃金等の待遇の程度については、前記⑴で述べたところに照らすと、前記①、②の点を判断した上で、判断するのが相当と考える。前記①、②の点において管理監督者性を肯定するのが難しい場合は、③賃金等の待遇の程度に関する検討を経るまでもなく、管理監督者性を否定するのが相当な場合もあると考えられる。

⑹　管理監督者性に関する客観的資料

管理監督者性に関する客観的事実を証明する資料として、以下のものが挙げられる。これらは当事者において訴訟の早期の段階で書証として提出するのが相当である。

　ア　職務内容、権限および責任に関する資料

企業内の組織における職位、職務内容および権限を示す資料

使用者側が従業員の中で管理監督者に当たると考える役職者の全従業員に占める割合を集計した表

　例．雇用契約書

　　　　企業全体および勤務部門の組織表

　　　　職務の範囲、権限等を定めた文書

　イ　勤務態様（労働時間の裁量・管理の程度）に関する資料

出勤状況または労働時間管理に関する資料、所定労働時間、時間外労働時間または休日に関する資料

　例．雇用契約書

　　　　就業規則

　　　　タイムカード、出勤簿

　　　　シフト表

　ウ　賃金等の待遇に関する資料

企業における、賃金（役職手当を含む）に関する内容を示す資料、管理監督者ではない他の労働者を含む、給与および賃金の支給状況に関する資料

　例．雇用契約書

　　　　賃金規程

　　　　賃金台帳

2 使用者側の主張立証上の留意点

(1) 主張立証すべき内容

使用者側は、いわゆる「管理職」が当然には管理監督者には当たらないこと、労基法41条2号の規定が強行法規であり、これに反する就業規則、労働契約等の定めは効力がないことを踏まえた上で、労働者における職務内容、権限および責任、勤務態様、賃金等の待遇に関する具体的事実を主張立証する必要がある。

(2) 関係資料の早期提出

管理監督者性に関する具体的事実を証する資料は、使用者が有することが通常であり、早期の主張立証および争点整理を図るためには、使用者側において、早期に関係資料を証拠として提出することが重要である。使用者側は、関係資料の内容を踏まえて、管理監督者性に関する具体的事実を早期に主張する必要があり、労働者側からの求釈明に対しても、管理監督者性に関する具体的事実の主張立証を求めるものであれば、早期に提出するのが相当である。

この点に関し、使用者側において、使用者側に有利でない内容や他の労働者のプライバシー事項が資料に含まれている場合の対応が問題にはなる。しかし、管理監督者性に関する資料は、原則として、民訴法220条3号後段の法律関係文書として提出義務があり、同条4号イないしホの提出義務の除外事由には当たらないと考えられる。実際、使用者側が存在すると考えられる管理監督者性に関する資料を提出しないとすれば、そのこと自体が事実認定においてマイナス評価につながるおそれがあるといわざるを得ない。したがって、使用者側は、他の労働者のプライバシー事項につき一部マスキング処理をした上で、関連する資料は早期に任意提出するのが得策であると考えられる。

(3) 賃金等の待遇との関係

使用者側は、賃金等の待遇が管理監督者でない他の労働者より優遇され

ていることのみを主張立証しても、そのことから直ちに管理監督者であるとは認められないことに留意する必要がある。

⑷　時間外等賃金に関する主張立証の必要性

使用者側が管理監督者であることを主張する場合であっても、使用者側は、労働者が主張する時間外等賃金の算定方法および額ならびに時間外等労働時間に関し、具体的に認否反論して、立証する必要があると考えられる。仮に管理監督者性が認められなかった場合に、これらの点に関して認否反論しておかなければ、残業時間や基礎単価の認定について労働者側の主張が全面的に認められてしまうリスクがある上、仮に管理監督者性が認められたとしても、深夜割増賃金の支払義務は免れないため、深夜割増賃金の算定に係る事項について同様に労働者の主張が全面的に認められるおそれがあるからである。また、後記Ⅴのとおり、訴訟上の和解による早期解決を図るためには、和解金額を検討する上でも、時間外等賃金に関する主張立証をしておくのが相当である。

3　労働者側の主張立証上の留意点

⑴　実態に基づく主張立証をする必要性

労働者側は、労働者の職位または資格の名称から管理監督者ではないと主張立証するだけでは不十分であり、労働者の職務内容、権限および責任、勤務態様、賃金等の待遇の各点に関して、管理監督者であるとの推認を妨げる具体的事実を主張することが求められる。

⑵　各事項を主張立証する必要性

労働者側は、職務内容・権限および責任、勤務態様、賃金等の待遇の3点について、どれか1点のみを挙げて管理監督者でないと主張するだけでは、直ちに管理監督者性は否定されないことに留意する必要がある。管理監督者性の有無は、これらの点に関する具体的事実を総合的に考慮して判断されるものだからである。

Ⅱ　管理監督者（労基法41条2号）について　159

同様の理由により、労働者側は、管理監督者の判断上問題となる事項についても、ある事項が管理監督者性を否定する根拠になることをもって、直ちに管理監督者であるとの推認が妨げられるか否かは定かでないことに留意する必要がある[5]。

(3) 関係資料を使用者側が有する場合の主張立証の方法

労働者側は、管理監督者であるとの推認を妨げる根拠となる具体的事実を主張立証する上で、使用者側が保有している関係資料が必要である場合は、使用者側に対し、この具体的事実に関して、早期に求釈明を行い、また、書証の提出等を求めることが考えられ、使用者側が、求釈明に対する主張を行い、関係資料を提出した場合は、これに基づいて、上記の具体的事実に関する主張立証を補充することも考えられる。

III 機密事務取扱者（労基法 41 条 2 号）について

機密事務取扱者は、秘書その他職務が経営者または管理監督者の活動と一体不可分であって、出社退社等について厳格な制限を受けない者をいうと解される（昭和 22 年 9 月 13 日発基 17 号参照）。機密事務取扱者に関する労基法 41 条 2 号の趣旨は、業務の性質および特殊性から、労働時間等の規制になじまないことにあると解される。

---

5) たとえば、東京地判平成 20 年 1 月 28 日判タ 1262 号 221 頁・日本マクドナルド事件は、多店舗展開する飲食業の店長について管理監督者に当たらないと判断したものであるが、同判決は、当該事案において、職務内容および権限の重要性について、従業員の労務管理等を行っているが、職務権限が店舗内の事項に限られている等とし、勤務態様について、現場業務にも従事しなければならず、勤務態勢上の必要性から長時間の時間外労働を余儀なくされる状況にあった等とし、待遇について、店長の中には、人事評価の結果によっては、店長でない従業員より賃金が低い者がいる等とした上で、その他の事情を併せて総合的に考慮して、管理監督者には当たらないと判断したものとみられる。
　したがって、「労働者が多店舗展開する企業の店長であるから管理監督者ではないことは、日本マクドナルド事件の判決からも明らかである」といった労働者側の主張は、それだけでは訴訟における当事者の主張として十分でなく、労働者側が個別の事案の実態に即して管理監督者であるとの推認を妨げる具体的事実を主張する必要があると考えられる。

実際の訴訟においては、機密事務取扱者性の有無は、①職務内容が機密の事務を取り扱うものか、②職務内容および勤務実態において、経営者または管理監督者と一体不可分の関係にあるか、③給与等の処遇が、職務内容および勤務実態に見合ったものか否か、の各点に関する具体的事実を総合的に考慮して判断されるものと考えられる。

使用者側は、機密事務取扱者であることを推認させる間接事実を具体的に主張立証することが求められ、労働者側は、機密事務取扱者であるとの推認を妨げる間接事実を具体的に主張立証することが求められるものと考えられる[6]。

Ⅳ 監視・断続的労働従事者（労基法41条3号）について

1 判例の考え方・実務の運用

⑴ 規定の内容および趣旨

労基法41条3号は、「監視又は断続的労働に従事する者で、使用者が行政官庁の許可を受けたもの」について、労基法に定める労働時間等の規定の適用を除外する旨定める。この規定の趣旨は、業務の内容および勤務態様に照らして、法定労働時間および週休制の規制になじまないことから、使用者が所定の行政官庁の許可を受けたものについて、労働時間等に関する原則の適用を除外しようとしたものと解される。

また、労基則23条は、使用者は、宿直または日直の勤務で断続的な業務について、行政官庁の許可を受けた場合、これに従事する労働者を労基法32条の規定にかかわらず、使用することができる旨定める。この規定の趣旨は、宿直または日直は、常態として断続的な労働に従事する者ではないが、使用者が所定の行政官庁の許可を得たものについて、断続的労働従事者と同様に、労働時間等に関する労基法の適用を除外しようとしたも

6）類型別実務177頁以下（第3章Q92）も参照のこと。

のと解される。

(2) 監視・断続的労働従事者、宿日直勤務者の概要

ア 監視・断続的労働従事者の意義

監視に従事する者とは、原則として一定部署にあって監視するのを本来の業務とし、常態として身体または精神的緊張の少ない労働に従事する者をいう。昭和22年9月13日発基17号、昭和63年3月14日基発150号は、監視従事者として許可しないものの例示として、「イ　交通関係の監視、車両誘導を行う駐車場等の監視等精神的緊張の高い業務、ロ　プラント等における計器類を常態として監視する業務、ハ　危険又は有害な場所における業務」を挙げている。

断続的労働に従事する者とは、休憩時間は少ないが、手待時間が多い者をいうと解される。昭和22年9月13日発基17号、昭和23年4月5日基発535号、昭和63年3月14日基発150号は、断続的労働従事者の許可基準について、「概ね次の基準によって取り扱うこと。」として、「(1)修繕係等通常は業務閑散であるが、事故発生に備えて待機するものは許可すること。(2)寄宿舎の賄人等については、その者の勤務時間を基礎として作業時間と手待時間折半の程度まで許可すること。ただし、実労働時間の合計が8時間を超えるときは許可すべき限りではない。(3)鉄道踏切番等については、一日交通量10往復程度まで許可すること。(4)その他特に危険な業務に従事する者については許可しないこと。」と定めている[7]。

監視、断続的労働従事者の例として、守衛、小中学校の用務員、高級職員専用自動車運転手、団地管理人、隔日勤務のビル警備員等が考えられる。平成5年2月24日基発110号は、「警備業者が行う警備業務に係る

---

7)　昭和63年3月14日基発150号は、「断続労働と通常の労働とが混在・反覆する勤務」として、「法第41条第3号の許可を受けた者については、労働時間、休憩及び休日に関する規定がすべて除外されるのであるから、その勤務の全労働を一体としてとらえ、常態として断続的労働に従事する者を指すのである。したがって、断続労働と通常の労働とが1日の中において混在し、又は日によって反覆するような場合には、常態として断続的労働に従事する者には該当しないから、許可すべきでない。」旨定めている。

監視又は断続的労働の許可について」として、隔日勤務でビルの警備業務に従事する者についての取扱いの細目について、①拘束 24 時間以内、夜間継続 4 時間以上（十分な設備での）睡眠時間の確保、②巡回回数 10 回以下、③勤務と勤務の間に 20 時間以上の休息時間の確保、④監視労働は疲労・緊張の少ないものであり、かつ従事時間は 12 時間以内、⑤ 1 か月に 2 回以上の休日の確保、⑥ 1 つの作業場での常駐勤務、などの要件を満たせば、勤務の全体につき監視・断続的労働の許可が与えられる旨を定めている。

　イ　宿日直勤務の意義

　宿日直勤務とは、所定労働時間外または休日における勤務の一態様であり、当該労働者の本来業務は処理せず、定時的巡視、緊急の文書または電話の収受、非常事態発生の準備等を目的とする職務のために待機するものであって、常態としてほとんど労働する必要がない勤務をいうと解される。

　昭和 22 年 9 月 13 日発基 17 号、昭和 63 年 3 月 14 日基発 150 号は、宿日直勤務の許可の条件として、上記の勤務内容のほか、手当（賃金の平均日額の 3 分の 1 を下らないもの）、頻度（日直は月 1 回、宿直は週 1 回）、睡眠設備（宿直の場合）等を定めている[8]。

　ウ　行政官庁の許可を受けていない場合について

　労基法 41 条 3 号または労基則 23 条に定める行政官庁の許可は、その趣旨に照らし、監視・断続的労働従事者または宿日直勤務者に対する労基法の適用除外の効力発生要件であると解される。したがって、使用者は、これらの許可を得ないで、監視・断続的労働に従事させまたは宿日直に勤務させ、法定労働時間を超えて労働させた場合、時間外労働の割増賃金の支払義務を負うと考えられる。

---

8)　平成 14 年 3 月 19 日基発 0319007 号は、医療機関における休日および夜間勤務について適正化を図るために、医師および看護師の宿日直許可に係る許可基準等を示している。病院の看護師に対する宿日直勤務の許可が違法であったとして国家賠償請求が認められた裁判例として、東京地判平成 15 年 2 月 21 日労判 847 号 45 頁・中央労基署長（大島町診療所）事件がある。

エ　行政官庁の許可を受けたが、勤務実態が想定した内容と異なる場合
について

　使用者が、労基法 41 条 3 号または労基則 23 条に定める行政官庁の許
可を受けた場合においても、労働者の勤務態様に照らして、監視・断続的
労働、宿日直勤務としての要件を満たしていると認められない場合は、労
基法の適用除外は認められないと解される。したがって、このような場
合、使用者は、労働者をして法定労働時間を超えて労働させた場合、時間
外労働の割増賃金の支払義務を負うと考えられる [9) 10)]。

2　使用者側、労働者側の主張立証上の留意点

　使用者側は、労働者が労基法 41 条 3 号または労基則 23 条に当たると
して、時間外労働等割増賃金の支払義務を負わないと主張する場合は、労
働者が監視・断続的労働従事者または宿日直勤務者に当たることを推認さ
せる間接事実を具体的に主張立証する必要があり、所定の行政官庁の許可
を受けたことに加えて、労働者の勤務実態においても監視・断続的労働従
事者、宿日直勤務者であることの根拠となる具体的事実を主張立証するこ
とが求められる。

　また、労働者側は、使用者側が主張する具体的事実に対する認否反論を
するとともに、労働者の勤務実態において監視・断続的労働、宿日直勤務
であるとの推認を妨げる間接事実を具体的に主張立証することが求められ
る。

---

9)　宿日直勤務の許可を受けていた医療機関における宿日直勤務が、労基法 41 条 3
　号の断続的業務であるとは認められないとして、従事した宿日直勤務時間の全部
　について割増賃金請求が認められた裁判例として、大阪高判平成 22 年 11 月 16
　日労判 1026 号 144 頁・奈良県（医師・割増賃金）事件がある。
10)　類型別実務 178 頁（第 3 章 Q93）も参照のこと。

164　　第 8 講　管理監督者、機密事務取扱者、監視・断続的労働従事者

V おわりに

　以上のとおり、使用者側が、労働者が管理監督者等であるとして、時間外等割増賃金の支払義務を負わないと主張する場合は、使用者側、労働者側とも、管理監督者等に当たるための要件の内容を正確に把握し、関連する行政通達の規定や裁判例を参照した上で、個別の事案ごとに、問題となる労働者の職務の内容および権限ならびに勤務態様等を踏まえて、管理監督者性等の有無に関する具体的事実を主張立証することが求められる。

　また、管理監督者性が問題となる事案は、訴訟上の和解に適したものとが多いと考えられる。労働者が労基法上の管理監督者に当たらないとしても、実態としては管理監督的な職責を一定程度担っている者もいると考えられ、このような者も含めて、管理監督者性の有無および時間外等賃金の額について、当事者双方の主張立証から一定の見通しを立てられる段階で、上記の見通しを踏まえた相当額の支払をもって早期解決を図ることが実態にも適った解決に資すると考えられる。和解の時期としては、他に大きな争点がない事案であれば、当事者双方から主要な主張立証がされた段階（通常は弁論等の期日を2、3回程度開いた段階）で一定程度の見通しを立てられることから、その段階の見通しを踏まえた上で、裁判所および双方当事者において和解による早期解決を図るのが相当であり、その後も審理の進行（当事者双方の認否反論がされた段階、当事者双方から関係者の陳述書が提出された段階、集中証拠調べをした段階等）に応じて、適宜和解による解決を図るのが相当と考えられる。

第9講

就業規則の不利益変更

西村　康一郎

Ⅰ　はじめに

　周知のとおり、就業規則については、定年制の導入が問題となった①秋北バス事件最高裁判決（最大判昭和43年12月25日民集22巻13号3459頁）以降、多くの裁判例が積み重ねられている。かつては、就業規則がどのような論理で労働者を拘束するかについて、その法的性質論等をめぐり多彩な議論がなされてきたが、今日では、裁判例の積み重ねによる議論の深化や、判例理論のリステイトメントとしての労契法の制定といった事情もあり、就業規則の法的性質論は学説上も一応の収束をみた状況であり、現時点における就業規則論の主要な課題は、就業規則で定める労働条件が労働契約の内容となるための中心的要件である「合理性」の内容をいかに考えるかという点にある[1][2]。

　労契法10条本文は、就業規則の不利益変更について、「使用者が就業

---

1)　就業規則の拘束力の理論的根拠について論じる学説は数多いが、判例の理論的根拠の説明を試みる学説として、「継続的契約関係においては、本来契約条件変更の合意が成立しない場合、契約解消が認められるはずであるが、我が国の労働契約関係においては、このような原則が解雇権濫用法理によって修正されていることから、自らの同意しない契約には拘束されないという大原則にも一定の限度で修正が施されることが正当化される。」と、解雇権濫用法理ないしその大元にあるわが国の長期雇用システムに根拠を求める見解がある（荒木尚志『雇用システムと労働条件変更法理』（有斐閣、2001）249頁以下参照）。

2)　また、前掲①秋北バス事件最高裁判決以降、その判示を前提として労働契約と就業規則の関係について説示したとされる最高裁判決として、②最一判昭和61年3月13日労判470号6頁・帯広電報電話局事件、③最一判平成3年11月28日民集45巻8号1270頁・日立製作所武蔵工場事件などがある。

166　　第9講　就業規則の不利益変更

規則の変更により労働条件を変更する場合において、変更後の就業規則を労働者に周知させ、かつ、就業規則の変更が、労働者の受ける不利益の程度、労働条件の変更の必要性、変更後の就業規則の内容の相当性、労働組合等との交渉の状況その他の就業規則の変更に係る事情に照らして合理的なものであるときは、労働契約の内容である労働条件は、当該変更後の就業規則に定めるところによるものとする。」と規定しているところ、実際の訴訟でこの点が問題になるのは、労働者側が変更後の就業規則が労働者に対する拘束力を有しないとして、変更前の就業規則に基づき、使用者側に対し賃金等の支払を請求するのに対し、使用者側が変更後の就業規則が当該労働者に対しても拘束力を有すると主張するようなケースにおいてである。上記労契法10条の規定からして、変更後の就業規則の有効性を主張する会社側が、抗弁として、変更後の就業規則の周知性および同不利益変更の合理性に関する評価根拠事実について主張・立証責任を負い、他方で、労働者側が、再抗弁として、新就業規則の合理性に関する評価障害事実について主張・立証責任を負うと解するのが一般的であるが、実際の事案に即して、どのような点に力点を置いて主張・立証を行っていくかは、なかなかポイントが絞りづらいことも多いと思われる。

　また、労契法9条本文は、「使用者は、労働者と合意することなく、就業規則を変更することにより、労働者の不利益に労働契約の内容である労働条件を変更することはできない。」と定めているところ、同条項は、労契法上のいわゆる合意原則（同法3条1項、8条）が就業規則不利益変更の局面でも妥当することを示すものと解される。昨今、就業規則不利益変更に関する労働者との合意のあり方について多くの裁判例が積み重ねられてきているのみならず、学説上も、同合意と労契法10条の就業規則変更の合理性との関係などをめぐって議論が交わされているところである。

　この分野については、条文の文言が抽象的であることもあって、とかく議論が抽象的に終わりがちであるが、実務家としては裁判例の傾向を正確に把握・理解した上で、地に足のついた主張・立証を行うことが重要であると考えられる。そこで、以下においては、これらの裁判例の分析を試みることとする[3]。

Ⅰ　はじめに　167

II 判例の考え方・実務の運用

1 最高裁判例の到達点および労働契約法における立法化

前掲①秋北バス事件最高裁判決は、就業規則について、「それが合理的な労働条件を定めているものであるかぎり、経営主体と労働者との間の労働条件は、その就業規則によるという事実たる慣習が成立している」と判示して、「合理的な労働条件を定めた就業規則」が、労働者の労働条件を規律する法規範性を有することを宣言し、さらに、「新たな就業規則の作成又は変更によつて……労働者に不利益な労働条件を一方的に課することは、原則として、許されないと解すべきであるが、労働条件の集合的処理……を建前とする就業規則の性質からいつて、当該規則条項が合理的なものであるかぎり、個々の労働者において、これに同意しないことを理由として、その適用を拒否することは許されない」として、就業規則の不利益変更についても「変更の合理性」があることを要件としてその拘束力を認めるという理論を初めて打ち出した。

その後、上記合理性の基準を継承した最高裁判例がいくつか出されたが、最高裁判所は、④最三判昭和63年2月16日民集42巻2号60頁・大曲市農業協同組合事件において、「右にいう当該規則条項が合理的であるとは、当該就業規則の作成又は変更が、その必要性及び内容の両面からみて、それによつて労働者が被ることになる不利益の程度を考慮しても、なお当該労使関係における当該条項の法的規範性を是認できるだけの合理性を有するものであることをいう」と判示して、この「合理性」判断が、主として就業規則変更の必要性と労働者の被る不利益との比較衡量（相関関係）により判断されるという趣旨を示した[4]。

さらに、最高裁判所は、⑤最二判平成9年2月28日民集51巻2号

---

3) 類型別実務55頁（第2章 Q5・労働条件一般）、64頁（第2章 Q11・賃金）、395頁（第11章 Q13・退職金）も参照のこと。

168　第9講　就業規則の不利益変更

705 頁・第四銀行事件 [5] において、上記合理性の基準をさらに具体化、精緻化し、合理性の有無について、(i)就業規則の変更によって労働者が被る不利益の程度、(ii)使用者の変更の必要性の内容・程度、(iii)変更後の就業規則の内容自体の相当性、(iv)代償措置その他関連する他の労働条件の改善状況、(v)労働組合等との交渉の経緯、(vi)他の労働組合または他の従業員の対応、(vii)同種事項に対するわが国社会における一般的状況等を総合考慮して判断すべきである旨判示した。以後の最高裁判例は、おおむね同判決で挙げられた要素を考慮して合理性の有無について判断している。

　前掲①秋北バス事件最高裁判決以降の最高裁判決として著名なものには、上記各判決以外に、以下の判決がある。

⑥　最二判昭和 58 年 7 月 15 日集民 139 号 293 頁・御国ハイヤー事件

　退職金算定の基礎となる勤続年数を頭打ちにする就業規則変更事例。合理性否定。

⑦　最二判昭和 58 年 11 月 25 日労判 418 号 21 頁・タケダシステム事件

　生理休暇規定の変更（年 24 日有給率 100％を月 2 日有給率 68％に変更）。合理性を否定した原判決を審理不尽を理由に差戻し（なお、差戻審においては合理性肯定）。

⑧　最二判平成 4 年 7 月 13 日判時 1434 号 133 頁・第一小型ハイヤー事件

　タクシー運賃改定に伴う歩合給算定方法の変更。合理性肯定方向で差戻し。

⑨　最三判平成 8 年 3 月 26 日民集 50 巻 4 号 1008 頁・朝日火災海上保険事件

　退職金支給率を 71 か月から 51 か月に引き下げ。合理性否定。

---

4)　また、同判決においては、「特に、賃金、退職金など労働者にとつて重要な権利、労働条件に関し実質的な不利益を及ぼす就業規則の作成又は変更については、当該条項が、そのような不利益を労働者に法的に受忍させることを許容できるだけの高度の必要性に基づいた合理的な内容のものである場合において、その効力を生ずるものというべき」とも判示している。
5)　同判例については、重要判決 50 選 74 頁〔吉田徹〕も参照のこと。

もっとも、この判決は就業規則の不利益変更事例としてよりも、労働協約の一般的拘束力の例外を認めた事例として著名である。

⑩　最一判平成 12 年 9 月 7 日民集 54 巻 7 号 2075 頁・みちのく銀行事件

　事案については後述する。合理性否定方向で差戻し（なお、差戻審では合理性否定）。

⑪　最三判平成 12 年 9 月 12 日労判 788 号 23 頁・羽後銀行（北都銀行）事件

　週休 2 日制の導入に伴い、平日の所定労働時間を 10 分（月のうち特定の日は 60 分）延長した事案。合理性肯定。

⑫　最二判平成 12 年 9 月 22 日労判 788 号 17 頁・函館信用金庫事件

　週休 2 日制の実施に伴い、平日の所定労働時間を 25 分延長した事案。合理性肯定。

　ところで、平成 20 年 3 月に施行された労契法は、労働契約と就業規則の関係について規定を置き、7 条で、就業規則において「合理的な労働条件」が定められその就業規則が周知されている場合に、その就業規則で定める内容が労働契約の内容になる旨定め、かつ、10 条で、就業規則の不利益変更についても明示的な規定を置いた[6]。10 条は、就業規則の変更が同条で掲げる種々の事情に照らして合理性なものであるときは、変更後の就業規則で定めた労働条件が労働契約の内容になる旨定める。この条文は、前掲①秋北バス事件以来積み重ねられた就業規則の不利益変更に関する判例理論に法令上の根拠を与えたものと評されるところ、同条が合理性判断のための諸事情として掲げる要素は、おおむね前掲⑤第四銀行事件最高裁判決の内容を継承したものであり[7]、労契法施行通達もこれを確認し

---

6)　労契法 7 条の「合理性」は、10 条の「合理性」よりも広く認められるといわれている。前者は労働契約締結の局面で問題になるものであることから、後者と異なり従前の労働条件と比較した不利益を観念できないからである。また、後者の「合理性」審査が当該就業規則変更の全プロセスを対象とした判断であるのに対し、前者のそれは当該労働条件内容の客観的な審査にとどまる。なお、労基法 90 条所定の意見聴取・届出は 7 条の合理性判断に直接影響するものではない（荒木ほか・労契法 112 頁等）。

170　第 9 講　就業規則の不利益変更

[図表 1]

労契法 10 条	⑤第四銀行事件最高裁判決
(Ⅰ) 労働者の受ける不利益の程度	(ⅰ) 就業規則の変更によって労働者が被る不利益の程度
(Ⅱ) 労働条件の変更の必要性	(ⅱ) 使用者の変更の必要性の内容・程度
(Ⅲ) 変更後の就業規則の内容の相当性	(ⅲ) 変更後の就業規則の内容自体の相当性 (ⅳ) 代償措置その他関連する他の労働条件の改善状況 (ⅶ) 同種事項に対するわが国社会における一般的状況
(Ⅳ) 労働組合等との交渉の状況	(ⅴ) 労働組合等との交渉の経緯 (ⅵ) 他の労働組合または他の従業員の対応
(Ⅴ) その他の就業規則の変更に係る事情	(ⅰ)ないし(ⅶ)の要素に含まれない事項

ている。各判断要素として掲げられた事項について、両者の対応関係は[図表 1]のとおりである。

2　具体的な合理性判断について

(1)　⑤第四銀行事件最高裁判決と⑩みちのく銀行事件最高裁判決

　以上のように、前掲⑤第四銀行事件最高裁判決等により、就業規則の不利益変更の合理性判断に当たり考慮すべき要素は明確化されたが、個別事案における合理性判断は、どの要素をどの程度重視するかという点によっても結論が分かれることがあり、必ずしも一義的に明確になるものではない。実際、前掲⑤第四銀行事件最高裁判決と、その 3 年後に言い渡された前掲⑩みちのく銀行事件最高裁判決は、かなり類似した事案であり、しかも同じ要素を摘示して判断を導きながら、前者が就業規則の合理性を認めたのに対し、後者はそれを否定しており、異なる結論となっている。両

---

7)　労契法の立法過程における国会審議の中でも、このことが繰り返し確認されている。

判決の存在は、就業規則不利益変更における合理性判断が、実際には微妙かつ困難な問題を含んでいることを浮き彫りにするものであるが、両判決を並列して検討することは、この合理性判断の実際のありようを理解する上で有意義であると思われる。

ア　⑤第四銀行事件

前掲⑤第四銀行事件の事案はおおむね以下のとおりである。同行においては、55歳定年制がとられていたが、健康に支障のない男性従業員は、定年後在職制度の適用により事実上58歳まで在職していたという実情があった。60歳定年制を導入するに当たり、55歳以上の従業員については定期昇給が行われず、賞与の計算方法も変更になるほか、55歳以降は役職が変更されることに伴い役付手当が減額されることから、結局、年間賃金が54歳時の63〜67％となり、60歳の定年近くまで勤務してようやく従前の58歳までの賃金を得られるという状態になった（上告人は、この点を捉えて、58歳から60歳までの2年間について、ただ働きであるなどと主張していた）。上告人は、上記60歳定年制実施の約1年後に55歳になり、その後60歳まで勤務して定年退職したものであるが、上記就業規則の変更は上告人の既得の権利を侵害し、一方的に労働条件を不利益に変更するものであるから上告人に対し効力を生じないとして、差額賃金の請求をした。

最高裁は、同就業規則変更は、それによる実質的な不利益が大きく、上告人にとっていささか酷な事態を生じさせたことは想像に難くないが、諸事情を総合考慮するならば、そのような不利益を法的に受忍させることもやむを得ない高度の必要性に基づいた合理的な内容のものであると認めることができないものではないとして、就業規則変更の効力を上告人に及ぼすことができるとしている[8]。

イ　⑩みちのく銀行事件

他方、前掲⑩みちのく銀行事件の事案は以下のとおりである。同行においては、昭和61年5月以降、就業規則を変更して、55歳以上の管理職をスタッフ的な専任職とし、賃金額を大幅に減額したが、これに対し専任職の発令を受けた55歳以上の従業員6名が、同就業規則変更が同人らに対

172　第9講　就業規則の不利益変更

し効力を及ぼさないとして、専任職への辞令発令の無効確認や得べかりし賃金額と実際に得た賃金額との差額の支払を求めて訴訟を提起した。

最高裁は、前掲⑤第四銀行事件判決で述べられた一般論を説示した上で、上記就業規則の変更が上告人ら（原告ら）にとって不利益変更に当たるところ、就業規則を変更すべき高度の必要性を認めつつ、同就業規則変更後の上告人らの賃金の減額幅は著しく大きく、このような就業規則変更は、高年層の行員に対しては専ら大きな不利益のみを与えるものであって、他の諸事情を勘案しても、変更に同意しない上告人らに対し、これを法的に受忍させることもやむを得ない程度の合理的な内容のものということはできないとして、就業規則変更の効力を上告人らに及ぼすことができないとした。

　ウ　両判決の比較

両判決の内容について、前記1で挙げた要素のうち主なものを整理すると〔図表2〕のようになるが、就業規則変更の合理性判断について、上告審である最高裁がここまで詳細な説示をしていることは注目すべきであろう。

〔図表2〕

項目	⑤第四銀行事件最高裁判決 （合理性肯定）	⑩みちのく銀行事件最高裁判決 （合理性否定）
(i)　労働者の不利益 　　の程度	加算本俸の不支給、役付手当の減額により、3年間（ただし55歳以降）の年収平均が約30％（累計約943万円）の減 →不利益としては相当に大きいと評価しつつ、以下の事情を指摘。	上告人らについて、基本給の約半額を占める業績給が50％削減され、役職手当等が不支給となり、賞与も大きく減額。請求期間内の賃金の平均削減率が、平均で33〜46％に達する（経過措置終了後は40〜50％の減額）。賃金の削

8)　同判決には河合伸一裁判官の詳細な反対意見が付されている。同反対意見は、多数意見の判断枠組自体には賛同しつつ、本件では、一部に生じる不利益を緩和する経過措置を設けることについて、さらに検討すべきであったなどと指摘している。殊に、本件では、上告人が具体的な経過措置の例を示して審査を求めているのであるから、それらの経過措置を設けることによる被上告人の負担等を具体的に審理すべきであったなどとされている（この点については後述）。また、55歳以降の地位を既得権とみるかどうかについても、多数意見と反対意見とでは考え方にかなりの相違がある。

Ⅱ　判例の考え方・実務の運用　173

		・もともと55歳定年制をとっていたから、55歳以降の3年間の賃金の受給は既得権とはいえないこと ・定年延長により、2年間雇用期間が延びたので、受給賃金総額では約8%の増となったこと	減額は、1人につき3年4か月～5年の累計で約1250万～約2020万円。 →専任職となり、管理職の肩書は外れても、職務の軽減が現実に図られているとはいえない。 →不利益は極めて重大である。
(ii)	変更の必要性	・60歳定年制が国家的な政策課題とされていた。 ・他方、定年延長は、年功賃金による人件費の増大や中高年の役職不足を深刻化する。人件費の増大や人事の停滞を抑えることは経営上必要である。 ・被上告人においては、中高年齢層行員の比率が高く、経営効率および収益力が十分とはいえない状況であった。 →労働条件変更の必要性は高度なものがある。	・60歳定年制の下で基本的に年功序列型の賃金体系を維持していたところ、他の地銀と比較して行員の高齢化が進み、賃金水準も高かった。 ・被上告人の経営効率を示す諸指標が全国の地銀の中で下位を低迷し、弱点のある経営体質を有していたこと ・金融機関間の競争が進展しつつあったこと →55歳以上の行員について、役職への配置等に関する組織改革とこれによる賃金の抑制を図る必要があり、高度の経営上の必要性があった[9]。
(iii)	変更後の就業規則の内容自体の相当性	変更後の就業規則に基づく55歳以降の労働条件の内容は、55歳定年を60歳に延長した多くの地方銀行とほぼ同様であって、その賃金水準も他行の賃金水準や社会一般の	変更後の上告人らの賃金は、年間約420万円ないし約530万円となっているが、これは年齢、企業規模、賃金体系等を考慮すれば、格別高いものとはいえない。

9)　前掲⑩みちのく銀行事件最高裁判決の調査官解説によれば、「経営不振の状況については弱点のある経営体質が明確に認定されており、第四銀行判決の場合よりも深刻な状況に至っていたとみる余地もあろう。経営上は、金融自由化の進む中で他の銀行の収益状況に合わせていかなければならないことも考慮すると、本件変更についてはかなり高度な必要性があるということが可能と思われる。」との説明がされているが（菅野博之・最判解民事篇平成12年度（下）768頁）、それにもかかわらず就業規則不利益変更の合理性が否定されていることは、労働者に与える不利益の程度の大きさを相当に重くみたのであろう。このように、労働者に与える不利益の程度を実質的かつ具体的に吟味し、それをかなり重視するという判断傾向は、その後の最高裁判例にも認められるところである（後掲㊻山梨県民信用組合事件など）。

		賃金水準と比較して、かなり高いものである。	
(iv)	代償措置その他関連する労働条件の改善状況	・定年が60歳まで延長されることは、明らかな労働条件の改善である。定年後在職制度の適用される従業員についても、58歳から2年間定年が延長される利益は、決して小さくはない。 ・その他福利厚生制度の適用延長、拡充、特別融資制度の新設等の不利益緩和措置 ・経過措置を講ずることは望ましいとしても、労働条件の集合的処理からある程度一律の定めとされることが要請され、本件における労働者の不利益が法的にみて既得権を奪うものと評価することはできないことなどからすると、経過措置がないからといって合理性が否定されることはない[10]。	代償措置としては、特にみるべきものがない。
(v)	労働組合との交渉の経緯	本件就業規則変更は、行員の約90％を超える組合との交渉、合意を経て労働協約を締結した上で行われたものであるから、変更後の就業規則の内容は労使間の利益調整がなされた結果のものであると一応推測できる。	上告人らに対する不利益性の程度や内容を勘案すると、労組の同意を大きな考慮要素と評価することは相当ではない。

10) 前掲⑤第四銀行事件最高裁判決における「労働者の不利益の程度」や「代償措置その他関連する労働条件の改善状況」に関する判断手法について批判的に論ずる論考として、唐津博『労働契約と就業規則の法理論』（日本評論社、2010）がある。同論文では、前掲⑤第四銀行事件最高裁判決において労働者の不利益を緩和する要素として挙げられる5年間の定年延長の措置等について、（旧制度の下で58歳までの定年後再雇用が確実視されていた）当該労働者の不利益を緩和する意味を持つものではなく、同判決は個々の従業員についての利益・不利益についての考慮を欠いたものであるとする。同論文は、前掲注8）河合裁判官の反対意見を積極的に評価し、合理性判断における当該労働者に対する緩和措置としての経過措置の重要性を説く（同書185頁〜218頁）。

⑵　各判断要素についての考察——下級審裁判例等も踏まえて

ア　就業規則変更の不利益性について

㋐　全体的な傾向

　就業規則変更の不利益性自体については、裁判例ではかなり緩やかに認める傾向にある。すなわち、当該従業員に対する不利益が小さいケースにおいても、その就業規則変更の不利益性自体を否定した裁判例はほとんど見当たらず、合理性判断の中で具体的な不利益が小さいことを考慮するという手法をとっている。

　たとえば、⑬東京地判平成18年3月24日労判917号79頁・協和出版販売事件は、従前55歳定年制をとっていた被告会社が60歳定年制に移行するに当たり、併せて55歳に達した翌日から別の給与体系となり、それ以降の賃金がそれ以前と比較して、大幅な減額となったという事案であるが、被告会社にもともとあった嘱託職員規程でも、会社が必要と認めた者については、55歳以降は嘱託職員となる旨の定めがあったところ、このとき嘱託職員に対し支払われていた賃金よりも、変更後の新賃金規程による賃金の方がむしろ若干高額であった。就業規則変更の前後で賃金額を比較すれば、55歳以上の従業員の処遇はむしろ改善されているとみる余地もあるが、同判決は、「就業規則の変更が不利益変更か否かという議論が、当該労働者あるいは不利益とされる特定条項に対する関係で争われている場合にも、就業規則が会社の従業員に広く適用される性質のものであり、また、改定内容によっては一方で従業員に利益的にする代わりに他方で労働条件を後退させるといったこともあり得るものであることからすると、その者との関係や特定条項の文言でのみ形式的に判断するのは相当でない場合もあるものというべきである。とりわけ、不利益変更ではないということで合理性の検討をすることなく変更あるいは新設した規定をその者に及ぼすことには慎重であるべきであろう。」と説示して、就業規則変更の不利益性自体は認めている（もっとも、同判決は、不利益変更の合理性を認めて、原告の請求を棄却している）。

　後述する給与体系の変更（能力主義、成果主義賃金制度の導入）に関する事案についても、同様に不利益変更性自体は広く認める傾向にある。

㈡　就業規則未作成の事業場における新たな制定等の場合

　就業規則を制定していない事業場において使用者が新たに就業規則を制定する場合、そもそも元の就業規則が存在しないことから、就業規則の不利益変更の法理ないし労契法 10 条を類推することができるかという問題がある。

　この問題については労契法の制定過程でも議論がなされたが、確立した判例がないとして、明文化が見送られたようである。「就業規則の変更により労働条件を変更する場合」という文言からすれば、この場合、労契法 10 条の適用はないと考える余地もある。しかし、菅野 126 頁以下は、既存の就業規則における規定の新設（これは 10 条の適用内の話である）と就業規則それ自体の新設による労働条件の変更について、異なる扱いをすべき実質的理由がないとして、後者の場合にも同条を類推適用すべきであるとしている。

　もっとも、上記のような見解によるとしても、これが労働条件の不利益変更といえるためには、就業規則新設前の状態が「労働契約の内容」となっていることが前提であろう。この点は、就業規則としての性質を欠く内規等により手当等が支給されてきたにもかかわらず、使用者側が就業規則を新設して一方的に支給を打ち切るあるいは減額するケース等で問題になるところ、このようなケースについて判断した事例としては、⑭東京地判平成 14 年 5 月 29 日労判 832 号 36 頁・日本ロール製造事件（黙示的に労働契約の内容になっていたことを肯定した）がある。もっとも、同事案のような手当の支給に関する不利益変更であれば、労働契約の内容になっていたか否かの判断は比較的明確かつ容易であるとはいえるものの、その他の労働条件（労働時間、休憩、休日）については、就業規則制定前の状態を、使用者側が事実上黙認していたにすぎないということもあり得るところであり、判断が微妙なケースもあると思われる。

㈢　労使慣行との関係

　同様の問題状況は、就業規則に明示的に反する取扱いを長年継続してきたにもかかわらず、特定の時点から使用者側が就業規則どおりの運用を徹底したことをもって、不利益変更といえるかという形で表れることもある

（就業規則に変更はなく新設される規定もない以上、正確には、労働条件の不利益変更の有無および可否の問題というべきであろう）。

　この点は、いわゆる労使慣行が労働契約の内容と認められるかという問題に帰着するものであるが、⑮商大八戸ノ里ドライビングスクール事件の控訴審判決（大阪高判平成5年6月25日労判679号32頁）は、「使用者が自動車教習指導員に対し、時短休日（隔週の月曜日）が国民の祝祭日と重なった場合には翌日に振り替え、同日の出勤を休日出勤扱いとする」とか「夏期特別休暇及び年末年始特別休暇について、就労しなくても能率給を支給する旨の長年の取扱」等の就業規則に反する慣行について、法的効力のある労使慣行とは認めなかった。同判決は、民法92条により法的効力のある労使慣行が成立しているといえるための要件として、(i)同種の行為または事実が一定の範囲において長期間反復継続して行われていたこと、(ii)労使双方が明示的にこれによることを排斥していないことのほか、(iii)当該慣行が労使双方の規範意識によって支えられていることを要し、使用者側においては、当該労働条件についてその内容を決定し得る権限を有している者が、またはその取扱について一定の裁量権を有する者が規範意識を有していたことを要するとする。そして、その労使慣行が事実たる慣習として法的効力を認められるか否かは、さらに、その慣行が形成されてきた経緯と見直しの経緯を踏まえ、(i)当該労使慣行の性質・内容、(ii)合理性、(iii)労働協約や就業規則との関係、(iv)当該慣行の反復継続性の程度（継続期間、時間的間隔、範囲、人数、回数・頻度）、(v)定着の度合い、(vi)労使双方の労働協約や就業規則についての意識、(vii)その間の対応等諸般の事情を総合的に考慮して決定すべきであるとの規範を定立している。労使慣行の成立自体とそれが法的効力を有するかを2段階に分けて検討するこの規範は、かなり厳格なものということができ、労使慣行に安易に法的効力を認めない裁判所の態度を示している（なお、同判決の判断は、最高裁においても維持されている（⑯最一判平成7年3月9日労判679号30頁・商大八戸ノ里ドライビングスクール事件）。もっとも同最高裁判決には格別の理由は示されていない）。

　また、⑰大阪地判平成17年4月27日労判897号43頁・黒川乳業事

件は、被告会社において 30 分以内は遅刻届を不要とする労使慣行があっ
たということはできないが、30 分以内の遅刻であればそれ以前は減額さ
れなかった賃金が以後は減額されることになるのであるから、労働条件の
不利益変更に当たるとした上で、遅刻の防止という目的に沿うものであり
変更の必要性は大きいなどとして、同労働条件変更について合理性を認め
ている。

　イ　不利益の程度について

　㋐　最高裁の判断の状況

　賃金、退職金の引き下げといった事案では、労働者が被る不利益の内容
は比較的数値化しやすい。前掲⑤第四銀行事件および前掲⑩みちのく銀行
事件の減給幅が大きいことはいうに及ばないが、前者では、定年延長の利
益をも重視すべきであるとしている上、定年後在職制度による 55 歳から
58 歳までの勤務についても、事実上のものにすぎず、既得権的なものと
みるべきではないと評価している（ただし反対意見はこの点に反対）。また、
前掲④大曲市農業協同組合事件は退職金の支給倍率の低減に関する事案で
あるが、同事案においては、給与の額が合併に伴う調整措置により通常の
昇給分を超えて相当程度増額されており、その退職までの累積額が退職金
減額分についての原告らの請求額程度に達している事実が認定されてお
り、最高裁は、退職時の基本月俸額に支給倍率を乗じて算出される退職金
額は見かけほど低減していないとして、被上告人が受ける実質的な不利益
は大きなものではないと判示している。

　労働時間に関する不利益変更事案としては、前記⑪羽後銀行（北都銀
行）事件がある。原審（⑱仙台高秋田支判平成 9 年 5 月 28 日労判 716 号 21
頁・羽後銀行（北都銀行）事件）が、本件就業規則変更により労働時間の延
長という時間的な不利益に併せて、従来と異なり時間外手当が支給されな
くなることによる収入の減少という二重の不利益を受けることになったと
いうべきである旨判示したのに対し、最高裁は、(ⅰ)特定日（毎週最初の営
業日および毎月 25 日から月末までの営業日）における 60 分間の労働時間の
延長については、それだけをみればかなり大きな不利益であるとはいえる
が、特定日以外の延長時間は 10 分間にすぎず、週休 2 日制の導入により

Ⅱ　判例の考え方・実務の運用　　179

所定労働時間を年間でみれば約 42 時間短縮されていることや、(ii)週休 2
日制の導入により労働から完全に解放される休日の日数が連続した休日の
増加という形態で増えることは労働者にとって大きな利益であることを指
摘しつつ、(iii)労働時間延長により時間外手当が支給されなくなるという点
については、そもそも時間外勤務を命ずることについては使用者に裁量の
余地があるし、かつ事務の機械化が時間外勤務の必要性に影響を及ぼすこ
とも考えられ、時間外勤務が当然に行われるとはいえないなどとして、被
上告人が被る実質的不利益は全体的にみればさほど大きくないというのが
相当である旨判示している[11]。同判決については、「就業規則変更による
不利益の程度を全体的・実質的にみることが重要であること、一部分をみ
ればかなり不利益の程度が大きい場合でも、全体的・実質的にみると不利
益の程度が小さいときは、所定労働時間の延長などといった重要な労働条
件の変更を含む就業規則変更であっても、その合理性が肯定される場合が
あり得ること、変更の必要性の程度は、不利益の程度や他の考慮要素との
バランスの中で考慮されるので、必ずしも各事件につき一律に高度の必要
性が求められているわけではないことなどを改めて確認した判決であると
いうことができよう。」と、その位置付けについて示唆に富む指摘がなさ
れている[12]。

　(イ)　成果主義・能力主義賃金の導入事案について

　いわゆる能力主義・成果主義賃金制度（一般的・概括的な定義として「各

---

11)　本事案では、本件就業規則変更前の昭和 61 年に銀行法施行令が改正され、第 3
　土曜日が銀行の「休日」とされたところ、その際銀行側が第 3 土曜日を休日にす
　る代わりに平日の労働時間を 10 分間延長するなどの就業規則変更の提案を労働組
　合に行い、多数組合はこれに同意したが、上告人らの加入する少数組合は、施行
　令上の休日は即従業員の休日であり、労働時間の延長には合理性がないとしてこ
　れに反対し、その結果、銀行は少数組合の従業員に対してのみ、第 3 土曜日を自
　宅研修日扱いとしたという事情があり、この点も最高裁と原審とで判断が分かれ
　たポイントの 1 つとなっている。この第 3 土曜日に関する従前の取扱いについて、
　原審が、暫定的措置ではあるものの実情として労働義務が免除された休日と同等
　の評価が慣行化していたと判示するのに対し、最高裁は、第 3 土曜日については
　所定労働時間に含まれていたというべきであって、休日と同様に評価されるに至っ
　たということはできないと判示している。
12)　前掲⑩みちのく銀行事件最高裁判決の調査官解説(菅野・前掲注 9)779 頁(注七))。

180　　第 9 講　就業規則の不利益変更

労働者の担当する仕事の内容や企業活動に対する各労働者が達成した成果や貢献度により賃金を決する制度」）の導入に伴う就業規則の不利益変更事案については、実力の乏しい労働者は不利益を受ける反面で、実力のある労働者は大きなメリットを受けることもあり、その不利益の程度に関する判断は難しい点がある。この類型に関する裁判例は、大きく分けて2つの流れがある。

⑲東京地判平成12年1月31日労判785号45頁・アーク証券（本訴）事件判決では、上記賃金体系の変更により、相当数の従業員が安定した収入を得られなくなり退職を余儀なくされているという事情が認められることからすれば、十分な代償措置、経過措置等も存しない以上、企業存亡の危機にある等の高度の必要性が存しない限り、このような就業規則変更を合理的と認めることができない旨判示し、結論として就業規則変更の合理性を否定している。この判決は、適切な代償措置や経過措置がない以上、「企業存亡の危機」等の状況になければこのような賃金体系への移行はできない旨判示しているもので、被告証券が導入した新賃金体系を、実際の運用に照らし、従業員にとって非常に過酷な制度と認定しているようである。また、⑳大阪地判平成18年3月29日労判919号42頁・クリスタル観光バス（賃金減額）事件第一審判決は、一律基本給を15万円とするとともに、売上高に応じたインセンティブ給の導入という賃金規程の見直し事案に関し合理性を否定した事案であるが、インセンティブ給の導入に関し、原告らは観光バスの運転士であって、その営業努力によって顧客を積極的に増やすということが考えにくいことを説示している。この説示は、職種によっては、新しい人事考課制度が単なる賃下げを意味することもあり得るのを示しており、注目すべき判断である（控訴審である㉑大阪高判平成19年1月19日労判937号135頁も同旨）。

もう1つの流れは㉒東京高判平成18年6月22日労判920号5頁・ノイズ研究所事件控訴審判決[13]である。同判決は、「本件賃金制度の変更は、従業員に対して支給する賃金原資総額を減少させるものではなく、賃

---

13) なお、同裁判例については、重要判決50選85頁〔堀田秀一〕も参照のこと。

金原資の配分の仕方をより合理的なものに改めようとするものであり、また、個々の従業員の具体的な賃金額を直接的、現実的に減少させるものではなく、賃金額決定の仕組み、基準を変更するものであって、新賃金制度の下における個々の従業員の賃金額は、当該従業員に与えられる職務の内容と当該従業員の業績、能力の評価に基づいて決定する格付けとによって決定されるのであり、どの従業員についても人事評価の結果次第で昇格も降格もあり得るのであって、自己研鑽による職務遂行能力等の向上により昇格し、昇給することができるという平等な機会が与えられているということができる」と判示している。同判決は、能力主義・成果主義賃金制度それ自体が、従業員に対して支給する賃金原資総額を減少させるものでなく、その配分の仕方をより合理的に改めようとするのであれば、必ずしも従業員に大きな不利益を与えるものでないという事実認識を前提に、比較的緩やかに合理性を認めるものであるが、「仮に新賃金制度下における人事評価に裁量権の逸脱、濫用があったことを理由とする損害賠償請求訴訟が提起された場合には、具体的な不法行為の審理の過程で人事評価制度の内実が改めて吟味されることになると考えられる。」とも判示しており、このような能力主義・成果主義賃金制度については、就業規則変更の合理性の審査という局面もさることながら、人事考課の公正性を吟味するという局面でその正当性が審査されるべきであるという1つの新しい方向性を示唆しており、注目される（もっとも、同事案においては、労働者側から人事権濫用等を理由とする損害賠償請求がなされていないとして、その点については傍論的に判断をするにとどめている）[14) 15)]。

　成果主義・能力主義賃金制度導入における労働者の不利益性に関する判断については、人件費総額の減少があるか否かという点を前提として（減少があれば、通常の賃金減額における合理性判断の枠組みに近づく）、(i)上位者、中位者、下位者それぞれの給与額の増減の有無及び程度が穏当かつ公平なものになっているか（前記⑲アーク証券（本訴）事件参照。また、石嵜

14)　渡辺・労働関係訴訟141頁以下では、この事案を題材とした事例について詳細に論じている。

182　　第9講　就業規則の不利益変更

信憲編著・橘大樹＝石嵜裕美子著『労働条件変更の基本と実務』（中央経済社、2016）79頁以下では、イメージとして、上位者2割の給与額が上昇し、中位者6割が維持、下位者2割が減少するというような制度設計が適切とし、上位者2割だけが上昇し、その他8割が減少するような制度は、過度の競争を強いるものとして合理性が否定されるリスクが高いとしている）、(ⅱ)減額幅が過度に大きくないか、(ⅲ)実質的に特定層に不利益を生じさせるような構造になっていないか、(ⅳ)客観的で公平な人事評価制度の整備の有無などがポイントになると思われる（上記石嵜編著79頁以下参照）。

　ウ　変更の必要性について

　㋐　「高度の必要性」について

　前述した④大曲市農業協同組合事件の最高裁判決は、就業規則不利益変更の合理性に関する一般論を説示する中で「特に、賃金、退職金など労働者にとつて重要な権利、労働条件に関し実質的な不利益を及ぼす就業規則の作成又は変更については、当該条項が、そのような不利益を労働者に法的に受忍させることを許容できるだけの高度の必要性に基づいた合理的な内容のものである場合において、その効力を生ずるものというべきである。」と説示しており、賃金、退職金等の引き下げの合理性を認めるに当たっての最低ラインともいうべき「高度の必要性」を要求し、その後の最高裁判例でも、基本的にこの考え方が踏襲されている。そこで、何をもっ

15)　成果主義・能力主義賃金制度導入に関する最近の裁判例として、㉓東京高判平成24年12月26日労経速2171号3頁・三晃印刷（不利益変更）事件（原審は㉔東京地判平成24年3月19日労経速2171号7頁）がある。同事件の控訴人（原告）のうちには月額の減額幅が約10万円（約33％）に及ぶ者もいたが、同判決は、(ⅰ)制度変更の必要性として、印刷業界におけるデジタル化という技術革新に対応していくための人材確保、育成の必要性に直面しており、従業員に能力開発のインセンティブを与え、職務遂行に対するモチベーションを高める必要があったことなどを挙げ、(ⅱ)経過措置として調整手当が6年間にわたって支給され、その削減も3段階に分けて行われたこと、(ⅲ)調整手当が支給されている間に67名中59名が昇給・昇格により職能給が増額していること、(ⅳ)本件就業規則変更に伴う本来の給与額の減額分が調整手当として支給され、その後の調整手当の削減分は昇給、ベースアップ又は賞与の上乗せ支給の原資に当てられ、被控訴人（被告）の人件費は全体として削減されなかったことなどの理由を掲げて、就業規則変更の合理性を認めた。人件費総額の削減がないことを実質的に判断した(ⅳ)の点を始めとして、その判断手法は非常に参考になる。

て就業規則変更の必要性が高度といえるかが問題になる。

前掲④大曲市農協事件最高裁判決においては、結論的に就業規則変更の合理性が認められたが、その必要性の内容として、(i)労働条件の異なる組織が合併した場合の労働条件格差の是正、単一の就業規則作成の必要性が高かったこと、(ii)とりわけ、本件特有の事情として、退職金の支給倍率の格差が生じたいきさつとして、1つの農協のみが秋田県農業協同組合中央会の指導に従わなかったことがあったことから、本件合併に際して、その格差を是正しないで放置するならば、合併後の組合の人事管理の面で著しい支障が生ずることは見やすい道理であると説示している。

また、同様に就業規則変更の合理性を認めた⑤第四銀行事件最高裁判決においても、前述のとおり、定年延長の必要性、それに伴う人件費の増大、人事の停滞などをもって、「高度の必要性」ありとしている。合理性を否定した⑩みちのく銀行事件最高裁判決でも、(i)行員の高齢化、(ii)賃金水準の高さ、(iii)経営体質に弱点を有していたことなどから、賃金抑制、経営改革の高度の必要性があったと認めている。

下級審の裁判例で、この「高度の必要性」を肯定した事例としては、㉕東京高判平成15年2月6日労判849号107頁・県南交通事件などがある。タクシー会社を営む控訴人では従前年功給を含むものとなっていたが、従業員の高齢化とともに年功給が高額化し、これが労働生産性の低下や従業員のモチベーションにも影響するようになっており、このような点に照らすと、年功給から個々の従業員の稼高に応じて支払われる奨励給への変更には高度の必要性があったと判示し、就業規則変更の合理性を肯定している。また、年功序列型賃金から、能力主義・成果主義への賃金制度への移行の可否が問われたハクスイテック事件第一審判決（㉖大阪地判平成12年2月28日労判781号43頁）では、赤字経営の下で収支改善の措置が必要となり、労働生産性を重視した能力主義・成果主義の賃金制を導入する高度の必要性があったと説示して就業規則変更の合理性を肯定し、控訴審判決（㉗大阪高判平成13年8月30日労判816号23頁）も原審の判断を是認している。前掲㉒ノイズ研究所事件控訴審判決も、類似の事案において、主力商品の市場がグローバル化し、国内においても海外メーカーとの競争

が激化し、売上、営業利益が減少し、税引前損益が損失に転じたという状況下で、従業員にインセンティブを与え活力を与えて労働生産性を高め、控訴人の競争力を強化しようとするもので、高度の経営上の必要性があったと判示している。

なお、㉘大阪地判平成15年7月16日労判857号13頁・大阪第一信用金庫事件は、57歳定年制への移行に伴い55歳以上の従業員の基本給の3割をカットしたという事案において就業規則変更の合理性を認めたものであるが、(i)預金額に占める人件費の割合が本件賃金カットの後も同規模の信用金庫の平均を上回っていたこと、(ii)全国の多くの信用金庫において、55歳以上の従業員に対し同程度の賃金カットが行われていたことなどを指摘している。賃金の減額幅からすればかなり高度の必要性が要求される事案であると思われ、当該変更に対し労働組合の反対がなかったという事情があるものの、上記(i)(ii)の事情のみで必要性を認めることができるかという疑問がないではない。もっとも、同就業規則変更は昭和61年ころ行われたものであるが、同訴訟は被告金庫が破綻した後である平成14年に提起されており、上記判断には、このような長期間経過後の提訴という特殊な事情が影響した可能性もある。

他方で、「高度の必要性」を否定した事案としては、㉙東京地八王子支判平成14年6月17日労判831号5頁・キョーイクソフト事件第一審判決がある。同判決は、年功序列的な賃金体系を職務給・職能給の体系に変える目的の就業規則変更について、被告会社が資金繰りに追われていたことを認定しつつ、被告会社が主張するところの、若年世代従業員の不満が高じていたことからその労働意欲を活性化する措置を講じなければならないとの経営判断には十分な合理性があるか疑わしいとの説示をしており、控訴審判決（㉚東京高判平成15年4月24日労判851号48頁）も、原審の判断を是認している。この事案の背景としては、かねてから、高齢者従業員を中心として構成される労働組合と会社との間に深刻な対立があったものであり、上記「若年世代の不満」は方便にすぎず、実態は高齢従業員に対する意図的な狙い撃ちと理解しているふしがうかがわれる。

なお、前記の⑲アーク証券（本訴）事件判決では、就業規則変更の必要

性として、バブル経済崩壊後の証券業界の不況の中で営業収益が激減し経常利益が赤字に転落している年度も多いことから、従業員給与削減の必要性は認められるものの、前記のとおり従業員に対する不利益が大きいことからすれば、十分な代償措置、経過措置等も存しない以上、企業存亡の危機にある等の高度の必要性が存しない限り、このような就業規則変更を合理的と認めることができない旨判示している。この裁判例は、前記のとおり、就業規則変更に伴う従業員の不利益を非常に大きいものとみているものであるが、一般論として、「企業存亡の危機」になければ能力主義・成果主義の賃金制度への変更はできないとまではいえないと思われる。④大曲市農業協同組合事件、⑩みちのく銀行事件に関する各最高裁判決の内容からすれば、当該事案においても「高度の必要性」自体は肯定できると思われ、それを肯定した上で、従業員に与える不利益を正当化するまでの高度な必要性とはいえないとして合理性を否定するのが、最高裁判例と整合的ではないかと考える。

　以上にみたとおり、就業規則変更の必要性自体は認めつつ、「高度の必要性」まではないとして、変更の合理性を否定した裁判例は意外に少ない。これは、あえて「高度の必要性」がないということを明示しなくても、最終的な合理性判断の中で合理性を否定すれば、結論に違いは生じないことにもよるとは思われるが、「高度の必要性」というものが、実際には過度に高いレベルのものではないことを示しているともいえよう[16]。

　㈠　経営破綻の危機に瀕している場合

　⑩みちのく銀行事件最高裁判決の調査官解説には、「（同事案における）賃金の削減率に照らすと、このような大きな不利益を正当化するに足りる必要性は、特に高度なものを要するのではないかとも考えられる。たとえば、いわゆる本格的なリストラを行っており、雇用危機にあるような企業では、場合によっては、職を失うよりは、半額の賃金でも雇用が保証された方が合理的であるという評価ができるときもあり得なくはないであろう。ところが、原審の認定した必要性は、前述のように、いわば一般的、

16）　同旨を述べると思われるのが、唐津・前掲注10）208頁〜209頁。

抽象的なものに止まり、現在、経営危機に瀕しているとか、本件各就業規則変更をしなければ、将来、経営が破たんするなどといった事実は認定されていないことからすれば、本件では、当時前記のような特別な高度の必要性があったと認める余地は乏しいように思われる。」との記載があり（菅野・前掲注9）768頁）、前掲⑩みちのく銀行事件にみられるような大幅な賃金削減幅であっても、特別な高度の必要性がある場合には、合理性を認める余地を残している。就業規則変更の合理性が、主として労働者の不利益の程度と就業規則変更の必要性の相関関係で論じられることからすれば、このような特別の必要性がある場合に労働者に不利益を課すことも認められる余地があるのは、論理必然であろう。

　このような特別の高度の必要性が論じられた最高裁判決は見当たらないが、下級審の裁判例としては、㉛東京地判平成16年3月9日労判875号33頁・更生会社新潟鐵工所事件がある。同事案は、被告会社について会社更生手続が開始され、スポンサーの選定を行っていたが、スポンサー候補からの事業承継の対価としての提示額が低額で、更生担保権者に対し支払をした後、従業員らに対する退職手当支払原資を確保できないことが判明したところ、被告会社は、このような状況下で、退職金規程所定の退職金支給率を20％、その支払も2回の分割で支払うと改定したというものであったが、判決では退職金規程変更の合理性を認めて、原告の請求を棄却した（破産になれば、従業員は被告からの退職金の支払は望めない状況であった）。また、倒産の危機に瀕している企業が従業員の退職金を50％削減した場合に、退職金規程の変更の合理性を肯定した事案として㉜東京地判平成19年5月25日労判949号55頁・日刊工業新聞社事件がある。同事案では、被告会社の再建計画の一環として上記退職金削減が盛り込まれており、同再建計画を金融機関に承認してもらう必要があったところ、原告らが、上記削減率の根拠が不明であり銀行の言いなりに決めたものであると主張し、それに対する判断が示されている点も興味深い。

　エ　就業規則変更の代償措置、経過措置等について

　⑤第四銀行事件では、労働者側が具体的な経過措置を設定して、使用者側がそのような経過措置をとることが可能であったにもかかわらずそれを

とらなかったと主張したのに対し、前記のとおり、最高裁判決の多数意見は、経過措置がないからといって合理性が否定されるには至らないとしたが、河合裁判官の反対意見では、そのような労働者側の主張にもかかわらず、原審が、労働者主張にかかる経過措置が使用者側に過大な負担をもたらすか否かについて審理の対象としなかったことを問題視しており、具体的な経過措置を措定して主張を展開した労働者側の主張に相当程度インパクトがあったことがうかがわれる。

　就業規則の変更に伴い労働者にメリットが生ずることもあり、このようなメリットが、不利益の程度について論じられる中で、付随して検討されることも多く、このような点も広い意味で代償措置といえるであろう。前記⑪羽後銀行（北都銀行）事件の最高裁判決では、完全週休2日制の実施や、週単位・年単位の所定労働時間の減少というメリットがあることから、結論的に労働者の不利益の程度は大きくなかったとされているし、前記⑤第四銀行事件最高裁判決も、60歳定年制の実施による労働者の利益を重くみている。

　第一審と控訴審とで、就業規則変更の必要性について同様な理解を示しながら、代償措置、経過措置に対する認識の相違で結論を異にしたのが、ノイズ研究所事件である。従前の給与を下回る者については、1年目は下回った額の100％、2年目は50％、3年目以降はゼロとなるという代償措置について、第一審判決（㉝横浜地川崎支判平成16年2月26日労判875号65頁・ノイズ研究所事件）は、「調整手当を支給する理由は、給与の急激な減額により生ずる生活上の支障を軽減することにあるのであるから、その支給期間としては、大きな支障なく生活を変えることができるのに相当な期間、継続的にベースアップが予想されるときはそのベースアップにより減額が実質的になくなるとみられる期間、あるいは、住宅ローンや子供の学費等が不要となる時期を予想した期間等を考慮して決することが必要である。この見地によると、被告の定めた2年間は余りに短く、減少額も急激であって、代償措置としては不十分である。」と説示し、合理性を否定したのに対し、前記控訴審判決（㉒）は、「経過措置は、いささか性急なものであり、柔軟性に欠ける嫌いがないとはいえないのであるが、それ

188　　第9講　就業規則の不利益変更

なりの緩和措置としての意義を有する」として合理性を肯定している。

オ　労働組合等との交渉経過について[17]

前記⑤第四銀行事件最高裁判決により、労働組合との交渉経過を合理性判断の一事情に据える考え方は確立されたが、その後の裁判例の推移をみると、前記⑩みちのく銀行事件最高裁判決に代表されるように、多数組合が必ずしも一部の少数者の利益を正当に代表していないと認められるケースも現れるなど、この要素をどこまで重視するかについては実際には難しい問題があるといえる。全体的な裁判例の傾向としては、複雑な利害調整が絡み合うこの種の事案において、多数組合との合意あるいは誠実な交渉がなされたという事情を、あくまで変更後の就業規則の内容について適切な利害調整がなされたことを推認させる一事情として考慮するにとどめていると思われ、少なくとも、この事情のみで変更の合理性が推認されるというアプローチはとっていないように思われる[18]。労使交渉の点を1つの考慮要素として就業規則変更の合理性を肯定した裁判例としては、前記㉖ハクスイテック事件第一審判決、前記㉒ノイズ研究所事件控訴審判決、㉞津地判平成16年10月28日労判883号5頁・第三銀行事件、㉟東京地判平成19年2月14日労判938号39頁・住友重機械工業事件などがある。他方、多数組合との交渉ないし合意の事実を認めながら、合理性を

17)　⑤第四銀行事件最高裁判決を受けて、菅野和夫教授が「就業規則変更と労使交渉」（労判718号6頁以下）の中で、就業規則の不利益変更が従業員の多数を代表する組合との交渉・合意を経て行われている場合には、裁判所は、主として変更の実体的側面よりも、変更のプロセスを前面に立てて、労使交渉による労使間および労働者集団内の利益調整の公正さを審査する判断手法をとるべきであろうと問題提起をした。この問題提起は、就業規則の不利益変更の問題が、本来的に、企業と従業員間および従業員相互間の利益調整の問題としての集団的利益紛争であることを直視したものであって、傾聴すべきものがあると思われる。

18)　このような観点からすれば、労働組合の交渉経過については、単に労働組合の同意を得られたか否かだけでなく、その過程において使用者側から十分な情報提供、説明がされ、労働組合から適切な問題提起がされているか、労働組合が特定層の利益に偏した対応をしていないかなどが吟味されるべきということになる。裁判所の立場として、当該使用者企業の経営状態、実情等を会計上の数値のみから把握するのでは心許ないと感じることもある。このような労働組合等との交渉過程を具体的に明らかにすることにより、それが有力な判断資料となることがあると思われる。

Ⅱ　判例の考え方・実務の運用　189

否定した裁判例として、上記⑩みちのく銀行事件最高裁判決のほかに、前記㉑クリスタル観光バス（賃金減額）事件控訴審判決などがある。

　カ　周知性について

　労契法10条は、就業規則変更の合理性と並んで、変更後の就業規則を労働者に周知させることをも不利益変更の要件としているが、この考え方は、㊱最二判平成15年10月10日労判861号5頁・フジ興産事件最高裁判決の考え方に基づく。ここでいう「周知」の意義は、労基法上の「周知」[19]と異なり、実質的周知、すなわち、労働者が知ろうと思えば知り得る状態にしておくことで足りると解されている。もっとも、実質的周知の意義については、必ずしも明確ではなく、㊲東京高判平成19年10月30日労判964号72頁・中部カラー事件判決は、周知性についてかなり厳格な判断をしている。同判決は、会社が、全従業員に対し制度変更の必要性、新制度の概要、従業員にとってのメリット、デメリットなどを記載した説明文書等を一切配付・回覧するというような努力をしておらず、全体朝礼において、退職金規定の変更について質問がないか社長が尋ねたのに対し、誰も質問をしなかったという事実のみで周知性を肯定することはできないなどと判示している。前記のとおり、周知性は、合理性と並ぶ就業規則変更の実体的要件であり、これが満たされないだけで変更の効力が否定されることになることから、このような裁判例の動向については、十分に注意を払う必要があろう[20][21]。

3　就業規則の不利益変更と合意原則との関係について

(1)　問題の所在

　労契法は、労働者と合意することなく、就業規則を変更することにより労働者に不利益に労働契約の内容である労働条件を変更することはできないのを原則とするところ（同法9条本文）、これを反対解釈すれば、労働者

---

19)　労基法106条、労基則52条の2は、周知方法を、(i)見やすい場所への掲示、備え付け、(ii)書面交付、(iii)記録した磁気テープ等を労働者が常時確認できる機器の設置の3つに特定している。

と合意すれば就業規則を変更することにより労働条件を変更することが可能であるということになる。このような反対解釈の可否については、就業規則の不利益変更の拘束力は専ら同法10条の合理性を基準に考えるべきとする見解（合理性基準説）と、就業規則の不利益変更に合意した労働者との関係では同法10条の合理性は基本的に問題とならないとする見解（合意基準説）との間で対立がある上、就業規則の最低基準効（同法12条）にも関わる問題として議論がされている（労契法10条所定の合理性のない就業規則の不利益変更を全労働者との関係で無効であると考えるならば、（変更前の）旧就業規則との関係で最低基準効を考えるのが論理的に一貫することから、不利益に変更された就業規則に対し労働者の合意があるとしても、それは最低基準効に抵触することになる。他方で、労契法10条所定の合理性のない就業規則の不利益変更については、同変更に合意しない労働者との関係で拘束力

20)　その他、就業規則不利益変更（労契法10条）の合理性判断に関する最近の裁判例としては、㊳さいたま地川越支判平成20年10月23日労判972号5頁・初雁交通事件（時間外労働による割増賃金等の問題に関し労基署から是正勧告を受け、それを契機とした賃金規程の改定について合理性を肯定した事案）、㊴東京高判平成22年10月19日労判1014号5頁・社会福祉法人賛育会事件（賃金減額につき、合理性を否定した事案）、㊵大阪地判平成25年2月15日労判1072号38頁・大阪経済法律学園事件（満70歳から満67歳への定年引下げにつき、労働者の不利益が大きく、これに対する代償措置もないとして、合理性を否定した事案）、㊶熊本地判平成26年1月24日労判1092号62頁・熊本信用金庫事件（役職定年制の導入に関して、労働者の不利益が大きく、労働条件変更の必要性の程度が高度なものでないとして、合理性否定）、㊷東京高判平成26年2月26日労判1098号46頁・シオン学園（三共自動車学校）事件（賃金減額の必要性が非常に高い一方で労働者の不利益はさほど大きくないとして、合理性肯定）、㊸東京高判平成28年11月16日労経速2298号22頁・ファイザー事件（評価結果により専門管理職から一般社員への降格を認める規定を新設した事案につき、合理性肯定）などがある。

21)　合理性判断のありようを簡略な模式図に表現したものとして、「Ⅳ　就業規則〔総説〕」新大系16・労働関係訴訟Ⅰで荒木尚志教授が引用する諏訪康雄教授考案の図が興味深い（同書205頁以下）。縦軸に変更の必要性、横軸に変更内容の相当性をとって、その相関関係により合理性を判断する趣旨を示し、④大曲市農協事件最高裁判決で説示するところの「高度の合理性」が必要となる場合には、合理性のハードルが全体的に上がり、逆に過半数組合との合意がある場合にはその合理性のハードルが逆に下がるという趣旨を示している。さらに、中町誠『Q＆A労働法実務シリーズ5　労働条件の変更』（中央経済社、2002）30頁では、この図に過去の最高裁判決をプロットして分布を表示しており、これも大変わかりやすい。

を有しないにすぎないと考えるならば、合意した労働者との関係では（変更後の）新就業規則との関係で最低基準効を考えることになるから、当該労働者との関係では最低基準効への抵触の問題は生じないことになる）。

また、不利益に変更された就業規則に対する合意の認定のあり方については、労働者と使用者との間の交渉格差等を踏まえてどのように考えるべきかが、昨今のいくつかの裁判例をめぐってホットな議論となっている。

⑵ 理論的問題（合理性基準説と合意基準説の対立および最低基準効との関係）について

このような議論の端緒となったのが、㊹大阪高判平成 22 年 3 月 18 日労判 1015 号 83 頁・協愛事件及びその原判決である㊺大阪地判平成 21 年 3 月 19 日労判 989 号 80 頁である[22]。

同事案は、3 回にわたり退職金規程の不利益変更がされ（1 回目〔平成 7 年〕は退職金が従前の 3 分の 2 に、2 回目〔平成 10 年〕は 1 回目変更後の退職金額を基準にすると総合職で約 75％、一般職で 45％に減額し、3 回目〔平成 15 年〕で退職金規程が廃止された）、各回につき労働者の同意の有無及び効力が争点となった事案であるが、地裁判決がいずれの不利益変更も原告らに対する関係で無効と判断したのに対し、高裁判決は 2 回目及び 3 回目の不利益変更は原告らに対する関係で無効であるとしたものの、1 回目の不利益変更については原告らの真意に基づく同意があると認めて有効と判断した。

地裁判決においては、1 回目の不利益変更に関し原告らの同意があった事実を認定したものの（ただし、真意に基づくものであったとまでは認定していないように窺われる）、就業規則に最低基準効があることを説示した上で、「そうすると、使用者が労働者に不利益な労働条件を定める就業規則に変更するに当たり、個々の労働者が同変更に同意した場合においても、そのことから直ちに労働条件の内容が同変更後の就業規則の内容に変更されると認めることはできない。」と説示しており、これは、個々の労働者

22) なお、両裁判例については、重要判例 50 選 98 頁〔山田裕章〕も参照のこと。

192 第 9 講 就業規則の不利益変更

の同意が変更前の旧就業規則との関係で最低基準効に抵触することから、同意しても無効であるとする趣旨と解される。同事件において、被告は1回目の不利益変更につき労契法10条所定の合理性の主張をしていないようであり、その点についての判断はされていないが、仮に同条所定の合理性が認められれば、労契法12条ではなく同法10条により規律されることになるから、地裁判決の論理によっても就業規則の最低基準効に抵触するという問題は生じないことになる[23]のであろう。地裁判決が合理性基準説を採っているか否かはその判文上必ずしも明確ではないが、合理性基準説を採り労働者の同意があっても就業規則変更が無効であるとの前提を採りつつ、補足的、予備的に最低基準効との関係について論じていると解することもできる。

　これに対し、高裁判決は、労契法9条につき、「合意原則を就業規則の変更による労働条件の変更との関係で規定するものである。同条からは、その反対解釈として、労働者が個別にでも労働条件の変更について定めた就業規則に同意することによって、労働条件変更が可能となることが導かれる。そして同法9条と10条を合わせると、就業規則の不利益変更は、それに同意した労働者には同法9条によって拘束力が及び、反対した労働者には同法10条によって拘束力が及ぶものとすることを同法は想定し、そして上記の趣旨からして、同法9条の合意があった場合、合理性や周知性は就業規則の変更の要件とはならないと解される。」として、明確に前記合意基準説の立場に立つ。同判決は、最低基準効との関係につき明言していないものの、結論として1回目の不利益変更の拘束力を認めている以上、最低基準効にも抵触しないという前提に立つと思われ、その説示からすると、同意した労働者との関係では、変更後の新就業規則を基準に最低基準効を考えるべきとするものと思われる[24]。

　このように、地裁と高裁とで結論の分かれた協愛事件を契機に、就業規

[23]　合理性基準説を採用すれば、労契法10条所定の合理性がない以上、就業規則変更に対する合意があっても労働者に対する拘束力が生じないという結論になり、それ以上最低基準効につき検討する必要はなくなることから、最低基準効との関係について論じている地裁判決が合理性基準説を採っているとは言い切れない。

則の不利益変更と合意原則に関し、活発な議論がされるようになった[25]。

　その後、最高裁は、⑯最二判平成 28 年 2 月 19 日民集 70 巻 2 号 123 頁・山梨県民信用組合事件において、「労働契約の内容である労働条件は、労働者と使用者との個別の合意によって変更することができるものであり、このことは、就業規則に定められている労働条件を労働者の不利益に変更する場合であっても……異なるものではないと解される」と説示して、合意基準説の立場に立つことを明確にしている。

　このように、この問題については上記最高裁判決により実務的に一応の決着をみたが、実務家としては、最低限、合理性基準説と合意基準説の対立状況やそれと就業規則の最低基準効との関係等、理論的な対立状況を正確に押さえておく必要があると思われる。

⑶　労働者の合意（同意）の認定に関する問題について

　就業規則の不利益変更に対する合意（同意）の認定については、賃金請求権の放棄や相殺合意において採用されている考え方と同様に[26]、裁判

---

24)　就業規則の最低基準効との関係を考えるに当たっては、就業規則変更の拘束力と変更の有効性とを区別して考える必要がある。荒木ほか・労契法 142 頁では、同法 10 条の合理性がないとして、これに同意しない労働者に対する拘束力が否定されても、変更された就業規則自体が「無効」となるわけではないとする。そのような就業規則も周知の要件を満たしていれば、新規採用労働者との関係では同法 7 条の「合理性」（その内容において同法 10 条とは異なる）を要件として契約内容補充効や最低基準効を持ちうるとしている。

25)　このような理論的な対立状況については、荒木尚志「就業規則の不利益変更と労働者の合意」曹時 64 巻 9 号 1 頁以下に詳しく整理されている（合意基準説の立場に立つ）。同論考は、前掲協愛事件を題材にし、前掲①秋北バス事件最高裁判決の内容や労契法制定時の議論状況等から丁寧に論じており、実務的にも大変参考になる。

　　　合理性基準説の立場からの論考として、淺野高宏「就業規則の最低基準効と労働条件変更（賃金減額）の問題について」山口浩一郎ほか編『安西愈先生古稀記念論文集　経営と労働法務の理論と実務』（中央経済社、2009）301 頁以下、唐津博「就業規則と労働者の同意」法学セミナー 671 号 20 頁、和田肇「労働契約における労働者の意思の探求──山梨県民信用組合事件最高裁判決を素材に」季労 257 号 155 頁などがある。合意基準説の立場に立つものとして、前記のほか、菅野 202 頁、土田・労契法 581 頁以下（ただし、労契法 8 条の「合意」と 9 条の「合意」との違いを指摘し、緩やかな合理性審査の必要を説く）などがある。

例は慎重な態度をとっているものが多い。すなわち、使用者による就業規則の不利益変更の提示に対し明示的に異議を述べずに就労を継続するなど、労使関係以外の通常の私法上の取引関係であれば黙示の合意があったと評価できる局面であっても、合意（同意）による拘束力を認めない事例が多くみられる[27]。

　また、書面等による明示の合意が認められる場合においても、労働者の合意による拘束力が認められない場合があることに留意が必要である。前記㊹協愛事件控訴審判決は、労契法9条所定の就業規則の不利益変更に対する合意の認定は慎重であるべきであって労働者が異議を述べなかったというだけで認定すべきではない旨明言し、1回目の不利益変更については労働者の合意による拘束力を認めたものの、2回目については書面上の合意があるにもかかわらずその拘束力を否定し、3回目については明示の合意がなかったとしてその拘束力を否定した[28]。

　さらに、最高裁は、前記㊻山梨県民信用組合事件で、吸収合併に伴う退職金支給基準の不利益変更事案において労働者の同意があると認定した第一審、控訴審の判断を覆した。同判決は、前記(2)で掲記した内容に続けて、「使用者が提示した労働条件の変更が賃金や退職金に関するものである場合には、当該変更を受け入れる旨の労働者の行為があるとしても、労働者が使用者に使用されてその指揮命令に服すべき立場に置かれており、

26)　㊼最二判昭和48年1月19日民集27巻1号27頁・シンガー・ソーイング・メシーン事件、㊽最二判平成2年11月26日民集44巻8号1085頁・日新製鋼事件参照。なお、前記㊻山梨県民信用組合事件も、その説示中で上記各判決を引用している。

27)　㊾東京高判平成20年3月25日労判959号61頁・東武スポーツ（宮の森カントリー倶楽部）事件は、労働者に対する短時間の口頭による説明で質問に対する回答も不十分であった事案につき、合意の成立を否定した。また、㊿東京地判平成24年2月27日労判1048号72頁・NEXX事件は、使用者の判断により年度ごとに給与額を減額できる旨の労働契約上の規定に基づく給与減額の事例においてではあるが、使用者が20％の減給につき労働者に具体的な説明を行わなかったとして、約3年間にわたって減額後の給与を受領し続けたとしても、給与減額に対し黙示の合意が成立したとはいえないとした。

28)　同判決の説示によると、2回目の不利益変更につきその合意の拘束力が否定された要因としては、労働者に与える不利益の大きさにもかかわらず、その程度等につき具体的かつ明確な説明がされていなかったことが挙げられる。

自らの意思決定の基礎となる情報を収集する能力にも限界があることに照らせば、当該行為をもって直ちに労働者の同意があったものとみるのは相当でなく、当該変更に対する労働者の同意の有無についての判断は慎重にされるべきである。」とし、「労働者の同意の有無については、当該変更を受け入れる旨の労働者の行為の有無だけでなく、当該変更により労働者にもたらされる不利益の内容及び程度、労働者により当該行為がされるに至った経緯及びその態様、当該行為に先立つ労働者への情報提供又は説明の内容等に照らして、当該行為が労働者の自由な意思に基づいてされたものと認めるに足りる合理的な理由が客観的に存在するか否かという観点からも、判断されるべきものと解するのが相当である……。」と説示した。そして、具体的な当てはめとして、吸収合併により消滅する信用組合の職員に対する説明会において各職員に配付された同意書案に、被上告人（注：吸収する信用組合）の従前からの職員に係る支給基準と同一水準の退職金額を保障する旨記載されていたにもかかわらず、実際には、自己都合退職の場合には支給される退職金額が０円となる可能性が高くなるなど上告人に与える不利益の程度が大きく、かつ、被上告人の従前からの職員に係る支給基準との関係でも著しく均衡を欠く結果となることからすると、旧規程の支給基準を変更する必要性等についての情報提供や説明がされるだけでは足りず、上記の不利益の内容や程度についても情報提供や説明がされる必要があったと説示し、労働者の同意があるとした原審の判断に審理不尽の結果、法令の適用を誤った違法があるとした。

　この最高裁判例は、１つの事例判断ではあろうが、かなり詳細に一般論を展開し、労働者に与える不利益の程度の大きさに応じ、その情報提供、説明についてかなり具体的なものが要求されることを示しているもので、この点については十分に留意する必要があろう[29]。同判例の射程等については、今後更なる議論の深化が予測される。

Ⅲ　労働者側の主張立証上の留意点

　労働者側の主張・立証において意を注ぐべきポイントは、何といって

も、就業規則の不利益変更によって労働者が受ける不利益をいかに的確に裁判所に理解させるかにある。この点、⑤第四銀行事件の上告人（労働者）が、変更前の58歳までの賃金総額と変更後の60歳までの賃金総額がほぼ等しいことをとらえて、「2年間ただ働き」などと主張していたことは、非常に露骨な表現ではあるが、不利益の程度を理解しやすくする方法として参考になる。また、⑲アーク証券（本訴）事件の原告ら（労働者側）が、労働者側の不利益を立証するために、原告らの実際の減収を立証するだけでなく、職能資格制度導入後、退職者が著しく増えている事実を立証することにより、同制度が労働者にとって苛酷な制度であることを間接的に立証しようとしている点なども、1つの工夫例として評価されよう。前記⑤第四銀行事件の労働者側の経過措置に関する主張も、同様の工夫例といえる。さらに、前記⑳クリスタル観光バス（賃金減額）事件第一審判決が、営業努力により顧客を増やすことが難しいというバス運転業務の特質に触れていることも大変良い着眼であるといえる。このように、当事者の職業について必ずしも通じている立場でない裁判官に、いかに不利益性を理解させることができるかに勝負がかかっているといっても過言ではなく、この点をいかに工夫するかが重要である。

Ⅳ　使用者側の主張立証上の留意点

　他方、使用者側の最も重要な課題は、就業規則変更の合理性を基礎付ける最も根幹的な要素といえる変更の必要性をいかに基礎付けるかということにある。

　この変更の必要性に関しては、裁判例における具体的な説示内容も、その論理の組み立てのあり方を理解する上で大変参考になるところである。たとえば、前記㉙更生会社新潟鐵工所事件判決では、「破産を回避するた

---

29)　下級審裁判例を分析し、労働者の同意を認定する上で影響を与えうる要素を整理した論考として、山川隆一「労働条件変更における同意の認定——賃金減額をめぐる事例を中心に」荒木尚志＝岩村正彦＝山川隆一編『労働法学の展望——菅野和夫先生古稀記念論集』（有斐閣、2013）がある。

め退職金支給基準の引き下げが必要であるが、スポンサー候補との交渉が進行中で営業譲渡の対価はもちろん可否すら未確定である中で、近々大量の退職者が出るため、早急に実施する必要があるという本件事案の特殊な状況下では、まず、不確定要素をマイナスに評価した上、支給可能な最低限の原資と最多の支給対象者を想定した上、取り敢えず個別事情を考慮することなく一律に可能な支給率にまで引き下げ、その後、原資の増加に応じて、加算金を支給することとし、その中で高齢者や雇用が確保されなかった者など個々の事情を考慮するという方法は合理的なものといえる。」と説示して、スポンサー選定中という状況を考慮して、現実の退職金支給率の引き下げの手法に即した踏み込んだ説示をしている。また、前記㉜日刊工業新聞社事件では、被告会社の再建計画の一環として上記同様退職金削減が盛り込まれており、同再建計画を金融機関に承認してもらう必要があったところ、原告らが、上記削減率の根拠が不明であり銀行の言いなりに決めたものであるとの主張に対し、「再建計画の策定は金融機関との交渉に属する事柄であり、その性質上交渉の最終的な主導権は銀行側にあるといわざるを得ない以上、その意向を汲んで立案することは不可欠であるから、計画にある個々の事項については、その数値を採用した根拠を合理的に説明し得るかどうかという観点からではなく、その数値を採用した結果が合理的かどうかとの観点から判断すべきであり、本件で、上記の数値が従業員にとって倒産よりも有利であって、かつ銀行の同意により再建が果たされる見込みが生じた以上、これらは合理性を有するというべきである。また、原告らは、報告書の不動産評価の問題を指摘するが、不動産が実際どの程度の価格で売却できるかは、さまざまな要因が関与するため正確な予測は困難であり、結果的に高額で売却できたからといって、それより低額に見積もったことによって直ちに再建計画の合理性が失われるというものでもない。」と説示している。このように、当該時点、当該状況下における使用者の置かれた立場を浮かび上がらせて、必要性の判断を行っていることは、主張・立証を行う当時者の立場に立ってみても示唆に富むところが多いのではないかと思われる。

　また、経営状況を裏付ける基本的ツールというべき、財務諸表等の数値

上のデータの検討は当然であるものの、抽象的なデータの羅列に終わるのではなく、それをいかに的確に分析し、説得的に打ち出すかが肝要であるといえる。さらに、当該会社内部のことにとどまらず、業界全体の動向にも目を向けることも必要である。

付言するに、使用者側においては、これらの就業規則の不利益変更の必要性について、その精度等はともかくとしても、本来当該変更時点で既に検討されているはずのものである。したがって、使用者としては訴訟の初期段階で速やかに主張・立証を行うことができるはずであって、それにもかかわらず主張・立証でもたついてしまうと、それだけで裁判所に悪い印象を与えかねない。このような点についても十分留意する必要があろう。

V　おわりに

最後に、訴訟上の和解による解決について一言しておきたい。

就業規則の不利益変更が正面から問題となる事案は、その結論が訴訟当事者間のみの問題に止まらず、他の利害関係者に波及することから、一般的に、和解による解決にはなじみにくい事案であるといわれる。個別的労使紛争の形をとりながらも、集団的労使紛争の性質をも帯びた事件類型なのであろう。しかし、裁判所の立場からすれば、判決によるオール・オア・ナッシングの解決だと据わりの悪い結論になってしまい、和解による解決が望ましいと感じることもかなり多い。

労働組合と使用者との対立が背景にある事案においては、訴訟上の和解で解決できる事項と、労使の団体交渉に委ねるべき事項とを切り分ける必要があるが、複雑な利害が絡むこの種の事案では、互いに相手の出方を探って、事態が進展しないこともある。そのような場合に裁判所の適切なイニシアチブが重要であることはいうまでもないが、当事者においても、この種の事案では和解ができないと決めつけるのではなく、早期の適切な解決に向かって、双方が知恵を出し合うという姿勢も必要であろう。その際の調整のためのツールとして、前記の代償措置や経過措置などが有効であると考える。実際、筆者も、労契法10条の合理性の有無で迷うが、激

変緩和のための経過措置があれば落ち着きが良い結論になるのにと感じる
事案にでくわすことがある。それなりの規模の企業でなければ、かような
経過措置の新設は難しい面もあろうが、この種の事案が和解で終局するこ
とが、長期的な労使関係の安定という目に見えないメリットを生むことが
あることにも目を向けてほしいところである。

参考文献

　本文中に掲げる裁判例に関する評釈、文献のほか、
・　菅野 187 頁～212 頁。
・　岩出（上）91 頁以下。
・　浅井隆＝小山博章＝中山達夫『リスクを回避する労働条件ごとの不利益変
　　更の手法と実務』（日本法令、2013）。
・　道幸哲也「成果主義人事制度導入の法的問題（2）（3・完）」労判 939 号 5
　　頁以下、労判 940 号 5 頁以下。
・　千野博之「人事制度の変更と就業規則変更の効力」季労 257 号 198 頁。
・　「特集 成果主義と能力開発」季労 207 号。
・　「特集 不利益変更の判例と最新理論」季労 210 号。

第10講
降格・降級の有効性

松田　典浩

I　はじめに

1　降格・降級の意義

　降格には、「昇進」の反対概念で、職位や役職を引き下げるものと、「昇格」、「昇級」の反対概念で、職能資格制度上の資格や職務等級制度上の等級を低下させるものがある[1]。

(1)　人事権行使型

　第1に、職位や役職を引き下げることは、就業規則に根拠規定がなくても、人事権の行使として裁量的判断により可能と考えられている。具体例として、東京地判平成13年8月31日労判820号62頁・アメリカンスクール事件、大阪地判平成20年11月6日労判979号44頁・医療法人光愛会事件、静岡地判平成26年7月9日労判1105号57頁・社会福祉法人県民厚生会ほか事件等多数が挙げられる。

　しかし、その裁量が無制限のものではないことは当然というべきである。

① 職種限定契約を締結している労働者について職種のレベルを引き下げることは、一方的措置としてはできない。この類型の事案では、当事者間の労働契約が職種限定契約であるか否かが争点になる。ただし、従来

1)　類型別実務59頁以下（第2章Q8〜Q9）も参照のこと。

I　はじめに　　201

の日本型の長期雇用システムの下で、職種限定性が認められることは少ないと考えられる。この点が問題になった最近の裁判例として、東京地判平成18年7月14日労判922号34頁・精電舎電子工業事件、札幌地判平成18年9月29日判タ1222号106頁・労判928号37頁・NTT東日本（北海道・配転）事件等がある。

② 職種限定契約でない場合の降格は、権利濫用法理の規制に服する。そうすると、降格に相当の理由がなく、降格の結果として被る労働者の不利益が大きい場合には、人事権の濫用により降格が無効となり得る。したがって、この類型の事案では、職位等の引下げの合理性・相当性を理由付ける事実の有無が争点になることが多い（東京高判平成17年1月19日労判889号12頁・ハネウェルジャパン事件、東京地判平成18年9月29日労判930号56頁・明治ドレスナー・アセットマネジメント事件、東京地判平成24年7月17日労判1057号38頁・コアズ事件等）。

⑵ 降級型

第2に、職能資格制度上の資格や職務等級制度上の等級を低下させること（降級）は、原則として（労働者との合意がある場合を除き）、就業規則等労働契約上の明確な根拠がなければできない（東京地判平成12年1月31日労判785号45頁・アーク証券（本訴）事件、広島高判平成13年5月23日労判811号21頁・マナック事件）。したがって、職能資格等を低下させる降級の当否が争われる事案では、就業規則（労働契約）上の降級の根拠の有無・内容が争点になることがある。降級基準が明らかにされていない事案として、東京地判平成16年9月1日労判882号59頁・エフ・エフ・シー事件がある。

また、この根拠がある場合であっても、資格等の低下の原因となった評価等に相当の理由がなく、降級の結果として被る労働者の不利益が大きい場合には、権利濫用法理に基づき、人事権の濫用により降級が無効となり得る。このような場合には、資格等低下の合理性・相当性を理由付ける事実の有無が争点になることが多い。

さらに、降級の根拠となる規程等がある場合がある。この点に関し、最

一判平成 27 年 2 月 26 日労判 1109 号 5 頁・L館事件は、資格等級制度規程に降格事由の 1 つとして就業規則上の懲戒処分を受けたことが規定されている場合に、セクハラを理由とする懲戒処分（出勤停止処分）を受けたことを理由とする降格の有効性が争われた事例において、上記懲戒処分を有効とした上で、「本件資格等級制度規程は、社員の心身の故障や職務遂行能力の著しい不足といった当該等級に係る適格性の欠如の徴表となる事由と並んで、社員が懲戒処分を受けたことを独立の降格事由として定めているところ、その趣旨は、社員が企業秩序や職場規律を害する非違行為につき懲戒処分を受けたことに伴い、上記の秩序や規律の保持それ自体のための降格を認めるところにあるものと解され、現に非違行為の事実が存在し懲戒処分が有効である限り、その定めは合理性を有するものということができる。そして、被上告人らが、管理職としての立場を顧みず、職場において女性従業員らに対して本件各行為のような極めて不適切なセクハラ行為等を繰り返し、上告人の企業秩序や職場規律に看過し難い有害な影響を与えたことにつき、懲戒解雇に次いで重い懲戒処分として……有効な出勤停止処分を受けていることからすれば、上告人が被上告人らをそれぞれ 1 等級降格したことが社会通念上著しく相当性を欠くものということはできず、このことは、上記各降格がその結果として被上告人らの管理職である課長代理としての地位が失われて相応の給与上の不利益を伴うものであったことなどを考慮したとしても、左右されるものではないというべきである。」と判示して、降格を有効と判断した。

⑶　複合型

　第 3 に、課長の役職を引き下げるとともに職能資格を○級から△級へ低下させるという例のように、上記⑴の降格と⑵の降格の複合形態がみられる。このような事案の争点は、降格の労働契約上の根拠の有無と、職位等の引下げの合理性・相当性を理由付ける事実の有無というように、それぞれの類型の争点が組み合わさったものになる。この点に関し、大阪地判平成 25 年 2 月 1 日労判 1080 号 87 頁・CFJ合同会社事件は、重大な業務上のミスにより主任から一般職に降格されるとともに、一般職相当の

ジョブグレードへの基本給引下げ等を受けた事例において、ミスによる降格は有効であるが、ジョブグレード制度の統一が未完成であったなどの理由で基本給引下げは権利濫用であり無効と判断した。

2　主張の指針等

　以上のとおり、降格の当否が争われる事例においては、そこで問題になる降格の類型に応じて、争点のパターンもある程度類型化することができるものと考えられる。そうだとすると、降格の当否を争う当事者は、その降格が職位等を引き下げるものか資格等を低下させるものかなど、問題となる降格の内容・性質・目的等を明確にした上で、請求や主張を構成することが重要になる。

　なお、降格には、「懲戒処分としての降格（降職といわれることもある）」と「業務命令による降格（人事異動の措置）」という分類もある。このうち降職は、懲戒処分であり、内容の相当性も手続上も懲戒権濫用法理の規律に服するものである。

Ⅱ　降格と他の争点との関連

1　人事制度・賃金制度等との関連

　前記のとおり、降格は人事異動の措置であるから、その会社の人事制度・賃金制度等と密接不可分に関連する。つまり、降格の当否が争われる事例においては、その会社の人事制度・賃金制度等の内容を明らかにすることが必須の前提となる[2]。

(1)　年功的賃金制度

　この点について、従来、終身雇用制を採用する企業の正規労働者の賃金

---

2)　類型別実務 62 頁以下（第 2 章 Q10）も参照のこと。

204　第 10 講　降格・降級の有効性

の大多数は、年齢や勤続年数に応じて賃金額が上昇する年功的賃金制度であった。そのうち職能給の基準となる職能資格は、職務遂行能力を格付けして序列化したものであるが、この能力は勤続によって年々蓄積されていくはずであり、途中で低下することは想定されていないから、職能資格制度上の資格等を低下させる降格は、原則として、就業規則等労働契約上の明確な根拠がなければできない。そうすると、逆に、職務遂行能力を年々変動するものととらえて、これを就業規則の職能資格制度の内容に反映させていれば、資格等を低下させる降格をすることも許されるということができる。

(2) 成果主義等

　また、近時は、日本型の長期雇用システムが変容をきたしているといわれており、年功を重視した従来の賃金制度が修正されて、仕事の成果や個人の能力を重視した賃金制度（成果主義・能力主義賃金）を採用する企業が現れてきた。年功的賃金制度が採用されていた企業において、このような制度が採用されると、従前とは異なり賃金が減額になる場合が生じるから、その採用に当たっては、就業規則等の変更が必要であり、かつ、その変更の内容が合理的であることが求められる。

　成果主義・能力主義賃金の例として、①年俸制と②職務等級制がある。①年俸制は、労働者の業績等に関する目標の達成度を評価して賃金を年単位で設定するものであり、労働者の目標の達成度が賃金額に直接反映される。②職務等級制は、企業内の職務を役割や責任の大きさに応じて等級に分類し、等級ごとに給与範囲を設定するものであり、その賃金は、等級が下がれば（降級）減額になるし、同じ等級であっても、労働者の年度ごとの貢献度等に応じて、給与範囲内で相当程度の差が付けられる。したがって、成果主義・能力主義賃金制度の下では、労働者の目標の達成度や貢献度を測る指標である人事考課（評価）の公正性・相当性が争点になる。なお、基本給は年功的賃金制度によるものであっても、賞与の有無・額に業績評価が反映される場合には、上記と同様に、評価の公正性等が争点になり得る。評価の公正性等が争われた事案として、東京地判平成16年3月

31 日労判 873 号 33 頁・エーシーニールセン・コーポレーション事件、東京高判平成 16 年 11 月 16 日労判 909 号 77 頁（上記事件の控訴審）、東京地判平成 18 年 9 月 13 日労判 931 号 75 頁・損害保険ジャパンほか（人事考課）事件がある。

⑶　就業規則の不利益変更との関連

このように、賃金制度の変更は、賃金規程等の就業規則の変更を根拠とするから、就業規則の不利益変更の問題と密接不可分に関連する。

この点について、東京地判平成 20 年 2 月 29 日労判 968 号 124 頁・スリムビューティハウス事件は、エステティックサロンの経営等を行う会社の部長を、複数の従業員から言動に不満が寄せられたなどの理由で次長に降格させた事案において、降格処分自体は人事権の裁量の範囲内のものとして有効と判断したが、これに伴う 4 割超の年俸減額は、賃金体系が明示されておらず減額基準の客観性・合理性が明らかではなく、減額幅も過大であるという理由で無効とし、減額分の賃金請求を認めた。また、東京地判平成 22 年 10 月 29 日労判 1018 号 18 頁・新聞輸送事件は、輸送会社の部長を、女性派遣社員のスカートをまくり上げたというセクハラを理由として課長に降格させた事案において、上記と同じく、降格処分自体は人事権の裁量の範囲内のものとして有効と判断したが、これに伴う年度途中の年俸減額は、会社にこれを行う権限がないという理由で無効とし、減額分の賃金請求を認めた。

また、私立学校の学校長の降格について、給与を教員の給与に減額し、管理職手当を支給しなくなったことと、役職、職位としての学校長の地位を否定したこととは、法的性質が異なるものであるとして、明確に区別して判断した例に、東京地判平成 21 年 4 月 27 日労判 986 号 28 頁・学校法人聖望学園ほか事件がある。

2　配転との関連

たとえば、本店営業部の課長が課長代理に降格されて地方の営業所に転

勤を命ぜられるような場合、降格は同時に配転を伴う。配転は、次講の
テーマであるが、配転命令の相当性の判断基準を提示した最二判昭和61
年7月14日労判477号6頁・東亜ペイント事件は、その基準として、
配転命令が転居を伴い、労働者の生活関係に少なからぬ影響を与えるもの
か、命令の業務上の必要性があるか、命令が他の不当な動機・目的をもっ
てされたものかなどを挙げている。このような基準は、降格の相当性の判
断に当たっても一定の参考になる場合があると考えられる。

　配転無効と降格無効が同時に主張された最近の例として、東京地判平成
22年5月25日労判1017号68頁・GEヘルスケア事件がある。この事
案は、外資系企業で全社的に一定の責任を負う立場にあった者が、管理職
の適性を欠くという評価を受けて比較的単調な作業を扱う部署に配転され
たものであるが、これが降格に当たるという主張は、原告の資格区分や給
与の額に変更がないことなどを理由に否定されている。降格は、前記1
の(1)人事権行使型、(2)降級型、(3)複合型の各類型に当てはまるものである
とともに、労働者の被る不利益として賃金の減額を伴うのが原則である。
労働者が異動後の部署の仕事に不満を抱いているからといって、それが降
格に当たると認められるわけではないことに留意すべきである（なお、出
向との関連について、東京地判平成21年4月20日労判982号33頁・日東電
工事件）。

3　不当な動機・目的による降格

　降格が他の不当な動機・目的をもって行われたものか否かが争点になる
場合がある。典型例は、退職勧奨に応じない労働者に対する報復として降
格するもの、いじめ・嫌がらせ目的（パワーハラスメント）で降格するも
の、組合加入を嫌悪して（不当労働行為）降格するものなどである（不当
労働行為が問題になった最近の裁判例として、東京地判平成19年3月16日労
判945号76頁・スカイマーク（スカイネットワーク）事件、東京地判平成20
年12月8日労判980号31頁・国・中労委（JR北海道・転勤）事件等）。

　また、最近の例では、取引先の引き抜きによる営業秘密の漏えいの疑い

があることについて内部告発（コンプライアンス通報）をした労働者に対する配転命令（部長から部長付に異動したものであり、降格を含意するものと考えられる）を、「控訴人の本件内部通報等の行為に反感を抱いて、本来の業務上の必要性とは無関係にしたものであって、その動機において不当なもので、内部通報による不利益取扱を禁止した運用規定にも反するものであ」るなどと判示して、これを無効と判断したものがある（東京高判平成23年8月31日労経速2122号3頁・オリンパス事件）。なお、この事件の1審は、「本件配転命令による原告の不利益は……わずかなものであり、本件配転命令が報復目的とは容易に認定し難い。」などと判示して、これを有効と認めていた（東京地判平成22年1月15日判時2073号137頁。取引先からの引き抜きについて内部告発をした従業員に対する配転命令権の行使について、不当な動機目的が認められず、権利濫用に当たらないとされた事例）。

　降格が他の不当な動機等をもって行われたものではないとしても、降格後の処遇に問題がある場合がある。筆者が審理を経験した事案では、外資系企業にヘッドハンティングされて部長として入社した労働者が、能力不足という評価で降格（懲戒処分としての降職）されたが、その後いっさいの仕事を与えられず、デスクで読書をさせられていたものや、専門学校の事務の要職にあった労働者が、経営者一族との間で、経営方針等に関する意見が対立したために、ヒラ職員に降格されて観葉植物の世話をさせられていたものなどがある（いずれも、相当高額の解決金等を支払う条件で合意退職するという和解で終局した）。

　そのほかにも、人事権の濫用により異動命令を無効と判断した確定判決に会社が従わなかったという理由で、会社に対する慰謝料請求等が認められた事案（大阪地判平成21年10月8日労判999号69頁・日本レストランシステム（人事考課）事件）など、降格は、訴訟上、多彩な場面で問題となる。以下、本講では、その中で、降格と権利濫用法理との関係（降格の相当性の問題）に的を絞って、裁判例や当事者の主張のあり方等について検討する。

Ⅲ　判例の考え方・実務の運用

　降格の相当性が争点になった最近の裁判例を、前記Ⅰ1の類型を前提にして、降格を無効と判断したものと有効と判断したものに分けていくつか例示する。

1　降格を無効と判断した裁判例

⑴　東京地判平成19年2月26日労判943号63頁・武富士（降格・減給等）事件

　消費者金融業を営むYにおいて、①その検査室（支店等の不正行為の有無を検査する部署）の部長であったX₁が、「会長に対して、報告がない。対応が遅い。」などという理由で、統括部統括課課長に降格させられ、また、②検査室の係長であったX₂らが、支店で架空人名義の貸付けが行われていたことを見抜けなかった職務上の義務違反があるという理由で、一般職に降格させられた事案において、いずれの降格も無効とされ、減額分の賃金請求が認められた。

　本件①は、職位や役職を引き下げる降格（人事権行使型）であり、職位等の引下げの合理性・相当性を理由付ける事実の有無が争点である。本判決は、「いかに人事権の行使がYの裁量行為であるとはいえ、……給与の減額を伴う降格を是認し得るような事情はなかったといわざるを得ない。」と判示して、X₁の降格を無効と判断して、その減額分の賃金請求を認容した。

　次に、本件②は、職位を低下させる降格（降級型）であり、就業規則上の根拠を要するが、この点に争いはなく、これに該当する行為の有無が争点である。本判決は、X₂らについて、そのような行為の存在を認めず、同人らの降格を無効と判断して、その減額分の賃金請求を認容した。

⑵ 大阪地判平成22年5月21日労判1015号48頁・大阪府板金工業組合事件

板金工業組合Yの事務局長代理であったXが、育児休業明けの休暇取得が多かったこと、役員会に遅刻や欠席をしたことなどから管理職として不適格という理由で、経理主任に降格された事案において、人事権の濫用により降格が無効と認められた。

本件は、上記⑴①と同じく、職位や役職を引き下げる降格（人事権行使型）であり、職位等の引下げの合理性・相当性を理由付ける事実の有無が争点である。本判決は、「（事務局長代理から経理主任への降格を行う）人事権は、……労働契約上、使用者の権限として当然に予定されているものであり、その権限行使については使用者に広範な裁量権がある……人事権行使に裁量権の逸脱又は濫用があるか否か……を判断するに当たっては、使用者側における業務上・組織上の必要性の有無及びその程度、能力、適性の欠如等の労働者側の帰責性の有無及びその程度、労働者の受ける不利益の性質及びその程度等諸般の事情を総合考慮するのが相当である」という判断枠組みを提示した上で、Xが事務局長代理の能力を備えており、その適性を欠いていたとは認め難いこと、Xが休暇を取得することによって職責を果たすことができなかったとも認め難いこと、Xの降格後事務局長代理に就任した者がいないことなどから、降格は人事権を濫用したものと判断して、減額分の手当の支払請求を認容した。

⑶ 東京地判平成18年10月25日労判928号5頁・マッキャンエリクソン事件

広告代理店Yの従業員Xが、「評価の結果、本人の顕在能力と業績が、属する資格（＝給与等級）に期待されるものと比べて著しく劣っていると判断した際には、資格（＝給与等級）と、それに応じて処遇を下げることもあり得ます。」という賃金規程に基づき、給与等級が7級から6級（非管理職）に降級された事案において、降級は効力がないと判断されて、減額分の賃金請求等が認められた。

本件は、職務等級制度上の等級を低下させる降格（降級型）である（Y

においては、成果主義賃金制度の職務等級制が採用されていた）。本判決は、「従業員を降級させるためには、Xの○年度の勤務態度が、給与等級7級に期待されたものと比べて著しく劣っていたこと、Xに著しい能力の低下・減退があったことが必要である」ところ、「Xの○年度の業務部勤務振りは、通常の勤務であり、Yの主張する降級理由がいずれも認めるに足りる的確な証拠の存在しない本件にあっては、本件降級処分は、権限の裁量の範囲を逸脱したものとして、その効力はないものと解するのが相当である。」と判断した。

⑷　東京地判平成 19 年 5 月 17 日労判 949 号 66 頁・国際観光振興機構事件

独立行政法人の職員であったXが、年度ごとに行う人事評価を職員の処遇（給与・等級・配置）に反映させる人事制度に基づき、等級を 4 等級から 5 等級へ、号俸を 4 等級 13 号俸から 5 等級 18 号俸へ降格・減給された事案において、降格等の根拠である人事評価が合理性を欠くと判断されて、減額分の賃金請求等が認められた。

本件は、上記⑶と同じく、職務等級制度上の等級を低下させる降格（降級型）であり、その根拠である人事評価の合理性が争点である。本判決は、評価権者がした修正（人事評価の前提となったもの）は人事制度が定めるルール等に合致したものとはいえないのであり、したがって、同修正を強く反映した評価もまた、人事制度に則って適切になされたということはできないなどと判断して、減額分の賃金請求等を認容した。

2　降格を有効と判断した裁判例

⑴　名古屋地判平成 20 年 2 月 20 日労判 966 号 65 頁・みなと医療生活協同組合（協立総合病院）事件

Y病院の看護師Xが、育児休業中に師長を解任された事案において（Xは、解任時に特段の異議を述べず、その後育児のためにいったん退職し、パート看護師として勤務していたこともあった）、裁量権を逸脱した違法はないと

判断されて、役職手当、調整給の減額分の請求が認められなかった。

　本件は、職位や役職を引き下げる降格（人事権行使型）であり、職位等の引下げの合理性・相当性を理由付ける事実の有無が争点であるが、本判決では、YはXに対し師長解任に先立ってその了解を求め、Xはこれを承諾したことが認定されている。本判決は、その上で、「師長解任のような降格を人事権の行使として裁量的判断により行うことは原則として許容され、強行法規に反したり、人事権の濫用に当たる場合に違法となるにすぎないものというべきである。」と判示して、降格を有効と判断した。

　なお、Xが育児休業を取得したのは平成8年であったところ、当時の育児休業法7条は、育休取得を理由とする解雇だけを禁止していたが、その後の法改正により、現行の育児・介護休業法10条は、育児休業の申出・取得等を理由とする不利益取扱い（降格を含む）を禁止している（平成16年厚労告460号参照）。

　また、育児休業に関しては、同休業等取得後の復職に当たって、現職への復帰がかなわず、難易度の低い業務に担務替えになり、役割グレードを下げられ、育休取得期間を含む査定期間の成果報酬査定をゼロとされたため、年俸にして120万円の減額になった労働者が、それらの効力を争った事案において、会社に対し、慰謝料35万円の支払を命じた事案がある（東京地判平成23年3月17日労判1027号27頁・コナミデジタルエンタテインメント事件）。この判決の控訴審は、降格の違法性を認めて、慰謝料等を約95万円に増額する判決を言い渡した（東京高判平成23年12月27日労判1042号15頁）。

(2)　東京高判平成21年11月4日労判996号13頁・東京都自動車整備振興会事件 [3]

　公益社団法人Yの従業員であり、個人加盟の労働組合の副中央執行委員長であるXが、不適切な窓口対応の繰返し等を理由に副課長（A支所のナンバー2）から係長へ降格された事案において、裁量権の逸脱または濫用が

---

　3)　なお、同裁判例については、重要判決50選218頁〔石川真紀子〕も参照のこと。

ないと判断されて、原判決のY敗訴部分（役職手当の減額分の請求等の一部
認容）が取り消された。

　本件は、職位や役職を引き下げる降格（人事権行使型）であり、職位等
の引下げの合理性・相当性を理由付ける事実の有無が争点である。本判決
は、「（本件のような）人事権は、労働者を特定の職務やポストのために雇
い入れるのではなく、職業能力の発展に応じて各種の職務やポストに配置
していく長期雇用システムの下においては、労働契約上、使用者の権限と
して当然に予定されているということができ、その権限の行使については
使用者に広範な裁量権が認められるというべきである。そうすると、本件
では、本件降格処分について、その人事権行使に裁量権の逸脱又は濫用が
あるか否かという観点から判断していくべきである。そして、その判断
は、使用者側の人事権行使についての業務上、組織上の必要性の有無・程
度、労働者がその職務・地位にふさわしい能力・適性を有するか否か、労
働者がそれにより被る不利益の性質・程度等の諸点を総合してなされるべ
きものである。ただし、それが不当労働行為の意思に基づいてされたもの
と認められる場合は、強行規定としての不利益取扱禁止規定（労働組合法
7条1号）に違反するものとして、無効になるというべきである。」と判
示した上で、裁量権の逸脱または濫用があるとは認め難く、不当労働行為
にも当たらないと判断した。

⑶　大阪高判平成 17 年 1 月 25 日労判 890 号 27 頁・日本レストラ ンシステム事件 [4]

　飲食店チェーンを経営するYでマネージャーをしていたXが、担当する
店舗の従業員らが所定の料金を支払わずに賄い食を食べていた件で管理不
行届の責任を問われ、職位を降格された事案において、管理不行届があっ
たと判断されて、差額分の賃金請求等が認められなかった。

　本件は、職位や役職を引き下げる降格（人事権行使型）であり、職位等
の引下げの合理性・相当性を理由付ける事実の有無が争点である。ただ

---

4)　なお、同裁判例については、重要判決 50 選 218 頁〔石川真紀子〕も参照のこと。

Ⅲ　判例の考え方・実務の運用　　213

し、本判決は、「（広範な）人事権の行使も、就業規則その他の労働者との合意の枠内で行使されるべきものであること、本件降格処分は減給を伴うものであり、懲戒処分と同様の不利益を労働者に与えるものであることから、……『職務遂行上において、再三の指示・命令にもかかわらず改善がなされず、Yから要求された職務遂行が行われない場合』との要件が満たされる場合に限り、降格を命じることができると解すべきである。」と判示した上で、Xにはこの要件に該当する義務違反があったと認定して、降格を有効と判断した。

(4) 東京地判平成18年2月27日労判914号32頁・住友スリーエム（職務格付）事件

文具等の総合メーカー Yの従業員Xが、ジョブグレード8に格付けされた事案において、同9に格付けされるべきという主張に基づく請求が認められなかった。

本件は、職務等級制度上の等級のどこに格付けされるのが相当かという問題であり（降級型）、その根拠である人事評価の合理性が争点である。本判決は、格付けに当たりYが人事権を濫用したということはできないと判示して、Xの賃金の差額分の請求を棄却した。

Ⅳ 労働者側の主張立証上の留意点

1 請求の趣旨の留意点

降格の当否が争われる事案においては、まず、原告の請求の目的に応じて、適法かつ的確な請求の趣旨を構成しなければならない。この問題については、主に次の点に留意すべきである。

(1) 賃金請求について

減額分の賃金（手当等を含む）の支払を求める場合の請求の趣旨は、解雇後の賃金請求と同じく、「被告は、原告に対し、＊＊円（既発生分）並び

に平成○年○月から本判決確定の日まで毎月△日限り□□円の割合による金員及びこれらに対する各支払日の翌日から支払済みまで年6分の割合による金員を支払え。」というものである。

(2) 地位確認等請求について

ア 降格処分自体の無効確認請求の適法性

「被告が原告に対してした平成○年○月○日付け部長解任の降格処分が無効であることを確認する。」などという降格処分自体の無効確認請求は、過去の意思表示の無効確認であり、原則として確認の利益がなく不適法というべきである。ただし、「職位は、当該職位に基づいて付与される賃金体系、手当、旅費等の待遇上の階級を表す地位として捉えることが可能な場合があり、降格処分を争う労働者は、まさに待遇上の格差を問題としている場合があるから、そのようなときは、前記地位の確認を求めることが許されると解すべきである」という見解がある（審理ノート86頁）。

なお、配転無効確認請求の請求の趣旨は、一般的に、「原告が、（新部署）に勤務する雇用契約上の義務のないことを確認する」というものである。

イ 降格前の役職や職能上の等級についての地位確認請求の適法性

原告が降格前の役職や職能上の等級について雇用契約上の地位を有することの確認を求める場合がある。

このような訴えは、就労請求権が認められないことから、原則として不適法であると考えられる。前記Ⅲ2(4)東京地判平成18年2月27日・住友スリーエム（職務格付）事件は、「Yは、Xに対し、同人が平成○年○月○日に遡及して△△グレード9非販売職基本給××円（主任格）の地位を有することを確認する。」という訴えを、確認の利益がないという理由で却下している。

ただし、前記Ⅲ1(3)東京地判平成18年10月25日・マッキャンエリクソン事件は、「Xは、Yにおいて、給与等級7級の労働契約上の地位を有することを確認する。」というXの請求を、「（この）請求は、単に差額賃金だけを決める指標にとどまらず、より広いYにおける待遇上の階級をも表す地位の確認を求めていると解することができる。」という理由で、そ

のまま認容した。前記Ⅲ1(2)大阪地判平成22年5月21日・大阪府板金工業組合事件は、「Xが、Yに対し、Yの事務局長代理の地位にあることを確認する。」というXの請求を認容している。また、前記Ⅱ1(3)東京地判平成21年4月27日・学校法人聖望学園ほか事件は、「被告学校法人Y₁は、原告との間で、原告が被告学園が設置するY₁中学校及びY₁高等学校の学校長として稼働する地位及び学校長たる給与の支払を受ける地位にあることを確認する。」という請求の趣旨に対し、「被告学校法人Y₁は、原告との間で、原告が被告学校法人Y₁の給与規程別表1『教員新給料表』の4級12号給の本俸及び当該本俸額を前提とする業務手当及び教職調整額の支払を受ける地位にあることを確認する。」という主文で請求を認容している。

2 主張立証上の留意点

　労働者側の主張立証の留意点は、前記Ⅰで整理した降格の類型や他の争点との関連を明確にして、主張等を構成することに尽きる。降格の当否が争われる事案の審理に臨むと、降格は、処分後も会社に残ることになるので、労働者にとっては、労働契約が終了する解雇とはまた違った意味で、大きな心理的負担や葛藤を伴うものと感じられる。しかし、そうであるからといって、労働者側は、「この降格は不当でありけしからん」という趣旨の主張に終始するのではなく、問題にしている降格が職位等を引き下げるものであるのか職能資格等を低下させるものであるのか、人事権の濫用の問題なのか就業規則上の根拠の有無の問題なのか、懲戒処分か人事上の裁量か、パワハラや不当労働行為等他の争点との関連があるかなどについて、事実に基づき分析的な主張立証をすることが必須であると考えられる。

　降格の相当性（人事権の濫用）の一般的な判断基準は、前記Ⅲ1(2)の大阪地判平成22年5月21日・大阪府板金工業組合事件「人事権行使に裁量権の逸脱または濫用があるか否か……を判断するに当たっては、使用者側における業務上・組織上の必要性の有無及びその程度、能力、適性の欠

如等の労働者側の帰責性の有無及びその程度、労働者の受ける不利益の性質及びその程度等諸般の事情を総合考慮するのが相当である。」や、前記Ⅲ2(2)の東京高判平成21年11月4日・東京都自動車整備振興会事件「使用者側の人事権行使についての業務上、組織上の必要性の有無・程度、労働者がその職務・地位にふさわしい能力・適性を有するか否か、労働者がそれにより被る不利益の性質・程度等の諸点を総合してなされるべきものである。」のとおりである。

　実務上散見される労働者側の主張立証上の問題点として、五月雨的な人事権濫用の考慮要素の主張立証、不当な動機を基礎付ける具体的な事実の主張立証の欠如、降格に伴う賃金の減額について降格の違法無効事由を主張するだけで賃金減額の違法無効事由を明確にしない主張などが挙げられるが、このような問題点を改善するためには、一般的な判断基準を踏まえた上で、上記のとおり、事実に基づき分析的な主張立証をすることが重要である。このような主張立証のあり方として、私立学校の学校長の降格について、給与の減額と役職等の否定とを、法的性質が異なるものであるとして明確に区別した判決（前記Ⅱ1(3)東京地判平成21年4月27日・学校法人聖望学園ほか事件）の判示（「使用者は、従業員を一定以上の長期間に雇用するシステムを前提とすれば、その組織の中でどのように位置づけ、その役割を定めるかについては強い権限があるものと解するのが相当であり、従業員をどのような役職、職位に配置するかを決する権限を有していると考えるべきである。したがって、使用者が、役職者の地位にある者に対し、その地位を免ずるか否かは、本来使用者に専属する人事権の行使として、その裁量に委ねられているものと解するのが相当である。」、「被告学園が採用する給与体系は、級、号給は、被告学園内部で積み重ねられた経験、技能によって一定水準に到達したことに基づいて、毎年昇格するという構造であり、職能資格制度であると評価できる。そうすると、その給与を降格するということは、到達した職務遂行能力の認定の引下げを意味するのであり、基本的には制度が本来予定していないものである。してみると、そのような意味での降格は、就業規則なり雇用契約の中で明確に位置づけられているのであればともかく、そうでないときは、根拠のない職能資格の降格であって違法であるとの評価を受けることになる。」と

いう部分等）が、大いに参考になるものと考えられる。

Ⅴ 使用者側の主張立証上の留意点

1 本案前の答弁の留意点

　労働者側の請求の趣旨の留意点に対応して、使用者側は、確認請求の請求の趣旨に対して本案前の答弁を出すときに、裁判例等を踏まえた的確な答弁をする必要がある。

2 主張立証上の留意点

　実務上散見される使用者側の主張立証上の問題点として、労働者の適正配置等の事実に関する的確な主張立証の欠如、降格に伴う賃金の減額について契約上の根拠（賃金制度の内容等）を明確にしない主張などが挙げられる。このような問題点を改善するためには、労働者側の留意点と同じく、事実に基づく分析的な主張立証をすることが重要と考えられる。

　また、降格の類型、内容、目的等を明確にするために、使用者側は、就業規則、賃金規程、人事評価基準、人事評価の変更等に関する説明資料、当該労働者の人事評価に関する一連の資料等の基本書証について、事案や争点に応じて必要なものを早期に提出することが必須である。

Ⅵ おわりに

　以上、比較的新しい裁判例をベースに、降格・降級の問題状況を整理した。最後に降格の当否が争われる事案の和解について付言する。前記Ⅳ2のとおり、降格は、労働者にとっては、労働契約が終了する解雇とはまた違った意味で、大きな心理的負担や葛藤を伴うものと感じられる。和解の内容は、降格の当否の心証に応じたものになることはもちろんであるが、当事者の置かれた状況や心情に配慮したものであることが望まれる。筆者

が審理を経験した事案では、前記Ⅱ3の例のほかに、労働者側において、①やむを得ず退職を受け容れるが、降格には問題があることを前提に、向こう半年間の在職を認めて賃金を支給するとともにその間の就労義務を免除し、再就職活動の機会を確保した例、②降格が有効であることは認めるが、定年まで約1年の在職を認めて、使用者側においてその間の労働者の部署の配置に一定の配慮をした例などがある。

参考文献
- 菅野 415 頁以下、662 頁以下、681 頁以下。
- 荒木 415 頁、469 頁。
- 渡辺・労働関係訴訟 121 頁以下、141 頁以下。
- 審理ノート 85 頁以下。

第11講
配転・出向・転籍命令の有効性

西村　彩子

I　はじめに

1　定義と根拠

⑴　配転

　配転とは、労働者の配置の変更であって、職務内容または勤務場所が相当の長期間にわたって変更されるものをいう[1]。

　配転命令の根拠としては、大別すると、包括的合意説（使用者は一般に労働契約の締結により労働力の包括的処分権を取得し、それに基づき労働の種類・場所を決定できるとする説）と契約説（配転は労働契約において予定された範囲内であれば契約の履行過程であり、予定された範囲を超えるものであれば契約内容の変更申入れとなるから労働者の同意を要するとする説）が有力である[2]。いずれも、配転命令の根拠を当事者の合意に求める点で一致している上、包括的合意説においても個別の合意により配転命令権が制約されることは認められるし、契約説においても就業規則等で包括的な配転命令の根拠を定めることは認められるから、実際上は、いずれの説に立つかによって配転命令の権限や効力の有無にあまり差は生じない。ただし、主張立証責任の点においては、包括的合意説の場合は、労働契約自体から当然に包括的な配転命令権が発生するため、使用者側において配転命令権の根

---

1)　菅野684頁。
2)　下井118頁。

拠を主張立証する必要がないのに対し、契約説の場合は、使用者側が配転命令権の根拠たる合意（就業規則の配転条項等）を主張立証しなければならないと考えられる。

(2)　出向

　出向とは、労働者が自己の雇用先企業（出向元）に在籍のまま、他の企業の従業員ないし役員となって相当な長期間にわたり他企業（出向先）の業務に従事することをいう[3]。労働者と出向元との間に労働契約に基づく関係が継続していること、出向元と出向先との間で出向先が当該労働者を使用すること及び出向先が労働者に対して負うこととなる義務の範囲について定めた契約（出向契約ないし出向協定）を結んでいること、出向労働者と出向先との間には労働契約に基づく関係が生じることに特徴があるとされる[4]。

　出向命令は、配転命令と異なり、労務提供の相手方が変更されることに伴い労働条件等にも影響を及ぼし得るため、労働協約や就業規則上の根拠規定や労働者の同意等、明示の根拠がある場合でなければ出向命令権は認められず、また、就業規則等の包括的根拠規定や労働者の採用時の包括的同意等を根拠とする場合には、労働条件等に照らして当該命令が通常の人事異動の手段として受容できる場合であることを要すると解される[5]。

(3)　転籍

　転籍とは、労働者が自己の雇用先企業から他企業へ籍を移して当該他企業の業務に従事することをいう[6]。

　転籍命令は、配転命令とも出向命令とも異なり、雇用先企業との労働契約関係の終了と他企業との新労働契約の成立を伴うため、特段の事情がない限り、当該労働者の同意を要すると解される[7]。

3)　菅野 690 頁、下井 127 頁。
4)　荒木・労契法 152 頁。
5)　菅野 691 頁。
6)　菅野 690 頁、下井 136 頁。

Ⅰ　はじめに　　221

2 訴訟における争点

(1) 主な争点

　配転命令については、一般的には、労働協約や就業規則等に包括的根拠規定が置かれていることが多い。もっとも、こうした包括的根拠規定があっても、職種や勤務場所を限定する旨の合意がある等、労働契約上配転命令権が制限される場合がある。労契法7条も、労働契約締結時において周知されている就業規則の内容が労働契約の内容となることを認めつつ、ただし書で、当事者の特約が優先することを定めている。したがって、個々の配転命令について使用者の配転命令権が認められるか否かは、当該労働契約に明示されている場合のほかは、諸般の事情から総合的に当事者の合理的意思（特約）の有無・内容を判断することになる。

　また、労働契約上、使用者の配転命令権が認められる場合であっても、その行使が濫用にわたることは許されない（労契法3条5項、後記東亜ペイント事件参照）。

　以上から、訴訟においては、当該配転命令につき、①使用者の配転命令権が認められるか否か（命令権の存在）②使用者の配転命令権等が認められるとしても、当該配転命令権等の行使が権利濫用に当たるか否か（命令権の濫用）が争点となることが多い。

　出向命令・転籍命令の場合も、基本的には、これら①命令権の存在②命令権の濫用が争点となることが多いが、それぞれの性質から、さらに以下のような相違点を指摘することができる。

(2) 命令権の存在

　配転命令は、就業規則等の包括的根拠規定が置かれている場合が多く、一般的な労働契約の内容として通常予定されていることが多いといえる

---

7) 労働協約や就業規則上の根拠規定がある場合であっても、労働者の同意（承諾）を要すると解されることについて、最一判昭和48年4月12日集民109号53頁・日立製作所（転籍）事件、東京地判平成7年12月25日判タ909号163頁・労判689号31頁・三和機材事件参照。

し、また、当事者の合理的な意思としても、通常はそのように解される場合が多いと考えられるため、配転命令権の存在自体は比較的肯定されやすいといえよう。

これに対して、出向命令の場合は、前記のとおり、労務提供の相手方の変更に伴う重要な労働条件の変更等、労働者に及ぼす影響が配転命令の場合よりも大きいため、出向命令権が認められるためには、配転命令権の場合よりも当事者の意思をより厳格に解釈する必要があるといえる。したがって、出向命令権の根拠としては、就業規則等の明示の根拠規定を要し、かつ、その中で（またはこれに付随して）、出向先の労働条件・出向期間・復帰条件等労働者の利益に配慮した定めがあるなど、出向命令が当該労働契約における人事異動の手段として受容できるものといえる程度の具体的な根拠規定や事情を要するものと解される（後記新日本製鐵（日鐵運輸第2）事件参照）。

そして、転籍命令の場合は、前記のとおり、配転命令とも出向命令とも異なり、労働契約そのものの終了を伴うので、転籍命令権が認められるためには、原則として当該労働者の同意を要すると解される。

このような違いから、訴訟においては、命令権の存在（根拠）は、配転よりも、出向・転籍の場合に主たる争点となることが多い。

⑶　命令権の濫用

命令権が認められる場合であっても、その行使が濫用にわたってはいけないことについては、配転・出向・転籍いずれにおいても同様である（労契法3条5項、後記東亜ペイント事件参照。なお、出向命令権の濫用禁止について、労契法14条が明文の定めを置いている）。

したがって、訴訟においては、いずれの場合も命令権の濫用が争点となり得る。特に、配転命令については、前記のとおり、配転命令権の存在自体は比較的肯定されやすいため、命令権の濫用が主たる争点となることが多い。

Ⅰ　はじめに　　223

Ⅱ 配転

1 命令権の存在

(1) 当事者の主張立証

　労働者側は、労働契約の締結および配転先での就労義務がある旨を使用者が主張していること（争いの存在）を主張して配転先における就労義務のない労働契約上の地位の確認を求め、使用者側は、配転命令権の根拠（就業規則の配転条項等）を主張立証し、労働者側は、配転命令権が制限されていること（労契法 7 条ただし書の合意として、職種や勤務場所を限定する旨の合意があること等）を主張立証する。

(2) 裁判例の考え方・実務の運用

　職種または勤務場所を限定する合意の有無は、労働契約上明示されている場合のほかは、使用者の規模・事業内容・採用状況・配転の実績や、労働者の職種・業務内容・その業務に従事してきた期間、配転命令の目的等の諸般の事情から総合的に判断されることになる。

　職種限定の合意があると考えられる職種の例としては、医師、看護師、ボイラー技士等特殊の技術、技能、資格を有する職種が考えられ [8]、職種限定の合意があることを理由として配転命令を無効とした事例もある（アナウンサーについて東京地決昭和 51 年 7 月 23 日判時 820 号 54 頁・判タ 338 号 126 頁・労判 257 号 23 頁・日本テレビ放送事件、東京高判昭和 58 年 5 月 25 日判時 1093 号 142 頁・判タ 498 号 206 頁・労判 411 号 36 頁・アール・エフ・ラジオ日本事件。長期間勤務した製造作業員について甲府地決昭和 61 年 11 月 7 日労判 488 号 51 頁・富士産業事件）。もっとも、同様の職種でも、職種限定の合意を否定した事例もある（アナウンサーについて福岡高判平成 8 年 7 月 30 日労判 757 号 21 頁・九州朝日放送事件・その上告審最一判平成

---

8)　菅野 685 頁参照。

10 年 9 月 10 日労判 757 号 20 頁。長期間勤務した機械工について東京高判昭和 62 年 12 月 24 日労民集 38 巻 5・6 号 681 頁・労判 512 号 66 頁・日産自動車村山工場事件・その上告審最一判平成元年 12 月 7 日労判 554 号 6 頁）。

職種限定の合意を肯定する方向の事情としては、特殊の技能や資格を要すること、採用時に他職種とは別の選考試験があること、職種別の賃金体系があること、入社後特別の訓練養成を経て一定の技能に熟練したこと、他職種への配転実績が乏しいこと等が挙げられ、職種限定の合意を否定する方向の事情としては、就業規則や労働協約中の配転条項が当該職種を排除していないこと、長期雇用が予定されること、他職種への配転実績があること等が挙げられる。

なお、採用当初においては職種限定の合意が存在していたことを認めつつ、その後の事情変更により当該合意の効力が失われたと判断した事例もある（東京地判平成 4 年 2 月 27 日労判 608 号 15 頁・判時 1419 号 116 頁・エア・インディア事件。定年制の変更があった場合の客室乗務員から地上職への配転命令を有効とした）。

次に、勤務場所限定の合意を肯定した事例としては、入社以来工場の現場作業や研究補助作業に従事してきた現地採用の高校卒の従業員（福岡地小倉支判昭和 53 年 6 月 5 日労判 309 号 58 頁・吉富製薬事件）等があり、勤務場所限定の合意を肯定する方向の事情としては、労働者に固定された生活の本拠があることが前提とされていること（パートタイマー等）、求人票に勤務場所を特定する記載があること、同様の配転実績が乏しいこと等が挙げられる。

これに対し、勤務場所限定の合意を否定する方向の事情としては、就業規則や労働協約中の配転条項の適用があること、当該使用者において長期的にキャリアを発展させることが予定されていること、同様の配転実績があること等が挙げられる。もっとも、このような場合でも、例えば、採用面接において家庭の事情等から転勤に応じられない旨を明確に申し出て採用された正社員（大阪地判平成 9 年 3 月 24 日労判 715 号 42 頁・新日本通信事件）の場合等、個別の事情に照らして勤務場所限定の合意が肯定される事例もある。

職種又は勤務場所を限定する合意については、労働契約の内容として個々の配転命令権を制限する合意までは認め得なくても、労働者の期待等を考慮し、後記の命令権の濫用を基礎付ける事情（著しい職務上又は生活上の不利益）として考慮されることもある[9]。

2　命令権の濫用

(1)　当事者の主張立証

　労働者側は、配転命令権の行使が権利濫用に当たるという評価を基礎付ける具体的な事実を主張立証し、使用者側は、配転命令権の行使が権利濫用に当たるという評価を妨げる具体的な事実を主張立証する。

(2)　裁判例の考え方・実務の運用

　配転命令権の行使が権利濫用に当たるか否かについては、東亜ペイント事件（最二判昭和61年7月14日集民148号281頁・判時1198号149頁・判タ606号30頁・労判477号6頁）がリーディングケースとされている。同事件においては、大阪に本店を置くほか全国各地に支店、営業所、工場等を有している塗料等の製造販売会社が、神戸営業所に勤務し主任待遇で営業業務を担当している大学卒の従業員（大阪府内の実母所有の家に実母・妻子とともに居住）に対してした名古屋営業所への転勤命令について、同社の就業規則および労働協約には会社は業務上の都合により従業員に転勤を命ずることができる旨の定めがあること、同社では全国十数か所の営業所間において営業担当者の転勤が頻繁に行われていること、当該従業員は大学卒の営業担当者として入社したものであり、労働契約締結の際も勤務地を限定する旨の合意がされていないこと等からすれば、同社は個別的同意なしに当該従業員に転勤を命ずる権限を有するとして、労働契約上、使用者に配転命令権等が与えられていることを認めた。そして、その行使に

---

9)　荒木420頁、大阪高判平成17年1月25日労判890号27頁・日本レストランシステム事件。

ついては、「転勤、特に転居を伴う転勤は、一般に、労働者の生活関係に少なからぬ影響を与えずにはおかないから、使用者の転勤命令権は無制約に行使することができるものではなく、これを濫用することの許されないことはいうまでもないところ、当該転勤命令につき業務上の必要性が存しない場合又は業務上の必要性が存する場合であつても、当該転勤命令が他の不当な動機・目的をもつてなされたものであるとき若しくは労働者に対し通常甘受すべき程度を著しく超える不利益を負わせるものであるとき等、特段の事情の存する場合でない限りは、当該転勤命令は権利の濫用になるものではないというべきである。」と判示した。また、業務上の必要性については、「当該転勤先への異動が余人をもつては容易に替え難いといつた高度の必要性に限定することは相当でなく、労働力の適正配置、業務の能率増進、労働者の能力開発、勤務意欲の高揚、業務運営の円滑化など企業の合理的運営に寄与する点が認められる限りは、業務上の必要性の存在を肯定すべきである。」と判示して、当該転勤命令は、名古屋営業所の主任の後任者として主任待遇で営業業務に従事していた当該従業員を選定したものであって業務上の必要性が優に存したこと、家族状況に照らすと転勤による家庭生活上の不利益は転勤に伴い通常甘受すべき程度のものであることから、権利濫用に当たらないと判断した。

　このように、東亜ペイント事件は、配転命令権の濫用の有無について、①業務上の必要性、②著しい職業上または生活上の不利益、③不当な動機・目的を考慮要素として挙げ、業務上の必要性がない場合や、不当な動機・目的をもってなされた配転命令は権利濫用に当たり無効であること、業務上の必要性と労働者の職業上ないし生活上の不利益を比較して[10]、労働者の職業上ないし生活上の不利益が通常甘受すべき程度を著しく超えるものでないときには、当該配転命令は権利濫用とはならないこと、業務上の必要性とは、異動先への異動が余人をもっては容易に代え難いといった高度の必要性に限定することは相当でなく、労働者の適正配置、業務の

---

[10]　判決の文理上、両者を相関的に比較考量するものとはなっていないが、比較考量することが相当であることについて、中園浩一郎「配転(1)」新大系 16・労働関係訴訟Ⅰ88 頁参照。

Ⅱ　配転　　227

能率増進、労働者の能力開発、勤務意欲の高揚、業務運営の円滑化等のもので足りることを判断の枠組みとして提示しており、以降の裁判例もおおむねこれを踏襲しているといえる[11]。以下、考慮要素ごとに検討する。

① 業務上の必要性

業務上の必要性の具体例としては、定期異動（東京高判平成8年5月29日労民集47巻3号211頁・判時1587号144頁・判タ924号189頁・労判694号29頁・帝国臓器製薬事件・その上告審最二判平成11年9月17日労判768号16頁）、欠員補充（後掲ケンウッド事件参照）、余剰人員の再配置（大阪高判平成3年8月9日労民集42巻4号625頁・判タ793号162頁・労判595号50頁・川崎重工業事件、その上告審最三判平成4年10月20日労判618号6頁）、顧客からの信頼喪失や職場における協調性の欠如など営業上・人事管理上の理由（秋田地決平成5年5月17日判タ837号262頁・共栄火災事件）、知識の習得や勤務態度の改善を図る目的、健康管理上の理由等が挙げられる。また、業務上の必要性を詳細に検討した事例としては、東京高判平成20年3月27日判時2000号133頁・労判959号18頁・ノースウエスト航空事件が参考となろう（フライトアテンダントに対する地上職勤務への配転命令について、コスト削減策として人件費の節約や余剰労働力の適正配置等を行う一般的な必要性はあるとしつつも、当該配転案の根拠となった使用者作成にかかるコンピュータソフトの試算結果の信頼性が低いこと、フライトアテンダントの余剰の原因は外在的なものではなく使用者自身の施策によって短期間に作出されたものであることなどを指摘し、具体的な必要性について慎重に検討した）[12]。

業務上の必要性と合わせて、人選の合理性が問題とされることも多い。人選の合理性を欠くと判断された事例としては、職場で敬遠されていることのみを理由に適性のない部署への配転を命じた場合（大阪地決平成3年3月29日労判588号25頁・讀宣事件。ただし、保全の必要性の疎明がないとして仮処分申立ては却下した）等があり、人選の合理性が認められると判断

---

11) 裁判例については、概観(3) 147頁以下に詳しい。
12) 同判決については、重要判決50選209頁以下〔水倉義貴〕も参照。

された事例としては、退職する製造業務担当の女性従業員の後任として
「製造現場経験者で 40 歳未満」という基準を設け、これに従って庶務担
当の女性従業員を選定した場合（最三判平成 12 年 1 月 28 日集民 196 号
285 頁・判時 1705 号 162 頁・判タ 1026 号 91 頁・労判 774 号 7 頁・ケンウッ
ド事件）[13] 等がある。

② 著しい職業上または生活上の不利益

　著しい職業上の不利益の具体例としては、大幅な賃金の引下げや業務権
限の縮小を伴うことが挙げられる（これらを理由に配転命令を無効とした事
例として、仙台地決平成 14 年 11 月 14 日労判 842 号 56 頁・日本ガイダント
事件、釧路地帯広支判平成 9 年 3 月 24 日労民集 48 巻 1・2 号 79 頁・労判
731 号 75 頁・帯広厚生病院事件等参照）。また、近年、労働者のキャリア形
成の観点から職業上の不利益を検討した事例もある（東京地判平成 22 年 2
月 8 日労判 1003 号 84 頁・エルメスジャポン事件。情報システム専門職として
中途採用された従業員に対する、情報システムの技術や経験とは関連性のない
業務を行う部署への配転命令について、業務上の必要性が高くないにも関わら
ず、情報システム専門職としてのキャリアを形成していくという当該従業員の
期待に配慮しないものであるとして無効と判断した）。

　著しい生活上の不利益の具体例としては、本人や家族の病気・介護、共
働き等の家庭の事情が挙げられる（重度の障害を持つ子の養育——札幌地決
平成 9 年 7 月 23 日労判 723 号 62 頁・北海道コカ・コーラボトリング事件、
重症の子の看護——前記日本レストランシステム事件、要介護状態にある親の
介護——神戸地姫路支判平成 17 年 5 月 9 日労判 895 号 5 頁・ネスレジャパン
ホールディング事件・その控訴審大阪高判平成 18 年 4 月 14 日労判 915 号 60
頁等）。共働き夫婦の一方に対する配転命令については、業務上の必要性
と、単身赴任や配偶者の退職を余儀なくされる等の不利益とを比較し、住
居手当等の代替措置の有無等も考慮した上、転勤に伴う通常甘受すべき範
囲内であって権利濫用に当たらないとした事例が比較的多い（前掲ケン
ウッド事件、前掲川崎重工業事件、前掲帝国臓器製薬事件等）。

13）　同判決については、重要判決 50 選 189 頁以下〔佐藤彩香〕も参照。

こうした配転命令に伴う生活上の不利益について、育児・介護休業法26条（平成13年11月16日法律第118号改正追加）は、労働者の転勤に際しその子の養育または家族の介護の状況に配慮すべき義務を設けており、また、労契法3条3項は、労働契約の締結と変更に関して「仕事と生活の調和」への配慮を基本理念として盛り込んでいる。これらの規定は、配転命令権の具体的権利根拠規定ではないものの、配転命令権の濫用について検討するに当たって、これらの規定の趣旨を尊重した適切な配慮（住居手当の支給、配偶者への就職あっせん等の代償措置の提供や、十分な事前説明等）を尽くさない配転命令は権利濫用により無効となると評価することも可能であろう。たとえば、東京地決平成14年12月27日労判861号69頁・明治図書出版事件は、共働き夫婦の夫に対する東京本社から大阪支社への転勤命令について、業務上の必要性があると認めつつ、育児・介護休業法26条に定める事業主の配置変更への配慮とは、配置の変更をしないことや労働者の育児・介護の負担軽減のために積極的な措置を講ずることまで求めるものではないが、少なくとも当該労働者が配置転換を拒む態度を示しているときは真摯に対応することを求めていると解されるとし、配転命令を所与のものとして労働者に押し付ける態度を一貫してとるような場合は同条の趣旨に反しているといわざるを得ず、重症の皮膚炎に罹患した3歳以下の子2人の育児の不利益は通常甘受すべき程度を著しく超えるものであるという特段の事情が存するから、権利濫用として無効であると判断した（その他、同条に言及したものとして、前掲ネスレジャパンホールディング事件、大阪地判平成19年3月28日労判946号130頁・NTT西日本事件、その控訴審大阪高判平成21年1月15日労判977号5頁）。

③　不当な動機・目的

　不当な動機・目的の具体例としては、業務上の必要性とは無関係に労働者を職場から排除したり、退職するよう仕向けたりすることを目的として、労働者にその経験や知識にふさわしくない業務を割り当て、職能資格や職務等級を引き下げたりする場合が挙げられる（退職するよう仕向けることを目的としたものとして大阪地判平成12年8月28日労判793号13頁・フジシール事件、神戸地判平成16年8月31日判タ1170号221頁・労判880

号 52 頁・プロクター・アンド・ギャンブル・ファー・イースト・インク事件。また、東京高判平成 23 年 8 月 31 日労判 1035 号 42 頁・オリンパス事件は、配転命令の動機が、従業員の内部通報等の行為に対して反感を抱いたことによるものであるとして配転命令を無効とした[14])。

なお、配転命令が、不当労働行為（労組法 7 条）、差別的取扱い（労基法 3 条）、男女差別（雇用機会均等法 6 条）、不利益取扱い（公益通報者保護法 5 条）等に当たる場合には、当該配転命令は強行法規に違反するものとして無効となる。

④　その他の事情

配転命令の行使が権利濫用や信義則違反に当たるかを検討する要素として、配転命令発令の手続が問題とされることがあり、特に、労働協約中、配転については組合との事前協議または承認を要する旨の約款がある場合が問題とされることが多い（配転命令を無効とした事例として、前掲ノースウエスト航空事件控訴審、大阪地決昭和 61 年 3 月 31 日労判 473 号 14 頁・新日本技術コンサルタント事件等。配転命令を有効とした事例として、大阪地判平成 9 年 1 月 27 日労判 711 号 23 頁・銀装事件等）。

3　労働者側の主張立証上の留意点

労働契約上明示がない場合に、労働者側が、職種または勤務場所を限定する合意により配転命令権等が制限されていることを主張する場合、その合意の存在については、使用者の規模・事業内容・採用状況・配転の実績や、労働者の職種・業務内容・その業務に従事してきた期間、配転命令等の目的等の諸般の事情から総合的に判断されることになるため、これらの事情に関する主張が必要である。また、配転命令権等が認められても、その行使が権利濫用に当たることを主張する場合には、権利濫用を基礎付ける事実（評価根拠事実）として、職業上または生活上の不利益となる事実、不当な動機・目的を推認させる事実を主張することになる。

14)　同判決については、重要判決 50 選 200 頁以下〔五十嵐浩介〕も参照。

Ⅱ　配転　231

労働者側は、これらの主張をする場合、単に抽象的な主張をするのみでは足りず、具体的な事実を特定して主張することを要する。その際、事実を物語風に羅列して「以上を総合すれば本件配転命令は原告に著しく不利益を及ぼすもので無効である」等と主張すると、ポイントが不明確となり、冗長な反論を招いて訴訟の遅滞や混乱を招く一因となりかねない。したがって、何に関するどういった事実をどのように評価すべきかを明確にし、項目を立てる等して整理し、重要性を意識したメリハリのある主張をするよう留意する必要がある。

4　使用者側の主張立証上の留意点

⑴　命令権の存在

　使用者側は、配転命令権等の根拠として、就業規則上の包括的配転根拠規定や採用時の労働者の包括的同意等を主張立証することが多いが、このような包括的根拠規定等があっても、労働契約上配転命令権等が制限される場合や、個別の同意または労働条件等に関する具体的な定めを要する場合があり、個々の配転命令等について使用者の配転命令権等が認められるか否かは、諸般の事情によって異なるといえる。たとえば、就業規則上の包括的根拠規定の適用を排除されない正社員であっても、家庭の事情等から転勤に応じられない旨を明確に申し出た上で採用された場合等、当該労働者の採用経緯や生活状況等に照らして、当該労働契約上、使用者の配転命令権そのものが認められないと解される場合がある。

　したがって、当該労働契約関係における使用者の配転命令権等が認められるか否かが争われ、前記のような事情について労働者側の具体的な主張がある場合には、使用者側は、単に包括的根拠規定等の存在を主張立証するのみでなく、こうした具体的な事情についての主張も要する。

⑵　命令権の濫用

　個々の配転命令権等の根拠に争いがない（配転命令権自体は認められる）場合であっても、その行使が権利濫用に当たるか否かが争われている場合

には、使用者側は、配転命令権等の行使が権利濫用に当たるとの評価を妨げる事実（評価障害事実）として、業務上の必要性や人選の合理性に関する事実を主張することが考えられ、これらを裏付ける具体的な事実を主張立証することになる。その際には、労働者側と同様、事実を整理し、重要性を意識した主張をすることが必要である。また、業務上の必要性や人選の合理性に関連する証拠は使用者側が所持していることが多く、量も膨大であることが多いため、どの争点に関してどのような事実を立証するものであるかを早期に整理しておくことが重要である（たとえば、業務上の必要性について、業績低迷を受け業務効率化による経費削減策の一環として組織再編が実施されたことに伴う配転命令であることを主張・立証するために、組織再編計画に関する報告がなされた年度の事業報告書を提出し、関連箇所をマークする等）。なお、証拠説明書における立証趣旨の記載が単なる標目の説明にとどまっているような例が散見されるが（たとえば、前記事業報告書について、立証趣旨が「被告会社の〇〇年度における業務状況等」といった記載にとどまる等）、民訴規則137条の趣旨を踏まえ、争点との関係で当該証拠によってどのような事実を立証するのかを明確にすべきである。

Ⅲ　出向・転籍

1　命令権の存在

(1)　当事者の主張立証

　労働者側は、雇用契約の締結および出向先・転籍先での就労義務がある旨を使用者が主張していること（争いの存在）を主張して出向先・転籍先における就労義務のない労働契約上の地位の確認を求め、使用者側は、命令権の根拠（当事者の合意等）を主張立証する。

(2)　裁判例の考え方・実務の運用

　出向命令権・転籍命令権が認められるかどうか、すなわち出向命令・転籍命令の根拠については、労働契約に与える影響の程度の差から、労働者

の個別の同意や、配転命令権の場合よりも具体的な根拠規定等を要する。

　そして、出向・転籍に際して明示的に当事者の個別の合意がある場合にはそもそも紛争となることが少ないため（意思表示の瑕疵がある等限定的な場面に限られよう）、訴訟においては、こうした明示的な個別の合意がない場合に、どのような規定や事情があれば、労働契約の内容として出向命令権・転籍命令権の存在を肯定するに足りるかが問題となることが多い。

　出向命令について、最二判平成 15 年 4 月 18 日集民 209 号 495 頁・判時 1826 号 158 頁・判タ 1127 号 93 頁・労判 847 号 14 頁・新日本製鐵（日鐵運輸第 2）事件は、就業規則上の出向規定に加えて、労働協約において出向の定義・出向期間・出向中の社員の地位・賃金・退職金その他の労働条件や処遇等に関して出向労働者の利益に配慮した詳細な規定が設けられているという当該事件の事情の下では、使用者は労働者の個別的同意を得ずに出向命令を発し得ると判断した。これは、当該出向命令について、包括的根拠規定の存在のみならず、出向命令が労働契約に及ぼす影響の内容・程度、出向先の労働条件・出向期間・復帰条件等に照らして、労働契約における人事異動の手段として容認される程度の具体的根拠を有すると判断したものといえよう [15]。

　転籍命令については、労働契約の終了を伴うため、特段の事情がない限り個別的同意を要すると解されるが、転籍先が転籍前の会社の一部門を独立させた関連会社であり、転籍前会社の入社案内に勤務場所の 1 つとして記載され、採用面接において関連会社への転属があり得る旨を説明しているなど、実質的には配転や出向と同視されるような転籍命令について、個別的同意を不要とした事例もある（千葉地判昭和 56 年 5 月 25 日判時 1015 号 131 頁・労判 372 号 49 頁・日立精機事件）。

---

[15]　その他出向命令に関する裁判例については石田明彦「出向をめぐる裁判例と問題点」判タ 1420 号 22 頁に詳しい。

2 命令権の濫用

　労契法 14 条は、出向命令がその必要性、対象労働者の選定に係る事情その他の事情に照らして、その権利を濫用したものと認められる場合は、当該命令は無効とすると定めている。出向命令や転籍命令の行使が権利濫用に当たるか否かについては、配転命令と同様に、業務上の必要性、人選の合理性、労働者側の職業上・生活上の不利益の有無や程度等、諸般の事情を考慮して判断されることになるが、配転命令と異なり、労務提供の相手方が変更し、労働条件に及ぼす影響が大きいため、労働者側の職業上、生活上の不利益については十分検討する必要がある。

　なお、出向命令や転籍命令が整理解雇を回避するための措置としてなされる場合があるが、基本的には、同様の枠組の中で業務上の必要性を裏付ける事情として検討されることになる。

　また、近年では、中高年従業員の雇用調整策の一環として出向・転籍前の企業への復帰を予定しない関連企業への出向命令や転籍命令がなされる傾向にあるが、この場合も同様に、業務上の必要性と労働者側の不利益を比較考量することになろう。こうした雇用維持・調整措置としての出向命令や転籍命令については、一般的には業務上の必要性が高いと評価される傾向にある[16]。このような裁判例としては、東京地判平成 25 年 11 月 12 日労判 1085 号 19 頁・リコー子会社出向事件（希望退職への応募を拒否した従業員に対する国内関連会社への出向命令について、業務上の必要性を肯定した上で、人選の合理性が認められないとして命令権の濫用に当たるとした）、東京地判平成 26 年 9 月 19 日労経速 2224 号 17 頁・日本雇用創出機構事件（転職支援を目的とする出向先への出向命令につき業務上の必要性を肯定した）などがある。

---

16) 山川 106 頁、菅野 692 頁。

3 労働者側の主張立証上の留意点

　労働者側は、使用者側が主張する出向命令・転籍命令の根拠について、それが命令権の存在を肯定するに足りないことを反論していくことになる。そして、前記のとおり、命令権の根拠として常に労働者の個別の同意を要するとは限らないため（特に出向命令）、単に出向・転籍に際して個別の同意がないことを反論するのみでは足りない場合があることに留意を要する。

4 使用者側の主張立証上の留意点

　前記のとおり、出向命令・転籍命令の場合には、配転命令の場合よりも具体的な根拠が必要である。

　したがって、使用者側は、単に就業規則上の包括的根拠規定や採用時の労働者の包括的同意等を主張立証するのみでは足りず、出向命令・転籍命令が労働契約に与える影響の内容・程度、出向先または転籍先の労働条件・期間・復帰条件等の労働者の利益への配慮、採用経緯、異動実績等に照らして、当該労働契約上、使用者側の出向命令権・転籍命令権を肯定するに足りる具体的な事情を主張立証することになる。

Ⅳ　その他の問題点

1 保全について

　配転命令等を受けた労働者が、配転先で勤務する労働契約上の義務のないことを仮に確認する旨の仮の地位を定める仮処分を申し立てる場合がある。

　民事保全法 23 条 2 項は、保全の必要性について、「債権者に生ずる著しい損害又は急迫の危険を避けるためこれを必要とするとき」と定めているところ、地位保全の仮処分がいわゆる任意の履行に期待する仮処分であ

236　第 11 講　配転・出向・転籍命令の有効性

ることを考慮すると、配転命令の場合、賃金の大幅な減額・特殊な技能の低下等の事情がない限り、本案の確定を待っていては債権者に生ずる著しい損害または急迫の危険を避けられないという事情を主張疎明することは一般的には難しい場合が多いと思われる。

2 和解について

　近年の雇用形態の多様化に伴い、紛争も多様化しており、その解決策もより柔軟に考えられるべきといえる。訴訟も紛争解決の一手段であり、自己の権利の実現・防御のために主張立証を尽くす必要があることはいうまでもないが、その一方で、早期に適切な紛争解決に至るためには、常に柔軟な解決策を検討する姿勢も必要である。

　たとえば、配転命令に不服があり争っている場合、労働者の心情としては、配転前の部署で配転前と同様の勤務を続けたいというものであろう。しかし、請求の趣旨はあくまで「配転先における就労義務のない労働契約上の地位の確認」であり、法律上の救済として、勝訴しても配転前の部署で配転前と同様の業務に従事することが約束されるわけではないし[17]、希望しない別部署への配転命令があって再び紛争となる場合もないわけではない。使用者側にとっても同様で、現実問題として、労働契約自体を維持することの影響等、勝訴しても解消しきれない問題もある。

　したがって、退職金規程等を参考に解決金額等を調整した上で労働契約を合意により終了させたり、労働条件を調整して別部署への配転や関連会社への出向・転籍をしたりする内容の和解によって、現実的かつ柔軟な紛争解決を図ることの意義は大きいといえる。

　裁判所としては、争点整理と並行して、当事者の意向を確認し、和解の方向性を検討することになるが、和解案が説得力を持つためには、当事者

17)　労働契約に基づく就労請求権は否定するのが通説・裁判例である。もっとも、配転命令が職種や勤務場所の限定に反して無効であるという場合には、配転前の職務ないし勤務場所において就労する地位の確認を求めることとなろう。菅野150頁、685頁。

Ⅳ　その他の問題点　　237

の主張立証に対する評価の見通しが解決金額等の条件に適正に反映されることが必要であるため、主張立証状況を分析し、権利関係についての見通しを持った上で、心証開示の内容・方法を工夫しつつ和解勧告を活用することが望ましい。和解勧告の時期は様々であるが、権利関係についてのある程度の見通しが持てる争点整理の終盤から証拠調べ直後の時期が比較的多いといえよう。

V おわりに

配転命令等の判例法理は、雇用形態と密接に関連している。すなわち、配転命令等は、従前、終身雇用と年功序列を典型とする長期雇用慣行の下、使用者の広範な裁量権を前提として、同じ使用者の下での労働者の熟練や雇用維持を図るという側面を有していた。しかしながら、今日においては、社会経済状況の変化、技術革新の影響、ワーク・ライフ・バランスをはじめとする労働に対する価値観の変化等から、雇用形態も多様化しており、従来型の雇用慣行には必ずしも当てはまらない状況が生まれ、こうした状況に応じた法改正や労働政策の展開がなされている。今後は、多様化する雇用形態や社会の価値観の変化に即した裁判例の積み重ねおよび判例法理の発展が望まれる。

参考文献

本文、脚注に掲げたもののほか、
・ 厚労省・平成22年労基法（上）232頁。
・ 東大・労基法（上）227頁。
・ 土田・労契法410頁。
・ 審理ノート77頁。
・ 渡辺・労働関係訴訟128頁。
・ 類型別実務196頁〜227頁（第4章Q1〜Q33）。

第12講

メンタルヘルスと休職命令、復職可否の判断基準

渡邉　和義

I　はじめに

　近年、労働者の受けるストレスは拡大する傾向にある。仕事に関して強い不安やストレスを感じている労働者は半数を超える状況にあり、精神障害等に係る労災補償状況をみると、請求件数、認定件数とも近年増加傾向にあるとされ（「労働者の心の健康の保持増進のための指針」（平成18年3月31日健康保持増進のための指針公示3号、平成27年11月30日改正）より）、労働者の心の健康問題はその労働の在り方にも影響し、業務の停滞または過誤、上司・同僚との軋轢や職場の混乱にもつながる等、使用者にとっても重大な関心事項とならざるを得ない。

　メンタルヘルス不調をめぐる労使間の紛争は、業務起因性の成否のほか、①使用者の労働者に対する休職命令の可否、②労働者の復職の可否（休職期間満了による自然退職または解雇の効力が争われる）が主要な争点となり、メンタルヘルス不調状態にある労働者が、使用者に対し、労働契約の債務の本旨に従った労務を提供していたか、または提供することができるかが問題となってくる。

II　使用者の労働者に対する休職命令の可否

1　休職の意義

　休職とは、労働者を就労させることが不能または不適当な事由が生じた

場合に、労働関係を存続させつつ労務への従事を免除ないし禁止する措置であり、労働協約や就業規則（以下、労働協約と併せて便宜上「就業規則」という）の定めに基づき、使用者の一方的意思表示としての休職命令（形成行為）または労使の合意によってなされる（後日、休職期間満了時＝復職可能性の有無の判定時が問題となるから、休職命令または労使合意のいずれの場合であっても、休職期間と起算日を明確にしておくべきである）。休職には「傷病休職」、「起訴休職」、「専従休職」等があるが、これらのうち、本講で取り上げる傷病休職（「病気休職」等と称される場合もある。以下、特に断りのない限り、傷病休職を「休職」という）は、通常、業務外の傷病によって欠勤が長期に及んだり、業務支障が生じたりした場合に行われるものであるが、労働者側の事由に基づく休職であるから、就業規則において特段の定めがない限り、ノーワーク・ノーペイの原則に基づき賃金は支給されない（なお、健康保険法 99 条（傷病手当金）参照）。労働者は、休職期間中に傷病から回復して就労可能となった場合には復職して労務提供を再開することになるが、回復しないまま休職期間満了となった場合には自然退職または解雇となるのが通常である。休職制度は解雇猶予の目的を持つ制度ということができる（菅野 697 頁以下、荒木ほか・労契法 283 頁、類型別実務 305 頁（第 7 章Q1））。

2 休職命令について

(1) 受診命令の発令の可否

労働者の業務状況の急激な低下等が生じ、その原因として労働者のメンタルヘルス不調が疑われる場合、使用者は労働者に対して専門医等の診察等を受けるよう勧めることになるが、しかし、精神的疾患に対する否定的印象等から労働者がこれを拒否する場合も考えられる。こうした場合、使用者は労働者に対して業務命令としての受診命令を発令できるかが問題となる。

一般に、健康管理上必要な事項に関する健康管理従事者の指示遵守義務等について合理性のある条項が就業規則（健康管理規程等を含む）に定め

られている場合、労働者に対する受診命令の発令は可能と考えられている（最一判昭和61年3月13日労判470号6頁・帯広電報電話局事件）。しかし、労働者の身体症状と業務への影響、罹患した傷病等が客観的に把握可能な傷病（上記は「頸肩腕症候群」に関する事例である）とは異なり、精神的疾患は、その有無や程度が判別し難く、また、労働者の人格権やプライバシーにも関わる問題である上、労働者が、メンタルヘルス不調ではなく、風邪や寝不足等の体調不良を主張することも考えられる。使用者は、労働者に対してメンタルヘルス不調について専門医等の受診を促すことが可能であるとしても、労務管理権の一環として直ちに業務命令としての受診発令を発令して労働者に強制することについては、慎重に考えるべきである（名古屋地判平成18年1月18日労判918号65頁・富士電機E&C事件は、使用者の労働者に対する精神的疾患に係る健康診断実施義務（安全配慮義務）の当否が問題となった事案で、労働者に健康診断の受診を義務付けることにもつながり、労働者のプライバシー侵害のおそれが大きい等として、これを否定的に解している）。

　使用者は、労働者により提供された労務内容（就業状況等）や日頃の言動等についての直属の上司や周囲の同僚等からの聴取、労働者の業務結果の分析等を踏まえて客観的な調査検討（上記調査検討期間中、使用者は、労働者の心身状態に配慮して一定期間出勤停止（自宅待機命令。民法536条2項により賃金債権は消滅せず、賃金は全額支給要）とすることが考えられる）をした上で、労働者に対し、労働契約の本旨に従った労働義務が尽くされていないこと、その原因としてメンタルヘルス不調が考えられること等を説明し、メンタルヘルス不調状態に関する専門医等の受診や傷病休職につき協議する等の手続を踏まえて、労働者の病状と必要な療養期間（休職期間の資料となる）等を把握するために受診命令を発令し、それでもなおこれに服さない場合には、休職命令を発令することとなる（会社指定医の受診命令を拒否した労働者に対する休職命令を有効とした事例として、最一判昭和63年9月8日労判530号13頁・京セラ事件、その原審の東京高判昭和61年11月13日労判487号66頁参照）。

　なお、労働者の体調不良がメンタルヘルス不調に起因する場合、労働者

が長期間の欠勤状態または十全な労務提供の困難状態に陥っていることが少なくない。欠勤、業務成績不良・就業困難は通常就業規則に解雇事由として規定されているため、使用者が労働者に対して休職を想定した専門医等による受診を勧奨（または命令）した場合、労働者がこれを争うことは少ないであろう。

(2)　休職命令の発令の可否

ア　判例の考え方・実務の運用

休職制度は、労働者の福利厚生の観点からの解雇猶予制度である。したがって、使用者が労働者に休職制度を適用する余地があるのにこれを適用せず、労働者を解雇した場合には解雇権の濫用として違法となることに留意しなければならない（東京地判平成 17 年 2 月 18 日労判 892 号 80 頁・K社事件。類型別実務 306 頁（第 7 章Q2)。なお、最二判平成 24 年 4 月 27 日労判 1055 号 5 頁・日本ヒューレット・パッカード事件は、労働者が懲戒処分（諭旨退職）を受けた事例において、「精神的な不調のために欠勤を続けていると認められる労働者に対しては、精神的な不調が解消されない限り引き続き出勤しないことが予想されるところであるから、使用者……は、……精神科医による健康診断を実施するなどした上で……、必要な場合は治療を勧めた上で休職等の処分を検討し、その後の経過を見るなどの対応を採るべきであり、このような対応を採ることなく、……その欠勤を正当な理由なく無断でされたものとして諭旨退職の懲戒処分の措置を執ることは、精神的な不調を抱える労働者に対する使用者の対応としては適切なものとはいい難い。……上記欠勤は、……正当な理由のない無断欠勤に当たらないものと解さざるを得ず、……懲戒事由に当たるとしてされた本件処分は……、無効である」旨判示した。岩出誠「精神的不調のため欠勤する労働者への対応」ジュリ 1451 号 116 頁参照。なお、重要判決 50 選 348 頁以下〔松山昇平〕も参照）。

(ア)　主張立証責任の所在

休職期間中は原則無給（賃金債権の消滅）であり、労働者が回復しないまま休職期間満了となった場合には自然退職または解雇となる。したがって、休職命令の発令の前提要件となる休職事由は、使用者が主張立証責任

を負担することとなる。

　㈡　休職事由の内容

　休職制度を定める就業規則は、通常、休職命令を発令する要件として、労働者の傷病による一定期間の欠勤事実を定めるが、このほかに、「労働者の傷病による業務支障」、「（所定各号の末尾に）前各号に準ずるやむを得ない理由があると認めた場合」等を定めることが少なくない。

　労働者の傷病による就業規則所定の長期欠勤事実が認められる場合、休職事由の存在は明らかである。しかし、上記所定の長期欠勤期間が経過する前に休職命令を発令した場合、使用者は、休職命令発令の要件としての「業務支障」、「やむを得ない理由」等を主張立証しなければならない（東京高判平成 7 年 8 月 30 日労判 684 号 39 頁・富国生命事件は、長期欠勤事実に基づかない休職事由について、労働者の傷病が治癒せずその症状が再燃したり増悪したりする可能性があるというだけでは足りず、傷病が就業規則所定の傷病欠勤と実質的に同視できるものであって、通常勤務に支障を生ずる程度のものである場合に、はじめて休職事由があるというべきである旨判示した。なお、類型別実務 309 頁（第 7 章Q5）参照）。

　㈢　休職事由の存否を判断する対象職務

　労働者が、メンタルヘルス不調状態にあるものの、現職における労務提供を申し出ている事例では、労使間の労働契約に職務限定特約がある場合と、そうでない場合とでは、使用者が主張立証すべき「業務支障」等の対象となる職務が異なる。

　　a　職務限定特約がある場合

　労働者の賃金請求に対し、使用者は、抗弁として、労働者の労務提供が労働契約の債務の本旨に従ったものではないこと（不完全履行）に加え、休職事由である「業務支障」等が生じていることを主張立証する責任を負担する。

　したがって、使用者は、上記⑴で述べたとおり、労働者により提供された従前からの担当業務に係る労務内容（就業状況等）や日頃の言動についての直属の上司や周囲の同僚等からの聴取、労働者の業務結果の分析等を踏まえて客観的な調査検討を行い（この過程で産業医等と意見交換し、労働

Ⅱ　使用者の労働者に対する休職命令の可否　　243

者の上記の職務従事状況がいつまで継続するか、治療を継続しつつ症状を安定させ、たとえ完全回復が望めないにせよ労務提供に支障のない程度の心身状態を取り戻すことが可能かどうかも併せて検討すべきである）、労働者が労働契約の債務の本旨に従った労働義務を尽くしていないか、労働者の就業により使用者側に業務停滞等の「業務支障」等が生じていないかを検討して、否定的事実を具体的に主張立証していくこととなる。

　b　職務限定特約のない場合

　しかし、労働契約に職務限定特約がない場合、労働者が労務提供した従前の担当業務についての「不完全履行」と「業務支障」等が判明したとしても、それをもって直ちに使用者による労務提供の受領拒否の正当性と休職命令の根拠となる休職事由の存在が裏付けられるわけではない。すなわち、最一判平成 10 年 4 月 9 日労判 736 号 15 頁・片山組事件（宮里邦雄ほか「最高裁労働判例の歩みと展望」労判 924 号 178 頁、青野覚・百選〔第 8版〕54 頁、仙波啓孝・平成 10 年度主判解 322 頁参照）は「労働者が職種や業務内容を特定せずに労働契約を締結した場合においては、現に就業を命じられた特定の業務について労務の提供が十全にはできないとしても、その能力、経験、地位、当該企業の規模、業種、当該企業における労働者の配置・異動の実情及び難易等に照らして当該労働者が配置される現実的可能性があると認められる他の業務について労務の提供をすることができ、かつ、その提供を申し出ているならば、なお債務の本旨に従った履行の提供があると解するのが相当である。」旨判示した。労働者の他業務での労務提供の申出を前提とするものの、使用者は、労働者の配置や従事可能な業務の存否の検討に係る配慮を尽くしたことを主張立証しない限り、労働者が適法に労務提供したこととなるから、使用者の労務提供の受領拒否には帰責事由があり、休職事由は認められず、労働者の賃金債権は消滅しないこととなる（なお、前掲最一判平成 10 年 4 月 9 日・片山組事件の差戻審である東京高判平成 11 年 4 月 27 日労判 759 号 15 頁・片山組（差戻審）事件は、使用者が、労働者の主治医等の専門家に対して診断根拠や経過観察の見通し等を確認する等し、業務全体の中で配置可能な部署の有無を検討して、労働者に提供する必要がある旨、労働者が特定の部署での職務を希望していても、それ

以外の部署を確定的に拒否したとは認められない以上、必ずしも労働者の希望職務に限定せずに配置可能な部署を検討すべきである旨判示した)。

　イ　労働者側の主張立証上の留意点

　㋐　訴状記載の充実

　労働者が休職命令の効力を争って賃金請求訴訟を提起する場合、休職事由の主張立証責任は使用者が負担するものではあるが、訴訟提起前の交渉等によって使用者側の主張が想定されるときには、労働者は、それを踏まえて、あらかじめ、訴状において休職事由の不存在につき論じておくことが望ましい。これにより、裁判所は本案の争点を早期に把握することができ、提出書証の検討や裁判所からの釈明にも資するからである。

　㋑　職務限定特約と労務提供事実

　上記のとおり、労働契約に職務限定特約がある場合とない場合とでは、労働者による労務提供可能な業務の範囲は大きく異なるので注意を要する。なお、職務限定特約が存在するとしても、その趣旨や会社内の実際の運用（職業資格等の要否、限定された専門職か否か、会社内異動・配置が実際には広く行われる緩やかな「職務限定」か否か等）次第では、職務限定特約のない場合と同視できることもあるので、そのための調査検討をする必要がある。

　そして、労働者が本来の業務従事を維持できなくなったころから休職をめぐる紛争に至るまでの一連の事実経過の中で、労働者がいかなる労務提供をなしたか、労務提供をめぐって使用者側といかなるやりとりがあったか（労務提供の申出の事実の存否と時期、就業する業務希望の内容や固執の程度等）、メンタルヘルス不調による身体状態の推移はどうか等の検討を加えて、主張立証の準備をしておくことも必要である。

　ウ　使用者側の主張立証上の留意点

　㋐　答弁書（または第一準備書面）記載の充実

　使用者は労働者の休職事由の存在の主張立証責任を負担する。

　従前、労働者は通常どおり就労していたものの、健全な就業状態が崩壊し、休業を余儀なくされて紛争に至ったのであるから、使用者は、その一連の事実経過を踏まえて、休職事由を根拠付ける具体的事実について早期

Ⅱ　使用者の労働者に対する休職命令の可否　　245

に主張整理して立証準備をする必要がある。

（イ）　休職事由

休職命令の根拠となる休職事由が、就業規則所定の長期欠勤期間の経過である場合には立証は容易だが、「業務支障」等による場合、労働者の提供する労務が十全でないこと（不完全履行）、業務停滞等に起因する「業務支障」等が発生していることを具体的に立証する必要がある。使用者は、労働者の身体状態を明らかにする医師（産業医）の診断書・意見書およびこれを裏付ける診療記録等（労働者の受診経過や診察結果を確認できる客観性の高い資料）、労働者の労務状況や業務結果、会社内同僚を含む周囲の者とのチームワークや業務全体への影響等に係る基礎資料を書証として引用しながら、上記(ア)の一連の事実経過の主張準備をする必要がある。

なお、休職事由が就業規則所定の長期欠勤期間ではなく「業務支障」等である場合、休職が解雇猶予の性質を有する以上、それは解雇事由に相当する内容でなければならないことに留意する必要がある。

また、労働契約に職務限定特約がない場合には、従前の担当職務以外の配置・従事可能な職務の存否、実際に就業した場合に想定される業務支障等も併せて検討しておく必要があるから、一連の事実経過の主張とは別に、労働者に対して配慮した具体的事実の主張立証の準備をする必要がある。

Ⅲ　休職中の労働者の復職可否の判断基準

労働者の業務遂行支障がメンタルヘルス不調に起因する場合、労働者は専門医等の診察を受け、長期欠勤等を事由とする休職制度の適用を受ける事例がほとんどであり、休職命令の効力が問題となることは少ない。これに対して、メンタルヘルス不調による精神的疾患の回復は容易ではなく、復職できないまま休職期間の満了を迎えたり、復職したものの従来のパフォーマンスを発揮することができなかったりして自然退職または解雇に至るケースは多い。メンタルヘルス不調者の労働事件のほとんどはこの効力が争われる事例であり、復職の要件である「治癒」（＝休職事由の消滅）

の成否が争点となる。

1 判例の考え方・実務の運用

(1) 主張立証責任の所在

労働者の労働契約上の地位確認および賃金請求に対し、使用者は、休職期間満了による労働契約の終了を主張するべく、その終了原因（抗弁）を根拠付ける事実として、就業規則に定める休職制度に従って休職に入り、その休職期間が満了したことを主張することとなる。これに対し、労働者は再抗弁として、休職期間満了時までに「治癒」したことを主張立証する責任を負担する（渡辺・労働関係訴訟109頁）。

(2) 復職の可否を判断する対象職務

復職の要件である「治癒」とは従前の職務を通常の程度に行うことができる（労働契約上の債務の本旨に従って労務提供することができる）健康状態に復したことと解される。したがって、単に心身状態が平癒になったとしても、労働者が従前の職務を遂行する程度に回復するに至っていなければそれは上記の「治癒」とはいえず、復職は権利として認められない（菅野699頁）。

なお、東京地判平成27年7月29日労判1124号5頁・日本電気事件は、総合職採用ではあるものの、職務限定特約のない労働者の事例において、「復職の要件とされている『休職の事由が消滅』とは、……労働契約における債務の本旨に従った履行の提供がある場合をいい、原則として、従前の職務を通常の程度に行える健康状態になった場合、又は当初軽易作業に就かせればほどなく従前の職務を通常の程度に行える健康状態になった場合をいうと解される。」旨判示し、菅野700頁は、休職期間が満了した時に、当該労働者の健康状態が本来業務に就く程度には回復していなくても、ほどなくそのように回復すると見込まれる場合には、裁判例上、可能な限り軽減業務に就かせる義務が健康配慮義務の一環として樹立されているとする。もっとも、就業規則上そうした定めがあればよいが、そうでな

III 休職中の労働者の復職可否の判断基準 247

い場合、休職期間を満了した労働者に対する実質的な休職期間の延長となり、休業期間が満了してから完全な業務復帰までの合理的な期間の認定（「ほどなく」とはいつまでか）で更なる問題が生じ、就業規則が休職期間を明確に定めた趣旨に沿わない点等で疑問が残る（上記の東京地判は、原告（労働者）の請求を棄却しており、この点についての検討には至っていない。後記イの東京地判平成16年3月26日・独立行政法人N事件参照）。

　ア　職務限定特約のある場合

　労働契約において労働者の職務限定特約がある場合には、上記の「治癒」概念が当てはまる。すなわち、労働者の健康状態が回復して通常程度に遂行可能かどうかを判断する「職務」とは限定された従前の職務であり、それ以外の職務遂行が可能かどうかは考慮されることはない（札幌高判平成11年7月9日労判764号17頁・北海道龍谷学園事件等）。

　これに対し、使用者が休職期間満了時点において労働者による従前の限定された職務の遂行が可能か否かを判断するに当たり、使用者に対して何らかの配慮を求める裁判例がある。すなわち、大阪高判平成14年6月19日労判839号47頁・カントラ事件（野田進「職種を特定されたとされる労働者の私傷病の治癒判断および賃金請求権の回復の時期」ジュリ1254号257頁参照）は、労働契約上職種（運転者）限定された事案において、上記を原則としつつも、括弧書きながら、「他に現実に配置可能な部署ないし担当できる業務が存在し、会社の経営上もその業務を担当させることにそれほど問題がないときは、債務の本旨に従った履行の提供ができない状況にあるとはいえないものと考えられる。」として、「治癒」とは別の再抗弁として、労働者が上記の限定された職務以外の就労可能な職務の存在と当該労働者配置の現実的可能性を主張立証できる余地を残した。しかし、これは、就業規則上使用者の業務の都合による職種変更が予定され、その職種中「作業員」は「運転者」であっても就労可能であること、長距離運転を前提としない短距離運転業務であれば当該労働者も就労可能性があること等、使用者側の特殊事情を考慮した事案であり、職務限定特約のある労働者一般を念頭に論じたものと解すべきではないだろう。

　また、大阪地判平成11年10月18日労判772号9頁・全日本空輸（退

職強要）事件は、職種業務内容が限定された労働者（客室乗務員）の事例において、「労働者が休業又は休職の直後においては、従前の業務に復帰させることができないとしても、労働者に基本的な労働能力に低下がなく、復帰不能な事情が休職中の機械設備の変化等によって具体的な業務を担当する知識に欠けるというような、休業又は休職にともなう一時的なもので、短期間に従前の業務に復帰可能な状態になり得る場合には、労働者が債務の本旨に従った履行の提供ができないということはできず、右就業規則が規定する解雇事由（注：労働能力の著しい低下）もかかる趣旨のものと解すべきである。……直ちに従前業務に復帰ができない場合でも、比較的短期間で復帰することが可能である場合には、休業又は休職に至る事情、使用者の規模、業種、労働者の配置等の実情から見て、短期間の復帰準備時間を提供したり、教育的措置をとるなどが信義則上求められるというべきで、このような信義則上の手段をとらずに、解雇することはできないというべきである。」（控訴審である大阪高判平成 13 年 3 月 14 日労判 809 号 61 頁も上記判断を維持した）として、「治癒」とは別の再抗弁として、労働者が比較的短期間に従前業務に復帰可能である事実、（短期間の）従前業務復帰までの準備時間の提供や教育的措置を実施すべき信義則上の根拠事実（規模、業種、労働者配置の実情等）を主張立証することができ、他方、使用者は、上記の復帰準備時間の提供や教育訓練措置を実施したことを主張立証しなければならないとした。しかし、上記事案は労働者の傷病が業務上傷病である点で一般的な傷病休職事例とは異なる上、労働者の健康状態が相当程度回復したこと、使用者が休職期間中に不誠実で不十分な対応を繰り返したこと（違法な退職強要）が上記判断に影響した可能性があり、これもまた、職務限定特約のある労働者一般を念頭に論じたものと解すべきではないだろう。

　上記各裁判例の一般論が、必ずしも、職務限定特約のある労働者すべてに適用されるわけではないことに留意する必要がある。

　イ　職務限定特約のない場合

　労使間の労働契約に職務限定特約がない場合、下級審は、前掲最一判平成 10 年 4 月 9 日・片山組事件（Ⅱ 2 ⑵ア⒲b）の説示を踏まえ、労働者側

と使用者側のそれぞれの具体的な事情を考慮し、労働者の従前の業務に限定せず、使用者側で配置可能な業務を広く見出して労働者に対してそれを提示すべきであるとした上で、労働者の健康状態が回復して通常程度に遂行可能かどうかを判断する「職務」とは、限定された従前の職務にとどまらず、その配置可能な業務全般と解すべきであり、その業務の内容や負荷等に照らして、果たして復職可能かどうかを判断すべきであるとする。

　すなわち、大阪地判平成 11 年 10 月 4 日労判 771 号 25 頁・東海旅客鉄道（退職）事件（山下昇・平成 11 年度重判 211 頁参照）は、使用者は労働者の「能力、経験、地位、使用者の規模や業種、その社員の配置や異動の実情、難易等を考慮して、配置替え等により現実に配置可能な業務の有無を検討し、これがある場合には、当該労働者に右配置可能な業務を指示すべきである。そして、当該労働者が復職後の職務を限定せずに復職の意思を示している場合には、使用者から指示される右配置可能な業務について労務の提供を申し出ているものというべきである」ところ、労働者が「身体障害等によって、従前の業務に対する労務提供を十全にはできなくなった場合に、他の業務においても健常者と同じ密度と速度の労務提供を要求すれば労務提供が可能な業務はあり得なくなるのであって、雇用契約における信義則からすれば、使用者はその企業の規模や社員の配置、異動の可能性、職務分担、変更の可能性から能力に応じた職務を分担させる工夫をすべきであ」るとした上で、仕事上の具体的な配慮工夫を摘示し、使用者が労働者に対して「配置可能な業務はないとする」主張を排斥した。また、大阪地判平成 20 年 1 月 25 日労判 960 号 49 頁・キヤノンソフト情報システム事件は、「復職当初は開発部門で従前のように就労することが困難であれば、しばらくは負担軽減措置をとるなどの配慮をすることも被告の事業規模からして不可能ではないと解される上、被告の主張によればサポート部門は開発部門より残業時間が少なく作業計画を立てやすいとのことであり、サポート部門に原告を配置することも可能であったはずである。……休職期間満了時までに被告が他部門における原告の就労可能性を具体的に考慮した事情も窺えない。……休職期間満了時に原告からの債務の本旨に従った労務の提供はなかったとの被告の主張は採用できない。」

と判示した。

　これに対し、東京地判平成 16 年 3 月 26 日労判 876 号 56 頁・独立行政法人 N 事件（小西康之「精神疾患を有する者に対する病気休職期間満了による解雇の適法性」ジュリ 1295 号 230 頁参照）は、労働者が「他の軽易な職務であれば従事することができ、当該軽易な職務へ配置転換することが現実的に可能であったり、当初は軽易な職務に就かせれば、程なく従前の職務を通常に行うことができると予測できるといった場合には、復職を認めるのが相当である。」と判示し、一般論は上記の各大阪地判と同旨の見解を示したものの、「他の軽微な職務（折衝、判断といった要素がない単純作業）に配転できる具体的可能性も存しないといわざるを得ない」とし、「原告が当初担当すべき業務量は、従前の半分程度であり、その期間として半年程度を要するというのであるが……半年後には十分に職務を行えるとの保障もなく……当初軽易な職務に就かせれば程なく従前の職務を通常に行うことができると予測できる場合とは解されない」から、労働者が「復職を認めるべき状況にまで回復していたということはできない」として労働者に対する解雇が有効であるとした。

　以上によれば、労働者が「治癒」したといえるためには、①当該労働者が、従前の業務に復職することが可能な程度に健康状態が回復したこと、または、②会社内で配置することが現実的に可能な他の部署において当該労働者が労務提供することのできる他の業務が存在し、当該労働者が労務提供の申出をしていることのいずれかが認められればよいこととなる。もっとも、②の場合、そのような部署ないし職務が会社内に存在するのか否か、使用者がそうした部署ないし職務が存在しないと主張する場合、その主張事実の真否のほか、存在しないことが事実であったとしても、使用者が当該労働者の復職のためにどのような配慮を尽くしたかが問題となってくる（類型別実務 311 頁以下（第 7 章 Q6 ～ Q9））。

2　労働者側の主張立証上の留意点

　労働者が休職期間満了を理由とする自然退職（解雇）の効力を争う場

合、労働者は、休職期間満了時までに「治癒」して労働契約の債務の本旨に従った労務を提供することができることを主張立証する責任を負担する。

したがって、労働者は、メンタルヘルス不調状態に陥る前と後の業務従事状況、休職に至るまでの経過、休職期間中の身体状態と専門医等の受診経過、休職期間満了日前後の状況、使用者との交渉経過と紛争に至るまでの経緯等の一連の事実経過を押さえた上で、労働者が提供することができる労務内容について、従前の業務従事状況との比較（その際、当該労働者だけでなく、同種業務を担当する同僚等の他の労働者の業務従事状況も考慮する）、メンタルヘルス不調による当該労働者の身体状態の推移等の検討を踏まえて主張立証をする必要がある。

なお、労働契約に職務限定特約がある場合とそうでない場合とで、労働者の「治癒」に係る主張立証の負担の程度は大きく異なるから、前記Ⅱ2(2)イ(イ)で述べたように、職務限定特約が存在しているとしても、労働者は、会社内の実際の運用として当該職務の領域を超えた広範な人事異動等があるのか（職務限定特約の実態があるのか）等について調査検討をしておく必要がある（広範な人事異動や職務限定特約の解消実態があれば、職務限定特約がない場合と同様となる可能性がある）。

労働契約に職務限定特約がない場合には、労働者は、使用者が配置転換する現実的可能性があるとして提示する職務（使用者はその職務につき就労困難であると主張してくる）について就業可能であること、または使用者が提示する職務のほかに就業可能な職務が会社内に存在することを主張立証していくこととなる。

3 使用者側の主張立証上の留意点

休職期間満了時点で従前の職務につき債務の本旨に従った労務を提供できる旨の労働者の主張立証に対し、使用者はこれを弾劾することになるが、労働契約に職務限定特約がない場合には、使用者が当該労働者を配置転換する現実的可能性のある職務は存在するものの、当該労働者が実際に

就業することは困難であること（産業医等の所見等も踏まえ、それらの業務内容と負荷に照らすと、労働者が上記のような労務提供をすることは困難であること）、または当該労働者の就業可能な業務を十分に検討したものの、そのような業務を見出し難かったこと（労働者が、使用者が提示する職務のほかに、就業可能な職務の存在を主張立証してきた場合には、当該労働者がその職務において労務提供することは困難であること）を主張立証する必要がある（東京地判平成 24 年 12 月 25 日労判 1068 号 5 頁・第一興商事件（石﨑由希子「休職期間満了時における労務提供可能性判断と主張立証責任」ジュリ 1471 号 120 頁参照））。

Ⅳ　おわりに

　メンタルヘルス不調の労働者の復職可否が争点となる事例では、労働者の主治医の所見と、使用者側の立場にある産業医（産業医が専門外の場合には他の専門医が指定される場合がある）の所見が厳しく対立する事例が少なくない。主治医所見については、労働者の診療経過のほか、同医師が会社における労働者の担当業務の内容と心身に対する負荷、必要とされる業務遂行能力等をどの程度理解しているか、他の配置可能な業務についてのそれらにつき理解しているか、労務軽減措置等の優遇制度を有する会社であればその情報を取得した上で就業の可否を検討したか等が問題となり、他方、産業医（または会社指定医）所見については、同医師が労働者の休職期間中の健康状態やその推移をどの程度把握していたか（診療経過等）、主治医との間で相互に情報交換して労働者の心身状況に係る共通認識を得ていたか等が問題となる。両医師の各所見を比較検討して復職の可否を判断することとなるが容易ではなく、事件が長期化する傾向にあることは否めない。使用者が休職中の労働者の健康状態に留意するために、人事担当者と労働者との定期的な面接等や産業医による定期診察を実施したり、主治医と十分な情報交換をしたりする等の細かな配慮をし（東京地判平成 22 年 3 月 24 日労判 1008 号 35 頁・J学園（うつ病・解雇）事件（宮崎雅子・平成 22 年度主判解 376 頁参照）は、当該労働者の職場復帰に際して、使用者が

労働者の主治医からの意見聴取をしなかったことの不備を指摘し、また、東京地判平成 26 年 11 月 26 日労判 1112 号 47 頁・アメックス事件は、労働者の主治医の診断内容に問題点があると考える場合、使用者は、同医師に照会したり、当該労働者の承諾を得て診療録の提供を受けたりして労働者の健康状態に関する情報を取得し、これを会社指定医の診断を踏まえて吟味し、医学的知見を用いて判断すべきであり、これを行わずに、会社の内規に基づく復職可否判定基準によって判断したことは、労働者の復職を著しく困難なものにする不合理なものであるとした)、また、労働者の復帰を支援しながら徐々に段階を高めていく試し出勤（トライアル出社）を実施することによって実際的な復職可否の判断が可能となるのであり、そのような過程を経ていれば、紛争に至らなかったのではないかと思われる事案も見受けられる（ただし、それが、休職期間中に実施される治療・リハビリの一環としての勤務か、または休職期間終了・職場復帰後に徐々に通常勤務に慣れるまでの勤務か（上記の「治癒」の解釈にも影響する）、加えて、設定される期間や勤務時間、勤務条件（休職期間中に実施されるものである場合、交通費や給与等の支給対象となるか）などについて、あらかじめ明確にする必要がある）。

　多数の社員を抱える使用者は、それら社員の中からメンタルヘルス不調を訴える者が一定の割合で出現することがもはや今日では避けられないという認識を持つべきである（また、他の同僚労働者もメンタルヘルス不調者を他人事として冷視するのではなく、幸いにも今は精神疾患に罹患していないだけであって、自分もまたその可能性を背負う 1 人であるとの認識を持つべきであろう）。使用者は、メンタルヘルス不調者を安心して療養させて回復を待ち、職場復帰のために種々の就業上の配慮をする必要があり、安易に休職に追い込んだり、また、復職の門を狭きものにするようなことは決してあってはならない。そのための手厚い制度の整備が望まれるところである（厚生労働省＝中央労働災害防止協会「心の健康問題により休業した労働者の職場復帰支援の手引き」（平成 16 年 10 月、最終改訂平成 24 年 7 月）を参照されたい）。

参考文献

文中で紹介したほか、

- 土田・労契法。
- 松田保彦「休職制度の法律問題をめぐる新たな展開」労判 775 号 7 頁。
- 山川隆一「病気休職期間の満了による退職扱いの適法性」ジュリ 1183 号 182 頁。
- 水島郁子ほか「障害・傷病労働者への配慮義務」ジュリ 1317 号 238 頁。
- 加茂善仁『労災・安全衛生・メンタルヘルスQ＆A』(労務行政、2007)。
- 前田陽司ほか『メンタルヘルス対策の実務と法律知識』(日本実業出版社、2008)。
- 浅井隆『Q＆A休職・休業・職場復帰の実務と書式』(新日本法規出版、2011)。
- 久保田浩也『間違いだらけのメンタルヘルス――「心」が病気になる前に、打つ手はないのか』(法研、2008)。
- 山本晴義監修『図解やさしくわかる うつ病からの職場復帰』(ナツメ社、2015)。

Ⅳ　おわりに　255

第13講

インターネットの
私的利用に関する諸問題

古庄　研

I　はじめに

　インターネット接続可能なパソコンの従業員への貸与が普及する一方で、当該従業員が同パソコンによってインターネットを私的に利用することが少なくないことを背景として[1]、近時、個別労働関係訴訟においても、使用者側からインターネットの私的利用が主張されることが増えている。

　1つの典型は、普通解雇または懲戒処分の効力が争われている場合に、インターネットの私的利用を解雇理由や懲戒事由として主張するケースであり、もう1つの典型は、残業代が請求されている場合に、労働者による時間外の労務提供の事実の主張に対し、積極否認の理由としてインターネットの私的利用を主張するケースである。

　本講では、この2つのケースについて、関連裁判例を適宜参照しながら、実務上問題となる点等を概観することとしたい[2]。

1)　URLフィルタリング製品技術・サービスの開発等を行う企業が平成20年8月に実施したウェブアンケートでは、20代から60代までの職場でパソコンを利用しているインターネットユーザー1030名のうち、64.8%が私的利用をすると回答している（ネットスター株式会社・2008年8月5日付けプレスリリース「職場からのネット利用、私的なサイト閲覧は減少の傾向だが、プログラム等を個人の判断でダウンロードしている従業員が半数近くも〜ネットスターの『職場でのインターネット利用実態調査』で、従業員ネット利用管理の新たな課題が明らかに〜」http://www.netstar-inc.com/press/press080805.html）。
2)　インターネットの私的利用をめぐる労使間の紛争としては、使用者がその従業員に貸与したパソコン端末のアクセスログやメールの送受信の履歴等を調査したことに対し、労働者からプライバシー侵害を主張するケースもあるが、本講では取り上げない。土田・労契法135頁以下、岩出（上）691頁以下を参照されたい。

II　インターネットの私的利用を解雇理由や懲戒事由として主張するケース

1　インターネットの私的利用と労働契約との関係

⑴　職務専念義務違反

　労働契約は「労働者が使用者に使用されて労働し、使用者がこれに対して賃金を支払うこと」を内容とする契約であるから（労契法6条）、労働者は、その最も基本的な義務として、使用者の指揮命令に服しつつ職務を誠実に遂行すべき義務を負い、労働時間中は職務に専念し他の私的活動を差し控える義務を負っている[3]。そこで、インターネットを業務時間内に私的利用した場合には、この職務専念義務に反することになる。

⑵　企業秩序遵守義務違反

　使用者は、企業の存立・運営に不可欠な企業秩序を定立し維持する当然の権限を有し、労働者は、労働契約を締結して企業に雇用されることによって、使用者に対し、労務提供義務に付随して、企業秩序遵守義務を負っている[4]。インターネットの私的利用は、使用者の設備であるパソコン端末や通信回線を所定の目的以外の用途で使用し、使用者に通信料金や電気料金の負担等を生じさせるものであることから、たとえ職務専念義務違反が問題とならない業務時間外に当該私的利用が行われたものであるとしても、この企業秩序遵守義務（企業設備の私的利用の禁止）に反することになる。

⑶　その他

　インターネットの私的利用それ自体と労働契約との関係については、基

---

[3]　菅野923頁。
[4]　菅野650頁以下、最三判昭和52年12月13日民集31巻7号1037頁・富士重工業事件。

本的には、職務専念義務違反と企業秩序遵守義務違反（企業設備の私的利用）とを検討することになると思われるが[5]、インターネットの私的利用に付随して別の観点による義務違反行為がなされた場合には、当該義務違反行為が別途考慮される。

たとえば、福岡高判平成17年9月14日判タ1223号188頁・労判903号68頁・K工業技術専門学校（私用メール）事件控訴審[6]では、使用者から割り当てられたメールアドレスが第三者から閲覧可能な状態で、専門学校の教師が出会い系サイトの掲示板にSMの相手を募集する書き込みを行った（なお、同メールアドレスは、そのドメインから使用者の経営する学校のメールサーバー内のアドレスであることが特定できる）という事案において、このような書き込みをしたことが同校の品位、体面および名誉信用を傷つけるものと判示されている。同様に、インターネットの私的利用に伴って秘密保持義務を負う情報を特定または不特定の第三者に開示した場合であれば、秘密保持義務違反が看過できない義務違反として別途考慮されることになるし、あるいは、インターネットの私的利用に伴って卑わいな画像を閲覧していたような場合には、その態様等によっては、ヌードポスターの掲示に準じ、いわゆる環境型のセクハラを行ったものとして、企業秩序遵守義務違反（職場規律違反）を別途問われることも考えられる。

2　裁判例の考え方・実務の運用

(1)　問題の所在

インターネットの私的利用を解雇理由や懲戒事由として主張するケースにおいては、システムへのアクセス状況を記録したアクセスログの解析結

---

5)　東京地判平成14年2月26日労判825号50頁・日経クイック情報（電子メール）事件は、同僚に対する私用メールについて、職務専念義務違反と企業秩序遵守義務違反のほか、同僚の就労を阻害し、さらに、返信を求めるメールについては同僚をして職務専念義務違反と企業秩序遵守義務違反をさせることになる旨判示している。インターネットの私的利用においても、同僚とチャットをする場合など、その利用形態によっては、同様の問題を生じさせることも考えられる。

6)　なお、同裁判例については、重要判決50選287頁〔内藤寿彦〕も参照のこと。

果が証拠として提出されることにより、当該従業員が特定の日時に特定の
インターネットサイトを閲覧したこと（少なくとも同人に貸与されたパソコ
ン端末から当該サイトにアクセスしたこと）という外形的事実は、当事者間
に争いのない前提事実として確定することができることが比較的多い。

　そこで、これを前提として、当該サイト閲覧と業務との関連性が争われ
ることがある。また、当該サイト閲覧が業務時間内のものであれば、職務
専念義務に反するか否か、反するとすればその程度如何が問題となり、ま
た、当該サイト閲覧が業務時間内であると業務時間外であるとを問わず、
企業秩序遵守義務（企業設備の私的利用の禁止）に反する程度如何が問題と
なる。

　そして、それらを総合考慮し、また、他の解雇理由や懲戒事由があれば
それらと合わせて、解雇や懲戒処分が社会通念上相当であるといえるか
（労契法 15 条、16 条）が問題となる。

(2)　裁判例の状況

　インターネットの私的利用が解雇理由、懲戒事由として主張されること
が増えたとはいえ、個別労働事件は和解や調停など話し合いにより解決さ
れることが少なくないため[7]、これを正面から取り上げた裁判例は必ずし
も多くない。そこで、インターネットの私的利用について検討する際に参
考になると思われる電子メールの私的利用が解雇理由、懲戒事由とされた
裁判例も合わせて、いくつかの裁判例を見ておくこととする。

　まず、懲戒解雇を有効とした例として、前掲K工業技術専門学校（私用
メール）事件控訴審判決がある。同判決は、専門学校の教師が７つの出会
い系サイト等に登録し、その掲示板にSMの相手を募集する書き込み２件
を含む複数の書き込みを行うとともに、交際相手や出会い系サイトを通じ
て知り合った者らと約５年間で約 810 件のメール送信と約 800 件のメー
ル受信を行い、その約半数程度が昼休みを除く勤務時間内であったという
事案において、懲戒解雇を有効とした。もっとも、第一審判決（福岡地久

---

7)　地位確認訴訟の早期和解の効用につき、渡辺・労働関係訴訟 68 頁。

留米支判平成 16 年 12 月 17 日判タ 1223 号 192 頁・労判 888 号 57 頁・K 工業技術専門学校（私用メール）事件）ではほぼ同じ認定事実を前提として懲戒解雇はいささか過酷に過ぎるとして無効と判断されていること、勤務先学校からの発信であると推知し得る態様で SM の相手を募集する書き込みをしたことが同校の品位、体面および名誉信用を傷つけるものである旨認定されていること、非違行為の程度と並んで教育者たる立場にあったことが強調されていることに留意する必要があると思われる。

　他方、懲戒解雇を無効とした例としては、東京地八王子支判平成 15 年 9 月 19 日労判 859 号 87 頁・リンクシードシステム事件がある。同判決は、電子部品等販売会社の営業社員が約半年間にわたり勤務時間中に証券会社等のホームページに頻々とアクセスし 3 か月間に 27 回の発注を行い、使用者から注意された後もアクセスした日が 2 日間あったという事案において、懲戒解雇を無効とした。もっとも、普通解雇には含みを残す説示をしている。

　次に、懲戒処分としての減給を無効とした例として、札幌地判平成 17 年 5 月 26 日判タ 1221 号 271 頁・労判 929 号 66 頁・全国建設工事業国民健康保険組合北海道東支部事件がある。同判決は、健康保険組合事務局の職員がチャット機能を持つソフトを業務用パソコンにインストールした上、2 回にわたり外部の第三者と職務時間中に約 25 分間ずつチャットをしたほか、4 通の私的メールを送信したという事案において、基本給 10％の減給 3 か月間との懲戒処分を無効とした。また、約 7 か月間で 28 回の私的メールを自ら送受信するとともに私的メールを行っている部下に対する注意をしなかった管理職に対する基本給 10％の減給 3 か月間との懲戒処分を無効とした。もっとも、いずれの懲戒処分も、労基法 91 条の制限（減給の制裁は 1 回の額が平均賃金の 1 日分の半額を超えてはならない）を優に超えていることに留意する必要がある。

　続いて、電子メールの私的利用に関する事案であるが、東京地決平成 16 年 8 月 26 日労判 881 号 56 頁・モルガン・スタンレー・ジャパン・リミテッド事件は、証券会社の従業員が日本公認会計士協会の発表した監査上の留意点が不当でありこれにより営業活動が阻害され経済的損害およ

び精神的苦痛を被ったとして同協会を提訴し、使用者からの同訴訟の取下げを求める業務命令に従わず、また使用者のメールアカウントを使用して顧客やマスメディア等 67 名に対し同訴訟を提起した旨通知したという事案において、懲戒解雇を無効とした。東京地判平成 15 年 9 月 22 日労判 870 号 83 頁・グレイワールドワイド事件は、広告企画会社の従業員が 20 日間で 49 通の私用メールの送受信（送信 35 通中 33 通、受信 14 通中 6 通が就業時間内に行われたもの）を行ったという事案において、従業員の就業時間中の私用メールを禁止する旨の規則がなく、1 日当たり 2 通程度の上記送受信によって当該従業員が職務遂行に支障を来したり使用者に過度の経済的負担をかけたとは認められないことから、上記送受信は職務専念義務に違反したとはいえないとした [8]。

(3) 検討の視点

　以上の裁判例をも踏まえて検討すると、まず、インターネットの私的利用について、職務専念義務違反の観点からみる場合、職場における私語や喫煙コーナーでの喫煙など他の私的行為についても社会通念上相当な範囲においては黙認されていることが多いこととの均衡を考慮する必要があると考えられる。そこで、その閲覧の対象、時間、頻度、インターネットの私的利用を禁止する規程の有無やその周知の状況、上司や同僚のインターネットの私的利用の有無、被解雇者・被処分者に対する事前の注意・指導や処分歴の有無等に照らし、社会通念上相当な範囲にとどまる限り、職務専念義務に反しないか、反するとしてもあまり重くみることはできないものと考えられる [9] [10]。また、それが社会通念上相当な範囲を逸脱してい

---

8)　本文掲記のもののほか、東京地判平成 19 年 9 月 18 日労判 947 号 23 頁・北沢産業事件は、約 13 か月間に 32 通の私用メールの送信は、その内容等に照らし、社会通念上許容される範囲を超えるものではなく、私用メールを禁止した就業規則違反に問うことはできないとする。大津地決平成 12 年 9 月 27 日労判 802 号 86 頁・京都テクノシステム事件は、労働者が勤務時間中に使用者のコンピューターを私用することが許されるものではないことは当然であるが、それをもって解雇理由とまですることはできないというべきであるとする（私用の程度は決定上不明）。

た場合であっても、職務懈怠を解雇理由や懲戒事由としてみる場合には自ずから限界があることに留意する必要があると考えられるし[11]、欠勤や遅刻の場合などとは異なり、インターネットの私的利用については、些細な端緒からアクセスログを調査したところ、相当程度の私的利用が発覚したとして、労働者に事前指導による改善の機会を与えていないことが実務的には少なくないことから、解雇や重い懲戒処分の場合にはそのような観点からの限界にも留意が必要である[12]。

　他方、企業秩序遵守義務違反（企業設備の私的利用）の観点からみる場合、その閲覧の対象、時間、頻度等に照らし、使用者の経済的負担の程度や企業秩序にどのような悪影響を及ぼしたのかなどが検討の対象になると考えられる。加えて、インターネットの私的利用においては、電子メール

9)　砂押以久子「従業員の電子メール私的利用をめぐる法的問題」労判 827 号 36頁以下。たとえば、1 日当たりの所定労働時間が 8 時間の労働者が喫煙コーナーでの喫煙のために、2 時間に 1 回の頻度で、1 回当たり 5 分間離席するという場合には、1 日当たり 20 分間は離席していることになるが、職務専念義務違反の観点だけでいえば、これと同時間程度のインターネットの私的利用との均衡をどうみるかは悩ましい問題である。

10)　東京地判平成 25 年 9 月 13 日労判 1083 号 37 頁・全日本海員組合（依命休職処分）事件は、解雇猶予の性質を有し、懲戒処分ではない 6 か月間の依命休職処分の有効性について、その理由である「日常業務遂行に著しく不適」に当たるかが争われた事案ではあるが、オークションサイトや不動産投資等に関するサイトの閲覧を含むパソコンの私的利用は、職務専念義務に違反するというべきであるものの、私的利用といい得る態様のパソコンの利用も一定程度までは黙認されることが多いし、原告の出向先でも他の従業員も私的利用といい得るパソコンの利用をしていたことが窺われるから、依命休職を命じる程度にウェブサイト閲覧行為の態様が悪質であるかどうかは、同じ職場の他の従業員のインターネットの私的利用の有無、頻度等をも併せて検討する必要がある旨判示しており、参考になると思われる。

11)　たとえば、菅野 666 頁は、職務懈怠自体は単なる債務不履行であり、それが就業に関する規律に反したり職場秩序を乱したりしたと認められた場合に初めて懲戒事由となると解すべきであるとし、荒木 460 頁は、職務懈怠による懲戒解雇が可能かどうかは厳格な審査がなされるべきであるとする。

12)　たとえば、東京地判平成 21 年 4 月 24 日労判 987 号 48 頁・Y 社（セクハラ・懲戒解雇）事件は、強制わいせつ的なものとは一線を画するセクハラ行為を懲戒事由とする取締役兼東京支店支店長に対する懲戒解雇の有効性の判断に当たり、同支店長の行為は相当に悪質であるといえるとしつつ、これまで何らの指導や処分をせず、労働者にとって極刑である懲戒解雇を直ちに選択するのは、やはり重きに失すると判示している。

の私的利用と比較すると、ウイルス感染や情報漏洩のおそれを高める点も看過することはできないと考えられるが、ウイルス感染や情報漏洩などの具体的な被害が生じていない場合にそのような被害が生じるおそれをどの程度のものとして評価するのか（たとえば、閲覧の対象がニュースサイト、旅行サイト、アダルトサイトのいずれであるかによって異なる評価をすることが適切か、また、それが可能か）、また、閲覧の対象が同種であるにもかかわらず具体的な被害が生じた場合と生じなかった場合とではそれぞれどのように評価するのが適切であるのかなどについては、今後の検討課題であると思われる。

　インターネットの私的利用を解雇理由や懲戒事由として主張するケースにおいては、その事案における具体的な事実関係に応じて、以上のような観点を踏まえて判断することになると考えられるが、いまだ裁判例も乏しい分野であり、判断基準の明確化のためには、今後の裁判例の集積が待たれるところである。

　なお、人事院事務総長発平成 12 年 3 月 31 日職職— 68「懲戒処分の指針について」は、人事院が公務員の懲戒処分について任命権者の処分量定の参考に供することを目的として、代表的な事例における標準的な懲戒処分の種類を掲げたものであるが、コンピュータの不適正使用については、「職場のコンピュータをその職務に関連しない不適正な目的で使用し、公務の運営に支障を生じさせた職員は、減給又は戒告とする。」としている。インターネットの私的利用もこれに該当すると考えられ、1 つの参考になるものと思われる。

Ⅲ　インターネットの私的利用を時間外の労務提供の事実に対する積極否認の理由として主張するケース

1　問題の所在

　労基法が規制する「労働時間」は、休憩時間を除いた時間であり、現に労働させる時間（実労働時間）をいう（労基法 32 条）。その意義および判

断基準については争いがあるものの[13]、判例は、労基法32条の労働時間とは、労働者が使用者の指揮命令下に置かれている時間をいい（指揮命令下説）、実作業に従事していない時間がこれに該当するか否かは、労働者が使用者の指揮命令下に置かれていたものと評価することができるか否かにより客観的に定まるものと解している（最一判平成12年3月9日民集54巻3号801頁・三菱重工業長崎造船所（一次訴訟・会社側上告）事件、最一判平成14年2月28日民集56巻2号361頁・大星ビル管理事件、最二判平成19年10月19日民集61巻7号2555頁・大林ファシリティーズ（オークビルサービス）事件)。

残業代の請求においては、時間外の労務提供の事実は請求原因として労働者に主張立証責任があるものの、労働時間を管理する義務を負う使用者においても、これを適正に積極否認することが求められており[14]、インターネットの私的利用も積極否認の理由として主張されることがある。

2　裁判例の考え方・実務の運用

インターネットの私的利用と労働時間との関係を正面から取り上げた裁判例は、見当たらないものの、前記のとおり、労働時間とは労働者が使用者の指揮命令下に置かれている時間をいい、その自由利用が保障されている休憩時間とは区別されるものであるから、インターネットの私的利用を行っていた時間が残業代の対象となる労働時間に当たるか否かは、当該時間について労働者が使用者の指揮命令下に置かれていたものと評価することができるか否かにより定まることになる。

実務上は、アクセスログの解析結果等により当該労働者が特定の日時に特定のインターネットサイトを私的に利用したことを主張立証するにとどまる使用者が少なくないものの、他の私的行為と労働時間との関係が問題

---

13)　労働時間の意義および判断基準については、第4講Ⅲ1(1)のほか、西川知一郎・最判解民事篇平成12年度（上）180頁以下、竹田光広・最判解民事篇平成14年度（上）247頁以下を参照されたい。
14)　第4講Ⅱ3(2)参照。

となった裁判例などに照らすと[15]、インターネットの私的利用を行ったこと（その多くは、私用外出などとは異なり、使用者から貸与されたデスクを離席することなく行っているものと考えられる）から直ちに使用者の指揮命令下に置かれていなかったものと評価されることになるとは限らず、当該インターネットの私的利用を行っていた時間が使用者の指揮命令下に置かれていたものと評価することができるか否かについて、より積極的に主張立証すべきものと考えられる[16][17]。

[15]　たとえば、東京地判平成19年6月15日労判944号42頁・山本デザイン事務所事件は、広告制作会社で勤務するコピーライターにつき、作業と作業の合間に生ずる空き時間も、広告代理店の指示があれば直ちに作業に従事しなければならない時間であり、広告代理店の指示に従うことは被告の業務命令であるから、被告の指揮監督下にあるといえるとして、そのような時間を利用してパソコンで遊んだりしていたとしても、休憩とは認められず、労働時間に含まれるとする。大阪地判平成21年6月12日労判988号28頁・シン・コーポレーション事件は、カラオケボックスの店長につき、喫煙や食事をしていた時間があったとしても、客の来店や飲食物の注文があれば直ちに応答するために備えた手待ち時間であったと考えられることを一つの根拠として、POSシステムに入力された出退勤時刻に基づく時間外労働の主張を認めている。仙台地判平成21年4月23日労判988号53頁・京電工事件は、電気通信設備工事に従事していた労働者につき、勤務時間後に会社に詰めていたときでも、パソコンゲームに熱中したり、あるいは事務所を離れて仕事に就いていなかった時間が相当あることがうかがわれるとしつつ、使用者が労働時間管理に用いていたタイムカードに打刻された時間の範囲内は仕事に当てられたものと事実上推定されるところ、仕事に就いていなかった時間が特定されておらず、この推定を覆すに足りないとして、タイムカードの打刻時刻どおりの時間外労働の主張を認めている（ただし、付加金を対象金額の5割に減額する事情として考慮している）。また、労働者が労務を提供し、使用者の指揮命令下に入った時点以降は、それから明確に離脱したと認められない限り、継続して労務の履行があったものと評価すべきであり、その間に、作業効率の低下や現実に作業をしない時間があったとしても、その全部について賃金債権が発生するとの見解もある（盛誠吾「賃金債権の発生要件」日本労働法学会編『講座21世紀の労働法5　賃金と労働時間』（有斐閣、2000）72頁）。

[16]　髙井重憲『改訂版　残業代請求訴訟　反論パターンと法的リスク回避策』（日本法令、2014）117頁以下。

[17]　インターネットの私的利用を行っていた時間を労働時間とみることは、ノーワーク・ノーペイの原則との関係で、いささかすわりの悪さを覚えることは否めず、話し合いによる解決に当たっては、労働者側においても真摯に受け止めるべき問題と考えられる。しかし、他方で、インターネットの私的利用は、使用者から貸与されたデスクを離席せずに行っていることが多いことからすると、無断での私用外出などとは異なり、使用者において労務指揮権（業務命令権）を適切に行使しなかったとの評価になじみやすい側面があることも否定できないように思われる。

Ⅳ 主張立証上の留意点

1 使用者側の主張立証上の留意点

(1) アクセスログの提出方法

　従業員によるインターネットの私的利用を主張する場合、使用者からシステムへのアクセス状況を記録したアクセスログの解析結果が証拠として提出されるのが一般的である。これにより、少なくとも当該従業員に貸与されたパソコン端末から特定の日時に特定のインターネットサイトにアクセスした事実を客観的に動かし難い前提事実とすることができ、さらには、当該従業員が特定の日時に特定のインターネットサイトを閲覧した事実も当事者間に争いのない前提事実とすることができることが少なくない。

　アクセスログがこのような役割を果たすためには、これを提出する使用者において、アクセスログの解析を行い、当該従業員に貸与されたパソコン端末からいかなる日時にいかなるインターネットサイトにアクセスしたかを解析した結果を証拠提出することが肝要である。稀に、そのような解析を行わずに、アクセスログを記録した原資料のみを証拠として提出する使用者もいるが、そのような証拠提出の仕方では、徒に訴訟遅延を招き、紛争解決が遅れるだけでなく、インターネットの私的利用を解雇理由や懲戒事由として主張するケースであれば、解雇や懲戒処分の有効性を左右する閲覧の対象、時間、頻度等を十分に吟味しないままに解雇や懲戒処分に及んだことを自認するに等しく（解雇や懲戒処分を検討するに当たり、それらを吟味したのであれば、その際の資料が存在するはずである）、時間外の労務提供の事実に対する積極否認の理由として主張するケースにおいても、少なくともインターネットの私的利用の観点からは残業代の支払拒絶について合理的な理由はないことを自認するに等しいものと考えられる。

266　第13講　インターネットの私的利用に関する諸問題

⑵　時間外の労務提供の事実に対する積極否認の主張のあり方

　時間外の労務提供の事実に対する積極否認の理由としてインターネットの私的利用を主張するケースにおいては、当該労働者が特定の日時に特定のインターネットサイトを私的に利用した事実の主張立証にとどまることが少なくないものの、使用者としては、当該インターネットの私的利用を行っていた時間が使用者の指揮命令下に置かれていたものと評価することができないことをより積極的に主張立証すべきことは、既述のとおりである。

2　労働者側の主張立証上の留意点──閲覧の必要性に関する主張

　使用者からインターネットの私的利用が主張される場合、労働者からは当該サイト閲覧には業務上の必要性があり、私的利用には当たらない旨の主張がなされることが少なくない。しかし、中には、当該労働者の従事していた業務との関係で、どのような必要性があるのかを具体的に主張せず、抽象的に業務上の必要性があった旨を主張するにとどまるものもある。

　いうまでもなく、使用者が問題とするインターネットサイトの閲覧と業務との関連性の有無や強弱は、職務専念義務の違反の有無や程度、ひいては、それを理由とする解雇や懲戒処分の有効性、また、時間外の労務提供の事実の有無を判断するに当たり、重要な意義を有するものである。したがって、前記Ⅳ 1 ⑴のとおり、使用者からいかなる日時にいかなるインターネットサイトにアクセスしたかを解析した結果が主張立証されることを前提として、労働者からは、特定のインターネットサイトの閲覧について、具体的に従事していた特定の業務との関係で、いかなる趣旨で必要性があるのかを具体的に主張立証すべきものと考えられる。

参考文献

- 加茂善仁『Q&A労働法実務シリーズ6 解雇・退職〔第4版〕』（中央経済社、2011）166頁以下。
- 公務員関係判例研究会編『新公務員労働の理論と実務14——現場の最新の事例問題Ⅰ』（三協法規出版、2010）329頁以下。
- 岩出（上）691頁以下。
- 砂押以久子「従業員の電子メール私的利用をめぐる法的問題」労判827号29頁以下。
- 土田・労契法109頁〜110頁、491頁。
- 菅野和夫＝野川忍＝安西愈編集『論点体系 判例労働法1』（第一法規、2015）136頁〜146頁〔岩出誠〕。
- 菅野和夫＝野川忍＝安西愈編集『論点体系 判例労働法3』（第一法規、2014）171頁〜172頁〔渡邊岳〕。
- 新・労働法実務相談196頁〜204頁〔髙谷知佐子、千葉博、難波知子〕。
- 石嵜信憲編著『懲戒権行使の法律実務〔第2版〕』（中央経済社、2013）242頁、288頁〜290頁。
- ビジネス法体系研究会編集・岩本充史＝岡村光男＝加藤純子代表著者『ビジネス法体系 労働法』（レクシスネクシス・ジャパン、2016）189頁〔加藤純子〕。

第14講

セクハラ、パワハラ、マタハラに関する諸問題

光本　洋

I　はじめに

　おおむねセクシュアル・ハラスメント（セクハラ）とは、相手方の意に反する性的言動をいい[1]、パワーハラスメント（パワハラ）とは、力関係において優位にある上位者が下位者に対し、精神的、身体的に苦痛を与えること等をいう（菅野261頁、水谷英夫『職場のいじめとパワハラ・リストラQA150』（信山社、2009）3頁）。

　また、一般的に、マタニティハラスメント（マタハラ）とは、女性労働者が妊娠、出産したこと等を理由として、事業主が当該女性労働者に対して不利益な取扱いをすることなどをいう。

　この点、労契法5条は、「使用者は、労働契約に伴い、労働者がその生命、身体等の安全を確保しつつ労働することができるよう、必要な配慮をするものとする。」と規定し、雇用機会均等法11条1項も、「事業主は、職場において行われる性的な言動に対するその雇用する労働者の対応により当該労働者がその労働条件につき不利益を受け、又は当該性的な言動により当該労働者の就業環境が害されることのないよう、当該労働者からの相談に応じ、適切に対応するために必要な体制の整備その他の雇用管理上

---

1)　「事業主が職場における性的な言動に起因する問題に関して雇用管理上講ずべき措置についての指針」（平成18年10月11日厚労告615号、平成28年8月2日最終改正）（セクハラ指針）は、「事業主が職場において行われる性的な言動に対するその雇用する労働者の対応により当該労働者がその労働条件につき不利益を受け、又は当該性的な言動により当該労働者の就業環境が害されること」を「職場におけるセクシュアルハラスメント」と言い換えている。

I　はじめに　　269

必要な措置を講じなければならない。」と規定しているから、使用者は、かかる職場環境配慮義務を負っており、同義務に違反して、セクハラ、パワハラ、マタハラなどの行為を放置することは許されない（職場環境配慮義務違反に基づく債務不履行責任を認めた例として津地判平成9年11月5日労判729号54頁・三重県厚生農協連合会事件、京都地判平成9年4月17日労判716号49頁・丙川商事会社事件があり、同義務違反による不法行為責任を認めた例として仙台地判平成13年3月26日労判808号13頁・株式会社乙山事件等がある）。

　かようなセクハラ、パワハラ等の行為に関連して、労働者が使用者に対して訴訟を提起するケースとしては、たとえば、①被害者が職場環境配慮義務違反（債務不履行）や使用者責任（不法行為）に基づき損害賠償請求訴訟を提起する場合、②加害者とされる者が「使用者から、事実無根のセクハラの疑いをかけられて不当に解雇された。」等として、あるいは、被害者が、「使用者に対して、セクハラ行為やパワハラ行為の存在を指摘したところ、会社側から当該事実は存在せず、むしろ被害者の言動が会社秩序を乱したとして不当に解雇された。」などとして、地位確認請求訴訟等を提起する場合が考えられる。

　ここでは上記①、②の訴訟類型のうち、主として①の損害賠償請求訴訟を念頭に置き、必要に応じて②の地位確認請求訴訟等も取り上げることとする。

　①が債務不履行に基づく損害賠償請求訴訟の場合、請求原因事実は、❶雇用契約、❷職場環境配慮義務の不履行、❸損害の発生および額、❹「❷」と「❸」との因果関係であり、抗弁事実は、「❷」が違法でないことである。また、不法行為の場合、請求原因事実は、[1]法律上保護される利益、[2]侵害行為、[3]故意、過失、[4]損害の発生および額、[5]「[2]」と「[4]」との因果関係、[6]「[2]」が違法であることである。

　セクハラ行為、パワハラ行為等の存否は、これらのうち、職場環境配慮義務の不履行（上記債務不履行の請求原因❷）または侵害行為（上記不法行為の請求原因[2]）に関して問題となる争点である。

　そして、かかる訴訟においては、セクハラ行為等の生の事実の存否を確

定することに加えて、当該行為の違法性の有無（上記債務不履行の抗弁、上記不法行為の請求原因6）という評価が不可欠である。

したがって、かかる違法性の法的評価を必要とする規範的要件の充足性も問題となり、それを基礎付ける具体的事実の有無をめぐって主張立証が交わされることとなる[2]。

マタハラについても、妊娠出産等を理由とする当該労働者に対する使用者の違法な不利益取扱いの有無が問題とされることが多く、不利益処分の事実の有無自体が問題とされるものというよりは、当該処分が違法な不利益取扱いに当たるものかどうかという評価が問題となりやすいものといえ、やはり規範的要件に関する主張立証の問題がある。

ところで、現実の訴訟においては、規範的要件に関する主張立証は攻防対象を絞りきれずに散漫になりがちであり、セクハラ、パワハラ、マタハラに関する訴訟についても同様である。

そこで、以下では、セクハラ、パワハラ、マタハラに関する判例、実務の運用を整理した上で、どのような主張立証活動が望ましいかについて、検討する。

Ⅱ　判例の考え方・実務の運用

1　セクハラ訴訟

⑴　はじめに

セクハラ訴訟において問題となるのも、前記のとおり、①事実としての当該セクハラ行為の有無、②当該行為を違法と評価してよいかという2点である。

⑵　セクハラ行為の有無

前者の①当該セクハラ行為の有無は、事実認定の問題であり、裁判所に

---

2)　規範的要件について、審理ノート6頁。

おいて確信を抱く程度の心証を有するに至るかどうかという問題である。しかし、そもそもセクハラ行為は密室で行われることも多く、その事実認定自体が微妙であることが多い。とりわけ、それが1回限りのセクハラ行為である場合には、加害者供述、被害者供述のみが証拠となることも多く、双方の供述の信用性が重要な争点となり、かつ、供述の信用性を判断するための事情にも乏しい場合がある。他方で、対象が継続的なセクハラ行為である場合には、証拠にも様々なものが想定でき、被害者供述の信用性を判断するための補助事実も、十分であることが多い。

　一般的な供述の信用性の問題については多数の文献もあり、ここで詳細に触れないが、当然のことながら、供述内容と他の客観的証拠との整合性、供述内容の一貫性・変遷の合理的理由の有無、供述内容の合理性・具体性等が検討されることとなる。そして、セクハラ行為の有無に関する立証手段の確保については、当事者としては十分注意を払うべきところであり、本講でも後に必要に応じて触れることとする。

⑶　当該行為を違法と評価してよいか

　ア　判断基準

　後者の②当該行為を違法と評価してよいかという問題については、次の裁判例および行政通知が参考になる。

　まず、労契法成立前においても、使用者には、労務遂行に関連して被用者の人格的尊厳を侵しその労務提供に重大な支障を来す事由が発生することを防ぎ、またはこれに適切に対処して、職場が被用者にとって働きやすい環境を保つよう配慮する注意義務がある（福岡地判平成4年4月16日労判607号6頁・株式会社丙企画事件）と解されており、したがって、少なくとも、被用者の人格的尊厳を侵しその労務提供に重大な支障を来すような行為は、従前から違法であるとされてきた。かかる判例の趣旨を具体化したものが、労契法5条である。

　そして、違法か否かの具体的な判断基準については、行政通知上、「性に関する言動に対する受け止め方には個人間や男女間で差があり、セクシュアル・ハラスメントに当たるか否かについては、相手の判断が重要で

272　第14講　セクハラ、パワハラ、マタハラに関する諸問題

ある」とされており[3]、男女間の意識の差等は十分考慮されるべきであろう。

　また、雇用機会均等法11条の事業主の措置についての通達[4]も、「第3　事業主の講ずべき措置」「Ⅰ⑵イ⑤『性的な言動』及び『就業環境が害される』の判断基準」として、その判断に当たっては、被害を受けた労働者が女性であれば「平均的な女性労働者の感じ方」、男性であれば「平均的な男性労働者の感じ方」を基準とし、また、労働者が明確に意に反することを示しているにもかかわらず、さらに行われる性的言動は職場におけるセクハラと解され得るものとしている。

　裁判例において、セクハラ行為の違法性に関する判断要素を示したものとして、「その行為の態様、行為者である男性の職務上の地位、年齢、被害女性の年齢、婚姻歴の有無、両者のそれまでの関係、当該言動の行われた場所、その言動の反復・継続性、被害女性の対応等を総合的にみて、それが社会的見地から不相当とされる程度のものである場合には、性的自由ないし性的自己決定権等の人格権を侵害するものとして、違法となる」とした例（ただし、不法行為の事案。名古屋高金沢支判平成8年10月30日労判707号37頁・株式会社乙田建設（セクハラ）事件）がある[5]。

　実務においては、かような具体的要素を総合的に考慮して、違法か否かの判断を行っているものといえる。

　イ　具体的事例

　違法であると判断された例としては、相手の意に反する性行為をした場合（熊本地判平成9年6月25日判時1638号135頁・熊本バドミントン協会役員事件、千葉地判平成10年3月26日判時1658号160頁・千葉A不動産会社（セクハラ）事件、和歌山地判平成10年3月11日判タ988号239頁・和

---

3)　人事院規則10-10の運用について（平成10年11月13日職福―442）別紙1、第1、2。
4)　「改正雇用の分野における男女の均等な機会及び待遇の確保等に関する法律の施行について」（平成18年10月11日雇児発1011002号、平成28年8月2日最終改正）。
5)　引用部分については、男女を逆にした場合も、基本的に同様に考えるべきであろう。

歌山青果卸売会社（セクハラ）事件）や、身体に触ったり抱きつく等強制わいせつ行為を繰り返した場合（東京高判平成9年11月20日労判728号12頁・建設会社A社事件、金沢地輪島支判平成6年5月26日労判650号8頁・株式会社乙田建設（セクハラ）事件、東京地判平成9年2月28日判タ947号228頁・ちらし広告A社（セクハラ）事件）、強制わいせつ行為に当たる行為や性的言動を繰り返した場合（前掲名古屋高金沢支判平成8年10月30日・株式会社乙田建設（セクハラ）事件）はもちろん、長期間にわたり強引かつ執拗に肉体関係や交際を求めた場合（東京地判平成8年12月25日労判707号20頁・広告代理店A社事件）、女性従業員の会社内の性的関係を邪推し噂として流布した場合（前掲福岡地判平成4年4月16日・株式会社丙企画事件）、「性的な欲求が満たされていない」等と繰り返し述べた場合（大阪高判平成10年12月22日労判767号19頁・大阪市立中学校（セクハラ）事件）がある。

　他方で、違法としなかった例としては、女性幹部が、その職務である防犯パトロールの一環として、勤務時間中に男性職員がいた脱衣室の扉を開け、着衣のまま椅子に座っていた同人に近付いて話しかけた行為について、あくまでも正当な職務行為であるとした場合がある（大阪高判平成17年6月7日労判908号72頁・日本郵政公社事件）。

　裁判例を概観すると、判決まで至っている例の多くは、事実であれば事案として悪質であることが多く、そのためか、加害者とされる者も事実をすべて否認する等して徹底的に争う場合が多い。逆に、さほど悪質性が高いといえない事案の多くは、実務上、判決に至らず和解で終了しているものと思われる。

　上記裁判例からすると性行為や強制わいせつ行為はセクハラ行為として当然違法であるが、交際を強要する、容姿等について性的に不適切な言動を繰り返す、噂を流布するといった行為も、違法であるとされ得るものであり、他方で、性的に不快感を与え得る行為であっても、正当な職務行為である等とされて違法ではないとされる場合もあるものといえる。

⑷ 使用者の責任について

使用者が、労働者に対して、その上司等のセクハラ行為について損害賠償責任を負うか否かについては、使用者において、セクハラ指針が定めるような雇用管理上の対応を十分に行ったかどうかが検討されるべきである。

セクハラ指針の内容を具体的にみると、セクハラには、ⓐ職場において行われる性的な言動に対する労働者の対応により当該労働者がその労働条件につき不利益を受けるもの（対価型）と、ⓑ当該性的な言動により労働者の就業環境が害されるもの（環境型）があるとした上で、事業主は、①セクハラがあってはならない旨の方針等を明確化し、労働者に周知等し、また、セクハラに係る性的な言動を行った者については、厳正に対処する旨の方針及び対処の内容を就業規則等を定めた文書に規定し、労働者に周知等することとされ、②事業主は、労働者からの相談に対し、その内容や状況に応じ適切かつ柔軟に対応するために必要な体制の整備として、相談への対応のための窓口をあらかじめ定める等するものとされ、③そのような相談の申し出があった場合において、その事案に係る事実関係の迅速かつ正確な確認及び適正な対処として、事案に係る事実関係を迅速かつ正確に確認し、当該セクハラ事実が確認できた場合においては、速やかに被害を受けた労働者に対する配慮のための措置を適正に行い、かつ、行為者に対しても、措置を適正に行い、また、改めて職場におけるセクハラに関する方針を周知・啓発する等の再発防止に向けた措置を講ずることとされている。

以上のセクハラ指針は、その性質上、直ちに裁判規範となるものとはいえないが、その内容の合理性に鑑みれば、公序の一内容として、使用者の職場環境配慮義務違反の有無の判断に際し、十分考慮されるべきである。この点につき、広島高判平成16年9月2日労判881号29頁・下関セクハラ事件は、セクハラ指針に定めるような適切な措置が講じられなかった事案において、使用者の不法行為責任を認めている。

⑸ 解雇等の場合

ア 加害者の解雇等

　まず、セクハラ行為を理由に加害者が解雇された場合の解雇の有効性については、東京地判平成 21 年 4 月 24 日労判 987 号 48 頁・Y 社（セクハラ・懲戒解雇）事件が参考になる。

　事案は、部下の複数の女性従業員らに対して、社員旅行の宴会席上や日常において、手を握る、肩を抱く等のセクハラ行為をして懲戒解雇されたというものであるが、裁判所は、かかる行為は、就業規則上の懲戒事由である「職務、職位を悪用したセクシャルハラスメント」に当たるとしつつ、そのように就業規則所定の懲戒事由が存在する場合であっても、当該具体的事情（行為の性質および態様その他）の下において、解雇が客観的に合理的な理由を欠き、社会通念上相当なものとして是認することができないときには、権利の濫用として無効となるとした。そして、事案の当てはめとしては、原告の言動は、宴席等で女性従業員の手を握ったり、肩を抱く程度のものであり、いわゆる強制わいせつとは一線を画すこと、原告の会社に対する貢献、反省の情、会社による従前の指導・注意の欠如等から、懲戒解雇は重きに失するとした。

　また、解雇に至らない処分の有効性については、最一判平成 27 年 2 月 26 日集民 249 号 109 頁・労判 1109 号 5 頁・L 館事件が参考になる。

　事案は、管理職の男性が、女性従業員に対して、自らの不貞相手に関する性的な事柄や自らの性欲等について極めて露骨で卑猥な内容の発言を繰り返し、他の管理職の男性も、その女性従業員に対して、「もうそんな歳になったん。結婚もせんでこんな所で何してんの。親泣くで。」など、未婚であることを侮辱し又は困惑させる発言を繰り返したため、会社が、前者に対し 30 日、後者に対し 10 日の各出勤停止の懲戒処分をしたところ、上記管理職らが上記各処分の無効確認等を求めたというものであるが、最高裁は、両名のセクハラ行為はその職責や立場に照らし著しく不適切なものであること、会社はセクハラ防止のため全従業員に研修参加を義務付ける等していたことなどからすれば、女性従業員が明白に上記管理職らの言動に対する拒否の姿勢を示しておらず、事前に会社から上記管理職らに対

する警告や注意等がなかったという事情があるとしても、上記各処分は懲戒権の濫用に当たらないと判断している。

イ　被害者の解雇

　他方で、労働者が、セクハラ被害を受けた旨の主張をし、それが虚言である等として解雇された場合の、解雇の有効性については、東京地判平成21年6月12日労判991号64頁・骨髄移植推進財団事件が参考となる。

　事案は、財団法人の総務部長（原告）が、その常務理事の職員に対するセクハラ・パワハラ的言動を告発する報告書を、理事長に提出したところ、その財団法人が、①虚偽の内容の同報告書を提出したことと、②その内容の部外者漏洩を理由として、原告を懲戒解雇したというものである。裁判所は、①については、その報告が「事実でない事柄を、不当な目的で、不相当な方法で行うものであれば、違法なものとなり、懲戒事由ともなりうる」という基準を示した上で、同報告書はおおむね客観的事実と一致しており違法不当な内容とはいえず、同報告書の提出行為は懲戒事由に当たらないとし、②について、同報告書には内部情報が記載されており、原告が部外者への交付に深く関与したことは懲戒事由に当たるものの、その交付行為は、財団法人が、的確な調査をせず、かえって原告を降格させるという不適切な対応をしたことによるのであり、かかる事情においては、解雇は客観的に合理的理由を欠くと判断した。

ウ　小括

　これらの裁判例の示すところによれば、セクハラ行為に関して解雇等がされる場合は、解雇事由、懲戒事由と処分との均衡のほか、使用者が当該セクハラ行為の事実関係について適切な調査を尽くし、解雇に至る相当な手続を踏んだかどうか等も、十分検討される必要があるといえよう。

2　パワハラ訴訟

⑴　はじめに

　パワハラ訴訟においても、①労働者側がパワハラと主張する行為の有無、②当該行為を違法と評価してよいかという2つの問題がまずある。

パワハラ行為については、加害者において、部下を叱咤激励する目的が併存するケースが多いこと、他の部下の面前で叱責する例が多いことから、①の行為自体の存否よりも、②の当該行為を違法であると評価してよいかという点が問題となることが多い。

(2) パワハラ行為の有無

上記のとおり、パワハラ行為の場合は、セクハラ行為の場合と異なって、他の部下の面前で叱責する例も多いことから、密室性の程度がより低い場合は多いものの、被害者の立証手段が供述に限られることも多く、結局、行為の存否、態様等にかかる事実認定が困難である事案は多い。よって、前記1(2)の考え方は、ここでも基本的に妥当する。

(3) 当該行為を違法であると評価してよいか

ア 判断基準

この評価の問題について、福岡高判平成20年8月25日判時2032号52頁・海上自衛隊（損害賠償請求等）事件は、他人に心理的負荷を過度に蓄積させるような行為は、原則として違法であるというべきであり、例外的に、その行為が合理的理由に基づいて、一般的に妥当な方法と程度で行われた場合には、正当な職務行為として、違法性が阻却される場合があると判断している。

イ 具体的事例について

暴力を伴う事案は、基本的に違法性が認められる。すなわち、①市の水道局において、転勤してきた内気な性格の被害者に対して、上司らが、「何であんなのがここに来たんだ」と言ったり、わい雑なことを言ってからかったり、果物ナイフを振り回して脅かす等した事案（横浜地川崎支判平成14年6月27日労判833号61頁・川崎市水道局（いじめ自殺）事件、その控訴審東京高判平成15年3月25日労判849号87頁）、②先輩が、普段から被害者を使い走りのように扱い、いじめの対象とし、手を出すこともあった事案（さいたま地判平成16年9月24日労判883号38頁・誠昇会北本共済病院事件）、③上司が、被害者に対し、「おまえみたいな者が入って

くるで、○○部長がリストラになるんや！」などと、理不尽な言葉を投げ
つけたり、嫌味を言うなどしたほか、仕事上の指導中に物を投げつけた
り、机を蹴飛ばすなどし、また、測量用の針の付いたポールを投げつけて
足を怪我させる等した事案（津地判平成 21 年 2 月 19 日労判 982 号 66 頁・
日本土建事件）、④他の従業員の面前で声を荒げて叱責したり、頭を定規で
叩いたりし、また、扇風機の風を当て続ける嫌がらせをしたり、足の裏で
蹴ったりした事案（東京地判平成 22 年 7 月 27 日労判 1016 号 35 頁・日本ファ
ンド（パワハラ）事件）、⑤足や膝で大腿部を 2 回蹴る暴行を加え、全治
12 日間の傷害を負わせた事案（名古屋地判平成 26 年 1 月 15 日労判 1096
号 76 頁・メイコウアドヴァンス事件）では、当然違法性が認められている。

　さらに、暴力を伴わなくても、①他の従業員がいる前で繰り返し「ばか
やろう。」と罵ったり、「三浪して○○大に入ったにもかかわらず、そんな
ことしかできないのか。」と罵倒したりした事案（東京地判平成 21 年 1 月
16 日労判 988 号 91 頁・ヴィナリウス事件）、②「新人社員以下だ。もう任
せられない。」「何で分からない。おまえは馬鹿」などと発言したほか、う
つ病による休職の申し出を阻害する言動をした事案（東京地判平成 26 年 7
月 31 日労判 1107 号 55 頁・サントリー事件）でも違法性が認められている。

　他方で、違法性が否定された事案としては次のものがある。①架空出来
高の計上等につき、上司らの是正指示から 1 年以上が経過しても是正さ
れなかったため、上司らが部下に対し、たとえば「会社を辞めれば済むと
思っているかもしれないが、辞めても楽にはならないぞ。」などと述べる
等、不正経理の解消や工事日報の作成について、厳しい改善指導をした事
案では、かかる指導は上司らのなすべき正当な業務の範囲内にあるものと
いえ、社会通念上許容される業務上の指導の範囲を超えるものとは評価で
きず、違法ということはできないとされた（高松高判平成 21 年 4 月 23 日
労判 990 号 134 頁・前田道路事件。なお、原審松山地判平成 20 年 7 月 1 日労
判 968 号 37 頁は、「会社を辞めれば（後略）」という発言は業務上の指導の範
疇を超えるとして、違法性を認めていた）。②病院の事務職員の事務処理上
のミス等に対して、時に厳しい指摘、指導をしたという事案で、かかるミ
スは正確性の要求される医療機関においては看過できず、患者の生命、健

康を預かる職場において、管理職が当然なすべき指示の範囲内であり、違法とはいえないとされた（東京地判平成21年10月15日労判999号54頁・医療法人財団健和会事件）。

限界事例としては、上記アの例（前掲福岡高判平成20年8月25日・海上自衛隊（損害賠償請求等）事件）がある。この事案は、海上自衛隊の護衛艦に所属する被害者が、未だ経験が浅くて技能も劣っていたところ、直属の上司らが、「お前は覚えが悪いな」「バカかお前は」等と被害者に対して繰り返し発言していたというものである。裁判所は、自衛官の職責、発言時の状況、発言者と被害者との関係性等も踏まえて、直属の上司の言動については、ある程度厳しい指導を行う合理的理由があるとしても、その言動が被害者の人格自体を否定・非難するものであったとして違法であると判断し、他の上官の言動については、親しい上司と部下の間の軽口として許容されないほどのものといえず違法ではないと判断した。

かかる裁判例を踏まえると、当事者の主張立証に当たっては、正当な職務行為の範囲内に当たるか否かの見極めが重要となり、その判断枠組みは前記アのとおりであるとしても、具体的事例においては、考慮要素として、行為の目的、態様、頻度、継続性の程度、被害者と加害者の関係性等が検討されているものといえる。

3　マタハラ訴訟

(1)　はじめに

雇用機会均等法9条1項は、事業主が、女性労働者の婚姻、妊娠、出産を退職理由として予定することを禁止し、2項は、女性労働者の婚姻を理由とする解雇を禁止し、3項は、女性労働者の妊娠、出産、産前休業の請求及び産前産後休業をしたこと（労基法65条1項・2項）その他の妊娠又は出産に関する事由であって厚生労働省令で定めるものを理由とする解雇その他不利益な取扱いを禁止し、4項は、妊娠中の女性労働者及び出産後1年を経過しない女性労働者に対してなされた解雇は、原則として無効とする。

また、上記厚生労働省令である雇用機会均等法施行規則2条の2は、上記のその他の事由として、妊娠中の女性が他の軽易な業務への転換を請求し、又は転換したこと、労基法67条による育児時間を請求し、又は取得したこと、妊娠又は出産に起因する症状により労務の提供ができないこと若しくはできなかったこと又は労働能率が低下したことなどを掲げる。

　そこで、これらの規定の強行法規性やいかなる場合がこれに反する不利益取扱いとなるのかなどが問題となる。

(2)　不利益取扱いに関する判断枠組み

　最一判平成26年10月23日民集68巻8号1270頁・労判1100号5頁・広島中央保健生協事件は、雇用機会均等法9条3項の規定は、同法の目的及び基本的理念を実現するためにこれに反する事業主による措置を禁止する強行規定として設けられたものと解するのが相当であり、女性労働者につき、妊娠、出産、産前休業の請求、産前産後の休業又は軽易業務への転換等を理由として解雇その他不利益な取扱いをすることは、同項に違反するものとして違法であり、無効であるとした。その上で、当該事案において問題となった労働者の降格について、①軽易業務への転換及び上記措置により受ける有利な影響並びに上記措置により受ける不利な影響の内容や程度、上記措置に係る事業主による説明の内容その他の経緯や当該労働者の意向等に照らして、当該労働者につき自由な意思に基づいて降格を承諾したものと認めるに足りる合理的な理由が客観的に存在するとき、又は②事業主において当該労働者につき降格の措置を執ることなく軽易業務への転換をさせることに円滑な業務運営や人員の適正配置の確保などの業務上の必要性から支障がある場合であって、その業務上の必要性の内容や程度及び上記の有利又は不利な影響の内容や程度に照らして、上記措置につき同項の趣旨及び目的に実質的に反しないものと認められる特段の事情が存在するときは、禁止される不利益取扱いに当たらないものと解するのが相当であるとした[6]。

　以上の判示からすれば、使用者側としては、禁止される不利益取扱いに当たらない旨の抗弁として、①当該不利益取扱いを労働者において自由な

意思に基づいて承諾したものと認めるに足りる合理的な理由が客観的に存在すること、又は、②当該不利益取扱いをしないことに業務上の必要性から支障があり、かつ、当該不利益取扱いが雇用機会均等法の趣旨目的に実質的に反しないと認められる特段の事情があることを主張することができるものと解されるが、この①、②の検討に当たっては、前掲注4）の通知が参考になる。

すなわち、上記①については、「当該取扱いにより受ける有利な影響の内容や程度が当該取扱いにより受ける不利な影響の内容や程度を上回り、当該取扱いについて事業主から労働者に対して適切に説明がなされる等、一般的な労働者であれば当該取扱いについて同意するような合理的な理由が客観的に存在するとき」に当たるか等が検討されるべきである。

また、上記②については、「円滑な業務運営や人員の適正配置の確保などの業務上の必要性から支障があるため当該不利益取扱いを行わざるを得ない場合において」、「その業務上の必要性の内容や程度が、法（筆者注：雇用機会均等法）第9条第3項の趣旨に実質的に反しないと認められるほどに、当該不利益取扱いにより受ける影響の内容や程度を上回ると認められる特段の事情が存在する」かどうかが検討されるべきである。

⑶　その他不利益な取扱いについて

上記最判の判示からすれば、雇用機会均等法において禁止される上記⑴のその他不利益な取扱いについても、基本的に強行法規であるものと解されよう。

そして、「妊娠又は出産に関する事由」が、上記⑵のような軽易業務への転換の場合には、原則として女性が請求した業務に転換させるものとされているから、役職者の併存による不都合の回避等の事業主の業務上の必

---

6)　その差戻審である広島高判平成27年11月17日労判1127号5頁は、結論として、前記労働者の降格について、自由な意思に基づいて承諾したと認めるに足りる合理的な理由が客観的に存在せず、降格の必要性とその降格が雇用機会均等法の趣旨目的に実質的に反しないと認められる特段の事情があったともいえないとして、降格の違法性を認めている。

要性について、一定の配慮が必要であるものの、そうではない軽易業務への転換以外の場合には、原則としてそのような配慮が必要とは考えがたいから、その場合、使用者側の特段の事情の抗弁が認められるのは、より限定的となるものと考えられる[7]。

⑷　不利益取扱い以外の問題

妊娠中の労働者から軽易業務への転換を求められた使用者が、「妊婦として扱うつもりないんですよ。」などと、あたかも労働者が業務軽減の要望をすることが許されないような言動をした事案（福岡地小倉支判平成28年4月19日労判1140号39頁・ツクイ事件）においても、その言動の違法性が認められている。

雇用機会均等法や育児・介護休業法の趣旨に照らせば、妊娠、出産に関して、これらの法律等において認められている女性の権利の行使を妨げるような使用者側の言動については、基本的に違法性が肯定されやすいものというべきである。

4　証拠収集方法

さらに、セクハラ行為は密室で行われやすいし、パワハラ行為もその評価をめぐって争いになることから、いずれの行為に関しても、その具体的態様に関する証拠が重要である。証拠収集方法として考えられるものには、録音媒体や継続的に記載した日記、当事者間のメール等があるところ、これらについては以下の裁判例が参考になる。

まず、録音テープの証拠能力については、千葉地判平成6年1月26日労判647号11頁・エール・フランス事件が指摘するとおり、民訴法上特段の規定がない以上、一般的には証拠能力を有するが、当該証拠が私的自治の働く領域において許されない手段、すなわち著しく反社会的な方法を用いて収集されたものであるときは、それ自体違法の評価を受け、その証

---

7)　市原義孝・最判解民事篇平成26年度425頁参照。

拠能力が否定されることになると解される[8]。この点、東京高判平成 28 年 5 月 19 日判例集未登載・学校法人関東学院事件は、証拠収集の方法及び態様、証拠収集によって侵害される権利利益の要保護性、当該証拠の訴訟における重要性等を総合考慮し、その証拠を採用することが訴訟上の信義則に反するといえる場合に証拠能力が否定されると解している[9]。一般的には、セクハラ行為の証拠を収集するため、被害者が加害者と会話をするに際して自己のポケットに忍ばせた録音媒体により当該会話を録音するような事例は、直ちに反社会的方法とまではいえないと考えられるが、対話者間の録音であっても無限定に適法とされるものではないので、注意が必要である。

次に、被害者自らのメモやノートの信用性については、福岡高判平成 19 年 3 月 23 日判タ 1247 号 242 頁・X 堂薬局（セクハラ）事件が、毎日の出来事等が記載されたものではないこと、被害者がほかに当時悩んでいた問題もあるのにそれらに関する記載がほとんどないこと、複数の日にわたる記述の外見的な印象が似通っており、これらを同一日にまとめて記載した可能性を排斥できないこと等を指摘して、信用性を否定していることに留意が必要である。

Ⅲ　労働者側の主張立証上の留意点

1　セクハラ訴訟に関する労働者側の主張立証上の留意点

(1)　立証手段の確保

まず、前記Ⅱ 3 の各裁判例の存在に照らすと、録音媒体等については、それが反社会的方法とみなされない適当な方法で収集されたことが必要な

---

[8]　裁判所は、当該事案において、録音テープの証拠能力を肯定した。
[9]　事案は、学校法人が設置し、委員に守秘義務が課されているハラスメント防止委員会の審議（非公開で録音しない運用とされている）における委員の発言を何者かが無断録音したというものであり、裁判所は、当該事案において、録音体の証拠能力を否定した。

のであるから、かかる観点から、録音の具体的方法等を検討することが必要である。相手方に無断で録音したとしても直ちに当該証拠に民訴法上排除すべきほどの違法性があるとは解されないが、被害者側が、証拠固めの気持ち等から、あえてセクハラ行為を誘発するような言動をしつつ録音したような場合、証拠能力にも、さらには（そこをクリアしても）証明力にも、問題が生じ得る[10]。

次に、日記等のノートは、証拠方法としては、結局、被害者本人の供述という側面がある以上、録音・録画媒体以上に信用性の検討が欠かせない。すなわち、前記Ⅱ3の裁判例の存在にも照らすと、その時々の事柄を、セクハラ被害以外の点も含めて、客観的かつ具体的に記載し、できるだけ毎日継続的に記録化してあるものが望ましい。

そして、ほかにも証拠としては業務日誌等も考えられるし、第三者に近い関係人の陳述が得られる場合もある。

セクハラ行為の場合は、行為自体の認定に重大な問題があるのであるから、まず、以上のような立証手段について十分な検討をしておくことが望まれる。

また、過去の1回的なセクハラ行為は、強姦等の意に沿わない性行為ないし強制わいせつ行為である場合がほとんどであろう。かかる1回的なセクハラ行為については、行為そのものに関する証拠に乏しい場合であっても、2人きりとなった日時場所、その場面に至る経緯や加害者側のそれまでの言動、行為後の状況等の立証の積み重ねによって、当該セクハラ行為の立証に至り得る場合もあるから、これらの状況証拠に関する立証手段を確保しておく必要がある。

⑵　セクハラ行為の評価に関する主張立証

セクハラ訴訟においては、労働者側が、多数のセクハラ行為を、各行為の違法性の軽重等にかかわらず、羅列的に主張して、そのすべてを陳述書

---

10)　念のためであるが、かかるケースにおいて録音体を裁判所に提出する場合には、その反訳を併せ提出することが相当である（なお、民訴規則149条参照）。

や人証によって賄おうとするケースが見受けられる。かかるケースについては、どの行為が十分にセクハラ行為と呼ぶにふさわしい行為であるのか、代理人弁護士による法的観点に基づく検討が適切に行われているか疑念を抱かざるを得ない。

仮に、解雇無効や損害賠償の原因事実として、過去の長期間にわたったセクハラ行為のすべてをメリハリなく主張立証した場合、使用者側の認否も、包括的に「すべて否認する」、「すべて争う」となりがちであり、審理の遅延を招くことは必至である。

そこで、労働者側としては、どのセクハラ行為に立証の力点を置くかを意識して、あまりに些末な行為は、除外する等して効率的な訴訟活動を行うことが望ましい。

そこで、前記Ⅱ1の裁判例に照らし、行為の態様、行為者の職務上の地位、年齢、行為者および被害女性のそれまでの関係、当該言動の行われた場所、その言動の反復・継続性、被害女性の対応等を確認し、それが社会的見地から不相当とされる程度のものであるか否かを十分検討して、主張立証の中心とすべき重要なセクハラ行為を、適切に選択する必要があろう。

そもそも、規範的要件を基礎付ける事実のレベルにおいても、いわば要件事実的な思考を用いて、Aという事実のみで法律効果を導き得るときには、まずAという事実に関する主張立証に傾注すべきであり、他の事情はそれに付加する事情としてメリハリをつけることが相当であるといえるから、かかる考え方に立って、事実関係を整理することが望まれる。

よって、たとえば録音体とともに、その全部の反訳を提出するものとしても、準備書面においては、その録音された言動のうちどの部分を重要なセクハラ行為として取り上げるのか及びそれが違法である所以を個別具体的に整理して、しかも簡潔に主張すべきである。

2 パワハラ訴訟に関する労働者側の主張立証上の留意点

パワハラの場合も、セクハラ訴訟と同様の点に留意すべきであり、当該

パワハラ行為の存否については、前記のとおり、適切な証拠方法を確保することが重要である。パワハラの場合は、さらに、それが適切な注意指導の範囲を逸脱しており、評価として違法な行為となることの主張立証が重要である。

そして、かように評価の部分に力点を置く必要がある以上、セクハラ訴訟以上に、どの行為をパワハラ行為として主張立証するかの選択を適切に行い、その選択した個々のパワハラ言動については具体的に態様や経緯等を主張立証して、メリハリを付けた訴訟活動を行うことが必要であろう。すなわち、「心理的負荷を過度に蓄積させるような行為は、原則として違法である」ものの、「その行為が合理的理由に基づいて、一般的に妥当な方法と程度で行われた場合には、正当な職務行為として、違法性が阻却される場合がある」（前掲福岡高判平成 20 年 8 月 25 日・海上自衛隊（損害賠償請求等）事件）から、労働者側は、当該行為にかかる例外的な合理的理由のないこと、当該行為が一般的に妥当な方法と程度で行われていないこと等が明確となるよう、主張立証する必要がある。

そして、その場合には、セクハラ訴訟と同様の具体的要素、すなわち、その行為の態様、行為者の職務上の地位、年齢、両者のそれまでの関係、当該言動の行われた場所、その言動の反復・継続性、被害者の対応等を検討することとなる。

また、パワハラの場合には、それらの前提として、職務行為の範囲を画定する必要があるから、職務の内容、性質、危険性の内容、程度等の事情も踏まえて、当該行為が指導の範囲外であることを明らかにすることも、必要となる。

3　マタハラ訴訟に関する労働者側の主張立証上の留意点

雇用機会均等法や育児・介護休業法において認められている女性の権利の行使を妨げるような使用者側の言動について損害賠償を求める場合には、これらの言動の有無や態様が問題となり得るから、労働者側としては、上記 1 と同様、その立証手段の確保等に意を用いるべきである。

また、妊娠中の労働者が労基法65条3項の軽易業務への転換を請求し、これとともに降格がされたような事案（前掲最一判平成26年10月23日・広島中央保健生協事件）において、使用者側が当該降格を自由な意思に基づいて承諾したと認めるに足りる合理的理由が客観的に存在すると主張する場合は、労働者側は、これが存在しないことを基礎づける事情を主張立証すべきであるが、その場合、たとえば、当該降格についての使用者による説明が十分でなかったことや労働者がしぶしぶ降格を了解した状況などを、具体的に主張立証すべきである。

　さらに、同じ事案において、使用者側が、当該降格の業務上の必要性及び当該降格が雇用機会均等法の趣旨目的に実質的に反しないと認められる特段の事情があることを主張する場合は、労働者側は、これを否定する事情、すなわち、当該降格がない場合であっても業務上支障は生じないこと（あるいは、生じるとしてもその程度は大きくないこと）、当該降格に伴う業務負担の軽減の程度がさほど大きくないことなどを、具体的に主張立証すべきである。

　加えて、他の不利益取扱いの事案においても、使用者側の抗弁は同様のものとなるものと考えられるから、労働者側としては、上記同様の主張立証活動に努めるべきである。

Ⅳ　使用者側の主張立証上の留意点

1　セクハラ訴訟に関する使用者側の主張立証上の留意点

(1)　一般的な留意点

　セクハラ行為については、前記のとおりその事実の存在自体が重要な争点となることから、使用者側としても、加害者、被害者ほか関係人からの聞き取りを通じて、行為の存否について、適切な心証を持ち、これに応じて主張立証を行う必要がある。

　また、被害者側が違法なセクハラ行為であると主張する行為であっても、その行為の態様、行為者の職務上の地位、年齢、両者のそれまでの関

係、当該言動の行われた場所、その言動の反復・継続性、被害者の対応等に照らせば、かかる行為がいまだ違法ではないと評価される場合もあり得るところである[11]。

使用者側としては、セクハラ行為の有無について、的確な心証をもつとともに、当該行為が違法なセクハラ行為に当たらないと考える場合には、使用者側が考える適切な評価を具体的に主張する等して、反論、反証に努めることとなる。

なお、前記のとおり、原告代理人の訴訟活動においては、過去の長期間にわたったセクハラ行為のすべてをメリハリなく主張立証するようなケースもみられるところである。このような場合に、それに引きずられて、包括的に「すべて否認する」、「すべて争う」と認否することは相当ではない。使用者側としては、できるだけ個別に認否することが適切である。

また、使用者において、労働者がセクハラ行為を主張するに至った理由を把握している場合（たとえば、被害を主張する者が、加害者とする上司と当時交際していたところ、後日失恋したため、その腹いせとして提訴していると認められるケース）においては、使用者側としても、自らのストーリーを提示することが有用であろう。

さらに、使用者において、加害者がセクハラ行為をしていなかったことを示す証拠（出張等のアリバイ事実を示す出張命令簿、旅費精算書等）を有する場合には、その客観証拠を適時に訴訟に提出すべきである。

(2) 解雇に関する訴訟の場合

加害者または被害の虚言を流布した者を解雇するに当たっては、使用者側は、解雇権濫用等（労契法16条、17条）や懲戒権濫用（労契法15条）に当たらず、有効な解雇であることの主張立証をしなければならないのであるから、適切な調査を経て事実確認を行ったこと、警告書交付や戒告処分を行ったこと、それでも当該従業員が就業規則違反行為等を継続したこ

---

11) たとえば、「両者が当時恋人であったこと」は、セクハラ行為としての違法性を否定する方向の事実となる。

Ⅳ 使用者側の主張立証上の留意点 289

と（多くの会社では、会社秩序維持に反する行為を懲戒事由としているが、上司についてセクハラ行為をしたとの虚言を流布する行為は、かかる秩序維持に反する行為に当たり得る）等についての客観証拠を、訴訟において適時に提出することが必要である。

2 パワハラ訴訟に関する使用者側の主張立証上の留意点

(1) 一般的な留意点

　前記のとおり、パワハラの場合には、他人に心理的負荷を過度に蓄積させるような行為であっても、その行為が適切な注意指導の範囲を逸脱していなければ、合理的理由に基づいて、一般的に妥当な方法と程度で行われたものと評価することも可能であり、使用者側としても証拠評価の結果そのように考えるのであれば、かかる適切な注意指導の範囲を逸脱していないことの主張立証に傾注する必要がある。

　使用者側において、かかる主張立証を行うためには、個々のパワハラ言動の具体的態様等を的確に把握する必要がある。その場合も、セクハラ訴訟において明らかにされている前記具体的要素を意識することが有用である。

　なお、パワハラ行為の場合も、セクハラ訴訟と同様、労働者側の主張立証活動が散漫になりがちであり、使用者側としては、労働者側の主張立証が散漫である場合にも、できるだけ個別に認否して、効率的な、反論、反証活動を行うことが望ましい。

(2) 解雇に関する訴訟の場合

　加害者または被害の虚言を流布した者を解雇した場合に、その訴訟において、使用者側が事実関係の調査を尽くしたことや適切な手順を経たこと等を適時、適切に立証する必要のあることは、セクハラの場合と同様である。

3 マタハラ訴訟に関する使用者側の主張立証上の問題点

　雇用機会均等法や育児・介護休業法において認められている女性の権利の行使を妨げるような使用者側の言動について損害賠償を求められた場合には、その言動について適切に認否をした上で、上記1、2同様効率的な反論、反証活動に努めることが望ましい。

　また、妊娠中の労働者が労基法65条3項の軽易業務への転換を請求し、これとともに降格がされたような事案（前掲最一判平成26年10月23日・広島中央保健生協事件）においては、使用者側は、まず、当該降格を労働者が自由な意思に基づいて承諾したものと認められる合理的理由が客観的に存在することを主張することが考えられ、その場合、具体的には、当該降格を労働者が承諾するに至るまでに使用者が行った説明の内容、これに対する労働者の対応などを主張立証することとなる。なお、実務上は、承諾の有無自体も争われることがあるから、その承諾は、書面によってなされていることが望ましい。この主張をする場合、使用者側は、その承諾書面を速やかに提出すべきである。

　さらに、同じ事案において、使用者側としては、当該降格に業務上の必要性があり、当該降格が雇用機会均等法の趣旨目的に実質的に反しないと認められる特段の事情を主張することが考えられるが、その場合、当該降格がなければ業務上支障を生じることおよびその支障の程度が相当程度に達すること、当該降格に伴う軽易業務への転換による労働者の業務負担の軽減の内容や程度が十分なものであることなどを具体的に主張立証する必要があろう。また、使用者側としては、かかる主張の際に、降格後の業務の性質や内容、所属部署の組織や業務態勢および人員配置の状況、当該労働者の知識および経験等のほか、当該降格に至る経緯や当時示されていた労働者の意向等を具体的に明らかにすることが相当である。

　その他の不利益取扱いの事案においても、上記承諾や特段の事情が抗弁事由となり得るものとは解されるが、軽易業務への転換以外の事由を契機とした不利益取扱いに関して特段の事情の抗弁が認められるのは、より限定的と考えられることに留意する必要がある。

V　おわりに

　セクハラ・パワハラ・マタハラといったハラスメントに関する事案は、被害者ないし虚言により加害者とされた者のいずれにとっても早期解決が望ましく、労働者側にとっては、早期救済の必要性が高い事案であり、また、使用者側にとっても、企業のコンプライアンスの観点から座視できないものであり、当該被害事実の有無も含めて適切に確定されるべき事案であるから、迅速かつ適切な審理の要請が高い。

　そこで、何が骨格となるべき「加害行為」であるのかを適切に絞り込んで、双方にとって有益な訴訟進行がなされることが強く期待されるのであり、迅速適正な審理のための当事者の工夫が望まれる。

　また、ハラスメント事案は、主として事実認定等が問題となるから、事実審の早期において和解の途を探ることが相当であり、裁判所から和解勧試があった場合には、真摯にその方策を検討するなどして、迅速かつ適正な解決を図るべきである。

参考文献

・　経営法曹研究会報 69 号（経営法曹会議）。
・　新堀亮一「セクシュアル・ハラスメント」新大系16・労働関係訴訟Ⅰ79頁。
・　裁判法大系 21 。
・　山崎文夫『セクシュアル・ハラスメントの法理』（労働法令、2004）。

第15講

安全配慮義務

三島　聖子

I　はじめに

　労働者が、勤務先で勤務中に事故により受傷し、あるいは過重労働によって精神疾患に罹患する等した場合、労働者としては、勤務先に対し、安全配慮義務違反に基づく損害賠償を求めることが考えられる。

　この場合、労働者側・使用者側は、それぞれどのような主張立証を行うことが考えられるか。

　本講では、まず安全配慮義務違反に関する代表的な判例を検討し、その後労働者側・使用者側の主張立証について検討することとしたい。

II　労使関係における安全配慮義務について

1　安全配慮義務の根拠

　労災事故等において、労働者が使用者に責任を追及する場合、その法的構成は、伝統的には不法行為（民法709条等）を根拠としていたが、昭和47年後半ころから、下級審裁判例において安全配慮義務違反と構成するものが現れるようになり、以下の陸上自衛隊八戸車両整備工場事件最高裁判決[1] によって、信義則（同法1条2項）に基づき、使用者が安全配慮義

---

1)　最三小判昭和50年2月25日民集29巻2号143頁・陸上自衛隊八戸車両整備工場事件。

務を負うことが判例上確立された[2]。

(1) 陸上自衛隊八戸車両整備工場事件最高裁判決

この判決は、公務員（自衛隊員）の交通事故死亡事件において、国が自衛隊員に対し安全配慮義務を負うことを明らかにした判例である。

ア　事案の概要等

Xらの子である訴外A（昭和12年12月26日生。自衛隊員）は、昭和40年7月13日自衛隊の車両整備工場において車両整備中、訴外B運転の大型自動車の後車輪で頭部を轢かれて即死した。

Xは、①Y（被告、被控訴人、被上告人、国）は、B運転の自動車の運行供用者に当たるから、自動車損害賠償保障法3条に基づき本件事故によるAおよびXらの損害を賠償する責任がある、②Yは、自衛隊員の使用主として、隊員が服務するについてその生命に危険が生じないように注意し、人的物的環境を整備すべき義務を負担しており、本件において、Yは、危険防止のため、車両運転者には安全教育を徹底させ、車両を後進させる場合には誘導員を配置する等、隊員の安全に配慮すべき義務を負っていたのに、これを怠って本件事故を発生させたのであるから、AおよびXらの損害を賠償すべき義務がある、と主張した。

イ　判示内容

「国は、公務員に対し、国が公務遂行のために設置すべき場所、施設もしくは器具等の設置管理又は公務員が国もしくは上司の指示のもとに遂行する公務の管理にあたつて、公務員の生命及び健康等を危険から保護するよう配慮すべき義務（以下「安全配慮義務」という。）を負つているものと解すべきである。もとより、右の安全配慮義務の具体的内容は、公務員の職種、地位及び安全配慮義務が問題となる当該具体的状況等によつて異なるべきものであり、自衛隊員の場合にあつては、更に当該勤務が通常の作業時、訓練時、防衛出勤時（自衛隊法76条）、治安出勤時（同法78条以下）

---

2)　安全配慮義務は、安全保証義務と呼ばれることもあれば、職業病が問題となる場合などに健康配慮義務と呼ばれることもある。小畑史子「安全配慮義務」新大系17・労働関係訴訟Ⅱ 308頁、山川 216頁。

又は災害派遣時（同法83条）のいずれにおけるものであるか等によつて
も異なりうべきもの」である。

「右のような安全配慮義務は、ある法律関係に基づいて特別な社会的接
触の関係に入つた当事者間において、当該法律関係の付随義務として当事
者の一方又は双方が相手方に対して信義則上負う義務として一般的に認め
られるべきものであって、国と公務員との間においても別異に解すべき論
拠はな」い。

(2) 小括

労働契約関係において、使用者が被用者に対して安全配慮義務を負うか
否かについて、民法に明文の規定はないが、上記判例は、安全配慮義務
が、当事者間の法律関係の付随義務として、信義則上認められることを明
らかにした。

なお、安全配慮義務は、現在、労契法（平成19年11月28日成立、平成
20年3月1日施行）5条において「使用者は、労働契約に伴い、労働者が
その生命、身体等の安全を確保しつつ労働することができるよう、必要な
配慮をするものとする。」と規定されている。

労契法5条は、判例法理で確立している安全配慮義務を立法化したも
のであるが、安全配慮義務の内容のさらなる発展をも阻害しない形で、同
義務の要件・効果を明記することなく、労働契約の基本的ルールとして定
めている[3]。

2　安全配慮義務の具体的内容、主張立証責任等

次に、最高裁判例が、安全配慮義務をどのように把握しているのか、代
表的な判例を見ておきたい。

3）　荒木ほか・労契法92頁。

Ⅱ　労使関係における安全配慮義務について　　295

(1) 航空自衛隊芦屋分遣隊事件最高裁判決 [4]

ア 事案の概要等

Xらの子である訴外A（自衛隊員）は、空曹として人員、物資の輸送に従事していたが、ヘリコプターが回転翼の折損により墜落するという不慮の事故により死亡した。Xらは、Y（国）がAに対して負担する安全配慮義務に違反したため本件事故が発生したと主張した。

イ 判示内容等

「国が国家公務員に対して負担する安全配慮義務に違反し、右公務員の生命、健康等を侵害し、同人に損害を与えたことを理由として損害賠償を請求する訴訟において、右義務の内容を特定し、かつ、義務違反に該当する事実を主張・立証する責任は、国の義務違反を主張する原告にある、と解するのが相当である。」と判示し、安全配慮義務違反の事実の主張・立証責任は、これを主張する側にあることおよび主張・立証の対象となるのは、安全配慮義務違反に該当する具体的事実であることを明らかにした。

また、安全配慮義務の内容に関して、「ヘリコプターに搭乗して人員及び物資輸送の任務に従事する自衛隊員に対してヘリコプターの飛行の安全を保持し危険を防止するためにとるべき措置として、ヘリコプターの各部部品の性能を保持し機体の整備を完全にする義務」であることが間接に明らかにされている [5]。

ウ 小括

これによれば、安全配慮義務違反を主張する者は、単に抽象的な安全配慮義務の存在を主張するだけでは足りず、具体的安全配慮義務の内容を特定し、かつ、その不履行を主張立証しなければならない [6]。

この判決の事案に即していえば、ヘリコプターによる人員および物資の輸送の任務に従事する自衛隊員に対する安全配慮義務違反を主張する者は、「ヘリコプターの飛行の安全を保持し危険を防止するためにとるべき措置として、ヘリコプターの各部部品の性能を保持し機体の整備を完全に

---

4) 最二判昭和56年2月16日民集35巻1号56頁・航空自衛隊芦屋分遣隊事件。
5) 吉井直昭・最判解民事篇昭和56年度59頁。
6) 菅野632頁。

する義務」、すなわち部品の性能保持の義務と機体の完全整備義務を主張
立証する必要があることとなろう。

(2) 川義事件最高裁判決[7]

ア 事案の概要等

Xらの子Aは、入社間もないころに宿直勤務をしていた従業員である
が、宿直勤務中、窃盗の目的で侵入した元従業員に殺害された。Xらは、
Y社に対し、Y社の社屋に防犯ベルやのぞき窓、インターホン等を設置し
なかったこと、入社間もないA1人に特に休日夜間の宿直勤務をさせた
こと、徹底した従業員教育・安全教育を実施しなかったことなどが、安全
配慮義務違反に当たると主張し、損害賠償の支払を求めた。

イ 判示内容等

この判決は、「雇傭契約は、労働者の労務提供と使用者の報酬支払をそ
の基本内容とする双務有償契約であるが、通常の場合、労働者は、使用者
の指定した場所に配置され、使用者の供給する設備、器具等を用いて労務
の提供を行うものであるから、使用者は、右の報酬支払義務にとどまら
ず、労働者が労務提供のため設置する場所、設備もしくは器具等を使用し
又は使用者の指示のもとに労務を提供する過程において、労働者の生命及
び身体等を危険から保護するよう配慮すべき義務（以下「安全配慮義務」
という。）を負つているものと解するのが相当である。」と判示し、さら
に、「もとより、使用者の右の安全配慮義務の具体的内容は、労働者の職
種、労務内容、労務提供場所等安全配慮義務が問題となる当該具体的状況
等によつて異なるべきものであることはいうまでもない」と判示してい
る。

ウ 小括

この判決が挙げる、労働者の職種、労務内容、労務提供場所等の事情は
千差万別であり、ある具体的事案において、どのような内容の安全配慮義
務が認められるかについては、その労働関係を個別具体的に検討し、そこ

7) 最三判昭和59年4月10日民集38巻6号557頁・川義事件。

Ⅱ　労使関係における安全配慮義務について　297

にみられる諸事情を総合的に考慮した上で決するほかない[8]。

(3) 安全配慮義務の類型化

ここで、安全配慮義務がどのように類型化できるのかをみておくことと
する。

ア　まず、①物的環境を整備する義務、②安全教育を実施する義務等が
ある。①物的環境の整備として、裁判例では、「諸施設から生ずる危険が
労働者に及ばないように労働者を安全に保護する義務」「被用者が労働を
なすべき場所、設備、機械等につき被用者の生命及び健康等に危険を生じ
ないように注意する義務」などとされ、②安全教育の実施については、電
力会社の作業員が高圧線上で作業中に感電死した事故につき、電力会社が
十分な保護具や防具を備えておらず、かつ、安全教育も不十分であるとし
た裁判例や、作業員の墜落事故につき、「安全な養生網を設置すべき義務」
と「安全教育を施すべき義務」があるとした裁判例がある[9]。

イ　また、労務提供型の事故に関して、物的な環境につき、①労務提供
の場所に保安施設・安全施設を設ける義務、②労務提供の道具・手段とし
て、安全な物を選択する義務、③機械等に安全装置を設置する義務、④労
務提供者に保安上必要な装備をさせる義務が、また、人的措置として、⑤
労務提供の場所に安全監視員等の人員を配置する義務、⑥安全教育を徹底
する義務、⑦事故・職業病・疾病後に適切な救済措置を講じ、配置替えを
し、治療を受けさせる義務、⑧事故原因となり得る道具・手段につき、適
任の人員を配する義務に分類する見解がある[10]。

ウ　さらに、陸上自衛隊八戸車両整備工場事件最高裁判決以降、当初
は、主にじん肺訴訟、機械による事故、頸肩腕症候群等のいわゆる労災に
おいて安全配慮義務がとりあげられてきたが、平成に入ると、これらの訴
訟に加え、心筋梗塞、心不全や、うつ病等の精神的な作用による自殺等に
その適用範囲を広げ、近年は、喫煙被害、セクシュアル・ハラスメント等

---

8)　山口浩司「安全配慮義務の内容」新大系 17・労働関係訴訟 II 316 頁。
9)　塩崎勤・最判解民事篇昭和 59 年度 137 頁。
10)　國井和郎「第三者惹起事故と安全配慮義務」判タ 529 号 196 頁。

においても安全配慮義務が論じられるようになった。

　いかなる場面で安全配慮義務が論じられるかについては、議論のあるところであるが、最高裁判例では、様々な角度からの縛りをかけていることに留意したい[11]。

⑷　過重労働に起因する精神障害発症、死亡の事案について

　近年、労働者が長時間労働をはじめとする過重労働に起因する精神障害（うつ病等）を発症し、自殺するケースが社会問題化しており、安全配慮義務違反が問われるケースも出てきていることから、代表的な判例を取り上げておきたい。

　ア　電通事件最高裁判決[12]

　㋐　事案の概要、判示内容等

　Ｙ会社の元社員Ａが、入社約1年5か月後に自殺したことから、Ａの両親であるＸらが、会社に対し、ＡはＹ会社から深夜早朝に及び長時間労働を強いられたためうつ病を発症し、その結果自殺に追い込まれたと主張し、約2億2200万円の損害賠償を求めた。

　最高裁は、「使用者は、その雇用する労働者に従事させる業務を定めてこれを管理するに際し、業務の遂行に伴う疲労や心理的負荷等が過度に蓄積して労働者の心身の健康を損なうことがないよう注意する義務を負うと解するのが相当」と判断し、Ａの上司らには、Ａが恒常的に著しく長時間にわたり業務に従事していること及びその健康状態が悪化していることを認識しながら、その負担を軽減させるための措置を採らなかったことにつき過失があるとして、Ｙ会社の民法715条に基づく損害賠償責任を肯定した原審を是認した。

　㋑　小括

　上記判例は、使用者に使用者責任（民法715条）を認める際の判断であるが、その後の裁判例は、この注意義務と同一内容の義務を安全配慮義務

---

11)　酒井正史「職場環境に関する安全配慮義務をめぐる裁判例と問題点」判タ1192号64頁。

12)　最二判平成12年3月24日民集54巻3号1155頁・電通事件。

として肯定している。

イ　東芝（うつ病・解雇）事件最高裁判決[13]

㋐　事案の概要、判示内容等

　Ｙ会社の従業員であり、液晶ディスプレイ製造にかかるプロジェクトリーダーとして勤務していたＸが、時間外労働、休日出勤、深夜勤務等の過重業務を余儀なくされた結果、うつ病を発症し、増悪させたと主張し、安全配慮義務違反等に基づく損害賠償、未払賃金の支払等を求めた。原審は、Ｘは過重業務によってうつ病を発症、増悪したと判断し、安全配慮義務違反等に基づく損害賠償請求を認めたが、損害額の算定にあたり、Ｘが、神経科の医院への通院、診断に係る病名等を上司や産業医等に申告しなかったことは、Ｙ会社においてＸのうつ病の発症を回避したり発症後の増悪を防止する措置を執る機会を失わせる一因となった等と判断し、損害額の2割の過失相殺を認めた。

　これに対し、最高裁は、「上告人（筆者注：Ｘ）が被上告人（筆者注：Ｙ会社）に申告しなかった自らの精神的健康（いわゆるメンタルヘルス）に関する情報は、神経科の医院への通院、その診断に係る病名、神経症に適応のある薬剤の処方等を内容とするもので、労働者にとって、自己のプライバシーに属する情報であり」、「通常は職場において知られることなく就労を継続しようとすることが想定される性質の情報であったといえる。」と判示し、使用者において、「労働者にとって過重な業務が続く中でその体調の悪化が看取される場合には、上記のような情報については労働者本人からの積極的な申告が期待し難いことを前提とした上で、必要に応じてその業務を軽減するなど労働者の心身の健康への配慮に努める必要があるものというべきである。」と判示し、過失相殺をすることはできないと判断した。

㋑　小括

　上記判例は、過重業務によってうつ病が発症、増悪した場合において、

---

13)　最二判平成 26 年 3 月 24 日労判 1094 号 22 頁・判タ 1424 号 95 頁・東芝（うつ病・解雇）事件。

使用者の安全配慮義務違反を認めたうえ、その損害賠償額を算定するにあたり、当該労働者が自らの精神的健康に関する情報を使用者に申告しなかったことをもって過失相殺をすることはできないと判断したものである。

3　安全配慮義務違反の効果

(1)　はじめに

　安全配慮義務が契約上の付随義務であるとの理解に立つと、この安全配慮義務に違反した効果は、債務不履行として損害賠償責任が生じ、この賠償すべき損害の範囲は、民法416条によることとなる。

　したがって、損害の範囲は、原則として、通常生ずべき損害であり、特別事情による損害は、当事者がその事情を予見しまたは予見することができた場合に限り賠償することとなる。

(2)　損害の範囲

　労働契約における安全配慮義務違反による損害としては、通常、労働者の身体・生命が害されたことによる損害（人身損害）が考えられ、事案によっては、物的損害も生じ得る。そして、人身損害の場合における損害の範囲、算定方法については、実務上、交通事故の場合の基準と同様に解するのが相当であるとされている[14]。

　損害の範囲に関しては、まず、労働者の業務従事と当該負傷、疾病等との間に相当因果関係が存在するか否かが重要である。

　なお、労災保険給付の手続における「業務起因性」は、この相当因果関係に相当する概念である。そして、脳・心臓疾患における業務上認定の基準に照らし過重な業務への従事が認められる場合には、使用者において特段の事情を証明できない限り、業務従事と発症との相当因果関係が認められる傾向にあるとされている[15]。

[14]　大喜多啓光「損害の範囲」新大系17・労働関係訴訟Ⅱ373頁。

安全配慮義務違反によって傷害や死亡結果が生じた場合には、債権者の精神的損害は通常生ずべき損害として生じるとされている。この場合の慰謝料額については、交通事故による損害賠償の基準が参考にされる[16]。

　本人以外の配偶者や父母等の近親者については、判例は、これらの者は債務者（使用者）と契約関係に立たず、慰謝料請求権を認めることはできないとしている[17]。もっとも、死亡事故の場合、裁判実務は、不法行為と同様に、遺族に慰謝料請求権の相続を認めるので実際には差は生じない[18]。

(3) 素因減額・過失相殺

　業務従事と当該負傷、疾病等との間に相当因果関係が認められる場合であっても、同時に、労働者の基礎疾患が原因となっている場合、素因減額や過失相殺規定の類推適用はあるか。

　この点、最高裁は、業務上の過重負荷と従業員の基礎疾患とが共に原因となって、従業員が急性心筋虚血により死亡したことについて、使用者の不法行為を理由とする損害賠償額を定めるに当たり、公平の観点から過失相殺の規定（民法722条2項）を類推適用し、基礎疾患を斟酌できると判断した[19][20]。

　また、大阪高裁も、基礎疾患を有していた研修医が突然死した事案について、安全配慮義務違反における死亡逸失利益の算定に当たり、民法418条の規定を類推適用して、素因減額をし、損害額の算定に当たり、健康診断を受診するなどしかるべき処置を講じていれば発症回避の可能性があったとして、2割の過失相殺を認めた[21]。

---

15)　菅野637頁。
16)　大喜多・前掲注14) 377頁。
17)　最一判昭和55年12月18日民集34巻7号888頁・大石塗装・鹿島建設事件。
18)　岩村正彦・百選〔第7版〕141頁。
19)　最一判平成20年3月27日判時2003号155頁・NTT東日本北海道支店事件。
20)　菅野641頁。
21)　大阪高判平成16年7月15日労判879号22頁・関西医科大学研修医（過労死損害賠償）事件。

302　　第15講　安全配慮義務

いかなる場合にどの程度の過失相殺をすべきかについては、前出の電通事件最高裁判決が、「ある業務に従事する特定の労働者の性格が同種の業務に従事する労働者の個性の多様さとして通常想定される範囲を外れるものでない限り、……その性格及びこれに基づく業務遂行の態様等を、心因的要因としてしんしゃくすることはできない。」という枠を設けている。

また、過重業務によってうつ病を発症、増悪した事案において、労働者が、使用者に対して自らの精神的健康に関する情報を申告しなかったことをもって過失相殺をすることができないとされていることについては、前掲（2(4)イ）のとおり。

4 安全配慮義務違反と不法行為責任との関係

安全配慮義務は、これまで述べたとおり、判例によって債務不履行責任の1つとして構築された法規範であるが、民法等に明文の規定はない。そのため、法的な性質、適用領域等に曖昧な部分があり、安全配慮義務違反と同時に不法行為責任が問題となる場合に、不法行為責任との関係が問題となる。

(1) 主張・立証責任

不法行為責任の主張・立証責任は、これを主張する者が、加害行為、加害者の故意・過失、損害の発生、加害行為と損害との間に相当因果関係があることを主張することとなる。

他方で、安全配慮義務違反の主張・立証責任は、これを主張する者が、安全配慮義務の具体的内容、その不履行、損害の発生、安全配慮義務違反と損害との間に相当因果関係があることを主張するが、帰責事由については、この不存在を債務者（使用者）が立証する。この点で、負担の軽減が図られているようにみえるが、安全配慮義務違反を具体的に主張・立証する作業は決して容易ではなく、一概にそうとはいえない[22)]。

Ⅱ 労使関係における安全配慮義務について　303

⑵ 消滅時効の起算点

安全配慮義務違反に基づく損害賠償請求権は、同請求権を行使し得るとき（一般には損害発生時）から進行し、時効期間は 10 年である（民法 167 条）。ただし、長期にわたって症状が進行するじん肺の場合は、じん肺法所定の管理区分についての最終の行政上の決定を受けたときとされている[23]。

不法行為に基づく損害賠償請求権は、「損害を知った時」から時効が進行し、期間は 3 年である（民法 724 条）。

Ⅲ 具体的な想定例の下での主張立証について

1 問題

勤務中受傷し、その後会社に解雇された従業員が、会社に対し、会社の安全配慮義務違反によって受傷したにもかかわらず、これを理由に解雇することは不当であると主張する場合が考えられるが、この場合に、双方当事者の主張立証上の留意点は何か。

2 労働者側の主張立証上の留意点

⑴ 使用者が負うべき安全配慮義務の具体的な特定を欠いた主張

労働者側が、使用者側の安全配慮義務違反を理由として、解雇が不当であると主張する場合、安全配慮義務違反の事実は、解雇権濫用の評価根拠事実として、その具体的内容を主張・立証することとなろう。

労働者側が、使用者側に対して損害賠償請求をする場合、安全配慮義務違反と不法行為を併せて主張することがある。

上記 2 つの違いは、上記Ⅱ 4 において述べたが、安全配慮義務違反を

---

22) 小畑史子「安全配慮義務」新大系 17・労働関係訴訟Ⅱ 310 頁、星野雅紀「安全配慮義務をめぐる諸問題」同 328 頁。
23) 最三判平成 6 年 2 月 22 日民集 48 巻 2 号 441 頁・日鉄鉱業事件。

具体的に主張・立証する作業と、不法行為の違法性を特定する作業とは、重なる部分が出てくるであろう。

⑵　因果関係に関する主張立証についての意識不足

ところで、安全配慮義務違反を主張する場合、労働者側は、損害の発生も主張することとなる。損害を主張する場合、考えられる損害費目を漫然とすべて列挙するのではなく、当該損害が、安全配慮義務違反と相当因果関係のある損害といえるのか、検討した上で主張・立証するべきであろう。

3　使用者側の主張立証上の留意点

⑴　安全配慮義務を尽くしていたことについての具体性を欠いた主張立証

予見可能性の位置付けについては、議論のあるところであるが、使用者にとって予見し得ない事由によって生じた危険については、使用者側が損害賠償責任を負わないことについて異論はないところである。

使用者側としては、安全配慮義務違反の主張に対する反論として、使用者にとって予見し得ない事由であった、あるいは、予見し得た危険に対しては、これを回避すべく社会通念上相当な措置を講じていたと主張することになろう。これを主張する場合は、当該事案に照らして、具体的に、どのようなことが予見でき、あるいは予見できないものであったか、具体的に、どのような回避措置を講じたのか、主張することが必要である。使用者側の上記主張は、解雇の関係では、労働者側の、解雇権濫用の主張に対する、評価障害事実として位置付けられる。

⑵　過失相殺の評価根拠事実について的確な主張立証をしない場合

当該労災事故について、労働者側に何らかの過失があり、過失相殺の規定が類推適用され得る場合に、使用者がこれを主張しない場合、裁判所としては、労働者側の過失を斟酌できないか。この点、最高裁は、裁判所が

Ⅲ　具体的な想定例の下での主張立証について　　305

過失相殺の規定を類推適用するには賠償義務者による主張は必要ないと判断している[24]。

　したがって、使用者が主張しない場合でも、裁判所として、過失相殺を認めることは可能である。もっとも、実際の訴訟においては、不意打ち防止の観点から、過失相殺の部分についても、当事者に主張立証を尽くしてもらうことが妥当であろう。

---

24)　前掲注 19) 最一判平成 20 年 3 月 27 日・NTT 東日本北海道支店事件。

第16講

普通解雇と
解雇権濫用法理

伊良原　恵吾

Ⅰ　はじめに――解雇規制一般と解雇権濫用法理の必要性等について

1　「解雇の自由」とその修正法規

「解雇」とは、使用者による労働契約の解約である。

民法627条1項によると、当事者は、雇用に期間の定めがなければ何時でも解約の申込みをなすことができ、この場合、当該雇用契約は、解約の申込後2週間の経過によって終了する。このように民法は、期間の定めのない雇用契約における契約解除（解約）の自由、すなわち労働者の「退職の自由」のほかに、使用者の「解雇の自由」をも併せ保障している[1]。

他方、労働者は、労働契約を締結して使用者に雇用されることにより、生計を維持し継続的な収入を得る場を確保するとともに、これに付随して、その人格の発現や幸福追求の機会を得る。したがって、使用者が「解雇の自由」を盾に、一方的に労働契約を終了させる解雇の意思表示を行った場合、これにより労働者は、生計を維持し継続的な収入を得る場を失うとともに、その人格の発現や幸福追求の場を失うなどの人格的な不利益を被る。

1)　労基法制定・施行後しばらくの間は解雇には正当事由が必要であるとする見解が唱えられたが、これは民法上の解雇の自由（民法627条）を基礎とする現行法においては無理があることから通説化するには至らなかった（菅野737頁）。

そこで、使用者に保障された「解雇の自由」は、こうした労働者の雇用保障と不利益回避という観点からの修正が必要となり、今日では、(1)法令上および(2)当事者自治による多くの法的規制が加えられている（(1)「法令上の規制」の例として、①労基法3条、②雇用機会均等法8条、③労組法7条1号、④育児・介護休業法10条、16条、⑤労基法104条2項、労組法7条4号、⑥労基法20条、⑦労基法22条、⑦労基法19条と、(2)「当事者自治による規制」の例として、①労働協約、②就業規則、③個別労働契約による規制がある) [2]。

2 解雇権濫用法理の形成

しかし、解雇理由の規制が、このような法令や労働協約・就業規則上のものにとどまるとすると、使用者は、明文（個別的理由）による解雇規制に抵触しない限り、解雇自由の原則に基づき、労働者を自由に解雇することが可能になり、社会的相当性に欠ける無謀な解雇（例えば極端なケースではあるが、使用者が労働者を単に「気に入らない」という理由で解雇する場合など）が行われ、雇用社会に混乱や不安定をもたらすこともあり得る。そこで明文による解雇規制の不十分さと当事者自治による規制の限界を補うものとして、多数の裁判例の積み重ねによって解雇権濫用法理が形成された。

そして、その到達点ともいうべき最二判昭和50年4月25日民集29巻4号456頁・日本食塩製造事件は、「使用者の解雇権の行使も、それが客観的に合理的な理由を欠き社会通念上相当として是認することができない場合には、権利の濫用として無効になる」と説示し、この法理の内容を定式化するとともに、最二判昭和52年1月31日労判268号17頁・高

---

2) 争点〔第3版〕161頁。なお周知のとおり、上記の当事者自治による解雇規制に関連して、就業規則の解雇条項は解雇事由を限定列挙したものか、例示にすぎないかについては争いがあり、後者の限定列挙説が「判例」（最一判昭和49年7月22日民集28巻5号927頁・東芝柳町工場事件）のようであるが、ただ就業規則には「その他前各号に掲げる事由に準ずる理由」といった包括的条項が設けられているため、実際上は両説との間に大差はない。なお今日、労基法89条3号により解雇事由の定めは就業規則の絶対的必要的記載事項とされている。

308　第16講　普通解雇と解雇権濫用法理

知放送事件は、「普通解雇事由がある場合においても、使用者は常に解雇しうるものではなく、当該具体的な事情のもとにおいて、解雇に処することが著しく不合理であり、社会通念上相当なものとして是認することができないときには、当該解雇の意思表示は、解雇権の濫用として無効になる」と説示して、同法理における「相当性の原則」を明らかにした。

3　解雇権濫用法理の明文化

　この解雇権濫用法理は、30日前の予告をすれば解雇は自由とする民法・労基法の規定（民法627条、労基法20条）を大きく修正するものである。ところが具体的な適用基準が事例の蓄積にゆだねられていることもあって、中小企業・外資系企業等の経営者や一般労働者にはその存在および内容が認識困難なものであった。

　そこで、同法理の内容を法律の中に明文化して、解雇には客観的に合理的な理由が必要であるとの基本ルールとその判断基準を明確にすべきではないかという立法課題が諸方面から提起され、同法理は、平成15年労基法改正案に盛り込まれ、労基法18条の2として明文化された[3]。そして、この規定は、平成19年12月の労契法の成立によって、そのまま労契法16条に移し替えられた（労基法18条の2は削除）。

　労契法16条は、「解雇は、客観的に合理的な理由を欠き、社会通念上相当であると認められない場合は、その権利を濫用したものとして、無効とする。」と規定する。構造は簡明であるが、その意味するところは深い。すなわち、この規定によると、当該（普通）解雇が、「客観的に合理的な

3)　なお、国会提出案では「使用者は、この法律または他の法律の規定によりその使用する労働者の解雇に関する権利が制限されている場合を除き、労働者を解雇することができる。」と規定し、まずもって使用者の解雇権を宣言した上、そのただし書として「解雇は、客観的に合理的な理由を欠き、社会通念上相当であると認められない場合は、その権利を濫用したものとして、無効とする」と規定していたが、国会審議において、野党を通じて、解雇訴訟において使用者側に主張立証活動を行わせている現状を変更することになりかねないとの労働側の強い懸念が表明され、使用者の解雇権を宣言する本文を削除した経緯がある（菅野738頁注1)。

Ⅰ　はじめに——解雇規制一般と解雇権濫用法理の必要性等について　309

理由」を欠くものであったり、あるいは「社会通念上相当であると認められない場合」には、その権利を濫用したものとして無効とされるが、これを裏返していうと（普通）解雇は、「客観的に合理的な理由があり、かつ社会通念上相当であると認められる場合」に限り有効ということになるから、解雇には正当な事由が必要であるとする見解と本質的な差異はないことになり、このことは、解雇権濫用法理が、解雇権の行使を例外的に規制する通常の権利濫用法理としての性格を脱し、解雇権の行使を内在的に規制する法理へと発展したことを意味する[4]。

かくして解雇権濫用法理は、いわゆる「解雇の自由」（民法627条1項）を基礎としつつも、権利の濫用法理（民法1条3項）を梃子に、実質的には正当事由必要説に大きく接近したものと評することができる（なお、このことは、後に述べるとおり、訴訟実務上、解雇権濫用の主張立証責任の分配のあり方等に影響をもたらす）[5]。

4 本講の目的

ただ、その要件である正当事由（＝「客観的に合理的な理由があり、かつ社会通念上相当であると認められる場合」）の有無を判断するに当たって、どのような要素を考慮すべきかは、個々の事案ごとに裁判官の心証、判断にゆだねられている。とりわけ人的事由を理由とする普通解雇においては、整理解雇とは異なり、諸般の事情の総合勘案という枠組の中で結論が示されるのが一般的であって、裁判規範としてはもとより、行為規範としても

---

[4]　土田・労契法659頁、なお、菅野737頁。
[5]　日本食塩製造事件最高裁判決の調査官解説（越山安久）は、「『使用者において被告知被用者の人格もしくは行動に帰すべき事由またはその被用を継続使用することのできない等の事由を証明しない限り解約告知を有効にすることはできない』とするドイツ連邦共和国解雇制限法一条のような特別規定のない現行法のもとでは、正当な事由がない限り解雇はできないという前提をとるのは疑問とも考えられる」としつつ、他方で、この解雇権濫用法理について、「説明としては解雇権の濫用という形をとっているが、解雇には正当な事由が必要であるという説を裏返したようなものであり、実際の運用上は正当事由必要説と大差はないとみられる。」と解説している（越山安久・最判解民事篇昭和50年度175頁）。

310　第16講　普通解雇と解雇権濫用法理

不明確さが残る。

　もとより、普通解雇事案は千差万別、多種多様であって、すべての事案において通用する判断基準は存在しない。しかし、一方で、普通解雇の有効性判断に一定の予見可能性と具体的妥当性をもたらすような「もの差し」（判断枠組）程度のものは必要であるし、また、そのような「もの差し」を探求することは不可能ではない。

　本講は、能力主義・成果主義的人事管理制度の下、これまで以上に増加することが予想される「能力不足、成績不良等の人的理由による普通解雇」に対する解雇権濫用法理（労契法 16 条）の適否とその限界について、設例をもとに検討を加えるとともに、実務上の処理のあり方について、若干の分析検討を試みることを目的としており、以下、この「もの差し」としての法的な判断枠組にどのようなものがあるかにつき検討する[6]。

Ⅱ　判例の考え方・実務の運用——解雇権濫用法理の適用要件

1　法的な判断枠組みとその判断のあり方[7]

⑴　法的な判断枠組みとしての要件構成

　解雇権濫用法理の適用要件として、労契法 16 条は、当該普通解雇が、「客観的に合理的な理由を欠き、社会通念上相当であると認められない場合」であること、という要件を規定しているが、ここで着目すべきは、「客観的に合理的な理由を欠き」と「社会通念上相当であると認められない場合」との間に句読点が介在している点である。すなわち、この句読点の存

---

[6]　なお、ここでいう法的な判断枠組とは、ある問題に対する答えを一義的に定める「準則」という意味でなく、その答えをあるべき特定の方向に導く力として作用するにとどまる「原理・原則」という意味で使用していることに留意されたい。この法的な判断枠組の下では当然に対立する諸価値の容認とその価値衡量が前提とされているのであって、単なる杓子定規な「準則」的運用を希求するものではない。

[7]　類型別実務 256 頁～ 259 頁（第 5 章 Q14 ～ Q19）も参照のこと。

在に法的意味を認め、「解雇の客観的に合理的な理由」の有無の判断と、「解雇が社会通念上相当であると認められない場合」か否かの判断を区別し、異なる適用要件として二元的に捉えるのが相当であるのか、それとも両者を区別せず、一元的なものと捉えるのが相当か、という問題が生じる。

日本食塩製造事件最高裁判決の判文をみると「使用者の解雇権の行使も、それが客観的に合理的な理由を欠き社会通念上相当として是認することができない場合」とあり、両者を識別する句読点は存在しない。そのためか、下級審裁判例の中には、この2つの判断を識別せず、一体的な判断を下すものが見られる。

しかし、両者は、その判断の性質を異にする。すなわち、前者は、客観的ないし類型的な見地からみた解雇事由の有無の判断（就業規則上の解雇事由該当性という客観的・類型的判断）であるのに対し、後者は、前者が充足されていることを前提に、当該解雇の個別事情を踏まえた解雇の社会的相当性を問題とする判断（労働者の情状、処分歴、他の労働者との処分の均衡、解雇手続等の適正さを総合勘案した個別的・具体的判断）である。

とりわけ、普通解雇は、整理解雇のように労働者の選択基準や集団的な手続などが問題となる契機はなく、労働者側の人的事情、すなわち債務不履行や履行不能など労働契約の存続を危殆化するような解雇事由が存するか否かが決定的に重要となることから、客観的・類型的な判断と個別的・具体的な判断を区別することは大きな意義を持つものと解される。

以上によると、法的な判断枠組みの在り方としては、「解雇の客観的に合理的な理由」を欠くか否かの判断（以下「第1要件」という）と、「解雇が社会通念上相当であると認められない場合」か否かの判断（以下「第2要件」という）を区別し、異なる要件を構成するものと解するのが相当である[8]。

---

8) 土田・労契法662頁、土田道夫「解雇権濫用法理の法的正当性」日本労働研究雑誌491号5頁、菅野739頁。根本到「解雇事由の類型化と解雇権濫用の判断基準——普通解雇法理の検討を中心として」（日本労働法学会誌99号52頁以下。以下「根本論文」という）58頁がある。

(2)　法的な判断枠組みにおける「もの差し」（法原則）の内容

　労働契約における普通解雇権の行使は、①労働契約のような継続的な契約関係が労働者の債務不履行等によって破綻している場合に、これを将来に向かって一方的に解消するために使用者に留保された手段であって、②その性質上、相手方当事者である労働者に対し大きな人的・経済的不利益を与える危険性を有している。

　もとより、このような普通解雇権の二面的な性格（二面性）をどのように捉えるかは、法政策上は様々な考え方があり得るところであろうが、ただ、事実上はもとより、法的側面においても、労働契約の当事者である労働者と使用者との間には「使用従属関係」が成立しており、両者は対等ではなく、使用者が構造的に優位に立つ関係にある。そうすると、このような優越的な地位にある使用者の一方的な意思表示によって雇用契約を終了させる解雇権の行使は、その必要かつ合理的な限度で許容されるものというべきであるから、①雇用契約の履行に支障を及ぼす債務不履行事由が将来にわたって継続するものと予測される場合に、②その契約を解消するための最終的手段として行使されるべきものであると解するのが相当と思われる。

　以上によれば、上記①（将来的予測性）および②（最終的手段性）の要請は、労働契約の本来的な性格から導かれる制約として、解雇に関する法原則を構成することになるから（以下①を「将来的予測の原則」、②を「最終的手段の原則」という）、上記法的な判断枠組みの中で、十分に検討する必要がある[9]。

---

9)　根本論文 61 頁以下。なお、この根本論文は、土田・労契法 664 頁の脚注 84 において、「最終的手段の原則」が整理解雇のみならず、普通解雇にも適用されることを説得的に説く論文であるとして引用されているほか、菅野 738 頁の脚注 18 においても引用されている。なお、菅野 739 頁は、第 1 要件と第 2 要件を区別する見解に立ちつつも、本文で問題とされている「最終的手段の原則」等は、第 2 要件について、「裁判所は、一般的には、解雇の事由が重大な程度に達しており、他に解雇回避の手段がなく、かつ労働者の側に宥恕すべき事情が殆どない場合にのみ解雇相当性を認めている」と要約している。

⑶　法的な判断枠組みにおける「もの差し」の位置付け

　では、上記「もの差し」としての法原則と上記⑴で検討した解雇要件との関係はどうか。

　この点、上記法原則のうち「将来的予測の原則」は第 2 要件（相当性の判断）において検討するとする見解もある[10]。しかし、第 1 要件は、客観的ないし類型的な見地からみた解雇事由の有無の判断であるのに対し、第 2 要件は、前者が充足されていることを前提に、当該解雇の個別事情を踏まえた解雇の社会的相当性を問題とする判断であるところ、「将来的予測の原則」に関する判断は、もっぱら、認定された労働者の解雇事由（債務不履行事由）の内容、態様、程度等に依拠した類型的、客観的な性格が強い。そして、「最終的手段の原則」に関する判断は、かかる将来的予測の原則に関する判断を踏まえたものである必要があり、その意味で、両者は密接不可分な関係にあるから、将来的予測の原則だけでなく、最終的手段の原則も当該解雇に「客観的に合理的な理由」があるか否か判断の中で検討するのが合理的であるように思われる[11]。

2　第 1 要件（客観的に合理的な理由を欠くか否か）の判断枠組

　そこで以上の検討結果を踏まえ、いわゆる就業規則の限定列挙説を前提に、第 1 要件すなわち「解雇の客観的に合理的な理由」の有無の判断のあり方について分析する。

　なお、解雇の「客観的に合理的な理由」の類型としては、一般に、①人的事由による解雇、②経済的事由（会社経営上の事由）による解雇、②ユニオン・ショップ協定に基づく組合の解雇要求があるとされるが、冒頭で述べたとおり、本講は、①の人的事由による解雇の 1 つである「能力不足、成績不良等を理由とする普通解雇」を考察の対象としており、した

---

10)　菅野 739 頁。
11)　土田・労契法 664 頁参照。もっとも、この問題は理論上、一義的に決定されるべき問題ではなく、いずれの要件レベルで検討するのが解雇権濫用法理の合理的運用に資するかという観点から決すべきものであろう。

がって、以下においては専ら人的事由による解雇を念頭に検討を加える。

⑴　分析の手順①（解雇事由の特定）

まず第1に、解雇の客観的に合理的な理由を基礎付ける前提事由として、どのような就業規則所定の債務不履行事由（解雇事由）が主張されているのかを明らかにする必要がある。労働者は、雇用契約に基づき賃金に見合った適正な労働を提供する義務を負っており、かかる労働義務の不履行が普通解雇の法的契機として解雇事由を構成しているからである。

この労働義務の不履行（解雇事由）を基礎付ける事由の典型例として、①労働者の傷病や健康状態に基づく労働能力の喪失、②勤務能力・成績・適格性の欠如、③職務懈怠（欠勤、遅刻、早退、勤務態度不良等）、④経歴詐称、⑤非違行為・服務規律違反（業務命令違反、不正行為等）を挙げることができ、就業規則上、①は「身体・精神の障害により業務に耐えられないとき」等、②は「労働能力が劣り、向上の見込みがないこと」等、③は「勤務状況が著しく悪く、改悛の見込みがないこと」等、と定められることが多い。

ここで、労働契約の本体的義務である労務提供の前提をなす職務遂行能力に喪失・低下ないし不足が認められる類型（以下「解雇類型Ａ」という）として①および②を、労働契約上の義務違反（付随義務を含む）が認められる類型（以下「解雇類型Ｂ」という）として③ないし⑤を区別しておくことが、後に上記解雇に関する法原則の適用を考える上で有用である。

⑵　分析の手順②（将来的予測の原則に基づく検討）

第2に、分析の手順①において認定した労働者の解雇事由（債務不履行事由）は、その内容、態様、程度等からみて、将来にわたって存続し、労働契約の継続・実現にどのような影響（支障）を与えるかを予測検討する必要がある（将来的予測の原則）。この際の視点は以下のとおりである。

　ア　解雇類型Ａについて

解雇事由①（傷病等による労働能力の喪失）については、その程度や性質

を検討し、当該病気等が労働義務の履行を期待することができないほどの重大なものであるか否かの見定めが重要である。

そして、この見定めにおいては、医師等による傷病休職中の回復状況に関する客観的な専門的判断を踏まえ、労働者が現に従事している業務への業務適格性が真に認められないか否かを慎重に判断する必要がある。

解雇事由②（勤務能力・成績・適格性の欠如）については、労働契約上、当該労働者に求められている職務（遂行）能力の内容を検討した上（専門的能力が求められる労働者か、責任の重い管理能力が求められる労働者か等）、その職務能力の不足（欠如）が、労働契約の継続を期待することができないほど重大なものであるか否かを見定める必要がある。

そして、この見定めにおいては、当該労働契約締結の経緯・経過、内容等からみて客観的、総合的に行うべきものであって、使用者の主観的な評価（人事考課）は、その際の一資料にとどまる。

イ　解雇類型Bについて

この類型に属する③（職務懈怠）、④（経歴詐称）および⑤（非違行為・服務規律違反）の類型としては、労働契約に基づく労務提供義務ないしは付随義務（企業秩序遵守義務・誠実義務違反）が問題となる。そのため、その各義務違反の程度や反復継続性を検討した上、当該労働者に改善・是正の余地がなく、労働契約の継続が困難な状態に達しているか否かの見定めが重要である。

そして、この改善・是正の余地等の有無の見定めにおいては、使用者の主観的な評価だけでなく、過去の義務違反行為の態様等、これに対する労働者自身の対応等を総合勘案し、客観的な見地から判断すべきである。

⑶　分析の手順③（最終的手段の原則に基づく検討）

第3に、分析の手順②において見定めた解雇事由の継続性（重大性）を踏まえ、客観的にみて、使用者にそれでもなお雇用の義務を負わせることができるか、そして、これができる場合には、期待可能な解雇回避措置としてどのようなものがあり、使用者はこれを尽くしたものといえるかを分析検討する（最終的手段の原則）。この際の視点は以下のとおりである。

ア　解雇事由が重大と認められる場合＝解雇回避措置義務の緩和

分析の手順②における検討の結果、解雇類型AおよびBいずれにおいて
も、当該解雇事由が、使用者において甘受し得ないほどの著しい負担をも
たらし、労働契約の継続を期待することができないほどに重大かつ深刻な
ものである場合、使用者の雇用を維持する義務は大きく後退する。

その結果、使用者が解雇回避措置を尽くしたとはいえない場合であって
も、当該解雇は「客観的に合理的な理由」があるものと評価され得る。

イ　解雇事由の重大性が不十分な場合＝解雇回避措置の検討

他方、当該解雇事由が、使用者において甘受し得ないほどの著しい負担
をもたらし、労働契約の継続を期待することができないほどに重大かつ深
刻な状態に達しているとは認められない場合、使用者は、雇用を維持する
義務を免れない。その結果、使用者は、期待可能な限りにおいて、解雇回
避措置を尽くす必要があり、その義務を尽くしたとはいえない場合には、
当該解雇は、「客観的に合理的な理由」に欠けるものと評価される。

ここで、使用者が、雇用を維持するための解雇回避措置としてどのよう
な手段・方法を選択すべきであるかは、分析の手順②で検討した解雇事由
の内容、性質等の重大性の程度をも考慮に入れて決すべきである。

解雇回避措置としては、①使用者による注意・指導、是正警告等のほ
か、②職種転換、配転・出向、休職等の軽度の措置が考えられるところ、
人的理由による普通解雇の場合、労働者の人的事情の性質に応じた解雇回
避措置が求められることから、職務転換を目的とした配転等や教育的措置
が一般的に問題とされ、この点は、基本的に解雇類型A・Bによる違いは
ない。使用者は、当該事案の解雇事由の内容・性質と程度に応じた解雇回
避措置の有無を検討し、これを実施する必要がある（最終的手段の原則）。

もっとも、解雇事由に応じた解雇回避措置といっても、労働者の能力・
適性、職務内容、企業規模その他の事情を勘案して、使用者に当該解雇回
避措置を期待することが客観的にみて困難な場合には例外を認める余地が
ある（これを「期待可能性の原則」という）。

⑷　具体的事例の検討例

　以下では、上記で検討した「法的な判断枠組と分析手順」について、解雇類型Ａ－②（能力不足、成績不良、適格性の欠如）に関する裁判例等を素材に、やや具体的な検討を試みる[12]。なお、裁判実務では、第1要件（客観的に合理的な理由）は、就業規則上の解雇事由該当性の存否として検討されるのが一般である。すなわち上記分析の手順①により確定した就業規則上の解雇事由に上記の各法原則の趣旨を踏まえ合理的な限定解釈を加えた上、これに上記分析の手順②および③の検討結果を当てはめる、というパターンを踏むことになる。

　　ア　解雇事由の特定と解雇事由に関する将来的予測

　「能力不足・成績不良・適格性の欠如」は、労働義務の不完全履行として解雇事由の1つとなる（分析の手順①）。ただ、能力不足等それ自体が直ちに解雇事由となるわけではなく、能力不足等による解雇が正当か否か（つまり「客観的に合理的な理由」があるか否かの判断）を判断するに当たっては、「その能力不足等が労働契約の継続を期待し難いほど重大なものであるか否か」を慎重に予測検討する必要がある（分析の手順②）。

　　イ　解雇事由が重大と認められる場合＝解雇回避措置義務の緩和

　その結果、労働契約上、当該労働者に要求されている職務能力のレベルからみて、当該能力不足等の程度が、使用者において甘受し得ないほどの著しいものであって、労働契約の継続を期待し難いほど重大かつ深刻な場合には、使用者の雇用を維持する義務は大きく後退し、必ずしも解雇回避措置を尽くしたといえない場合であっても、当該解雇は、「客観的に合理的な理由」があるものと評価される（分析の手順③）。

　その典型例としては、①成果主義の下で成果の発揮が求められる管理

---

12)　従来、この能力等の人的理由に基づく解雇について、学説上、「（労働者の）矯正することのできない持続性を有する素質、能力、性質等に起因してその職務の円滑な遂行に支障があり、又は支障を生ずる高度の蓋然性が認められる場合」に、「当該職場の種類、内容、目的等との関連を重視」しつつ、「特別に厳密、慎重な考慮」の下に解雇の有効性を判断すべきとの主張がされていた（野田進「解雇」講座⑽ 208頁）。

職、②高度な職務遂行能力を求められる専門職、③職種・地位を特定して雇用される中途採用者を挙げることができる。これらの者に対する使用者の人事裁量権（配転、降格命令権等）は、労働契約が予定する職務の性質上、大幅に制約されていることから、その反面として解雇における使用者の雇用維持義務は大きく後退し、義務そのものが否定される事案もあり得る。

　①管理職や②高度専門職の場合、一般に、その職責上、能力・成績不良は一般従業員よりも厳しく判定され、その程度が著しい場合には、使用者の雇用を維持する義務は大きく後退し（ただし、ある程度の事前指導・注意、職種転換による雇用継続の努力は必要であって、全く解雇回避措置の検討が不要とはならない）、能力向上等の機会（解雇回避措置）を与えることなくして行った解雇も正当とされる可能性が高い。参考裁判例としては、インスタレーション・スペシャリスト（IS＝顧客企業の役員および管理職に対して適切な質問を行うことなどを通して自らの問題意識と解決への意欲を生じさせ、協同して問題の解決策を作成実行していく職種）として採用された従業員の解雇に関する東京地判平成 12 年 4 月 26 日労判 789 号 21 頁・プラウドフットジャパン事件がある[13]。

　③雇用の流動化の下、地位や職種を特定されて中途採用される管理職、専門職従業員については、一般従業員としての適格性の問題ではなく、当該地位に要求される高度の職務能力や適格性が判断の基準とされ、その基準を満たさない場合には、上記①や②以上に使用者の雇用を維持する義務

---

13)　同判決は、原告は、被告に雇用された後、約 1 年半の間に 5 つのプロジェクトに従事したが、そのうちの 1 つを除くプロジェクトにおいて、IS として求められる能力や適格性の点において未だ平均に達していない状態が続いていたと認定した上、「今後も原告を雇用し続けて IS として求められている能力や適格性を高める機会を与えたとしても、原告が IS として求められている能力や適格性の点において平均に達することを期待することは極めて困難であった」として、就業規則所定（「その職務遂行能力に不適当」または「その職務遂行に不十分又は無能」）の解雇事由に該当し、かつ、被告は原告を上記プロジェクトから外した後も、IS とは別の職務を提供して原告の雇用を継続しようとする提案をし、原告との間で、約 3 か月にわたり交渉を重ねたものの妥協点を見出すことができず、交渉中断後 2 か月余り経過後に解雇に至った経緯に照らすと、解雇は正当であると判断した。

Ⅱ　判例の考え方・実務の運用──解雇権濫用法理の適用要件　　319

は後退し、ほとんど解雇回避措置がとられていない場合であっても、当該解雇は正当とされ得る。参考裁判例としては、職歴、特に海外の重要顧客であるＡ社での勤務歴に着目し、業務上必要な英語および日本語の語学力、品質管理能力を備えた即戦力の人材であると判断して、品質管理部海外顧客担当で主事１級との待遇で中途採用した者の解雇に関する東京地判平成 14 年 10 月 22 日労判 838 号 15 頁・ヒロセ電機（解雇無効確認）事件がある[14]。

　ウ　解雇事由の重大性が不十分な場合＝解雇回避措置の検討

　他方、長期雇用システムの下、労働契約上、使用者に広範な人事裁量権が認められる従業員（とくわけ若手・中堅従業員）については、その反面として、使用者の雇用を維持する義務は軽々に後退せず、使用者は然るべき解雇回避措置を実施する必要がある。したがって、その職務能力の不足等による解雇が正当とされるためには、当該労働者に要求されている職務遂行能力のレベルからみて、再々の指導、教育、研修会の付与によっても容易に是正し難い程度に達し、職務遂行上の支障（またはその蓋然性）を発生させていることを必要とし、また、仮に、そのような支障を発生されている場合であっても、配転・降格等によって当該労働者の能力を向上させ活用する余地があれば、それらの解雇回避措置によって雇用を継続する努力が求められる（分析の手順③）。

---

14)　同判決は、上記のような中途採用者の解雇事案においては、長期雇用を前提とし新卒採用する場合と異なり、使用者が最初から教育を施して必要な努力を身に付けさせるとか、配転等の職種転換を検討すべき場合ではなく、労働者が雇用時に予定された能力を全く有さず、これを改善しようともしない場合には就業規則所定の解雇事由（「業務遂行に誠意がなく知識・技能・能率が著しく劣り将来の見込みがない」）に該当するとした上、①原告は、Ａ社ではさしたる勤務経験を有さず、品質管理に関する専門的知識や能力が不足していること、②原告が作成した英文の報告書には、いずれも自社や相手方の名称、クレーム内容など、到底是認し難い重大な誤記、誤訳がみられ、期待した英語能力に大きな問題があるばかりか、日本語の能力も当初履歴書等から想定されたものとは異なり極めて低いものであったこと、③原告は、英文報告書に関しては上司の点検を経て海外事業部に提出せよとの業務命令に違反し、上司の指導に反抗するなど、勤務態度も不良であったことなどを指摘し、解雇は正当であると判断した。なお、この類型に属する最近のものとしては、メルセデス・ベンツ・ファイナンス事件（東京地判平成 26 年 12 月 9 日労経速 2236 号 20 頁）がある。

参考裁判例としては、①作品未提出の生徒に対する成績評価が内規の趣旨に反し誤りがあること等を理由として行われた家庭科教諭に対する解雇に関する東京高判平成 7 年 6 月 22 日労判 685 号 66 頁・学校法人松蔭学園（森）事件[15]、②人事考課の相対的評価が平均的水準に達しない従業員の解雇に関する東京地決平成 11 年 10 月 15 日労判 770 号 34 頁・セガ・エンタープライゼス事件[16]、③コンピューターの入力ミス等を繰り返し、これを放置して別の新たなミスを生じさせるなどした成績不振の従業員に対する解雇に関する大阪地判平成 14 年 3 月 22 日労判 832 号 76 頁・森下仁丹事件[17] などがある[18]。

エ　例外類型——期待可能性の原則の適用事例

　もっとも、使用者の雇用を維持する義務が大きく後退することのない類

---

15)　同判決は、①就業規則所定の「職務に適格性を欠くとき」とは、それが教職員の解職事由であることに照らすと、当該教職者の容易に矯正し難い持続性を有する能力、素質、性格等に起因してその職務の遂行に障害があり、または障害が生ずるおそれの大きい場合をいうものと解した上、②作品未提出者等についての当該家庭科教師の評価方法には内規の趣旨に沿わない点があり、また、注意力にも欠ける点は認められるものの、当該内規を実技系の教科に適用する場合その内容は抽象的で、指針としても不明確であって、この点につき教科会においても十分な議論等がされていなかったこと、使用者である学園側もこのことを知る機会があったにもかかわらず長期間放置してきた経緯があることなどを理由に挙げ、③当該家庭科教師の評価方法は、教科会の取決め、指導に反して行われたものではなく、適確な指導により是正することは十分可能であったなどとして、こうした是正努力を尽くさずにした解雇は、就業規則所定の解雇事由には当たらず無効というべきであるとした。

16)　同決定は、①就業規則にいう「労働能率が劣り、向上の見込みがないと認めたとき」とは、他の解雇条項との比較からみて、平均的な水準に達していないというだけでは不十分であり、著しく労働能率が劣り、しかも向上の見込みがないときでなければならないと解した上、②債権者は平均的な水準に達しているとはいえないし、債務者の従業員中下位 10% 未満の考課順位ではあるものの、その人事考課は相対評価であって、絶対評価ではないことからすると、そのことから直ちに著しく労働能率が劣り、しかも向上の見込みがないときに当たるものということはできないこと、そして③債権者は担当業務である外注管理をこなすだけの英語力がなく、外注先から苦情を受けるなど対応に不適切なところがあるが、新入社員の指導を担当したり、一貫してアルバイト従業員の雇用管理に従事し、アルバイトの包括的な指導、教育等に取り組む姿勢を見せていたなどからみて、さらに体系的な教育、指導を実施することによって、その労働能率の向上を図る余地もあるというべきであるとして、これを十分に尽くさず、かつ配置転換等により雇用を維持するための努力をしていない解雇は、正当な解雇とはいえないとした。

型においても、客観的にみて解雇回避措置を尽くすことを期待できないような例外的な事情が認められる場合には、使用者は、雇用を維持するため解雇回避措置を尽くす義務を免れ、当該解雇は正当とされる。

　その例外事情が認められる場合としては、企業規模が小さく職種転換の余地がない場合のほか、指導・教育や配転等によっても能力・適性が向上せず、改善の余地がない場合などが考えられる。参考裁判例としては、やや古いが、東京地決昭和 58 年 12 月 14 日労判 426 号 44 頁・リオ・テイント・ジンク（ジャパン）事件がある [19]。

17)　同判決は、①原告はリストラの対象とされた平成 8 年以前には概ね標準の評価を受けていたこと、②同年以降平成 11 年 3 月までの成績不振については、被告の営業自体が不振であったことなども考慮すれば、これを一概に非難することはできないこと、③平成 11 年 10 月以降の業務は原告にとって慣れない業務であったこと、④被告には原告がミスなく業務を行うことができる職種もあること、⑤就業規則には人事考課の著しく悪い者等について降格という措置も予定されていたことなどの事情を考慮すると、未だ原告について被告の従業員としての適格性がなく、解雇に値するほど「技能発達の見込みがない」とまではいえないと判断し、解雇の正当性を否定した。

18)　菅野 742 頁は、東京地決平成 13 年 8 月 10 日労判 820 号 74 頁・エース損害保険事件の説示を引用し、長期雇用慣行企業における勤務成績不良社員の解雇については、長期雇用・長期勤続の実績に照らして、単に成績が不良というだけでなく、それが企業経営に支障を生ずるなどして企業から排斥すべき程度に達していることが、裁判所の典型的な判断態度であるとしている。

19)　同決定は、解雇は、労働者にとって生活の基盤を覆滅させるものであるから、勤務成績が不良であることを理由として解雇する場合には、使用者においてその是正のための努力をし、それにもかかわらず、なおその従業員を職場から排斥しなければ適正な経営秩序が保たれない場合に初めて解雇が許されるとした上、①債権者が犯したテレックス業務および統計関係業務における誤りの内容は些細なものも中にはあるが、一方、単なる不注意による誤りとして看過することもできないものもあること、②債権者は上司・同僚を名指しし、口汚く個人攻撃をした文書を配布し、職場における人間関係を悪くするような事態を自ら招いていること、③債務者においては債権者の職務内容につき再三検討を加え、専務の直属下において努力をする機会を与えるなどの配慮をしているにもかかわらず、債権者は自己の事務処理の誤りにつきこれを素直に反省し改善しようとする態度がうかがわれないこと、④債務者は従業員が十数名という小規模の企業であって、債権者の資質、能力に適した他の職場に配置することは困難であると認められること等の事情を総合勘案すると、就業規則所定の「勤務成績又は能率が不良で就業に適しないと認められた場合」等に該当し、解雇は正当であるとした。

3 第2要件（解雇の社会的相当性）の判断枠組

(1) 原則的な判断枠組

第2要件（解雇の社会的相当性）の判断は、第1要件（解雇の客観的合理性）を満たすことを前提に、なお解雇権の行使に当たって求められる要件であって、そこでは、当該労働者に有利となり得る、あらゆる事情（不法な動機・目的、労働者の情状、他の労働者の処分との不均衡、使用者の対応・落ち度、解雇手続の不履践等）をしんしゃくすべきであるが、ただ、その判断に当たっては、第1要件において検討された解雇事由の内容、性質、程度等との関係（バランス）も併せ考慮する必要がある場合が多い。

すなわち、解雇に「客観的に合理的な理由」が認められる場合であっても、本人の情状（反省の態度、過去の勤務態度・処分歴、年齢・家族構成等）、他労働者の処分との均衡、使用者側の対応・落ち度等に照らして、解雇が過酷に失すると認められる場合には、当該解雇は社会的相当性を欠き、解雇権の濫用として無効となる。

その典型例が前掲高知放送事件最高裁判決である。同最高裁判決は、宿直勤務のアナウンサーが寝過ごしてニュース放送に穴をあける事故を2週間のうちに2度も起こして解雇された事案において、就業規則所定の解雇事由該当性を認めつつ、①本人の悪意・故意によるものでないこと、②本人が謝罪していること、③ともに宿直した記者も寝過ごしており、その第2事故の記者は譴責処分を受けたにすぎないこと、④会社が放送事故への対応を講じていなかったことなどの事情を総合すると、当該解雇は、社会的相当性があるとして是認することはできないと考えられる余地があり、解雇権の濫用に当たると判断した。

もっとも、解雇が過酷に失するか否かの判断は、労働者に有利な事情だけでなく、解雇事由の性格（非違行為としての重大性の程度）等をも併せ考慮して決すべき問題であり、たとえば本人が真摯に反省している場合であっても、非違行為が特に重大な場合には解雇権の濫用は否定される。

(2) 例外——解雇事由とのバランスを考慮する必要のない場合

解雇に「客観的に合理的な理由」が認められる場合であっても、実は不当な動機・目的をもって行われた場合（解雇目的の偽装）、このような解雇は、もとより社会的相当性を欠く。この場合は、解雇事由の内容、性質等との関係（バランス）を問題とする必要はない。

(3) 手続的相当性の位置付け

なお、被解雇者本人に対する事情聴取や弁明の機会の付与は、懲戒の場合とは異なり、解雇の手続的要件とはされてない。しかし、解雇は、懲戒（懲戒解雇を除く）以上に労働者に重大な影響を与えることを考慮すると、弁明の機会の不付与等を解雇の社会的相当性の判断において全く考慮しないのはバランスを失するように思われる。弁明の機会の不付与等の解雇手続上の瑕疵（問題点）は、少なくとも解雇の社会的相当性判断の一要素とはなり得るものと解される。

ちなみに前掲プラウドフットジャパン事件東京地裁判決や学校法人松蔭学園（森）事件東京高裁判決は、解雇の客観的合理性の検討に加え、解雇に至る手続過程の相当性（弁明の機会の付与・不付与、雇用維持に向けての真摯な努力なり話し合いの有無、不誠実な対応等）についても配慮した説示を行っている。とりわけ後者の学校法人松蔭学園（森）事件東京高裁判決は、「仮に職務の適格性に問題があるとしても」とした上、「成績評価の問題が発生したのちの控訴人（学園側）の対応は被控訴人（当該教員）を処分することのみを考え、同職員が求めていた教科会での話合いや釈明の機会も十分に与えないまま本件解雇に至ったもので、今後の指導による当該職員の成績評価の改善の可能性など適格性を真摯に検討した形跡は認められない。むしろ、右成績評価の問題を契機として従来から対立関係にあった組合の委員長である当該教員を学園から排除することに主眼をおいて本件成績評価問題に対応してきたと見ざるを得ない。しかも、本件解雇は、懲戒停職処分後行われた団体交渉の席上での、提出を求めた過去2年度分の教務手帳に今後間違いが発見された場合でも改めて懲戒処分には付さない旨の発言に反して行われたもので、普通解雇とはいえ重大な不利益処

324　第16講　普通解雇と解雇権濫用法理

分であるから、労使間の信義に反するものといわなければならない。これらの事情によれば、仮に職務の適格性に問題があるとしても、本件解雇は解雇権の濫用として無効と認めるのが相当である。」と説示している。

この学校法人松蔭学園（森）事件東京高裁判決の説示は、普通解雇の社会的相当性（第2要件）の判断と解雇手続の関係を検討する上で大いに参考になる。

Ⅲ　主張立証上の留意点（設例に基づく具体的なイメージ）

1　設例

大学院卒のＸは、平成10年4月、家庭用ゲーム機器の製造販売等を業とするＹ株式会社に入社し、人事部採用課、人材開発部人材教育課等に配属されたが、的確に業務を遂行することができなかった。平成19年10月、Ｘは、企画政策課に配置換えとなり、外注管理業務を担当したが、同課において必要とされる程度の英語力を備えていなかったばかりか、その仕事ぶりは協調性に欠けるところがあり、外注先からも苦情が寄せられるなどしたほか、アルバイト従業員の労務管理等についても高い評価は得られなかった。Ｙ株式会社は、Ｘに対し、平成19年度の人事考課を実施したところ（以下「本件人事考課」という）、その結果は、相対評価ながら、3、3、2で、いずれも下位10％未満の考課順位にとどまった（本件人事考課の客観性には問題はないものとする）。ちなみに、Ｘのような平均が3点以下の従業員の数は、約2000名のうち100名程度である。

Ｙ株式会社は、平成19年12月、本件人事考課の結果、Ｘの業務遂行能力が平均的なレベルに達していないことなどを理由に、就業規則19条1項○号所定の「労働能力が劣り、向上の見込みがないとき」を適用して、Ｘを解雇した。本件解雇の効力は、どのような観点から検討されるべきか。

2 解雇権濫用の主張立証責任

　一般論として、権利の濫用という規範的要件の主張立証責任は、その評価根拠事実（解雇権濫用という評価を根拠付ける事実）については、権利の濫用を主張する労働者が負い、評価障害事実（解雇権濫用という評価を妨げる事実）については使用者側が主張立証責任を負うものと解されるが、ただ、前記Ⅰ3で述べたとおり、今日、解雇権濫用法理は、いわゆる「解雇の自由」（民法627条1項）を基礎としつつも、権利の濫用法理（民法1条3項）を梃子に、実質的には正当事由必要説に大きく接近したものと評することができる。そうすると、かかる見解を前提とした場合、労働者側が、解雇権濫用の評価根拠事実について主張立証責任を負うとしても、その解雇権濫用という評価を根拠付ける事実は、例えば、「平素の勤務態度に特に問題はなかったこと」ないしは「格別落ち度なく勤務していたこと」といった概括的なレベルのものであれば足り（ただし、これはあくまで要件事実レベルにおける問題であって後記3(2)のとおり、実際の労働者側の訴訟対応として何が望ましいかは別の問題である）、そうした労働者に対する解雇が合理的な理由に基づくものであることを根拠付ける事実については、評価障害事実として、解雇を行った使用者側が主張・立証責任を負うものと解される[20]。

3 労働者側の主張立証上の留意点

(1) 一般論

　労働者側としては、普通解雇事案の場合、まずは使用者側の主張立証を待ってから、というスタンスになりがちである。しかし迅速かつ充実した審理を希求するには、そのような姿勢では不十分であり、労働審判の申立てに準じた入念な準備が必要というべきである。そして、その際、判断の

---

[20]　土田・労契法660頁、菅野738頁、なお、解雇権濫用をめぐる要件事実の振りわけについては、類型別実務235頁、236頁参照。

前提事実の確定に必要な書証類（雇用契約書、解雇通知書、解雇理由書、就業規則、賃金規程、労働協約、給与明細書、商業登記簿謄本）は、労働者側といえども、仮に手元にあるのであれば、早期に書証として提出し、基本的な労働契約の内容等を明らかにしておく必要があろう。

　ところで、労働者側の場合、実質的な争点事実に対する立証の方法としては、人証と陳述書が中心になることが多い。裁判所側から見ていると、特に、陳述書については、争点整理の初期段階から、客観的な証拠構造に対する意識の乏しい、主観的な意見に偏った大部の陳述書が提出されることが散見され、時として使用者側からの主張書面や陳述書が出されるたびに反論の陳述書が提出される、といったケースに遭遇することもある。しかし、裁判官に対して的確に事案を把握させ、心証形成を有利に導くためには、陳述書の記載も、できるだけ具体的な事実を時系列にそって記載することが望ましい。また陳述書の記載には客観的な証拠方法を付記すると非常に読みやすく安心感が生まれる。さらにいうと分量も、あくまで尋問に使用することを前提に、適度な頁数にとどめることが肝要で、そうしないと、当事者として裁判官の心証に訴えたい事項が、かえってぼやけてしまうおそれがあることにも留意されたい。

(2)　設例に基づく具体的なイメージ

　本設例は、上記セガ・エンタープライゼス事件東京地裁決定の事案を参考にしたものである。本件解雇の効力を検討するに当たっての一般的な観点については、上記において検討したところに尽きるが、本設例のように、労働能率・勤務成績不良を理由とする普通解雇の場合、労働者側としては、当該解雇の前提として労働契約の予定する職務の性質が使用者の雇用維持義務を大きく後退させるようなものでないことを明確にした上、使用者の労働能率・勤務成績に対する評価に反論するにとどまらず、以下のような諸要素についても、先手を打って主張立証するのが相当である[21]。

---

21)　田中達也「人事考課の結果が平均的水準に達していないことを理由になした解雇の効力」季労 196 号 183 頁以下（以下「田中論文」という）からの引用である。

① 指導、注意に従ったか。

② 向上への意欲はあるか。

③ 労働能率・勤務成績不良もやむを得ないといえる合理的な特段の事情があるか。

4 使用者側の主張立証上の留意点

(1) 一般論

要件事実を踏まえた主張立証という場合、次の2点については、最低限、留意する必要がある。

第1は、解雇権濫用法理およびこれを明文化したものとしての労契法16条は、前記のように、実質的に、正当事由必要説に大きく接近している点である。この点からいうと、当該解雇が「客観的に合理的な理由があり、社会通念上相当」であるとの評価を基礎付ける具体的な事実関係に関する「実質的な立証負担」は、第一次的には使用者側にあるものと考えられることになり、したがって、使用者側の代理人としては、答弁書において、単に「解雇の意思表示があったこと」を主張、立証することだけでは不十分であって、「被告の主張」欄を設け、当該解雇の正当性を裏付ける具体的な事実関係を可能な限り明確にした上、その証拠方法も丁寧に付記して、裁判官の暫定的な心証を自己に有利な方向に導くことが肝要である。

第2に、解雇事由の定めは就業規則の絶対的必要的記載事項である点である（労基法89条3号）。就業規則による規制には限定列挙説、例示説の対立があることは既に述べたが、いずれの見解を採用するにしても、これまで以上に、解雇訴訟は、就業規則記載の解雇事由を中心に展開することが予想され、また、それは労基法の予定するところだと思われる。したがって、使用者側の代理人としては、まずは、この就業規則記載の解雇事由に着目し、これに沿う主張・立証をする必要がある。

⑵　設例に基づく具体的なイメージ

上記のような観点から本設例をみると、使用者側は、当該解雇の前提となる労働契約の予定する職務の性質に配意した上、労働能率・勤務成績不良に関する使用者の客観的な評価だけでなく、以下のような諸要素についても、積極的に主張立証する必要があるというべきである[22]。

①　労働能率・勤務成績向上のための指導、注意等をしたか。

②　人事管理に不適切なところはなかったか。

③　採用時に特段の能力があることを条件としていたか。

④　他に配置する部署が存在したか。

⑤　本人の雇用を継続することによって会社業務の正常な遂行に与える影響は大きいか。

Ⅳ　おわりに

本稿は、普通解雇の有効性判断に一定の予見可能性と具体的妥当性をもたらすような、「もの差し」（判断枠組）は何かという観点から、いくつかの重要な裁判例について検討したが、そこでいう「もの差し」とは、もとより、「将来的予測の原則」と「最終的手段の原則」の2原則のことである。この2つの原則は、決して相反するものではなく、相互補完的な関係にあるものと解するのが相当であるが、その道具としての有用性は、あくまで具体的な事実関係の下において発揮されるべきものであることはいうまでもない。なお最後に、この2つの原則は、和解手続や労働審判の調停においても「説得のための道具」としても有用であることを付言し、本講を終えることにする。

参考文献

第17講末尾掲記の文献を参照されたい。

22)　田中論文 187 頁。

第17講

解雇事由が併存する場合における解雇権濫用法理の運用

伊良原　恵吾

I　はじめに

　経営環境の悪化や支社の廃止など整理解雇的な事由と勤務成績の不良等の人的事由による普通解雇が併せて主張され、それぞれ解雇事由が事実面において何らかの関連性を有する事例が散見される。

　本講は、このように、解雇事由として会社経営上の理由が併せて主張された事例における実務上の処理のあり方について、若干の分析検討を試みることを目的としている。

　一般に、このような事例においては、①複数の解雇事由が併存・競合する事例の審査は個別審査を原則とすべきか、それとも解雇事由という垣根を取り払って包括的な利益衡量に基づく判断を行うことが許されるか、②上記①において個別審査を原則とした場合、当該解雇の本来的性質を決定することにより、各解雇事由を一本化することは可能か、③上記②において性質決定による一本化は許されないとした場合、各解雇事由の総合判断（いわゆる合わせ技）により解雇を有効とすることは可能か、という3点が問題となり得るので[1]、以下、これらの問題について私見（試論）に基づき検討を加える。

---

1)　なお、以下の論述は、根本論文（第16講注8）参照）65頁以下に触発されたもので、同論文に負うところが多い。

Ⅱ　運用面における実務上の問題点

1　問題点①（各解雇事由の審査のあり方の問題）について

　解雇は、大きく分けて、①人的事由による解雇と②経済的事由による解雇（整理解雇、事業廃止に伴う解雇）に区分することができ、また前者の人的理由に基づく解雇は、職務能力の喪失・低下を原因とするものと、それ以外の事由に基づくもの（たとえば非違行為等）に分けることができる。

　確かに、第16講Ⅱ1において検討した解雇に関する法原則（特に最終的手段の原則＝解雇回避努力義務）は、いずれの解雇についても当てはまるが、それがどのように妥当するかは、各解雇の特性に応じて異なる（たとえば、職務能力の喪失・低下を原因とする解雇の場合、解雇回避努力義務の内容としては、職務転換を目的とした配転を検討したかどうか、教育的措置を実施したかどうかが一般に問題となるのに対して、非違行為を原因とする解雇の場合、解雇回避努力義務の内容としては、是正警告をしたかどうかが問題となることが多い。これに対し、経済的理由による解雇の中でも、とりわけ整理解雇の場合には、解雇回避努力義務の内容として種々の対策を講じることが要求される場合が多く、要求される水準も他の類型の場合と比べて高いものとなることが多い）。

　その結果、労働者の側に帰責性が認められない、あるいは人的理由に基づく解雇の場合と比べて帰責性が低い整理解雇は、人的理由に基づく解雇に比べ、厳格な審査基準が確立している。一方、人的理由に基づく解雇においても、解雇類型ごとに判断基準に差異がある。

　解雇事由という垣根を取り払い、包括的な利益衡量に基づく総合判断を正面から許容する見解は、こうした各解雇事由に見られる性質上の違いを軽視し、結果として解雇の有効性判断基準を不当に緩和させるおそれがある。

　その意味で、複数の解雇事由が併存・競合する事案の審査のあり方としては、個別審査を原則とすべきである。

2 問題点②（当該解雇の性質決定による一本化の問題）について

⑴ 考え方の視点

ここでは、個々の解雇事由ごとの解雇の合理性判断とは別に、当該事案は整理解雇の問題であるとか、普通解雇の問題であるとかといった具合に、事案の性質決定を先行させ、解雇事由を一本化させることの可否が問題とされている。

確かに、経済的理由による解雇が、法制度上、他の解雇とその正当性判断、手続、効果等を異にしているのであれば、経済的理由による解雇か否かの性質決定は、重要な論点となり得る[2]。しかし、日本においては、整理解雇の有効要件が判例法理として一応確立しているとはいえ、この判例法理が適用される整理解雇の概念は必ずしも明確ではない。そもそも、少なくとも労契法 16 条は、人的理由に基づく解雇か経済的理由に基づく解雇かを区別することなく、これらを規制の対象としており、上記のような解雇事由の性質決定の先行を予定しているものとは解されない。

おそらく、裁判実務的観点からいうと、この問題は、解雇事由が併存する場合、個々の解雇事由を別個独立の攻撃防御方法として扱うのではなく、一定の基準により一本化された解雇事由のみを攻撃防御方法として扱い、その他の解雇事由を間接事実（背景的事実等）として扱うことが適当であるのはどのような場合か、という問題に置き換えることができるように思われる。

そして、以上のような置き換えが可能であるとすると、この解雇事由の性質決定に関する問題は、当該解雇訴訟の当事者の合理的意思解釈の問題に帰するのであって、いわゆる解雇の性質決定のための基準は、そうした当事者の合理的な意思を探るための 1 つの視点（着眼点）を提供するものであると解するのが相当であるところ、その合理的な意思解釈の基準としては、「解雇に至る第一次的な（主たる）要因ないし原因は何か」という

---

2) 川口美貴「フランスにおける経済的理由による解雇」季労 196 号 96 頁。

視点が有用であると思われる（なお、この場合、第一次的要因を特定することができる場合もあれば、複数存在している場合もある）。

(2) 分析──裁判類型

　以上のとおり、解雇事由ごとの個別審査を原則とした場合、各解雇事由ごとに合理的理由があるか否かを検討することになるが、解雇を基礎付ける事情として認定された事実関係をみると、その裁判の基礎となる事実が、①重要な部分において重複するか、あるいは一連の事象として密接に関連する場合と、②そうではない場合の2類型を区別することができる（以下、前者を「裁判類型A」、後者を「裁判類型B」という）。

　問題は、これらの場合において、当該解雇につき一定の性質決定基準を設け、これにより解雇事由を一本化することが適当であるのはどのような場合かである。以下、便宜上、裁判類型Bから検討する。

　ア　裁判類型B（非重複的事象・別個事象ケース）の場合

　裁判類型Bの例としては、①能力が不足し、勤務成績不良であった者が職場外で非違行為を行って解雇された場合（人的解雇理由の併存。以下「裁判類型B－①」という）と、②従前から勤務成績が不良であった者が、経営環境の悪化した状況下で整理解雇された場合（人的解雇理由と経済的解雇理由の併存。以下「裁判類型B－②」という）が考えられる。

　裁判類型B－①のケースにおいては、たとえば、「能力不足・成績不良」と「職場外非違行為」の双方が、また裁判類型B－②のケースにおいては、たとえば、「成績不良」（普通解雇事由）と「企業の経営状況の悪化」（整理解雇事由）の双方が、それぞれ主張されていることになろう。しかし、これらのケースにおいては、各解雇事由を基礎付ける事情が重要な部分において重ならないのが一般的であって、解雇に至る第一次的な要因を特定することは難しい。そうすると、裁判類型B－①、裁判類型B－②のいずれの場合であっても、解雇事由を特定のものに性質決定することは許されず、当事者は、原則として、各解雇事由を別個独立の攻撃防御方法として主張しているものと解するのが合理的であろう。

Ⅱ　運用面における実務上の問題点　　333

イ　裁判類型Ａ（重複的事象・一連事象ケース）の場合

　問題は、裁判類型Ａの場合である。裁判類型Ａについても、裁判類型Ｂと同様に、①勤務状況・態度の不良の者が成績不良・能力不足を理由に解雇された場合（人的解雇理由の競合。以下「裁判類型Ａ－①」という。この場合、いずれも職務能力の喪失・低下を原因とする人的解雇事由であるという共通点があり、職務能力の喪失・低下という人的解雇事由と非違行為という人的解雇事由が併存する裁判類型Ｂ－①とは区別して考えなければならない）と、②経営環境が悪化する中で、評価基準が厳格になり、これにより勤務成績が不良と評価される至った者が解雇された場合（人的解雇理由と経済的解雇理由の競合。以下「裁判類型Ａ－②」という。この場合、全く異種の解雇理由ではあるが、両理由に一定の関連性が認められる類型であるという点で、裁判類型Ｂ－②とは区別して考えなければならない）が考えられる。

　㋐　裁判類型Ａ－①（人的解雇理由の競合ケース）

　裁判類型Ａ－①として、たとえば、勤務態度不良と勤務成績不良を基礎付ける事実関係が重要な部分において重複する場合から考えてみよう。この場合、２つの解雇事由は、重要な事実関係において重複しているのであるから、解雇の正当性を基礎付ける盾の両面を構成しているものと解され、いずれか一方だけが解雇に至る主たる要因を構成しているものと特定することは困難である。

　そうだとすると、この類型の場合、当事者は、盾の両面の関係にある各解雇事由を主張することにより、全体として当該解雇の正当性を基礎付けようとしているものと解するのが相当である。

　㋑　裁判類型Ａ－②（人的・経済的解雇理由の競合ケース）

　他方、裁判類型Ａ－②の場合には、解雇事由が複数挙げられていたとしても、全体として解雇に至る一連の事象ととらえられるケースであって、事例としては人的理由による解雇と経済的理由による解雇が競合する場合ということができる。

　確かに、経済的理由による解雇と人的理由による解雇は、前者が使用者側の事情に起因するのに対し、後者は労働者側の事情に対応するものである点において全く性質を異にしている。

そして、一般に経済的事由による解雇、とりわけ整理解雇においては、裁判実務上、要件説か要素説という対立はあるものの、人的理由による解雇と比べて、厳格な審査基準が確立している。そのため、実務上、使用者側において、整理解雇事由に人的理由による解雇を併せて主張することにより、解雇の判断基準を相対的に緩和させようとするかのような主張がなされることが稀にみられる。しかし、このような場合における整理解雇事由と人的理由による普通解雇事由の相互補完的な主張は許されるべきではない。

　もっとも、これらの解雇事由が全体として解雇に至る一連の事象としてとらえられる場合には、経緯等からみて、いずれが当該解雇の第一次的要因であるかを特定することは不可能ではない。

　とりわけ、労働者の人的理由（たとえば、能力不足・成績不良、適格性欠如、勤務態度不良等の職務懈怠等）が、整理解雇の正当性を基礎付ける重要な要件（要素）の１つである被解雇者の選定基準（人選の合理性）の１つとして組み込まれている場合には、経済的理由による解雇が当該解雇の第一次的要因であったと認められる場合が多いように思われる。そうだとすると、このような場合には、当事者は、複数主張されている解雇事由のうち、経済的理由による解雇だけを攻撃防御方法として主張しているものと解するのが合理的である[3]。

⑶　小括

　以上のとおり、解雇の性質決定という法的操作とその基準は、解雇事由の主張に関する当事者の合理的意思を探索するための道具（手段）としての価値が認められるにとどまり、それ自体として独自の役割・機能を有するものではない。

　そもそも、日本においては、整理解雇の有効要件が判例法理として一応

---

3)　もっとも、当該労働者の問題が普通解雇事由に相当する程度のものであったとすれば、主位的には普通解雇を主張し、一般的に成立要件の厳しい整理解雇は二次的な主張となる場合が多いとする指摘もある。渡辺・労働関係訴訟 22 頁（第19 講参照）。

確立しているとはいえ、この判例法理が適用される整理解雇の概念は必ず
しも明確ではない。このような法制度の下で、当該解雇が整理解雇か否か
の性質決定を先行した場合、整理解雇という概念のとらえ方いかんによっ
ては、本来、整理解雇の法理が適用されるべき事案に対して、人的理由に
よる解雇の法理が拡張的に適用され、解雇の有効性に関する判断基準が不
当に緩和されるおそれがある。

　整理解雇の有効要件については、近時、要素説、要件説の対立がある
が、この対立とは別に、整理解雇の概念としては、「経営上の理由によっ
て余剰人員を排斥するための解雇」をいうものと幅広くとらえる見解を採
用した上、当該解雇に至る第一次的要因すなわち当事者の合理的な意思い
かんを検討する判断枠組が妥当ではないかと思われる。

3　問題点⑶（合わせ技による総合的判断の可否）について

　これは、解雇事由が併存するケースで、各解雇事由ごとに個別審査を
行ったが、当該解雇が正当化されない場合、併存する解雇事由を総合し
て、いわゆる「合わせ技」により解雇を正当化することができるかという
問題である。

　この問題についても、大きく分けて、①勤務状況・態度の不良の者が成
績不良・能力不足を理由に解雇された場合（人的解雇理由の競合。前記裁判
類型Ａ－①）と、②経営環境が悪化する中で、評価基準が厳格になり、こ
れにより勤務成績が不良と評価される至った者が解雇された場合（人的解
雇理由と経済的解雇理由の競合。前記裁判類型Ａ－②）の２つの類型を考え
ることができるので、一応、２つの類型に分けて検討すべきである。

⑴　裁判類型Ａ－①（人的解雇理由の競合ケース）

　たとえば、傷病による多数の欠勤（職務能力の喪失）と、業務命令違反
（非違行為）の双方が解雇事由とされている場合はどうか。

　この場合は、いずれも労働者自身の「職務の適格性」の喪失という点で
共通する側面があり、それぞれの解雇理由の程度を補い合うという形で、

総合判断をすることは可能である。

　すなわち、各解雇事由は、それぞれ別個に、第16講において検討した手順でもって「客観的に合理的な理由」の有無を検討することになるが、その際、将来的予測の原則（将来的継続性の原則）、最終的手段の原則等を考慮するに当たって、相互に他の解雇事由の存在を考慮に入れることは許されよう。

　問題は、その結果として、いずれの解雇事由においても当該解雇を正当化することができないような場合であるが、この場合にまで、上記「合わせ技」的判断に基づき解雇を正当とすることは、やはり許されないように思われる。なぜなら、仮に、こうした「合わせ技」を許容するならば、「職務の不適格性」という個々の解雇事由の上位に位置する解雇事由を容認するに等しいことになるが、これは就業規則による規制に関する限定列挙説の趣旨に反するように思われるからである。

⑵　裁判類型Ａ－②（人的・経済的解雇理由の競合ケース）

　たとえば、経営環境の悪化（経済的解雇理由）と、勤務成績の不良（人的解雇理由）による普通解雇が併存している場合はどうか。

　この場合、両者は解雇の性質を全く異にしており、上記のような「合わせ技」（総合的判断）により当該解雇を正当化することは許されないものというべきである。

　もっとも、このように解したとしても、整理解雇の場合にも人選の合理性の判断枠組の中で労働者側の事情を考慮することは可能であるし、また普通解雇の場合でも経営上の不利益の度合いを普通解雇事由の存否の判断の一要素として考慮することまでは否定されないことに留意する必要がある。

4　裁判例

　人的理由による普通解雇事由と整理解雇が解雇事由として主張された事案として、大阪地判平成11年1月29日労判765号68頁・高島屋工作

所事件がある。

　同判決は、会社とトラブルが絶えなかった労働者をその所属する部署の業績悪化に当たって他の部署が当該労働者の受け入れを拒否したことから行われた解雇について、「原告には、上司の指揮命令に従って誠実に業務を遂行しようとする意識ないしは同僚と協調して業務を遂行しようとする意識に著しく欠けていたことが認められるのであって、その程度は、業務の円滑な遂行に支障をきたすほどのものであったというべきである。そして、これらの事実は、原告が、協調性を欠くのみならず、職業人ないし組織人としての自覚に著しく欠けることを示すものであり、従業員としての適格性がないものと評価されてもやむを得ないと考えられる。そして、かかる状況に鑑みれば、原告の配転が困難であったことも首肯することができる。

　さらに、原告の勤務成績は、過去5年間で、全従業員の中で最低又は最低から2人目であって、著しく低く、前記認定にかかる原告の勤務状況に照らせば、右評定が不合理なものであるともいえない。これらの事実に、……被告の業績悪化に伴う赤字部門の整理統合により、原告が所属していた大阪販売部が廃止され、その事務部門に所属していた原告が余剰人員となったことを併せ考慮すれば、原告には、……労働協約39条1項7号及び就業規則100条1項7号所定の解雇事由が認められる。」などと判示し、上記解雇を有効と判断している。

　判決文からうかがわれる解雇に至る経緯等に照らすと、同事件は、解雇理由としては経済的解雇理由と人的解雇理由が併せて主張され、しかも、それぞれが全体として解雇に至る一連の事象として関連している事案であるところ（裁判類型A－②）、本件解雇の第一次的な要因としては、何よりも原告の上記職務の不適格性という点にあったものとみることができよう。したがって、こうした人的理由に基づく解雇の有効性の判断基準の中で、経営環境の悪化を問題とすることが可能な事案であると解され、本判決も、これとほぼ同様の観点から事案を処理しているものと思われる。

338　第17講　解雇事由が併存する場合における解雇権濫用法理の運用

Ⅲ　労働者側の主張立証上の留意点

　使用者側から多くの解雇事由が主張されることがある。この場合、いきなり個々の解雇事由について反論を行うのではなく、まずは、いわゆる限定列挙説の立場を前提に、就業規則上の解雇事由との関係を精査すべきである。そして、その上で、解雇通知書等から当該解雇の第一次的要因は何かを見定め、これに焦点を当てた主張・立証（反論・反証）に努める必要があるように思われる。

Ⅳ　使用者側の主張立証上の留意点

　限定列挙説に立脚するか否かはともかく、まずは就業規則上の解雇規定に則った主張・立証をお願いしたい。そして、この場合、本文で述べた個別審査の原則、「合わせ技的」判断による解雇の正当化の可否という問題があることを念頭に置く必要があろう。もとより訴訟運営上、どの程度これらの問題を意識し徹底するかは、担当の裁判官によって異なるものと思われるが、しかし、いずれにしても、できるだけ多くの解雇事由を列挙すれば、それだけ解雇が正当化される可能性が高まるものとは必ずしもいえないことに留意する必要があろう。当該解雇の第一次的要因は何かを見定め（もとより、その要因が複数存在する場合もあり得る）、これに焦点を当てた主張・立証を行うことが肝要である。

Ⅴ　おわりに

　本講は、後記根本論文に触発され、これまであまり論じられることのなかった実務上の問題点の1つを扱っている。その意図するところは、冒頭で述べたとおり、解雇訴訟等において、使用者側から多数の解雇事由が主張されている事案において、核心を突いた審理を実現するための前提的な知識ないしは視点を整理することにあり、もとより本講で行った類型的

考察も検討すべき全ての裁判類型を射程におくものではない。

　なお、旧稿でも述べたとおり、本講の論述の多くは、後記根本論文に依拠しつつも、あくまで私なりの解釈であって、かつ、今般の改訂においてもなお試論の域を出るものではない。

参考文献

- 菅野 728 頁以下。
- 土田・労契法 572 頁以下。
- 争点 161 頁以下。
- 土田道夫「解雇権濫用法理の法的正当性」日本労働研究雑誌 491 号 4 頁。
- 根本到「解雇事由の類型化と解雇権濫用の判断基準――普通解雇法理の検討を中心として」日本労働法学会誌 99 号 52 頁以下。
- 米津孝司「解雇法理に関する基礎的考察」西谷敏ほか編『労働契約と法』（旬報社、2011）261 頁以下。
- 内田貴「雇用をめぐる法と政策」日本労働研究雑誌 500 号 5 頁。
- 野田進「解雇」講座（10）202 頁以下。
- 田中達也「人事考課の結果が平均的水準に達していないことを理由になした解雇の効力」季労 196 号 183 頁。
- 川口美貴ほか「労働契約終了法理の再構成」季労 204 号 34 頁。
- 川口美貴「フランスにおける経済的理由による解雇」季労 196 号 96 頁。
- 越山安久・最判解民事篇昭和 50 年度 172 頁。
- 審理ノート第 1 章、第 2 章。
- 渡辺・労働関係訴訟第 1 章。

第18講

有期労働契約の
期間満了と雇止め

多見谷　寿郎

Ｉ　はじめに

　パート、アルバイト、契約社員、嘱託、派遣社員等のいわゆる非正規労
働者は平成28年には労働者全体の37.5%を占めるに至っている（総務省
統計局「平成28年　労働力調査年報」）ところ、そのほとんどが期間の定め
のある雇用契約（以下「有期雇用」という）の下に就労している。そして、
企業、特に製造業は、産業のグローバル化に伴いコストの削減を推し進
め、かつ、景気変動やヒット商品のサイクルが短期化したのに備えて余剰
人員をかかえるリスクを回避する必要があることから、非正規労働者に対
する需要が減少することはない。また、有期雇用では、期間の定めのない
雇用契約（以下「無期雇用」という）に比べて、期間満了による労働契約の
終了（以下「雇止め」という）によって労働者が意に反して職を失う場合
が多くある。そのため労働紛争となり解決を必要とするケースは多い。と
ころが、その解決は必ずしも容易ではない。

　すなわち、有期雇用は無期雇用に比べて、①雇用形態が千差万別であ
り、後述するどの類型かで雇用に対する保護の程度が異なってくるから、
雇止めの理由の前に雇用のシステムが争点になる。その際は、後述するよ
うに、何度も契約が更新されていることは保護の一要件であって十分条件
ではないから、労働者側としてはその他の考慮要素を踏まえてどの程度の
雇止めの理由が要求される類型なのか、それに照応する雇止めの理由があ
るのかを検討する必要がある。また、②退職金などの退職時の給付がない
場合が多く、紛争の解決に時間がかかれば生活に困窮する。なお、雇用保

険については、平成 22 年改正により、その適用基準が 31 日以上引き続き雇用される見込みがあることへと引き下げられた。③待遇も雇用の安定性も劣る事例では、同等の再就職は容易であるから、時間をかけてまで復職を求めるインセンティブが乏しいことが多い。

　以上の理由で、労働者側としては、雇止めの理由の前に、そもそもいかなる雇用システムであるのかを早急に把握・分析して、どの程度の保護が与えられる事案なのかを見極めた上で、請求を損害賠償にとどめたり、労働審判手続を活用したりするのか、実質的に無期雇用であるとして復職を求め訴訟を提起するのかを判断する必要がある。他方、裁判所としても、この種事案は早期に解決する必要があると認識しており、かつまた、短期の雇用期間で多数回にわたり更新されるという実情にある場合には、単に雇用を打ち切りやすくするためだけの名目的な有期雇用なのではないかという疑問を持ち、労契法 17 条 2 項の要請にかんがみ労働者を保護する必要があるという判断につながりやすいから、使用者側としても、早急に、当該有期雇用の企業における存在意義を明らかにし、それに沿った理由による雇止めであることを同理由の発生および雇止めを決断・通告したいきさつを時系列的に整理することによって明らかにすることが必要である。

Ⅱ　判例の考え方・実務の運用

1　有期雇用の期間満了と雇止めについての基本的な考え方

(1)　民法上の原則
　民法上の原則によれば、有期雇用は、雇止めや更新拒絶といった意思表示をするまでもなく、その期間が満了したことのみをもって当然に終了するのであって、そこに解雇権濫用法理（以下「解雇法理」という）を適用する余地はない。そして、有期雇用が反復更新されてもそれだけでは無期雇用に変化することはないし、当初から反復更新することが想定されていたからといって、期間の定めが明示された契約書があるにもかかわらず、無期雇用と認定することも困難である。

342　第18講　有期労働契約の期間満了と雇止め

しかし、正社員逃れ等の期間を定めることに意味がない名目的な有期雇用、更新を重ねる中で期間の定めが形骸化したもの、期間を定めた理由と真の目的が一致しない雇止め等々、雇止めを制約する必要がある様々なケースが生じる。

　しかるに、上記のとおり、雇止め事例には解雇法理適用の余地はないから、従来の裁判例はそれぞれの事案に応じて、雇止めに無期雇用に関する解雇法理を類推適用してきた。その理論構成は、当事者の期待や信頼を基礎として、契約が自動更新されるべきであり、それを阻止するには使用者による更新拒絶（雇止め）の意思表示が必要であると認めて、それに対し解雇法理を類推適用するというものである（概観（上）1030 頁、菅野 326 頁）。

　そして、それを前提に、原告は、①当該有期雇用に解雇法理が類推適用されることおよび②当該雇止めが解雇権濫用に当たることの評価根拠事実を、被告は①および②に対する評価障害事実を主張立証するというように要件事実を構成している（審理ノート 52 頁、山川隆一「解雇訴訟における主張立証責任」季労 196 号 44 頁）。また、更新されてきた有期雇用であれば雇止めを告知する実際上の必要があり、「有期労働契約の締結、更新及び雇止めに関する基準」（平成 15 年厚労告 357 号、平成 20 年 3 月 1 日一部改正。以下「厚労省基準」という）でも、一定期間継続した有期雇用にはあらかじめ雇止めの予告をしなければならないと定めていることや、告知の時期や態様が解雇権濫用に当たるかの判断に影響することから、前述のようにこの点は主張立証する必要がある。

　このような従来の裁判例、特に、後掲東芝柳町工場事件および日立メディコ事件の最高裁判決を踏まえて、平成 24 年労契法改正により同法 19 条が追加されて、その公布日である同年 8 月 10 日から施行され、併せて、更新された有期雇用が通算期間 5 年を超えるものを無期雇用に転換させることができるとする同法 18 条が新設され、平成 25 年 4 月 1 日から施行された（平成 24 年 8 月 10 日付け基発 810 第 2 号「労働契約法の施行について」（都道府県労働局長あて厚生労働省労働基準局長通知）（平成 27 年 3 月 18 日最終改正）、菅野 307 頁）。

労契法 18 条は、施行日以後の日を契約期間の初日とする有期雇用に適用され、これより前の日を初日とする有期雇用には適用されないため、最短で平成 30 年 4 月 1 日以降に有期雇用を無期雇用に転換させることが可能となる（同改正法附則 2 項、前掲通知第 8 の 2、菅野 313 頁）。しかし、同条は労働者が有期雇用の終期までに無期雇用の契約締結を申し込むことを要件としているため、5 年を超えて有期雇用が更新されうる。そのような事案で雇止めが争われた場合は、同条の適用をめぐり同申込みの存否が争点となることが予想され、また、それが否定された場合はなぜ同申込みをしなかったかが雇止めの成否を判断する一要素となると考えられる。

　また、労契法 19 条は、判例法理に基づいて雇止めが許されない有期雇用の類型を規定したとされているため、この点については従来の考え方が通用する（菅野 330 頁）。また、その効果につき、労働者から契約更新を申し込み、使用者が雇止めが許されない場合にそれを拒否したときには、従前と同一内容の有期雇用の申込みを承諾したものとみなすと定めた。そして、その後の期間満了については、同条 1 号所定の実質無期型であれば解雇と同様の要件を満たさない限り自動更新が続いていくことになり（菅野 327 頁、329 頁、審理ノート 50 頁、多見谷寿郎「期間の定めのある雇用契約における雇止めをめぐる裁判例と実務」判タ 1351 号 32 頁）、同条 2 号所定の弱い期待型であればそのようにはいえず、次期の期間満了につき雇止めの主張がなされればその都度判断する必要があると解される。

(2)　類型化による整理

　さて、それでは、どのような場合に、解雇法理が類推適用されるのだろうか、また、類推適用はどのような事案でも同様に行われるのであろうか。

　これについては、有期労働契約の反復更新に関する調査研究会「有期労働契約の反復更新に関する調査研究会報告」（平成 12 年 9 月。以下「平成12 年報告」という）による裁判例の類型化があり、これによる整理が有用であるとされている（菅野 330 頁）ので、これを紹介した上で実務での利用を想定して再構成を試みる。

ア　平成12年報告

次のように裁判例を類型化した。なお、その上で各タイプごとの判断要素における相違、雇止めの判断基準における正社員との差異を検討しているので参照されたい。

(ア)　契約関係の状況にかかる4タイプ

①純粋有期契約タイプは次の②〜④に該当しない契約であるとされたもの、②実質無期契約タイプは当該有期契約は期間の定めのない契約と実質的に異ならない状態に至っていると認められたもの、③期待保護（反復更新）タイプは、②とは認められなかったものの、雇用継続への合理的な期待は認められる契約であるとされ、その理由として相当程度の反復更新の実態が挙げられているもの、④期待保護（継続特約）タイプは、②とは認められなかったものの、格別の意思表示や特段の支障がない限り当然更新されることを前提として契約が締結されているとし、期間満了によって契約を終了させるためには、従来の取扱いを変更して契約を終了させてもやむを得ないと認められる特段の事情の存することを要するとするなど、雇用継続への合理的な期待が、当初の契約締結時等から生じていると認められる契約であるとされたものである。

(イ)　契約の実態を評価する判断要素6項目

①業務の客観的内容につき、従事する仕事の種類・内容・勤務の形態（業務内容の恒常性・臨時性、業務内容についての正社員との同一性の有無等）、②契約上の地位の性格につき、契約上の地位の基幹性・臨時性（たとえば、嘱託、非常勤講師等は地位の臨時性が認められる）、労働条件についての正社員との同一性の有無等、③当事者の主観的態様につき、継続雇用を期待させる当事者の言動・認識の有無・程度等（採用に際しての雇用契約の期間や、更新ないし継続雇用の見込み等についての雇主側からの説明等）、④更新の手続・実態につき、契約更新の状況（反復更新の有無・回数、勤続年数等）、契約更新時における手続の厳格性の程度（更新手続の有無・時期・方法、更新の可否の判断方法等）、⑤他の労働者の更新状況につき、同様の地位にある他の労働者の雇止めの有無等、⑥その他につき、有期労働契約を締結した経緯、勤続年数・年齢等の上限の設定等である。

Ⅱ　判例の考え方・実務の運用　345

(ウ) 雇止めの可否についての判断

前記(ア)の②の事案では、結果として雇止めが認められなかったケースがほとんどである。③の事案では、経済的事情による雇止めの事案で、正社員の整理解雇とは判断基準が異なるとの理由で結果として雇止めを認めたケースがかなりみられる。④の事案では、当該契約に特殊な事情等の存在を理由として雇止めを認めないケースが多い。そして、②の事案には相当程度の反復更新の事実があるaタイプと、もとは無期雇用であったなど有期雇用の締結に特殊な経緯を有するbタイプがあり、かつ、いずれも業務内容の恒常性と更新手続が形式的であることが認定され、③の事案はaタイプと、④の事案はbタイプとそれぞれ共通する点が多いと指摘されている。

イ　再構成

平成12年報告を一見すると、特殊な経緯のある上記bタイプは格別、そうでないaタイプであれば実質無期契約タイプ以外は救済の余地は乏しいとの印象を受け、加えて企業側において有期雇用の管理が厳正化され、実質無期契約タイプが減少していくことになると（菅野327頁）、結果として、労働者側としては、平成12年報告によらず、多少の無理は承知の上で保護の厚いタイプであると主張することになり、議論がかみ合わないという場合を生じてきたように思われる。しかし、同報告の結論においても、裁判例全体の傾向を明らかにすることは困難であったとされているのであって、また、平成12年報告後の裁判例やその後の実務に従事した経験からすると、それぞれの事案で期待・信頼の基礎となる有期雇用のあり方とその評価が違い、それによりいかなる理由による雇止めが許されるかの判断基準が異なってくるという視点で、上記類型を参考に次のように再構成することにより、実務上の目安となり得ると考える。

①無期転化型：無期雇用と認定できる場合であり、解雇法理の適用となる。②実質無期型（実質無期契約タイプ）：他の労働者を含めて一般的に当然に長期間更新されており更新手続も極めてルーズであるなど、当事者間では実質的に無期雇用と認識されていた場合であり、雇止めの通知は実質的に解雇の意思表示と同視でき、解雇法理が類推適用され、単に客観的に

見て雇止めを相当とする合理的な理由があるというだけでは足りず、正社員に対する解雇法理に準じて雇止めすることもやむを得ないといえる特段の事情が必要になる。ただし、正社員の雇用が優先されるなど、正社員に対する解雇と同一ではない。③強い期待型（期待保護（継続特約）タイプ）：実質無期型とまではいえないまでも、特別の事情がない限り契約を更新する旨の合意の存在を認定できる場合など強い期待が認められれば、雇止めには当該特別の事情等の合理的な理由が必要になる。④弱い期待型（期待保護（反復継続）タイプ）：更新手続は厳格で、また、特別の事情がない限り契約が更新されるという明確な合意もないものの、契約更新回数、当該職種の位置付け、慣行などにより、労働者に雇用継続に対する期待を持たせる状況があると認められる場合には、雇止めが不合理なものと判断されてはじめて雇止めが許されないことになる。この場合も、その期待を使用者に帰責する何らかの事由が必要である。⑤純粋有期型（純粋有期契約タイプ）：当然終了し解雇法理を類推適用する余地はない。

以上要するに、雇止めが許されないとされ得るタイプにも4段階あって、それぞれの雇用継続への期待の強さに応じた保護がある。なお、上記⑤においても、不当な意図による雇止めであるとして不法行為による慰謝料請求をされることがあるが、それは雇止めの許否の問題とは異なる。

2　類型別判断の枠組

さて、当該事案がどの類型に属するかを見極めるについて、類型ごとに特有の考慮要素があるなど明確に区分できれば、どの類型に当たるかは明白であるが、雇止めについてはそのような特有の考慮要素があるわけではなく、各類型が連続的な存在であることは否定できず、結局は種々の要素を総合的に評価して上記各類型と認定できるかという判断になる。そこで、どの類型に該当するかを判断する枠組としては主たる考慮要素を分析し、その中の中核となる要素を中心に検討を進めるのが妥当である。そこで、以下このような手順で説明する。

Ⅱ　判例の考え方・実務の運用　　347

(1) 主たる考慮要素

ア 解雇法理類推適用にかかる考慮要素

前提として、現に多数回にわたり更新されたことまたは当初から更新を予定する旨の合意があったことが類推適用の不可欠の要素である。その他の平成12年報告における要素（前記1(2)ア(イ)①〜⑥）から主たる考慮要素を次のように抽出・整理する。

(ア) 目的の合理性

有期雇用とした意図・目的が合理的なものか（以下「目的の合理性」という）をみる。すなわち、期間を定めることに合理的理由があれば、その理由に沿った雇止めは合理的なものであり、仮に労働者の希望に反したとしても、その希望は合理的期待とはいえない。目的の合理性が全くなければ、そもそも合理的な理由による雇止めということが想定しにくく、労働者には合理的更新期待が生まれる。この点は最も重要であり、中核となる考慮要素である。これについては、業務の客観的内容（前記①）と契約上の地位の性格（前記②）のうち基幹性・臨時性や契約期間がマッチしているかをみて、必然的な理由のある有期雇用か、合理的理由が全くない単に雇用を打ち切りやすくするだけの名目的な有期雇用か、その中間の、たとえば、正社員の雇用保護のために景気変動に備えて有期雇用とするといった会社都合による有期雇用や、労働時間等の条件が柔軟に設定されるなど労働者にとってもメリットのある互恵的な有期雇用であるかを認定する。これに関連して有期労働契約研究会「有期労働契約研究会報告書」（平成22年9月）は、有期雇用の安定、公正な待遇を確保するための施策を検討する中で、有期雇用労働者の職務内容や責任の度合いにより、正社員同様職務型、高度技能活用型、別職務・同水準型および軽易職務型に区分して、就労実態や意識等の調査結果を分析し、有期雇用であることが自己のニーズに合致しているとして本意で選択している者と、正社員を希望しながら叶わずに不本意で有期雇用を選択している者があることから、両者に一律のルールを当てはめると当事者にとって意図せざる結果を惹起する可能性がある旨指摘している。すなわち、高度技能活用型は有期雇用であっても労働市場における交渉力が強く、比較的高い処遇が得られ、軽易職務

型で家計補助的に働いている場合は随時勤務時間を中心に労働条件を見直すことができるという意義があるのに対し、その他のものでは、正社員に比べて労働条件が悪いことや将来のステップアップが見込めないことへの不満が大きいというのである。このようなことを参考に上記の検討をすることになる。

また、当事者の主観的態様（前記③）については、継続特約を認め得るようなものは上記名目的な有期雇用に準じて、その他（前記⑥）のうち、勤続年数・年齢等の上限の設定については、厳格に遵守されているなら制度の透明性により必然的な有期雇用に準じて、それぞれ扱ってよいと考える。例えば、一定の目的の合理性とそれに沿った運用実態を備えて就業規則等に明記された勤続年数制限の下で採用された場合は、そもそもそれを超えての更新に対する合理的期待は生じにくく、雇止めが認められやすい（最一判平成28年12月1日集民254号21頁・判タ1435号89頁・労判1156号5頁・福原学園事件）。他方、勤続年数制限内の雇止めは認められにくい場合があると考えられる（いすゞ自動車（雇止め）事件（東京地判平成24年4月16日判タ1405号204頁、東京高判平成27年3月26日労判1121号52頁）、労契法17条1項参照）。

また、元々はそのような制度がなく更新に対する合理的期待が生じていた場合に、次回の更新をしない旨のいわゆる不更新条項を加えた契約をしたときの効力が問題となる。このような事案の多くは、経営環境の悪化など使用者側に雇止めの必要が生じたものの、直ちに行うのではなくいわば激変緩和策として用いられることが多い。このような視点からは、労働者が自由な意思に基づいて不更新条項に合意した場合にすでに生じていた合理的期待が消滅するという理論構成（本田技研工業事件（東京地判平成24年2月17日労経速2140号3頁））よりも、不更新条項を加えた契約についての目的の合理性や雇止めの手続の適正さとして評価するに止め、雇止めに合理的理由があること自体は必要とする方（東芝ライテック事件（横浜地判平成25年4月25日労判1075号14頁））が実態に即した適切な結論を導く判断枠組みであると考える。

(イ)　手続および制度の不適正

　次に、更新手続・実態（前記④）および他の労働者の更新状況（前記⑤）から更新手続が形骸化していないか（以下「手続の不適正」という）と、契約上の地位の性格（前記②）のうち賃金等の待遇が労働者に一方的に不利益なものではないか（以下「制度の不適正」という）を考慮する。前者はもちろん継続に対する合理的期待を高め、後者は、上記「有期労働契約研究会報告書」からもうかがえるように、必然的な有期雇用は別として、正社員に比べて同一労働・低賃金であれば、待遇が悪い分、期間については保護を与えられてしかるべきであり、低賃金の上に雇用が不安定というのでは労働者の合理的期待を裏切ることになるからである。この点、平成24年労契法改正で、有期雇用では雇止めの不安があることにより不利な労働条件を受け入れざるをえず、労働者に待遇に対する不満が多くあることから同法20条が追加され、有期雇用であることにより無期雇用と労働条件が相違し、かつ、その相違が不合理であると認められるものであってはならないと定められた（前掲通知第5の6⑴）。このように不合理な格差があると認められれば、制度の不適正と評価されるほか、その差額相当の不法行為に基づく損害賠償が認められる（大阪高判平成28年7月26日判タ1429号96頁・労判1143号5頁・ハマキョウレックス（差戻審）事件、菅野345頁）。

　イ　解雇権濫用判断にかかる考慮要素

　上記アが考慮要素となって、前記1⑵の①〜⑤の各類型に分かれ、それに応じた判断基準が導かれ、当該事案における雇止めの理由を認定してこれに当てはめて結論に至るが、そこで、有期雇用とした目的に対応しない有期を口実とした雇止めではないか（以下「理由の不適合」という）が問題となる。

⑵　類型別判断の視点

　前記1⑵イの各類型、特に②〜④の類型のいずれであるかを判断する目安としては、中核的な考慮要素と考えられる目的の合理性に沿って、必然的な有期雇用であれば純粋有期型、会社都合の有期雇用の場合、手続の不適正および制度の不適正が加われば実質無期型、これらのいずれかが加

われば強い期待型、いずれもなければ弱い期待型で、更新を重ねた名目的な有期雇用であればこれに比べて１ランクずつ上がり無期転化型もあり得、互恵的な有期雇用であれば会社都合に比べて１ランクずつ下がると一応考えられる。以上の記述を大雑把に図示すれば以下のようなものとなる。

第１ステージ：合理的期待の有無の判断（類推適用のテーブルにのるか）

　考慮要素＝主として客観的・制度的事情の考慮

　例：雇用目的、職務内容、労働条件、更新に関する規定や運用・慣習等

　　　※　会社都合の有期雇用・名目的有期雇用といった雇用目的である場
　　　　　合には、第１ステージをクリアする場合が多い。

第２ステージ：解雇法理の類推適用の判断

　濫用と判断するためのハードル（基準）の高さをどのように設定するか

　　　高（濫用とされにくい）＝期待保護（反復更新）契約タイプ＝弱い期待型

　　　　（例：単なる会社都合有期）

　　　↓　更新回数が多い場合は　　　　↑　互恵的な目的の場合には
　　　　　下のタイプにシフトする　　　　上のタイプにシフトする

　　　中＝期待保護（継続特約）契約タイプ＝強い期待型

　　　　（例：会社都合有期＋手続不適正 or 制度不適正）

　　　↓　更新回数が多い場合は　　　　↑　互恵的な目的の場合には
　　　　　下のタイプにシフトする　　　　上のタイプにシフトする

　　　低（濫用とされやすい）＝実質無期契約タイプ＝実質無期型

　　　　（例：会社都合有期＋手続不適正＋制度不適正）

　設定したハードル（基準）を越えて解雇濫用＝解雇無効と判断されるか

　　考慮要素＝主として主観的・個別的事情の考慮

　　例：契約時の説明内容、更新時のやりとり、更新回数、雇止め理由等

　　　※　更新の全体的な運用や労使慣行については第１ステージの、当該
　　　　　労働者の更新回数については第２ステージの判断において考慮され
　　　　　ることになるであろう。

3　判例の考え方・実務の運用

　それでは、目的の合理性に沿って判例の考え方・実務の運用を紹介する。

(1) 会社都合の有期雇用

有期雇用の目的が景気調節弁であるケースが典型例である。好況のため受注が増加し正社員の残業で対応しきれず、それが当分続くと予想されるときに、景気後退に至るまで恒常的な業務に従事させる前提で更新を予定して採用する。企業にとっては合理的な目的であり、契約更新が反復されても、現に景気後退期に雇止めするなら、それが目的の有期雇用なので、それだけでは解雇法理を類推適用することは困難である。相当回数更新されるほかに、どのような要件が加わったときにどの程度の保護をすべきかが問題となる。

この種事案では、実質無期型とされる東芝柳町工場事件（最一判昭和 49 年 7 月 22 日民集 28 巻 5 号 927 頁、1 審横浜地判昭和 43 年 8 月 19 日労判 65 号 8 頁、2 審東京高判昭和 45 年 9 月 30 日労判 112 号 53 頁）と弱い期待型と解される日立メディコ事件（最一判昭和 61 年 12 月 4 日労判 486 号 6 頁）が著名である。両事件は、いずれも機械製造工場における恒常的業務に従事し景気変動に対する調整弁としての目的による簡易な手続での採用で期間 2 か月で 5 回以上の更新実績がある事例であるところ、以下では、このように類型が分かれるに至った考慮要素の違いを指摘し、各類型で必要とされる雇止めの理由の程度を検討する。

ア　東芝柳町工場事件

①手続の不適正については、採用の際に担当者から長期継続雇用や本工への登用を期待させる言動があったこと、契約更新手続が期間満了後となった場合もあったことが認定されている。②制度の不適正につき、臨時工が基幹工のうちの 3 分の 1 を占め、ほとんどが長期間継続して雇用されていたのに対し、給与等の待遇が本工に比べて不利というバランスを欠いたものであった。③理由の不適合については、多品種の電気製品を製造する工場において、全体としては増産態勢を取り、基幹臨時工の採用を増大させる中で、人的要因に加えて配置先のラジオ生産部門において若干の人員過剰が生じたと主張したものである。

上記①および②のような場合には、実質無期型と判断される。上記事件最判では、同類型に当たるとの判断の下に、雇止めをするには、経済変動

352　第 18 講　有期労働契約の期間満了と雇止め

により剰員を生じたなどのやむを得ない特段の事情が必要であり、その程度は当該部署での人員削減の必要では足りないとされた。さらに、仮に当該工場の全部署において人員削減を必要とする状況があっても、企業全体では雇用を維持できないか検討を要するものと解される（富澤達・最判解民事篇昭和49年度570頁）。すなわち、このような場合の解雇法理の類推適用は、無期雇用に対するのとほぼ同様に職務内容や勤務場所の変更による雇用維持も無理であることを要するものと解される。

　イ　日立メディコ事件

　①手続の不適正につき、更新手続はその都度事前に行われており形骸化したとはいえず、②制度の不適正につき、本工に比べ簡易な作業に従事し、雇用期間も1年程度にまで至るものはむしろ少数であるというのであり、仮に本工に比べて賃金等の待遇が不利であってもやむを得ないといえる。③理由の不適合についても、独立採算制をとるレントゲン装置製造工場における不況による減産の必要を理由とする臨時工およびパートタイマー全員の雇止めである。

　上記①および②のような場合には、採用時に更新を期待させる言動があったこと等の事情が加わっても弱い期待型と判断されるものと考えられる。上記事件の最判は、当事者双方とも雇用継続に対するある程度の期待があり、解雇法理が類推適用されるとしても、上記③の必要があるとの使用者の判断に合理性に欠ける点がないと認められれば、無期雇用の従業員につき希望退職等の人員削減をするまでもなく、雇止めは無効とはできないとされた。ところで、同判決文には、「事業上やむを得ない理由により人員を削減する必要があり」、「余剰人員を他の事業部門へ配置転換する余地もなく」、「被上告人（使用者）の判断に合理性に欠ける点は見当たらず」といった文言が使用されており、一見、上記東芝柳町工場事件の最判の説示と差がないようにもみられかねないが、2審の事実認定や説示をも検討すると、原告自身についてどうしても人員削減する必要があり、他の部署に配置転換する余地もないという意味で雇止めに合理的理由があると認定したものではなく、全体として人員削減が必要であるという経営判断が不合理とはいえないという趣旨であろうと考えられる。そうでないと、東芝

柳町工場事件との事案の差に対応した判断基準の差がないことになってしまう。

　ウ　上記 2 事件の中間型

　上記 2 事件の間には、更新に対する合理的期待の程度にかなりの差があり、両事案の中間的なものとして、手続または制度の不適正を認定できる強い期待型があり得る。この場合は、原告を含め人員削減の必要があると積極的に認定しなければならず、使用者の判断経過に不合理な点がないかという視点ではなく、それが正当であることを具体的・積極的に検討する必要が生じるものと解される。

⑵　互恵的な有期雇用

　典型的には、労働者が自己のスキルを生かせる特定の職種に従事することを希望し、会社が同職種限定で同等の職務を行う中堅正社員並の賃金で雇用する場合、労働者も自己の判断で有期雇用を選択し、また、そのスキルを生かして同種同等の再就職の見込みもあろうから、契約更新に対する期待がさほど強いとはいえず、当該職種の人員が余剰となったり、当該職種における能力不足と判断されれば雇止めが許されるものと解される。労働者の希望に応じて勤務地域を限定したり、時間外労働の義務付けをしないなど、労働時間について柔軟な契約内容とされた場合も同様に、その勤務地域や労働時間において人員が余剰になるなど有期雇用とした目的に沿った雇止めであれば、会社の裁量的な判断が尊重されるべきであると考える。そして、手続の不適正も制度の不適正もなければ弱い期待型よりも保護がさらに薄いものとなるが、このような場合でも、不当な理由によるもので恣意的であるとして雇止めが許されないと判断されることがあると解される（東京地判平成 20 年 5 月 20 日労判 971 号 58 頁・日本美術刀剣保存協会事件参照）。

⑶　必然的な有期雇用

　使用者の側の事情によるものとしては、業務内容が臨時的・季節的なもの、たとえば、氷屋の配達員として夏期に限って雇用されたような場合で

ある。労働者側の事情では、顕著な例は外国人研修生・実習生のように、また、家庭の事情等で就労可能期間が限られるものである。このような場合は、そもそも雇止めの理由を問うまでもなく、仮に雇止めの動機が不当なものであるなど特段の事情があったにしても、更新に対する合理的期待を観念できなければ解雇法理類推適用の基礎を欠いており、期間満了により当然に終了する。

　これに当たると解されるものとしては、非常勤講師の雇止めに関する最二判平成 2 年 12 月 21 日集民 161 号 459 頁・亜細亜大学事件（同種事案につき最三判平成 3 年 6 月 18 日労判 590 号 6 頁・進学ゼミナール予備校事件）がある。

　これに対し、登録型派遣社員の派遣中止に伴う雇止めについては、派遣先での勤務状況や雇用契約の実態に即して判断すべきであり、登録型派遣であるからといって直ちに雇用継続に対する合理的な期待を否定することはできないと解される（最二決平成 21 年 3 月 27 日労判 991 号 14 頁・伊予銀行・いよぎんスタッフサービス事件今井裁判官反対意見。なお、この最決の多数意見は原告の上告受理の申し立てに対し、これを受理しない旨の手続的な決定をしたものであり、上記と異なる判断をした原審の実体的判断を是認したものではない。今井裁判官の反対意見はこれを受理して実体的判断を示すべきであるとの意見を述べられたものであり、同判断をすることの重要性・必要性を述べられる中で上記趣旨が付言されたものである。したがって、これと異なる多数意見が存在するものではない）。

⑷　名目的な有期雇用

　正社員と同一の勤務条件であるなどして、有期雇用とすることに全く意味がないと評価できる場合は、必然的な有期雇用とは逆に、双方とも期間の点も正社員と同様であると合理的期待を抱くであろう。当初無期雇用であった労働者につき労使交渉の結果、双方に特段の支障がない限り契約を更新することを前提として有期雇用の契約を締結したと認定できるような継続特約型も同様に扱うべきものと考えられる（福岡地判平成 2 年 12 月 12 日労判 578 号 59 頁・福岡大和倉庫事件）。

Ⅱ　判例の考え方・実務の運用　　355

この場合、初回更新期の雇止めから弱い期待型となり、手続の不適正や制度の不適正等の要素が付加されると強い期待型や実質無期型もあり得る（大阪高判平成3年1月16日労判581号36頁・龍神タクシー異議事件参照）。また、それが反復更新され、手続が不適正という事情が加われば、実質無期型を超えて無期転化型もあり得る（東京地判平成15年10月31日労判862号24頁・日欧産業協力センター事件。なお、その控訴審である東京高判平成17年1月26日労判890号18頁は実質無期型とする）。

Ⅲ　労働者側の主張立証上の留意点

1　基本的な事実関係の早期の主張、立証

まずは、外形的に明らかで争いにはならないはずのものを主張立証するべきである。すなわち、第1に、更新の事実、契約書の存否、契約書が期間満了前に作成されているか、前契約と有意な条件変更があるか、更新を予定した契約条項があるかである。その際、労働者は必ずしもすべての契約書を所持しているとは限らないので、就職時から雇止めまで契約書作成の事実があったかを含めて慎重に聴取して、不明な点は使用者側の主張立証を待つことにして、誤った主張をしないように留意すべきである。第2に、労働者が従事していた職務内容と企業における位置付けである。基幹業務か補助的業務か、恒久的業務か臨時的・季節的業務かである。第3に、給与、勤務時間、休暇制度、人事異動制度が、当該労働者の従事していた職務内容や正社員の待遇に比べてバランスが取れているか、期間雇用と正社員との募集条件・採用手続の違いである。第4に、使用者側が主張する雇止めの理由である。これについては、労基法14条2項に基づいて制定された「有期労働契約の締結、更新及び雇止めに関する基準」で労働者から証明書を請求された場合はこれを交付しなければならないとされているので、これを請求しておくべきである。

以上の調査のため、あらかじめ使用者側から契約書や就業規則（正社員用のほかに契約社員用のものがある場合がある）の提供を受けたり、同様に

雇止めをされた元同僚らの協力を求めることが考えられる。

2　解雇法理類推適用にかかる主張立証のポイント

　解雇法理が類推適用されることの評価根拠事実を、まず、使用者にとって有期雇用であることにどのような意義があるのかないのか、労働者にとって本意型か不本意型かといった視点で把握し、その他の要素を整理する中で、前記のどの類型に該当するのかを見極める。労使双方にとって有期雇用であることにメリットがあり、更新手続の管理もきちんと行われている事案で実質無期型であると主張してみても、審理の無用な混乱を招くか、そのまま進行されて主張を排斥されることになりかねないから注意を要する。

　ここで、継続特約に関して付言しておく。①通常は、前記福岡大和倉庫事件のような特殊な経過ではなく、採用面接時においてそのような合意があったと主張される。その内容が一定の事情が生じるまでは更新するといった具体的なものであり、労働者がそれを期待して就職を決定したような場合は、継続特約ありとして初回雇止めを無効とする余地を生じる。しかし、それを直接立証しようとしても水掛け論になりがちであり、むしろ、労働者側に単なる有期雇用であれば就職する必要がなかったことやその職務内容が短期での雇止めを想定していないこと等を押さえておく必要がある。また、そのような発言をした者に採用条件を決定する権限があったかにも注意する必要がある。②本工への登用制度は、合理的な制度で適正に運用されているなら、本工に登用されない以上雇用継続への期待が大きいとはいえないことにつながる。そうでなく、さしたる審査もなく容易に本工に登用されるのが通例であるというなら、更新合意やその期待が合理的であることの根拠となる。また、場合によっては、試用期間として扱われることもある（最三判平成2年6月5日民集44巻4号668頁・労判564号7頁・神戸弘陵学園事件）。③採用基準・手続は正社員と差異がなければ労働者に雇用継続の期待をもたせる要素となり、制度として適正でない。

次に、互恵的な有期雇用とみられる場合でも、極めて長期にわたり継続
しており、更新手続が不適正であるといった事情のほかに、長時間の残業
や低賃金など全体としてみると労働者側の不利益の下に使用者側が利益を
受ける関係が認められると、解雇法理の類推適用により雇止めの無効が認
められる例もある（大阪地判平成 17 年 3 月 30 日労判 892 号 5 頁・ネスレコ
ンフェクショナリー事件、福岡地小倉支判平成 16 年 5 月 11 日労判 879 号 71
頁・安川電機八幡工場事件）から、労働条件や労働実態について見落としが
ないようにすべきである。

3　解雇権濫用にかかる主張立証のポイント

　前記のとおり解雇法理類推適用の判断において濫用と判断されるための
ハードル（基準）の高さの程度とそこにおいてハードルを越えると主張す
る事実の程度のバランスに注意して主張する必要がある。たとえば、景気
変動対策を目的とする弱い期待型で景気変動による人員削減の必要がある
ことを前提に最後の 1 人である原告まで雇止めをする必要はないとか、
他工場や異なる職種への配転を検討しなかったから回避努力が足りないと
主張しても認められる可能性は低い。このような場合には、人員削減の必
要性を争うか、前記証明書記載の雇止めの理由が存在しないことや、他に
不当な目的があること、たとえば、労働者の労働組合活動を嫌悪したもの
であるとか、上司の個人的な感情によるものであるとかを主張立証するこ
とになる。

　雇止めの理由がはっきりしない場合は、予測に基づいて主張すると審理
が混乱する場合があるので、当初は理由のない雇止めであると指摘するに
とどめて、使用者側の主張立証をみて構成を考えた方がよい。特に、景気
変動を理由として臨時工の一部を雇止めした場合は、臨時工内部での人選
の合理性が問題となるが、これに関する個別の事情は当初は雇用期間の長
短や扶養家族の有無、勤怠関係など客観的な事実の指摘にとどめ、使用者
側の主張立証を待った方がよい場合が多い。

Ⅳ　使用者側の主張立証上の留意点

1　基本的な事実関係の早期の主張、立証

　使用者側は、契約書や就業規則を整理して保管しているのが当然とみられるから、それに基づいて契約の締結・更新状況や待遇・採用手続等にかかる労働者側の主張に誤りがあれば速やかに正し、不足があれば補足する必要がある。ただし、長期にわたり更新されてきた場合には古い契約書や就業規則など一部欠落していることもあり得るので、その場合には契約書式や他の労働者のものが残っていないか、以前の就業規則が労働基準監督署に届けられていないか、役員等が保管していないかを調査して内容の復元に努めることになる。労働者が従事していた職務内容と企業における位置付けについては、むしろ使用者側において企業経営の観点からこれを明らかにして、有期雇用であることの必要性や相当性を浮き彫りにすることが必要である。雇止めの理由については、冒頭でも述べたとおり、有期雇用の必要性に沿った理由による雇止めであることを同理由の発生と雇止めを決断したいきさつを時系列的に整理する形で使用者側から積極的に明らかにするべきである。もし、証明書の理由と異なる場合には、早急にその間の事情を説明して、真の理由を確定的に主張する必要がある。もし、雇止めに理由が必要だという認識を欠いていたような場合は、そのことは率直に認めた上で、主張立証を構築した方がよいであろう。

2　解雇法理類推適用にかかる主張立証のポイント

　前記基準や労契法4条2項により労働条件を書面で明示することが求められているものの、稀に書面の作成がされない場合がある。そのような場合には、そもそも期間の定めがあることから主張立証していかなければならないことになる。有期雇用であることの必要性や相当性がある場合や求人時の資料が残っている場合は立証が可能であろうが、そうでないと立

証は容易でなく、不利な状況になる。

　前契約の終期と新契約書の作成時期に間が開いた場合は、そのように
なった事情を調査する必要がある。雇用条件の交渉が続いていたとか、新
契約を合意し労働者が提出を約したまま忘れていたということもある。

　目的の合理性が、当該労働者の職務内容から明白といえない場合には、
使用者においてなぜ有期雇用としたのかその意図を積極的に主張立証する
必要に迫られる。景気変動に備える必要があったこと、採用時に、当該部
門、場合によっては会社自体の縮小・廃止を考えていたなどである。制度
が不適正ではないことにも関連して、労働者側にも利点があることを指摘
する必要がある。

　採用手続が正社員に比べて簡略であること等は、有期雇用であれば当然
であるから、どの程度簡略かが問題である。また、正社員登用制度は、適
正な運用がされていないと決定的に不利な状況となる場合があるから、こ
の点も確認しておく必要がある。

3　解雇権濫用にかかる主張立証のポイント

　雇止めの理由の主張立証は、解雇事件と異なるものではないが、有期雇
用の目的との適合性、解雇法理類推適用の強さの程度との相関関係に注意
する必要がある。たとえば、有期雇用の目的が特殊な職種であるため適性
を欠いていないかを判断するのに時間がかかるというものであったのに対
し、雇止めの理由が同僚との協調性を欠くというものであったとすると、
それだけでは適合しているとはいい難い。また、実質無期型と判断される
事案で当該労働者の部署に剰員を生じたというだけでは足りない。ただ、
どこまでの主張立証を要するのか、企業全体の人員計画や今後の見通しな
ども詳細な裏付けとともに主張立証しなければならないのかについては、
裁判所において労働者側の主張立証の程度を踏まえて釈明権を適切に行使
することが求められる。

　景気変動を理由として臨時工の一部を雇止めした場合で、成績・能力を
人選の基準とした場合は、あらかじめ適正な評価項目や評価基準を設けて

360　　第18講　有期労働契約の期間満了と雇止め

評価したのでなければ、人選の合理性を立証することは困難である。

V　おわりに

　最近は、安定を求めて労働者の正社員志向が高まっているといわれるが、そのポストは多くなく、自分の得意分野を生かしたり、ライフスタイルに合わせた有期雇用という選択肢も考えなければならない場合もあるだろう。いわゆる年功制の下に終身雇用を前提とした正社員は会社から様々な拘束を受けるという負担もある。有期雇用である以上は雇止めがあり得るわけだが、労働者にとって想定外の雇止めがなされて紛争となることが少なくなるように、企業においては、厚労省基準や「有期契約労働者の雇用管理の改善に関するガイドライン」（平成20年7月制定）を参考に有期雇用の適正な運用に努め紛争を未然に防ぐ努力をしていただきたい。それでも紛争となった場合には、正社員との比較において有期雇用であることに意義があるのか適正な運用がされているかという視点をもって事案の検討に当たっていただきたい。また、「I　はじめに」で述べたとおり、雇止め事案の解決には正社員の解雇と異なる配慮が必要であり、もし、解決方法として復職を求め訴訟を提起することを選択したとしても、相手方の主張立証を踏まえて、早期に、解雇法理類推適用のテーブルにのるのか、濫用と判断されるためのハードル（基準）の高さの程度とそこにおいてハードルを越えると主張する事実の程度のバランスがとれているかの見極めをつけ、事案に応じた和解による解決を検討することが重要であり、そのタイミングとしては、双方の基本的主張がそろい、争点が明確となったが、いまだ細かな主張立証にまでは至らない時点が望ましい。

参考文献

［裁判例の類型別の整理］
・　概観（上）1010頁。
・　石川善則「判批」ジュリ882号78頁。

- 安枝英訷「短期労働契約の更新とその拒否」労判 367 号 18 頁。
- 安枝英訷「短期労働契約の更新と雇止め法理」季労 157 号 93 頁。
- 有期労働契約の反復更新に関する調査研究会「有期労働契約の反復更新に関する調査研究会報告」（平成 12 年 9 月）。
- 松本哲泓・主判解平成 13 年度（判タ 1096 号）276 頁。

［最判東芝柳町工場事件と最判日立メディコ事件との比較］
- 上記石川「判批」。
- 野田進「不況を理由とする臨時工の雇止めの効力」ジュリ 924 号 85 頁。

［実務書］
- 審理ノート 48 頁。
- 棗一郎「講演録：有期雇用問題をめぐる法律実務」二弁フロンティア 2011 年 4 月号 2 頁、5 月号 40 頁。

［正社員の解雇制限が厳しい理由と引用裁判例の紹介・評価］
- 多見谷寿郎「期間の定めのある雇用契約における雇止めをめぐる裁判例と実務」判タ 1351 号 30 頁。

第19講
整理解雇

吉川　昌寛

I　はじめに

1　いわゆる要件説と要素説について

　整理解雇については、法規上の明文はなく、最高裁判例上もこれを明示したものはないが、実務上は、裁判例の集積により、①人員削減の必要性、②解雇回避措置の相当性、③人選の合理性、④手続の相当性を中心にその有効性を検討するのが趨勢であるといってよい（以下、単に「①」ないし「④」のように表記することがある）。

　これらについては、すべて充足していなければならないとする見解（要件説）と、充足の程度を総合考慮して解雇権濫用か否かを判断すべきであるとする見解（要素説）が対立している[1]。

　理論的には、解雇の有効性を検討する根拠となるのは、民法1条3項、労契法16条の権利濫用法理であり、整理解雇の有効性は、解雇権濫用法理の評価根拠事実と評価障害事実として挙げられる各事情を総合的に考慮する中で判断されるものであること[2]、実際的にも、人員削減の必要性には様々な類型のものがあり、使用者側の規模や体制等の関係で、実施し得

---

1)　初版脱稿後に、要件説・要素説に関する学説状況を、主要な教科書などを素材に網羅的に紹介した上、整理解雇法理の再構成をめぐる学説状況を紹介した有益な文献として、深谷信夫「整理解雇法理の論点」根本到ほか編『労働法と現代法の理論——西谷敏先生古稀記念論集上』（日本評論社、2013）481頁以下がある。
2)　渡辺・労働関係訴訟21頁。

る解雇回避措置にも様々な制約が伴うことは明らかであり、事案に応じた
きめ細かい判断を必要とすることから、実務上は、要素説に基づく裁判例
が増加しているように見受けられる[3]。

2 立証責任の振り分けについて

また、①ないし④に関しては、その要件事実上の位置付けとして、立証
責任をどのように振り分けるのかが議論されている。

この点についても諸説あり得るが、①②③は、いずれも使用者側がその
内部において検討・判断した結果の当否に関する問題であって、整理解雇
を有効とするための実体的要因と把握するのが相当であり、その主張立証
については、使用者側において適切になし得るはずである反面、労働者側
には不明な場合が多いと思われること、これに対して④は、労使間におけ
る説明・交渉経過の当否に関する問題であって、整理解雇の有効性を阻害
する手続的要因と把握するのが相当であり、その主張立証については、労
働者側においても適切になし得るものであることを理由として、実務上
は、①②③の立証責任を使用者側に、④の立証責任を労働者側に振り分け
る扱いが多いように思われる[4]（旧様式判決の主張整理によってその立場を
明らかにした裁判例として、東京地判平成15年8月27日判タ1139号121頁・
労判865号47頁・ゼネラル・セミコンダクター・ジャパン事件が、また、新様
式判決において「判断の枠組み」という段落を設けて同様の立場を明示した裁
判例として、東京地判平成18年11月29日判時1967号154頁・判タ1249
号87頁・労判935号35頁・東京自転車健康保険組合整理解雇事件がある）。

---

3) 具体的な整理解雇事案で一審と控訴審の判断が分かれたものについて論じた文
   献として、重要判決50選356頁以下〔髙田美紗子〕（東京高判平成25年4月25
   日労経速2177号16頁・淀川海運事件）、同367頁以下〔大橋勇也〕（大阪高判
   平成23年7月15日労判1035号124頁・泉州学園事件）がある。
4) 山川隆一「労働事件と要件事実」伊藤滋夫ほか編『民事要件事実講座2』（青林
   書院、2005）306頁、難波孝一「労働訴訟と要件事実」河上正二ほか編『伊藤滋
   夫先生喜寿記念・要件事実・事実認定論と基礎法学の新たな展開』（青林書院、
   2009）538頁。

364　第19講　整理解雇

もっとも、実際の訴訟においては、立証責任の所在に拘泥することなく、使用者側も④の相当性を、労働者側も①②③の不十分さを、積極的に主張立証（積極否認および反証）しようとするのが通例であり、充実した審理の観点からも、それが望ましい訴訟活動のあり方ということができよう。

3　企業倒産と整理解雇

　初版脱稿後、整理解雇法理は企業倒産（ここでは使用者として会社を念頭に置くこととする）のような場合にも適用されるかという論点が、日本航空に関する2つの整理解雇事件を機に、学会および実務界においてクローズアップされるようになってきた[5]。

(1)　破産手続・会社解散手続と整理解雇

　このような清算型手続の場合、原則として使用者の事業は廃止され、後に法人格も消滅してしまうことから、そもそも、当該使用者との間の労働契約を維持継続することは不可能となる。

　そして、これらの清算型手続の申立てが詐欺破産や偽装解散のような場合でない限り、これに伴う労働者の解雇につき、①人員削減の必要性があることは明らかであろう。また、清算型手続を前提とする解雇は、全面的な企業閉鎖を余儀なくされる状況下での一律全員解雇であるから、一部の労働者の解雇を念頭に置いた③人選の合理性についても検討のしようがない。

　これらの点につき、①人員削減の必要性を事業廃止の必要性と置き換えて、これが肯定される場合は、②整理解雇を選択することの必要性（判文によれば、これが認められるためには解雇回避の努力をしたことが必要であるとしており、要するに解雇回避措置の相当性である）はおよそ議論の余地な

---

5)　詳細は「倒産と労働」実務研究会編『概説 倒産と労働』（商事法務、2012）および同研究会編『詳説 倒産と労働』（商事法務、2013）参照。

く肯定され、③被解雇者選定の妥当性も①と独立してこれを論じることは無意味であるとし、④手続の妥当性としては労働者の納得と理解を得るべくできる限りの努力をすべきであるとして、①および④のみを検討した決定例（仙台地決平成17年12月15日労判915号152頁・三陸ハーネス事件）もある。しかし、ここまで整理解雇の4要素を変容させ、あるいは要素充足性を当然肯定し、あるいは検討を要しないとするのであれば、端的に解雇権濫用法理を適用する場合と何が異なるのか、疑問が残る。

　また、①人員整理の必要性は、会社が解散される以上、原則としてその必要性は肯定され、②解雇回避努力についても、それをせねばならない理由は原則としてないが、③整理基準および適用の合理性および④整理解雇手続の相当性・合理性の要件については、企業廃止に伴う全員解雇の場合においては、解雇条件の内容の公正さまたは適用の平等、解雇手続の適正さとして考慮されるべき判断基準となるものと解されるとする決定例（大阪地決平成10年7月7日労判747号50頁・グリン製菓事件）もある。しかし、③については、整理解雇法理において人選の合理性という要素が設定されている本来の意味ないし適用場面とは大きく異なるものであり、①および②の当然充足判断と相まって、やはり、端的に解雇権濫用法理を適用する場合と何が異なるのか、疑問が残る。

　むしろ、整理解雇法理を破産や会社解散に即した形で一部修正して適用することによって整理解雇法理の守備範囲を一見広げることが、本来の整理解雇法理を弛緩させることにつながらないかどうかといった点に目配りをしつつ（実証的研究としては、裁判例の結論と論理の運びの両面から網羅的な検討をすることが1つの端緒になると思われる。なお、事業譲渡のための雇用継続があり得るという例外的事案については、実際的にも整理解雇法理の適用があり得ると考えるべきであろうか）、清算型手続に伴い解雇を実施する場合の解雇権濫用法理の内実を分析し深めていくことの方が、より実践的であるように思われる[6]。

　併せて、仮に、清算型手続において整理解雇法理の修正適用があるとする見解をとるとした場合の②解雇回避措置が破産回避措置または会社解散回避措置と同じものか、それとも独自のものがあるか、また、いずれの見

解に立つにせよ、仮に解雇無効という結論となった場合に労働者の具体的な救済手段としてはどのようなものが実践的と考えられるかについて、今後の研究と議論の深化を待ちたい。

⑵　民事再生手続・会社更生手続と整理解雇

このような再建型手続の場合、使用者は存続することから、清算型手続に伴い解雇を実施する場合とは異なり、当該使用者との間の労働契約は存続しうるのであり、したがって、整理解雇の4要素については、いずれも検討の余地があるということができる。

理論的にも、民事再生手続の場合、管財人が選任される場合を除いて、再生債務者が、その業務遂行および財産の維持管理・処分を行うものとされているから（民事再生法38条1項・3項、64条1項）、再生債務者は、再生手続の開始決定後も、従前どおり労契法上の使用者としての地位を有しているということができる。そうすると、そのような使用者が労働者を解雇した場合は、労契法16条に基づく解雇権濫用法理やその一類型である整理解雇法理の適用を受けるものと解することができる[7]。

これに対し、会社更生手続の場合、更生手続開始決定と同時に管財人が選任され、更生会社の事業の経営ならびに財産の管理および処分は管財人に専属するものとされているから（会社更生法72条1項）、更生会社との間で労働契約を締結していた労働者を解雇するのも管財人ということになる。そこで、理論的には、管財人が更生会社の従前の使用者たる地位を承

---

6)　端的に整理解雇法理の適用はないとした裁判例として、仙台地決昭和63年7月1日労判526号38頁・東北造船事件、大阪地判平成11年11月17日労判786号56頁・浅井運送（損害賠償請求）事件、大阪高判平成15年11月13日労判886号75頁・大森陸運ほか2社事件、静岡地沼津支決平成16年8月4日労経速1882号22頁・御殿場自動車事件、東京地判平成23年5月30日労判1033号5頁・エコスタッフ（エムズワーカース）事件。

7)　民事再生手続下における再生債務者による労働契約の解約について整理解雇法理を適用した裁判例として、東京地判平成15年12月22日労判870号28頁・イセキ開発工機（解雇）事件、名古屋地判平成17年2月23日判タ1236号209頁・労判892号42頁・山田紡績事件（第1審）、名古屋高判平成18年1月17日労判909号5頁・山田紡績事件（控訴審）。

継するかどうかが問題となると考えられている[8]。この点、管財人に専属する事業経営権の一環として、管財人自身が、労働契約上の使用者としての地位を承継するとする見解（承継肯定説）と、労働契約上の使用者としての地位は更生手続開始後も更生会社に留まり、管財人が労働契約上の使用者たる地位を承継するものではないとする見解（承継否定説）とがある。前者の立場からは、管財人による労働契約の解除は労働契約上の使用者たる地位に基づくものであり、管財人は労契法2条にいう使用者であるから、その解除権の行使は解雇であって労働法上の規制に服すると解するのが素直であるが[9]、後者の立場からでも、管財人は更生会社が労働契約上の使用者として有している労働契約の解除権を更生会社に代わって行使するのであるから、解除権の行使に当たっては、更生会社が労働契約上の使用者として服すべき労働法上の規制に同様に服すべきであると解することもできる。

　なお、承継否定説に立ちつつ、①契約上の解雇権行使としての解雇については、管財人が更生会社の有する権利を更生会社と同視される立場において行使するものであって、基本的には解雇権濫用法理や整理解雇法理の適用を受けると解するが、②倒産解除権の行使としての解雇については、相手方に帰責事由がない場合でも事業の再生のために管財人に倒産法上特別の権限として行使が認められるものであって、労働契約について権利濫用法理を法制化した労契法16条自体の適用はあるとしても、使用者の経営上の理由による解雇であるがゆえに解雇権濫用法理の適用においてより厳しく判断すべきものとされるわけではなく（すなわち整理解雇法理の適用

8）　以下の記述は、池田悠「再生型倒産手続における解雇の特殊性と整理解雇法理の適用可能性」前掲注5）詳説 倒産と労働155頁以下によるところが大きい。

9）　東京地判平成24年3月29日労判1055号58頁・日本航空（運航乗務員）事件は、この理論的な構成を明示した上、会社更生手続に伴う解雇に対する整理解雇法理の適用を肯定している。なお、東京地判平成24年3月30日判時2193号107頁・判タ1403号149頁・日本航空（客室乗務員）事件は、結論こそ運航乗務員事件と同様であるが、理論的な構成は明示していない。前掲注8）の池田論文は、客室乗務員事件について、承継否定説を前提としつつ整理解雇法理を適用したと見える裁判例として紹介しているが、必ずしもそのような立場に立つことを意識した判示にはなっていない（なお、同事件判決の判タの解説も参照）。

はなく）、ただ、解雇権の行使が濫用か否かの判断において 4 要素が一定限度で機能するにとどまるとする見解もある（新承継否定説）[10]。しかし、②の場合に解雇権濫用法理の適用を認めつつもその一類型である整理解雇法理の適用はないとする構成に理論的な難点があるように思われるほか、そのように解しつつも、結局は解雇権の行使が濫用か否かの判断において整理解雇の 4 要素が一定限度で機能するとする構成にもぶれがあるように思われる[11]。

　以上のとおり、実務上も、理論上も、再建型手続に伴う整理解雇については、整理解雇法理の適用を認める見解が今日では多数を占めるといってよく、議論の中心は、4 要素の充足の在り方について、再建型手続の特殊性に応じた緩和を認めるかどうかといった点にシフトしているといってよい[12]。

Ⅱ　判例の考え方・実務の運用

1　人員削減の必要性

　整理解雇における人員削減の必要性については、❶企業が倒産の危機にある場合、❷企業が客観的に高度の経営危機下にある場合、❸企業の合理的運営上やむを得ない必要性がある場合、❹経営方針の変更等により余剰人員が生じた場合といったように、様々な程度のものが考えられる（以下、単に❶ないし❹のように表記することがある）。

10)　森倫洋「再建型倒産手続（民事再生・会社更生）における解雇について——整理解雇を中心に」金融財政事情研究会編『田原睦夫先生　古稀・最高裁判事退官記念論文集 現代民事法の実務と理論下巻』（きんざい、2013）644 頁以下、同「倒産手続における解雇（整理解雇及び普通解雇）」前掲注 5）詳説 倒産と労働 126 頁以下、特に 132 頁以下。

11)　新承継否定説の検討についての詳細は、前掲注 8）池田論文 171 頁以下参照。

12)　詳細は、前掲注 5）の各論考、特に『詳説 倒産と労働』所収の髙井章光「倒産時整理解雇における『人員削減の必要性』要素の判断基準」同書 181 頁以下、飯塚孝徳「倒産時整理解雇における解雇回避努力」同書 207 頁以下、松村卓治「倒産時整理解雇における手続の妥当性」同書 241 頁以下参照。

Ⅱ　判例の考え方・実務の運用　　369

この点については、従来、いわゆる要件説の観点から、どのような場合に人員削減の必要性を肯定することができるかといった議論の立て方をした上で、❶のような場合のみを肯定する見解（たとえば、長崎地大村支判昭和50年12月24日判時813号98頁・労判242号14頁・大村野上事件）、❷も肯定する見解（たとえば、岡山地決昭和54年7月31日労判326号44頁・住友重機玉島製作所事件）、❸まで肯定する見解（たとえば、東京高判昭和54年10月29日労民集30巻5号1002頁・判時948号111頁・判タ401号41頁・労判330号71頁・東洋酸素事件）、❹まで肯定する見解（東京地決平成12年1月21日労判782号23頁・ナショナル・ウエストミンスター銀行3次仮処分事件は、この立場を前提としたものとも読める）があるものとされ、各裁判例が採用した見解や裁判例の傾向を分析した文献が多くみられた[13]。

　しかし、他方で、「裁判例は、この必要性の存否につき、当該企業の経営状態を詳細に検討するが、結論として大部分の事件ではその要件の具備を認めている。要するに裁判所は、人員削減の必要性に関する経営専門家の判断を実際上は尊重しているといえよう。必要性を否定する裁判例の典型は、人員削減措置の決定後間もなく、大幅な賃上げや、多数の新規採用や、高率の株式配当を行うなど、素人の目からみても明瞭に矛盾した経営行動がとられた場合である。」といった指摘もなされていた[14]。

　確かに、整理解雇を行うか否かは、景気動向予測、企業の将来性に対する評価等の不確定な要素をも含む経営政策上の判断であるから、裁判所としては経営者の判断を尊重し、その判断が合理性を欠くと認められない限りその効力を否定すべきでないとする謙抑的思考[15]には首肯し得る面もあるが、人員削減の必要性の主張立証責任が使用者側にあると解すべきこ

---

13)　なお、荒木305頁は、「裁判例の中には、人員削減の必要性ではなく、整理解雇の必要性として論ずるものが散見されるが、これでは、次の解雇回避努力義務との関係が不明確となり適切でない。」とする。行間を読み込む必要性があり、ややわかりにくい記述であるが、後述のように示唆に富んだ記述であると思われる。筆者なりに理解したところによれば、その内実は、西谷420頁の記述と相通ずるところがあるものと思われる。この点については、後記2で触れる。

14)　菅野747頁。同様の指摘として、荒木305頁。

15)　三浦隆志「整理解雇」裁判法大系21・145頁。

とに照らすと、やや違和感が残ることも事実である。また、同じく経営判断の当否が問題となる場面である、取締役の善管注意義務違反を理由とする損害賠償請求訴訟における判断手法、すなわち、「①経営判断の前提となる事実認識の過程（情報収集とその分析・検討）における不注意な誤りに起因する不合理さの有無」および「②事実認識に基づく意思決定の推論過程及び内容の著しい不合理さの存否」の2点を審査対象とする判断手法（東京地判平成16年9月28日判時1886号111頁・そごう事件）を参考とすること [16] についても、やはり主張立証責任の点で、そのまま用いるには難がある。

　もっとも、裁量性のある経営判断という漠としたものの当否を評価・判断するに当たって、取締役の善管注意義務違反を理由とする損害賠償請求訴訟で用いられている分析的な審査手法自体は有益であると思われる。また、要素説の観点からは、解雇回避措置の相当性という要素との相関関係を検討するために、人員削減の必要性の「程度」の評価を組み込む必要もあると思われる。

　そこで、前記の分析的な審査手法を参考にしつつ、主張立証責任の点を加味して、「①人員削減の要否という経営判断の前提となる事実認識の過程において、どの程度の情報を収集し、どのような視点からその分析・検討をしたか」および「②その事実認識に基づき、人員削減の必要性があるとの経営判断に至った意思決定の推論過程および内容に、どの程度の合理性を認めることができるか」といったような評価枠を設定し、結論そのものの合理性を直接的に評価するのではなく、判断資料の取捨選択の合理性や判断プロセスの合理性を評価対象に加えて総合的に評価することとし、評価の仕方の点で経営判断の尊重を念頭に置きつつも、主張立証責任の点で使用者側に人員削減の必要性の有無ないし程度を具体的かつ積極的に主張立証させることとしてはいかがであろうか。

　要するに、使用者側には、使用者の経営危機状況や経営判断の合理性の

---

16)　丸尾拓養『労働法実務相談シリーズ5　解雇・雇止め・懲戒Q&A〔補訂版〕』（労務行政、2008）151頁。

内容に関する説明責任があるというべきであり、この点に関する主張立証をおろそかにしてはならないと思われる。むしろ、裁判例の要素説へのシフトに伴って、他の要素との総合判断がなされるようになってきていることから、人員削減の必要性についても、ある程度、踏み込んだ審理が必要というべきであろう。

2 解雇回避措置の相当性

この点については、ⓐ広告費・交通費・交際費等の経費削減、ⓑ役員報酬の削減等、ⓒ残業規制、ⓓ従業員に対する昇給停止や賞与の減額・不支給、賃金減額、ⓔワークシェアリングによる労働時間の短縮や一時帰休、ⓕ中途採用・再雇用の停止、ⓖ新規採用の停止・縮小、ⓗ配転・出向・転籍の実施、ⓘ非正規従業員との間の労働契約の解消、ⓙ希望退職者の募集等のうち、複数の措置が検討されることが多い。

とるべき解雇回避措置の内容や程度については、従来、裁判例の考え方として、他のあらゆる経営上の努力ないし最大限の経営上の努力を尽くすことが必要であるとする見解（たとえば、広島地判昭和53年6月29日労判306号42頁・出島運送事件）と、相当な経営上の努力ないし合理的な経営上の努力を尽くすことで足りるとする見解（たとえば、福岡高判昭和54年6月18日労民集30巻3号692頁・三萩野病院解雇事件）があるとされている。

もっとも、実務上の運用としては、冒頭で紹介したように、整理解雇の有効性に関する裁判例の要素説へのシフトに伴って、他の要素との総合判断をするのがオーソドックスな手法になってきていることから、前者の見解に従った判断はほとんど見られなくなってきており、こうした見解の対置は、もはや実質的に意味をなさなくなっている。

むしろ、今後の議論の方向性としては、後者の見解に立つとして、「相当な経営上の努力」「合理的な経営上の努力」の内実を深めていくことにあるのではないかと思われる。さしあたっては、企業の規模や経営状態、整理解雇の目的等に応じて、個別の事案ごとに、実施された解雇回避措置

が経営上の努力として相当かどうかを判断することになるというほかはないが、今後の裁判例の分析や指標の検討が待たれるところである[17]。

こうした中でも、最低限、設定されてしかるべき指標として「解雇回避措置をとることの可能性の有無」を採用すべきことは、異論のないところであろう。解雇回避措置に関する作為義務は、作為可能性があることを前提としてはじめて観念し得るものだからである（もちろん、指標としては、最低限を画するものであって、これで必要十分というわけではない）。

たとえば、企業が倒産の危機にあるような場合には、人員削減の必要性が高いにもかかわらず、解雇回避措置を十分に講じるだけの企業体力がない場合が多く、このような場合にまで、多額の出費や多くの時間を必要とするような性質の解雇回避措置も必ずとらなければならないとするのは過剰な要求というべきであろうし、企業規模や労務内容の専門性によっては、配転・出向やワークシェアリングといった手法を検討し得ないような場合もあるのであり、このような場合には、こうした解雇回避措置をとることまでは求められていないというべきであろう。逆に、経営戦略型の整理解雇のような場合であれば、解雇回避措置を十二分に講じることができたはずであり、それにもかかわらず整理解雇に及ぶことが正当化されるのは、相当手厚い解雇回避措置が取られた後でなければならないというべきである。たとえば、人員削減の必要性につき、被告が高度の経営危機といえる状況を示す資料を提出しない以上、倒産の危機に瀕しているか否か、あるいは客観的に高度の経営危機下にあるか否かといった点を的確に分析することができず、他方で、被告が新規採用の募集を約10年ぶりに行い、16名以上の中途採用を実施し、一部に高額の賃金支払を伴う再雇用を本件解雇時点でも続けていたことも認められることからすると、人員削減の必要性の程度としては、企業の合理的運営上の必要性という程度にとどま

---

17) たとえば、非正規労働者を先に解雇したことは、正規労働者の整理解雇に関する解雇回避措置の1つと評価すべきであるが、厚生労働省の平成17年9月15日付け「今後の労働契約法制の在り方に関する研究会」報告書59頁には、「非正規労働者の解雇や雇止めをしていないことをもって、正規労働者について直ちに整理解雇の必要性がないものとは解されない。」との指摘がある。

るものと認定せざるを得ないとし、そうである以上、相当高度な解雇回避措置が実施されていなければならないにもかかわらず、本件で実施されたと評価できる解雇回避措置は、希望退職者を募集したことに加えて、せいぜい不利益緩和措置としての退職条件の提示を行ったという程度であって甚だ不十分といわざるを得ないから、整理解雇は無効であるとした裁判例として、東京地判平成 23 年 9 月 21 日労判 1038 号 39 頁・ジェイ・ウォルター・トンプソン・ジャパン事件などがある。

　また、もう 1 つの指標として、これらの解雇回避措置を、本来的には何を回避するための措置なのかといった観点から、①人件費削減の回避措置、②人員削減の回避措置、③整理解雇の回避措置といった形で細分化し、本来的な整理解雇の回避措置を検討することなく整理解雇に至っていないか、また、その前に①や②のうち可能な措置をどの程度実施したかといった視点を設定するのが有用ではないかと考える[18]。

　前記の@からⓙは、本来的には、それぞれ、@が人件費削減の回避措置（①）に、ⓑ、ⓒ、ⓓ、ⓔが人員削減の回避措置（②）に、ⓕ、ⓖ、ⓗ、ⓘ、ⓙが整理解雇の回避措置（③）に相当するということができるところ、その内容に照らすと、要素説の立場からしても、①の措置のみ、または①および②の措置のみを講じたからといって、解雇回避措置の相当性が肯定されるようなことはないものと考えられるからである。

18)　この指標は、西谷 420 頁の記述に示唆を受けたものである。同記述は、2 つの要件（要素）とされていた人員削減の必要性と解雇回避措置の相当性とを合体した上で再構成するという観点からの記述であるが、本文においては、「本来、人員整理に関わる『必要性』は、①人件費削減の必要性、②人員削減の必要性、③解雇の必要性に分けることができる。この三つの段階を明確に区別し、これまで未整理のまま羅列されることの多かった解雇回避努力の内容をそれぞれの『必要性』の各段階と関連づけて、人件費削減を回避する努力、人員削減を回避する努力、解雇を回避する努力として整理する必要がある。」という分析の視点を参考とした。解雇回避努力義務との関係を明確にするため、人員削減の必要性と整理解雇の必要性とを峻別すべきとする荒木 305 頁の行間のニュアンス（前掲注 13)）も、本文の②の措置と③の措置とを峻別し、解雇回避努力義務との関係では③の措置まで検討することが必要であるとするものであると考えることができる。

3 人選の合理性

　人選は恣意的なものであってはならず（労働組合に加入している労働者については、不当労働行為の成否の問題ともなり得る）、客観的で合理的な基準に従っていなければならないというべきである。こうしたことから、実務上、(1)明示的な基準設定の要否、(2)基準自体の合理性の有無、(3)基準適用に関する相当性が争点となることが多い。

(1)　明示的な基準設定の要否について

　この点、基準が人選の合理性を保障する役割を有することを重視し、使用者は人選基準を設定して被解雇者の人選を行うべき信義則上の義務を負うとする考え方もある（津地決昭和 46 年 12 月 21 日労旬 804 号 71 頁・タチカワ・ドル・ショック事件）。

　確かに、明示的な人選基準を設定しておいた方が、恣意性の低さを立証しやすくなることは事実であろう。しかし、信義則がそこまで画一的な要請をしているとは解されない上、小規模の企業で少人数の従業員を整理解雇する場合にまで常に明示的な人選基準の作成を義務付けるのは現実的ではない[19]。要素説の観点からすると、明示的な人選基準の設定は、人選の合理性の程度が一定水準以上にあることを推認させる事情の 1 つとして評価することとし、逆に、明示的な人選基準の設定がない場合には、人選の合理性の程度を低く認定されるリスクを使用者側が自ら負うという経営判断をしたものと扱えば足りるのではないかと思われる。

　なお、人選基準を労働者側に事前に提示することの要否については、仮に提示していないとしても、人選の合理性が直ちに否定されることになるとまではいえないが（東京地決平成 13 年 5 月 17 日労判 814 号 132 頁・労働大学第 2 次仮処分事件）、事前に提示していた場合には、手続的相当性の要素において、そのことが相当程度評価される可能性があるといえよう。

19)　三浦・前掲注 15) 147 頁。

(2)　基準自体の合理性の有無について

　設定される基準としては、実務上、くじ引き等の機械的な公平を意図する基準が用いられることはほぼ皆無といってよく、あえて分類すれば、

　　ア　勤務態度の優劣（欠勤日数、遅刻回数、規律違反歴等）

　　イ　労務の量的貢献度の多寡（勤続年数、休職日数等）

　　ウ　労務の質的貢献度の多寡（過去の実績、業務に有益な資格の有無等）

　　エ　企業との間の密着度の高低（正規従業員・臨時従業員等の別等）

　　オ　労働者側の事情（年齢、家族構成、共稼ぎか否か等）

のいずれか、あるいはその組み合わせによる場合が多い。

　この点、整理解雇が倒産回避、企業再建のための手段であることからすると、基本的には、経営側の事情による基準（上記アないしエが該当するであろうか）を優先させることになる（人員整理の必要性が高度でない場合は、労働者側の事情による基準をも併せ考慮すべきである）とする見解もあるが[20]、合理的基準かどうかは、個々の事案ごとに当該企業の事情によって異なるものであり、いかなる基準を設け、これをいかなる範囲の従業員に適用して被解雇者を人選するかは、使用者自らが自己の判断と責任とにおいて行うべきものであると考えるのが妥当であろう（福岡地判昭和45年10月19日労判115号68頁・チェース・マンハッタン銀行事件）。

(3)　基準適用に関する相当性について

　この論点については、抽象的な基準や使用者の評価を伴う基準が用いられた場合に問題となることが多い。実務上、特に注意しなければならないのは、前記ウの基準であろう。他の基準は数値化・客観化しやすいのに対し、ウの基準については、営業成績や資格の有無のように数値化・客観化しやすい指標もあるが、そうでないものも多いからである。

　たとえば、勤務成績を基準とする場合であれば、(ア)書面化された資料を用いたか否か、(イ)評価が毎回（毎期）定期的に実施されているかどうか、(ウ)評価に当たって自己評価や労働者との面談が実施されたり、二次評価者

---

20)　松本哲泓「整理解雇」新大系16・労働関係訴訟Ⅰ 148頁。

の意見が加味されたりしているかどうか、㊃評価結果が労働者に対して
フィードバックされるプロセスが保障されているかどうかといった諸要素
によって、合理性の評価のしやすさや、認められる合理性の程度が異なっ
てくるであろう。たとえば、整理解雇の直前になって、管理職に一面的な
従業員評価をさせた上で、これを勤務成績の人選基準に当てはめて整理解
雇を実施したような場合に、その人選の合理性を認定することには、相当
程度の困難を伴うものというべきであろう[21]。

4 手続の相当性

　手続の相当性については、他よりも比重が小さく、他を満たしているの
に、これだけで解雇が無効となった例は少ないとする指摘もあるが[22]、
他方で、手続の相当性はプロセスが適正であるか否かの判断であって、裁
判所の判断に適するものであり、手続の相当性を欠くことが整理解雇無効
の決定的な理由とされることがあるとの指摘もある[23]。
　この点については、手続の相当性が他の要素に比べて裁判所の判断にな
じみやすいものであることは指摘のとおりであること、要素説といえど
も、各要素の「強弱」を他の要素で補うことを認める限りで採用するのが
相当と思われるのであって、4要素のいずれかを全く欠くケースについて
まで整理解雇を有効とするというような極端な考え方には賛同できないこ
とにかんがみると、実務上は、決してこの要素を軽視しない方がよいと思
われることを指摘しておく（人員削減の必要性・解雇回避措置の相当性・人
選の合理性については、そのいずれかの要素を全く欠くような場合にまで整理
解雇を有効とする理論はないように思われるが、それぞれの要素が「要素」と
して必要とされることの意義を考えた場合、手続の相当性についても、これを
全く欠くような場合には、他の要素の充足によってこれを補うのは相当でなく、
整理解雇を無効とすべきであると思われる）[24]。

21）　君和田伸仁『問題解決労働法5　解雇・退職』63頁（旬報社、2008）参照。
22）　松本・前掲注20）149頁。
23）　丸尾・前掲注16）163頁。

Ⅱ　判例の考え方・実務の運用　　377

次に、手続の相当性の内容として、当該労働者に対する個別的説明や協議、解雇理由の通知が必須であるのはもちろんのことであるが、実務上は、労働組合・労働者団体に対する集団的説明・協議の要否ないしその程度が問題となることが多い。

　まず、組合等との間に解雇協議条項がある場合には、労組等に対する説明・協議は、整理解雇を有効とするための必須の事項である（大阪地決昭和48年6月20日労判180号38頁・奥村内燃機事件）。問題は、どの範囲で、どの程度協議をすれば協議を尽くしたことになるのかという点であろう。この点に関し、最一判昭和29年1月21日民集8巻1号123頁・判時24号26頁・判タ38号48頁・池貝鉄工整理解雇事件は、いかなる場合においても常に会社が一方的に解雇等の経営上の措置をとることを許さないものとする趣旨ではなく、少なくともそれが会社にとって必要やむを得ないものであり、かつ、これについて組合の了解を得るために会社として尽すべき処置を講じたにもかかわらず、組合の了解を得るに至らなかったような場合には、使用者が一方的に経営上の措置を実施することも許される場合もある旨を判示している。

　他方、組合等との間に解雇協議条項がない場合にも、組合等との関係で使用者が協議義務を負うかどうかについては、見解が分かれている。確かに、協議条項がない場合であっても、組合等に対して使用者が事前協議を尽くすことは、信義則にかなう行為として評価されるべき事情の1つではあるが、要素説の観点からすると、協議条項がない以上、組合等との間

---

24)　深谷・前掲注1）488頁は、一部の裁判例が採用した「諸要素による総合評価であるから、一要素が欠落していても、一要素の充足が不十分でも、全体を総合考慮して有効性判断を行う」という手法を、学説は採用していない。例外として、藤原説は、「あえて『（場合によりまったく充足されていなくとも）』と記述していることからすると、ある要件（要素）が充足していなくとも、整理解雇が有効となる場合を想定しているのであろう」とする。上記引用に係る藤原説については、藤原稔弘「整理解雇法理の再検討——整理解雇の『4要件』の見直しを通じて」山川隆一＝大内伸哉＝大竹文雄編『解雇法制を考える［増補版］』（勁草書房、2004）159頁参照。また、他の3要素は総合的判断の重要な要素と解するのが相当であるが、労働組合、労働者との誠実な協議・交渉は、信義則上確定的な「要件」と解する立場として、渡辺章『労働法講義　上』（信山社、2009）659頁。

における協議は義務とまではいえず、その有無や程度は、手続の相当性（手続の不相当性）の程度を判断するに当たっての重要な事情の１つになるものと位置付けるのが相当である（なお、誤解を避けるために付言しておくと、後記のとおり、筆者は、使用者が組合等との関係で、事前協議を尽くさなくてよいという文脈でこのように述べているのではない。また、協議条項の有無にかかわらず、当該労働者に対する事前説明・事前協議は必須であることに注意を要する）。同様に、どの程度の情報を労働者側に提供し、どの範囲について協議すべきかについても諸説あるが、これも、より多くの情報を提供し、より多くの点について協議をするほど、手続が不相当であったとは評価されにくくなり、逆に事前開示された情報が少なく、ほとんど協議する事項がなかったような場合には、手続が不相当であったと評価されやすくなるものと位置付けるのが相当であろう。

Ⅲ　労働者側の主張立証上の留意点

1　人員削減の必要性に関する労働者側の主張立証上の留意点

　労働者側において、❶企業が倒産の危機にあることや、❷企業が客観的に高度の経営危機下にあることに関する主張立証（積極否認・反証）をしようとする場合、使用者側に財務諸表の提出を求めておきながら、いざそれが出されると、さしたる分析もなしに、「使用者側の提出した財務諸表によれば、人員削減が必要となるほどの経営状況にはないことは明らかである。」といった抽象的な主張をするにとどまる場合がある。

　しかし、積極否認としては、証拠に基づく具体的な主張がなされる必要があるというべきである。たとえば、財務諸表から別表のような抽出を行った上で、流動性比率、支払能力比率、収益性比率、労務費の分析等を具体的に主張することが有益であり、日頃から、財務諸表の分析・検討の仕方に関する知識を得てこれを活用する努力が必要といえよう。

　また、❸不採算部門の閉鎖等、企業の合理的な運営上の必要があることや、❹一定の収益はあるが、経営方針の変更により余剰人員が生じたこと

貸借対照表	11 期	12 期	13 期	備考
決算日	H18.3.31	H19.3.31	H20.3.31	
(1) 流動資産	¥27,649,618	¥24,644,130	¥20,593,595	
うち現金・預金	¥13,481,398	¥10,720,490	¥8,168,852	
うち売掛金	¥7,040,326	¥6,048,452	¥5,022,521	
(2) うち現金＋預金＋売掛金	¥20,521,724	¥16,768,942	¥13,191,373	
(3) 固定資産	¥5,204,388	¥4,545,236	¥4,160,008	
(4) 総資産((1)+(3))	¥32,854,006	¥29,189,366	¥24,753,603	
(5) 流動負債	¥13,095,618	¥15,017,146	¥17,043,793	
(6) 固定負債	¥12,551,400	¥10,045,200	¥7,501,000	
(7) 総負債((5)+(6))	¥25,647,018	¥25,062,346	¥24,544,793	
(8) 資本・純資産	¥27,306,988	¥22,027,020	¥17,308,809	
(9) 総資本((7)+(8))	¥52,954,006	¥47,089,366	¥41,853,602	
流動性比率				
流動比率((1)÷(5))	211.14%	164.11%	120.83%	短期の支払カバー率(200%以上が相当)
当座比率((2)÷(5))	156.71%	111.67%	77.40%	即座の支払カバー率(100%以上が相当)
運転資本((1)−(5))	¥14,554,000	¥9,626,984	¥3,549,802	予見困難な現金需要に対応する能力
支払能力比率				
負債資産比率((7)÷(4))	78.06%	85.86%	99.16%	営業資金を資産価値の何%借りているか
負債資本比率((7)÷(8))	93.92%	113.78%	141.81%	負債比率(100%未満が相当・マイナスは危険)

損益計算書	11 期	12 期	13 期	備考
決算日	H18.3.31	H19.3.31	H20.3.31	
① 売上高	¥97,100,218	¥91,699,850	¥84,101,881	
② 売上原価	¥68,119,730	¥65,595,485	¥62,480,898	
③ 売上総利益(①−②)	¥28,980,488	¥26,104,365	¥21,620,983	
④ 販売費および一般管理費	¥28,132,089	¥27,203,498	¥26,272,608	
⑤ 営業利益(③−④)	¥848,399	¥-1,099,133	¥-4,651,625	
⑥ 営業外収益	¥700,775	¥1,441,581	¥2,031,576	
⑦ 営業外費用	¥318,401	¥356,526	¥396,651	
⑧ 経常利益(⑤+⑥−⑦)	¥1,230,773	¥-14,078	¥-3,016,700	
⑨ 特別利益	¥50,689	¥91,485	¥115,484	
⑩ 特別損失	¥0	¥0	¥0	
⑪ 税引前当期純利益(⑧+⑨−⑩)	¥1,281,462	¥77,407	¥-2,901,216	
⑫ 法人税・住民税充当額	¥66,747	¥66,644	¥58,396	
⑬ 税引後純利益(⑪−⑫)	¥1,214,715	¥10,763	¥-2,959,612	
収益性比率				
売上総利益率(③÷①)	29.85%	28.47%	25.71%	粗利率。ブランド力・超過収益力
販売費・一般管理費率(④÷①)	28.97%	29.67%	31.24%	販売活動・管理活動の妥当性の指標
営業利益率(⑤÷①)	0.87%	-1.20%	-5.53%	主要事業活動による企業の収益性の指標
経常利益率(⑧÷①)	1.27%	-0.02%	-3.59%	資金調達の巧拙を含めた採算性の指標
純利益率(⑬÷①)	1.25%	0.01%	-3.52%	特別損益を加味した利益率
総資産利益率(⑬÷(4))	3.70%	0.04%	-11.96%	ROA。総資産に対する利益の比率

労務費等の分析	11 期	12 期	13 期	備考
決算日	H18.3.31	H19.3.31	H20.3.31	
役員報酬	¥7,000,000	¥6,000,000	¥5,000,000	
給与手当	¥20,020,645	¥19,037,273	¥18,050,843	
法定福利費	¥81,960	¥81,903	¥79,238	
福利厚生費	¥73,743	¥53,851	¥18,619	
合計	¥27,176,348	¥25,173,027	¥23,148,700	

といったような場合には、労使とも、価値観の違いを縷々主張するだけの、地に足のつかない議論になってしまいがちである。心がけるべきことは、客観的な資料に基づいた前提事実の立証ないし反証と、こうした証拠に一定の評価を加えて提示する主張の説得性であり、終わりのない、反論に対する反論に終始することのないよう、留意する必要がある。

2　解雇回避措置の相当性に関する労働者側の主張立証上の留意点

　労働者側において、この点に関する主張立証（積極否認・反証）をしようとする場合、並列的に「AやBやCの措置をとらなかったから、解雇回避措置として不十分である」といった指摘をするにとどまる例がみられる。

　しかし、解雇回避措置に関する積極否認・反証は、本来、人員削減の必要性とならんで、使用者側の経営判断の誤りを具体的に指摘するものでなければならないから、本当の問題は、使用者がDやEやFの解雇回避措置を行ったことや、逆にAやBやCの措置をとらなかったことに関する経営判断の当否でなければならないはずである。各種の解雇回避措置については、整理解雇を行わずに済む可能性が高まるというメリットがあるものの、それぞれ、以下のようなデメリットもあるので、労働者側としては、景気の動向、人員削減の必要性の程度の強弱や企業規模・業種・労務内容等に照らして、こうしたデメリットとの関係で、具体的に再反論のしやすい要素に絞って、効率的かつ効果的な積極否認・反証を行うべきであろう。

① 人件費削減の回避措置

ⓐ 広告費・交通費・交際費等の経費削減

企業活動が制約され、減収という負のスパイラルに陥る危険がある。

② 人員削減の回避措置

ⓑ 役員報酬の削減等

危機打開のための有能な経営者を外部から招くことが困難となる。

ⓒ 残業規制

業務内容によっては顧客・取引先との関係に難が生じることがある。

ⓓ 従業員に対する昇給停止や賞与の減額ないし不支給、賃金減額

労働条件の変更に伴う混乱が生じる上、従業員の士気が低下する。

ⓔ ワークシェアリングによる労働時間の短縮や一時帰休

休業手当のコストがかかる上、代替性の低い業務には適用が困難。

③ 整理解雇の回避措置

ⓕ 中途採用・再雇用の停止

豊富な経験や技術を持つ人材の確保が困難になる。

ⓖ 新規採用の停止・縮小

企業の新陳代謝が停滞し、人材の育成や組織の構成に偏りが生じる。

ⓗ 配転・出向・転籍の実施

労働者側・受入れ側双方の要求や能力等のマッチングに限界がある。

ⓘ 非正規従業員との間の労働契約の解消

労務コストの高い正社員の割合が増え、雇用の弾力化が困難になる。

ⓙ 希望退職者の募集

退職条件にコストがかかる上、必要な人材が退職するおそれがある。

3　人選の合理性に関する労働者側の主張立証上の留意点

労働者側がこの点に関する主張立証（積極否認・反証）をしようとする場合、総花的に、(1)明示的な基準設定の要否、(2)基準自体の合理性の有無、(3)基準適用に関する相当性のすべてを激しく争い、使用者側の反論とそれに対する労働者側の再反論が積み重なることで、審理が長期化してしまうことがある。また、基準自体の合理性については、労使間において主張が価値観の押し付け合いになる例もみられる。

しかし、(1)明示的な基準の設定が絶対的な義務ではなく、(2)基準自体の合理性についても経営判断が相当程度尊重されることについては前記のとおりである。しかも、企業の経費削減という短期的経済的合理性を追求すれば高額賃金の中高年労働者の解雇が合目的的であり、他方、従業員への

382　第19講　整理解雇

ダメージの低さからすれば再就職が相対的に容易な若年労働者の解雇に合理性があることと評価されやすいなど、基準の評価には両面の見方があることが多い[25]。他方、基準自体が非常に機械的なものであり、当てはめの客観性に問題が生じにくいような場合に、⑶基準の適用に関する相当性に関する議論を続けてもあまり意味がないというべきである。

　そうすると、ケースによっては、比較的早期の段階から、勝負は⑵基準自体の合理性評価の問題であるとか、⑶基準の当該労働者に対する当てはめの問題である等と割り切った上で、主張立証をその論点に関する審理あるいは他の要素に関する審理に集中させるのが望ましい場合もあるであろう。

4　手続の相当性に関する労働者側の主張立証上の留意点

　手続の相当性の主張立証責任は労働者側にあると解すべきであるから、この要素については、訴状段階からしっかりとした書証の提出とともに説得的な主張を展開する必要がある（使用者側から、「こういう資料も渡したのに労働者側はこれを甲号証として提出していないが、意図的に手続の不相当性を作出しようとしているのではないか」といった指摘をされるようでは、提訴前の事情聴取能力・証拠収集能力を問われかねない）。

　主張としては、時系列表を作成して訴状別紙とし、参考書証番号を各出来事の末尾に附記しておくのが望ましい。その上で、「不相当性」を説得的に論証すべきである。他方、立証としては、労組等のビラや会報を何十枚と提出する例もみられるが、大部で読みづらい割には事実認定に用いるべき部分が限られており、客観性の担保されていない内容も多く記載されているため、多くの場合、労働者側の提出証拠としてはベストエビデンスとはいえない。書証としては、使用者側から渡された説明資料や、団体交渉に関する労使双方署名のある議事録を本則とすべきである（なお、団体交渉に関する録音体をそのまま準文書として提出するのはいただけない。反訳

---

25)　岩出（下）1117頁。

書にラインマーカーを施した上で書証とし、録音体は、反訳書の正確性を
チェックさせるために事実上当事者間でやりとりをするにとどめるのが適切で
ある）。

Ⅳ　使用者側の主張立証上の留意点

1　人員削減の必要性に関する使用者側の主張立証上の留意点

　この論点については、使用者側において、単に数年分の財務諸表を書証
として出すだけで、その分析を十分にすることなく、「経営の素人である
裁判所は、被告会社の経営判断を尊重すべきである」とか、「財務諸表に
あるとおり、会社の経営状況はよくないのであって、人員削減の必要性が
あることは明らかである」といった雑な主張立証がなされることがある。
　しかし、使用者側としては、どういった資料からどのような経営判断を
したのかということを裁判官に理解させるよう努めなければならないとい
うべきである。❶企業が倒産の危機にある場合や、❷企業が客観的に高度
の経営危機下にある場合には、財務諸表の具体的な分析と検討を含めた、
企業の財務状況の悪化に至るプロセスに関する主張立証が必要であり、❸
企業の合理的運営上の必要がある場合や、❹経営方針の変更により余剰人
員が生じたような場合には、使用者側が経営の合理化や経営方針の変更に
当たって検討した資料をもとにした、整理解雇に至る経営判断のプロセス
に関する主張立証が必要である。

2　解雇回避措置の相当性に関する使用者側の主張立証上の留意点

　この論点については、労働者側とは逆に、使用者側の主張立証として
も、並列的に「使用者側は、本件整理解雇に先立ち、DやEやFの措置を
とったから、解雇回避措置として十分である」といった指摘にとどまる例
が見受けられる。

384　第19講　整理解雇

しかし、労働者側の主張立証上の留意点において指摘したように、使用者側の解雇回避措置に関する主張立証は、本来、人員削減の必要性と並んで、使用者側の経営判断の正当性を具体的に指摘するものでなければならないはずであるから、本当の問題は、使用者がAやBやCの措置をとらなかったことや、逆にDやEやFの解雇回避措置を行ったことに関する経営判断の当否でなければならないはずである。よって、使用者側には、このような観点を意識した具体的な主張立証が要請されるというべきであろう。

また、使用者側の主張立証として、整理解雇に伴う割増退職金を提示したことや、法定予告期間以上の解雇予告期間を設けたこと、整理解雇に伴う再就職先の斡旋や資金援助を提示したこと等を強調しすぎているのではないかと思われる例が見られる。

確かに、これらの施策を実施したことは、整理解雇の相当性を肯定する方向に作用する一事情と扱うべきとも思われるが[26]、これらの措置は、希望退職者の募集に伴ってなされる場合とは異なり、厳密には、解雇「回避」措置ではなく、整理解雇がやむを得ないとの結論に至った場合の労働者に対する不利益緩和措置であり、従って、判決との関係では、あくまで二次的・付随的なものとして考慮されるにとどまるものというべきであろう[27]。もっとも、和解の場面においては、これらの事情が相当程度考慮されてよい。

3　人選の合理性に関する使用者側の主張立証上の留意点

まず、使用者側としては、(1)明示的な基準を設定していたのであれば、関連する資料（労働者側に提示した説明文書や、使用者側の内部検討資料・取

---

26)　石嵜信憲編著『労働契約解消の法律実務』（中央経済社、2008）181 頁、前掲注 17）の研究会報告書 59 頁。なお、整理解雇の 4 要件の再構成に主眼を置いた文献ではあるが、こうした「解雇に伴う不利益緩和措置の履行」を付加的要件と扱うことを明示した文献として、川口美貴「経営上の理由による解雇規制法理の再構成」日本労働法学会誌 98 号 40 頁がある。

IV　使用者側の主張立証上の留意点　　385

締役会議事録等）を早期に提出すべきである。また、(2)基準自体の合理性の有無や、(3)基準適用に関する相当性については、往々にして「論」の方が膨らみがちであるが、客観的な「証拠」に基づく、地に足の付いた議論をすべきである。

ところで、(3)基準適用に関する相当性については、勤務態度や労働能力による基準を設定していた場合に、労働者側から、当該労働者の勤務態度の良さや労働能力の高さが強く主張されたことに過剰反応し、使用者側が勤務態度の悪さや労働能力の低さを必要以上に再指摘することで、この点が通常の普通解雇の成否が争われている事案と同程度にクローズアップされてしまい、審理が長期化してしまうことがある。

しかし、整理解雇は、労働者側に非違行為や能力不足等の事情がなくとも（あるいは、そうした事情が一定程度はあるが、解雇の合理性を基礎付けるには不十分な場合であっても）有効とされる可能性のある解雇類型であるから、使用者側が、当該解雇は整理解雇である旨を明確に陳述した場合には、当該労働者の勤務態度や労働能力が普通解雇事由に該当するほどの深刻な問題ではないことを認めたものと扱われてもやむを得ないと割り切るべきである（仮に、当該労働者の問題が普通解雇事由に相当する程度のものであったとすれば、主位的には普通解雇を主張し、一般的に成立要件の厳しい整理解雇は 2 次的な主張となる場合が多いであろう[28]）。ちょうど整理解雇を検討

---

27)　なお、渡辺・労働関係訴訟 24 頁は、「いわゆる『整理解雇の 4 要件』を意識した整理解雇を行っていると評価できるものの、そのうえで、そのような整理解雇をすることが、信義則に反しており、解雇としての有効性に疑問があるというような特別な事情が存するような事例に接することがある」として、「手続の相当性」という項目設定ではなく「その他の当該整理解雇が信義則に反する事情（手続的に相当でないことも、この事情に含まれ得る。）」としている。判決としては、前掲注 9) の日本航空（運航乗務員）事件が同様の判断枠組みを用いており、「解雇手続の相当性等の整理解雇が信義則上許されない事情」という段落の中で、不利益緩和「措置を採ったことをも併せ考慮すると、本件解雇の過程において、整理解雇が信義則上許されないとする事情は認められない」としている。一方、前掲注 9) の日本航空（客室乗務員）事件は、従来の 4 要素の判断枠組みを用いており、不利益緩和措置については、人選の合理性の判断を示した後、年齢基準の不合理性に関する原告らの主張に対する応答として触れている程度であり、解雇回避措置としても、手続の相当性としても、積極的な考慮要素としては取り上げていない。

28)　渡辺・労働関係訴訟 22 頁。

していたところであったので、当該労働者についても普通解雇をすることなく、整理解雇のルートに乗せた旨の主張がなされることもあるが、そのような判断をしたことのリスクは使用者側が負わなければならない）。そうすると、使用者側としては、あくまで整理解雇基準への当てはめの問題として、当該労働者の勤務態度や労働能力が整理解雇基準に該当するレベルであったことを主張立証すれば足りるものと割り切り、他の要素との総合考慮の仕方について説得的な主張をすることに力点を移すのが相当と考えられる場合もあるであろう。

4　手続の相当性に関する使用者側の主張立証上の留意点

　中小企業・零細企業の整理解雇において、訴訟になってから代理人が使用者側として事件を受任したときに、最も主張立証（積極否認・反証）に苦労するのがこの要素であろう。往々にして、手続の相当性に関する使用者の意識が乏しいことが多い上、労働者側との間の交渉に関する客観的な資料が立証（反証）の要となるため、逆にそうした客観的な資料に乏しい事案については、事後的な手当が困難となるからである。

　この点、先に、労働者側の主張立証上の留意点において、労組等のビラや会報を何十枚と提出することの難点を指摘したが、これが使用者側の反証となると、話は少し変わってくる。労組等がビラや会報において使用者側の言動につき論難した部分があれば、それは、労働者側が、少なくともそこに記載されている限度では使用者側の説明を認識し、労使交渉におけるやりとりがなされたということを自認していることを示すわけであって、こうした資料を入手できたとすれば、それは、客観性の点では劣る面があるとしても、使用者側が作成した説明資料や団体交渉に関する労使双方署名のある議事録がないような場合の次善の策として、有益な手がかりとすることができるであろう。

Ⅴ おわりに

1 審理計画の策定について

　整理解雇事案は、複数ないし相当数の労働者にとっての死活問題であるとともに、使用者側にとっても、判決の内容如何によっては紛争後の企業活動に多大な影響を及ぼすものであるから、特に迅速審理の要請が高い訴訟類型であるということができよう。

　翻ってみるに、整理解雇事案は、判例法理が比較的確立しており、解雇権濫用論の判断要素についても相当程度類型化されていることから、迅速審理を実施することが比較的容易な訴訟類型であるということができよう。本講において指摘したような主張立証上の留意点を意識し、当事者双方がともに積極的な主張立証活動を行うことにより、極端な話をすれば、

（第1回期日）　訴状と答弁書、双方の基本書証の提出

（第2回期日）　被告準備書面(1)と残る乙号証（陳述書以外）の提出

（第3回期日）　原告準備書面(1)と残る甲号証（陳述書以外）の提出

　　※　被告側に補充主張があれば次の期日前までに準備書面(2)を提出

（第4回期日）　人証申請と陳述書の提出、人証実施計画の策定

　　※　原告側に補充主張があれば次の期日前までに準備書面(2)を提出

（第5回期日）　人証の取調べ

　　※　次の期日前までに和解勧試や最終準備書面の提出を検討

（第6回期日）　審理終結

といった審理計画を立てることも可能なはずである。

2 和解について

　整理解雇事案は、上記1のような性質を有する事件類型であることから、立場こそ違えど、解雇後の生活に困難を来すことになった労働者側にとっても、経営状況の立て直しを図らなければならない使用者側にとって

388　　第19講　整理解雇

も、苦境に立たされた状態での訴訟遂行を余儀なくされるという構造にある。また、判決によれば、（人選の合理性の要素に関する基準適用の相当性の論点での当てはめにおいて、個別の判断に至り、労働者ごとに結論が区々になる場合もあるが）全面勝訴か全面敗訴かの結論とならざるを得ず、その結論が周囲に及ぼす影響の大きさに照らすと、敗訴当事者側による控訴はほぼ必至であると考えられることから、判決という解決方法に固執することは、当事者双方にとって、経済的にも精神的にも相当な負担を強いる結果となることは明らかであろう。このように考えてみると、早期の和解（特に金銭和解）は、ある意味では、当事者双方にとって、最悪の事態を避けるための妥協的な解決策であるのみならず、現状からの救済の側面を有する解決方法であるということもできるものと思われる。

　労働者側としては、仮に、当該整理解雇は無効であるとの立場を基本に据えて金銭解決の和解交渉に臨むとしても、整理解雇に踏み切らなければならなかったような使用者側には、多くの場合、十分な資力がないことを考えるべきである。和解調書上、多額の解決金を得ることができたとしても、分割払いの過程で使用者側が経済的に破綻してしまえば元も子もないのであって、懲戒解雇や普通解雇の有効性が争われている場合のような解決水準を期待すべきではないであろう。

　他方、使用者側としては、労働者側に帰責性のない場合、あるいは仮にそれがあったとしても普通解雇を有効とするには至らない程度の帰責性にとどまるような場合であるにもかかわらず、労働者側に退職和解を甘受してもらわなければならないということの意味を考えるべきである。いくら経営状況が厳しいとはいっても、それを安易な逃げ口上にするのではなく、金銭解決の水準については最大限の努力を示すべきであろう。

第20講
懲戒解雇

三浦　隆志

I　はじめに——論点の要件事実上の位置付け

懲戒解雇とは、企業秩序の違反に対し使用者によって課される一種の制裁罰であり、使用者が有する懲戒権の発動により行われる解雇をいう。民法627条1項を根拠とする普通解雇とは性格を異にしており、その有効要件も異なる。

懲戒解雇の法律効果は労働契約の終了である。法律効果は普通解雇と相違がない。労働契約上の地位確認請求事件等では、使用者から、抗弁として主張される。

懲戒解雇の要件事実は、①就業規則上の懲戒事由の定め、②懲戒事由に該当する事実の存在、③懲戒解雇の意思表示であり、使用者は以上の事実を主張立証することになる[1]。

II　判例の考え方・実務の運用

1　総論

(1)　懲戒解雇の本質

懲戒解雇は予告手当と退職金の不支給の点に本質があるのではなく、懲戒としての解雇という点に普通解雇と異なる本質がある。

---

1)　類型別実務251頁以下（第5章Q12〜Q13）も参照のこと。

懲戒解雇は、解雇予告手当（労基法20条1項）の支給もなく即時にされる場合も少なくないが、それは懲戒解雇の事案では労基法20条1項ただし書の「労働者の責に帰すべき事由に基いて解雇する場合」に該当し、予告手当の支払が不要とされる場合が多いからである。懲戒解雇を相当とする事案の多くでは「労働者の責に帰すべき事由に基いて」の解雇にも該当するのが通例であるが、当然に一致するものではなく、懲戒解雇は有効であっても予告手当の支払が必要となる場合もあるとされている（東大・労基法（上）363頁）。逆に、普通解雇がされた事案であっても、労基法20条1項ただし書の「労働者の責に帰すべき事由に基いて解雇する場合」にあたり予告手当の支払が不要とされる場合も当然あることになる。

　懲戒解雇されると通常は退職金の支払がされないが、これも退職金の支払を定めた退職金規程等に、懲戒解雇の場合または懲戒解雇事由がある場合には退職金の全部または一部を支給しないと定められているからであり、懲戒解雇がされたことから退職金の全部または一部の不支給が導かれるものではない。普通解雇がされた場合であっても、退職金規程等の退職金不支給事由に該当すれば当然のことながら退職金は不支給となる。

　使用者が懲戒権を有する点については、従来は、明確な根拠規定が法令上存在しないとして、その根拠につき、使用者は規律と秩序を必要とする企業の運営者として当然に懲戒権を有するとする固有権説と、使用者の懲戒処分は労働者が労働契約において具体的に同意を与えている限度でのみ可能であるとする契約説との対立があった。上記の説の対立は、具体的には、①就業規則上懲戒に関する根拠規定がない場合にも使用者は懲戒処分をし得るか、②就業規則上懲戒の事由や手段を列挙している場合にこれを限定列挙とすべきか否か、以上の点に結論の差異を生ずるものとされていた。この点について、最高裁は、「使用者が労働者を懲戒するには、あらかじめ就業規則において懲戒の種別及び事由を定めておくことを要する（最三判昭和54年10月30日民集33巻6号647頁・国鉄札幌運転区事件）。そして、就業規則が法的規範としての性質を有する（最大判昭和43年12月25日民集22巻13号3459頁・秋北バス事件）ものとして、拘束力を生ずるためには、その内容を適用を受ける事業場の労働者に周知される手続

が採られていることを要するものというべきである。」（最二判平成15年10月10日労判861号5頁・フジ興産事件）と判示した。上記説示内容に照らせば、就業規則のない企業、就業規則があっても懲戒解雇に関する規定がない企業、規定があってもこれを事業場の労働者に周知していない企業においては、いずれも懲戒解雇はできないということになる。

退職を伴う懲戒処分としては、懲戒解雇のほかに諭旨解雇と呼ばれるものがある。諭旨解雇の内容は、企業により相違するが、使用者が労働者に一定の期間内に辞職届を提出するよう勧告し、これに応じない場合に解雇するというものが多いようである。諭旨解雇の場合の退職金の取扱いは、全額不支給、一部支給、全額支給など様々である。

(2) 懲戒解雇の普通解雇への転換

一言に懲戒解雇の普通解雇への転換といっても、問題となる状況によって、意思表示の解釈の問題である場合や、当該意思表示に対する事実認定の問題である場合など様々である。

懲戒解雇は普通解雇と同じく労働契約の終了を法律効果としているが、民法の解雇自由の原則の中で行われる中途解約の意思表示である普通解雇の意思表示と、懲戒権の行使とされる懲戒解雇の意思表示とは法的性質を全く異にすることから、懲戒解雇の意思表示に普通解雇の意思表示が含まれているとみることはできないと一般的には解されている。したがって、事実として懲戒解雇の意思表示がされている事案においては、訴訟の場で、これを普通解雇の意思表示であると主張することはできないし、事実として普通解雇の意思表示がされている事案において、訴訟の場で、これを懲戒解雇の意思表示であると主張することもできないことになる。

なお、事実認定の問題ではあるが、懲戒としての解雇の意思表示がされたのか、普通解雇の意思表示がされたのか事実として微妙な事例がある。解雇通告書等において、就業規則に定められた懲戒事由に関する規定を引きながら、最終的には普通解雇の規定をもって解雇すると記載されているような場合である。事案ごとの事実認定ではあるが、このような事案については普通解雇がされたと認定されることが多いと思われる。

処分時には使用者が労働者に対し懲戒解雇であると告げていたが、使用者が訴訟において、当該解雇の意思表示には普通解雇の意思表示も包含していたと主張してくる場合がある。これも事実認定の問題であるが、前述したとおり、懲戒解雇と普通解雇はその性格を異にするのであるし、懲戒解雇の意思表示に普通解雇の意思表示を包含させるのであればその趣旨を明示して意思表示をすれば足りるのであるから、処分時に懲戒解雇であると明示しながら、普通解雇でもあると明示していない場合に、懲戒解雇の意思表示に普通解雇の意思表示が包含されていると事実認定するのはごくごく例外的な場合に限られると思われる（懲戒解雇の意思表示に普通解雇の意思表示が包含されているかという点につきこれを否定した裁判例として、東京高判昭和 54 年 8 月 29 日判時 938 号 110 頁・労判 326 号 26 頁・理研精機事件、さいたま地川越支判平成 15 年 6 月 30 日労判 859 号 21 頁・所沢中央自動車教習所事件等がある）。

　当該非違行為が懲戒解雇事由には該当するものの、就業規則に不備があり、これに該当する普通解雇の定めがない場合において、普通解雇はできるであろうか。裁判例としては、懲戒解雇事由が存する場合には、就業規則にこれを普通解雇とする規定がなかったとしても、使用者は、懲戒解雇事由に該当することを理由に普通解雇できるとするものが多い（千葉地判平成 3 年 1 月 23 日労判 582 号 67 頁・千葉県レクリエーション都市開発事件、東京高判平成 14 年 4 月 17 日労判 831 号 65 頁・群英学園事件）。

　なお、懲戒解雇事由が存するにもかかわらず、その事実について普通解雇の規定を適用して普通解雇することは全く問題はない。懲戒解雇が可能な場合であっても、当該労働者の将来に配慮するなどして、あえて普通解雇の規定を適用して普通解雇とすることは実務上しばしばみられるところである。この場合には、当該普通解雇の効力は、普通解雇の要件を具備しているか否かによって判断される。

(3)　懲戒解雇事由の追加・変更

　懲戒解雇時に懲戒解雇事由としていなかった事実を、後に（たとえば訴訟の場において）懲戒解雇事由として追加することができるか。

普通解雇の場合には、解雇の時点で使用者が認識していない事実であっても、訴訟において、これを解雇事由として主張することは許されると解すべきものと思われるが（審理ノート 25 頁）、懲戒解雇の場合には、「使用者が労働者に対して行う懲戒は、労働者の企業秩序違反行為を理由として、一種の秩序罰を課するものであるから、具体的な懲戒の適否は、その理由とされた非違行為との関係において判断されるべきものである。したがって、懲戒当時に使用者が認識していなかった非違行為は、特段の事情のない限り、当該懲戒の理由とされたものではないことが明らかであるから、その存在をもって当該懲戒の有効性を根拠付けることはできない」（最一判平成 8 年 9 月 26 日判タ 922 号 201 頁・山口観光事件）とされている。そして、この判決にいう「特段の事情」がある場合とは、当該懲戒の理由とされた非違行為と密接に関連した同種の非違行為の場合などを指すとされている（東京高判平成 13 年 9 月 12 日労判 816 号 11 頁・富士見交通事件、菅野 674 頁）。具体的には、一連の横領行為の一部のみの調査が先行しこれのみで労働者を懲戒解雇したが、その後の調査でその前後にも横領行為が存し、訴訟においては、これらをも併せて懲戒解雇事由と主張する場合などのように、処分時に処分の理由とされた非違行為と一連一体をなす同一類型の行為については、例外的に追加が認められるものと思われる。

　使用者が処分当時に認識していなかった事実であっても、例外的に処分事由として追加できることは上記のとおりであるが、次に、問題となるのは、使用者が認識しながらも懲戒処分の理由としなかった非違行為を訴訟において懲戒解雇事由として追加して主張することが可能かどうかという点である。この点については、前記最一判平成 8 年 9 月 26 日・山口観光事件が「具体的な懲戒の適否は、その理由とされた非違行為との関係において判断されるべきものである。」と説示しているところからすると、使用者が認識しつつも懲戒の理由としなかった非違行為を追加主張することはできないと解するべきであろう。

　ところで、使用者が懲戒解雇の処分時にいかなる非違行為を処分の理由としていたのかという点についての判断は事実認定の問題であるが、使用者が当該非違行為の事実を認識しながらも、これを労働者に処分の理由と

394　　第 20 講　懲戒解雇

して示していない以上、通常は、使用者は当該非違行為を懲戒の理由とは
しなかったと認められることになるであろう（懲戒処分時に処分の理由と
して表示された非違行為のみを懲戒事由とするものとして、札幌地判昭和39年2
月24日労民集15巻1号84頁・判時371号60頁・札幌中央交通懲戒解雇事件、
なお、この点に関し、宮里邦雄ほか「最高裁労働判例の歩みと展望——労使そ
れぞれの視点から14　懲戒事由の追加——山口観光事件」労判940号93頁以
下参照）。

⑷　懲戒解雇に対する権利濫用の判断

　懲戒解雇事由に該当する事実があったとしても、懲戒権の行使が権利の
濫用に当たれば、当該懲戒解雇は無効となる。労契法は、「使用者が労働
者を懲戒することができる場合において、当該懲戒が、当該懲戒に係る労
働者の行為の性質及び態様その他の事情に照らして、客観的に合理的な理
由を欠き、社会通念上相当であると認められない場合は、その権利を濫用
したものとして、当該懲戒は、無効とする。」（労契法15条）と定めている。
判例も、「使用者の懲戒権の行使は、当該具体的事情の下において、それ
が客観的に合理的理由を欠き社会通念上相当として是認することができな
い場合に初めて権利の濫用として無効になると解するのが相当である。」
（最二判昭和58年9月16日判タ509号108頁・ダイハツ工業事件）としてい
る。たとえば、暴行、傷害、暴言、業務妨害事件から7年以上経過し
た後になされた諭旨解雇について、最高裁は、仮に使用者の主張する懲戒
事由が存在すると仮定しても、懲戒権の行使については、「処分時点にお
いて企業秩序維持の観点からそのような重い懲戒処分を必要とする客観的
に合理的な理由を欠くものといわざるを得ず、社会通念上相当なものとし
て是認することはできない。」と判示し、本件諭旨解雇は権利の濫用とし
て無効であるとしている（最二判平成18年10月6日判タ1228号128頁・
ネスレ日本（懲戒解雇）事件[2]）。

　この権利濫用の判断に関しては、労働者側の主張すべき再抗弁であると

---

[2]　なお、同判例については、重要判決50選255頁〔清水響〕も参照のこと。

する見解（審理ノート16頁）が一般的であるが、懲戒解雇を選択した相当性を根拠付ける評価根拠事実が使用者の主張する抗弁であるとする見解（渡辺・労働関係訴訟83頁）もある。労契法の文言や前記判例の表現からすると、権利濫用の事情を労働者が主張すべきとする再抗弁説に分があるようにも思われるが、懲戒事由の存在は前提としつつも、当該懲戒処分を選択した理由を使用者が主張立証すべしとする抗弁説の実質的考慮も理解できるところである。抗弁説によれば、使用者の主張する懲戒解雇事由が懲戒解雇という重い処分と均衡しない場合には、相当性の要件の主張立証を欠き、当該懲戒解雇は失当であるという判断になるものと思われる。いずれの見解によるとしても、実務的には、懲戒権の行使については使用者に裁量があることから（最三判昭和52年12月20日民集31巻7号1101頁・判タ357号142頁・労判288号24頁・神戸税関事件）、当該懲戒処分が懲戒事由に比して重きに失するなどの主張はまずは労働者側からなされるのが通例であり、これに対応して、使用者側が、当該懲戒処分を選択した理由について積極的に主張立証することになるものと思われる（前記の再抗弁説によると、かかる使用者側の主張は権利濫用の評価障害事由であり再々抗弁に当たることになる。抗弁説によれば、懲戒解雇の要件事実としては、当該行為が懲戒解雇という種類の懲戒を選択することの相当性を根拠付ける評価根拠事実の主張立証が必要ということになる）。

⑸　懲戒解雇手続

ア　就業規則上の手続

就業規則や労働協約上、懲戒解雇に先立ち、賞罰委員会等への付議が規定されている場合には、これらに付議せずされた懲戒解雇は、当該就業規則や労働協約の効力により無効とされることになる。企業内に賞罰委員会が設置されている場合であっても、就業規則や労働協約上、これらへの付議が懲戒解雇の要件として規定されていない場合には、これらへの付議を欠いたとしても、当該懲戒解雇が無効とはならない（東京地判平成4年9月18日労判617号44頁・エス・バイ・エル事件、大阪地決平成6年3月31日労判660号71頁・大阪神鉄交通事件）。

イ　弁明の機会の付与

　当該労働者に弁明の機会を付与せずにされた懲戒解雇の効力をどのように考えるべきか。就業規則や労働協約上、懲戒解雇に先立ち弁明の機会を付与する旨規定されている場合には、弁明の機会を付与せずに懲戒解雇することは前記各規定に違反し無効となる。では、当該労働者に弁明の機会を付与する旨の就業規則や労働協約等がない場合はどうか。弁明の機会の付与を求める見解もあるが（菅野675頁）、これを義務付ける法令上の明確な根拠規定はなく、弁明の機会を付与しなかったことのみを理由として懲戒解雇を無効とするのは困難であり、そのような裁判例はほとんどみられない。もちろん使用者としても、懲戒解雇に先立ち、当該労働者の弁明を聴取した方が適切な処分を選択できるであろうし、後に当該労働者から懲戒処分を争われてもこれを踏まえてより適切な対応ができるであろうから、可能であればなるべく弁明の機会を付与した方が望ましいとはいえるであろうが、そのことをもって弁明の機会の付与が懲戒解雇の要件であるとまでは解することができない。訴訟の場において、懲戒解雇事由の存在が認められ、かつ、当該事実が懲戒解雇とするに十分な事実である場合に、単に、事前に弁明の機会を付与していなかったことのみを理由として懲戒解雇を無効とする結論を選択するのは困難であろうと思われる（渡辺・労働関係訴訟87頁）。

ウ　出勤停止・自宅待機命令

　懲戒処分の決定に先立ち、使用者は、証拠の隠滅を防止し、あるいは労働者の出勤に伴う混乱を回避するために、当該労働者に対し、出勤の停止または自宅待機を命ずることがある。出勤停止・自宅待機命令は業務命令であるから、原則として使用者は労働者に対し賃金を支払う必要があるが、労働者が出勤すると事故の発生や不正行為の再発のおそれなどがあるといった例外的な場合については、使用者が労働者に対して出勤停止・自宅待機を命じて労働者の労務の受領を拒絶しても、使用者の責に帰すべからざる事由による履行不能（民法536条1項）として、使用者が賃金支払義務を免れる場合もあるであろう。

Ⅱ　判例の考え方・実務の運用　　397

2 各論

代表的な懲戒事由としては、経歴詐称、職務懈怠、業務命令違反、業務妨害、職場規律違反、私生活上の非行等がある。以下これら代表的な懲戒事由について概観する。

(1) 経歴詐称

経歴詐称とは、履歴書や採用面接に際して、学歴、職歴、犯罪歴等の経歴を偽るか、あるいは真実の経歴を秘匿することをいう。一般には、経歴詐称に対する懲戒解雇が有効となるのは、重要な経歴を詐称した場合、すなわち、使用者が真実を知っていたならば当該労働者を採用しなかったであろうという因果関係がある場合（東京高判昭和56年11月25日判タ460号139頁・日本鋼管鶴見造船所事件）に限られると解されている。

(2) 職務懈怠

無断欠勤、出勤不良、勤務成績不良、遅刻過多、職場離脱などの職務懈怠は通常は普通解雇事由であるが、これが度重なるなどして、職場秩序の点から看過できない状況に至ったときは懲戒解雇事由にもなり得るとされている。

なお、精神的不調から欠勤を続ける労働者につき、無断欠勤にあたらないとして諭旨解雇処分を無効とした判例として最二判平成24年4月27日集民240号237頁・日本ヒューレット・パッカード事件[3]がある。

(3) 業務命令違反

業務命令違反は原則として懲戒処分の理由となるが、これが度重なるか、あるいは、将来的にも業務命令違反が繰り返される可能性が高いときは、懲戒解雇の理由にもなり得る。業務命令違反とは、具体的には、使用者の命ずる時間外労働・休日労働を拒否する場合等がこれに当たる。もと

---

3) なお、同判例については、重要判決50選348頁〔松山昇平〕も参照のこと。

398　第20講　懲戒解雇

より、当該業務命令が労働契約の範囲を超えるものであったり、労働者にこれに従わないことにやむを得ない事由がある場合には、業務命令違反を理由とする懲戒処分は無効とされる。

使用者の命じた所持品検査を拒否したことを理由とする懲戒解雇についてこれを有効と認めた判例として最二判昭和43年8月2日民集22巻8号1603号・西日本鉄道事件がある。

(4)　業務妨害

使用者の行う業務を妨害することは懲戒解雇の理由となり得る。労働組合のストライキ等の活動に正当性を認められないときがこれに当たる。

(5)　職場規律違反

職場規律違反としては、労働者のする横領・背任、取引先へのリベートや金品の要求およびその受領等の金銭的な不正行為、同僚や上司への暴行・暴言等が挙げられる。

横領・背任や金銭的な不正行為については、金額いかんにかかわらず、おおむね懲戒解雇は有効とされている。職場における暴行・暴言は、事情いかんによるが、懲戒解雇が有効とされる例は少なくない（大阪地判平成12年5月1日労判795号71頁・南労会（松浦診療所）事件、東京地判平成13年12月26日労判834号75頁・コニカ（東京事業場日野）事件）。

(6)　私生活上の非行

多くの企業では、就業規則に、労働者が会社の名誉・信用を毀損したときや犯罪行為を犯したときなどを懲戒事由として規定しているし、現に、労働者の私生活上の非行に対し、これらの規定を適用して懲戒処分を行うことはしばしばみられるところである。本来、懲戒は企業秩序維持のために行われるものであるから、労働者の職場外での私生活上の行為に対しては懲戒処分できないという見解も一応考えられるところではある。

この点について、判例（最一判昭和49年2月28日民集28巻1号66頁・国鉄中国支社事件）は、「従業員の職場外でされた職務遂行に関係のない所

為であつても、企業秩序に直接の関連を有するものもあり、それが規制の対象となりうることは明らかであるし、また、企業は社会において活動するものであるから、その社会的評価の低下毀損は、企業の円滑な運営に支障をきたすおそれなしとしないのであつて、その評価の低下毀損につながるおそれがあると客観的に認められるがごとき所為については、職場外でされた職務遂行に関係のないものであつても、なお広く企業秩序の維持確保のために、これを規制の対象とすることが許される場合もありうる」として、私生活上の非行も懲戒処分の理由となると判示した。上記判例のほかにも、私生活上の非行に関する判例としては、最三判昭和 45 年 7 月 28 日民集 24 巻 7 号 1220 頁・横浜ゴム事件、最二判昭和 49 年 3 月 15 日民集 28 巻 2 号 265 頁・日本鋼管事件、最二判昭和 56 年 12 月 18 日判時 1045 号 129 頁・国鉄小郡駅事件、最一判昭和 58 年 9 月 8 日判時 1094 号 121 頁・関西電力事件、最三判平成 4 年 3 月 3 日労判 609 号 10 頁・中国電力事件等がある。

　上記判例に照らせば、私生活上の非行であっても、懲戒の理由となるのは明らかであるが、これまでに、裁判上、私生活上の非行が懲戒の理由となるか争われたものとしては、社内での不倫や飲酒運転の事例がある。

　社内での不倫については、私生活上の行為であるため、原則としては懲戒の理由とはならないが、企業秩序に直接関連し、これを乱すものについては、懲戒解雇の理由になるとされている。社内の不倫を理由に、懲戒解雇を有効とした裁判例として、東京高判昭和 41 年 7 月 30 日労民集 17 巻 4 号 914 頁・長野電鉄（仮処分）事件、長野地判昭和 45 年 3 月 24 日判時 600 号 111 頁・長野電鉄（本訴）事件、東京地判平成 5 年 12 月 16 日労判 647 号 48 頁・ケイエム観光事件が、懲戒解雇を無効とした裁判例として、旭川地判平成元年 12 月 27 日判時 1350 号 154 頁・繁機工設備事件がある。

　業務外で飲酒運転をして検挙されると、これも私生活上の非行に当たることになる。従来から、職業的運転手については、事故を起こしていなくても、飲酒運転をしたというだけで懲戒解雇は有効とされてきた（たとえば、千葉地決昭和 51 年 7 月 15 日労判 274 号速報カード 27 頁・千葉中央バス

事件、東京地判平成19年8月27日労経速1985号3頁・ヤマト運輸（懲戒解雇）事件）。ところが、近時、飲酒運転に対する社会の厳しい意見を背景に、職業的運転手以外の労働者についても、事故はなく飲酒運転のみで検挙された事案であっても、使用者が懲戒解雇をもって臨む例がみられるようになった。しかしながら、裁判例をみると、この種事案については、懲戒解雇は重きに過ぎ裁量権を濫用したものであるとして無効と判断されている例が多いように思われる（公務員の事例であるが、懲戒免職処分を取り消すべきと判断したものとして、大阪高判平成21年4月24日労判983号88頁・加西市（職員・懲戒免職）事件、大阪地判平成21年7月1日労判992号23頁・大阪市教育委（高校管理作業員・懲戒免職）事件、懲戒免職処分を有効であると判断したものとして、宮崎地判平成21年2月16日判タ1309号130頁・都城市職員懲戒免職事件がある）。

⑺　兼職禁止

　就業規則上、使用者の許可なく他人に雇用されることを禁止し、この違反を懲戒解雇事由とする企業は少なくない。しかしながら、兼職は、本来は、使用者の労働契約上の権限のおよび得ない労働者の私生活における行為であるから、兼職許可制の規定に違反した場合であっても、別会社において長時間にわたり勤務しているなど、兼職の内容からみて労務提供に支障を生ずる場合（東京地決昭和57年11月19日労民集33巻6号1028頁・労判397号30頁・小川建設事件）や、競業会社の取締役に就任するなど、企業秩序に違反する場合（名古屋地判昭和47年4月28日判時680号88頁・判タ280号294頁・橋元運輸事件）を除き、懲戒解雇事由とはならないとするのが裁判例である。なお、裁判例については、競争企業での稼働あるいは会社再建努力中における他での稼働のように、労働者の側に信義違背がある場合、懲戒解雇相当という判断をしがちであるとの指摘がある（浜田冨士郎・百選〔第4版〕83頁）。

⑻　内部告発

労働者のする内部告発は、公益にかなう場合が少なくないし、当該企業

自体にとっても違法行為等を是正する機会にもなるという意味で有益な側面がある一方で、その内容いかんでは企業の名誉・信用が毀損されるほか、企業秩序を乱す可能性もあることから、その懲戒解雇事由該当性をどのように考えるべきかが問題となる。

　この点については、裁判例の集積により、①内部告発の内容が真実であるか、または真実と信じるに足りる相当な理由があること、②内部告発の目的が公益性を有するか、少なくとも不正な目的または加害目的ではないこと、③内部告発の手段・態様が相当であること等を総合考慮した上で、内部告発に対する懲戒処分の有効性等を判断するという判断枠組が形成されているとされている（國武英生・百選〔第 8 版〕129 頁）。

　③の手段・態様の相当性については、内部告発に先立って、当該労働者が企業内で違法行為等を是正すべく自ら努力することが必要か否かが問題とされているが、裁判例は、原則として、労働者が内部告発に先立って企業内で違法行為等を是正すべく努力したことを相当性の事情として求める傾向にあると評されている（國武英生・百選〔第 8 版〕129 頁）。当該企業の状況が労働者個人による是正努力を到底期待できない状況にある場合には、自ら是正に努めなくともやむを得ないといえるが、労働者は労働契約上の誠実義務を負うのであるから、いきなりマスコミ等に内部告発を行うのではなく、それが可能である場合にはまずは監督官庁に申し出るなど、その状況に応じた慎重かつ適切な措置をとることが求められるものと思われる。

　内部告発に関しては、公益通報者保護法の適用があり得ることに留意を要する。公益通報者保護法は、労働者が公益情報を監督官庁へ通報等したことを理由とする解雇を無効としている。

Ⅲ　労働者側の主張立証上の留意点

　懲戒解雇に関する訴訟は、使用者側が設定する懲戒解雇事由をめぐって審理が進むことになる。訴訟前に使用者側から懲戒事由の詳細について説明を受けている場合には、いきおい訴状の記載も、使用者側の主張への反論を含む極めて冗長なものになりがちである。しかしながら、訴訟におい

402　　第 20 講　懲戒解雇

ては、使用者側が当該訴訟において懲戒解雇事由として主張する事実のみが審理対象となることに改めて留意すべきである。訴訟提起を機に、使用者側に新たに訴訟代理人が選任されて、懲戒事由の整理が行われる場合もある。あまりに事細かで冗長な訴状の記載は、審理対象を不明確にするおそれがあり適切でないことが多い。労働者側の訴状における懲戒事由に関する主張は冗長にわたらない簡潔な記述とし（なお、簡潔な記述とはいっても、当該事案がどのような事案か概観できる程度の記載は必要であろう。審理ノート30頁参照）、使用者側の懲戒解雇事由に関する主張を待って、詳細な認否反論を加える方が、訴訟や仮処分は適切であろう。もっとも労働審判の場合は、使用者側の主張を待ってから認否反論していては審判期日に間にあわないことから、申立書の段階で、予想される争点およびこれに関連する重要な事実について、具体的な主張を行うことが必要であろう（労働審判規則18条、9条1項）。

　懲戒事由に関する主張立証は専ら使用者側に課されることから、労働者側から、①懲戒解雇手続について、その手続に瑕疵がある旨主張して、その手続を争うほか、②当該労働者に対する処分のみが、従前の処分例に比して重すぎるといった権利濫用の事情を主張して懲戒解雇を争う事例がみられる。

　手続の瑕疵については、弁明の機会がなかったとか、弁明の機会は形式的にはあったが、十分な説明をする時間等がなく、実質的には弁明の機会が付与されたとはいえないといった主張が労働者側からされ、使用者側もこれに反論して、弁明の機会がどのような状況であったのか等について延々と主張が繰り返されることがある。しかしながら、前述したように、弁明の機会の付与いかんによって、結論が大きく左右される事例はほとんどみられない。弁明の機会が付与されることによって、懲戒処分の内容が変わり得たというのであれば、現時点において、懲戒解雇の理由がないと主張すれば足りるはずである。

　従前の同種事案の処分例を援用しながら、当該労働者に対する処分のみが重すぎるとして権利濫用の事情を主張して、労働者側が懲戒解雇を争う事例もしばしばみられるところである。訴訟においては、従前の事案と本

件事案が同一の事案と評価してよいかをめぐって、労働者と使用者との間で主張立証が繰り返されることになるが、本来、懲戒事案は個別性が高いのであって、本件事案が従前の事案と完全に同一なものでないことは明らかである。従前の事案に対する処分が適切であったかすら判然としないのが通例であり、結局、主張立証を重ねてみても、本件事案の解決には全く影響のないことがほとんどであろう。この点について、渡辺弘判事は、「過去の事例と比較して当該労働者に対する懲戒処分が厳格にすぎるという趣旨の主張が、相当性の判断にとって重要な意味を持たない事例がほとんどであり、このような主張に力を入れても、いたずらに争点を拡散する結果にしかならない場合が多いことも、指摘しておきたい。」（渡辺・労働関係訴訟 86 頁）と説明している。

　解雇の意思表示に関し、使用者側の普通解雇の意思表示である旨の主張に対し、労働者側が当該解雇の意思表示は懲戒解雇の意思表示であると争うことがある。もとより、いずれの意思表示であるかは事実認定の問題であるから、理屈の上では、使用者側が普通解雇の意思表示であると主張しても、関係各証拠から懲戒解雇の意思表示であると認定可能な場合もあり得るところではある。しかしながら、実際の検討に当たっては、懲戒解雇を裏付ける明確な書証等がない場合には、当該意思表示をした当の使用者の主張を覆して敢えて懲戒解雇の意思表示であると認定するのは困難であろう。

Ⅳ　使用者側の主張立証上の留意点

　懲戒解雇の事例では、使用者側も主張立証に工夫する余地は乏しい。原則としては、使用者が懲戒解雇時に示した懲戒事由が訴訟においても審理の対象となるのであり、訴訟前から既に審判対象が確定しているのが通例だからである。使用者側は、本来、懲戒解雇の時点までには事実関係の調査等は終了しているはずであるし、前述したとおり、懲戒解雇の場合には、普通解雇と異なり、原則として懲戒解雇事由の追加はできないのであるから、新たに事実関係を調査してみても主張立証には役に立たない場合

が多いであろう。争点整理手続中に、使用者側代理人弁護士から、とき
に、「なお使用者側において事実関係を調査中である」などという説明を
受けることがあるが、その説明自体、懲戒処分時には懲戒事由を裏付ける
根拠が薄弱であったことを自認するものであり、裁判所の心証形成にいく
ばくかの影響を与えることは否定できない。使用者側代理人としては、多
数ある懲戒解雇事由から立証しやすいものを厳選するなどして、速やかに
懲戒解雇事由を主張立証するよう努めるべきである。

　懲戒事由の存否につき、公認会計士等の専門家に調査を丸投げし、その
作成した調査報告書等の中身を詳細に検討することなく、前記報告書等に
依拠して懲戒解雇したような場合には、訴訟において、その報告書の是非
が争点となることが多い（使途不明金の調査を公認会計士等に依頼する場合
など）。このような事案では、使用者はもとよりその訴訟代理人弁護士も、
前記意見書の専門的意見を理解しきれないということで、その意見書の解
読のために審理が長期化することがしばしばみられる。このような事案で
は、使用者側代理人としては、早期に、専門家と面会して調査報告書の内
容を把握するとともに、報告書指摘の事実をすべて懲戒の理由として維持
すべきか検討し、主張立証しやすいポイントに懲戒事由を絞ることも検討
すべきであろう。

　一般に「故意犯」の「故意」の立証は難しい。たとえば多額の使途不明
金が発生し、これに対し、経理担当者の責任を問う場合であっても、この
全額について着服横領の責任を問うのは、労働者側の自白でもない限りは
なかなか困難である。故意犯として処分することが企業の規律を維持する
上で必要な場合であろうが、裁判になった際の立証の点も考えると、懲戒
解雇を行うに当たっては、着服横領のみを懲戒解雇事由とするのではな
く、多年にわたり多額の使途不明金の発生を看過したという過失犯構成等
も検討すべきであろう。また、懲戒解雇事由がセクシャルハラスメントや
わいせつ行為を理由とする事案の場合には、懲戒処分に先立ち、いわゆる
被害者に法廷で証言をしてもらえるかどうかまで考えて懲戒解雇事由を構
成する必要もあるであろう。使用者側代理人としては、懲戒処分に当た
り、あるいは、訴訟において懲戒処分事由を再構成するに当たって、立証

の難易に応じた事実主張を検討すべきものと思われる。

　訴訟進行中に、懲戒解雇の際の懲戒事由のみでは解雇の維持が困難であると判断した場合には、速やかに、解雇事由を追加して普通解雇を行うことも検討すべきであろう。時機に遅れて普通解雇が行われた場合には、普通解雇の予備的主張自体が時機に後れたものとして却下される可能性があるし、そもそも裁判所としては、主張整理の終了段階で出てきた主張については重きを置いて審理をしないものである（「最良の主張」は最初に出てくるというのが裁判所の経験則である）。予備的に普通解雇の主張を行うのであれば、速やかに普通解雇を行い、これを追加主張すべきであろう。

Ⅴ　おわりに

　懲戒解雇に関する訴訟は、懲戒解雇事由が訴訟前に既に確定している上に、これを裏付ける証拠も処分時には既に使用者側において収集済みのはずであるから、本来、訴訟としては早期に審理を遂げることが可能な類型のはずである。労働者の早期救済、あるいは、使用者における職場規律の早期確立の各側面から、この種事案については早期の解決が望まれるところである。

　早期解決については和解が有効であり、現に、懲戒解雇の事案は和解による解決がなじむ類型の事案と思われる。和解解決のタイミングは事案ごとといわざるを得ないが、前記のとおり、懲戒解雇に関する訴訟は早期に審理を遂げることが可能な類型であり、訴訟の比較的早期の段階であっても和解解決の可能性が存する事案ということができる。和解の内容としては、普通解雇の事案と同様に金銭解決が考えられるところであるが、懲戒解雇の場合には、労働者の将来の雇用に対する配慮などから、使用者側に懲戒解雇を撤回させ、普通解雇ないしは合意退職により退職した旨和解する例が多い。金銭解決を検討するに当たっては、懲戒解雇のため支給されていなかった退職金の支給を検討することが少なくないことから、和解協議が始まった段階で、地位確認訴訟等では書証として提出されていない退職金規程を和解資料として提出させることも検討されてよいであろう。

406　　第20講　懲戒解雇

第21講
退職金不支給規定の合理性

村田　千香子・西村　康一郎

I　はじめに

　退職金の支給に関する就業規則中には、懲戒解雇事由の存在する場合等、一定の場合には、退職金を減額あるいは不支給とする旨の規定がある場合がある。このような場合、労働者の退職金請求に対して、使用者がこれらの規定による退職金不支給（減額）を抗弁として主張するには、就業規則（退職金規程）の不支給（減額）事由を定めた規定およびこの規定に該当する具体的な当該労働者の行為を主張、立証しなければならない。

　他方、使用者が既に退職した労働者に退職金を支給している場合、使用者が労働者に対して退職金の返還を求めるには、同様に、就業規則（退職金規程）の不支給（減額）事由を定めた規定（退職金不支給（減額）事由が退職後に判明した場合には退職金の返還を求めることができる旨の規定がある場合にはその規定）およびこの規定に該当する具体的な当該労働者の行為を主張、立証しなければならない。

　いずれの場合にも、退職金不支給（減額）規定の合理性や同規定に該当する事実の存否は、中心的な争点になることが多いことから、迅速、円滑な争点整理を実現するためには、訴訟手続の早期の段階で、この点について充実した主張、立証がされることが必要となる。

Ⅱ　判例の考え方・実務の運用

1　退職金請求権の法的根拠

　退職金は、それを支給するか否か、いかなる基準で支給するかが専ら使用者の裁量にゆだねられている限りは、任意的恩恵的給付であって、賃金ではない。しかし、就業規則（退職金規程）、労働協約、労働契約等でそれを支給することおよびその支給基準が定められていて、使用者に支払義務がある場合には、労基法上の賃金性を有するものとして、労働者に権利として退職金請求権が認められる（菅野 406 頁）。

　なお、就業規則（退職金規程）、労働協約、労働契約に根拠がない場合にも、①過去に退職した多数の労働者が受領した退職金の額に照らして、明確な退職金支給基準が存し、当該事件の労働者について具体的な退職金額が特定できること、②①の基準のとおりに支払うのが、両当事者（退職金支払に関しては、特に使用者側）にとっての規範的意識（法的義務として支払わなければならないという意識）として理解されるに至っていること、という要件が立証されれば、労使慣行により、退職金請求権を認める余地がある。もっとも、労使慣行として確立しているにもかかわらず規程化しないというのは例外的な事態のように思われ、また、実際問題として、上記 2 要件を立証することは、決して容易でないのが通常であると指摘されている（渡辺・労働関係訴訟 194 頁、審理ノート 141 頁）。肯定例としては、一定の基準による退職金の支給が確立した慣行になっており、雇用契約の内容となっていたとされたもの（横浜地判平成 9 年 11 月 14 日労判 728 号44 頁・学校法人石川学園事件）、退職金規程案に基づいて退職金を支給する実績が積み重ねられたことにより、退職金の支給慣行が確立しており、雇用契約の内容となっていたとされたもの（東京地判平成 7 年 6 月 12 日労判676 号 15 頁・吉野事件）がある。

2 退職金不支給（減額）規定の効力

退職金不支給（減額）規定については、退職金が賃金後払い的性格を有することとの関係で賃金全額払の原則（労基法24条1項）に抵触しないかが問題になり得る。しかし、退職金請求権は、あくまで当事者の合意や就業規則（退職金規程）を根拠とし、それら所定の成立要件を満たすことによって退職時に発生するものであり、在職中の勤続に基づき当然に発生するものではないから、退職金不支給規定は賃金の全額払の原則とは関係がないということができる（菅野423頁）。そして、退職金が賃金の後払い的性格のみならず、功労報償的性格をも併せ持つことに照らすと（菅野422頁、概観(2)153頁、160頁）、かような退職金不支給規定が直ちに公序良俗に反するともいえない[1]。

このように、退職金が通常、賃金後払い的性格と功労報償的性格を併せ持つことから、裁判例においては、退職金不支給（減額）規定が有効であることを前提として、当該事例における退職金不支給（減額）の当否（合理性）を判断するものが多い[2]。

なお、退職金が賃金性を有する場合において、使用者において退職金不支給（減額）規定を就業規則等で定めていない場合には、雇用契約上の根拠を欠くものとして、原則として、退職金を不支給と（減額）することはできない。ただし、懲戒解雇の場合の退職金不支給等の労使慣行が成立し

1) 最二判昭和52年8月9日集民121号225頁・三晃社事件は、退職後同業他社に就職した場合に退職金の半額が不支給になる旨の規定について、直ちにそれが労働者の職業の自由を不当に拘束するものとは認められないとした上で、当該退職金が功労報償的な性格を併せ有することに鑑みれば、かかる就職をしたことにより勤続中の功労に対する評価が減殺されて退職金請求権が上記の限度においてしか発生しないこととする趣旨であると解すべきであるから、退職金が労基法上の賃金に該当するにしても、同法24条1項の全額払の原則等に反するものではないとしている。
2) もっとも、具体的な支給率の逓増状況を検討するなどとし、当該退職金制度が賃金後払いと功労報酬的な性格をそれぞれどの程度帯びているなどと認定した上で、退職金不支給（減額）の可否、程度について検討した事例は少なく、その意味で退職金に上記の2つの性格があるといっても、その点から、必ずしも演繹的に結論を導き出せるものではないことに留意する必要がある。

II　判例の考え方・実務の運用　409

ていると認められる場合には、これを有効と解することになろうが、現実にこれを認定することは困難な場合が多いであろう。肯定例として、退職金を退職金規程案に基づいて支給してきたことにより、退職金の支給慣行が確立していたとされた事案において、上記退職金支給慣行とともに、「懲戒その他不都合」により解雇されまたは退職した者には、退職金を支給しないとする確立した慣行が成立していたとされ、当該慣行は、従業員の永年の勤続の功労を抹消してしまうほどの不信行為があった場合に退職金を支給しないとの趣旨の限度で有効であるとしたもの（前掲東京地判平成7年6月12日・吉野事件）がある。

　もっとも、退職金不支給（減額）事由に該当する事実が認定できるとしても、直ちに不支給、減額が認められるわけではなく、多くの裁判例において、当該事由が、「それまでの勤続の功を抹消又は減殺するほどの著しい背信行為」であると認められる場合に限り、退職金を不支給と（減額）することを認めるというように、その適用範囲を限定して解釈している。裁判例として、大阪高判昭和59年11月29日労民集35巻6号641頁・日本高圧瓦斯工業退職金等請求事件（営業所の責任者が突如として退職届を提出し、残務整理をせず後任者に対し何らの引継もしないで退職したとしても、永年勤続の功を抹消してしまうほどの不信行為に該当するとはいえないとして退職金不支給（減額）を否定）、東京地判平成6年6月28日労判655号17頁・トヨタ工業事件（管理職である原告の1人が被告会社から問責されたことに反発し原告らが集団で出社しなかったことを理由に懲戒解雇された事案において、退職金不支給（減額）を否定）、東京地判平成7年12月12日労判688号33頁・旭商会事件（原告が会社車輌を利用して10数回程度運送業者の業務を代行するなどした事案につき、退職金不支給（減額）を否定）、東京地判平成14年11月5日労判844号58頁・東芝（退職金残金請求）事件（管理職である原告が14労働日以上にわたって無断欠勤した事案において、退職金減額〔50％支給〕）、東京地判平成15年5月6日労判857号64頁・東京貨物社（解雇・退職金）事件（在職中に競業行為を行った事案につき退職金減額〔55％支給〕）、名古屋地判平成15年9月30日労判871号168頁・トヨタ車体事件（発注権限を濫用して下請会社から多額のリベートを受領した

という事案につき全額不支給）、東京高判平成 15 年 12 月 11 日労判 867 号
5 頁・小田急電鉄事件（私生活における痴漢行為を行ったという事案につき退
職金減額〔30％支給〕）、東京地判平成 18 年 1 月 25 日労判 912 号 63 頁・
日音事件（会社に事前の連絡なく一斉に退職し、顧客データや在庫商品を持ち
出すなどして会社に損害を与えた事案につき、主導的に関わった原告らにつき
全額不支給）、東京高判平成 24 年 9 月 28 日労判 1063 号 20 頁・NTT東
日本事件（職場外の強制わいせつ事件により有罪判決を受けた事案につき退職
金減額〔30％支給〕）などがある。

このように、裁判例においては、懲戒解雇が有効とされる事案において
も当該懲戒解雇事由が「それまでの勤続の功を抹消又は減殺するほどの著
しい背信行為」に当たるか否かを検討し、退職金不支給規定がある場合で
も、減額に止めるか否かを含めて検討している（菅野 423 頁、渡辺・労働
関係訴訟 200 頁、審理ノート 136 頁）。

3　競業避止義務違反

労働者の競業避止義務については、在職中と退職後とでその持つ意味が
異なり、競業避止義務違反が退職金不支給事由になるか否かについても、
その意味が異なる面がある。そこで、以下、在職中と退職後に分けて検討
することとする。

(1)　在職中の競業について

労働者は、その在職中において誠実義務（使用者の正当な利益を不当に侵
害しないよう配慮する義務）の一環として競業避止義務を負うもので、同義
務は、就業規則上直接に競業を禁止する規定がなくても当然に発生すると
解される（土田・労契法 125 頁）。そして、使用者としては、関連する就業
規則上の秘密保持規定、兼職禁止規定、利得禁止規定等を根拠に、労働者
による在職中の競業を禁じることができると解され、それに違反した労働
者に対して懲戒処分を科することができる[3]。そして、労働者が懲戒解雇
された場合などには、使用者は、退職金不支給規定に基づき当該労働者の

退職金を不支給としたり、減額することができる。

　もっとも、この場合も当該懲戒解雇事由につき前記の「それまでの勤続の功を抹消又は減殺するほどの著しい背信行為」に該当するか否かが検討されているのが通常であり、かような著しい背信行為に該当しないという理由で退職金不支給ないし減額を認めなかった裁判例も多い。

　具体的事例として、在職中の競業行為につき著しい背信行為に当たらないという理由で退職金不支給（減額）を否定した事案に、大阪高判平成10年5月29日労判745号42頁・日本コンベンションサービス（退職金請求）事件がある[4]。同様に、在職中被告会社やその関連会社の従業員に対し新会社設立やその経営方針等について話したことから原告により何らかの勧誘を行ったことがうかがわれるものの、単なる勧誘の域を超えて多数の従業員技術者を意図的、計画的に引き抜くなどの行為をした事実は認められないとして、原告による退職金請求が権利濫用には当たらないと判断した事案として、東京地判平成7年11月21日労判687号36頁・東京コンピュータサービス事件がある。

　他方、在職中の競業新会社設立への加担につき、35年余り勤続してきた功を抹消するに足る背信性を認め、退職金不支給規定の適用を肯定した事案として、大阪地判平成11年5月26日労判761号17頁・キング商

---

3) 　不正競争防止法は、営業秘密（同法2条6項）の不正使用、開示を不正競争の1つと定義し（同法2条1項7号）、差止請求（同法3条）、損害賠償請求（同法4条）の対象としている。労働者が使用者から取得し又は開示された業務上の秘密についても、同法の規制が及ぶのは当然であり、同法の「営業秘密」に当たる事項を不当に開示等した場合に、同法に違反したものとして、就業規則上の懲戒規定に触れることはあり得る。

4) 　同判決の一審（大阪地判平成8年12月25日労判711号30頁）では、複数名いる原告のうち、新会社の設立を計画し従業員の勧誘等を積極的に行った支社次長のみにつき退職金の不支給を肯定し（権利濫用に当たるとの理由である）、他の原告らについては、上記支社次長らの指揮の下で従たる役割を果たしたにすぎないとして、退職金の不支給ないし減額を否定している。これに対し、上記控訴審判決では、同支社次長についても退職金の不支給ないし減額が否定されている。控訴審判決の説示によると、上記支社次長について新会社の設立に関与した事実が認められるが、それは同支社次長らが退職の意思を表示した後のわずかな期間のことであり、これをもって永年の功績を失わせるほどの重大な背信行為ということはできないとされている。

事事件がある。この事案では、懲戒解雇事由として、原告が現代表取締役の指示にあからさまに不服従の意思を示し、その自宅待機命令に従わなかったばかりか、営業部全員を新会社に移籍させるべく退職届を提出させてとりまとめたり、部下に命じて被告会社の顧客情報を持ち出させるなどした事実などが認定されている。

また、東京地判平成23年5月12日労判1032号5頁・ソフトウエア興業（蒲田ソフトウエア）事件は、退職金支払後に懲戒解雇又は退職後2年内に会社の許可なく同業他社に就職したことが発見された場合には既払退職金の返還請求ができる旨の規定が退職金規程に存するところ、被告従業員らは、原告会社在職中にその地位を利用して部下従業員に対し積極的に新会社への勧誘行為を行い、その結果、合計30名もの従業員が新会社に移籍したという事実を認定し、上記各行為は、懲戒解雇事由に当たるとし、かつそれまでの勤続の功を抹消してしまうほどの著しく信義に反する行為に当たるとして、既払退職金の返還請求を認めている。同事案においては、新会社設立に関与した別の従業員からの退職金請求についても、同様に著しく信義に反する行為があったと認め、請求を棄却している（在職中に懲戒解雇されていない1名の従業員については、退職金請求が信義則上許されないという理由で請求が棄却されている）5)。

なお、この在職中の競業については、退職後の競業の準備行為として行われる場合も多い。後記(2)のとおり、退職後の競業については、職業選択の自由との関連で競業禁止特約等の効力が制限的に解されるところ、在職中の準備行為については、このこととの均衡を念頭に置く必要もあると思われる。

5) その他、比較的最近の事例として、東京地判平成21年10月28日労判997号55頁・キャンシステム事件がある。同事案は、被告会社を一斉・大量に退職した原告ら311名による退職金請求事案であるところ、原告らのうち一定の期間内に退職届を提出した287名につき一斉退職の共謀があったと認定して、それまでの勤続の功を抹消するほど著しい背信的行為であるとして退職金請求を棄却し、その余の原告らについては退職金請求を認容している（もっとも、同事案は、上記のとおり一斉・大量退職の背信性が問題になった事案であり、厳密には競業避止義務違反が問題にされた事案とはいえないが、その認定手法は参考になると思われるので、紹介する）。

⑵ 退職後の競業について

退職後の競業については、労働者には職業選択の自由（憲法22条1項）があり、退職後にまで競業行為を禁止、制限するような一般的な法的根拠がないことから、就業規則あるいは別段の明示的な合意がない限り、退職後の競業行為を禁止することはできず、それを理由として退職金を不支給と（減額）することはできないと解される[6]。

また、かような明示の規定ないし合意がある場合であっても、労働者としては、原則的にそのような義務を負うわけではないにもかかわらず、使用者の利益保護のために退職後も競業避止義務を負担するのであるから、使用者の確保しようとする利益に照らし、競業行為の禁止の内容が必要最小限度にとどまっており、かつ十分な代償措置をとっていることを要するものと解され、以上のような要件を満たさない規定ないし合意については、公序良俗に反し無効となる（東京地決平成7年10月16日労判690号75頁・東京リーガルマインド事件）。そして、具体的な考慮要素としては、①労働者の地位・職務が競業避止義務を課すのにふさわしいものであること、②使用者の正当な利益の保護を目的とすること（当該企業において、価値のある営業情報、技術、ノウハウなどがあり、これらの流出を防ぐ上で競業避止義務を課す必要があること）、③競業制限の対象職種[7]・期間[8]・地域の観点から職業活動を不当に制限しないこと、④適切な代償措置がある

---

[6] そもそも、在職中の企業秩序維持を目的とする就業規則をもって、退職後の労働者を拘束することができるかという点自体が問題とされている。この点、退職後にまで競業避止義務を及ぼし得ることを前提として、初めて在職中の職務の遂行に必要な営業秘密を開示することができるといった事情があるなど、在職中の規律に関連する場合には、就業規則上の規定の拘束力を退職後にまで及ぼすことができる旨の見解もある。いずれにしても、かような就業規則上の規定の拘束力、有効性について労契法7条の合理性や民法90条の公序良俗違反該当性が問題にされる場合には、後記の使用者の正当な利益の有無の判断などにおいて、上記のような事情も考慮に入れて判断されることになるであろう。

[7] 東京地判平成19年4月24日労判942号39頁・ヤマダ電機事件は、家電量販店の地区部長・店長等であった者に対し、退職時に「退職後、最低1年間は同業種（同業者）、競合する個人・企業・団体への転職は絶対に致しません。」と記載された誓約書を提出させていた事案において、家電量販店チェーンを展開する原告の業務内容に照らし、自ずからこれと同種の家電量販店に限定されると解釈することができるとし、その限度で有効である旨判断している。

こと[9] などの事情を考慮することになる[10]。実際の事案における判断に当たっては、使用者の正当な利益の有無、程度の判断を軸とし、代償措置の有無等を踏まえて、どの程度の競業制限が許容されるかを、対象職種、期間、地域等の観点から検討していくことになろう。

　使用者が競業避止義務を課す目的が正当かという点について、特徴のある説示がされた裁判例として、大阪地判平成 12 年 6 月 19 日労判 791 号 8 頁・キヨウシステム事件がある。同判決は、退職後 6 か月間は現在勤務する職場のある原告の取引企業及び同じ職場のある同業他社には就職しな

8)　前記東京地決平成 7 年 10 月 16 日・東京リーガルマインド事件は、退職後 2 年間という約定につき「比較的短期間に限られたものである」と評価している。期間については、使用者側の競業禁止の必要性と労働者側の職業選択の自由を比較考量してその合理性が判断されるべきであり、一律にどの程度の期間であれば有効といえるものではないのは当然であろう。

9)　前記東京地決平成 7 年 10 月 16 日・東京リーガルマインド事件は、競業避止義務を合意により創出する場合には、競業行為の禁止の内容が必要最小限度に止まっており、かつ、右競業禁止により労働者の受ける不利益に対する十分な代償措置をとっていることを要するとした上で、1000 万円の退職金では期間を 2 年間とする競業避止義務の代償としては不十分であるとして、競業避止特約を無効であると判断した。また、代償措置を全くとっていないとして競業避止特約が無効とされ、退職金不支給規定の適用が否定された事案として、東京地判平成 12 年 12 月 18 日労判 807 号 32 頁・東京貨物社（退職金）事件がある。

　他方、東京地決平成 16 年 9 月 22 日労判 882 号 19 頁・トーレラザールコミュニケーションズ事件は、債務者の年収額は 1000 万円を超え、直近の時点では 1500 万円に迫っており、その額が債権者代表者に次ぐ金額であったことや、給与以外の経費として年間約 200 万円に上る金額が支出されていたものであって、固有かつ独立した代償措置こそ講じられていないものの、債務者の受ける不利益の程度に見合ったものではないとしても、相応の厚遇を受けていたと評価し、競業避止特約を有効と判断している。この決定は、代償措置の有無について、形式的に捉えるのではなく、待遇全般に照らし実質的に考えるべきという見解に立つものといえる。

10)　競業避止特約の効力について判示した事例で、その他著名なものとしては、奈良地判昭和 45 年 10 月 23 日下民集 21 巻 9・10 号 136 頁・フォセコ・ジャパン・リミティッド事件（金属鋳造に際し鋳型に塗布する化学物質を販売することを業とする原告会社を退職した被告らとの間の競業避止特約につき、その有効性を認めた事案）や、東京地判平成 20 年 11 月 18 日労判 980 号 56 頁・トータルサービス事件（各種外装、内装等のリペア事業のフランチャイズビジネスを展開していた原告会社を退職した被告に対する競業避止特約の有効性を認めた事案）、東京地判平成 24 年 1 月 13 日労判 1041 号 82 頁・アメリカン・ライフ・インシュアランス・カンパニー事件（外資系生保会社の元執行役員についての競業避止特約の効力を否定した事案）などがある。

II　判例の考え方・実務の運用　　415

いとの条項につき、被告従業員の担当する業務は単純作業であり、原告独自のノウハウがあるものではない上、上記条項は、同じ現場に原告と競合する他社があり、人材の欠員、増員に当たり、どちらが取引先に気に入られる人物を提供できるかが重要であったという状況下で、単に原告の取引先を確保するという営業利益のために従業員の移動そのものを禁止したものであるなどとし、上記条項は公序良俗に反し無効である旨判示している（ただし、使用者側からの損害賠償請求に係る事案）。

　また、大阪地判平成 15 年 1 月 22 日労判 846 号 39 頁・新日本科学事件は、医薬品等のモニタリング業務に従事していた従業員に関する事案であるところ、治験の実施方法に関するノウハウについて、治験の手続は厚労省の実施基準に従って行わなければならず、それによって定められていない部分についても開発業務受託機関（注：製薬会社から医薬品の開発業務を受託する被告会社のような機関）によって手続が異なることはなかったのであり、被告会社独自のノウハウといえるほどのものがあったとは認められないとか、原告は 1 年半ほどで被告会社を退職していることから、担当した治験手続等においてすべての知識やノウハウを得ることができる立場にあったとはいえず競業避止特約を課す必要性は低かったなどと説示して、原告に対する競業避止特約の拘束力を否定した（ただし、原告の被告会社に対する損害賠償債務の不存在確認に係る事案）。

　他方、使用者側の正当な利益を肯定した事案としては、東京地判平成 14 年 8 月 30 日労判 838 号 32 頁・ダイオーズサービシーズ事件がある。同事案は、クリーンケアサービスのフランチャイジー会社を退職した従業員に対する秘密保持義務・競業避止義務特約の有効性が問題になった事案であるところ、営業秘密の一例として例示されている「顧客の名簿及び取引内容に関わる事項」「製品の製造過程、価格等に関わる事項」は、マット・モップ等の個別レンタル契約を経営基盤の 1 つにおいている原告にとっては経営の根幹に関わる重要な情報であり、特許権等に劣らない価値を有するなどと説示して、秘密保持条項の合理性を肯定し、その秘密保持条項の実効性を担保する目的で付された競業避止特約についても、期間・地域等で合理的な限定が付されていることから、合理性を有するもので有

効であると判断している（ただし、使用者からの損害賠償請求事案）[11]。

退職後の競業についても、退職金を不支給ないし減額するには、前記同様「それまでの勤続の功を抹消又は減殺するほどの著しい背信行為」を要求する裁判例が大半を占める。そのような見解に立って退職金不支給（減額）規定の適用を否定した裁判例として、大阪地判平成 12 年 9 月 22 日労判 794 号 37 頁・ジャクパコーポレーションほか 1 社事件（ただし、別の減額事由に当たるとして自己都合退職の場合の 2 分の 1 の金額とした）などがある。

就業規則において、退職後一定期間内に同業他社に就職した場合には退職金を支給しない（あるいは一定の割合のみを支給する）旨規定されていることがあるが、このような規定の適用についても、前記の著しい背信性を要求する裁判例が多い（名古屋高判平成 2 年 8 月 31 日労判 569 号 37 頁・中部日本広告社事件など）。

4 退職金不支給（減額）規程の適用をめぐる問題点

懲戒解雇したことが不支給事由と規定されている場合において、懲戒解雇に相当する事由があっても、懲戒解雇以外の形式により解雇が行われた場合には、このような場合の退職金不支給（減額）が就業規則等に規定されていれば格別、そうでなければ、原則として、退職金請求権が肯定される（最一判昭和 45 年 6 月 4 日判タ 251 号 178 頁・荒川農業協同組合事件）。

---

11) その他、肯定例としては、めっき加工や金属表面加工についての独自のノウハウを競業避止特約により保護する必要があるとした大阪地決平成 21 年 10 月 23 日労判 1000 号 50 頁・モリクロ事件や、販売方法や人事管理のあり方、全社的な営業方針、経営戦略等を知り得る立場にあったことから競業避止特約を課すことが不合理ではないとした前掲注 7) 東京地判平成 19 年 4 月 24 日・ヤマダ電機事件などがある。肯定例をつぶさに見ていくと、競業避止義務を課すことにより保護すべき使用者側の正当な利益とは、不正競争防止法上の「営業秘密」に限られず、より広いものであることがうかがわれる（上記ヤマダ電機事件など）。
なお、上記の 2 事例においては、使用者側の保護されるべき利益に配慮したものと思われるが、ノウハウ等の具体的内容について判決（決定）書に摘示していない（後者の事例では具体的に主張・立証の必要がないとしている）。このような審理上の工夫にも着目すべきであろう。

もっとも、懲戒解雇相当事由があった場合は退職金を支給しない旨の規定があれば、懲戒解雇していない退職者に対しても不支給とすることが可能になろう（前記東京地判平成15年5月6日・東京貸物社（解雇・退職金）事件はこのような事案である）。

　また、労働者が懲戒解雇以外の形式により退職した後に、使用者が、同人には在職中に懲戒解雇に相当する事由があったとして、改めて懲戒解雇の意思表示をした場合にも、使用者は退職金の支払いを拒むことはできないとされるが（大阪地判昭和58年6月14日労判417号77頁・宝塚エンタープライズ事件、大阪地決昭和61年3月11日労判473号69頁・吉村商会事件）、そのような事案であっても、労働者に勤続の功を抹消ないし減殺する程度にまで著しく信義に反する行為があった場合には、権利濫用に当たるとして退職金請求を棄却した裁判例もある（大阪地判平成21年3月30日労判987号60頁・ピアス事件。なお、東京地判平成12年12月18日労判803号74頁・アイビ・プロテック事件は、個別合意に基づく退職金請求で不支給（減額）規定のない事案において、当該退職金請求が権利の濫用に当たることを認め、棄却している（競業他社に会社の顧客データを移動したり消去したりしたという事実が認定されている））。また、同様の見解を前提としつつ、労働者に長年の勤続の功を抹消ないし減殺する程度の重大な背信行為は認められないとして権利濫用性を否定した事例として、名古屋地判昭和59年6月8日労民集35巻3・4号375頁・高蔵工業事件、東京地判平成8年4月26日労判697号57頁・東京ゼネラル事件がある。

5　既払退職金返還請求

　使用者が既に退職した労働者に退職金を支給している場合、就業規則等において、懲戒解雇に該当する事由が退職後に判明した場合には退職金の返還を求めることができる旨の規定があり、当該懲戒解雇該当事由が「それまでの勤続の功を抹消又は減殺するほどの著しい背信行為」であると認められる場合には、上記規定に基づいて退職金の返還を求めることができると考えられる（大阪地判昭和63年11月2日労判531号速報カード100頁・

阪神高速道路公団事件）。また、上記のような退職金返還規定がない場合で
あっても、懲戒解雇に該当する事由が存する場合には退職金を支給しない
旨の規定があれば、現実に「それまでの勤続の功を抹消又は減殺するほど
の著しい背信行為」があった場合には、本来退職金請求権は発生していな
いといえるから、不当利得返還請求が可能であると考えられる（福井地判
昭和62年6月19日労判503号83頁・福井新聞社事件）。東京地判平成20
年11月28日労判974号87頁・ソニー・ミュージックエンタテインメ
ント事件は、退職した元執行役員に対し懲戒解雇相当事由があるとして、
不法行為に基づき既払退職金の返還を請求した事案につき、退職金請求が
権利濫用になる余地があるのを認めつつ、退職金の支払いを受けたこと自
体が不法行為を構成することはないとして不法行為の成立を否定した。し
かるに、この判決は形式論すぎるとして、学説からの批判もある（土田・
労契法282頁）。

　退職後の競業避止義務違反行為があった場合にも同様に、このような場
合には退職金の返還を求めることができる旨の規定があり、前記4で述
べた基準に当てはめて検討した上で、これに該当するという場合であれ
ば、上記規定に基づいて退職金の返還を求めることができるし、退職金返還
に関する規定がなくても、競業避止義務違反行為があった場合には退職金
を支給しない旨の規定があり、前記基準に該当する場合には、不当利得返還
請求が可能であると考えられる（前掲片田・新大系16・労働関係訴訟I180頁）。

Ⅲ　労働者側の主張立証上の留意点

1　退職金請求事件における請求原因の主張、立証

　退職金請求事件においては、①雇用契約の締結、②就業規則（退職金規
程）等の存在、③これに対応する退職金額算定の基礎となる事実、④退職
事実について、労働者側が主張立証責任を負うことから、労働者側は、ま
ず、訴状において、これらの事実関係について、雇用契約書、就業規則、
退職金規程、退職証明書、給与明細書等に基づいて主張、立証することが

必要である。

　なお、就業規則（退職金規程）等に根拠がなく、労使慣行による退職金支払義務を主張しようとする場合には、労使慣行として確立しているにもかかわらず規程化しないということ自体が例外的な事態であることを踏まえた上で、上記Ⅱ1で掲げた2要件について、過去に退職した多数の労働者に対する支給実績に関する書類等に基づいて、具体的に主張、立証することが肝要である。

2　使用者側の主張する退職金不支給（減額）事由等に対する的確な認否、反論

　使用者側から退職金不支給（減額）事由が主張された場合、労働者側としては、まず、使用者側が主張する退職金不支給（減額）規定の存在および退職金不支給（減額）事由に該当する具体的な当該労働者の行為についての認否、反論を行うことになる。これに加えて、裁判例においては、たとえ退職金不支給（減額）事由に該当する事実が認定できるとしても、当該不支給（減額）事由が「それまでの勤続の功を抹消又は減殺するほどの著しい背信行為」であると認められない場合には、退職金不支給（減額）が否定されるから、労働者側としては、この点に関して使用者側が主張する事実関係についても、認否、反論を行うとともに、退職金不支給（減額）規定に合理性がないこと、当該不支給（減額）事由が「それまでの勤続の功を抹消又は減殺するほどの著しい背信行為」でないこと等について、積極的、具体的に反論、反証することが望ましい。

　また、使用者側から競業避止義務違反が主張された場合には、競業避止義務違反行為についての認否、反論を行うとともに、労働者側としては、退職後の競業行為を制限することに合理性がないこと、競業行為の制限の目的にとって合理的な範囲とはいえないこと等についても、具体的に反論、反証することが望ましい。

420　第21講　退職金不支給規定の合理性

Ⅳ　使用者側の主張立証上の留意点

1　退職金不支給（減額）規程の存在等の早期の主張、立証

　退職金不支給（減額）規程による退職金不支給（減額）または既払い退職金の返還については、使用者側が主張立証責任を負うことから、退職金不支給（減額）規程の適用を主張する場合には、使用者側は、まず、早期の段階で（抗弁として退職金不支給（減額）を主張する場合は、実質的な答弁書において、既払い退職金の返還を請求する場合は、訴状において）、退職金不支給（減額）規程の存在および退職金不支給（減額）事由に該当する具体的な当該労働者の行為について、雇用契約書、就業規則、退職金規程、退職証明書、退職願、離職票、解雇通知書等に基づいて主張、立証することが必要である。

2　退職金不支給（減額）規程の合理性に関する主張、立証

　懲戒解雇したことが不支給事由と規定されている場合、使用者側が、有効な懲戒解雇がなされたことに加えて、当該懲戒解雇事由が「それまでの勤続の功を抹消又は減殺するほどの著しい背信行為」であると認められることを主張、立証する必要がある。その他の退職金不支給（減額）事由を主張する場合も同様であり、退職金不支給（減額）事由に該当する事実の存在および当該退職金不支給（減額）事由が「それまでの勤続の功を抹消又は減殺するほどの著しい背信行為」であると認められることを、使用者側が主張、立証する必要があることになる。

　当該退職金不支給（減額）事由が「それまでの勤続の功を抹消又は減殺するほどの著しい背信行為」であると認められるか（退職金不支給（減額）規程の合理性）の判断においては、①退職金不支給（減額）規程を含め、退職金の支給方法の規程のあり方等から判断される、当該使用者における退職金の性質、②会社の損害、額の大きさのほか、会社において営業努力

により回避できるか、不可避なものか、③労働者の背信性の存否等が考慮されることになる（審理ノート 140 頁）。そこで、使用者側としては、早期の段階から、これらの点を意識して、当該事案に応じた具体的な事実関係を主張、立証していくことが肝要である。

3 競業避止義務違反行為を主張する場合

この場合、使用者側において、まず、競業避止義務の根拠規程および労働者がいかなる競業避止義務違反行為を行ったかを、具体的に主張、立証する必要がある。

これらの点に加えて、不正競争防止法に定める「不正競争」に該当する行為を超えて、労働者の退職後の競業行為を禁止しようとする場合には、使用者側が、自己の利益が正当に保護されるべきものであることを、具体的に主張、立証できるかが重要なポイントになると考えられる。使用者側は、上記Ⅱ3に掲げた各考慮要素、すなわち、①労働者の地位・職務が競業避止義務を課すのにふさわしいものであること、②使用者の正当な利益の保護を目的とするものであること、③競業制限の対象職種・期間・地域の観点から職業活動を不当に制限しないこと、④適切な代償措置があること、などに関する具体的な事実関係を主張、立証していくことが肝要である。

Ⅴ おわりに

退職金請求事件では、請求原因には争いがない事例が多く、使用者側が退職金不支給（減額）を抗弁として主張する場合には、退職金不支給（減額）規程の存在を前提にして、同規程の合理性や不支給（減額）事由の存否が中心的な争点になることが多いものであり、早期に争点をつかみやすい類型の事件であるといえる。退職金事案の適正、迅速な審理、解決を図るべく、当該事案における中心的な争点について、早い段階から充実した主張、立証（反証）がなされることが期待される。

参考文献

本文中に掲げたもののほか、

・　類型別実務 384 頁〜392 頁（第 11 章Q5〜 Q9）。

・　髙谷知佐子＝上村哲史『秘密保持・競業避止・引抜きの法律相談』（青林書院、2015）。

・　大塚達生＝野村和造＝福田護『高齢者雇用・競業避止義務・企業年金』（旬報社、2016）。

・　横地大輔「従業員等の競業避止義務等に関する諸論点について（上）・（下）」判タ 1387 号 5 頁・1388 号 18 頁。

第22講

採用内定の取消し

篠原　絵理

I　はじめに

1　採用内定とは

(1)　採用内定の法的性質

　企業への採用が決定し、正式に入社するまでの関係を「採用内定」と呼ぶ。「働いてはいないが、無関係でもない」という、内定者にとっても企業にとっても中途半端な状態である採用内定は、その法律関係をどのようにとらえるか、という最も基本的な点から問題とされてきた。

　採用内定の法的性質に関しては、大別すれば、①労働契約締結過程説、②予約説、③無名契約説（大津地判昭和47年3月29日労民集23巻2号129頁・大日本印刷事件1審）、④労働契約説の4説がある。①および②は、いずれも、採用内定を労働契約締結以前の法律関係と構成するもので、内定を取り消された者の地位を不安定にするとして批判されており、これらの説に立つ裁判例はないようである。③は、採用内定を「将来の一定の時期（入社日）に互いに何ら特別の意思表示をすることなく労働契約を成立させること」を内容とする一種の無名契約と構成するもの[1]、④は、率

---

1)　山口浩一郎「『採用内定』の法的性質とその『取消』」判タ279号102頁は、③について、自然的事実の到来によって労働契約が成立するというのは、まさに、効力発生の始期を定めた労働契約が採用内定によって成立していることではないのか、もしそれが始期ではなく労働契約の成立要素であるとすると、労働契約の成立に必要な合意はいつあったことになるのかといった疑問を呈している。

直に採用内定による労働契約の成立を認めるものであり、いずれも、内定者の保護を一段進めた点において共通するが、実務上は、④が通説であるといってよい。

④はさらに、卒業等を停止条件とするか（誓約書を指定期日までに返送することを停止条件とする労働契約と解するものとして、大阪高判昭和51年10月4日労民集27巻5号531頁・大日本印刷事件2審）、卒業できないこと等を解除条件または解約原因とするかによって、または、卒業後の一定の日（入社日等）を「就労」の始期とするか、「労働契約の効力発生」の始期とするかによって、(ｱ)停止条件付、(ｲ)解除条件付就労始期付、(ｳ)解除条件付効力始期付、(ｴ)解約権留保付就労始期付、(ｵ)解約権留保付効力始期付に分かれる。しかし、労働契約締結までの交渉期間および方法に法的な制限があるわけではないから[2]、採用内定は、その様々な実態に応じて前記(ｱ)から(ｵ)のいずれともなり得る。採用内定であるというだけで、理論的にその法的性質が一義的に定まるわけではないことに注意が必要である。

(2) 採用内定の効果

採用内定の効果は、その法的性質の理解によって異なることになるが、前記④の労働契約説に立つ場合は、内定者と企業との法的関係、採用内定の取消しの適否等について、労働契約に引きつけて考えることになろう。

ただし、いまだ就労すらしていないのであるから、その保護の程度が就労開始後の労働者に比して弱くなることはやむを得ない。既に就労を開始している点で内定者より一歩進んだ段階にある試用期間中の労働者においてすら、通常の解雇の場合よりも広い範囲における解雇の自由が認められると解されることからすれば[3]、内定者に対しては、さらに広く使用者の解約の自由が認められるというべきであろう。

2) なお、早期の選考実施等による就職活動の長期化、学業等への支障を防止するため、経済団体である日本経済団体連合会は、「大学卒業予定者・大学院修士課程修了予定者等の採用選考に関する企業の倫理憲章」という内部規律を策定していたところ、平成25年9月13日、これに代わるものとして「採用選考に関する指針」を公表している（平成29年4月10日改定）。
3) 最大判昭和48年12月12日民集27巻11号1536頁・三菱樹脂事件参照。

Ⅰ　はじめに　　425

④の中でも、始期付解約権留保付労働契約の成立と解する場合は、「効力始期付」であるか、「就労始期付」であるかによって理論的な結論は異なってくる。すなわち、前者の場合は、労働契約の効力の始期（多くは入社日）までは労働契約の効力が発生していないので、内定者への就業規則の適用はあり得ず、内定期間中に業務命令によって一定の行為を命じることも認め難いが、後者の場合は、労働契約上の拘束関係が採用内定時から生じているから、内定期間中であっても、就業規則中の就労を前提としない部分（企業の名誉および信用の保持、企業秘密の保持等）は適用されるし、就労に至らない程度の行為（参考資料の読了、近況報告書の提出等）であれば、業務命令による義務付けも可能とされる[4]。ただし、このように「効力始期付」と「就労始期付」とで判断を二分化することについては、「効力始期付」か「就労始期付」かを区別する基準が必ずしも判然としないこと、採用内定の法律関係は具体的な事情に応じて様々であること等を理由に、その妥当性に疑問を呈する立場もある[5]。

(3) 公務員の採用内定

私企業または私企業に準ずる公社における採用内定については、事案により、就労始期付か効力始期付かの別はあっても、労働契約の法的性格を有するものであるという方向で最高裁の判例は固まっている（私企業の採用内定について最二判昭和 54 年 7 月 20 日民集 33 巻 5 号 582 頁・大日本印刷事件、公社職員の採用内定について最二判昭和 55 年 5 月 30 日民集 34 巻 3 号 464 頁・電電公社近畿電通局事件がある）。しかし、公務員については、その採用（任用）は法令の定めるところによって行われなければならず、しかも任用は行政行為と解されているから、双方の意思の合致によって成立する私法上の労働契約関係は、公務員には原則として生じ得ない（国家公務員の場合は、国家公務員法 2 条 7 項という例外規定による場合のみ、私法上

---

4) 内定者が任意に応じる限りは、効力始期付か、就労始期付かを問わず、労働に該当するような行為（職場実習等）を課すことも可能である。ただし、この場合は、就労に応じた賃金の支払を考慮すべきであろう。
5) 小西康之・平成 17 年度重判（宣伝会議事件）237 頁参照。

の労働契約関係が観念できる。地方公務員の場合は、地方公務員法上そのような例外規定すらないから、私法上の労働関係は一切認められないと解されている）。そして、任用行為が、公務員たる地位の設定、変更を目的とする重要な法律行為であり、多くは入庁時の辞令交付によって明確にされることにかんがみれば、公務員の採用に当たって内定通知がなされたとしても、通常は、任用行為に向けた単なる準備行為とみるほかないであろう。最一判昭和57年5月27日民集36巻5号777頁・東京都建設局事件は、地方公務員たる東京都建設局職員の採用内定通知について、単に採用発令の手続を支障なく行うための準備手続としてされる事実上の行為にすぎず、採用内定通知によっては、直ちにまたは始期付で東京都の職員たる地位を取得するものではなく、東京都知事において内定者を職員として採用すべき法律上の義務を負うものでもない旨判示し、採用内定の取消し自体は採用内定を受けた者の法律上の地位ないし権利関係に影響を及ぼすものではないから、抗告訴訟の対象となる「処分」に当たらないとしている。

　したがって、公務員の採用内定取消しについては、それが正当な理由がないものであった場合でも、抗告訴訟において「『採用内定の取消し』の取消し」を訴求することはできず、内定者は、公務員として任用されることを期待して他の就職の機会を放棄する等、公務員として就職するための準備を行ったために生じた損害の賠償を請求するほかないであろう（国家賠償請求）。その際には、任用を前提とした生涯賃金（逸失利益）ではなく、いわゆる期待権の侵害による慰謝料の支払を求めることになると思われる。

2　要件事実上の位置付け

　採用内定を始期付解約権留保付労働契約の成立と解する場合、採用内定による労働契約成立を主張する側（多くは内定者側であるので、以下は「労働者側」として整理する）は、採用内定によって労働契約が成立したことにつき主張立証責任を負う。これに対し、採用内定による労働契約の成立または法的効果を否定する側（多くは企業側であるので、以下は「使用者側」

I　はじめに　　427

として整理する）は、労働契約成立に関して主張される各事実を否認する
か、または、内定取消しの事実を抗弁として主張することになる。当該採
用内定が条件付（1(1)(ア)ないし(ウ)）であれば、それが解除条件か停止条件
かに応じて、当該条件の成就または不成就を主張することになろう。

　当該採用内定が解約権留保付（1(1)(エ)または(オ)）であれば、解約権濫用
の評価根拠事実が再抗弁、その評価障害事実が再々抗弁となる。

Ⅱ　判例の考え方・実務の運用

　以下、採用内定の法的性質については労働契約説に立つことを前提とし
て述べる。

1　採用内定の成否

(1)　採用内定の成立

　労働契約は諾成契約であるから、採用内定の成立も、それにむけた意思
の合致が認められればよい。問題は、どの要素について、どの程度の合致
を要するかであるが、一般に、労働契約の成立には、就労の場所および態
様、就労時間、賃金等の労働契約の重要な要素についての確定的な合意が
必要と解されているから、基本的には同様に考えることになろう。

　ただし、新卒者の採用内定の場合は、内定者の社会人としての資質や能
力が未知数であること、相当数の者が同時期に一括採用される場合は採用
内定時に各人の就労場所等まで確定することは難しいこと等から、賃金等
の合意にある程度の幅があったり、配置先等が明確に合意されていなかっ
たりしても、採用内定による労働契約の成立を認めてよいと考える。

(2)　具体例

　ある明確な時期（始期）には所定の事情が発生しない限り間違いなく入
社させる旨の通知がなされ、他社への就職活動を停止して必ずその時期に
入社する旨の誓約書を提出させているような場合であれば、実務上は、当

該通知や誓約書に記載された事項により解約権が留保された、ないしはそれらが労働契約の停止条件または解除条件とされた始期付労働契約の成立を認めるのが通例であろう。

採用内定に関するリーディングケースである前掲最二判昭和54年7月20日・大日本印刷事件は、会社の求人募集に応じ、筆記試験等に合格して採用内定通知を受けた労働者が、大学卒業後は間違いなく入社し自己の都合による取消しはしないこと、大学を卒業できなかった場合や履歴書等の記載に事実と相違する点が判明した場合等には内定を取り消されても何ら異存はないこと等を確認する誓約書を提出して他社への応募を辞退し、就職活動を停止していたところ、入社日直前の2月12日、突如として内定を取り消されたという事案について、「（原審の適法に確定した）事実関係のもとにおいて、本件採用内定通知のほかには労働契約締結のための特段の意思表示をすることが予定されていなかつたことを考慮するとき、上告人からの募集（申込みの誘引）に対し、被上告人が応募したのは、労働契約の申込みであり、これに対する上告人からの採用内定通知は、右申込みに対する承諾であつて、被上告人の本件誓約書の提出とあいまつて[6]、これにより、被上告人と上告人との間に、被上告人の就労の始期を昭和44年大学卒業直後とし、それまでの間、本件誓約書記載の五項目の採用内定取消事由に基づく解約権を留保した労働契約が成立したと解するのを相当とした原審の判断は正当」であると判示して、原審の判断を維持している。

また、前掲最二判昭和55年5月30日・電電公社近畿電通局事件は、採用通知に採用日（昭和45年4月1日）、配置先、採用職種および身分が具体的に明示され、入社前の健康診断で異常があれば採用を取り消すことがある旨、また、入社を辞退する場合には速やかに書面で連絡する旨等が

6) 判決文からは誓約書の提出が労働契約成立の条件であるかのようにも読めるが、園部逸夫最高裁調査官は、本件に関する最判解民事篇昭和54年度306頁において、「本判決は、一般に誓約書等の提出を条件とするものとまでは判断しておらず、本件採用内定の法的性質を具体的かつ個別的に判定するに当たって本件では誓約書が提出されているという事実を重視したものと見るのが妥当な解釈と思われる。」と述べている。

記載されていたこと、採用通知には、身元保証書、誓約書および「貸与被服の号型調査について」と題する書面が同封されていたこと、労働者は、会社からの案内に応じて入社懇談会に出席し、入社前教育の一環として職場見学にも参加したこと等の事情を認定した上で、採用通知のほかに労働契約締結のための特段の意思表示をすることが予定されていなかったと解することができるとして、労働契約の効力発生の始期を採用通知に明示された昭和45年4月1日とする労働契約が成立したと解するのが相当である旨判示している。

　上記2判例は、いずれも新卒採用に関する事例であるが、中途採用の場合は、採用過程が圧縮され、就労開始までの経過も個々に異なる上、採用内定通知が省略される場合も多いから、給与等の主要な雇用条件の合意、または、入社後の具体的な職務を念頭に置いた事前研修への参加依頼等によって採用内定の成立を認めてよい場合もあろう。中途採用者に対する採用内定の成否が争われた事例としては、給与についての合意がないことを理由に労働契約の成立を否定した大阪地判平成17年9月9日労判906号60頁・ユタカ精工事件、個別に転職を勧誘した労働者から希望する年俸額を示されたのに対し、会社の代表取締役がおおむねこれを了承して具体的な勤務開始日も合意し、その後もそこでの発言を前提に会社内部で事を進めたことからすれば、始期付解約権留保付雇用契約の締結と認めて妨げないとした東京地判平成20年6月27日労判971号46頁・インターネット総合研究所事件等がある。

2　採用内定の取消し

(1)　取消権行使の限界

　採用内定の取消しは、当該採用内定が始期付解約権留保付労働契約であれば、留保された解約権行使の許容性の問題である。どのような解約事由が具体的に留保されているかは、採用内定通知書または誓約書に記載された「取消事由」を参考にして判断されるが、前掲大日本印刷事件では、「採用内定当時知ることができず、また知ることが期待できないような事実で

あつて、これを理由として採用内定を取り消すことが解約権留保の趣旨、目的に照らして客観的に合理的と認められ社会通念上相当として是認することができるものに限られる」との基準を立てて、誓約書に記載された「取消事由」を限定解釈している。

ただし、上記基準は、誓約書等に記載された「取消事由」を補充する（いわば「取消事由」を拡大する）方向にも用いられており、前掲電電公社近畿電通局事件では、上記と同内容の基準を立てた上で、内定通知書等に記載されていない事由（3月6日ころになって判明した、採用内定前の無届デモの指導行為による現行犯逮捕および起訴猶予の事実）による採用内定の取消しを有効としている。

結局、取消権行使の限界は、誓約書等に記載された「取消事由」を手がかりにはするものの、最終的には、上記2判例が掲げた「解約権留保の趣旨、目的に照らして客観的に合理的と認められ社会通念上相当として是認することができる」か否かに帰着するのであり、実務上も、この基準が踏襲されている。

上記基準は、一般の労働契約における解雇権濫用法理や、試用期間中の留保解約権の濫用を判断する基準と文言上はほぼ同じである。入社前といえども、労働契約が成立している以上、安易な取消しが許されないことは当然である。しかし、前記のとおり、いまだ就労を開始しておらず、その資質、能力その他社員としての適格性の有無に関連する事項が十分に収集されていない内定者と、継続的に就労してその対価である賃金を受け取り、既に使用者との間で一定の人的信頼関係を構築している一般の労働者とを同列に論じることはできない。内定取消しにおける「客観的に合理的と認められ社会通念上相当として是認することができる」との評価は、一般の解雇と比べてより緩やかな基準で認められるべきであろう。

⑵ 具体例

以下、判決例に現れた具体的な取消事由をみると、まず、①客観的な裏付けを欠く「悪い噂」程度では、「取消事由」として不十分であり、内定を取り消すことは許されない（東京地判平成16年6月23日判タ1163号

226頁・オプトエレクトロニクス事件参照[7])。また、②採用内定時に既に判明していた、または十分に予測し得た事情を理由とする内定取消しも、そのような事情を了知した上で採用内定を出した以上、社会通念に照らし不合理というべきである[8]。③経営状態の悪化を理由とする場合も、他の事由と同様、採用内定後新たに判明した客観的に明らかな事情であることが必要であろう。

④入社前研修は、前記のとおり、そもそも参加を義務付けること自体が難しいというべきであるから、内定者が任意に参加しなかったからといって内定を取り消すことはできない。参加に同意したときであっても、研修の成績不良を理由として不利益な取扱をすることは許されないし、学業への支障等といった合理的な理由に基づいて参加を取りやめる旨申し出たときは、使用者は、これを免除すべき信義則上の義務があると解される（博士号取得のための研究を理由に入社前研修の一部に参加しなかった者の内定取消しに関する東京地判平成17年1月28日労判890号5頁・宣伝会議事件参照）

(3) 賃金請求

採用内定取消しが解約権の濫用と判断された場合、当該内定取消しは無効となるから、労働者は、労働契約上の地位の確認とともに、使用者に対し、賃金支払を請求することができる（民法536条2項）。賃金が労務提供の対価であることからすれば、賃金支払の始期は、採用内定成立時ではなく、就労開始が予定されていた時点（通常は入社日）とすべきであろう。

---

7) なお、同判決は、取消事由が伝聞情報にすぎないことのほか、使用者が、労働者に採用内定通知を出しながら、悪い噂があることを理由にいったん採用内定を留保し、調査、再面接を行った結果、再度労働者を採用する内定を出したという経過にも着目して判断している。

8) 採用内定時に判明していた事情に基づく内定取消しを無効とした例として、前掲大日本印刷事件（労働者の「グルーミー」な性格）、東京地判昭和45年11月30日判タ255号137頁・森尾電機事件1審（日常生活や作業に支障のない程度の左足小児麻痺の後遺症。控訴審の東京高判昭和47年3月31日判タ276号186頁でも維持）等がある。

3　損害賠償

　使用者の恣意的な内定取消しに対しては、労働者は、地位確認および賃金請求に代えて、債務不履行（誠実義務違反）または不法行為（期待権侵害）に基づく損害賠償を請求することもできる。請求し得る損害は、当然、内定取消しと相当因果関係にあるものに限られる。入社予定日直前に内定が取り消されたような場合に、再就職のために最低限度必要な期間の賃金相当額が逸失利益と認められることはあり得ようが、生涯賃金相当額の賠償を求めることは主張自体失当であろう。

　なお、採用内定の前段階であっても、使用者が故意または過失により信義則に反した行為をした結果労働者が不測の損害を被ったといえるのであれば、労働者の損害賠償請求が認められよう（契約締結上の過失の理論）。採用内定前の事実上の拘束状態であるいわゆる「内々定」の取消しにつき、契約締結上の過失を肯定して慰謝料の支払いを命じた事例として、福岡高判平成23年2月16日労判1023号82頁・コーセーアールイー（第1）事件、福岡高判平成23年3月10日労判1020号82頁・コーセーアールイー（第2）事件[9]がある。

Ⅲ　労働者側の主張立証上の留意点

1　採用内定の成否に関する労働者側の主張立証上の留意点

　前述のとおり、採用内定の法的性質や効果は、各事案の具体的な事情に応じて判断されており、採用内定＝始期付解約権留保付労働契約、という訳では必ずしもない。採用内定自体の成立が争われる場合、労働者側は、採用内定の意思の合致の事実のみならず、そこに至る経過、内定通知の記載内容[10]、誓約書等の返送の有無、入社に向けた手続（入社懇談会への出席、入社前健康診断の受診等）の有無、他社の内定を断り就職活動を停止し

---

[9]　なお、同裁判例については、重要判決50選21頁〔原島麻由〕も参照のこと。

たこと等、採用内定による労働契約成立をうかがわせる周辺事情について
も十分に吟味し、自らが主張しようとしている採用内定がどのような法律
関係であるのかを常に意識した主張立証を心がけるべきである。

その際、採用過程において使用者から出された書面を書証として提出す
べきことはもちろんであるが、採用担当者とのメールのやりとり等も、客
観性が高く、相互に確認が容易である点で利用価値の高い証拠といえる。
ただし、メール等の電子情報は、内容の吟味もないままに膨大な書証とし
て提出されがちであるので、せめて提出前には一読し（それすらも怠って
いるのではないかと思われる事例もないわけではない）、提出の必要性および
その範囲を検討することが不可欠であろう。提出する場合には、メールの
一部分のみを抜き出すのではなく、その全体を1つの書証とする方が信
用性を損ねない。膨大な文章になる場合には、必要な箇所をマーキングし
て出すとよいだろう。

2 採用内定の取消しに関する労働者側の主張立証上の留意点

使用者側から採用内定の取消しの事実が主張された場合、当該採用内定
が始期付解約権留保付労働契約であれば、労働者側は、「解約権留保の趣
旨、目的に照らして客観的に合理的と認められ社会通念上相当として是認
することができるとはいえないこと（解約権濫用の評価根拠事実）」を主張
立証することになる。採用内定当時既に使用者側が知り、または知ること
が期待できた事情が取消事由とされた場合には、それも適切に指摘し、立
証すべきである。

ただし、採用内定における留保解約権の行使が、試用期間におけるそれ
と質的に異なるのは前記のとおりであるし、実務上も、採用内定の取消し

---

10) 採用の日、配置先、採用職種、身分等が具体的に明示されていれば、労働契約
の成立を基礎付ける一要素といえよう。他方、単に採用が内定した旨を通知した
にすぎなければ、当該通知のタイトルが「採用内定通知」であったとしても、法
的には、いまだ採用内定以前のゆるやかな拘束にすぎないと解される余地もあろ
う。

434　第22講　採用内定の取消し

は、試用期間中の解約権行使よりも緩やかに認められる傾向にある。労働者側としては、入社後の労働関係とは法的立場や保護の程度が異なることを意識し、主張立証にも細心の注意を払う必要があろう。

Ⅳ　使用者側の主張立証上の留意点

1　採用内定の成否に関する使用者側の主張立証上の留意点

　採用内定の成立自体を否定する場合、使用者側は、単に労働者側の主張する事実を否認するのみならず、これと相反する事情があれば、積極的に主張立証していくことが望ましい。その際には、採用内定として主張されている出来事や行為が、一連の採用手続のどこに位置付けられるものであるのか、その際にどのような説明をし、その後の手続として何が予定されていたか等を客観的証拠に基づいて立証していくことが求められる。実際に採用内定に至った第三者の手続の流れと、当該労働者のそれとを比較するのもよいだろう。

2　採用内定の取消しに関する使用者側の主張立証上の留意点

　労働者側からの再抗弁に対し、使用者側としては、「解約権留保の趣旨、目的に照らして客観的に合理的と認められ社会通念上相当として是認することができること（解約権濫用の評価障害事実）」を主張立証することになる。

　その際、誓約書等に記載された「取消事由」に形式的に該当することのみでは主張立証として十分ではないから（国籍を偽って記載したことを理由とする採用内定取消しを無効とした横浜地判昭和49年6月19日判タ311号109頁・日立製作所日朝鮮人採用取消事件参照）、当該事実の重大性や、そこからうかがえる従業員としての適格性のなさ、労働者側の不誠実さ、背信性の高さ等も意識して主張立証する必要がある。

　使用者側に生じる理由としては業績の悪化があるが、採用内定時に予見

し得ないような急激な悪化を理由とする場合は、その内容および程度について、月次の損益計算書や営業報告書等を用いて具体的かつ客観的に主張立証する必要があろう。業績悪化を理由に中途採用者の採用内定を取り消した事例において、整理解雇の有効性判断に関する四要素も考慮の上で判断すべきであるとして賃金の仮払いを認めた例（東京地決平成9年10月31日判タ964号150頁・インフォミックス事件）もあるので留意すべきである。

Ⅴ　おわりに──「内々定」をめぐる問題

最後に、いわゆる「内々定」をめぐる問題について指摘しておく。

「内々定」については、採用内定前の事実上の拘束状態であって、「内々定」が出された後も、労働者の就職活動は制限されず、労働者、使用者ともに確定的な拘束関係に入ったという意識はないのが通例である。前掲コーセーアールイー（第1）事件および同（第2）事件は、いわゆる「内々定」にとどまる場合にも労働契約が成立したといえるか否かが争われた事例であったが、いずれも、①入社に向けた手続等が特に行われていないこと、②当時の就職活動では、内々定後も就職活動を継続する学生も多かったこと等の具体的事情の下で、労働契約の成立は否定されている（認容された慰謝料請求は、予備的請求に関する部分である）。通例の「内々定」によって労働契約の成立を認めた判決例は、いまだないようである。

しかし、「内々定」にも様々な形態があり得る。卒業まで1年以上も間がある時期に出され、内定までにそれなりの選考手続が予定されている「内々定」と、入社直前に出され、後にこれといった選考手続も予定されていない「内々定」を同列に扱うことはできないであろう（ただし、後者のような例を「内々定」と呼ぶこと自体実態に合わないと考えれば、単なる呼称の問題にすぎないともいえる）。今後は、「採用内定により労働契約が成立する」という考え方がどこまで拡張されるのか、拡張されるとすればどのような場合かが問題となってくるだろう。

参考文献

　脚注に表記したもののほか、
- 　園部逸夫・最判解民事篇昭和 54 年度 293 頁以下。
- 　時岡泰・最判解民事篇昭和 55 年度 184 頁以下。
- 　矢﨑秀一・最判解民事篇昭和 57 年度 440 頁以下。
- 　菅野 222 頁以下。
- 　井上正範・裁判法大系 21・30 頁以下。
- 　概観⑴ 50 頁以下。

〔2 刷に際しての追補〕　注 2）につき、現在は、この指針を廃止しており、令和 3 年卒
　以降は、政府の「就活・採用活動日程に関する関係省庁連絡会議」が就活・採用活
　動日程を決定している。

第23講
試用期間に関する諸問題

森岡　礼子

I　はじめに

　多くの企業において、従業員の採用に当たって一定の試用期間を置き、労働者を実際に職務に就かせてみて、採用試験や面接では知ることのできなかった業務適格性等をより正確に判断するということが行われている。しかしながら、労基法21条において、「試の使用期間中の者」（同条4号）に該当する労働者で、「14日を超えて引き続き使用されるに至った場合」（同条ただし書）に該当しないときは、解雇の予告についての労基法20条の規定が適用されないとされているほか、試用期間についての特段の規定はなく[1]、試用期間に関する法的問題については、裁判例の集積による解決にゆだねられてきた。

　試用期間中の労働関係の法的性質については、最大判昭和48年12月12日民集27巻11号1536頁・三菱樹脂事件が、企業が大学卒業者を管理職要員として新規採用するに当たり設けた試用期間につき、解約権留保付雇用契約であると判断しており、長期雇用システム下の通常の試用は解約権留保付労働契約として構成するという考え方を確立したものであると評価されている[2]。

　前掲最大判昭和48年12月12日・三菱樹脂事件は、使用者は、試用期間中の労働者に対し、留保した解約権を通常の解雇よりも広い範囲で行

---

1)　国家公務員については国家公務員法59条1項、地方公務員については地方公務員法22条1項に試用についての規定がある。
2)　菅野285頁。

使することが可能であるが、その行使は、解約権留保の趣旨・目的に照らして、客観的に合理的な理由が存し、社会通念上相当として是認され得る場合にのみ許されると判示している。

このように、一般に、留保された解約権の行使は無制限ではないが、通常の雇用契約における解雇の場合よりも広い範囲で認められると解されている[3] ことから、試用期間中であるか、留保された解約権の行使ないし本採用の拒否が具体的にどのような場合に許されるかが争われることになる。

Ⅱ　判例の考え方・実務の運用

1　試用期間中の労働関係の法的性質

試用期間を設ける趣旨・目的は、業務適格性等をより正確に判断し、不適格者を容易に排除できるようにすることにあり、その合理性は一般に是認されていると解されてきた[4] ことから、試用期間を定める合意を全面的に否定する見解は見当たらず[5]、その法的性質が論じられてきた。

試用期間中の労働関係の法的性質については、(1)試用契約は、期間の定めのない労働契約とは別個の予備的な契約であって、労働者の職業上の能力・適格性を判定することを目的とする無名契約であるという見解（予備契約説）、(2)労働者の能力・適格性判定のための特殊の労働契約と、試用期間中の不適格性が判明しない場合には同期間満了時に本契約たる労働契約を締結すべき旨の予約とが併存しているものであるという見解（試用契

---

3)　留保された解約権と通常の解雇権との相違は実質的にほとんどないとして、「現代において試用期間の合理性の有無を判断する実益はあまりないものといえるかもしれない」と指摘する見解もある（井村真己「試用期間についての覚書」沖縄法学 38 号 75 頁）。

4)　概観（上）47 頁、概観(1) 58 頁。

5)　試用期間を定めることに合理性があるのは、特殊技能・熟練・経験等が前提となる職種に属する労働者を採用するような場合に限られるとする見解がある（毛塚勝利「採用内定・試用期間」講座（10）97 頁）。

約と本契約の予約の併存説)、(3)試用契約と本採用契約を別個のものとせず、試用期間中に業務適格性が肯定されることを停止条件として本採用になる旨の契約であるとする見解(停止条件付労働契約説)、(4)試用期間中に不適格と判断されることを解除条件とする契約であるという見解(解除条件付労働契約説)、(5)試用契約も期間の定めのない通常の労働契約であるが、試用期間中は使用者に労働者の不適格性を理由とする解約権が留保されているという見解(解約権留保付労働契約説)等がある[6]。

　しかしながら、試用期間を定める合意の内容は、実際は様々であるから、「試用期間」であることのみをもって一律にその法的性質を決することはできない。前掲最大判昭和 48 年 12 月 12 日・三菱樹脂事件も、①就業規則の規定の文言、②当該企業内において試用契約の下に雇傭された者に対する処遇の実情、特に本採用との関係における取扱いについての事実上の慣行を、重視すべき要素として挙げ、①就業規則である見習試用取扱規則の各規定(1審では、いわゆる新規学卒定期採用者については採用直後の 3 か月以内を見習期間とし、その間に業務を見習わせ、原則として期間経過後、本人の志操、素行、健康、技能、勤怠等を審査の上、本採用の可否を決定し、本採用者に対しては辞令を発行し、別段の定めがある場合の外見習期間を社員としての勤続年数に通算すること等が規定されていることが認定されており、原審はこれらを引用している)、②大学卒業の新規採用者の試用期間終了後に本採用しなかった事例はかつてなく、雇入れについて別段契約書の作成をすることもなく、ただ、本採用に当たり当人の氏名、職名、配属部署を記載した辞令を交付するにとどめていたこと等の過去における慣行的実態をもとに、解約権留保付雇用契約であると判断した原審の判断を是認している。また、最三判平成 2 年 6 月 5 日民集 44 巻 4 号 668 頁・神戸弘陵学園事件も、「試用期間付雇用契約の法的性質については、試用期間中の労働者に対する処遇の実情や試用期間満了時の本採用手続の実態等に照らしてこれを判断するほかないところ、試用期間中の労働者が試用期間の付いていない労働者と同じ職場で同じ職務に従事し、使用者の取扱いに

6)　菅野 285 頁〜 286 頁、概観(上)47 頁、概観(1) 59 頁等参照。

440　　第 23 講　試用期間に関する諸問題

も格段変わったところはなく、また、試用期間満了時に再雇用（すなわち本採用）に関する契約書作成の手続が採られていないような場合には、他に特段の事情が認められない限り、これを解約権留保付雇用契約であると解するのが相当である。」と判示している[7]。

　多くの企業においては、試用期間中の従業員も他の一般従業員と同じ職場に配置されて同じ職務に従事し、使用者側の取扱いにも何ら変わりがなく、就業規則に試用期間終了時に行われる本採用契約のための手続を定めていても実際にはそれらの手続は履践されていない等の実態があるようであり、試用期間が問題になった多くの裁判例において、解約権留保付雇用契約であるとの判断がされている[8]。以下、試用契約が解約権留保付雇用契約であると解される場合につき検討する。

2　留保された解約権行使の可否

⑴　解約権行使の法的性格

　試用契約が解約権留保付雇用契約であると解される場合、試用期間中の解雇も本採用の拒否も、留保された解約権の行使と解されることになるが、試用期間中の契約関係を雇用契約であるとみる以上、この解約権の行使は、いったん成立した雇用契約を解消させるものであり、その法的性格は解雇であると解することになる。

⑵　解約権行使の可否の一般的判断基準

　留保された解約権の行使は、一般に、通常の雇用契約における解雇、すなわち、本採用後の労働者に対する解雇の場合よりも広い範囲で認められると解されている。

　前掲最大判昭和48年12月12日・三菱樹脂事件は、この点につき、「留保解約権に基づく解雇は、これを通常の解雇と全く同一に論ずることはで

7)　同判例については、重要判決50選31頁以下〔戸取謙治〕。
8)　概観（上）48頁、概観⑴60頁、井村・前掲注3)76頁以下、菅野和夫ほか編集『論点体系判例労働法1』（第一法規、2015）314頁以下等参照。

Ⅱ　判例の考え方・実務の運用　　441

きず、前者については、後者の場合よりも広い範囲における解雇の自由が認められてしかるべきものといわなければならない。」が、「法が企業者の雇傭の自由について雇入れの段階と雇入れ後の段階とで区別を設けている趣旨にかんがみ、また、雇傭契約の締結に際しては企業者が一般的には個々の労働者に対して社会的に優越した地位にあることを考え、かつまた、本採用後の雇傭関係におけるよりも弱い地位であるにせよ、いつたん特定企業との間に一定の試用期間を付した雇傭関係に入つた者は、本採用、すなわち当該企業との雇傭関係の継続についての期待の下に、他企業への就職の機会と可能性を放棄したものであることに思いを致すときは、前記留保解約権の行使は、上述した解約権留保の趣旨、目的に照らして、客観的に合理的な理由が存し社会通念上相当として是認されうる場合にのみ許されるものと解するのが相当である。」としている。また、前掲最三判平成2年6月5日・神戸弘陵学園事件も、「解約権留保付雇用契約における解約権の行使は、解約権留保の趣旨・目的に照らして、客観的に合理的な理由があり社会通念上相当として是認される場合に許されるものであって、通常の雇用契約における解雇の場合よりもより広い範囲における解雇の自由が認められてしかるべきである」と判示している [9]。

(3) 具体的な考慮要素

　一般に、試用期間中の労働者には、一般の解雇事由のほか、試用期間中の労働者としての地位において能力、適性の判定を受け、否定的に判断されたときは解雇されるという特有の解雇事由が付加されているといえ、これが通常の解雇と異なる点ということになるが、前掲最大判昭和48年12月12日・三菱樹脂事件は、この点につき、「解約権の留保は、大学卒業者の新規採用にあたり、採否決定の当初においては、その者の資質、性格、能力その他上告人のいわゆる管理職要員としての適格性の有無に関連する事項について必要な調査を行ない、適切な判定資料を十分に蒐集することができないため、後日における調査や観察に基づく最終的決定を留保

9)　類型別実務 262 頁以下（第5章 Q21・Q22）。

442　　第23講　試用期間に関する諸問題

する趣旨でされるものと解される」ところ、「企業者が、採用決定後における調査の結果により、または試用中の勤務状態等により、当初知ることができず、また知ることが期待できないような事実を知るに至つた場合において、そのような事実に照らしその者を引き続き当該企業に雇傭しておくのが適当でないと判断することが、上記解約権留保の趣旨、目的に徴して、客観的に相当であると認められる場合には、さきに留保した解約権を行使することができるが、その程度に至らない場合は、これを行使することはできないと解すべきである。」と判示し、「採用決定の時点で知ることが期待できないような事実の判明」を要件として挙げている[10]。

　具体的に、どのような「事実」の判明につき解約権の行使が認められるかについて、近時の裁判例をみるに、肯定例としては、会社が労務管理や経理業務を含む総務関係の業務を担当させる目的で雇用した従業員の試用期間中の解雇につき、前記従業員の雇用は、人事、財務、労務関係の秘密や機微に触れる情報についての管理や配慮ができる人材であることが前提とされていたところ、企業にとって重要な経理処理の誤りがあるという事態はその存立にも影響を及ぼしかねない重大事であり、これを発見した担当者は、まず、自己の認識について誤解がないかどうか、経理関係者に確認して慎重な検証を行い、自らの認識に誤りがないと確信した場合は、経営陣を含む限定されたメンバーで対処方針を検討するという手順を踏むことが期待されるのに、全社員の事務連絡等の情報共有の場で、必要性がないにもかかわらず、突然、決算書に誤りがあるという発言を行ったことは、組織的配慮を欠いた自己アピール以外の何物でもなく、このような行動は、労務管理や経理業務を含む総務関係の業務を担当する従業員としての資質を欠くと判断されてもやむを得ないものであるとして、有効と判断したもの[11]、1年間の有期労働契約における6か月の試用期間の定めに

10)　この点については、試用期間中に補充的身元調査によって判明した新事実はそれ自体解約事由となりうるとしているようにも読めるとして、試用期間は原則的には適格性判定のための実験観察期間と把握すべきであり、身元調査は採用内定過程で済まされるべきであって、それを試用期間にまで持ち込むことは、試用者の地位を不安定にし、採用内定と試用の実質的な違いを看過するものであるとの指摘がある（菅野287頁）。

II　判例の考え方・実務の運用　　443

つき、試用期間 3 か月の限度で有効であるとした上で、その期間内の有期労働契約における留保解約権の行使は、使用者が採用決定後の調査により、又は、試用中の勤務状態等により、当初知ることができず、また知ることが期待できないような事実を知るに至った場合において、そのような事実に照らし、①その者を引き続き当該企業に雇用しておくことが適当でないと判断することが、解約権留保の趣旨、目的に徴して、客観的に相当であること（労契法 16 条）に加え、②雇用期間の満了を待つことなく直ちに雇用を終了させざるを得ないような特別の重大な事由が存在するものと認められる場合（労契法 17 条 1 項）に限り有効となるものと解するのが相当であるとして、ネイティブレベルの日本語力で証券アナリストレポートを作成することが可能な能力を有する即戦力の専門職として採用されたのに、日本語能力がそのレベルに及ばないものであることが判明し、採用を決定付けたレポートは、日本人である配偶者に文章を見てもらっていたことを秘匿していた事実が明らかになったことを認定して、有効と判断したもの [12]、建築コンサルタント、地盤調査、地盤改良工事、環境保全工事等を業とする会社に技術社員として採用された新卒者に対する 6 か月の試用期間を 4 か月弱経過した時点での解雇の意思表示につき、チームで作業を行う場合や危険な機器類を扱う場合に最低限守るべきことを守らないという本人ないし周りにいる者の身体・生命に対する危険を有する行為を行ったこと、定められた時間を守ることができないことが多かったこと、睡眠不足につき、度々注意されていたが、改善がなかったことなどを認定して、有効と判断したもの [13]、金融機関における業務経験とインベストメント・プロジェクトの管理・運営等の業務に対する高度の知識を求めて求人を行っていた企業に対し、以前の勤務先への就職および解雇の事実を明らかにしなかったことは、前記解雇に関し係争中であるという事実の調査の端緒を与えなかったものといえ、採否を検討する重要な事実へ

11)　東京高判平成 28 年 8 月 3 日労判 1145 号 21 頁・空調服事件。
12)　東京地判平成 25 年 1 月 31 日労経速 2180 号 3 頁・リーディング証券事件。
13)　大阪高判平成 24 年 2 月 10 日労判 1045 号 5 頁・日本基礎技術事件。

の手掛かりを意図的に隠したものとして、その主要部分において経歴詐称と評価するのが相当であるとして、その勤務態度、上司や同僚とのコミュニケーション、勤労意欲、職場のパソコンを利用して、職場で業務に専念せず自己の利益を求める行為を行っていたこと等を認定して、有効と判断したもの[14]、有期派遣労働者として14日間の試用期間の約定で採用された者の研修開始2日後の解雇につき、2日間の研修中において、遅刻したり、他の研修員との口論を講師に止められても大声を上げ続けその場の収拾がつかない事態になったこと等を認定して、有効と判断したもの[15]等がある。

　一方、否定例としては、土木工事の設計等を目的とする会社に設計図面の作成業務に従事するものとして採用された従業員の試用期間経過時点での留保解約権の行使につき、入社後最初に担当した作業は手直しが必要であったが、その後は指示に従って要求どおりの作業を完成できたのであって、基本的な設計図面の作成能力がなく、その適性を欠いていたとは認め難いなどとして、無効と判断したもの[16]、社会保険労務士事務所に雇用された社会保険労務士の試用期間中の解雇につき、申請手続前に事前確認を行わなかったことについては、事前確認をするよう業務命令があったとは認められないこと、実務経験に乏しい初心者であることを前提に採用されたことなどを指摘し、コミュニケーション不足の面が窺われることなどを考慮しても、解雇の相当性を基礎付けるほどの事情があるとは言い難いとして、無効と判断したもの[17]、動物病院を経営する会社に入社した獣医師の試用期間中の解雇につき、細かいミスが散見され、院内での学科試験や勉強会への出席状況、診療件数等についても、会社からみて不満足な状況にあったことがうかがわれるが、獣医師として能力不足であって改善の余地がないとまでいうことはできないこと、勤務日および勤務場所の移

14)　東京地判平成21年8月31日労判995号80頁・アクサ生命保険事件。
15)　東京地判平成18年1月27日労経速1933号15頁・フジスタッフ事件。
16)　東京地判平成27年1月28日労経速2241号19頁・X設計事件。
17)　福岡地判平成25年9月19日労判1086号87頁・社会保険労務士法人パートナーズ事件。

動があったことを考えると、診療・再診件数を能力の判断基準とするのは酷な面があること、出席について明確な業務指示を出したとは認め難い院内勉強会への出席状況を勤務態度の評価に反映することには抑制的であるべきことなどを指摘して、無効と判断したもの[18)]、保険の代理業等を業とするいわゆる中小零細企業に保険外交員として採用された従業員の試用期間中の解雇につき、本件における留保解約権の行使は、その趣旨・目的に照らして、①会社の就業規則に定める解雇事由に該当する事実が存在し、かつ、②その行使が社会通念上相当として是認される場合に限り許されるものというべきであり、試用労働者の適格性判断は、考慮要素それ自体が抽象的なものであって、常に使用者の趣味・嗜好等に基づく恣意が働くおそれがあるのも事実であるから、留保解約権の行使は、実験・観察期間としての試用期間の趣旨・目的に照らして通常の解雇に比べ広く認められる余地があるにしても、その範囲はそれほど広いものではなく、解雇権濫用法理の基本的な枠組を大きく逸脱するような解約権の行使は許されないものと解されるとして、従業員は、会社代表者からの受動喫煙のせいで体調の異変が生じたと訴え、会社代表者との合意により、休職したところ、前記休職合意に伴う誠実義務の一環として、休職の原因となった自らの体調とその回復具合いのほか、受動喫煙との関係ないしは診断結果等について会社に報告する義務を負っていたのに、休職期間の終了間際になって、あたかも自己に有利な専門医の診断結果が出るまで休職を続け、その間の給与支払も請求するかのような伝言を行った以外には、会社に連絡を取ろうとはせず、そのまま試用期間の終期を迎えたことを指摘し、従業員の前記対応は、会社の就業規則に定める解雇事由に該当し、前記①の要件を満たすが、前記②の要件の有無は、解約権留保の趣旨・目的に照らしつつ、解約理由が重大なレベルに達しているか、他に解約を回避する手段があるか、労働者の側の宥恕すべき事情の有無・程度を総合考慮することにより決すべきものであり、従業員の前記対応の背景には、会社代表者と従業員との確執等が伏在しており、解約事由として重大なレベルに達してい

---

18)　東京地判平成 25 年 7 月 23 日労判 1080 号 5 頁・ファニメディック事件。

たと認めるには十分ではなく、従業員には宥恕すべき理由も存在してお
り、本件解約権の行使は、これを正当化するに足る解約回避のための措置
が十分に講じられていなかったから、②の要件を欠くとして、無効と判断
したもの[19]、営業職として試用期間6か月の約定で中途採用された者の
試用期間途中での解雇につき、その手数料収入が高いものとはいえないこ
とを認定しつつ、「わずか3か月強の期間の手数料収入のみをもって原告
の資質、性格、能力等が被告の従業員としての適格性を有しないとは到底
認めることはでき」ないとして、無効と判断したもの[20]、等がある。

　裁判例においては、試用契約の趣旨・目的から、採用時に見出し得たは
ずの事実の事後的判明は考慮要素から除外し、考慮要素とすべき事後的に
判明した事実を挙げ、これらを前提とすると、もはや雇用を継続すること
ができないと評価し得るかが、業務の内容や当該試用契約で当該試用期間
が定められた趣旨等を踏まえつつ、総合的に評価されているといえる。

　実際に問題にされている事後的に判明した事実は、勤務成績の不良、業
務遂行能力の不足、勤務態度の不良、非協調性等、本採用後の解雇におい
ても問題になるものであるため、留保された解約権の行使として特に許さ
れるか否かの判断は、いわば程度問題であるといえなくもない。また、た
とえば、営業職における売上成績、勤怠状況等は、ある程度客観的に確定
できるとしても、それが「勤務成績不良」または「勤務態度の不良」であ
るとする過程においては、一定の評価が加わっている。各考慮要素の存否
の判断と総合判断の両方の過程で評価が加わるため、一般的な判断基準を
明確にすることは困難であるといわざるを得ない。

　裁判例の中には、試用期間中の問題点の改善の可能性や注意、指導によ
る改善の機会の付与に重点を置いているように見受けられるものもある。
注意、指導の存否に着目し、その前後の状況を比較して改善がみられたか
を検討したり、解雇の意思表示の時期に着目し、その後の改善可能性があ
るかを検討するという枠組は、労働者が「試用」されていることを自覚

---

19)　東京地判平成24年8月23日労判1061号28頁・ライトスタッフ事件。
20)　東京地判平成21年1月30日労判980号18頁・ニュース証券事件。この控訴
　　審は、東京高判平成21年9月15日労判991号153頁。

し、自発的に問題とされる点を改善する機会があったかどうかを問題にするという点で、いわば手続保障的な観点を取り入れたものといえよう[21][22]。

3 試用期間の長さ

(1) 長い試用期間の定めの効力

試用期間の長さについて法令上の制限はなく、当事者の合意によることになる。

しかしながら、解約権が留保された状態が長く続くと、労働者を不安定な地位に長く置くことになる。労働契約締結時の労使間の力関係を考慮すれば、試用期間の趣旨・目的に照らし、合理的範囲を超える長さの試用期間の定めは、公序良俗に反して無効であると解される。

名古屋地判昭和59年3月23日判タ538号180頁・ブラザー工業事件は、中途採用者につき、見習社員期間（6か月ないし1年3か月）後に試用社員期間（6か月ないし1年）を定めていた事案につき、見習社員契約は試用契約であり、試用社員契約は見習社員契約とは別個の期間の定めのない雇用契約であるが、原則として6か月間解約権が留保されているものであると認定した上、①社員の場合は、無届欠勤でない限り長期間病気欠勤をしても休職制度はない代わり解雇されることはないのに対し、見習社員および試用社員の場合は、病気欠勤も勤怠基準である欠勤換算日数の中に一定の割合で算入されるため、それが長期に及べば雇止めまたは解雇されることになること、②社員への登用の選考基準が改訂される場合は、改訂後の基準が選考対象者に事前に周知されないため、選考対象者と

---

21) ただし、試用期間の性質上、解雇回避の努力については、本採用以後よりも緩やかに解されることになる。毛塚・前掲注5) 106頁は、契約目的となっている具体的職務遂行能力が欠如していれば、配置転換や教育・訓練によってその者の職業的能力を生かすまでもなく解雇しても正当性が認められると指摘している。

22) 他の裁判例については、菅野ほか編集・前掲注8) 318頁～323頁、土田・労契法225頁～231頁、井村・前掲注3)、概観（上）47頁以下、概観(1)58頁以下等参照。

してはどの程度の勤務・勤怠状態であれば不合格になるのかの予測を立てることが不可能であることを指摘して、見習社員および試用社員の地位は不安定であるから、労働者の労働能力や勤務態度等についての価値判断を行うのに必要な合理的範囲を超えた長期の試用期間の定めは、公序良俗に反し無効であるところ、見習社員および試用社員としての試用期間のうち、試用社員としての試用期間は、その全体が合理的範囲を超えていると判断している [23]。

⑵　就業規則の定めを超える試用期間の定めの効力

就業規則に定められた試用期間より長い試用期間を定めた労働契約は、就業規則の労働条件より不利な労働条件を定めるものであり、就業規則に定める基準に達しないので、就業規則に定める期間を超えた部分は、無効になると解される（労基法93条）[24]。

4　労働者の新規採用契約においてその適性の評価・判断のために設けられた期間の法的性格

解約権の留保は、「試用期間」につき明示的な定めがある場合にのみ認定されるものではない。使用者が労働者を新規採用するに当たり、業務適格性を評価・判断するために労働契約に期間を設ける場合があるが、これを期限の定めのある雇用契約の締結とみるのではなく、期限の定めのない雇用契約が締結され、一定期間の解約権の留保を定めたものとみるべき場合がある。

前掲最三判平成2年6月5日・神戸弘陵学園事件は、「使用者が労働者を新規に採用するに当たり、その雇用契約に期間を設けた場合において、その設けた趣旨・目的が労働者の適性を評価・判断するためのものであるときは、右期間の満了により右雇用契約が当然に終了する旨の明確な合意

---

23)　なお、有期労働契約における試用期間の長さにつき判断された事案として、前掲注12）リーディング証券事件がある。
24)　徳島地判昭和45年3月31日労民集21巻2号451頁・光洋精工事件。

Ⅱ　判例の考え方・実務の運用　　449

が当事者間に成立しているなどの特段の事情が認められる場合を除き、右期間は契約の存続期間ではなく、試用期間であると解するのが相当である。」として、1年間の期間の定めを、雇用契約の存続期間ではなく、試用期間であると認定している[25]。

5　試用期間の延長の可否

(1)　試用期間の延長の可否

試用期間の延長についても、法令に特段の定めはなく、原則として、当事者間の合意によることになる。

しかしながら、試用期間の延長を無制限に認めれば、前記3(1)の場合と同様に、労働者の地位を長期間不安定にするという問題が生じる。

この点、大阪高判昭和45年7月10日労民集21巻4号1149頁・大阪読売新聞社事件は、会社の試用規則において、元来試用の期間は1年であるが、「会社が必要と認めた場合、または特に理由ある場合」は延長することができる旨の定め（試用規則4条ただし書）がある場合において、「会社は、試用期間が満了した者については、これを不適格と認められる場合のほかは原則として社員に登用しなければならない義務あるものと解せられ、従つて前記試用規則4条但書の試用の期間の延長規定は右原則に対する唯一の例外であるから、その適用は、これを首肯できるだけの合理的な事由のある場合でなければならない。」として、「いかなる場合に右合理的理由があるかを本件で問題になつている勤務成績を理由とする場合に即して考えれば、試用期間が基本的には社員としての適格性の選考の期間であること（試用規則2条）の性質上、その期間の終了時において、(A)既に社員として不適格と認められるけれども、なお本人の爾後の態度（反省）如何によつては、登用してもよいとして即時不採用とせず、試用の状

25)　大阪地判平成15年4月25日労判850号27頁・愛徳姉妹会事件も、その性質はともかく雇用契約に1年間の期間の定めがあったと認定した上、この期間を雇用契約の存続期間ではなく、試用期間であると判断している。他の裁判例については、菅野ほか編集・前掲注8）327頁～328頁参照。

態を続けていくとき、(B)即時不適格と断定して企業から排除することはできないけれども、他方適格性に疑問があつて、本採用して企業内に抱え込むことがためらわれる相当な事由が認められるためなお、選考の期間を必要とするとき（その場合、会社は延長期間中についに不適格と断定できないときは、結局社員登用しなければならないであろう。その期間、再延長の可否についてはなお問題があるが、しばらく措く。）が考えられる。右(A)の場合は労働者に対し恩恵的に働くのであるから、その合理性は明らかであるが、(B)の場合もこれを不当とすべき理由はない。」と判示している。

試用期間の延長は、当初当事者間で合意した解約権の留保を認める期間を事後的に延長することであると解される。使用者が当初の試用期間内に業務適格性ありとの判断ができない場合になおこれを延長するのは、本採用を望む労働者にとってはさらなる機会を与えられるという意味で恩恵的かもしれないが、一方で、長く不安定な立場に置かれ、他の使用者の下で就業する機会を失うという面もある。使用者には当初の試用期間で業務適格性を判断することが期待されているのであり、試用期間の延長は問題の先送りにすぎず、かえって使用者の選択の幅を狭めることになり、問題の解決につながらないとの指摘もある[26]。試用期間の延長はあくまで例外であり、使用者の一方的、恣意的判断にゆだねることは許されない。①就業規則上の根拠のみならず、②試用契約を締結した際に予見し得なかったような事情により適格性等の判断が適正になし得ないという場合のように、延長を必要とする合理的事由があることが必要であると解されることになろう[27]。

なお、就業規則上の根拠がなくても、労働者との間で個別に真摯な合意があれば、試用期間を延長することができるとの見解もある[28]が、これに対しては、労基法93条により、その合意が無効とされる場合があると指摘されている[29]。

26) 新・労働法実務相談49頁。
27) 長野地諏訪支判昭和48年5月31日判タ298号320頁・上原製作所事件参照。
28) 新・労働法実務相談49頁。
29) 渡邊岳『労働法実務相談シリーズ4 募集・採用・退職・再雇用Q＆A』（労務行政、2007）102頁。

Ⅱ 判例の考え方・実務の運用 451

⑵　再延長の可否

　試用期間の再延長の可否については、東京地判昭和 60 年 11 月 20 日
労判 464 号 17 頁・雅叙園観光事件が、就業規則において原則として 3
か月間の試用期間を定めている事案につき、「試用期間の趣旨に照らせば、
試用期間満了時に一応職務不適格と判断された者について、直ちに解雇の
措置をとるのでなく、配置転換などの方策により更に職務適格性を見いだ
すために、試用期間を引き続き一定の期間延長することも許されるものと
解するのが相当である。」と判断した上、3 か月試用期間を延長した 1 回
目の延長は、この観点から是認することができるものの、2 回目の延長に
ついては、1 回延長した試用期間満了日よりも後に行われ、また、延長す
る期間の定めもされていないのであるから、その動機、目的はともあれ、
これを相当な措置と認めることはできないと判断している。

⑶　告知の要否

　試用期間の延長または再延長の要件として、使用者が労働者に対して試
用期間の延長の意思表示をすることが必要であると解されているが、就業
規則等に定める試用期間の満了に際し、雇用主の側が解雇の意思表示をせ
ず、本採用とするか試用期間の延長をするかの意思表示もしないまま、引
き続き勤務させていた場合について、黙示の意思表示を認めて延長の効力
を認めるかについては、次のような判断がある。

　松江地判昭和 46 年 10 月 6 日判タ 279 号 270 頁・大同木材工業事件は、
就業規則に「新たに雇入れられた従業員には 6 か月以内の試用期間を置
く。但し本採用規程に合格できない者は更に延長する事ができる。本採用
規程は別に定める。」との定めがある事案につき、黙示による試用期間延
長の意思表示を認め、試用期間の延長を認めている。一方、前掲注 27）
長野地諏訪支判昭和 48 年 5 月 31 日・上原製作所事件は、就業規則に「3
か月間の試用期間は人物判定の都合上延長することがある。」との定めが
ある事案につき、被告が試用期間を延長することに決定したことは合理的
理由に基づくものであるとしながらも、「試用期間の延長は、従業員を不
安定な地位に置くことを継続するものであるから厳格に解されなければな

452　第 23 講　試用期間に関する諸問題

らないことに徴してその延長する旨の意思表示の告知の要否も右観点から同様に厳格に解するのが相当である」ところ、「就業規則等に『試用期間満了日において期間延長の意思表示のなされない場合は、同一条件の試用が継続するものとする。』旨明規されていて、試用期間延長の意思表示の告知に関し労使間でその旨円満に合意されている場合は格別（もつとも右のごとくその旨明規されている場合であつても、その延長される期間等その規定内容いかんによつては、解雇保護規定の脱法行為ないしは公序良俗違反の観点から慎重な検討を要する場合もあろう。）その旨の規定を欠く場合には試用期間の延長の意思表示の告知を要するということは当然の前提とされている」として、「被告における試用期間を延長する旨の決定は、いまだ被告会社の内部的決定すなわち被告会社における内部的意思表示の存在を意味するにすぎないから、これを当該従業員に告知しなければ外部的に成立し、有効なものとはならないと解すべきである。」と判示している。

Ⅲ　労働者側の主張立証上の留意点

1　解約権の留保の主張立証について

　以上によれば、試用期間が問題になる事案において重要なのは、「解約権が留保されている期間であると認められるのはいつまでか」を、就業規則の文言のみにとらわれず実質的に判断することであると思われる。

　これを早期に確定するには、まずは使用者側の主張立証によることになるが、労働者側としても、早い段階から就業規則等の文言や処遇の実情を調査・検討しておく必要がある。処遇の実情については、少なくとも当該労働者から詳細に事情を聴取し、関係者からの事情聴取も検討する必要があろう。

　主張に当たっては、評価を伴う総合判断になるだけに、意見の表明にとどまらないよう、事実と評価を明確に分けて説得力ある論理を展開することが重要になる。就業規則等の文言の検討に当たっては、有利な文言のみならず不利な文言も原文から抽出して説得力ある主張を構成する姿勢が要

求されよう。

2 解約権の行使の主張立証について

　試用期間中の解雇ないし本採用の拒否が問題になる事案であっても、本採用後の解雇権の行使も有効となるような理由がある場合は、いずれにしろ解雇が認められるから、留保された解約権の行使であるか否か、すなわち、試用期間であるかどうかについては、特に重視する実益がないことになる。そのため、早期に解約権の行使の理由を確定することが必要である。

　労働者の側としては、使用者の主張する解約権行使の理由を確認し、対応を検討することになる。前記のとおり、実際に問題となる理由は、本採用後の解雇の場合も問題になり得る事項ではあるが、本採用後の解雇であれば認められないような場合であっても、解約権が留保されていることから解約権の行使が認められる場合があるというのが、試用期間の問題の所在である。本採用後の解雇の場合であれば認められない旨の主張をするだけでは反論として十分ではないことに留意して、試用期間であることから、特に、留保された解約権の行使としても認められないとの主張立証を組み立てる必要がある。

　この点も、諸般の事実の存否を確定した上、それを総合的に考慮することにより判断されることになるところ、前述の1以上に評価によるところが大きいと解されることから、ややもすれば相互の評価の論難に終始し、評価を根拠付ける事実の存否についての主張が不明確になる危険性がある。事実を中心とした主張の組立てが望まれる。

Ⅳ　使用者側の主張立証上の留意点

1　解約権の留保の主張立証について

　早期の段階で、就業規則等の規定および処遇の実情等を調査し、基本的

454　　第23講　試用期間に関する諸問題

な事実関係を主張立証することが肝要である。比較的早期に確定すること
が可能な事実関係としては、①就業規則やそれに関連する規定の文言、②
雇用契約書の文言、③試用期間中の労働者の待遇（職種の限定の有無、給
与、労働時間、休暇、社会保険、本採用後の勤続期間の取扱い等）、④本採用
時の手続、⑤本採用後の労働者の待遇、⑥当初の契約時の労働者と使用者
との間の交渉の経過等が挙げられる。前記のとおり、この点は総合判断に
より決せられることになるので、網羅的な検討を行った上、重要な点を強
調した主張立証が必要であるし、労働者の側の認否を容易にし、争点整理
を迅速に終了させるため、事実と評価を分け、事実の位置付けを明確にす
ることが望まれる。立証としては、就業規則、雇用契約書等を書証として
提出することが必須になると考えられるが、給与明細書や本採用時の契約
書等の定型書式等が必要になる場合もあろう。

　使用者が試用期間の延長を主張する場合には、前記のとおり、試用期間
の延長は労働者を長く不安定な地位に置くことになることから、例外的に
しか認められないため、主張を維持できるかを十分に吟味する必要があ
る。就業規則上の明確な根拠が見当たらず、延長に当たって使用者側から
労働者側に明確な意思表示がされたといえないような事例において、試用
期間の延長を主張することには、慎重でなければならないであろう。

2　解約権の行使の主張立証について

　使用者の側で、早期に解約権行使の理由を明らかにし、それを基礎付け
る事実関係を主張する必要がある。その内容によっては、試用期間である
かどうかという論点の意義が失われる場面もあると考えられるから、訴訟
全体の進行のため、その早期の確定が重要である。

　主張を構成するに当たっては、前記のとおり、採用時に見出し得たはず
の事実以外の事実をもって、解約権行使を正当化できるかという視点から
検討することが必要である。また、勤務成績の不良、業務遂行能力の不
足、勤怠等については、主観的評価の言い合いに終始することになる危険
性もあるから、できるだけ、客観的な数値等を挙げるべきである。また、

Ⅳ　使用者側の主張立証上の留意点　　455

客観的な数値等を挙げるにしても、評価については相対的な面がないではないので、たとえば、他の試用期間中の同一職種の労働者の成績・実績と当該労働者の成績・実績を比較するなどの作業が必要である。非協調性等、客観的な数値等を挙げるのが性質上困難な事実を主張する際には、それを示す具体的なエピソードを日時、場所、目撃者等を特定して明確にする必要があろう。

試用期間中の解約権の行使については、残りの試用期間も試用することによる改善の可能性の存否という、試用期間終了時における本採用拒否とは異なる視点をも考慮に入れる必要があることに留意すべきである。

Ⅴ おわりに

試用期間については、前記のとおり、その法的性質につき議論が展開されてきたが、これについては、①法的性質から具体的問題の解決を演繹的に導き出すという手法には限界がある、②学説・判例は個別の事案に応じた判断の必要性を認識しつつも、実際には、「新規学卒者の正社員としての定期採用」というモデルを中心に置き、ほとんどすべてのケースで解約権留保付労働契約という構成をとってきたが、労働契約の成立過程が多様化している現状に対応できなくなっているという旨の指摘がある[30]。雇用・就労形態の多様化の中で、定型的な判断の枠組の有用性の射程が短くなっているのは否めないと考えられるし、前記のとおり、期間の定めのある雇用契約が試用期間であると判断される場合もあるため、「試用期間の法的性質」という判断の枠組よりも、端的に「解約権が留保されているか否か」という見地から検討した方が、本採用後の解雇と異なる留保された解約権の行使の問題状況を明確にできるように思われる。

しかしながら、法的安定性の見地からも、従前の判断枠組を全く無視すべきであるとは思われない。従前の裁判例等を踏まえつつ、事案に応じた

---

30) 日本労働法学会編『講座 21 世紀の労働法 4 労働契約』(有斐閣、2000) 49 頁以下。

検討を加えることの有用性は、今後も失われないと考えられる。ある程度細分化された類型ごとの裁判例の集積により、予測可能性を確保していく方向になるのではないかと思われる。

参考文献

- 外尾健一『労働法実務大系9　採用・配転・出向・解雇』(総合労働研究所、1971) 168 頁。
- 外井浩志『新・労働法実務Q&A　採用・退職・解雇・定年・懲戒』(生産性出版、1997) 34 頁。
- 井上正範「採用内定・試用期間」裁判法大系 21・30 頁。
- 労働省労働基準局監督課編『採用から解雇、退職まで〔改訂5版〕』(労働基準調査会、1999) 82 頁。
- 宮本光雄ほか編著『労働法実務ハンドブック〔第3版〕』(中央経済社、2006) 30 頁。
- 岩出誠『実務労働法講義 (上)〔改訂増補版〕』(民事法研究会、2006) 109 頁。
- 渡辺・労働関係訴訟 51 頁。
- 慶谷淑夫「採用内定・試用期間をめぐる法律問題」法律のひろば 31 巻 4 号 25 頁。
- 山崎和義「試用期間の法的性質と判例」季労 159 号 55 頁。
- 込田晶代「採用・試用期間 3　試用期間の留意事項」労政時報 3355 号 64 頁。
- 島田陽一「試用期間」法学セミナー569 号 44 頁。
- 石橋洋「試用期間」労旬 1573 号 30 頁。
- 中井智子「試用期間の運用・延長をめぐる法律知識」企業実務 659 号 46 頁。
- 大内伸哉「キーワードからみた労働法（第 42 回）試用期間」ビジネスガイド 48 巻 1 号 91 頁。

第24講

労働者派遣の諸問題

早田　尚貴

I　はじめに

1　労働者派遣の広まり

　昭和60年に制定された派遣法が、「雇用」と「使用」の分離の名の下に、いわゆる人材派遣業を解禁してから25年余りが経つ。立法当初は限られた業務についてのみ労働者派遣を認めるもの（ポジティブ・リスト方式）であったが、その後の社会経済情勢の変化とそれに伴う産業界等のニーズの高まりを受けて、平成11年、平成15年と派遣法は立て続けに改正され、現行法では、限定列挙された禁止業務以外は一般的に労働者派遣を認めるネガティブ・リスト方式が採られた上、従来は禁止されていた「物の製造」業務への派遣も許されるようになり、派遣可能期間も全体的に長期化されるなど、労働者派遣に対する規制は大幅に緩和されるに至っている。

　その結果、社会における派遣労働者の数は飛躍的に増加し、今日では、我々の日常生活の中でも、直接、間接を問わず、労働者派遣ないし派遣労働者について見聞きすることは決してまれなことではなくなってきているというのが偽らざる実情であろう。

　なお、本稿は、平成27年法律第73号による改正前の派遣法が適用される事例を前提に執筆したものであるため、同改正後の派遣法が適用される事例については、章末の追補も参照されたい。

458　第24講　労働者派遣の諸問題

2 「常用型」と「登録型」

ところで、労働者派遣には、派遣元において常時雇用する労働者を派遣先に派遣する「常用型」と、派遣元において、派遣を希望する労働者をリストに登録しておき、派遣先が見つかると、上記リストに登録された労働者との間で、当該派遣先に対する派遣期間と同じ期間の労働契約を締結して、当該労働者を派遣先に派遣する「登録型」とがあるとされる（平成27年法律第73号による改正前の派遣法2条4号・5号参照）。このうち、後者の「登録型」は、前者の「常用型」に比べ、派遣労働者の雇用が不安定となることから、登録型派遣を行う一般労働者派遣事業者は、厚生労働大臣の許可を受けなければならないものとされている（平成27年法律第73号による改正前の派遣法5条以下）。

3 本講の目的

もとより、労働者派遣の広まりという現象は、労働関係訴訟においても実感することができる。日頃、労働関係訴訟を取り扱う身として、筆者が、何らかの形で労働者派遣と関わりのある事件を目にする率は相当に高いと言ってよいであろう。

以下では、派遣労働者の雇用の安定と最も関係が深く、また、労働関係訴訟の中でも重要性が高いと考えられる、派遣労働者の雇用の打ち切りに関する事案を中心に、現行法の解釈運用について、実務上想起される諸問題を検討していくこととしたい。

Ⅱ　派遣労働者の期間途中の解雇

1 判例の考え方・実務の運用

⑴ 問題の所在

派遣労働契約は、登録型の場合は常に有期の労働契約であるし、常用型

Ⅱ　派遣労働者の期間途中の解雇　　459

の場合であっても、有期労働契約が締結されている例がほとんどであるように思われるが、そのような事案において、何らかの理由により、派遣元と派遣先との間の派遣契約が期間途中で解約され、それに伴い、派遣元が派遣労働者との派遣労働契約を一方的に解消（すなわち解雇）するという例が、実務上、少なからず見受けられる。

　言うまでもなく、この場合の派遣労働者の解雇は、有期労働契約における期間途中の解雇にほかならないから、「やむを得ない事由」がある場合でなければ、当該派遣労働者を解雇することはできない（労契法 17 条 1 項）。したがって、単に、「派遣元と派遣先との間の派遣契約が解約され、従事させる業務がなくなったから」というような理由で、派遣労働者を解雇することができないことは当然である（同旨、福井地決平成 21 年 7 月 23 日労判 984 号 88 頁・ワークプライズ（仮処分）事件）。

(2)　裁判例等

　一般に、「やむを得ない事由」とは、当該契約期間は雇用するという約束をしているにもかかわらず、期間満了を待つことなく直ちに雇用を終了させざるを得ないような重大な事由が必要であると説かれており[1]、対象が派遣労働者である場合でも、この点は何ら異ならない[2]。当該派遣労働者について、通常の解雇の場合と同様、解雇権濫用法理の観点からの検討を行った上、さらに労働契約の期間保障という観点からの検討を加味して、当該解雇が「やむを得ない」と評価することができれば、解雇が認められ得るということになろう[3]。

　この点に関し、派遣先の派遣契約解除を理由とする期間途中の解雇につき、整理解雇の 4 要件（4 要素）に即して、派遣元における①人員削減の必要性、②解雇回避努力、③被解雇者選択の合理性、④解雇手続の相当性について検討した上、当該解雇は、「客観的に合理的な理由を欠き、社会通念上相当であると認められない場合」に該当し、「やむを得ない事由」

1)　菅野 334 頁。
2)　菅野 392 頁、401 頁。
3)　渡辺・労働関係訴訟 38 頁。

があると解し得ないことは明白であるとした裁判例（宇都宮地栃木支決平成 21 年 4 月 28 日労判 982 号 5 頁・プレミアライン（仮処分）事件）がある。「やむを得ない事由」として、使用者から整理解雇に類する主張がされ、それが一般的な整理解雇と同様の枠組みによって判断された例として参考になろう [4]。

2　使用者側の主張立証上の問題点

　まず、この場合の「やむを得ない事由」は解雇を理由あらしめるために不可欠な主張であるから、要件事実的な観点からも、できるだけ訴訟の早期の段階で主張する必要があることに留意する必要があろう。また、「派遣契約が解約され、従事させる業務がなくなったから」というような主張が失当であることは前述のとおりである。

　使用者側が主張すべき具体的な事実については、正に事案ごとに千差万別であるといえるが（整理解雇に類する主張がされた例として、前掲プレミアライン（仮処分）事件参照）、たとえば、当該派遣労働者の派遣先での勤務成績・勤務態度が不良であるとして派遣契約が解約されたような事案では、使用者である派遣元において当該勤務成績・勤務態度の不良を解雇の理由として主張するという例が考えられる。そのような場合、単に抽象的に勤務成績が不良であるというのではなく、勤務成績等に関しどのような客観的事実があり、それによって派遣先の業務にどのような悪影響が生じたのかといった点につき、派遣労働者でない通常の労働者の解雇と同様に、具体的に主張立証していくことが肝要となろう。

　ところで、実務上、まま見かける例として、派遣労働者の労働実態に関する資料は派遣先企業が有しており、使用者として解雇理由を主張立証すべき派遣元にはその点に関する資料が乏しいことから、いわば「また聞き」の主張となって、解雇理由自体が客観性、具体性を欠く結果となって

---

4)　このほか、派遣労働者の試用期間中の解雇を有効とした例として、東京地判平成 18 年 1 月 27 日労判 909 号 83 頁・フジスタッフ事件がある。

Ⅱ　派遣労働者の期間途中の解雇　　461

いる場合もないではない。しかし、このような主張では解雇を有効たらしめることは、およそ困難であろう。

このような現象が生じるのも、「雇用」と「使用」の分離という労働者派遣制度の特性から来る隘路の1つであるといえるが、使用者である派遣元としては、派遣労働者の解雇という最終手段に訴える前に、派遣先と連絡を密に取って、真実、当該派遣労働者について解雇しなければならないほどの事由があったのか等について、慎重に資料を収集しておくことが欠かせないと考えられる[5]。

また、労働契約の期間保障という観点からは、当該労働者を他の派遣先に派遣する可能性[6]や、派遣元が自社で使用する可能性についても検討を加えた上、労働者の資質に重大な問題があること等から、期間途中で解雇することもやむを得ないと評価できるだけの事情を提示しておく必要があろう。この点の判断は、最終的には、当該事案において主張されている解雇理由の重大性ないし普遍性によって決せられることになろうが、少なくとも、単に、1つの派遣先の要求水準に合致しなかったというだけでは、他社への派遣や自社での使用の可能性も含めた雇用継続の可能性を否定し去ることは困難であるように思われる。

3 労働者側の主張立証上の留意点

基本的には、使用者が「やむを得ない事由」として主張してくる具体的な事由に即して反論反証していくことになろうが、資料収集という観点からは、「雇用」と「使用」の分離という労働者派遣の特性により、訴訟の

---

5) この点を突き詰めれば、派遣元は派遣先の協力がなければ当該派遣労働者を解雇すること自体が困難である場合もあるということになろう。そのような場合、顧客である派遣先の手を煩わせてまで、解雇というハードな手法を採用する必要があるかについては、実務上、一考を要する場合もあるように思われる。

6) 「派遣元事業主が講ずべき措置に関する指針」(平成11年労告137号)は、派遣元事業主は、労働者派遣契約に定められた派遣契約の途中において派遣労働者の責に帰すべき事由以外の事由によって派遣契約が解除された場合には、派遣先と連携して、派遣先の関連会社での就業をあっせんする等により派遣労働者の新たな就業機会の確保を図るものとしている。

相手方ではない第三者たる派遣先における事実が攻防の対象となること（使用者に有利な事実のみならず、労働者に有利な事実についてもアクセスが困難であることがあり得る）に留意しておく必要があろう。

4　関連する問題について

　派遣元と派遣先との間の派遣契約が期間途中で解約された場合、派遣元の派遣労働者に対するその後の賃金支払義務はどうなるのかという問題がある。派遣契約が解約されれば（新たな派遣先が決まるまでの間）、派遣労働者は就労の機会を失い、労務提供義務は履行不能となるものと解されるところ、その場合に反対給付である賃金請求権は消滅するのかどうか、すなわち、民法 536 条 2 項の「債権者の責めに帰すべき事由」の有無がここでの問題である。

　裁判例は、①特段の事情のない限り、賃金請求権は消滅する（民法 536 条 2 項の適用はない）とする考え方（大阪地判平成 18 年 1 月 6 日労判 913 号 49 頁・三都企画建設事件。ただし、労基法 26 条に基づく休業手当の支払義務は肯定）と、②派遣元の責めに帰すべき事由の存在を認めて、賃金請求権は消滅しない（民法 536 条 2 項の適用がある）とした例（東京地判平成 20 年 9 月 9 日労経速 2025 号 21 頁・浜野マネキン紹介所事件）とに分かれる。

　この点は、民法 536 条 2 項と労基法 26 条の関係をどのように考えるかという一般的な論点とも関連する難しい問題ではあるが、派遣元は、派遣契約が解約された後においても、新たな派遣先を探す等の方法により、派遣労働者の就労機会の確保を図るべき義務を負っていると解されることからすれば、派遣元が当該義務を尽くしたと認められない場合には、賃金請求権は消滅しない（民法 536 条 2 項の適用がある）と解するのが相当であるように思われる[7]。

---

7)　同旨、荒木 535 頁。

Ⅲ 登録型派遣労働者の雇止め

1 判例の考え方・実務の運用

(1) 問題の所在

登録型派遣については、常用型派遣に比べ、派遣労働者の雇用が不安定となると言われ、派遣法はその点に配慮した一定の規制を設けているところではあるが、実際、登録型の派遣労働者について雇用が打ち切られ、それが労働関係訴訟として裁判所に持ち込まれる例は決して少ないとは言えない。

登録型派遣の場合、労働者派遣契約に基づく派遣先への派遣期間と、派遣元と派遣労働者との間の労働契約の期間とは（ほぼ）同一期間に設定されるから、派遣期間が満了すれば、当該労働契約の期間も満了する。そして、派遣契約が更新されれば、派遣元と派遣労働者との労働契約も更新されることとなるが、派遣契約が打ち切られれば、派遣元は派遣労働者との労働契約を打ち切ることになる（期間満了による雇止め）。

このような事案において、雇止めを受けた派遣労働者が、派遣元との間の労働契約が反復継続されてきたこと[8]などを根拠に、当該雇止めにつき解雇権濫用法理の類推適用を主張して争う例がある。こうした主張をする場合、どのような点に留意する必要があるであろうか。

(2) 裁判例等

一般に、有期労働契約について解雇権濫用法理が類推適用される場面には、当該契約が「期間の定めのない契約と実質的に異ならない場合」と、「期間の定めのない雇用契約と同視できない場合でも、雇用継続に関する

---

8) 派遣の対象となる業務が通常の業務の場合、派遣可能期間の上限は3年（平成27年法律第73号による改正前の派遣法40条の2第3項）であるから、長期間の反復継続は考え難いが、いわゆる政令26業務の場合などは相当長期の反復継続も想定され得る。

労働者の期待利益に合理性がある場合」の2つのパターンがあるとされている[9]。

　これを踏まえ、裁判例（東京高判平成18年6月29日労判921号5頁・マイスタッフ（一橋出版）事件、高松高判平成18年5月18日労判921号33頁・伊予銀行・いよぎんスタッフサービス事件）は、登録型の派遣労働者に対する雇止めにつき、前者の「期間の定めのない契約と実質的に異ならない場合」については、一般論として、そのように評価することができれば解雇権濫用法理が類推適用されることを肯定している（ただし、結論としては、当該事案が「期間の定めのない契約と実質的に異ならない場合」に当たることを否定）。

　他方、後者の「雇用継続に関する労働者の期待利益に合理性がある場合」については、実質的に見れば、裁判例は、解雇権濫用法理の類推適用自体を消極に解しているように思われる。すなわち、派遣法は、派遣労働者の雇用安定のみならず、派遣先の常用労働者の雇用安定も立法目的とし、派遣期間の制限規定を設ける（平成27年法律第73号による改正前の派遣法40条の2）などして上記目的の調和を図っており、同一の労働者を同一の派遣先に長期間継続して派遣することは常用代替防止の観点から本来同法の予定するところではないから、労働者派遣契約の存在を前提とする派遣労働契約について、派遣ではない通常の労働契約の場合と同様に雇用継続の期待に関する合理性を認めることは一般的に困難、とするのである。

　なお、派遣対象業務がいわゆる政令26業務である場合のように、労働者派遣法上、「同一の労働者を同一の派遣先に長期間継続して派遣すること」も容認されている場合に、上記裁判例の解釈が妥当するかは一応問題となり得るが、先に述べたとおり、「登録型」の労働者派遣が、派遣先が見つかる都度に派遣元と派遣労働者とが労働契約を締結するものであること（派遣元と派遣労働者との労働契約が継続的なものであれば、それは「常用型」である）からすれば、やはり、その場合でも、単に、派遣元との労働

9）　渡辺・労働関係訴訟39頁、審理ノート49頁。

Ⅲ　登録型派遣労働者の雇止め　　465

契約が反復継続されてきたという事実のみから、雇用継続の期待に関する合理性を認めることは困難ではないかと考えられる。

2 労働者側の主張立証上の留意点

前記1(2)の裁判例の考え方を踏まえれば、登録型派遣の事案において雇止めを受けた派遣労働者が雇止めの効力を争う場合、単に、派遣元との労働契約が反復継続されてきたという事実のみを強調しても意味は乏しいということになる。解雇権濫用法理の類推適用を主張するのであれば、当該労働契約が「期間の定めのない契約と実質的に異ならない場合」と評価できるだけの根拠事実として、長期間の反復継続の事実に加え、従前に雇止めがされた例はなく、使用者側も長期間の雇用を前提とした言動をしていたこと、契約期間が満了した際の更新手続が怠られていたことなどを主張立証する必要があろう [10]。

また、登録型派遣につき雇用継続期待の合理性を否定する前記裁判例の射程外に出るとの観点 [11] から、当該派遣労働者と派遣元との間の労働契約の実態に関する主張立証に的を絞り、形式的には「登録型」であるように見えても、実質的には「常用型」であったと認定評価し得るだけの事情を主張立証する手法も考えられる。具体的には、当該労働者と派遣元との契約締結の経緯、派遣契約期間と労働契約の期間とのズレの有無、派遣契約が存在しない期間においても労働契約が存続するものとして取り扱われた事実(当該期間中の給与、休業補償の支払等)などを主張立証していくことになろう。

さらに、そもそも、事案によっては、派遣元との間の労働契約の継続ではなく、派遣先との直接雇用の成立(この点については第2講「使用者性」を参照されたい)を主張すること(あるいは両者の併用 [12])が適切である場

---

10) ただし、実際には、登録型派遣の事例において、このような事情が認められることは多くないであろう。

11) 要件事実的には、この場合における雇用継続期待の合理性に関する評価根拠事実の1つと位置付けられることになろうか。

466　第24講　労働者派遣の諸問題

合もあり得よう。

3　使用者側の主張立証上の留意点

　使用者側においては、派遣労働契約の期間終了による満了を主張した上、労働者が解雇権濫用法理の類推適用を主張することに備え、反論として、「登録型」であること（すなわち、雇用継続の期待に合理性がないこと）を主張立証することになる。その際、単に形式的に登録型の措置がとられていたというだけでなく、まさに名実ともに「登録型」であったことを示す事情として、たとえば、当該労働者について、リストアップはされていても、派遣先が見つからない間は待機状態であった時期があること等を示すことができれば、非常に有力な事情となろう。

Ⅳ　常用型派遣労働者の雇止め

　常用型派遣の雇止めの場合、登録型派遣の場合とは全く逆に、特段の事情のない限り、派遣労働者は派遣元との間の労働契約について雇用継続の合理的な期待を有していると評価できる場合が多いであろうから、主たる争点は、雇止め理由の存否の点に移ることが通例であると考えられる。

　雇止め理由の存否について当事者双方が主張立証すべき事項は、派遣労働者でない通常の労働者の雇止めについて解雇権濫用法理が類推適用される場合と基本的に同様である。ただ、前述したとおり、労働者派遣の場合、派遣労働者の労働実態に関する資料は派遣先企業が有しており、使用者として雇止め理由を主張立証すべき派遣元には、その点に関する資料が乏しいという問題が生じがちであることには注意が必要であろう（前記Ⅱの2および3参照）。

---

12)　前掲のマイスタッフ（一橋出版）事件、伊予銀行・いよぎんスタッフサービス事件においても、労働者側は、派遣先による直接雇用の成立と派遣元による雇用継続の双方を主張していた。

Ⅴ　おわりに

1　派遣先に対する請求と派遣元に対する請求との関係

　労働者派遣をめぐる労働関係訴訟を担当していると、まれにではあるが、派遣元に対する事件と派遣先に対する事件とが別個に提起されているケースを見聞きする例がある。たとえば、①まず派遣元に対する地位確認請求を提起し、それが和解で解決した後に、派遣先に対し直接雇用を主張して地位確認請求を提起するといった例や、②派遣元との間で解雇紛争について示談を成立させた後、不当解雇（の原因を作ったこと）を理由に派遣先に対して慰謝料請求を行うといった例がそれである。

　上記の例は、いずれも既判力に抵触するわけではないし、仮に同時並行的に提訴されていたとしても訴訟物は明らかに異なるから二重起訴の禁止に触れるわけでもない。また、労働者側が派遣先に対し請求する意思があるかどうかも不明な段階から、派遣先が債務不存在確認請求のような先制攻撃をしておくことを常に期待することも困難であろう（労働者派遣を前提とする限り、使用者は派遣元であって派遣先ではないから尚更である）。その意味では、法解釈上の問題ではないともいえるが、紛争の1回的解決の観点からは釈然としない思いがすることがあるのも事実である。

　「雇用」と「使用」の分離を建前とする労働者派遣制度の在り方としては、労働者との間の雇用関係をめぐる問題は派遣元が一括して解決するのが筋であるといえるから、上記のような例については、派遣元において和解や示談をする際に、派遣先に対する請求の可能性についても念頭に置いた上で、何らかの配慮がされていてもよかったように思われるところである。

2　派遣法の改正

　労働者派遣が、労働力の需給の適正な調整やスペシャリスト等の人材の

468　　第24講　労働者派遣の諸問題

活用の観点から有益な制度であることは疑いのないところであり、適正に運用されれば、従来型の雇用の枠組みを超えて、使用者、労働者の双方にとって望ましい結果を大いに産み出すことも期待される。他方で、労働者派遣の急速な拡大が弊害を産んでいるとの指摘も多く、特に、平成20年秋以降のいわゆるリーマン・ショック後の時期には、派遣労働者の失業（いわゆる「派遣切り」）が大きな社会問題化したことは記憶に新しい。

このような状況を受けて、平成22年4月、民主党政権の下、①登録型派遣の原則禁止、②製造業務派遣の原則禁止、③日雇い派遣の原則禁止、④違法派遣の場合、派遣先が違法であることを知りながら派遣労働者を受け入れている場合には、派遣先が派遣労働者に直接雇用を申し込んだものとみなす規定の新設等を内容とする派遣法の改正案が国会に提出されたが、この改正案については、特に、製造業務派遣の原則禁止に対する野党サイドの反対が強かったことから、約2年の継続審議を経て、平成24年3月、上記①および②の改正項目を削除した上で成立の運びとなった。

立法論、制度論について言及することは、本講の目的を越えるが、今後の法改正により、使用者、労働者の双方にとってバランスのとれた一層望ましい制度となることを祈ってやまない。

Ⅵ 追補

その後、平成27年の通常国会において、一般労働者派遣事業（いわゆる登録型）と特定労働者派遣事業（いわゆる常用型）の区別を廃止し、すべての派遣事業を許可制の下に置くこと等を内容とする派遣法の大改正が成立した[13]（平成27年法律第73号）。同改正後の同法の下においては、登録型と常用型の区別自体がなくなることから、派遣労働者の雇止めについて、本講ⅢおよびⅣで述べたような両者の区別を前提とした解釈は成り立たないこととなろう。

それに代わり、有期雇用の派遣労働者の雇止が問題となる事例におい

---

13) 菅野371頁、387頁〜388頁。

ては、雇止めの対象となった派遣労働者が派遣法 30 条 1 項に規定する「特定有期雇用派遣労働者」ないし「特定有期雇用派遣労働者等」に該当するか否か、該当するとして、使用者が同項に規定する派遣労働者の雇用安定のための措置をどの程度実行しているかが重要なメルクマールとなってくるものと考えられる。特に、当該派遣労働者が、有期雇用の派遣労働者であって、派遣先の同一の組織単位の業務について継続して 3 年間労働者派遣に係る労働に従事する見込みがあり、当該労働者派遣の終了後も継続して就業することを希望している者（同条 2 項）に該当する場合は、使用者が派遣労働者の雇用安定のための措置を執ることが法的な義務となることから、当該派遣労働者に対しそれらの措置が講じられていないケースでは、雇止めが無効と判断される可能性が高いであろう。

第 25 講

高齢者雇用に関する諸問題

菊池　憲久

Ⅰ　はじめに

　高齢者雇用に関する諸問題を規律する法令としては、平成16年に改正された「高年齢者等の雇用の安定等に関する法律」(平成18年4月1日施行。以下「改正高年法」という) が存在しており、改正高年法9条1項は、事業主に対し、その雇用する高年齢者[1]の65歳までの雇用確保措置 (高年齢者雇用確保措置) として、「定年の引上げ」、「継続雇用制度の導入」、「定年の定めの廃止」のいずれかを講じることを義務付けている。そのうちの「継続雇用制度」は、「現に雇用している高年齢者が希望するときは、当該高年齢者をその定年後も引き続いて雇用する制度をいう」ものとされており、他の2つの措置と比較して多くの企業で採用されているようである。もっとも、改正高年法には継続雇用制度の内容[2]についての具体的な定めがないため、一口に継続雇用制度といっても、内容は企業ごとに多岐にわたり、その解釈をめぐって様々な法律問題が生じることが予想される。

　近年、急速に高齢化の進む社会を背景に、継続雇用制度をめぐる法律問題が実際に様々な紛争の様相を呈しつつ、司法の場に持ち込まれることが多くなっている印象である。しかも、改正高年法の施行からいまだ日が浅

---

1)　高年法施行規則1条によれば、高年法2条1項の厚生労働省令で定める年齢は、55歳とされている。

2)　継続雇用制度の内容については、大きく分けて、定年に達した者を退職させないまま雇用継続する「勤務延長制度」タイプ (更新型) と、いったん退職させた上で再度雇用する「再雇用制度」タイプ (再雇用型) とが考えられる。実務上は、「再雇用制度」タイプを採用する企業が多い印象である。

く、特に中小企業においては、継続雇用制度が未導入であったり、制度は
導入したものの、その安定的な運用のための模索が続けられたりしている
現状にあるため、司法の場に持ち込まれる紛争においても、改正高年法9
条の私法的効力や継続雇用制度の内容や運用をめぐって先鋭に争われるこ
とも多い。

　そこで、本講においては、高齢者雇用をめぐる諸問題の中でも、司法の
場において特に問題とされることの多い継続雇用制度を中心として、高年
齢者雇用確保措置をめぐる紛争の諸相について、これまでに現れた裁判例
の事案を大まかに類型化し、紛争類型によっては、実務上比較的よく見ら
れる事例を設定して、これを基に定立されるべき請求権を検討し、当該請
求権をめぐる攻撃防御方法の要件事実的な整理を試みながら、労働者側・
使用者側双方の主張立証上の留意点を指摘することとする。

Ⅱ　判例の考え方・実務の運用等

1　問題の所在

(1)　裁判例

　改正高年法9条の継続雇用制度の私法的効力が問題とされた裁判例と
して、いまだ最高裁判例は見当たらないが、近年、2つの高裁判決が公刊
された。1つは大阪高裁の判決であり（大阪高判平成21年11月27日労判
1004号112頁・NTT西日本（高齢者雇用・第1）事件）、もう1つが東京高
裁の判決である（東京高判平成22年12月22日判時2126号133頁・NTT
東日本（高齢者雇用）事件）[3]。

　大阪高裁判決の事案は、被控訴人（NTT西日本）に雇用されていた控訴
人らが、被控訴人において、改正高年法9条1項が定める措置を講じな
いで控訴人らを満60歳をもって定年退職させたことが、定年後の継続的

---

3)　その後、高年齢者の雇用継続や賃金請求が争われた事案について公刊された高
　裁段階の裁判例として、高松高判平成22年3月12日労判1007号39頁・NTT
　西日本（継続雇用制度・徳島）事件がある。

472　　第25講　高齢者雇用に関する諸問題

雇用を確保すべき義務に違反したなどと主張して、債務不履行または不法行為に基づく損害賠償請求権に基づき、控訴人らが継続勤務したときに得られるべき賃金相当額等の支払を求めたものである。控訴人らは、改正高年法9条について私法的効力を認めるべきであると主張し、同条に基づく被控訴人の私法上の義務違反を前提に債務不履行または不法行為を理由として、被控訴人に対し損害賠償を求めた。大阪高裁は、改正高年法9条の私法的効力を否定し、事業主である被控訴人（被告）が控訴人（原告）らに対して同条1項に基づく私法上の義務として継続雇用制度の導入義務ないし継続雇用義務まで負っているとまではいえないなどとした原審[4]の判断を維持し、控訴人らの控訴を棄却した。

　他方、東京高裁の事案は、満60歳の定年による退職日を迎えた控訴人らが、60歳定年制を定め、定年後の継続雇用制度を定めていない被控訴人（NTT東日本）の就業規則は、改正高年法9条1項に違反して無効であるから、控訴人らは、被控訴人の従業員たる地位を有していると主張して、雇用契約上の地位確認ならびに平成20年4月以降の賃金および遅延損害金の支払を求めるとともに、被控訴人が控訴人らの雇用契約上の地位を否定して本訴提起を余儀なくさせたことは不法行為に当たると主張して、損害賠償請求したものである。控訴人らは、改正高年法9条について私法的効力を認めるべきであると主張したが、同条違反の効果として、65歳未満定年制の定めが無効となり、定年の定めがないことになると主張し、不法行為に基づく損害賠償請求とは別に、雇用契約上の地位確認を求めたところに特徴がある。東京高裁も、大阪高裁と同様に、改正高年法9条の私法的効力を否定し、被控訴人の就業規則が定める60歳定年制が無効となるとはいえないし、被控訴人が実施した制度が改正高年法9条1項2号の継続雇用制度に該当しないとはいえないとして、控訴人（原告）

---

4)　大阪地判平成21年3月25日労判1004号118頁・NTT西日本（高齢者雇用・第1）事件。なお、同判決は、被告が実施した制度が改正高年法9条1項2号の継続雇用制度に該当しているから、被告が同号に反して何らの措置もとっていないとはいえず、同号の違反を理由として被告に債務不履行ないし不法行為が成立するとはいえないとも判断している。

らの地位確認および賃金請求ならびに不法行為による損害賠償請求を理由
がないとした原審[5]の判断を維持し、控訴を棄却した。

その他、地裁段階の裁判例[6]を見ても、改正高年法9条1項に基づく
事業主の義務は、公法上の義務であり、個々の従業員に対する私法上の義
務を定めたものではないとの判断が重ねられつつあり、いまだ最高裁判例
はないものの、同項所定の義務が私法上の義務を定めたものではないとの
判断は、実務上、定着しているものと解することができる[7]。

そこで、以下においては、大阪高裁および東京高裁の裁判例を含む継続
雇用制度をめぐって争われた過去の裁判例を参考にして、継続雇用制度を
中心とする高年齢者雇用確保措置に係る紛争類型を大きく3つの紛争類
型に分類してみることとする。実際の争訟の場面においては、各類型の問
題点が段階的または複層的に争点化されることが多いが、紛争類型を分類
し、問題点を整理してみることで、労働者側が定立すべき請求権や当該請
求権をめぐる攻撃防御方法の位置付け等を理解するための一助になるもの
と思われる。

(2) 紛争類型の分類

まず、平成18年4月から段階的に導入が義務付けられた65歳定年制
または65歳までの継続雇用制度（高年齢者雇用確保措置）については、こ
れまでは、特に中小企業において十分に普及していなかったこと等もあっ
て、制度を導入していない事業主に対し、雇用契約上の地位確認等を求め
るケースが多かった（これを「第1類型」と分類する）。また、前記(1)の大
阪高裁および東京高裁の裁判例のように、一定の制度を導入している企業
においても、当該制度が改正高年法9条1項2号所定の継続雇用制度に
該当するか否かが争われるケースも少なくない（これを「第2類型」と分

---

5) 東京地判平成21年11月16日判時2080号129頁・NTT東日本（高齢者雇用）
事件。
6) 大阪地判平成21年3月25日判タ1318号151頁・NTT西日本（高齢者雇用・
第2）事件、大阪地判平成22年9月30日労判1019号49頁・津田電気計器事件。
7) 多数説も同様であるが、改正高年法9条に私法的効力を認める学説として、西
谷494頁がある。

474　第25講　高齢者雇用に関する諸問題

類する）。さらに、改正高年法9条1項2号所定の継続雇用制度が導入されている場合であっても、その対象となる高年齢者に係る基準の運用の適否が争われることもある（これを「第3類型」と分類する）[8]。

ところで、実務上、改正高年法9条の私法的効力を否定する運用が定着している現状にかんがみれば、事業主が高年齢者雇用確保措置を導入していない場合（第1類型）や、一定の制度は導入しているものの、それが改正高年法9条1項2号所定の継続雇用制度に該当しない場合（第2類型）[9]に、同条に私法的効力があることを前提として60歳定年制を定めた就業規則の無効を主張して雇用契約上の地位確認を求めたり、事業主には、65歳までの継続雇用義務があるとか、高年齢者雇用確保措置を講ずる義務があると主張したりするのは現実的ではない。もっとも、改正高年法9条違反について、故意・過失、損害の発生、因果関係の要件が認められれば、不法行為が成立する余地がある。そこで、第1類型については、主に改正高年法9条違反の不法行為の成否について検討する。

また、第2類型については、事業主の導入した継続雇用制度の対象となる高年齢者に係る基準が改正高年法9条2項に違反したり、同項違反はないものの、他の労働関連法規または公序良俗に違反したりした場合に、当該基準を定めた就業規則等としての高年齢者継続雇用規程（以下「継続雇用規程」という）の効力が問題となる。第2類型については、これ

---

8) 従前は、第1類型、第2類型の事案が多く見られたが、高年齢者雇用確保措置が浸透しつつある昨今、第3類型の紛争類型にシフトしていくものと思われる。

9) 継続雇用制度の対象となる高年齢者に係る基準の設定に関し、平成16年11月4日厚生労働省通達（職高発1104001号）は、「基準の策定に当たっては、労働組合等と事業主との間で十分に協議の上、各企業の実情に応じて定められることを想定しており、その内容については、原則として労使に委ねられるものであること。ただし、労使で十分に協議の上、定められたものであっても、事業主が恣意的に継続雇用を排除しようとするなど本改正の趣旨や、他の労働関連法規に反する又は公序良俗に反するものは認められないものであること。なお、実際に策定された基準の適否については、個々の基準のみを見て判断するのではなく、基準の全体構成や労使協議の過程など企業の個別の事情を踏まえて総合的に判断する必要があること。」を指摘し、基準がないに等しいものや男女差別・不当労働行為に該当するものなどを適切でないとしている。また、同通達は、継続雇用制度の対象となる高年齢者に係る基準については、具体性と客観性に留意されて策定されたものが望ましいともしている。

に関連する問題を検討する。

第3類型については、今後、司法の場に持ち込まれるケースが増えると予想されるが、継続雇用制度の対象となる高年齢者に係る基準への具体的な当てはめが問題となるため、当該基準を含む具体的な就業規則等としての継続雇用規程を想定した上で、労働者側の定立可能な請求権（雇用契約上の地位確認か損害賠償請求か等）、当該請求権をめぐる攻撃防御方法の構造等を検討することとしたい。

2　第1類型について

事業主が高年齢者雇用確保措置を導入していない場合に、改正高年法9条に私法的効力があることを前提として、高年齢者が事業主に対して実質的に65歳までの雇用確保を求めて雇用契約上の地位確認や賃金請求をすることも考えられるが、同条に私法的効力を認めない解釈が実務上定着しているのは前述のとおりであるから、第1類型における請求主題は、地位確認および賃金請求から同条違反による不法行為に基づく損害賠償請求にシフトしていくものと思われる[10]。

そして、改正高年法9条に私法的効力を認めない以上、同条を根拠として、事業主が従業員に対して直接継続雇用義務や高年齢者雇用確保措置の導入義務を負担することにはならないから、同条違反は、事業主の債務不履行や不法行為を直ちには構成しない。同条違反の不法行為が成立するためには、同条違反に加えて、故意・過失、損害の発生、因果関係の要件を備える必要がある。したがって、労働者側は、同条違反の不法行為に基づく損害賠償請求をするためには、事業主の同条違反の事実のほか、上記各要件を主張立証する必要がある。そして、具体的な争訟の場面において

---

10)　なお、菅野758頁は、解雇と不法行為との関係について、「権利濫用にあたる解雇は、使用者に故意・過失のあるかぎり労働者の雇用を保持する利益や名誉を侵害する不法行為となりうる。しかし、故意・過失、損害の発生、因果関係など不法行為の成立要件を吟味したうえで結論を出すべきであり、権利濫用にあたる解雇が当然に不法行為になるとは解すべきでない。」としている。

は、事業主の過失の有無が争いになる。当該過失を基礎付ける評価根拠事実としては、①改正高年法の施行に当たって労働組合等と事業主との交渉がなかったこと、②交渉の経過における事業主の不誠実性、③交渉が決裂して、継続雇用制度の対象となる高年齢者に係る基準を定める労使協定の成立が頓挫したが、その責任が事業主側にあることなどの諸事情のほか、④改正高年法附則（以下、単に「附則」という）5条[11]の適用がある期間においては、事業主が協定をするため努力しなかったこと、⑤努力したにもかかわらず、正当な理由なく、就業規則等[12]により対象者に係る基準を定めなかったこと等が考えられる。

　また、改正高年法9条違反の不法行為の損害をどのように考えるかは問題である。継続雇用後の賃金相当額が逸失利益として請求されるケースもあるが、事業主が継続雇用制度を用意していない以上、原則として継続雇用後の賃金を含む労働条件を認めることができないことになるから、賃金相当額を損害として認めるのは困難であろう。そのため、裁判所が認容し得る損害は、慰謝料が主なものにならざるを得ないが、慰謝料額の水準の判断にはさらなる困難が伴う。他に継続雇用が認められている従業員がいるのであれば、同人の担当業務に照らしての賃金額等を手掛かりとすることが考えられる。該当する従業員がいなければ、当該労働者の定年退職前の賃金額、業務内容、退職金の有無および額、雇用保険の受給の有無および受給状況、退職後の再就職の可能性、会社の規模や経営状況等を考慮して当該労働者が継続雇用されないことによる精神的打撃を金銭評価することになろう。同種・同規模の企業等の平均的な継続雇用制度の下での継続雇用後の賃金額および雇用期間の水準が判明するのであれば、参考にな

11)　附則5条によれば、改正高年法において、「（労使）協定をするため努力したにもかかわらず協議が調わないとき」は、平成21年3月31日まで（常時雇用する労働者数が300人以下の企業は、平成23年3月31日まで）就業規則等において対象者に係る基準を定めることができるとされている。

12)　従業員10人以上の事業所においては、労基法89条に基づき就業規則を作成する義務があるため、これに基準を定めることになるが、従業員10名未満の事業所においては、就業規則が存在しないこともあるので、就業規則に準ずるもの（様式に定めはないが、従業員に周知されているもの）により当該基準を定めることになる。

る場合もある。いずれにしろ、個別事情によって考慮すべき要素は異なってくるものと考えられ、事案ごとに相当な金額を判断していかざるを得ない。

以上のとおり、第1類型において、労働者側が継続雇用後の地位確認および賃金請求をするのは現実的でなく、不法行為に基づく損害賠償請求を選択せざるを得ないものと解する。その場合、改正高年法9条違反の事実のほか、不法行為成立のための要件を主張立証していくことになろう。損害は、慰謝料が中心となる。

3　第2類型について

前記1(1)の大阪高裁および東京高裁の裁判例の事案が第2類型の事案ということになる。まず、事業主の導入した継続雇用制度の対象となる高年齢者に係る基準が、改正高年法9条2項や附則5条1項に違反する場合には、当該基準は無効と判断される可能性が高い。また、当該基準が労使で十分に協議の上定められたものであったとしても、「会社が必要と認めた者に限る」「上司の推薦がある者に限る」等の基準しかなく、実質的に基準がないに等しい場合には、事業主が恣意的に継続雇用を排除しようとするものとして改正高年法の趣旨に反することになるし、男女差別や不当労働行為に該当するような基準は、強行法規である他の労働関連法規に反することになり、いずれも私法上無効と判断される可能性がある。公序良俗に反する基準についても同様である。当該基準が、強行法規や公序良俗に反しないまでも、具体性（意欲、能力をできる限り具体的に測るものであること）や客観性（必要とされる能力等が客観的に示されており、該当可能性を予見することができるものであること）を欠く場合においても、それが事業主の恣意的な運用を助長するものと判断されるならば、無効とされる可能性もあろう[13]。

そして、当該基準が無効と判断される場合には、同基準を含む事業主の用意した就業規則等としての継続雇用規程の全体の効力を否定せざるを得

13)　平成16年11月4日厚生労働省通達（職高発1104001号）参照。

478　　第25講　高齢者雇用に関する諸問題

ないものと解される[14]。その場合の請求権の定立や当該請求権をめぐる攻撃防御方法に係る問題状況は、高年齢者雇用確保措置の導入がないことを前提とする第1類型と同様のものとなる。

4 第3類型について

⑴ 紛争の傾向

改正高年法の施行（平成18年4月1日）から5年以上が経過し、附則5条が予定する期間も経過した今日においては、継続雇用制度の導入の必要性が周知され、その導入に向けた企業の取組も次第に進み、改正高年法の趣旨に沿った継続雇用制度が整備されつつあるものと思われる。したがって、今後は、事業主が導入した継続雇用制度の対象となる高年齢者に係る基準の運用の適否をめぐる紛争が増えていくものと予想される。

⑵ 継続雇用規程のモデル

そこで、以下においては、実務上、比較的よく見られる下記のような内容の継続雇用規程（なお、前掲注2)で指摘したとおり、継続雇用のタイプとしては、「更新型」と「再雇用型」とが考えられるが、ここでは、一般に普及していると思われる「再雇用型」を念頭に置く）のモデルを想定して、実際の紛争場面において労働者側の定立し得る請求権および当該請求権をめぐる攻撃防御方法等について具体的に検討することとする。

検討に当たっては、従業員をX、会社をYとし、Yの正社員であったXがYに対して継続雇用規程②所定の手続に基づき定年後の継続雇用を申し出たが、Yは、Xの人事考課の評価は定年前3年間を通じていずれもD評価であり、3年間の平均点数が－1点であるから、基準点に満たないと

---

14) 労働者側が当該基準の無効のみ（一部無効）を主張して、65歳までの継続雇用を認める継続雇用規程のその余の規定の適用を主張して、地位確認等を求めることも考えられるが、当該基準は、高年齢者継続雇用規程の根幹をなすものであるから、それが無効である場合に、当該規定の一部無効の主張を許すべきではなかろう。

Ⅱ　判例の考え方・実務の運用等　　479

主張して、Xに対して継続雇用しない旨を通知したとの事実関係を前提とする。なお、継続雇用規程の導入に当たっては、真摯な労使交渉がされており、改正高年法9条2項所定の手続が適式に経由され、事前に従業員に対して継続雇用規程が周知されていたものとする。

記

① 定年退職日は満60歳となる日の属する月の月末とする。

② 継続雇用を希望する従業員は、定年を迎える日の6か月前までに会社に対して継続雇用を希望する旨を申し出る。

③ 会社は、継続雇用を希望する従業員については、定年前3年間の人事考課の評価について、Aを2点、Bを1点、Cを0点、Dを-1点、Eを-2点として点数化し、平均点数が0点以上の者を採用する。

④ 雇用期間は、定年退職日の翌1日から1年間とし、契約終了の3か月前までに双方から契約終了の通知がない限り、同一の条件をもって更新される。

⑤ 継続雇用の最終期限は、65歳に達する月の月末とする。

⑥ 継続雇用期間中の賃金は、定年時の基本給の7割とし、その余の労働条件は、正社員就業規則に定められているとおりとする。

⑶ Xの定立し得る請求権およびこれをめぐる攻撃防御方法

ア 地位確認および賃金請求について

まず、XがYとの間に継続雇用契約が成立していると主張して、雇用契約上の地位確認を求めることが可能か検討する。

XとYとの間に継続雇用契約が成立しているというためには、継続雇用契約の申込みと承諾の合致が必要であり、かつ、雇用契約の本質的要素として、少なくとも労働者が従事する業務の概要および賃金額が定まっていなければならないというべきである。そして、改正高年法9条の趣旨にかんがみれば、継続雇用対象者に係る具体的な選定基準や継続雇用した場合の一般的な労働条件を就業規則等により明らかにしたのであれば、当該就業規則等の制定・周知をもって、事業主が従業員に対して継続雇用の申

込みをしたと認めることができるものと解される[15]。もっとも、継続雇用契約締結のための手続等を定める継続雇用規程の内容やその実際の運用状況のいかんによっては、必ずしもこのように解することはできず、継続雇用対象者である従業員の継続雇用の希望が継続雇用の申込みであり、採否の結果通知が承諾・不承諾に当たると解すべきケースもあろう。そのような場合に継続雇用契約の成立を認めるための理論構成としては、継続雇用の申込みをした従業員が事業主の選定基準を満たすのであれば、事業主には、継続雇用を承諾する義務が課せられており、これに反して事業主が不承諾とした場合には、解雇権濫用法理を類推適用して、継続雇用契約が成立したものとして取り扱うことになるものと解される[16]。継続雇用後の雇用契約の本質的要素が定まっている場合に、いずれの考え方を採用すべきかについては、結局のところ、当該継続雇用規程の解釈の問題に帰着するものと思われるが、契約法理の原則に忠実に申込みと承諾との意思表示の合致を重視する立場からは、上記のような意思表示の合致を擬制する解釈論には、異論も考えられるところである（特に後者の考え方においては、解雇権濫用法理の適用の範囲を過度に拡大しているとの批判があり得る）。

　本件設例における継続雇用規程は、継続雇用の対象となる高年齢者に係る基準を具体的かつ客観的に定めている上、賃金額を含む継続雇用後の労働条件も提示されていると評価することができるから、一応、継続雇用規程が従業員宛に周知されたことをもってYの従業員に対する継続雇用契約の申込みがあったものと解することとする。そうすると、Xは、Yに対して、継続雇用規程③所定の基準を満たしており、同規程②所定の手続に

15)　同趣旨の裁判例として、前掲注6) 大阪地判平成22年9月30日・津田電気計器事件がある。なお、結論として再雇用契約の成立を否定したものの、再雇用契約の成立に関して趣旨を同じくする判断をしていると思われる裁判例として、札幌地判平成22年3月30日労判1007号26頁・日本ニューホランド（再雇用拒否）事件がある。

16)　前掲注6) の大阪地判の控訴審である大阪高判平成23年3月25日労判1026号49頁・津田電気計器事件は、当該継続雇用規程の定めと実際の運用から、継続雇用規程の制定・周知をもって継続雇用の申込みと解することはできず、継続雇用対象者の希望が継続雇用契約の申込みであり、査定結果の通知が承諾、不承諾に当たると解している。

従って継続雇用を希望する旨申し出たことによって、雇用期間をXの定年退職日の翌1日から1年間とする継続雇用契約が成立したと主張して雇用契約上の地位確認を求めることができるものと解する。その場合、Xとしては、Yにおける定年前3年間の人事考課の評価において自らが継続雇用の選定基準を満たしていること、具体的には定年前3年間の人事考課における評価の平均点数が0点以上であることを裏付ける具体的事実を評価根拠事実として主張することになろう。以上のとおり、Xは、Yに対し、雇用契約上の地位確認および賃金請求をすることが考えられる。

これに対し、Yは、Xの定年前3年間の人事考課の評価が平均0点に達しないことを裏付ける具体的事実を評価障害事実として主張することになり、攻撃防御方法上の位置付けは抗弁となる。

攻撃防御方法の構造は上記のとおりであるが、継続雇用の選定基準を定めたのはYであるし、Xの人事考課を裏付ける資料も原則としてYが独占的に保有しているのであるから、継続雇用の選定基準の適合性に係る主張立証の運用としては、Xが、特段身分上の問題もなく定年退職を迎えたのであれば、継続雇用の選定基準を満たしているものと事実上推定し、Yが選定基準を満たさないことを積極的に主張立証すべきであると考える[17]。

そして、Xの人事考課の評価が継続雇用規程③所定の継続雇用の基準である平均0点に達している場合に、YがXに対して継続雇用しない旨通知することは、継続雇用契約の申込みの撤回を意味し、その利益状況は解雇に等しいから、解雇権濫用法理の規制に服することになると解すべきである。そうすると、Yとしては、別系統の抗弁（予備的抗弁）として、継続雇用しない旨の通知を主張するとともに、人事考課の結果以外にこれを正当化する具体的事実を主張立証する必要があろう[18][19]。

他方、継続雇用契約の意思表示の合致の擬制に否定的な立場からは、もとより雇用契約上の地位の主張はできないことになるし、継続雇用制度の対象となる高年齢者に係る基準が就業規則等で具体的かつ客観的に定めら

---

17) 前掲注16）大阪高判平成23年3月25日・津田電気計器事件も、事業主において従業員が選定基準を満たさないことを主張、立証すべきであるとしている。

れていたとしても、継続雇用規程⑥に相当する定めがなく継続雇用後の労働条件があらかじめ従業員に提示されずに個々の継続雇用契約にゆだねられている場合にあっては、事業主が従業員に対して継続雇用契約の申込みをしていると評価することができないから、ＸがＹとの間の継続雇用契約の成立に基づき雇用契約上の地位を主張することはできないことになるというべきである。

イ　不法行為に基づく損害賠償請求について

ＸがＹに対して雇用契約上の地位確認を求めることができるケースにおいては、故意・過失等の不法行為の成立要件があれば、Ｘは、Ｙによる継続雇用拒否が不法行為に当たると主張して損害賠償請求することが可能である。その場合、継続雇用後の賃金を逸失利益として請求することが可能かについては争いがあり、解雇事案の裁判例の中には、労働者側が地位確認および賃金請求に代えて不法行為による損害賠償請求をしている場合につき一定期間の賃金相当額を逸失利益として認めたものと認めなかったものとがある[20]。解雇権濫用法理の類推適用される継続雇用拒否は無効であって、労働者は、継続雇用後の雇用期間中の賃金請求が可能なのであるから、逸失利益の賠償請求ではなく賃金請求そのものをすべきであるとの考え方もあり得るが[21]、継続雇用拒否によって職場復帰が困難であると客観的に主張立証されれば、逸失利益としての賃金相当額の請求をするこ

---

18)　継続雇用しないことを正当化する具体的事実についてのＹの主張の要件事実的な位置付けとしては、解雇権濫用の類推適用の評価根拠事実を主張するＸの再抗弁に対する評価障害事実を主張する再々抗弁と考えることができる。

19)　定年後の再雇用拒否につき、解雇権濫用法理を類推適用して雇用延長に係る雇用契約が成立したと判断した裁判例として、大阪高判平成 18 年 12 月 28 日労判 936 号 5 頁・クリスタル観光バス（雇用延長）事件、東京地判平成 22 年 8 月 26 日労判 1013 号 15 頁・東京大学出版会事件がある。

20)　認めたものとして、東京地判平成 17 年 1 月 25 日労判 890 号 42 頁・Ｓ社（派遣添乗員）事件、東京地判平成 19 年 11 月 29 日労判 957 号 41 頁・インフォーマテック事件他多数があり、認めなかったものとして、東京地判平成 4 年 9 月 28 日労判 617 号 31 頁・吉村・吉村商会事件、大阪地判平成 12 年 6 月 30 日労判 793 号 49 頁・わいわいランド事件がある。

21)　菅野 754 頁。

とも認められる場合があると解すべきである。下級審の裁判例も同様の判断をしているものが多い。また、Xは、Yの継続雇用拒否による精神的苦痛の慰謝料を請求することも考えられるが、当該精神的苦痛については、特段の事情のない限り、継続雇用期間中の賃金が支払われることにより慰謝されると解するのが一般である[22]。したがって、慰謝料を請求するためには、継続雇用期間中の賃金によっては賄うことのできない精神的苦痛を裏付ける特段の事情についての具体的事実を主張立証する必要がある。

　他方、継続雇用後の労働条件があらかじめ従業員に提示されず、継続雇用後の労働条件が確定できないため、従業員が事業主に対して雇用契約上の地位確認を求めることができないケースにおいては、そもそも継続雇用後の賃金額を確定することができないのであるから、労働者側が不法行為に基づく損害賠償請求において逸失利益としての賃金相当額を請求するのは困難である。その場合には、継続雇用拒否による精神的苦痛の慰謝料を請求していくほかなかろう。

　以上のとおり検討してきたところを踏まえ、以下、労働者側・使用者側双方の主張立証上の留意点をまとめることとする。

Ⅲ　労働者側の主張立証上の留意点

1　第1類型についての留意点（高年齢者雇用確保措置の有無の確認）

　労働者側としては、まず、使用者側の就業規則等を確認し、高年齢者雇用確保措置を講じているのか否かの把握に努めることになる。附則5条1項に基づく継続雇用制度の対象となる高年齢者に係る基準を定めた就業規則等の制定を含めて同措置を講じていないようであれば、改正高年法9条違反の不法行為の成否を検討することになる。その場合、同条違反の不

---

22)　同旨の裁判例として、東京地判平成15年7月7日労判862号78頁・カテリーナビルディング事件。

484　第25講　高齢者雇用に関する諸問題

法行為の要件である使用者側の過失を主張立証するためには、団体交渉議事録等の労使交渉の記録の有無および交渉経過における使用者側の対応等について確認し、当該過失を基礎付ける評価根拠事実を主張していくほか、その証拠化を図ることになろう。また、損害の中心となる精神的苦痛の有無および慰謝料額を算定するための資料として、当該労働者の契約内容を証する労働契約書、就業規則、給与明細書、退職金の支給明細書等を書証として提出すべきである。他の従業員の労働条件を示す資料の提出を使用者側に求めるのは困難であるが、継続雇用された他の従業員の労働条件等を明らかにすることができるのであれば、これを証拠化することも検討に値しよう。

2 第2類型についての留意点（継続雇用制度の内容の確認）

次に、使用者側が附則5条1項の場合を含めて高年齢者雇用確保措置としての継続雇用制度を導入していることが確認された場合には、その内容を詳細に検討することになる。使用者側の用意した継続雇用規程中の継続雇用制度の対象となる高年齢者に係る基準が、労働関係法規や公序良俗に反したり、その内容に客観性または具体性が欠けていると評価される場合には、その無効を主張して改正高年法9条違反の不法行為の成否を検討することになる。改正高年法9条に違反する当該基準の内容そのものが事業主の過失を基礎付ける具体的事実となる。そして、その場合に定立可能な請求権およびこれをめぐる攻撃防御方法の構造は、基本的には、上記1の場合と同様である。

3 第3類型についての留意点（継続雇用制度の運用の適否の確認）

本件設例の事案のように、使用者側の用意した継続雇用規程中の継続雇用制度の対象となる高年齢者に係る基準が私法上の効力を有し、継続雇用規程が有効であると判断される場合、労働者側は、その運用の適否につい

Ⅲ　労働者側の主張立証上の留意点　485

ての主張立証を検討することになる。

　本件設例の事案において、Xは、特段の問題なく定年まで勤め上げた旨を指摘して、自らの人事考課の評価の平均点数が0点以上であることを主張立証していくことになろう（もちろん、Yから人事考課に係る資料を入手し、当該資料を引用しつつ、選定基準を満たすことを主張立証できるのであれば、説得力が増すものと思われる。具体的には、人事考課の評価期間における販売実績や達成ノルマ等の業務成績、賞罰の有無および程度、昇格・昇給の有無および程度、賞与の水準および金額等の諸事情を主張立証することが考えられる。また、Xと他の従業員との人事考課を比較し、Xの人事考課との間の不公平性を指摘することができるのであれば、さらに説得力を増すものと思われる）。

　XがYによる人事考課の不当性を主張して継続雇用契約の成立に基づく雇用契約上の地位確認を求めているのに対し、Yが、抗弁として、Xの人事考課の評価が基準に満たないことを裏付ける具体的事実を主張して継続雇用契約の不成立を主張するほか、別系統の抗弁として、継続雇用拒否の通知（継続雇用契約の申込みの撤回）の主張をするとともに、継続雇用拒否を正当化する事由の主張立証をする場合には、Xは、継続雇用拒否の主張に対する再抗弁として、当該主張が解雇権濫用法理の類推適用により無効であることを基礎付ける具体的事実についての主張立証をすることになる。

　継続雇用後の労働条件が労働者側に提示されておらず、継続雇用契約の成立を主張することが困難であると判断される場合には、労働者側は、地位確認や賃金請求をするのではなく、継続雇用されるべき法的地位の侵害による精神的苦痛を理由に、不法行為による損害賠償請求として慰謝料の支払を求めるのが現実的である。

486　第25講　高齢者雇用に関する諸問題

Ⅳ 使用者側の主張立証上の留意点

1 第1類型についての留意点

　改正高年法9条所定の高年齢者雇用確保措置を導入していない使用者側は、労働者側による同条違反の不法行為請求に対し、事業主の過失を否定する評価障害事実を主張立証していくことになる。具体的には、労使交渉に誠実に対応してきたこと、労働組合等との書面による協定が成立しなかった責任が労働組合等側にあること、附則5条の適用期間においては、就業規則等に継続雇用の対象となる高年齢者に係る基準を定めなかった正当な理由があることなどを主張立証していくことになるものと思われる。また、使用者側の手元にある当該労働者の契約内容を証する労働契約書、就業規則、給与台帳、給与明細書等の基本的な書証については、使用者側が早期に提出することが望ましい。

2 第2類型についての留意点

　使用者側は、継続雇用規程中の継続雇用制度の対象となる高年齢者に係る基準および当該基準に基づく制度の有効性について、主張立証することになる。また、当該基準を定めた継続雇用規程は、労働者側から提出されなければ、使用者側が早期に提出すべきである。改正高年法9条違反の不法行為をめぐる主張立証については、上記1と同様である。

3 第3類型についての留意点

　使用者側は、継続雇用規程の適正な運用を主張立証することになる。継続雇用規程中に継続雇用後の労働条件の記載がない場合には、継続雇用契約の不成立を主張することになる。

　継続雇用規程の継続雇用の基準がクリアされる限り、継続雇用契約が成

立するものとして取り扱わなければならないケースにおいては、本件設例に則してみると、Yは、Xに対し、早期にXの人事考課の評価に関する資料を開示して同資料を引用しながら、Xについての継続雇用規程③所定の人事考課の評価の平均点数が0点未満であることを裏付ける具体的事実を主張立証し、継続雇用の基準を満たしていないから、継続雇用契約が成立しない旨主張立証することになろう。具体的には、人事考課の評価期間におけるXの業務成績が悪いこと、賞罰の有無および程度、降格・減給の有無および程度、賞与カットの有無および支給水準のほか、他の従業員の人事考課と比較しての評価の正当性（主張立証に当たっては、当該従業員のプライバシーに配慮する工夫が必要である）等を主張立証すべきである。

　また、人事考課の評価が継続雇用制度の対象となる高年齢者に係る基準に満たないことによる継続雇用契約の不成立の主張のほか、継続雇用契約の申込みの撤回としての継続雇用拒否の通知を主張する場合には、継続雇用拒否が解雇権濫用法理の類推適用により無効であることを基礎付ける評価根拠事実に対する評価障害事実として、その正当性を基礎付ける事実を主張立証する必要がある。典型的には、継続雇用規程を含む就業規則等の周知による継続雇用契約の申込みに対する労働者側の承諾（継続雇用の申込み）から当該継続雇用契約の開始に至るまでの間の解雇事由等が考えられる。

Ⅴ　おわりに

　わが国は、急速に高齢化が進んでいる現状にあり、今後、高年齢者の継続雇用をめぐる労働紛争が増加していくことが予想される。しかし、改正高年法は、同法9条で事業主に継続雇用制度の導入を義務付けるのみで、その内容を規定する具体的な定めを置いておらず、労使の交渉を経ることを条件に企業の実状に応じた柔軟な制度の導入を容認していると解されるため、実務上は、様々なタイプの継続雇用制度が導入されている模様である。そのため、一度、継続雇用制度をめぐる紛争が生じた場合には、労働者側・使用者側双方共に、当該使用者側の導入する継続雇用制度の特徴を

把握し、その構造に沿った主張立証を心掛ける必要がある。本講において
は、紛争類型を大きく3分類した上、第3類型において、特に、模式化
された継続雇用規程のモデルを前提として労働者側の定立すべき請求権お
よび当該請求権をめぐる労働者側・使用者側双方の攻撃防御方法の構造等
についての検討を試みた。もとより、典型的な紛争類型についての考え方
を例示したにとどまり、およそ継続雇用制度をめぐる紛争類型のすべてを
網羅するものではないが、様々な紛争類型における主張立証の枠組を考え
る上での参考になればと思う。

Ⅵ　追補

1　改正高年法の平成24年改正

改正高年法9条2項は、事業主が、当該事業所の労働者の過半数で組
織する労働組合、または同労働組合がない場合においては労働者の過半数
を代表する者との書面による協定により、継続雇用制度の対象となる高年
齢者に係る基準を定め、当該基準に基づく制度を導入したときは、同条1
項2号に掲げる措置を講じたものとみなすと規定しており（附則5条は、
上記協議が整わないときは、就業規則その他これに準ずるものにより代替する
ことができるとする経過措置も規定していたが、同措置は、平成25年3月31
日で終了した）、上記条件の下での定年後の継続雇用者の選別を認めていた
が、改正高年法の平成24年改正（平成24年法律第78号。平成25年4月
1日施行。以下、同改正に係る改正高年法を「平成24年改正高年法」という）
により、改正高年法9条2項は削除され、事業主には、継続雇用を希望
する定年到達者全員の65歳までの継続雇用が義務付けられることとなっ
た[23]。

このように、平成24年改正高年法は、継続雇用制度を導入する場合に

---

[23]　平成24年改正高年法における継続雇用制度にまつわる問題点を整理したものと
して、類型別実務325頁以下（第8章Q4～Q18）がある。

は、希望者全員を対象とする制度とすることを規定したが、これに伴い、厚生労働大臣が、「高年齢者雇用確保措置の実施及び運用に関する指針」（平成24年厚生労働省告示第560号）を定め、その中では、心身の故障のため業務に堪えられないと認められること、勤務状況が著しく不良で引き続き従業員としての職責を果たし得ないこと等就業規則に定める解雇事由または退職事由（年齢に係るものを除く）に該当する場合には、継続雇用しないことができるものとされた。また、同事由と同一の事由を、継続雇用しないことができる事由として、解雇や退職の規定とは別に、就業規則に定めることができるし、当該同一の事由について、継続雇用制度の円滑な実施のため、労使が協定を締結することができるものとされた。もっとも、就業規則または労使協定の内容については、解雇事由または退職事由と異なる運営基準を設けることは平成24年改正高年法の趣旨を没却するおそれがあること、継続雇用しないことについては、客観的に合理的な理由があり、社会通念上相当であることが求められると考えられることに留意するものともされた。

さらに、平成24年改正高年法では、特殊関係事業主（当該事業主の経営を実質的に支配することが可能となる関係にある事業主その他の当該事業主と特殊の関係のある事業主として厚生労働省令で定める事業主）による継続雇用が認められることも明らかにされた。

前記のとおり、改正高年法の下での継続雇用制度については、私法上の効力がないとの解釈が固まっており、平成24年改正高年法の下でも、この解釈に変わりはないものと解される。

2　最一判平成24年11月29日・津田電気計器事件

初版の脱稿後、前掲注16）大阪高判平成23年3月25日・津田電気計器事件の上告審判決（最一判平成24年11月29日労判1064号13頁）が出された。

本判決は、事業主（上告人）が、改正高年法9条2項に基づく労使協定により継続雇用基準を含むものとして継続雇用規程を定めて従業員に周知

したことによって、同条1項2号の継続雇用制度が導入されたものとみなされるところ、従業員（被上告人）が事業主に継続雇用を希望し、事業主が継続雇用規程所定の継続雇用基準を満たさないため、継続雇用規程に基づく再雇用を締結しないとの通知をしたとの事実関係の下において、従業員が嘱託雇用契約の終了後も雇用が継続されるものと期待することには合理的理由が認められる一方、事業主が従業員につき継続雇用基準を満たしていないものとして継続雇用規程に基づく再雇用をすることなく嘱託雇用契約の終期の到来により従業員の雇用が終了したものとすることは、他にこれをやむを得ないものとみるべき特段の事情もうかがわれない以上、客観的合理的理由を欠き、社会通念上相当であると認められないものといわざるを得ず、改正高年法の趣旨等に鑑み、事業主と従業員との間に、嘱託雇用契約の終了後も継続雇用規程に基づき再雇用されたのと同様の雇用関係が存続しているものとみるのが相当であり、その期限や賃金、労働時間等の労働条件については、継続雇用規程の定めに従うことになるものと解される、と判断した。

　本判決は、前記の第3類型の紛争に対する最高裁としての初めての判断を示し、その理論的枠組みを明らかにしたものであり、重要な意義があるものと解される。本判決は、その説示において、最一判昭和49年7月22日民集28巻5号927頁・東芝柳町工場事件および最一判昭和61年12月4日労判486号6頁・日立メディコ事件を参照判例として引用していることからすると、その判断枠組みは、継続雇用の合理的期待を前提とする有期労働契約の期間満了の際の雇止めの濫用法理（労契法19条）に準じた考え方を採用したものと解される。もっとも、本判決が理由付けの中で改正高年法の趣旨にも言及しているところをみると、雇止めの利益状況と同一視してその濫用法理をそのまま適用するものではなく、改正高年法の下での継続雇用の法律関係が有期労働契約の期間満了の際の雇止事案の法律関係とパラレルに考えられることに着目し、従前の雇止めの濫用法理の考慮要素を用いた検討を可能にして、具体的事案に応じた解決を導く解釈を示したものと評価される[24]。

　また、その考え方は、平成24年改正高年法における厚生労働大臣の上

記指針の内容にも沿ったものといえる。

3 今後の見通し

　平成 24 年改正高年法は、平成 25 年 4 月 1 日に施行されたが、その際、既に労使協定により、継続雇用制度の対象となる高年齢者に係る基準を定めている事業主は、平成 24 年改正附則 3 項の規定に基づき、当該基準の対象者の年齢を平成 37 年 3 月 31 日まで段階的に引き上げながら、当該基準を定めてこれを用いることができるものとされており（厚生労働大臣の上記指針参照）、上記津田電気計器事件最高裁判決は、その間の先例としての意義が大きい。

　また、経過措置終了までは、前記の紛争類型、実務の運用および労働者側または使用者側の主張立証上の留意点も、そのまま参考になる。

　他方で、改正高年法の施行から 10 年以上が経過するとともに、平成 24 年改正高年法の施行下においては、65 歳までの継続雇用が原則となり、事業主による継続雇用希望者の再雇用拒否の利益状況は、定年前の有期雇用契約における雇止めの場面と基本的には変わらないものとなると解されることから、今後は、第 3 類型の紛争に限られていき、その争点は、再雇用拒否の客観的合理的理由の有無およびその社会的相当性が中心的なものとなると考えられる[25]。具体的には、上記指針の指摘する「心身の故障のため業務に堪えられないと認められること、勤務状況が著しく不良で

24）　本判決の評釈として、水町勇一郎「高年齢者雇用安定法下での継続雇用拒否の適法性と再雇用契約の成否——津田電気計器事件」ジュリ 1451 号 112 頁、有田兼司・平成 25 年度重判 232 頁（津田電気計器事件）等がある。

25）　その一方で、水町教授が前掲注 24）の論考で指摘するとおり、改正高年法上の義務を履行せず継続雇用制度等を設けない事業主については、かえって労働者に雇用継続の合理的期待が生じない事態となりかねず、その場合、第 3 類型の議論に載らないことが懸念される。この点、水町教授は、①改正高年法違反に対する罰則強化、②高年法の趣旨を強く考慮に入れた「合理的期待」の規範的解釈、③私法的効力を認めない高年法の法的性質の解釈の変更等の方策を示唆する。高年法に私法的効力がないとの解釈が固まっていることを考えると、③の方策は困難であり、②の方策に①の方策を併せて検討するのが現実的であろう。

引き続き従業員としての職責を果たし得ないこと等」の再雇用拒否事由の該当性が争点とされ、事実認定上の問題として、高齢者特有の諸事情（意欲、能力、心身の状況等）の有無およびその評価が検討されることになるものと思われる。

さらには、事業主が多数の高齢者を従業員として抱えざるを得ない事態となることに照らし、経営上の体力を欠く事業主による再雇用拒否の場面において、整理解雇法理の適用ないし類推適用の可否、適用等する場合の要件ないし考慮要素、考慮の程度（要件等の緩和の可否）等の問題が、特有のものとして派生することが考えられる[26]。

その意味で、今後の裁判例の集積を注視する必要がある。

---

26) 同じ問題意識を示すものとして、濱口桂一郎「経営不振を理由とする定年退職者の継続雇用拒否・更新拒絶——フジタ事件」ジュリ 1443 号 114 頁がある。

第26講
脳・心臓疾患と業務起因性

青野　洋士・鈴木　拓児

I　はじめに

1　労災保険制度

　労災保険制度は、業務上の事由または通勤による労働者の負傷、疾病、障害または死亡等に対して保険給付を行う制度である。このうち業務上の負傷、疾病、障害または死亡についてのものは、労基法75条ないし77条、79条および80条に規定する災害補償の事由が生じた場合に、補償を受けるべき労働者（以下「被災労働者」という）またはその遺族等（以下、被災労働者と併せて「被災労働者等」という）に対し、その請求に基づいて保険給付がされるものであり（労災保険法12条の8第2項）、労基法の定める使用者の災害補償責任を担保するための制度である。

　労災保険給付では、①労働者が負傷したこと、疾病にかかったこと、それらが直ったが障害が存することまたは死亡したこと（以下、これらを併せて「傷病等」という）、および、②この傷病等が業務上のものであること、以上の2つが給付要件である。①の要件である労災保険が取り扱う労働者の傷病等には、災害性のもの（突発的またはその発生状況を時間的、場所的に明確にし得る出来事によるもの）と職業性（非災害性）のものとがあり、脳・心臓疾患の事案は後者に属する。①の要件は事象として明らかな場合が多いが、脳・心臓疾患で死亡した事案で剖検がされていない場合には、死亡の原因となった脳・心臓疾患の特定が問題となることがある。②の要件である「業務上」の意義については、労災保険法は何らの定義規

定を置いておらず、これを労基法の規定にゆだねているが（労災保険法 12条の 8 第 2 項）、労基法にも定義規定がないので、法解釈に任される問題であり、「業務起因性」の問題として議論されている。

2　脳・心臓疾患

　脳・心臓疾患とは、脳出血、くも膜下出血、脳梗塞等の脳血管疾患および狭心症、心筋梗塞等の虚血性心疾患を総称したものであり、我が国では癌と併せて三大死因となっている。長時間労働等の仕事による疲労やストレスが蓄積して労働者が脳・心臓疾患を発症して死亡するに至ったものが、いわゆる過労死といわれているものであり、脳・心臓疾患を発症して死亡した労働者の遺族等が、過重な業務に基づいて当該労働者に脳・心臓疾患が発症したとして労災保険法に基づく保険給付を申請し、これを不支給とする処分を受け、その取消しを求める抗告訴訟が、いわゆる過労死訴訟といわれているものである。

　脳・心臓疾患の業務起因性の問題は、脳・心臓疾患が労基則別表第 1の 2 に定める業務上の疾病に当たるかどうかの問題である。同別表は、業務上の疾病について、具体的な業務内容とそれに関連する具体的な疾病を例示するほか、「厚生労働大臣の指定する疾病」および「その他業務に起因することの明らかな疾病」を定めている。脳・心臓疾患は、平成 22年厚生労働省令第 69 号による労基則の一部改正前は、「その他業務に起因することが明らかな疾病」として取り扱われていたが、同改正により、例示疾病として、同別表 8 号に「長期間にわたる長時間の業務その他血管病変等を著しく増悪させる業務による脳出血、くも膜下出血、脳梗塞、高血圧性脳症、心筋梗塞、狭心症、心停止（心臓性突然死を含む。）若しくは解離性大動脈瘤又はこれらの疾病に付随する疾病」として追加された。

Ⅰ　はじめに　　495

Ⅱ 判例の考え方・実務の運用

1 業務起因性

(1) 業務起因性の意義

業務起因性の意義については、労災補償の本質に関して、労働力毀損の損失補償と解するのか、生活保障と解するのか、また、補償責任の所在の明確化の観点からとらえるか、補償の限界という観点からとらえるかという基本的な考え方の違いから、種々の見解がある[1]。その中の主要なものとしては、①相当因果関係説（労災補償の本質を労基法の定める使用者の災害補償責任の担保とする見地に立ち、業務と傷病等との間に条件関係があることを前提としつつ、両者の間に法的にみて労災補償を認めるのを相当とする関係があることを必要とする見解）、②業務関連性説（労災補償の本質を労働者の保護とその遺族の生活保障に求める見地に立ち、業務と傷病等との間に関連性があれば足りるとする見解）、③合理的関連性説（労災補償の本質について②説と同じ見地に立ち、業務と傷病等との間に労働者保護の見地から労災補償の救済を与えることが合理的と認められる関係（合理的関連性）があれば足りるとする見解）、④相関的判断説（労災補償責任を危険分配ないし責任分配の原理に基づくものと位置付け、業務上・外の判断は業務遂行性と業務起因性の相関関係によって判断し、一方の要件が十分に充足されている場合には、他方の要件は極めて軽微でもよく、発生した傷病等を労働者と使用者のいずれに負担させる方が合理的かという比較考量をして判断するという見解）がある。

判例[2]、学説の多数説および行政解釈（認定実務）は、①説をとっている。①説をとる理由は、労基法が定める災害補償制度は、労働者が従属的労働契約に基づいて使用者の支配管理下にあることから、労務を提供する過程において業務に内在ないし随伴する危険が現実化して傷病等が引き起

---

1) 水野勝「労働災害補償論」『労働災害補償法論：窪田隼人教授還暦記念論文集』（法律文化社、1985）166頁以下。

こされた場合には、使用者は、当該傷病等の発生について過失がなくて
も、その危険を負担し、労働者の損失てん補に当たるべきであるとする危
険責任の法理に基づくものであり、労災保険は、労基法の定める使用者の
災害補償責任を担保するための制度であると解するのが通説であるとこ
ろ、危険責任の法理の考え方によると、労働者の傷病等が業務に内在ない
し随伴する危険が現実化したものと評価されるものでなければ、使用者に
無過失の補償責任は生じないということになり、労災保険法における労働
者の傷病等を業務上のものというためには、当該労働者が当該業務に従事
しなければ当該傷病等が生じなかったという条件関係が認められるだけで
は足りず、両者の間に法的にみて労災補償を認めるのを相当とする関係
（相当因果関係）があることを要する、ということにある。

　上記の条件関係は、一般に、先行の事実と後行の結果との間に「あれな
ければこれなし」という関係があることをいい、事実レベルの問題である
のに対し、上記の相当因果関係は、先行の事実である業務と後行の結果で
ある傷病等との間に法的にみて労災補償を認めるのを相当とする関係があ
るかどうかという価値判断の問題である。この相当因果関係は、このよう
な内容のものであることから、客観的な相当因果関係であるとされ、使用
者や一般人の予見可能性という主観的要素によってその範囲が画されるも
のではないとされている[3]。

2)　労災保険制度と同様に考えられる公務災害補償制度に関するものを含めると、
　最二判昭和51年11月12日判時837号34頁・熊本地裁八代支廷吏事件、最
　二判平成6年5月16日労判651号13頁・地公災基金岡山県支部長（倉敷市職員）
　事件、最三判平成8年1月23日判時1557号58頁・判タ901号100頁・労判
　687号16頁・地公災基金東京都支部長（町田高校）事件、最三判平成9年4月
　25日判時1608号148頁・判タ944号93頁・労判722号13頁・大館労基署長
　事件、最二判平成18年3月3日判時1928号149頁・判タ1207号137頁・労
　判919号5頁・地公災基金鹿児島県支部長事件（重要判決50選492頁〔須藤典明〕
　も参照のこと）参照。
3)　労災補償における相当因果関係の内容は、この点において、民法および刑法の
　分野で使われている相当因果関係とは同義のものではない。

Ⅱ　判例の考え方・実務の運用　　497

⑵　業務起因性の有無の判断

ア　条件関係の有無の判断

業務起因性の有無の判断は、条件関係の有無が先決事項になる。脳・心臓疾患のような災害によらない疾病は、原因と考えられるものが複数競合するのが通例であることから、条件関係の判断の前提となる疾病の発症機序等の認定が極めて難しく、脳・心臓疾患に係る業務起因性の判断は、条件関係に関する事実関係が中心的な争点になる。

条件関係が肯定されるためにどの程度の立証が必要であるかについては、最二判昭和 50 年 10 月 24 日判時 792 号 3 頁・判タ 328 号 132 頁・ルンバール・ショック事件は、「訴訟上の因果関係の立証は、一点の疑義も許されない自然科学的証明ではなく、経験則に照らして全証拠を総合検討し、特定の事実が特定の結果発生を招来した関係を是認しうる高度の蓋然性を証明することであり、その判定は、通常人が疑を差し挟まない程度に真実性の確信を持ちうるものであることを必要とし、かつ、それで足りるものである。」と判示している。

イ　相当因果関係の有無の判断

傷病等の発生には様々な原因が競合し、絡み合って条件関係を形成していることが多い上、発生した事実との結び付きの程度も強弱様々である。相当因果関係の有無の判断においては、業務と傷病等との結び付きがどの程度のものであれば業務に内在ないし随伴する危険の現実化と認められる関係が存在すると認めることができるのかが問題となる。この点について、学説上、①業務が、傷病等の発生という結果に対し、他の原因と比較して、相対的に有力な原因となっている関係が認められることが必要であるとする見解（相対的有力原因説）、②業務の遂行が他の事由と共働の原因となって、傷病等の発生という結果を招いたと認められれば足りるとする見解（共働原因説）がある。さらに、相対的有力原因説においても、業務が当該被災労働者にとって有力原因であるだけでなく、客観的に他の事案（一般的な労働者）に当てはめても発症の原因となるようなものであることを要し、この意味での普遍妥当性が必要であるとする客観的相対的有力原因であることを要するとする説がある。同説は、行政認定実務がとる見解

498　　第 26 講　脳・心臓疾患と業務起因性

である[4)]。

　最高裁判決には、いずれの見解をとるかについて一般的な判示をしたものはなく、具体的な事案に即して、問題となっている労働災害（傷病等の発生）が業務に内在（ないし随伴）する危険が現実化したものかどうかを判定して業務起因性の有無が判断されている。相対的に有力という基準は、それ自体抽象的である上、複数の原因の結果発生に対する影響度を割合的に把握することは実際上困難である。労災補償制度の趣旨等にかんがみれば、競合する原因のうち業務が相対的に有力かどうかは、その強弱の問題ではなく、経験則に照らし、当該業務には当該傷病等を発生させる危険があったと認められるかどうかということであり、このような観点から判断するものであると考えられる。なお、下級審裁判例には共働原因説をとっていると解される表現ぶりのものがあるが[5)]、その判示内容をみると、業務の遂行が基礎疾病を誘発または急激に増悪させて死亡の時期を早めたとか、当該業務の遂行が精神的、肉体的に過重負荷となり、基礎疾病をその自然的経過を超えて増悪させてその死亡時期を早めたなどとして、業務を死亡の共働原因であると判断しており、結論においては、相対的有力原因説をとる場合とさほどの差異は認め難く、相対的有力原因というのも共働原因というのも、説明の仕方の違いにすぎないとみることができる。

　ウ　相当性の判断

　因果関係の相当性判断では、原因が競合する場合、誰を基準として相当性（業務に内在ないし随伴する危険が現実化したか）の判断をするのかとい

---

4)　ただし、最近の国側の主張は、相当性の判断を①危険性の要件（業務に危険が内在しているか）と②現実化の要件（内在した危険が現実化したものと評価できるか）という2段階で判断し、①の要件については平均的労働者の観点から客観的に判断するが、②の要件は本人の基礎疾患との比較において業務がどの程度寄与したのかという観点から本人を基準に判断する、としているように思われる。

5)　名古屋地判平成元年12月22日労判557号47頁・地公災基金愛知県支部長（瑞鳳小学校教員）事件等。なお、共働原因説が業務に原因性が認められれば足りると解するものである場合には、単なる条件関係があれば相当因果関係まで認めるとするのと変わりがないこととなり、相当因果関係を必要とする見解とは異なるものとなってしまう。

う問題がある。被災労働者等（原告）の側は、基礎的病態である血管病変等を有する労働者に無理な業務をさせたことにより脳・心臓疾患が発症したのであるから、当該血管病変等を有する労働者を基準として相当性の判断をすべきであるという本人基準説に立って、業務に内在ないし随伴する危険が現実化したとの主張をすることが多くみられる。しかし、仮に脳・心臓疾患を発症した当該労働者を基準として業務の過重性（内在する危険の程度）を判断するならば、それは単に事実的因果関係、すなわち、業務と発症との間の条件関係だけによって業務起因性を判断することに帰着することになり、労災保険制度が危険責任の法理に基づく無過失補償責任としての災害補償制度を担保するものであることからすると、本人基準説は理論的に難点があるといわざるを得ない。本人基準説は、労災保険制度を労働者の保護とその遺族の生活保障に求める見地に立つ考え方（業務関連性説、合理的関連性説）に依拠して初めて採用できる見解であって、相当因果関係説に立脚する最高裁判決とは相いれないであろう。最近の下級審裁判例も、本人基準説をとるものはほぼ見当たらない[6]。

　他方、本人基準説に対立する見解として、日常業務を支障なく遂行できる平均的な労働者を基準に判断するという平均的労働者説がある。この見解は、使用者に無過失責任を負わせるにふさわしい業務の危険性を客観的に判定しようとするものであり、労災保険制度を危険責任の法理に基づく無過失補償責任としての災害補償制度を担保するものと捉える見地に立つ考え方と整合的である。下級審裁判例の多くが平均的労働者基準説であるとされている。もっとも、同説のいうところの「平均的労働者」の意義は必ずしも明確でない。通常の勤務に就くことが期待されている平均的労働

---

6)　東京高判平成 22 年 10 月 13 日判時 2101 号 144 頁・労判 1018 号 42 頁・国・中央労基署長（リクルート）事件等。なお、名古屋高判平成 22 年 4 月 16 日判タ 1329 号 121 頁・労判 1006 号 5 頁・国・豊橋労基署長（マツヤデンキ）事件は、被災労働者を基準として業務起因性を判断すべき旨判示しているが、同判決の事案は、心臓機能に障害を持ち、これについて身体障害者の認定を受けていた者が身体障害者枠で採用されて業務に従事し、致死性不整脈を発症して死亡したという特殊な事案についてのものである（その後、最一決平成 23 年 7 月 21 日労判 1028 号 98 頁で上告受理申立不受理）。

者には、本人と同程度の年齢、経験等を有する健康な状態にある者に限るのか、これに加え、基礎疾患を有していたとしても日常業務を支障なく遂行できる者を含むのか（後記の平成13年通達）、あるいは通常の勤務に就くことが期待されている者の最下限（の健康状態）の者を含むのか、論者によって様々である。平均的労働者の「最下限」といっても、脳・心臓疾患についていえば、血管病変等がどの程度進行した者をいうのか、必ずしも明らかではないのである。

　結局のところ、言葉にとらわれることなく、通常の業務を支障なく遂行することができる程度の健康状態とは被災労働者が有していたものと同じ血管病変等がどの程度進んでいる状態かということを措定し、具体的な事案に当てはめていくしかないであろう。労災訴訟において求められる業務起因性の立証は、法的に労災補償を認めるのが相当であるとの判断が可能な程度の原因、結果の立証であり、高度の蓋然性という証明度も、当該訴訟における個別具体的な事情を離れて客観的に固定されているものではなく、個別の事案によって異なることは起こり得るであろう。

2　脳・心臓疾患における業務起因性

⑴　判断上の問題点

　脳・心臓疾患の業務起因性を判断する上で問題となるのは、①医学的知見の問題、②当該脳・心臓疾患事案における事実関係の確定の問題、③業務起因性の判断枠組の問題がある。

　①の問題としては、脳・心臓疾患が発症する医学的機序が相当程度解明されつつあるが、なお未解明の部分が多く、業務による身体的、精神的負荷がどのように脳・心臓疾患の発症に影響するのかについては、種々の見解が示されているものの、確実な知見は乏しい状況にある。

　②の問題としては、脳・心臓疾患は、一般に、基礎的病態である何らかの血管病変等（脳・心臓疾患に先行し、継続して存在し、脳・心臓疾患発症の基礎となる血管等の病的状態をいい、医学的慣用語として使われている「基礎疾患」と同義のもの）の存在を前提として発症するものと考えられている

ところ、被災労働者の発症前の健康状態等に関する医学的資料に乏しい事案が多く、死亡した被災労働者の剖検が行われていないものも相当あり、時には、死亡原因が脳・心臓疾患であるのかどうかすら判然としない事案もある。また、業務の負荷の程度を判断する前提となる被災労働者の業務実態等（業務内容、労働時間等）に関する事実関係についても、これを認定するのに必要な客観的な資料が乏しいことも多く、その確定が困難な事案も少なくない。

③の問題は、脳・心臓疾患と業務との間の相当因果関係の有無に関する問題である。脳・心臓疾患の基礎的病態である血管病変等がその自然経過により悪化して発症した場合には、仮に発症が業務中であったとしても、労災補償の対象とならない。他方、過重な業務により血管病変等がその自然経過を超えて著しく悪化し、脳・心臓疾患を発症する場合があることは医学的に認知されており、その場合には労災補償の対象となる。労災保険制度は、脳・心臓疾患の発症について業務のほかに業務以外の原因が複数競合していても、業務が寄与した割合に応じて労災保険給付を行うことはせず、業務上であるかどうかを画一的に判断して労災保険給付を行うものであることから、複数の原因が競合している場合において、業務と発症との間にどの程度のつながりがあれば条件関係のみならず、相当因果関係があるといえるのかという問題が顕在化する。

(2) 脳・心臓疾患に関する医学的知見

脳・心臓疾患は、個人の素因ないしその発症の基礎となる動脈硬化、動脈瘤、心筋変性等の血管病変等が加齢や日常生活等における種々の要因によって長い年月の間に徐々に進行、増悪して発症するに至るものがほとんどであるとされており、生活習慣病と呼ばれる疾病の１つである。血管病変等の形成、進行、増悪を促進する因子のことを危険因子（特定疾患、異常条件の発生に関連がある個人の属性や性質、環境条件等）といい、脳・心臓疾患については、その種類によって異なるものの、おおむね高血圧、高脂血症、喫煙、肥満、家族歴（遺伝）、糖尿病、心電図異常、加齢、性、ストレス等が挙げられている。特に高血圧は、脳・心臓疾患のいずれにお

いても、重要な危険因子とされている。

　他方、業務自体については、医学的には血管病変等の形成の直接の原因にはならないとされており、一般的に、脳・心臓疾患はいわゆる私病が増悪した結果として発症する疾病であるとみられている。また、脳・心臓疾患の発症には、複数の原因が競合しており、それら複数の原因が脳・心臓疾患の発症に対して絡み合っているのが通常であり、それら複数の原因の発症への影響等も強弱様々であって、発症については著しい個体差が認められる。このようなことから、労働者が業務の遂行の過程でまたは業務に関連して脳・心臓疾患を発症したというだけでは、発症した脳・心臓疾患が業務を原因としたものであるということにはならないし、逆に、労働者が業務から離れた場所や時間帯に脳・心臓疾患を発症したとしても、直ちに業務と関係のないものと断ずることもできない。

3　行政解釈（認定基準）と業務起因性

(1)　認定基準

　厚生労働省（組織改編前の労働省を含む）は、労働者に発症した脳・心臓疾患が業務上のものと認定されるための具体的要件を、過去の症例、臨床、病理および疫学等の医学的研究に基づいてとりまとめ、認定基準として通達している。

　現在の認定基準は、平成 13 年 12 月 12 日付け基発 1063 号「脳血管疾患及び虚血性心疾患等（負傷に起因するものを除く。）の認定基準について」（以下「平成 13 年通達」という）に示されているものである[7]。平成 13 年通達は、「脳・心臓疾患の認定基準に関する専門検討会」による検討結果

---

7)　脳・心臓疾患の認定基準としては、昭和 36 年 2 月 13 日基発 116 号通達が発出されて以来、数次の改正を経て、昭和 62 年 10 月 26 日基発 620 号、これを修正する平成 7 年 2 月 1 日基発 38 号通達および平成 8 年 1 月 22 日基発 30 号通達が発出されていたが、平成 13 年通達の発出により廃止された。
　なお、業務上の疾病の範囲を定める労基則別表第 1 の 2 が平成 22 年厚生労働省令第 69 号により改正され、脳・心臓疾患が新たに例示疾病として追加されたが、その認定基準は平成 13 年通達によることに変更はない。

Ⅱ　判例の考え方・実務の運用　503

をとりまとめた平成 13 年 11 月 16 日付け「脳・心臓疾患の認定基準に
関する専門検討会報告書」を踏まえて発出されたものであり、一般的に認
められる医学的知見に基づく経験則として業務起因性を認め得る場合を示
したものである[8]。

　同報告書は、臨床、病理学、公衆衛生学、法律学の専門家がメンバーと
なって、平成 12 年 11 月から延べ 12 回の会議を開催し、疲労の蓄積等
と脳・心臓疾患の発症の関係を中心に、業務の過重性の評価要因の具体化
等について、その当時における医学的知見に基づいて検討した結果を取り
まとめたものである。疲労やストレスと脳・心臓疾患の発症との関係につ
いての医学的解明が十分なものではなく、今後さらなる研究を待たなくて
はならない部分も多いとされている中で、同報告書は、脳および心臓の解
剖・生理学的事項、脳・心臓疾患とされる各疾患の病態、病像、発症機序
等を踏まえて、医学的証拠に基づいた医学的思考過程に沿って脳・心臓疾
患についての業務起因性を検討したものであり、その内容は、最新の医学
的知見に基づく信頼のおけるものということができる。

(2) 平成 13 年通達の概要

　脳・心臓疾患は、その発症の基礎となる血管病変等が長い年月の生活の
営みの中で形成され、それが徐々に進行し、増悪するという自然経過（加
齢、一般生活等において生体が受ける通常の要因による血管病変等の形成、進
行および増悪の経過をいう）をたどり発症に至るものであるとされている
が、業務による明らかな過重負荷（医学経験則に照らして、脳・心臓疾患の
発症の基礎となる血管病変等をその自然経過を超えて著しく増悪させ得ること
が客観的に認められる負荷をいう）が加わることによって、血管病変等がそ
の自然経過を超えて著しく増悪し、脳・心臓疾患が発症する場合があり、

---

8)　公務災害に関しても、平成 13 年通達と同内容の認定指針ないし認定基準とし
て、国家公務員に関しては「心・血管疾患及び脳血管疾患の公務上災害の認定に
ついて」（平成 13 年 12 月 12 日勤補 323 号）が、地方公務員に関しては「心・
血管疾患及び脳血管疾患等の職務関連疾患の公務上災害の認定について」（平成
13 年 12 月 12 日地基補 239 号。その後、平成 15 年 9 月、平成 16 年 4 月および
平成 22 年 7 月にそれぞれ改正されている）が、それぞれ発出されている。

そのような経過をたどり発症した脳・心臓疾患は、その発症に当たって業務が相対的に有力な原因であると判断し、業務に起因することの明らかな疾病として取り扱うこととするものである。このような脳・心臓疾患の発症に影響を及ぼす業務による明らかな過重負荷として、発症に近接した時期における負荷のほかに、長期間にわたる疲労の蓄積も考慮し、業務の過重性の評価に当たっては、労働時間、勤務形態、作業環境、精神的緊張の状態等を具体的かつ客観的に把握、検討し、総合的に判断する必要があるとすることを基本的な考え方としている。

そして、脳内出血（脳出血）、くも膜下出血、脳梗塞および高血圧性脳症の脳血管疾患ならびに心筋梗塞、狭心症、心停止（心臓性突然死を含む）および解離性大動脈瘤の虚血性心疾患等を対象疾病とし、業務による明らかな過重負荷と認められるものとして、①発症直前から前日までの間において、発生状態を時間的および場所的に明確にし得る異常な出来事（極度の緊張、興奮、恐怖、驚がく等の強度の精神的負荷を引き起こす突発的または予測困難な異常な事態、緊急に強度の身体的負荷を強いられる突発的または予測困難な事態、急激で著しい作業環境の変化の存在）に遭遇したこと、②発症に近接した時期（発症前おおむね1週間）において、特に過重な業務（日常業務に比較して特に過重な身体的、精神的負荷を生じさせたと客観的に認められる業務）に就労したこと、③発症前の長期間（発症前おおむね6か月間）にわたって、著しい疲労の蓄積をもたらす特に過重な業務に就労したこと、以上の3つを挙げている。

「特に過重な」業務かどうかについては、同僚等（同僚労働者または同種労働者）の立場から客観的、総合的に判断することとしている。この「同僚等」とは、当該労働者と同程度の年齢、経験等を有する健康な状態にある者のほか、基礎疾患を有していたとしても日常業務を支障なく遂行できる者をいうとされている。特に、基礎疾患を有する者を直ちには除外していないことに留意すべきであろう。

(3) 認定基準の意義
認定基準は、現在における医学的な最高水準の知見を集約したものであ

り、医学的経験則を踏まえて業務起因性を認め得るものとして類型化できるものを類型化したものである。認定基準による認定行政は、認定事務の促進と認定内容の均一化を図るものである。

　しかし、認定基準は、法規ではなく、行政組織内部の命令であって、業務起因性判断の内部基準（解釈基準）にすぎないものであり、裁判所を拘束するものではなく、また、認定基準と異なる形態、機序によって発症する脳・心臓疾患の業務起因性を当然に否定するものではない。労災保険不支給処分の取消しを求める労災訴訟においては、認定基準を満たす脳・心臓疾患は原則として業務起因性を認め得ることから、この意味において、認定基準は被災労働者等（原告）の立証の負担を軽減する機能を持つが、認定基準との合致が主張立証の対象となるものではなく、業務起因性の有無が主張立証の対象となることはいうまでもない。

Ⅲ　被災労働者等（原告）の側の主張立証上の留意点

1　業務起因性の主張立証責任

　脳・心臓疾患に係る労災訴訟は、労災保険給付という受益的処分を拒否する処分の取消しを求める抗告訴訟であるから、当該労災保険給付を求める被災労働者等（原告）の側に、労災補償請求権を発生、成立させる要件事実について主張立証責任があると解されている。したがって、脳・心臓疾患の発症またはそれによる死亡が業務上のものであること（業務起因性）は、被災労働者等（原告）の側が主張立証する負担を負う。

2　主張立証上の問題

(1)　死亡原因となった脳・心臓疾患の特定

　相当因果関係を意味する業務起因性においては、まず、事実認定に関する問題である条件関係の存否が問題となる。脳・心臓疾患で死亡した労働者の事案では、直接の死亡原因が必ずしも判明していないことが多く、剖

506　第26講　脳・心臓疾患と業務起因性

検がされていなかったり、死亡労働者が健康診断を受けていない等の事情があると、業務起因性の判断上必要な死亡原因を解明する証拠の収集に困難を伴う。脳・心臓疾患の発症と業務との関連性を判断する上で、発症した疾病の特定は必要事項であり、発症前後の身体の状況、臨床所見等から疾病を特定することになるが、それに関する専門家（医師）の意見（書）は、重要な証拠となる。この点の特定および立証ができないと、それだけで条件関係が否定されることになる。

また、死亡原因となった脳・心臓疾患がいつ発症したのかの特定も重要である。これは、業務の過重性の判断対象となる業務の範囲を画する基準となる。

⑵　業務の過重性の立証上の問題

脳・心臓疾患の発症が業務上のものであるというためには、業務がその基礎となる血管病変等について加齢や一般生活等において生体が受ける通常の要因による形成、進行および増悪という自然経過を超えて著しく増悪させ得る過重なものであることを主張立証することになる。業務の過重性には、量的な過重性と質的な過重性があり、具体的には、量的な面では長時間労働が、質的な面では、勤務の不規則性、劣悪・過酷な作業環境、精神的緊張を伴う業務であること等が主張立証事項となる。このうち、長時間労働は、時間外労働時間の長さが問題となるものであり、客観的な尺度としてとらえやすいこと、長時間労働は睡眠時間の短さにつながる問題であって、疲労の蓄積の観点からも重要視されるものであることから、主要な立証事項になっている[9]。

ところで、労災訴訟は、労災事故が発生してから数年を経て提起される場合が多いことから、業務起因性の判断上必要な業務実態等を解明する証拠の収集が困難を伴うことが多い。労働時間の長さについていえば、出勤簿やタイムカードが証拠として考えられるが、これらの資料がない場合には、代わりの証拠を提出する必要が出てくる。実務上、被災労働者が使っていた勤務先のパソコンの履歴として残っている利用時刻を基に時間外労働を含む労働時間を主張立証する事案がよく見られるが、その利用時刻と

実際の労働時間との関連性が問題となることが多い。また、タイムカード等の資料がある場合でも、それに打刻されている退勤時間が必ずしも実態を反映しておらず、たとえばその後にサービス残業をしていると主張される事案もよくあり、その場合には、サービス残業時間を裏付ける証拠が必要となるが、多くは記憶に基づきあるいは帰宅時間から逆算して推定した終業時間を根拠とするものであるなど客観的な証拠のない場合が多く、その正確性を心証付けることに困難を伴うことが多い。

　以上のことは、その他の業務の過重性を基礎付ける業務の密度、勤務の不規則性、拘束性、作業環境等の業務実態についても、同様のことがいえる。

　このような点が、業務起因性の有無が医学的事項に関わるという難しさがあることのほかに、被災労働者等（原告）にとって、その立証活動の困難を招来し、業務起因性の有無の立証を困難にして、労災訴訟を難しくしている。労災訴訟は、不服前置主義がとられており、労働者災害補償保険審査官および労働保険審査会における審理で用いられた業務実態等を証する資料を証拠として使用することができるが、それでは足りないときに別途業務実態等を証する資料を見つけ出すことが必要になるが、使用者や同僚等の協力が得られにくいことも、被災労働者等（原告）の側に立証上の困難をもたらしている。

(3)　立証方法の問題

医学的知見に関する立証として、医学文献や研究報告が書証として提出

---

9)　長時間労働は、脳・心臓疾患へ影響することが医学的研究において指摘されており、その原因は、主として、長時間労働により睡眠が十分とれなくなることにあるとされている。専門委員会報告書では、発症前1か月間ないし6か月間にわたって、1か月当たりおおむね45時間を超える時間外労働（睡眠時間は7.5時間程度になる）が認められない場合は、業務と発症との関連性が弱いが、おおむね45時間を超えて時間外労働時間が長くなるほど、業務と発症との関連性が徐々に強まると評価でき、発症前1か月間におおむね100時間を超える時間外労働（睡眠時間は5時間程度になる）または発症前2か月間ないし6か月間にわたって1か月当たりおおむね80時間を超える時間外労働（睡眠時間は6時間程度になる）が認められる場合は、業務と発症との関連性が強いと評価できるとしている。

されることが多いが、少しでも関係する内容のものであれば証拠になるということで提出するという対応は、必ずしも相当とはいえない。たとえば、研究報告については、掲載誌の編集委員会による厳しい審査を経たものから、一般投稿的なものまで幅があり、どの程度の権威のあるものかを吟味して、証拠価値の高いものを厳選して提出するのが相当である。また、医師の意見書が提出されることも多いが、訴訟になってから改めて医師の選択、意見書作成の依頼をする場合には、その提出までに相当の時間がかかる実情にある。この点は、処分行政庁（被告）が被災労働者等（原告）の側から提出された医学的意見書に対する反証として医学的意見書を提出する場合にも同様の問題状況があり、審理期間の長期化の原因の1つになっており、訴訟の迅速化の観点からは、工夫を要する問題である。

Ⅳ　処分行政庁（被告）側の主張立証上の留意点

1　主張立証（反証）の内容

　業務起因性の存在についての主張立証責任は、被災労働者等（原告）の側にあるので、処分行政庁（被告）は、被災労働者等（原告）が行う業務起因性の立証に対して、反証をすれば足りる。ところで、処分行政庁（被告）は、認定基準が定める認定要件に該当しないとして労災保険不支給処分をしているのであるが、認定基準は業務起因性の全部をカバーするものではないので、認定基準に当てはまらないというだけで不支給処分が適法になるとはいえない。労災訴訟において、被災労働者等（原告）が認定基準と異なる内容で業務起因性の主張立証をしている場合には、認定基準に該当しないことをいうだけでは足りず、認定基準を離れて反証を行う必要がある。

　反証の内容としては、①業務の過重性に対するものと、②脳・心臓疾患の基礎となる血管病変等に関するものが考えられる。①に関しては、被災労働者は長時間労働に従事していたとの主張に対しては、始業時間から終業時間までの間の労働時間としては長時間ではあるが、労働密度や拘束性

が緩いこと（休憩時間や食事時間を十分に取っている、仮眠時間がある等）、
交代制勤務や深夜労働等の不規則な労働であるとの主張に対しては、交代
制勤務が日常業務としてスケジュールどおり実施されていて、それらの労
働による負荷は日常生活で受ける負荷と変わらないと評価されるなどの反
論反証が考えられる。②に関しては、過重な業務がなくても、同じような
時期に脳・心臓疾患が発症したといえるような状況として、その基礎とな
る血管病変等が既に相当程度増悪した状態にあり、日常生活上の負荷でも
発症し得る状態であったこと、あるいはそのような可能性を否定すること
ができないことを反論反証して、条件関係を否定することが考えられる。
その例としては、被災労働者が危険因子を有することを反証事項とするも
のがある。すなわち、脳・心臓疾患の前提となる血管病変等は、短期間に
進行するものではなく、長い年月をかけて徐々に進行するものであり、そ
の進行には、生活習慣、環境要因の関与が大きいほか、労働者の個人的要
因として、血管病変等の進行を促進、増悪させる危険因子があり、被災労
働者が危険因子を抱える状態の下で自然経過によって脳・心臓疾患がいつ
発症してもおかしくない程度にまで血管病変等が増悪している場合には、
業務と脳・心臓疾患の発症との間の条件関係を否定する事情となる[10]。

2　立証上の問題

　処分行政庁（被告）においても、被災労働者の業務実態等の事実関係に
ついては当然に十分な把握ができるものではないが、処分行政庁は、使用
者に対し、労災保険法の施行に関して必要な報告、文書の提出または出頭
を命ずることができ（労災保険法46条）、立入検査を行うことができ（同
法48条）、診療録等の検査をすることができる（同法49条）。これらによ
り収集することができた被災労働者の労働実態を明らかにする資料等は、

10)　危険因子には、改善が不可能なものとして、性、年齢、家族歴（遺伝）、人種が
　　あり、改善が可能なものとして、高血圧、飲酒、喫煙、高脂血症、肥満、糖尿病、
　　ストレス等がある。危険因子を複数有している場合には、それらが過重的に作用
　　するとされている。

不支給処分の資料となるだけでなく、不服申立前置手続における証拠資料となり、それが労災訴訟の証拠資料としても使われるのが通常である。

　なお、診療録を書証として提出する場合、外国語表記の部分については、訳文を付ける必要がある。この点は、被災労働者等（原告）の側から診療録を提出する場合も同様である。

Ⅴ　おわりに

　最近の脳・心臓疾患に関する裁判例を見ると、業務起因性（相当因果関係）の有無の判断は、被災労働者の業務の内容を詳細に認定した上で、被災労働者等が行政実務がとっている認定基準に依拠して主張している場合を除き、当該業務が脳・心臓疾患の前提となる血管病変等の増悪に影響を及ぼし得る過重なものかどうかを検討するものがほとんどであり、業務の過重性の判断は、業務の量的質的内容だけでなく、負荷と発症との時間的関係、被災労働者の危険因子の程度等を総合的に勘案して、業務が発症に大きく関与しているといえるかどうか、条件関係を認めるのが合理的かどうか、相当因果関係を認めるのが合理的かどうかの観点から行われている。そして、業務の過重性が認定できる場合に、被災労働者の血管病変等の増悪要因として業務以外の危険因子等の存在が認められない、あるいはそのような増悪要因が見いだせないときには、業務と脳・心臓疾患の発症との間に相当因果関係を肯定する判断がされる傾向にあり、このような判断手法は定着した感がある。

参考文献

- 労働省労働基準局編著『労災保険・業務災害及び通勤災害認定の理論と実際（上）』（労務行政研究所、1997）。
- 厚生労働省労働基準局労災補償部労災管理課編『労働者災害補償保険法〔7訂新版〕』（労務行政、2008）。
- 武田弘「業務上の災害」吉田秀文ほか編『裁判実務大系8　民事交通・労働災害訴訟法』（青林書院、1985）432頁以下。
- 松本光一郎「業務起因性(1)──業務起因性の判断基準」新大系17・労働関係訴訟Ⅱ234頁以下。
- 西森みゆき「業務起因性(2)──業務起因性の立証責任」新大系17・労働関係訴訟Ⅱ251頁以下。
- 齋藤隆「急性脳・心臓疾患と業務起因性」新大系17・労働関係訴訟Ⅱ259頁以下。
- 高野伸「業務起因性をめぐる最近の傾向」裁判法大系21・285頁以下。
- 同「業務起因性をめぐる相当因果関係の内容」裁判法大系21・294頁以下。
- 久留島群一「脳心疾患をめぐる諸問題」裁判法大系21・309頁以下。
- 山口浩一郎『労災補償の諸問題〔増補版〕』（信山社、2008）126頁以下。
- 西村健一郎『社会保障法』（有斐閣、2003）326頁。
- 荒木252頁以下。

〔2刷に際しての追補〕　令和3年9月14日付け基発0914第1号「血管病変等を著しく増悪させる業務による脳血管疾患及び虚血性心疾患等の認定基準について」が新たに定められ、従前の認定基準（平成13年通達）は廃止された。改正の概要は、①長期間の過重業務の評価にあたり、労働時間と労働時間以外の負荷要因を総合評価して労災認定することを明確化した点、②長期間の過重業務、短期間の過重業務の労働時間以外の負荷要因を見直した点、③短期間の過重業務、異常な出来事の業務と発症の関連性が強いと判断できる場合を明確化した点、④対象疾病に「重篤な心不全」を新たに追加した点である。今後、これらの改正に伴う裁判例が蓄積していくことになると思われる。

第 27 講

自殺・自殺未遂と
業務起因性

鈴木　拓児

I　はじめに

1　労災保険制度における自殺の取扱

　労働者が自殺（故意に自らの命を絶つことをいう）した場合もしくは自殺未遂をして負傷しまたは障害に罹患した場合、労災保険法 12 条の 2 の 2 第 1 項では、「労働者が、故意に負傷、疾病、障害若しくは死亡又はその直接の原因となつた事故を生じさせたときは、政府は、保険給付を行わない。」として、補償の対象外という扱いをしている。したがって、労働者が自殺または自殺未遂をした場合（以下「自殺した場合」という）は、一般的には、同項により、保険給付の対象外となる。

　しかしながら、労働者が業務上の疾病として発病した精神障害のために自殺した場合についても一律に補償の対象外としてよいのかが、同項の立法趣旨との関連で議論され、行政解釈でも、かつては、精神障害による自殺が心神喪失の状態において行われた場合のみに限定して業務上の死亡と取り扱うものとされ（昭和 23 年 5 月 11 日基収 1391 号等）、裁判例では結論が分かれていたところであった（詳細は後記の参考文献 1 および 2 を参照されたい）。

　他方、精神医学の研究が進み、世界保健機構（WHO）は、平成 2 年（1990 年）の第 43 回世界保健総会において、国際疾病分類（International Classification of Diseases）第 10 回修正（以下「ICD-10」という）を採択し、精神障害の分類基準（第 V 章「精神および行動の障害」）を提唱すると

I　はじめに　　513

ともに、同分類基準を作成した専門家チームによる「臨床記述と診断ガイドライン」（以下「ICD-10 診断ガイドライン」という）を示した。

　わが国においても、業務によるストレスを原因として精神障害を発病し、自殺したとして労災保険給付請求が行われる事案が増加する傾向が見られたことから、平成 11 年 9 月に、労災認定の行政手続に用いる判断指針が定められた（以下「平成 11 年判断指針」という）[1]。この判断指針は、ICD-10 の定める一定範囲の精神障害については、その病態としての自殺念慮が出現する蓋然性が医学的に高いと認められることから、業務による心理的負荷によってこれらの精神障害が発病したと認められる者が自殺を図った場合には、精神障害によって正常の認識、行為選択能力が著しく阻害され、または自殺行為を思いとどまる精神的な抑制力が著しく阻害されている状態で自殺が行われたものと推定し、原則として業務起因性を認めることとして、すべての精神障害による自殺についてではないものの、従前の行政解釈を一部変更した。この平成 11 年判断指針が示されて以降、精神障害を発病して自殺したとする事案についての審査、裁判例の多くは、労災保険法 12 条の 2 の 2 第 1 項に触れつつも、その適用がないということを確認した上、精神障害発病の業務起因性のみを判断している。

　その後、精神障害等による労災申請案件が増加する状況を受け[2]、平成 21 年 4 月に平成 11 年判断指針が一部改正され（以下「平成 21 年改正判断指針」という）[3]、さらに、平成 23 年 12 月に従前の判断指針が廃止されて新たな認定基準が定められた（以下「平成 23 年認定基準」という）[4]。こ

1)　平成 11 年 9 月 14 日基発 544 号「心理的負荷による精神障害等に係る業務上外の判断指針について」。
2)　厚生労働省の平成 23 年 6 月 14 日付け報道発表資料「平成 22 年度　脳・心臓疾患および精神障害などの労災補償状況まとめ」別添資料 2 の表 2-1 (http://www.mhlw.go.jp/stf/houdou/2r9852000001f1k7-att/2r9852000001f1o2.pdf) によれば、精神障害等の労災事案は、平成 18 年度以降、請求件数が増加し、平成 21 年度には 1000 件を超え、支給決定事案も平成 22 年度には 308 件となった。
3)　平成 21 年 4 月 6 日基発第 0406001 号「心理的負荷による精神障害等に係る業務上外の判断指針の一部改正について」。
4)　平成 23 年 12 月 26 日基発 1226 第 1 号「心理的負荷による精神障害の認定基準について」。

れらの改正判断指針および認定基準でも、精神障害を発病して自殺した事案の取扱については平成 11 年判断指針の態度を維持している。

そこで、本講では、自殺と労災保険法 12 条の 2 の 2 第 1 項との関係についての詳細には触れず、精神障害を発病して自殺したとする事案[5] を前提に、業務起因性を検討することとする。

2　精神障害

精神障害の定義は様々であり、精神疾患、精神病という類似の用語もあるが、社会常識的にいえば、「精神の機能に支障を生じ、その人の平常の社会生活に困難をきたした場合」ということになろう。具体例としては、脳の器質的疾患による精神症状や統合失調症、躁うつ病などの精神病や様々な型の神経症、その他種類の異なる多くの心理的困難などが含まれる。

長時間労働による過労等、業務による心理的負荷（ストレス）により労働者が精神障害を発病して自殺するに至ったものが、いわゆる過労自殺といわれているものである。そして、精神障害を発病して死亡（自殺）した労働者の遺族等が、業務による心理的負荷によって当該労働者に精神障害が発病したために自殺したとして労災保険法に基づく保険給付を申請し、これを不支給とする処分を受け、その取消しを求める抗告訴訟が、いわゆる過労自殺訴訟といわれているものである。

この訴訟の中心的争点である精神障害による自殺または自殺未遂の業務起因性の問題は、精神障害が労基則の別表第 1 の 2 に定める業務上の疾病に当たるかどうか、すなわち、同表 9 号「人の生命にかかわる事故への遭遇その他心理的に過度の負担を与える事象を伴う業務による精神及び

---

5)　菅野〔第 9 版〕393 頁では、業務上の災害により負傷または疾病を被った労働者がこの業務上の負傷・疾病により反応性うつ病などの精神障害に陥り、これによって自殺した場合を第 1 類型、業務上による著しい心理的負荷から精神障害となり、このために自殺した場合を第 2 類型としているが、本講の記述は主として第 2 類型を念頭においている。

I　はじめに　515

行動の障害又はこれに付随する疾病」または 11 号「その他業務に起因することの明らかな疾病」（平成 22 年厚生労働省令第 69 号による労基則の一部改正）に該当するかどうかの問題である（労災保険法 7 条 1 項 1 号、12 条の 8 第 1 項・第 2 項、労基法 75 条 1 項、76 条、77 条、79 条、80 条、75 条 2 項、労基則 35 条）。

Ⅱ 判例の考え方・実務の運用

1 業務起因性

　業務起因性の意義、業務起因性の有無の判断の一般論およびこれらを検討する前提となる労災保険制度の概要については、脳・心臓疾患の場合と異ならないので、第 26 講の該当部分（Ⅰ1、Ⅱ1(1)、(2)）を参照されたい。

　精神障害による自殺の業務起因性を判断する上で問題となるのは、脳・心臓疾患の場合と同様に、①医学的知見の問題、②当該精神障害事案における事実関係確定の問題、③業務起因性の判断枠組であるが、特に、精神障害の場合は、③を考える上で①の問題が密接に絡んでいる。つまり、精神障害特有の発病の機序、病態が、業務と精神障害の発病およびそれによる自殺との関係の判断を独特のものにしているのである。

2 医学的知見

　前述したとおり、精神障害については、確たる定義がない。そして、精神医療の分野には未解明の部分も多数あるといわれている状況にある。ここでは、平成 23 年認定基準が策定されるまでの医学的知見の概要を整理しておく。

(1) 精神障害（特に「うつ病」）の特定

　ア　ICD-10 で分類されている精神障害は、症状性を含む器質性精神障害（F0）、精神作用物質使用による精神および行動の障害（F1）、統合失

516　第 27 講　自殺・自殺未遂と業務起因性

調症、統合失調型障害および妄想性障害（F2）、気分［感情］障害（F3）、神経症性障害、ストレス関連障害および身体表現性障害（F4）、生理的障害および身体的要因に関連した行動症候群（F5）、成人の人格および行動の障害（F6）、知的障害〈精神遅滞〉（F7）、心理的発達の障害（F8）、小児〈児童〉期および青年期に通常発症する行動および情緒の障害、詳細不明の精神障害（F9）の10種類である。

このうち、気分［感情］障害（F3）は、主として、①躁病エピソード、②双極性感情障害〈躁うつ病〉、③うつ病エピソード、④反復性うつ病性障害と、⑤持続性気分［感情］障害（従来気質・人格の障害とされていた）とに分類されている。

さらに、「うつ病エピソード」は、単一の（最初の）うつ病エピソードにのみ用いられ、それ以後にうつ病エピソードの発病があれば「反復性うつ病性障害」に分類される。

イ　うつ病（うつ病エピソード）は、気分［感情］障害（F3）の一類型であり、ICD-10では、その症状として、抑うつ気分、興味と喜びの喪失、活動性の減退による易疲労感の増大（活動性の減少）という典型的な3症状のほか、①集中力と注意力の減退、②自己評価と自信の低下、③罪責感と無価値観、④将来に対する希望のない悲観的な見方、⑤自傷あるいは自殺の観念や行為、⑥睡眠障害、⑦食欲不振という7つの症状の例が示されている。

このほか、うつ病の診断基準としては、アメリカ精神医学会（APA）が定めた「精神障害の診断・統計マニュアル（the Diagnostic and Statistical Manual of Mental Disorders）」が世界的に普及している。現在の第五版（「DSM-5」と呼ばれている）[6]では、精神障害を気分障害、適応障害など22の障害に分類している。もっとも、DSM-5は、精神科医が患者に問診をすることを前提とした臨床的判断に用いられることを想定したものであり、研修を受けていない非専門家の使用が禁じられていることに留意する必要がある。

6)　なお、WHOでも、ICD-10の改訂（ICD-11）が予定されているようである。

Ⅱ　判例の考え方・実務の運用　　517

ウ　うつ病の重症度は、症状の数で判定される。

ICD-10 では、前記の典型的な 3 症状がすべて認められた上、前記の 7 つの例示症状のうちいくつの症状が認められるか、その程度がどうであるかによって決まるとされている。中等症のうつ病は、社会・職業・家庭生活がかなり困難である状態であり、重症のうつ病は、社会・職業・家庭生活がほとんど不可能である状態であるとされている。

(2)　精神障害（うつ病）の病態

ア　うつ病は、前駆期、極期、回復期という典型的な病相（いわゆる「クレイネスの曲線」）を示すとされる。

すなわち、うつ病は、気力が衰え、生活がだらだらする、憂うつ感、イライラ感が顕著になり、不眠等という症状を呈する段階から始まり（前駆期）、抑うつ感、不眠、食欲不振、被害妄想、寝たきり、希死念慮、焦燥感や怒りの喪失といった段階に達し（極期）、その後、気分変動の激しい時期を経て、疲れやすい状態にあるものの、次第に自信を回復していく段階に至る（回復期）。

しかしながら、すべてのうつ病罹患者がこのような典型的な段階を経ていくとは限らない。各段階には明確な境界線はなく、1 つの段階の持続期間も 1 週間のこともあれば、重症である場合は半年以上も続くことがある。

このような病態が、うつ病の発症・増悪と自殺との相当因果関係の判断を困難なものにしていると思われる。

イ　既に軽度の精神障害を発病している者が、新たな心理的負荷を要因として精神障害を重症化させることは、臨床において経験することがあるようである。このため、既に精神障害を発病している者が、発病後に生じた心理的負荷が要因となって、精神障害を悪化させることはあり得る。

しかしながら、一般に、既に精神障害を発病して治療が必要な状態にある者（したがって、過去に精神障害を発病したが既に治ゆしている者とは異なる）は、病的状態に起因した思考から自責的・自罰的になり、ささいな心理的負荷に過大に反応するのであり、しかも、悪化の原因は必ずしも大き

518　第 27 講　自殺・自殺未遂と業務起因性

な心理的負荷によるものとは限らない。

　特に、自殺は、精神障害がもたらす最悪の結果ではあるが、精神障害が増悪した結果として自殺があるのでは必ずしもないとされている。たとえば、うつ病罹患者の自殺は、自殺が合目的に遂行しなければ成功しないもので精神的に大きなエネルギーを必要とするから、極期では起こりにくく、発病時点（前駆期）と症状の軽快過程で現実との直面化が行われた時点（回復期）の方が起こりやすいとされ、うつ病の増悪とは必ずしも結びつかない。

⑶　精神障害の発病機序（いわゆる「ストレス―脆弱性」理論）

　統合失調症、うつ病などの精神障害については、同じ家系内での発病率が一般人口よりはるかに高く、特別のストレス（身体あるいは精神に有害な歪みを与える強い外的刺激をいい、「侵害的刺激」ともいう）なしでも発病することが多いので、何らかの内的な原因によって起こるものと考えられ、長い間「内因精神病」と呼ばれてきた。

　しかし、近年、前記精神障害がストレスなどの精神的な原因に関連して発病することもまれではなく、内因だけによって起こると考えるのは無理であることが明らかになっており、これらの病気は、性格特徴等の内因（素因）と、身体疾患、転職、昇進、退職、転居、近親者の死などによるストレスなどの外因（環境）の両方が関与して発病するものと考えられるようになっている。たとえば、米国国立労働安全衛生研究所（NIOSH）の作成した職業性ストレスモデルでは、精神障害の発病について、個体側要因を基盤に職場におけるストレス要因あるいは職場以外のストレス要因が加わって、さらに緩和要因（職場の上司、同僚、部下や家族、友人等からの具体的あるいは精神的、情緒的な支援）が十分でない状態からストレス反応が生じ、それが高じて精神障害等が発生するとされている。

　このように、うつ病を含む一定の精神障害の発病機序については、現在のところ、環境由来のストレスと個体側の反応性・脆弱性との関係で発病する（精神破綻が生じる）のであり、ストレスが非常に強ければ、個体側の脆弱性が小さくても精神障害が起こるし、逆に、個体側の脆弱性が大き

Ⅱ　判例の考え方・実務の運用　　519

ければ、ストレスが小さくても破綻が生じると帰結される、いわゆる「ストレス―脆弱性」理論によって説明されている。

⑷　心理的負荷（ストレス）の把握方法

「ストレス―脆弱性」理論を前提とすると、精神障害を既に発病した者は、病的状態に起因した思考により自責・自罰的となり、客観的思考を失う（個体の脆弱性が増大する）から、些細なストレスであっても、それに過大に反応することはむしろ一般的であって、増悪要因は必ずしも大きなストレスが加わった場合に限らないことになる。そうすると、業務による心理的負荷が軽度であるのに精神障害が発病したとするのであれば、むしろ業務以外のストレスや個体側要因が発病に大きく関わっているということもいえるのであり、そのような場合であれば、精神障害の発病および精神障害による自殺が業務に内在する危険が現実化したものであるという評価を与えることが困難になる。

この場合、業務による心理的負荷（ストレス）の程度について本人を基準に評価すれば、その負荷の強度を問わず、業務による心理的負荷が自殺を引き起こしたという評価になりがちになる。そこで、心理的負荷（ストレス）を客観的に把握かつ評価することが重要となる。すなわち、業務による心理的負荷（ストレス）が客観的に見て大きいのであれば、当該労働者の発症した精神障害は業務による心理的負荷の関与が大きいと推定し、客観的に見て小さいのであれば、当該労働者の発症した精神障害は業務による心理的負荷以外の関与が大きいと推定するのである。その上で、業務外の心理的負荷、個体側要因、緩和要因を踏まえて、業務による心理的負荷と精神障害の発症・増悪の関係を総合的に判断すべきなのである。

ところで、日常生活のすべての場面でストレスは存在するといっても過言ではないが、個人が受けるあらゆるストレスを評価対象とすることは事実上不可能であり、また、些細なストレスに反応したのであれば、その人の脆弱性の証拠ともいえることから、「客観的に一定のストレスを引き起こすと考えられる出来事」について評価していくことが適切である（いわゆる「ライフイベント法」）。そして、出来事の選択および各出来事のスト

レス強度（評価の相対性）については、これまで多くの研究がされてきたが、発病から遡れば遡るほど出来事と発病との関連性を理解するのが困難になる（精神障害が発病する前1か月以内に主要なライフイベントのピークが認められるとする報告が多い）ことから精神障害発病の6か月前からの出来事が調査されるのが一般的である。

(5) 長時間労働と精神障害

長時間労働は、一般に、精神障害の準備状態を形成する要因となっている可能性がある。特に、発病直前の1か月におおむね160時間を超えるような時間外労働（週40時間を超える労働をいう。以下同じ）を行っている場合や、発病直前の3週間におおむね120時間以上の時間外労働を行っているような場合は、数週間にわたり生理的に必要な最小限度の睡眠時間を確保できず、心身の極度の疲弊、消耗を来し、うつ病等の原因となると考えられている。

また、ある出来事へ対処するため発生する長時間労働、休日労働等も、心身の疲労を増加させ、ストレス対応能力を低下させる意味で重要となる。

3 事実関係の確定

前述した医学的知見によれば、精神障害によって自殺をした場合に業務による心理的負荷が影響しているかどうかは、まず当該精神障害がいかなる病態のものか（病名）を特定した上、業務による心理的負荷（職場におけるストレス要因）、業務外の心理的負荷（職場外のストレス要因）、個体側要因、緩和要因を総合考慮して判断することになる。

そして、心理的負荷（ストレス）については、「客観的に一定のストレスを引き起こすと考えられる出来事」の有無および程度を検討して客観的に判断するため、長時間労働等の関連する具体的事実を確定する必要がある。また、「出来事」は、発病との関連性を有するものであるべきであるから、一定の時期を区切って検討する必要があり、その意味で精神障害の

Ⅱ　判例の考え方・実務の運用　521

発病時期を特定する必要がある。

4 業務起因性の判断枠組

精神障害の業務起因性の判断枠組について、裁判例の多くは、「ストレス―脆弱性」理論を前提として、当該労働者のおかれた具体的状況を踏まえ、業務（公務）による心理的負荷が、社会通念上、客観的にみて、精神障害を発病（発症）させる程度に過重であるといえることが必要であり、そのようなときには、業務以外の心理的負荷及び個体側の要因がない限り、業務に内在する危険が現実化したものとして、業務と精神障害の発病（発症）・増悪およびこれを原因とする死亡（自殺）との間の相当因果関係を肯定しているようである（東京地判平成 21 年 5 月 18 日判タ 1305 号 152 頁・国・熊谷労基署長（東芝）事件、大阪地判平成 22 年 3 月 29 日判タ 1328 号 93 頁・地公災基金大阪府支部長（堺市立中学校）事件、東京地判平成 23 年 3 月 25 日労判 1032 号 65 頁・国・川崎北労基署長（富士通ソーシアルサイエンスラボラトリ）事件、大阪高判平成 25 年 3 月 14 日労判 1075 号 48 頁・天満労基署長（CSK うつ病自殺）事件など）。労基則別表第 1 の 2 との関連でいえば、業務による心理的負荷が、社会通念上、客観的にみて、精神障害を発病させる程度に過重であるといえるときは、「心理的に過度の負担を与える事象を伴う業務」といえるから、特段の事情がない限り、同表第 1 の 2 第 9 号の要件を満たすということになろう。一方、業務が精神障害を発病させる程度に過重であるといえないのであれば、「ストレス―脆弱性」理論に立脚する限り、多くの精神障害の事案では、同号のほか、同表第 1 の 2 第 11 号の要件をも満たすことができないと判断することになると思われる。

心理的負荷の考慮要素について、裁判例は、ストレス（業務による心理的負荷と業務以外の心理的負荷）と個体側の反応性、脆弱性とを総合考慮することでほぼ異論がないようである。これは「ストレス―脆弱性」理論を肯定するのであれば、当然であろう。もっとも、業務による心理的負荷を評価するに当たっては、当該被災労働者と同種の平均的労働者[7] を基準

とする裁判例がある（東京地判平成 22 年 3 月 11 日労判 1007 号 83 頁・国・
三田労基署長（日本電気）事件、高松高判平成 21 年 12 月 25 日労判 999 号
93 頁・国・江戸川労基署長（四国化工機工業）事件、名古屋地判平成 21 年 5
月 28 日判タ 1310 号 140 頁・国・中央労基署長（日本トランスシティ）事件等）。
一方、必ずしも基準を明らかにせず、事案に即して具体的に検討するにと
どまっているものも少なくないが、いずれも「客観的」という観点から離
れるものではない。

　最高裁判所の判断は、精神障害の労災認定という行政処分の事案に関し
ては、いまだ示されていない [8]。

5　行政解釈（平成 23 年認定基準）と業務起因性

⑴　平成 23 年認定基準の意義

　ア　平成 11 年判断指針は、精神医学、心理学、法律学の専門家 9 名で
構成される「精神障害等の労災認定に係る専門検討会」の延べ 16 回にわ
たる全体会および 5 回の分科会で検討を重ねた結果に基づくものである。
その内容は、精神障害による業務起因性の判断に関し、前記の医学的知見
に沿った基本的な考え方に基づき、個々の出来事ごとに負荷の大きさを定
めて、判断過程を客観化、類型化したものであった。

　平成 21 年改正判断指針は、4 名の専門家で構成される「職場における
心理的負荷評価表の見直し等に関する検討会」において、厚生労働省の平
成 14 年度および平成 18 年度の委託研究（平成 14 年度は 30 名、平成 18
年度は 17 名の専門家が携わっている）の結果およびこれまでの精神医学の

---

7)　「平均的労働者」の意義についても争いのあるところであるが、「何らかの個体
　側の脆弱性を有しながらも、当該労働者と職種、職場における立場、経験等の点
　で同種の者であって、特段の勤務軽減まで必要とせずに通常業務を遂行すること
　ができる者」とする裁判例が多い（東京地判平成 21 年 5 月 20 日労判 990 号
　119 頁・渋谷労基署長（小田急レストランシステム）事件等）。
8)　近年の裁判例については、大島眞一ほか「いわゆる過労死及び過労自殺における
　使用者の損害賠償責任（下）」判タ 1349 号 38 頁以下が詳細に分析している（た
　だし、労災以外の民事損害賠償の裁判例も含まれている）。

Ⅱ　判例の考え方・実務の運用　　523

成果（臨床経験上の知見を含む）を踏まえて平成 11 年判断指針の基本的な考え方が妥当であることを検証した上で、検討すべき出来事を追加したものであった。

平成 23 年認定基準は、精神医学、心理学、法律学の専門家 9 名で構成される「精神障害の労災認定の基準に関する専門検討会」の延べ 10 回にわたる全体会および 5 回の分科会（5 名の委員による「セクシュアルハラスメント事案に係る分科会」）で検討を重ねた結果に基づくものである。その内容は、従前の判断指針を具体化・明確化することでよりわかりやすいものとし、認定手続も一部簡素化したものである。そして、基本的には平成 11 年判断指針（および平成 21 年改正判断指針）の考え方を維持しているものの、平成 22 年度に厚生労働省が日本産業精神保健学会に委託して行った「ストレス評価に関する調査研究」という最新の研究成果等を踏まえ、考慮すべき出来事を整理し、心理的負荷の評価方法等を見直している。

このように、平成 23 年認定基準は、平成 11 年判断指針から現在に至るまでの最高水準の医学的知見を集約したものであり、医学的経験則を踏まえて業務起因性の判断過程を客観化および明確化したものであるといえよう。

イ　労災保険不支給処分の取消しを求める労災訴訟においては、平成 23 年認定基準によって業務起因性を認めることができる精神障害は原則として業務起因性を認め得ることから、この意味において、同認定基準は被災労働者等（原告）の立証の負担を軽減する機能を持つが、同認定基準との合致が主張立証の対象となるものではなく、業務起因性の有無が主張立証の対象となることはいうまでもない。

また、平成 23 年認定基準は、法規ではなく、行政組織内部の命令であり、業務起因性判断の内部基準（解釈基準）にすぎないものであり、裁判所を拘束するものではなく、また、同認定基準と異なる形態、機序によって発病する精神障害の業務起因性を当然に否定するものではない。

しかしながら、前述した平成 23 年認定基準の特質に照らせば、精神障害の業務起因性を判断する際に同認定基準から大きく乖離した判断過程をたどることは必ずしも相当でないと思われる。少なくとも、後記の留意点

を考慮しつつ、当該労働者に関する発病または死亡前の具体的事情を総合的に十分斟酌し、同認定基準の評価手法を参考にして、業務と精神障害の発病・増悪（および死亡）との間の相当因果関係を判断するのが相当であろう。

⑵　平成23年認定基準の概要

ア　認定要件

対象疾病の発病に至る原因について「ストレス―脆弱性」理論に依拠することから、心理的負荷による精神障害の業務起因性を判断する要件としては、対象疾病の発病の有無、発病の時期および疾患名について明確な医学的判断があることに加え、当該対象疾病の発病の前おおむね6か月の間に業務による強い心理的負荷が認められることが必要であり、さらに、これらが存する場合であっても、明らかに業務以外の心理的負荷や個体側要因によって発病したと認められる場合には、業務起因性が否定される。

したがって、以下の要件のいずれをも満たす精神障害を、労基則別表第1の2第9号に該当する業務上の疾病として取り扱う。

① 対象疾病を発病していること

② 対象疾病の発病前おおむね6か月の間に、業務による強い心理的負荷が認められること

③ 業務以外の心理的負荷および個体側要因により対象疾病を発病したとは認められないこと

なお、この場合の「強い心理的負荷」とは、精神障害を発病した労働者がその出来事および出来事後の持続する程度を主観的にどう受け止めたかではなく、同種の労働者が一般的にどう受け止めるかという観点から評価されるものであり、「同種の労働者」とは職種、職場における立場や職責、年齢、経験等が類似する者をいう。

イ　認定要件の具体的判断方法

以下のとおり、対象疾病に該当する精神障害の発病の有無等を明らかにした上（①）、業務による心理的負荷の強度の評価（②）、業務以外の心理的負荷の強度の評価および個体側要因の評価（③）をそれぞれ検討し、こ

Ⅱ　判例の考え方・実務の運用　　525

れらを総合して業務上外の判断を行う。

　　(ア)　発病の有無等の判断

　対象疾病は、ICD-10 に分類される 10 種類の精神障害である。このうち、主として業務に関連して発病する可能性のある精神障害は、主として ICD-10 のF2 からF4 に分類される精神障害である。

　対象疾病の発病の有無、発病時期および疾患名は、ICD-10 診断ガイドラインに基づき、主治医の意見書や診療録等の関係資料、請求人や関係者からの聴取内容、その他の情報から得られた認定事実により、医学的に判断される。強い心理的負荷と認められる出来事の前と後の両方に発病の兆候と理解し得る言動があるものの、どの段階で診断基準を満たしたのかの特定が困難な場合には、出来事の後に発病したものと取り扱う。

　　(イ)　業務による心理的負荷の強度の判断

　対象疾病発病前おおむね 6 か月の間に、対象疾病の発病に関与したと考えられる業務によるどのような出来事があり、また、その後の状況がどのようなものであったのかを具体的に把握し、それらによる心理的負荷の強度はどの程度であるかについて、「業務による心理的負荷評価表」を指標として「強」（業務による強い心理的負荷が認められるもの）、「中」（経験の頻度は様々であって「弱」よりは心理的負荷があるものの強い心理的負荷とは認められないもの）、「弱」（日常的に経験するものであって一般的に弱い心理的負荷しか認められないもの）の三段階に区分する。

　業務による出来事が同評価表の「特別な出来事」（たとえば、生死にかかわる極度の苦痛を伴う業務上の病気やけがをしたこと、強姦や本人の意思を抑圧して行われたわいせつ行為などのセクシュアルハラスメントを受けたこと、発病直前の 1 か月前におおむね 160 時間を超える時間外労働を行ったこと等）に該当すると認められる場合は、心理的負荷の総合評価を「強」と判断する。

　業務による出来事が同評価表の「特別な出来事」に該当しないと認められる場合は、同評価表の「具体的出来事」欄記載の出来事の類型（事故や災害の体験、達成困難なノルマが課される等の仕事の失敗・過重な責任の発生等、仕事の量・質、配置転換や転勤をした等の役割・地位の変化等、ひどいい

じめを受ける等の対人関係、セクシュアルハラスメント）に当てはめ、同評価表記載の具体例に類似する場合には、その具体例のとおりに強度を評価する（ただし、具体例の「強」の欄で示したもの以外は「強」と判断しないというものではない）。類似した具体例がない場合には、同評価表の「平均的な心理的負荷の強度」欄記載の強度を前提に、「心理的負荷の総合評価の視点」欄記載の事項および「総合評価における共通事項」欄記載の事項（当該出来事後の状況（仕事の裁量性の欠如、職場環境の悪化、職場の支援・協力等の欠如等）で著しいものおよび恒常的長時間労働については、総合評価を強める要素とする）を考慮し、具体例も参考としつつ個々の事案ごとに評価する。

　総合評価が「強」と判断される場合には、「対象疾病の発病前おおむね6か月の間に、業務による強い心理的負荷が認められること」という認定要件（②）を満たすものとする。

　㈦　業務以外の心理的負荷および個体側要因の判断

　業務以外の心理的負荷の強度については、対象疾病の発病前おおむね6か月の間に、対象疾病の発病に関与したと考えられる業務以外の出来事（夫婦の不和等の自分の出来事、親が重い病気をした等の自分以外の家族・親族の出来事、金銭関係、事件・事故・災害の体験、引越をした等の住環境の変化、失恋をした等の他人との人間関係）の有無を確認し、出来事が1つ以上確認できた場合は、それらの出来事の心理的負荷の強度について、「業務以外の心理的負荷評価表」を指標として、心理的負荷の強度を「Ⅲ」、「Ⅱ」または「Ⅰ」に区分する（この順で強度が大きい）。出来事が確認できなかった場合や強度が「Ⅱ」または「Ⅰ」の出来事しか認められない場合は、原則として「業務以外の心理的負荷および個体側要因により対象疾病を発病したとは認められないこと」という認定要件（③）を満たすものとする。「Ⅲ」に該当する業務以外の出来事のうち心理的負荷が特に強いものがある場合や、「Ⅲ」に該当する業務以外の出来事が複数ある場合等については、それらの内容等を詳細に調査の上、それが発病の原因であると判断することの医学的な妥当性を慎重に検討して、前記認定要件に該当するか否かを判断する。

本人の個体側要因については、その有無とその内容について確認し、個体側要因の存在が確認できた場合には、それが発病の原因であると判断することの医学的な妥当性を慎重に検討して、前記認定要件に該当するか否かを判断する。就業年齢前の若年期から精神障害の発病と寛解を繰り返しており、請求に係る精神障害がその一連の病態である場合や、重度のアルコール依存状況がある場合等は、個体側要因によって発病したことが医学的に見て明らかな場合の典型例である。

　ウ　専門家の意見

　労働基準監督署長による認定要件の具体的な判断は、すべての事案（対象疾病の治療歴がない自殺に係る事案を除く）について主治医の意見を求めた上、主治医の医学的判断の補足が必要な場合等には専門医の意見も求めて行う。特に自殺等の事案については、主治医の意見に加え、複数の専門家（地方労災医員協議会精神障害等専門部会）の合議による意見を求めた上で行う[9]。また、必要に応じて法律専門家の意見を求める。

(3)　平成 23 年認定基準についての留意点

　ア　考慮すべき出来事の時期的範囲

　平成 11 年判断指針および平成 21 年改正判断指針では、考慮すべき出来事の範囲が発病前から「おおむね 6 か月」とされていた。

　しかしながら、発病前の業務による心理的負荷の限界を発病前 6 か月に区切ることは、発病との関連性を有する出来事を取捨選択することに目的があったといえるが、この「6 か月」という期間の定めは、出来事による心理的負荷が時間の経過とともに受容されるという心理的経過があることから発病に比較的近い時期の出来事を考慮するのが相当であることおよび各種の研究報告で発病前 6 か月の出来事を対象にすることが多かったことを理由としているようであり、それ以上の根拠は必ずしも明らかでは

---

9)　平成 11 年判断指針および平成 21 年改正判断指針ではすべての精神障害の事案について各労働局の地方労災医員協議会精神障害等専門部会に意見を求めた上で判断するとされていたが、平成 23 年認定基準では同専門部会に意見を求める場合を限定し手続を簡素化した。

ない。このため、事案により、発病前6か月以前の出来事（業務）も考慮することが相当な場合もあることが指摘されていたところであり[10]、発病前6か月以前の出来事を考慮する裁判例も少なくなかった。

平成23年認定基準は、平成11年判断指針および平成21年改正判断指針と同様の表現をしているが、①業務上の傷病により6か月を超えて療養中の者が、その傷病によって生じた強い苦痛や社会復帰が困難な状況を原因として対象疾病を発病したと判断される場合には、当該苦痛等の原因となった傷病が生じた時期は発病の6か月よりも前であったとしても、発病前おおむね6か月の間に生じた苦痛等が、ときに強い心理的負荷となることにかんがみ、特に当該苦痛等を業務上の出来事とみなし、②いじめやセクシュアルハラスメントのように、出来事が繰り返されるものについては、繰り返される出来事を一体のものとして評価し、発病の6か月よりも前にそれが開始されている場合でも、発病前6か月以内の期間にも継続しているときは、開始時からのすべての行為を評価の対象とするとして、発症前6か月以前の事情を考慮することが相当な場合があることを明らかにしている。

イ　出来事が複数ある場合の心理的負荷の評価

平成11年判断指針および平成21年改正判断指針では、労働者に心理的負荷を与えたと思われる職場における出来事が複数ある場合、心理的負荷の強度が「Ⅱ」に該当する出来事に心理的負荷の強度が「Ⅰ」の出来事が加わっても「Ⅱ」という強度は変更されず、心理的負荷の強度が「Ⅱ」に該当する出来事が複数ある場合であっても直ちに心理的負荷の強度が「Ⅲ」に変更されず、いずれの場合も強い心理的負荷を受けていたとは評価されないとされていた。このため、1つの出来事の強度が総合評価で「強」にならなければ業務起因性を認めないという運用がされ、業務による心理的負荷の評価としては必ずしも相当ではないことが指摘されていた

---

10)　平成11年判断指針および平成21年改正判断指針でも、「おおむね」6か月としているから、発病前6か月以前の出来事を考慮することを予定しているという指摘もある（平成18年12月20日付け「『過労自殺』を巡る精神医学上の問題に係る見解」日本産業精神保健学会「精神疾患と業務関連性に関する検討委員会」）。

Ⅱ　判例の考え方・実務の運用　　529

ところであり、裁判例でも、平成 11 年判断指針および平成 21 年改正判断指針の前記運用にとらわれず、各出来事を具体的に検討し、これらを総合して業務のもたらす心理的負荷の強度を評価するものが少なくなかった。

　平成 23 年認定基準は、出来事が複数あるが、いずれの出来事でも単独では「強」の評価とならない場合、それらの複数の出来事が関連して生じているのかどうかを判断した上で、①出来事が関連して生じている場合には、その全体を 1 つの出来事として評価することとし、原則として最初の出来事を具体的出来事として「業務による心理的負荷評価表」に当てはめ、関連して生じた各出来事は出来事後の状況とみなす方法により、その全体評価を行い（たとえば、「中」である出来事があり、それに関連する別の出来事（それ単独では「中」の評価）が生じた場合には、後発の出来事は先発の出来事の出来事後の状況とみなし、当該後発の出来事の内容、程度により「強」または「中」として全体を評価する）、②出来事が関連して生じているとはいえない場合には、主としてそれらの出来事の数、各出来事の内容（心理的負荷の強弱）、各出来事の時間的な近接の程度を元に、その全体的な心理的負荷を評価する（たとえば、単独の出来事の心理的負荷が「中」である出来事が複数生じている場合には、全体評価は「中」または「強」となる。また、「中」の出来事が 1 つあるほかには「弱」の出来事しかない場合には原則として全体評価も「中」であり、「弱」の出来事が複数生じている場合には原則として全体評価も「弱」となる）として、平成 11 年判断指針および平成 21 年改正判断指針における評価方法を変更している。

　ウ　長時間労働（時間外労働）の評価

　平成 11 年判断指針および平成 21 年改正判断指針では、極度の長時間労働（数週間にわたり生理的に必要な最小限度の睡眠時間を確保できないほどの長時間労働により、心身の極度の疲弊、消耗を来し、それ自体がうつ病等の発病原因となるおそれがあるもの）があれば、心理的負荷を「強」とするとされていたほか、出来事の「平均的な心理的負荷の強度」を修正する要素として恒常的に長時間労働をしていたことを考慮するにとどまっていた[11]。

平成 23 年認定基準では、発病日から起算した直前の 1 か月間におおむ
ね 160 時間を超える時間外労働を行った場合等には、「特別の出来事」の
1 つとして、当該労働に従事したことのみで心理的負荷の総合評価を
「強」とするとしているほか、「1 か月に 80 時間以上の時間外労働を行っ
た」という「具体的出来事」の項目を新設した上（平均的な心理的負荷の
強度は「Ⅱ」）、発病日から起算した直前の 2 か月間に 1 月当たりおおむね
120 時間以上の長時間労働を行い、その業務内容が通常その程度の労働
時間を要するものであった場合等には心理的負荷の総合評価を「強」とす
るとし、さらに、「中」程度と判断される「出来事」の後（発病前おおむね
6 か月の間）に恒常的な時間外労働（発病前おおむね 6 か月の間に月 100 時
間程度となる時間外労働）が認められる場合等には、心理的負荷の総合評
価を「強」とするとして、長時間労働（時間外労働）についての評価方法
を具体化・明確化している。

　　エ　発病後の業務による心理的負荷の取扱

　平成 11 年判断指針および平成 21 年改正判断指針では、発病後の業務
による心理的負荷については、業務上外を判断する際には考慮しないもの
とされていた。これは、精神障害を発病している者の自殺は、精神障害が
もたらす最悪の結果ではあるが、精神障害が増悪（悪化）した結果として
自殺があるのでは必ずしもないという前記医学的知見に基づくものであっ

---

11)　厚生労働省の前記報道発表資料（前掲注 2)) の別添資料 2 の表 2-6 によれば、
平成 22 年度中に精神障害等で労災保険給付の支給決定を受けた事案は 308 件で
あり、うち自殺していない事案では時間外労働時間数に関係なく業務上と判断さ
れた件数が 83 件と最も多く、うち自殺した事案では 1 か月平均の時間外労働時
間数 100 時間以上 120 時間未満のものが 14 件と最も多いが、100 時間未満でも
支給決定された事案も 26 件ある。
　同省の平成 29 年 6 月 30 日付け報道発表資料「平成 28 年度　過労死等の労災
補償状況」別添資料 2（http://www.mhlw.go.jp/file/04-Houdouhappyou-1140
2000-Roudoukijunkyokuroudouhoshoubu-Hoshouka/28_seishin.pdf）の表 2-1
および 6 によれば、精神障害等の労災事案は、平成 28 年度の請求件数は 1586 件、
支給決定事案は 498 件、うち自殺していない事案 414 件では時間外労働時間数に
関係なく業務上と判断された件数が 122 件と最も多く、うち自殺した事案 84 件
では 1 か月平均の時間外労働時間数 100 時間以上 120 時間未満のものが 12 件、
160 時間以上が 19 件、100 時間未満でも支給決定された事案は 37 件であった。

た。

　平成 23 年認定基準も、業務以外の原因や業務による弱い心理的負荷により発病して治療が必要な状態にある精神障害が悪化した場合、平成 11 年判断指針および平成 21 年改正判断指針と同様、悪化の前に強い心理的負荷となる業務による出来事が認められることをもって直ちにそれが当該悪化の原因であるとまで判断することはできず、その悪化について原則として業務起因性は認められないとしている。ただし、「業務による心理的負荷評価表」記載の「特別な出来事」に該当する出来事があり、その後おおむね 6 か月以内に対象疾病が自然経過を超えて著しく悪化したと医学的に認められる場合については、その「特別な出来事」による心理的負荷が悪化の原因であると推認し、悪化した部分について業務上の疾病として取り扱うとして、一定の場合には発病後の業務による心理的負荷を考慮する場合があることを明らかにした。

　しかしながら、前記医学的知見のとおり、既に精神障害を発病している者が、発病後に生じた心理的負荷が要因となって精神障害を悪化させることがあり得るのであるから、業務起因性が認められる発病後の出来事は「特別な出来事」に必ずしも限定されないのではないか、あるいは、脳・心臓疾患の事案[12]と同様に、発病後に自殺に至らない程度に心理的負荷を軽減することが困難であるという客観的状況に置かれていたことをもって業務に内在する危険が現実化したと評価できるのではないか[13]ということについては、なお検討の余地があるように思われる[14]。

12)　最三判平成 8 年 1 月 23 日集民 178 号 83 頁・地公災基金東京都支部長（町田高校）事件、最三判平成 8 年 3 月 5 日集民 178 号 621 頁・地公災基金愛知県支部長（瑞鳳小学校教員）事件。
13)　前掲名古屋地判平成 21 年 5 月 28 日・国・中央労基署長（日本トランスシティ）事件。
14)　この場合、労基則別表第 1 の 2 第 9 号ではなく、同第 11 号「その他業務に起因することの明らかな疾病」に該当するかどうかを検討することになるであろう。

Ⅲ 被災労働者等（原告）側の主張立証上の留意点

1 基本的視点

　精神障害に係る労災訴訟も、脳・心臓疾患の場合と同様、精神障害の発病またはそれによる死亡が業務上のものであること（業務起因性）は、被災労働者等（原告）の側が主張立証する責任を負う。そして、労災訴訟は、審査請求前置をとっており、訴訟提起前に不支給処分の理由となる処分要件およびその判断資料が被災労働者等（原告）に開示されていることから、実務的には、被災労働者等（原告）が、請求原因として、処分行政庁である労働基準監督署長が（事前に）示した不支給処分の理由となる処分要件について、これを充足する事実を開示された資料を踏まえて主張することになる。

　特に、自殺の事案については、平成23年認定基準に基づき、労働基準監督署長において、各労働局の地方労災医員協議会精神障害等専門部会から提出される意見書に依拠して判断している。したがって、自殺の事案において、不支給処分を争う被災労働者等（原告）は、まずもって、この意見書を十分に検討して主張立証方針を定めるべきである。

2 自殺・自殺未遂の原因となった精神障害の種類および発病時期の特定

　精神障害にも多様なものがあることは前述のとおりであるが、業務による心理的負荷がその発病・増悪に影響する精神障害なのか、心理的負荷を与えた業務をどの範囲で考慮すべきかという観点から、精神障害の病名と発病時期を特定しなければならない。

　平成23年認定基準に依拠するのであれば、ICD-10診断ガイドラインに基づき、治療経過等の関係資料、家族、友人、職場の上司、同僚、部下等からの聴取内容、産業医の意見、業務の実態を示す資料、その他の情報

から得られた事実関係から、ICD-10 に分類される 10 種類の精神障害のどれであるか（特にF2からF4までのいずれの疾病であるか）を特定することになり、その症状の有無から発病時期を特定する。

平成 23 年認定基準に依拠しないのであれば、新たに専門家（医師）の意見を求め、これを踏まえて主張立証する必要がある。その場合には、当該精神障害の病名、病態（特質）、発病・増悪（悪化）要因といった重要な事実関係を調査することが前提となるが、この点は、平成 23 年認定基準に依拠する場合と大きく異ならないであろう。

平成 23 年認定基準に依拠するかどうかは別として、労働者が自殺した場合には、精神障害（特にうつ病）の前述した特質に照らし、自殺に至る経緯をたどることは容易ではないと思われる。家族や職場の同僚、上司、部下、友人、通院先の医師（産業医を含む）に生前の労働者の状況を聴取することになると思われるが、特に、職場関係者については、安全配慮義務違反の責任を追及され得る地位にあることから、労働基準監督署長による調査以上の協力を得るには困難を伴うことが予想される。

3　業務による心理的負荷

精神障害の発病については、業務による心理的負荷も発病要因となることは前述したとおりであるが、業務以外の心理的負荷および個体側要因の影響が強ければ、当該精神障害の発病（およびこれを基因とする自殺）が業務に内在する危険が現実化したものと評価し難いところである。

そこで、業務による心理的負荷の程度が被災労働者等（原告）の重要な主張立証ポイントとなるが、精神障害の特質から、必ずしも長時間労働といった業務の量ばかりではなく、「仕事の失敗」や「仕事の裁量性の程度」、「指導を超えた叱責（人格を否定するような言動等）」といった業務の質あるいは職場環境（他の従業員との良好でない人間関係を使用者が放置していたことを含む）ということも業務による心理的負荷の程度を判断する要素としては重要である（名古屋高判平成 19 年 10 月 26 日労判 954 号 31 頁・名古屋南労基署長（中部電力）事件、前掲注 7）東京地判平成 21 年 5 月 20 日・渋谷

労基署長（小田急レストランシステム）事件、大阪高判平成 24 年 7 月 5 日労判 1059 号 68 頁・国・橋本労基署長（バッキーズ）事件、東京地判平成 26 年 9 月 17 日労判 1150 号 21 頁・八王子労基署長（東和フードサービス）事件）。これらを総合して、「客観的に当該精神障害を発病させるおそれのある程度の心理的負荷」であることを主張立証することになる。

　このような考え方は平成 23 年認定基準も採用しており、評価要素としては同認定基準の「業務による心理的負荷評価表」記載の出来事等を考慮することが相当であろうが、それによる心理的負荷の評価手法については同認定基準の定める手順によるのか否かは問題である。同認定基準に全く依拠しないのか、基本的には依拠するとしても、前記のとおり、対象業務を発病前 6 か月までと区切るのか、複数の出来事による心理的負荷をどう評価するのか、発病後の業務による心理的負荷をどう位置付けるのか、を検討することになる。

　業務による心理的負荷に関する事実（特に労働時間や作業状況）の立証方法については、脳・心臓疾患の場合と同様の問題がある（第 26 講の該当部分を参照されたい）。

4　業務以外による心理的負荷および個体側要因

　業務以外の心理的負荷および個体側要因については、被告側が事実上立証することになる事実であろうが、被災労働者等（原告）も把握しておくべきであり（労働基準監督署長よりも把握が容易であるかもしれない）、それでもなお、業務による心理的負荷が強いという主張立証をすることが望ましい。

Ⅳ　処分行政庁（被告）側の主張立証上の留意点

　前記のとおり、処分行政庁である労働基準監督署長の不支給処分の判断は、専門医または各労働局の地方労災医員協議会精神障害等専門部会から提出される意見を踏まえて行われている。このため、被告の反証も、この

意見を前提にされるべきであろう。

　ただし、裁判所は平成 23 年認定基準に拘束されないのであるから、同認定基準の評価手法に固執することなく、医学的知見を踏まえつつ、(i)死亡（自殺）原因となり得る精神障害を発病していない、あるいは、(ii)業務による心理的負荷が実質的にみても「客観的に当該精神障害を発病させるおそれのある程度」には至っていない、という反証をすることが必要であろう。特に、(ii)については、発病前 6 か月より前の業務等の出来事の有無およびそれによる心理的負荷の程度、発病に影響した出来事が複数ある場合の心理的負荷の評価、発病後の事情（による心理的負荷の評価）についても言及されるべきであろう。

　さらに、実務上、処分行政庁は、業務による心理的負荷の強度が小さいから、「ストレス―脆弱性」理論により、当該精神障害の発病・増悪（および自殺）は業務以外の心理的負荷および個体側要因によるものであるという反論・反証にとどまりがちである。しかしながら、業務による心理的負荷の強度が大きいか小さいかは、実際には、業務以外の心理的負荷および個体側要因の有無、程度を考慮してはじめて適切に評価できることも少なくない。調査は必ずしも容易ではないかもしれないが、被告側が平成 23 年認定基準の「業務以外の心理的負荷評価表」記載の出来事等や個体側要因（精神障害の既往歴、生活史、アルコール等依存状況、性格傾向）を把握し、客観的資料をもって反論・反証することができるようにしておくことが望ましい。

　このほか、被告による反証方法については、脳・心臓疾患の場合と同様の問題がある（第 26 講の該当部分を参照されたい）。

V　おわりに

　精神障害による自殺・自殺未遂に関する労災事案について留意すべき点の概要をまとめたが、精神障害に罹患したこと自体の診断が必ずしも容易でないこと（詐病申告の危険が潜んでいる）、今後の精神医学の発展によるところが大きいことおよび最高裁判所の判断が労災事案についてはいまだ

示されていないことから、脳・心臓疾患の場合と異なり、流動的要素が多い。

　最近の多くの裁判例は、平成23年認定基準を作成経緯及び内容に照らして不合理なものとはいえないとして、基本的にはこれに依拠しつつ、具体的事情を総合的に斟酌して業務起因性を判断しているようである。一方で、業務の過重性評価につき行政判断にとらわれず個別的妥当性を追求しているという印象があるとの指摘もある（菅野621頁）。今後の審判例および裁判例の動向に注目していただきたい。

参考文献

　第26講で紹介されているもののほか、
・　島岡大雄「自殺の業務起因性の判断基準」新大系17・労働関係訴訟Ⅱ285頁以下。
・　新田智昭「その他近時の問題事例——ストレス・うつ病による自殺と業務起因性」裁判法大系21・337頁以下。
・　森戸英幸「自殺の業務起因性」ジュリ1012号110頁以下。
・　安西愈ほか「新春鼎談　精神疾患による自殺の労災認定と企業の損害賠償責任——平成11年判断指針以降の判例を題材として」労判924号6頁以下。
・　労働調査会出版局編『労災保険　心理的負荷による精神障害等の認定と事例〔改訂版〕』（労働調査会、2005）。
・　労災保険情報センター『RIC労災保険シリーズ6　精神障害等の労災認定のしくみ〔改訂版〕』（労災保険情報センター、2009）。
・　山口浩一郎『労災補償の諸問題〔増補版〕』（信山社、2008）98頁以下。
・　荒木235頁以下。
・　清田冨士夫『メンタルヘルス訴訟の実務——判例に見る業務上外認定、労災民事訴訟、職場復帰』（ぎょうせい、2012）。

〔2刷に際しての追補〕　平成23年12月26日付け基発1226第1号「心理的負荷による精神障害の認定基準について」は、令和2年5月29日付け基発第0529第1号及び令和2年8月21日付け基発0821第4号により改正された。改正の概要は、パワーハラスメント防止対策の法制化等を踏まえて、「業務による心理的負荷評価表」の出来事の類型に「パワーハラスメント」の項目を追加したり、出来事の類型「対人関係」の具体的出来事に「同僚等から、」を加筆し、「パワーハラスメント」の項目とは別類型の出来事と位置づけたりしたものである。今後、これらの改正に伴う裁判例が蓄積していくことになると思われる。

Ⅴ　おわりに　　537

第28講

労働訴訟における証拠保全、文書送付嘱託、文書提出命令、調査嘱託等

内藤　寿彦

Ⅰ　はじめに

　労働訴訟においては事件類型に応じて様々な証拠が提出されるが、代表的な証拠（書証）としては次のようなものが考えられる[1]。

① 雇用条件に関するもの

　　雇用契約書、採用通知、雇用条件通知書、募集要項、求人票

② 会社との取決めに関するもの

　　就業規則[2]（賃金規程、退職金規程、安全衛生規程、労災上積補償規程、傷病見舞金規程など）、労働協約

③ 解雇など労働契約の終了に関するもの

　　解雇通知書、解雇理由証明書、退職証明書

④ 会社から発出されるもの

　　会社の各種辞令（配転辞令）、処分通知書（休職、懲戒）

⑤ 会社に提出したもの

　　始末書、各種誓約書、退職願

⑥ 稼働状況に関するもの

　　出勤簿、タイムカード[3]、賃金台帳[4]、勤務日報・日誌

---

1)　事件類型に応じて基本書証を紹介した文献としては、審理ノートの各該当頁、群馬弁護士会編『立証の実務〔改定版〕』（ぎょうせい、2016）152頁〜191頁を参照。

2)　「常時10人以上の労働者を使用する使用者」は、就業規則を作成して労基署へ届け出る義務があり（労基法89条）、就業規則を労働者に周知させる義務もある（労基法106条1項）。

⑦　給与の支払に関するもの

　　給与明細、賃金台帳

⑧　会社の経営状況に関するもの

　　決算書、財務諸表

⑨　労働者の健康状態に関するもの

　　カルテ、診断書

　上記書証は、会社または労働者が保管していることが多く、当事者本人に関する情報だけが記載された書証であれば、プライバシーの問題もないため、多くの場合、任意に提出されることが多い。また、上記書証のうち①ないし⑦は、法律関係文書に該当し、文書提出義務が認められることになろう（民訴法 220 条 3 号）。

　労働訴訟に限らないことであるが、裁判所は、民事訴訟が公正かつ迅速に行われるよう努めなければならないとされており（民訴法 2 条）、この点に留意した解釈運用が求められる。Ⅱ以下では、証拠保全、文書送付嘱託、文書提出命令、調査嘱託といった手続を概観するとともに、労働訴訟においてこれらを利用する際の留意点等について指摘することとしたい[5]。

Ⅱ　証拠保全（民訴法 234 条～ 242 条）

1　意義

　証拠保全[6]とは、本来の証拠調べを待っていたのでは取調べが不能または困難となる事情がある場合に、あらかじめ証拠調べを行うことによりその結果を保全しておくための手続である。証拠保全として行われる証拠

---

3)　タイムカードの保存期間は 3 年間とされる（労基法 109 条）。

4)　使用者は、各事業場ごとに賃金台帳を調製しなければならない（労基法 108 条）、その保存期間は 3 年間とされる（労基法 109 条）。

5)　類型別実務 118 頁以下（第 3 章 Q32）も参照のこと。

6)　証拠保全については、東京地裁証拠保全研究会編著『新版　証拠保全の実務』（きんざい、2015）を参照。

調べとしては、証人尋問、当事者尋問、鑑定、書証、検証があるが、以下では、証拠保全の利用が圧倒的に多い、書証または検証による場合を念頭に説明する。

2　機能

　証拠保全の機能は、本質的には将来の訴訟に備えて証拠を保全する機能（証拠保全機能）にある。この点、証拠保全がしばしば利用される医療事件では、患者側が事案の内容を検討し、訴えを提起するか否かを判断するために基本書証となるカルテ等の証拠開示を受ける機能（証拠開示機能）を有していることがしばしば指摘され、かかる証拠開示機能を強調することで証拠保全の要件を緩和し、積極的に証拠保全を利用し証拠開示を図ろうとする立場もある。しかし、条文の文言（民訴法234条、民訴規則153条）等からすると、証拠保全に証拠開示機能を正面から認めることは困難である。また、証拠保全決定に対して相手方には不服申立権がなく、相手方の被る不利益に対する対策が十分でないにも関わらず、申立人の申立てと疎明に基づいて実施される証拠保全について、証拠開示機能を強調して証拠保全の要件を緩和した運用を行うと、証拠漁りの危険があり、裁判所の公平性・中立性を損なうことになりかねないという問題点も指摘されている。したがって、証拠保全の証拠開示機能はあくまでも事実上・付随的な機能にすぎないというのが通説的な見解である。そこで、労働事件に関する証拠保全についても、原則に立ち返って証拠保全の要件を具体的に検討する必要がある。

3　証拠保全の要件

　証拠保全を行うためには、証拠保全の事由、すなわち、あらかじめ証拠調べをしておかなければその証拠を使用することが困難となる事情があることが必要である。証拠保全の対象が文書・検証物の場合には、滅失、散逸、保存期間満了等による廃棄、改ざん、性状ないし現状変更のおそれ等

があることが必要とされている。

　また、証拠保全の事由には、証拠保全の対象物が存在する蓋然性があることも含まれており、対象物の存在について疑義がある場合（たとえば、保存期間を大幅に経過した文書の証拠保全を申し立てる場合）には、別途、対象物が存在することについて疎明が必要になる[7]。

　証拠保全の事由は、これを基礎付ける事実を具体的に記載しなければならず、単に「改ざんのおそれがある。」「廃棄、散逸する可能性がある。」といった抽象的な記載だけでは不十分である[8]。

　改ざんや故意による廃棄のおそれについては、具体的な事情に基づいて客観的に疎明される必要がある。相手方が企業であれば、その規模や社会的信用等を考慮した上で、相手方の業務内容、文書の保管態勢、文書の内容や性質に照らして改ざんが容易か否か、相手方との従前の交渉の経緯から、相手方が文書を改ざんする可能性があるか否かを判断することとなる。

　保存期間経過による廃棄、散逸のおそれについても、法律上の保存期間や文書の保管方法等の具体的な事情に基づいて廃棄、散逸のおそれがあることを疎明する必要がある。たとえば、法律上の保存期間が定められている場合、保存期間の経過が間近に迫っていたり、保存期間が経過して間もなければ、基本的には廃棄、散逸のおそれがあるといってよいと思われる。ただし、文書の性質上、保存期間経過後も相当期間保管されていることが明らかな場合には、廃棄、散逸のおそれがあるとはいえない。また、保存期間が経過してかなり時間が経過しているような場合には、前述したように証拠保全の対象物を相手方企業が保管していることについて疎明が

---

7)　東京地決昭和 51 年 6 月 30 日判タ 346 号 271 頁・大腿四頭筋短縮症カルテ証拠保全事件参照。ただし、かかる疎明を申立人に求めるのは酷なこともあるし、目的物が廃棄されていれば証拠保全が不能となるだけで特に相手方に不利益を与えるわけではないことから、目的物の存在について疎明がないことのみを理由として安易に証拠保全を却下するのは控えるべきであるとの指摘がされているところである（門口正人編集代表『民事証拠法大系 5』（青林書院、2005）190 頁）。

8)　改ざんのおそれについて判断したリーディングケースとして、広島地決昭和 61 年 11 月 21 日判タ 633 号 221 頁・西条精神病院証拠保全事件。

Ⅱ　証拠保全（民訴法 234 条〜 242 条）

必要になることもあろう。また、申立人は、任意交渉で取得することが困難な事情や訴訟提起後の求釈明による提出を待つことができない事情があることも具体的に主張すべきであろう。

4 具体例と留意点

(1) 具体例

労働事件では、残業代を請求しようとする労働者が、実労働時間を立証するため、会社の保管するタイムカード、日報、パソコンのログ等の証拠保全を求めることが多い。

もっとも、多くの事件では労働者側が手持ちの客観的な資料（訴訟を意識しないで作成されたことが、その形状等の客観的な事情により明らかな資料[9]）によって実労働時間を主張、立証し、これに対し、使用者側がタイムカード等で反証できなければ、労働者側の客観的な資料で実労働時間が認定できることになるため、あえて使用者側の手元にあるタイムカード等について証拠保全する必要性はさほど高くないように感じられる[10]。

(2) 証拠保全の事由について

ア　まず、前述したように証拠保全の申立てをする場合、証拠保全の事由を具体的に主張する必要がある。

残業代請求権の消滅時効は 2 年であるため、残業代を請求する上で必要となるタイムカードは基本的には 2 年以内のものに限られる。他方、

---

9)　実際の訴訟でも、個人的な日記、備忘録、業務終了報告のメールや FAX（送信日時が記載されたもの）、帰宅時に家族に送ったメールや LINE などが提出されたことがある。

10)　実際に訴訟を担当していると、訴訟提起以前に代理人による任意交渉等によって労働者側がタイムカードを取得していることが多い。また、タイムカードがなくても、一旦、労働者の記憶に基づく残業時間を算定して、訴訟を提起し、訴状においてタイムカードの提出を求め、相手方がこれに応じるというケースもよく見られる。証拠保全手続きはそれなりの手間暇がかかるものであり、残業代が 2 年の短期消滅時効にかかること、付加金が 2 年の除斥期間にかかることを考慮して、証拠の入手方法や手続選択を検討する必要があろう。

542　第 28 講　労働訴訟における証拠保全、文書送付嘱託、文書提出命令、調査嘱託等

タイムカードの保存期間は3年間である（労基法109条）[11]。したがって、残業代の請求に必要なタイムカードの保存期間内に訴訟提起をする必要があり、訴訟の中で早期に求釈明でタイムカードの提出を求めれば足りるため、保存期間経過による廃棄の可能性が高いことを理由とする証拠保全の申立ては基本的には考えにくい。また、故意による廃棄や改ざんの可能性についても、証拠の性質、保管状況、従前の相手方企業との交渉経過、相手方企業の規模、社会的信用等から、改ざん等がされる可能性が高いことを具体的に主張し、これを疎明する必要がある。なお、タイムカードは日々の勤務記録を機械的に記録していくものであるから、これを改ざんするとなると相当に面倒な作業になるため、一般的には改ざんが容易であるとはいえないと思われる[12]。また、故意の廃棄についても、罰則規定（労基法120条1号）がある以上、保存期間内に廃棄される可能性が高いといえるには、それ相応の理由が必要である。

　イ　裁判所において多く行われている証拠保全は、医療事件で病院のカルテを証拠保全するもので、ある程度の規模の病院であれば過去の経験などから、手続に対する理解があって協力を得やすい。他方、労働事件の場合、初めて証拠保全の申立てを受ける相手方が多く、感情的に反発されることがよくある。証拠保全は、強制力がなく、相手方の任意の協力を得て行うものであるため、裁判所としても相手方に証拠保全の意義を説明して協力をお願いしているが、相手方の協力が得られないと、証拠保全ができないまま終わってしまうことになる。

　ウ　証拠保全の事由の疎明が不十分なまま証拠保全を行った場合、相手方からは、裁判所は申立人の一方的な言い分ばかりを聞いているとして、裁判所の中立性・公平性に対する信頼を損ないかねないため、証拠保全の事由は具体的かつ説得的に疎明してもらう必要がある。その意味で相手方

11）　しかも、労基法109条に違反した場合には、罰則規定があり（労基法120条1号）、法律上も保存が強く要請されている。

12）　また、スマートフォン等の写真付きの電子機器が発達している今日において、労働者側が残業時間について客観的な証拠を収集している可能性は高く、使用者側によるタイムカードの改ざんは、発覚のリスクが高くなっているともいえる。

Ⅱ　証拠保全（民訴法234条〜242条）　　543

にとって不利益な証拠だから改ざんのおそれがあるといった程度の抽象的な理由では証拠保全の事由としては不十分である。

(3) 対象物の特定・限定について

　証拠保全の対象物がタイムカードやカルテなど定型化され特定しやすいものであれば、比較的スムーズに証拠保全を行うことができるが、証拠保全の対象物の特定が不十分であったり、広範すぎる場合、決定書の送達から短時間で対応しなければならない相手方から、対象物がどこにあるか分からない、責任者が不在なので対応できないと言われて検証不能で終わることがよくある。また、現場において大量の文書が提示され、限られた時間では、証拠保全の対象物の一部しか特定できず、検証も当該一部に留まったという事案もある [13]。

　したがって、申立人には、対象物をできる限りベストエビデンスに絞り、必要な範囲に特定・限定した上で、証拠保全の申立てをしていただく必要がある。例えば、証拠保全の申立てにおいて、タイムカード以外にも日々の労働時間を明らかにするものとして勤務日誌やパソコンの使用時刻などがわかる電磁的記録の証拠保全を求めてくるケースがあるが、証拠保全の必要性という観点からは、出退勤時刻について記録したタイムカードの証拠保全ができれば、それ以外の証拠を保全する必要は基本的にないと思われる。そこで、申立人には、対象物に優先順位を付け、先順位の対象物の保全ができれば、その余の対象物については、保全の必要性もなくなるため、申立てを取り下げるよう促している。

(4) 対象物の形状・保管方法について

　証拠保全を求める対象物の存在、その数量、保管方法等については、申立人がもともと相手方に勤めていたのであれば、ある程度知っていることが多いと思われる。したがって、裁判所は申立人と事前に面接する際、証

---

13) 発注書の送信時刻で実労働時間がわかるとして申立てがなされたものの、1か月分だけで段ボール数箱に入った発注書を提示され、数時間かけてその一部を写真撮影するに留まらざるを得なかった事例がある。

拠の保管方法やその保全の仕方について聴取している。

　証拠保全の方法は、申立人の意向を聞いた上で、最終的には、裁判所において適宜選択して決めている。証拠が紙媒体であれば、コピーするか写真撮影する方法が一般的である。証拠の状態を詳細かつ正確に残すことができることから、申立人はコピーを希望することが多いが、相手方からコピー機の利用を拒まれた場合や、コピー機の利用について費用負担を求められた場合にどうするかを事前に検討しておく必要がある。コピー機を確保できない場合や、数量が大量になり、コピー費用が多額になることが見込まれ、申立人も費用負担できない場合には、裁判所としても調書作成費用を考慮して写真撮影による方法を選択せざるを得ないが、撮影機材や撮影技量により鮮明度が左右される。この場合は、あくまで検証として、タイムカードを撮影しておくことにより証拠保全時においてタイムカードがあったことを明らかにし、改ざん・廃棄しないように相手方を牽制する意味合いに留まる。

　また、証拠保全の対象物が電磁的記録として保管されている場合は、電磁的記録をプリントアウトする方法が一番簡明かつ確実であるが、プリントアウトする印刷用紙の利用を拒まれたり、費用負担を求められることがあるため、事前に検討しておく必要がある。また、そもそも、かかる電磁的記録については、特殊なソフトを用いなければ必要な情報を呼び出すことができなかったり、プリントアウトできない場合がある。この点については申立人において事前に検討し、必要な準備をしておいていただかないと、検証不能で終わってしまうことになるため注意が必要である。

5　訴え提起後の証拠保全

　訴え提起後においても証拠保全は可能である。ただし、訴え提起後であれば、求釈明を申し立て、相手方から証拠の提出を求めれば足りるため、保存期間経過による廃棄や散逸の可能性を理由とする証拠保全の申立てを行うことは考えにくい。訴え提起後に証拠保全が申し立てられるとすれば、改ざんや故意の廃棄のおそれがある場合が想定される。

Ⅱ　証拠保全（民訴法234条〜242条）　　545

もっとも、裁判所としては、訴訟係属中に、一方当事者だけからの申立てによる証拠保全を行うと、他方当事者から、裁判所の公平性・中立性について疑念を抱かれるおそれが大きく、よほど具体的かつ説得的に改ざんのおそれが疎明されない限り、証拠保全を行うことには躊躇を覚えるものと思われる。

Ⅲ 文書送付嘱託（民訴法 226 条）

1 意義

文書送付嘱託[14]とは、裁判所が文書の所持者にその文書の送付を嘱託することである（民訴法 226 条）。実務上、文書送付嘱託の申立ては、書証申出のための準備行為、あるいは証拠収集行為であると理解されており、送付された文書を当事者が謄写し、これを改めて書証として証拠提出する扱いが一般的である。文書送付嘱託で送られてくる文書は、医療機関が保管するカルテ等、大量になることが多いため、当事者に必要部分のみに絞って提出してもらうことにより、不要な書証の取り調べを省くことができる（民訴法 181 条 1 項）。

2 申立て

文書送付嘱託の申立てに当たっては、①文書の所持者（嘱託の名宛人）を具体的に特定し、②送付すべき文書を具体的な文書の表示や趣旨によってできる限り特定し、③証明すべき事実（立証趣旨）を具体的に明らかにする必要がある。

裁判所は、証拠調べの必要性があり、当事者が法令により文書の正本または謄本の交付を求めることができる場合でなければ（民訴法 226 条ただし書）、文書送付嘱託を採用することになる。

14) 門口正人編集代表『民事証拠法大系 4』（青林書院、2003）74 頁〜84 頁参照。

文書提出命令の場合と異なり、文書送付嘱託の場合は、文書の所持者（嘱託の名宛人）が文書を現に所持していることは要件とされていないが、嘱託先において文書を所持していなければ、送付することができないという回答が寄せられ、時間と費用の無駄になるため注意が必要である。

　文書送付嘱託については、嘱託の名宛人が法令上の具体的な義務を負う場合もあるが（不動産登記法施行細則21条）、かかる法令上の規定がない限り、具体的な送付義務を負わないと解されており、文書の所持者が文書を送付しなかった場合において、制裁を加えたり、送付を強制する手段はない。文書送付嘱託が拒絶された場合、文書の所持者に文書提出義務（民訴法220条）が認められるのであれば、改めて文書提出命令を申し立てることとなる。

3　留意点

　文書送付嘱託については、申し立てる前に嘱託先、対象文書を十分検討することによって空振りを防ぐことができるので、この点を留意して申立てを行うことが望ましい。

　対象文書の特定が不十分な場合、嘱託先がどんな文書を送ったらよいのか困惑し、関係のない文書が大量に送られてきたり、文書の送付を断られることになりかねない。また、それ以前に裁判所から果たして対象文書が立証事項の立証に必要といえるのか疑念を抱かれることになろう。できれば、文書送付嘱託を申し立てる前に、嘱託先と事前に接触し、必要とする情報が記載された文書があるのかを確認した上で、文書の表題、大まかな分量を問い合わせるなどして、できるだけ対象文書を特定・限定しておくことが望ましい[15]。

---

15)　なお、実務において文書送付嘱託が申し立てられるケースの多くは、金融機関や医療機関が個人情報保護との関係で、保管している文書（取引履歴やカルテ）を任意で提出することはできないが、裁判所からの嘱託があれば提出する意向を示している場合であり、こういったケースではあまり問題は生じないように思われる。

カルテについては、個人情報の保護との関係で患者本人の承諾があることを条件にして応じている医療機関もあるため、文書送付嘱託を採用する際に、あらかじめ患者本人の承諾を取り付けておくこともある。

なお、嘱託先が文書送付嘱託に応じて文書を送付する場合、原本を送付してくることもあるが、紛失の恐れや業務への支障を考慮し、裁判所からはコピーで送付するようお願いしている。コピーに要した費用については、嘱託先と嘱託を申し立てた当事者間において精算するようお願いしている。

Ⅳ　文書提出命令（民訴法 220 条～ 225 条）[16]

1　発令要件

① 　特定の文書が存在し、これを相手方が所持すること
② 　立証事項との関係で、当該文書の全部または一部を証拠として取り調べる必要があること
③ 　文書の所持者に提出義務（民訴法 220 条）があること

2　特定の文書の存在、相手方の所持（要件①）について

まずは、申立人において、申立てにかかる文書の表示および趣旨を具体的に主張する。申立人の主張が尽くされれば、所持者においてこれに対する意見を述べ、裁判所が判断することになる。申立人において、申立てにかかる文書の表示および趣旨を具体的に主張することが著しく困難な場合は、所持者が文書を識別できる事項を明らかにし、裁判所に対し文書の所

---

16)　労働訴訟一般における文書提出命令について概観したものとしては、山本和彦ほか編『文書提出命令の理論と実務〔第 2 版〕』（民事法研究会、2016）101 頁～ 104 頁、411 頁～ 434 頁。労働訴訟に関して文書提出命令が問題となった判例の紹介と解説としては、「文書提出等をめぐる判例の分析と展開」金融・商事判例 1311 号 124 頁～ 155 頁。

持者に文書の表示および趣旨を明らかにするよう求めるよう申し出なければならない（民訴法 222 条 1 項）。

なお、所持者から文書が滅失したと主張される場合があるが、いったん存在した文書は、原則としては、その後も存在していると事実上推定されるから、所持者において文書の滅失を主張する場合には、滅失した具体的な事情を主張立証しなければ、文書提出命令が発令されることになる。

3 立証事項との関係で取調べの必要があること（要件②）について

要件②については、個別事案による判断になるが、証拠調べが不要と判断される場合は、次の 3 類型に分けることができる。

  ⅰ 立証命題そのものが当該事件の解決にとって関連性がないから、そのような立証そのものが不要と判断される場合

  ⅱ 立証命題には問題がないが、それに対して、当該文書の関連性がないために、当該文書の取調べが不要であると判断される場合

  ⅲ 立証命題が既に他の証拠により証明十分であるから、もはや当該文書の取調べは不要である場合

文書提出命令が申し立てられた場合、裁判所は、まず所持者に対して任意で提出することを検討するよう促すことが多く、任意の提出が受けられない場合でも、立証命題が他の証拠により立証可能であれば、あえて文書提出命令を発令する必要もないことから、いったんは文書提出命令の発令を留保することが多い。

4 文書提出義務（要件③）について

民訴法 220 条は、提出義務の対象となる文書を「引用文書」（1 号）、「引渡し、閲覧可能文書」（2 号）、「利益、法律関係文書」（3 号）のほかに一定の除外事由に該当しない文書一般（4 号）に拡大している。

文書提出命令の申立てに当たっては、❶文書の表示、❷文書の趣旨、❸

文書の所持者、❹証明すべき事実、❺文書の提出義務の原因を明らかにして、書面で申し立てる必要がある（民訴法 221 条 1 項、民訴規則 140 条）。

5　労働訴訟における文書提出命令

実務上問題となる例としては、①残業代の請求に関するもの、②男女差別、組合差別等の不当労働行為に関するもの、③労働災害の認定に関するものが挙げられる。

①については、タイムカードについて文書提出命令が出されることがないわけではないが、基本的に任意で出されることが多いため、さほど問題となることは多くない。タイムカードは民訴法 220 条 3 号の法律関係文書として文書提出義務が認められることが多いと思われる。

②については、いわゆる大量観察方式で昇格差別の存在を立証するために全従業員の昇格の推移を明らかにする文書の提出を求める事案がある。具体的には労働者の昇格に関する情報（生年月日、入社年月日、学歴、性別、職能資格の推移、本給額の推移）を明らかにする文書の提出が求められることがある。この場合、労働者本人に関する文書であれば、法律関係文書（民訴法 220 条 3 号後段）に該当するとして、文書提出義務が認められると考えられるが、他の労働者に関する文書の場合は、法律関係文書に該当するとはいいにくく、文書提出義務を一般義務化した民訴法 220 条 4 号によることになると思われる。

③については、「地方労災委員作成の意見書」や「救急活動状況照会結果」、「災害調査復命書」などの文書提出義務が問題となった事案があり、公務秘密文書（民訴法 220 条 4 号ロ）の該当性が争われている（災害調査復命書につき最三決平成 17 年 10 月 14 日民集 59 巻 8 号 2265 頁・国（金沢労基署長）災害調査復命書提出命令事件）[17]。

Ⅴ　調査嘱託（民訴法186条）

1　意義

　裁判所は、必要な調査を官庁もしくは公署、外国の官庁もしくは公署または学校、商工会議所、取引所その他の団体に嘱託することができる（民訴法186条）とされており、これを調査嘱託[18]という。なお、裁判所による釈明処分として行われる調査の嘱託（民訴法151条1項6号）もあるが、これは弁論の内容を理解し事案の内容を把握するための釈明処分の一環として行われるものであり、証拠収集方法としての調査嘱託（民訴法186条）とは一応区別される。また、簡易な鑑定方法として位置付けられている鑑定の嘱託（民訴法218条）は、調査嘱託の一種であるともされているが、鑑定の嘱託は、高度の学識経験を有する人的機構と物的設備を前提として、ある事項についての判断を求めるものであるという点において調査嘱託とは相違する。

---

17)　なお、災害調査復命書とは、労働災害が発生した際に労働基準監督官等の調査担当者が労働災害の発生原因を究明し同種災害の再発防止策などを策定するために調査結果等を踏まえた所見を取りまとめて作成される文書である。前掲最三決平成17年10月14日・国（金沢労基署長）災害調査復命書提出命令事件は、災害調査復命書のうち、①調査担当者が職務上知ることができた事業上の安全管理体制、労災事故の発生状況、発生原因などの事業者にとっての私的な情報については、関係者からの聴取内容がそのまま記載されたり、引用されているわけではなく、調査担当者の分析評価と一体化されたものが記載されていることや、調査協力義務が罰金をもって担保されていることからして、その提出により公務の遂行に著しい支障を生じるおそれが具体的に存在するということはできないとして、公務秘密文書（民訴法220条4号ロ）には該当しないとした。他方、災害調査復命書のうち、②再発防止策、行政上の措置についての調査担当者の意見、署長判決および意見等の行政内部の意思形成過程に関する情報については、開示されると行政の自由な意思決定が阻害され、公務の遂行に著しい支障を生じるおそれが具体的に存在するとして、公務秘密文書に該当するとした。詳しい解説は、山本ほか編・前掲注16）320頁ないし328頁。

18)　門口正人編集代表『民事証拠法大系5』（青林書院、2005）127頁〜156頁。

2 調査嘱託の趣旨

　嘱託先から得られる何らかの情報を証拠とする場合、本来であれば、その情報に関する担当者等を証人または鑑定人として証人尋問または鑑定を行う等の方法によるべきである。もっとも、官庁・公署等の団体が職務・業務上保有する情報やそれを加工することで容易に入手できる情報について、公正かつ確実な報告・回答が期待できるのであれば、直接その報告・回答を求めることでも提供される情報の質は確保できると考えられる。また、証人尋問や鑑定を行った場合、相応の時間、手間を要することとなり、情報を提供する官庁・公署等の団体の負担も軽くはないことから、かかる場合にあえて、証人尋問や鑑定手続の実施を要求する必要はないというべきである。そこで、こうした場合に証人尋問や鑑定の手続を取るまでもない場合に、簡易迅速に証拠を収集できるようにしたのが調査嘱託である。

3 文書送付嘱託との相違点

　調査嘱託（民訴法186条）と文書送付嘱託（民訴法226条）とでは、嘱託先が保管している文書を送ってもらうのが文書送付嘱託であるのに対して、調査嘱託は嘱託先から調査事項に対する調査結果の報告・回答を求めるという点において違いがある。また、文書送付嘱託の場合は送られてきた文書を改めて書証として提出することになるが、調査嘱託の場合は、裁判所が口頭弁論において顕出すれば調査嘱託の結果は証拠となり、当事者が援用することを要しない。

　なお、調査嘱託先から送られてくる調査結果の報告・回答も書面でなされるため、調査嘱託によるべきか文書送付嘱託によるべきか微妙な事案もある。嘱託を申し立てる段階で、既に文書が作成されていることが分かっているような場合は文書送付嘱託を行うべきであり、かかる文書が作成されているかどうかも含めて不明な場合は、まずは対象文書の存否について調査嘱託を行った上で、その後に文書送付嘱託を行うという方法も考えら

れるが、調査嘱託などを用いるまでもなく、当事者が事実上、文書送付嘱託先に対象文書の存在を問い合わせれば足りることが多いと思われる。

4　申立て

調査嘱託は、当事者の申立てによって行われるのが原則である。裁判所が職権で調査嘱託をすることも否定されるわけではないが、実務上、当事者からの申立てを待って行うのが一般的である。

調査嘱託の申立ては、実務上は書面（調査嘱託申立書）によって行われる。申立書には、証明すべき事実（民訴法180条1項）のほか、嘱託先、嘱託すべき調査事項を記載する。なお、証明すべき事実と証拠方法の関係（立証趣旨）については、これを示すまでもなく明らかな場合が多いため、実務上はこれを記載していない例が多い。

なお、嘱託先が調査嘱託に対して回答した場合、その費用と報酬を請求することができるので、裁判所は、申立人に対して、その概算額を予納させる必要がある（民事訴訟費用等に関する法律11条）。ただし、嘱託先から費用や報酬が請求されることはあまりなく、調査嘱託書と回答書の往還に必要な郵便料金のみが実際に要する費用となるのが通例であり、予納郵券で賄えることが多いため、調査嘱託の申立ての際、改めて費用の予納を求めることはあまりないようである[19]。

なお、裁判所から調査嘱託があった場合に、嘱託先がこれに応じるべき義務は明文では規定されていない。嘱託先が日本国内の官庁その他の団体である場合は裁判所の嘱託に応じるべき一般公法上の義務が生じるというのが通説であり、正当な事由がない限り、調査報告を拒むことはできないとされている。ただ、嘱託先が拒んだ場合は、制裁を科すことはできず、他の嘱託先に嘱託するか、改めて当該団体の担当者を証人尋問するしかない。

---

19)　調査に費用を要するような調査事項は、鑑定に近い調査事項となっていることが多く、相手方の反対尋問権の保障という観点からは正式な鑑定によるべきであり、調査嘱託になじまないことが多いと思われる。

V　調査嘱託（民訴法186条）　553

5 嘱託先、調査嘱託事項について

　調査嘱託による報告・回答は書面によって行われることが予定されており、嘱託先からの報告・回答はそのまま証拠資料となるが、その実質的根拠は、嘱託先から公正かつ確実な報告・回答が期待できるためである。

　したがって、調査嘱託に当たっては、①嘱託先の公正性が確保されていること（具体的には嘱託先が事件との関係で利害関係がないことや、公的団体または私的団体であってもそれなりの規模と実績があり、一般的に信頼がおかれていること等）、②報告・回答の作成過程において過誤が混入せず正確になされることが期待でき、調査を求める内容が、確実な報告・回答になじむものであることが要請される。

　②に関しては、報告・回答に当たって主観を混入させるおそれのない客観的な事項であって手元にある資料から容易に結果が得られるものといわれているが、これは相対的な概念であり、調査嘱託になじむかどうかは、鑑定、証人尋問などの制度との関係を踏まえつつ、事案ごとの個別的な判断になる。

　調査嘱託になじむ具体例としては、①労働者の以前の勤務先に対して、就業状況（報酬、職位）の回答を求めた例、②労働者の勤務先に対して、休業期間・給与の支払状況について回答を求めた例、③労働基準局に対して屋外労働者職種別賃金調査の結果の回答を求めた例、④私立大学病院に対して、救急治療時にした受傷者の血中アルコール検査の測定結果の回答を求めた例などがある。

6 留意点

　調査嘱託についても、あらかじめ嘱託先に接触して、どういった調査嘱託事項にすれば、申立人の期待する回答が得られるのか、あるいは申し立てる調査嘱託事項について回答が可能であるか否かを問い合わせた上で行うことが、空振りを防ぐ工夫として有用である。

　調査嘱託は、嘱託先に対して報告・回答を強制することはできない。報

告・回答に当たって主観を混入させるおそれのない客観的な事項であって手元にある資料から容易に結果が得られるものについて調査嘱託を行わないと、嘱託先から回答不能とされる可能性があるし、仮に回答が帰ってきたとしても信用性について疑義が生じかねない。本来、回答に対する信用性に疑義が生じるような調査嘱託事項については、相手方の反対尋問権の保障という観点から証人尋問や鑑定によるべきである。

実務では、第三者の協力が得られる見込みがあれば、当事者代理人から照会文書を送り、これに対する回答書を得て、これを書証として提出する方法や、当事者代理人が聴取した内容を報告書という形で提出する方法がとられることが多い[20]。かかる方法は、当事者において照会事項を比較的自由[21]かつ柔軟に設定できること、裁判所を介する調査嘱託よりも機動性にも富んでいること、回答結果がそのまま証拠となってしまう調査嘱託とは異なり、得られた回答書を証拠として提出するかどうか当事者において最終的に判断できるという利点がある。

また、安易に調査嘱託が申し立てられることもあるが、調査嘱託の必要性という観点からは、上記のように照会文書による方法や弁護士照会等による証拠収集の方法も検討されるべきであるし、調査嘱託の回答結果が申立人に不利な場合でもそのまま証拠となってしまうリスクも考慮しておく必要があろう。

現在ではインターネットで様々な情報を即時に入手することができ、公的機関やそれなりに信用のおける機関が発信している情報で、内容について客観性が確保されているものであれば、インターネットで取得した情報が書証として提出される例も増えている。

本講のテーマとは離れるが、紛争になる前に作成された文書は、紛争を

---

20) 理屈の上では当事者本人が照会したり、報告書を作成することもできるが、照会先から訴訟に必要な情報を得られるように照会事項を設定したり、内容の中立性、客観性を確保しつつ、報告書を作成するにはそれ相応の技量が必要となるため、代理人弁護士が行うのが相当と思われる。

21) なお、いくら照会事項を自由に設定できるといっても、ある程度客観的中立的な立場で照会事項を設定しないと、回答書自体の信用性が減殺されることになろう。

V　調査嘱託（民訴法186条）　555

意識せずに作成されているため、様々な情報が盛り込まれており、一見して紛争との関連性を読み取りにくいことがある。こうした文書をそのまま証拠として提出しても、立証事項との関係で内容が理解しづらい場合には、こうした文書を別添資料として添付した上で、訴訟代理人が必要な情報をとりまとめた報告書を作成するという工夫例も最近なされている。別添資料を添付することで信用性について吟味する機会を担保しつつ、報告書によって分かりやすく立証できるため、有用であろう[22]。

---

22) こうした報告書による立証の例として、たとえば、最近、メールをプリントアウトしたものが提出されることが多いが、メールの特質として、日常的にやりとりされるため、分量が膨大になりやすいこと、一通の文書の中に訴訟と関係ある部分と関係のない部分が不可分一体となっていることが多いこと、当事者にしかわからない用語（あだ名、隠語、記号など）が用いられ、意味内容を理解しにくいこと等の問題点がある。こうした場合、当事者がメールについて別途必要な部分だけを抽出したり、意味内容を解説した報告書を作成するといった工夫がされている。

第29講
仮処分

田中　一隆

I　はじめに

　個別労働関係紛争について簡易迅速な解決を図ること等を目的とする労働審判制度が、平成18年4月1日施行された。当初、仮処分事件は減少したが（菅野・労働審判47頁）、その後、労働審判事件を含めた労働事件全体は、激増し、高水準で推移している。これまでにも、個別労働関係紛争について、裁判所においては、仮処分、通常訴訟および調停という手続があった。新たに、労働審判制度という制度が加わった結果、最も一般的であった解雇をめぐる賃金仮払仮処分を中心にどのような注意が必要か検討してみたい。

　なお、以下の考察は、講末の参考文献によるところが大きいが、あくまで私見にすぎない。

II　賃金仮払仮処分

1　被保全権利の存在と保全の必要性

　賃金仮払仮処分は、制定法上特別な規定があるわけではなく、通常の仮処分と同様、民事保全法23条2項の「仮の地位を定める仮処分」に該当し、被保全権利の存在が要件である。労働者側は、労働契約の内容、特に賃金の締め日および支払日について主張し、できる限り労働契約書や就業規則、賃金明細等の客観的資料によって、疎明しなければならない。この

点は、仮払を命ずるに当たって最低限必要な事実であるにもかかわらず、審理の最終段階になって主張疎明されることも珍しくなく、迅速な発令の障害となっているから注意が必要である。ただ、この被保全権利の存在については、本案訴訟と同様であり、本講では、特に必要のない限り、論じない。

　加えて、通常の仮処分同様、「債権者に生ずる著しい損害又は急迫の危険を避けるためこれを必要とするときに発することができる。」(民事保全法23条2項) のであって、いわゆる保全の必要性が、仮処分特有の要件である。

　この2つの要件について、債権者 (労働者) が主張疎明責任を負う。

2　保全の必要性について

　賃金仮払仮処分は、解雇によって生活の困窮を来した債権者 (労働者) が本案訴訟によって解雇の効力を争うに際して、解雇された事態を容認したままでは本案訴訟を提起遂行することが困難である場合に、本案訴訟の実効性を担保し、その有名無実化を防止するために認められている。

　そして、賃金仮払仮処分は、債権者が、権利の存否が未確定の間に確定判決によって執行したのと同様な結果を享受することができる、いわゆる満足的仮処分である。債権者は、債権者およびその家族の生活の困窮による本案訴訟の有名無実化を避ける必要があるから、保全の必要性が肯定される。したがって、債権者は、仮払された金銭を生活費等として費消するから、債務者が、本案訴訟で勝訴しても、その返還を受けることは、ほぼ不可能であるし、そうでなければ、保全の必要性は認められない。

　そのため、賃金仮払仮処分においては、強度の保全の必要性が求められる。労働審判では、この保全の必要性は、要件とされておらず、労働者側の手続選択において、この点を十分吟味する必要がある。

3 保全の必要性の判断方法

東京地判昭和51年9月29日判時843号114頁・東亜石油事件は、次のように述べる。「賃金等の仮払を命ずる仮処分は、労働者が解雇の無効を主張し、それが疎明されているにかかわらず、使用者が該解雇を理由に労働者に対する賃金の支払を中絶している結果労働者及びその扶養する家族の経済生活が危殆に瀕し、これに関する本案判決の確定を待てないほど緊迫した事態に立ちいたり又はかかる事態に当面すべき現実かつ具体的なおそれが生じた場合、その労働者に対し、暫定的に使用者から右緊急事態を避けるに必要な期間、必要な金額の仮払を得させることを目的とするものであつて、……この仮処分の必要性は、前記緊急状態の現存又はその具体的な発生のおそれの存在の疎明によつて理由づけられるべきものであり、通常は、賃金を唯一の生計手段とする労働者が解雇によつて収入の途が絶たれた事実が疎明されれば、右必要性の存在も疎明されたものとして扱うことができるのであるが、その場合においても、(1)賃金全額の支払を命ずべきかどうかは、労働者及びその家族の経済生活の危殆を避止するに足るかどうかの見地から慎重に判断して決すべきものであるし、(2)仮払を命ずる期間も、労働者が本案訴訟を追行するために他に暫定的な生活の資を獲得するに必要な期間を判定して決すべきものである」と判示しており、参考になる。

要するに、保全の必要性については、労働者は、賃金を唯一の生活手段としていることが多いから（労基法24条参照）、解雇によって収入が途絶えた事実が疎明されれば、保全の必要性は事実上推定される。

しかし、この経験則は、解雇された債権者（労働者）が、資産を保有していたり、副業等を持っていて、賃金以外の収入があった場合には働かないし、他で恒常的に就労していれば、やはりこの経験則は働かないのである。また、債権者が、高額な賃金を受け取っていたり、長期間就労していれば、相当な財産を形成していると推測される。そして、債権者およびその家族の生活の困窮を判断する以上、家族全体の資力を検討するべきであって、配偶者等に収入がある場合には、判断材料に加えられるべきであ

る。

　近時は、共稼ぎの家庭が一般的となり、年金収入等を有する親と同居している場合も散見され、解雇によって収入が途絶えれば、直ちに保全の必要性が事実上推定されるとは必ずしもいい難くなっている。

　したがって、労働者側は、保全の必要性にも十分な準備が必要である。なお、労働者側の主張疎明に当たっては、当初保有資産はないと裁判所に回答していながら、後日、債務者（使用者）から、その存在を立証されてしまい、仮処分および本訴における労働者側の主張立証全体の信用性が揺らいでしまわないためにも、十分な裏付け調査が必要である。

4　保全の必要性が認められる金額

　以上のように保全の必要性が肯定されたとしても、直ちに従前の平均賃金について、仮払が命じられるわけではない。保全の必要性が認められる金額は、本案訴訟の提起遂行が可能な程度に、解雇された労働者の社会的地位、生活程度等を考慮して、従前の生活を損なわない程度でなければならないが、一方で、従前どおりの生活様式・生活水準を保障するものではない。

　この点、前掲の東京地判昭和 51 年 9 月 29 日・東亜石油事件は、「賃金の仮払を命ずる仮処分は、……その労働者に対し、暫定的に使用者から右緊急状態を避けるに必要な期間、必要な金額の仮払を得させることを目的とするものであって、保全すべき権利の終局的解決を目的とするものでないことはもとより、……暫定的にもせよ申請人らに対し被申請人の他の従業員と同等の生活を保障することを目的とするものでもない。」と述べている（東京地決平成 9 年 1 月 24 日判時 1592 号 137 頁・デイエフアイ西友事件は、使用者からの一方的な賃金減額による差額賃金部分の仮払を求めた仮処分申立事件において、債権者が貯金等の自己資金を有している以上、減額後の現在の賃金額によっても生活可能であり、窮迫した状態にはないとして、保全の必要性を否定した）。

　また、千葉地決昭和 57 年 11 月 25 日労民集 33 巻 6 号 1102 頁・なか

やタクシー懲戒解雇事件は、「賃金仮払の仮処分は、労働者が収入の途を絶たれたために生じる差し迫つた生活の危機を回避するために認められるものであつて、債権者が解雇される以前と同等程度の生活状態を維持することがその目的ではない。従つて仮払を求めうる金額については、必ずしもその労働者の解雇前の賃金の額が基準となりうるわけのものではない。債権者において、特段の主張・疎明のない限り」、被解雇労働者「が居住する地域における……」、その者「と同様の家族構成の家庭で必要とする標準生計費の額をもつて、その一応の基準と考えるべきである。」と判示した。

　名古屋地決昭和54年8月1日労判326号34頁・栃木合同輸送事件は、「申請人……は、その収入によって妻と子供二人との生計を維持している……ところ、」同人の居住する「名古屋市における標準生計費……は4人家族の場合金17万1520円であることが認められ、昭和53年5月以降の物価の上昇による生計費の増加を考慮しても、なお同申請人は右標準を上回る生活水準を維持している……」等の理由で追加仮処分の申請を棄却した。

　このように債権者（労働者）による特段の主張疎明がない限り、標準生計費の範囲内で保全の必要性を肯定する判断が存在することに注意するべきであろう。最近でも、東京高決平成28年7月7日労判1151号60頁で維持された横浜地決平成27年11月27日労判1151号70頁・コンチネンタル・オートモーティブ（解雇・仮処分）事件および東京地決平成28年8月9日労判1149号5頁・国際自動車（再雇用更新拒絶・仮処分第1）事件は、標準生計費を1つの判断要素として保全の必要性を否定している。なお、人事院が発表した平成27年4月の世帯人員4人の全国標準生計費は、21万5350円にすぎない。

　労働者側は、被保全権利の疎明に成功し、仮処分の必要性が肯定されれば、直ちに従前の賃金が仮払され、同じような生活が可能となると即断してはならない。

　なお、労働者が労働契約の終了により高額の退職金を受領している場合、その金額を含めて保全の必要性を判断するべきかという問題がある。

労働者が当該退職金を費消している場合に困難な問題を生じるが、そうでない場合には、労働契約の終了を争っている労働者は、その主張を前提とすれば退職金を返還するべきであり、当該退職金を含めて保全の必要性を判断するのは背理であると思われる（神戸地決平成 23 年 11 月 14 日労判 1042 号 298 頁・東亜外業事件）。もっとも、退職金の受領が保全の必要性に影響することを認めつつも、当該事案においては保全の必要性は否定されないとした裁判例も存する（大阪地決平成 22 年 1 月 20 日労判 1002 号 54 頁・東大阪市環境保全公社（仮処分）事件）。

5 必要性が認められる期間

(1) 過去の仮払の要否

債権者が現に生活してきた以上、過去分については、原則として、保全の必要性は認め難い。本案訴訟で救済を図ることができるからである。ただ、債権者が高利の借金をして生活してきており、早急に返済しなければならないなど極めて例外的な特段の事情がある場合には、これを肯定できる。

(2) 将来分の仮払期間

従前は、「本案判決確定まで」つまり、本案が 1 審判決に至るだけではなく、控訴、上告すれば、1 審判決だけでなく上級審の判決が、確定するまで仮払を命ずることが一般的であった。

しかし、前述のように、仮払仮処分は原状回復の可能性が事実上乏しく、保全の必要性は慎重に吟味するべきである。その上、労働者は、他に就労し、収入を得ることが可能で、仮払の必要性について変更が生じる可能性が高い。その上、本案の審理期間も 1 年前後が予想されることから、このような長期の仮払期間は妥当でなく、最近は本案判決確定まで認容されるのは、稀である。

そこで、一般には、「本案の第 1 審判決に至るまで」とする例が多い。

Ⅲ　地位保全の仮処分

1　地位保全の仮処分の許容性について

　労働者側が、労働契約上の地位を有することを仮に定める地位保全の仮処分を申し立てる場合が多いが、そもそも、その許容性が問題となる。

　この地位保全の仮処分は、仮処分命令の命ずる義務の内容が包括的概括的であるために仮処分命令の文言に応ずる強制執行をなす余地がなく、一方、仮処分命令の命ずる包括的概括的権利義務関係を基礎として派生する諸種の具体的義務（雇用主のなすべき賃金支払、就労の受領、福利厚生施設の提供など）の履行については仮処分債務者の任意の履行を待たなければならないことから、任意の履行を求める仮処分といわれる。

　このような任意の履行を求める仮処分は、債務者が任意にこれを履行することが期待できる場合以外、許されないと解されている（杉本正樹「任意の履行を求める仮処分」大系4・民事保全法547頁）。なぜなら、民事保全法23条2項は、「債権者に生ずる著しい損害又は急迫の危険を避けるためこれを必要とするときに発することができる。」と定めるところ、債務者の任意の履行が全く期待できない場合にも、このような仮処分命令を発するとすれば、当該仮処分命令が命じられたとしても、当事者間の現在の地位状態には何らの変化を来すことがないので、本案の裁判まで待たずに緊急に債権者を保護するという民事保全の目的が達成されないからである（長野地諏訪支判昭和39年8月10日労民集15巻4号915頁・三協精機転勤命令履行請求事件参照）。

　なお、就労請求権を被保全権利として、地位保全仮処分を申し立てる例がある。

　労働義務は、義務であって権利ではなく、使用者は、賃金を支払う限り、提供された労働力を使用するかどうかは自由であって、労働受領義務はないという考え方に基づいて、特約が存在するなど例外的な場合を除いては就労請求権を否定するのが判例通説である（菅野79頁）。

したがって、この点からも、地位保全仮処分は認められない（大阪地決平成 19 年 6 月 15 日労政時報別冊『平成 20 年度版版年間労働判例命令要旨集』434 頁・大阪国際学園地位保全等仮処分命令申立事件、大阪地決平成 19 年 8 月 21 日労政時報別冊『平成 20 年度版年間労働判例命令要旨集』435 頁・桃山学院地位保全等仮処分命令申立事件、東京地決平成 18 年 8 月 9 日労判 921 号 89 頁・新生銀行事件、前掲東京地決平成 28 年 8 月 9 日・国際自動車（再雇用更新拒絶・仮処分第 1）事件参照）。

労働者側は申立てに当たっては、賃金仮払仮処分の申立てや別の手続を検討する必要があろう。

なお、大学教授に関し、演習について、その指導を担当する地位にあることの確認を認めた裁判例（大阪高決平成 13 年 4 月 26 日判タ 1092 号 170 頁・某私立大学事件）、私立大学の准教授に関し、労働契約上の権利を有する地位にあることを仮に定めた仮処分決定を認可した原決定に対する抗告を棄却した裁判例（東京高決平成 28 年 9 月 7 日判タ 1432 号 85 頁・学校法人常葉学園（短大准教授・保全抗告）事件）がある。

さらに、本訴において、大学教授に関し、特定の講義を担当する地位の確認及びその妨害排除請求については、当該大学においては各年度ごとに教授会の審議を経て学長が決定しているところ、このような手続を経ていない以上、当該講義を担当する具体的権利を有すると認めることはできないとして不適法却下したが、教授会への出席の妨害排除を認めた裁判例（仙台地判平成 11 年 12 月 22 日判タ 1067 号 185 頁・東北福祉大学事件）がある。

2　賃金仮払仮処分と同時に申し立てる場合

この地位保全の仮処分は、賃金仮払仮処分と同時に申し立てる場合が多い。

前項で述べたように、そもそも、地位保全の仮処分が認められる場合は少ない上に、保全すべき利益の中核をなす賃金債権について仮払の保全をすれば、残余の権利があるとしても、地位保全仮処分の必要性は原則とし

て存在しない（東京地決昭和 52 年 1 月 25 日労判 269 号 50 頁・芝信用金庫
事件参照）。

　民事保全の迅速性を図る見地から、議論となることが予想される地位保
全の仮処分については、その申立ての有無について、慎重に検討する必要
があろう。

Ⅳ　配置転換の効力停止を求める仮処分

1　被保全権利について

　被保全権利としては、配転前の旧職場に着目し、勤務場所を旧職場とす
る雇用契約上の地位または権利の存在確認を求める構成も考えられる。し
かし、一般に義務の存在確認は許されないと解されていることや前述のよ
うに就労請求権は特段の事情がない限り認められないことから、この構成
はかなり問題がある。

　そこで、一般には、配転後の新職場に注目し、新職場に勤務する雇用契
約上の義務の不存在確認を求めることが多い。

　そして、被保全権利の存在については、使用者の転勤命令権は無制約に
行使することができるものではなく、これを濫用することの許されないこ
とはいうまでもないところ、当該転勤命令につき業務上の必要性が存しな
い場合または業務上の必要性が存する場合であっても、当該転勤命令が他
の不当な動機・目的をもってなされたものであるときもしくは労働者に対
し通常甘受すべき程度を著しく超える不利益を負わせるものであるとき
等、特段の事情が存する場合でない限りは、当該転勤命令は権利の濫用に
なるものではないというべきであるとの最高裁判例（最二判昭和 61 年 7 月
14 日判時 1198 号 149 頁・判タ 606 号 30 頁・東亜ペイント事件）の枠組で
主張疎明することになる。労働者側としては、業務上の必要性がないこと
または前記特段の事情を具体的に主張疎明するべきである。

2 保全の必要性について

　新職場に勤務する雇用契約上の義務が存在しないことが確認された場合、使用者が新たな就労場所を指定しない限り、旧職場において労務の提供があれば、賃金債権は消滅しない。

　したがって、賃金仮払仮処分が同時に申し立てられていた場合、将来、本案訴訟で債務者が勝訴しても、債権者（労働者）から仮払金を回収することは事実上不可能となるから、保全の必要性は強度でなければならないと思われる。

　この点は、被保全権利の存在を基礎付ける「労働者に対し通常甘受すべき程度を著しく超える不利益」と重なる場合が多いと思われる。もっとも、技能の低下、精神的肉体的苦痛、昇給等への影響等を理由に保全の必要性を肯定した裁判例もあるが、たとえば、同じ勤務地における単なる部内異動や職種の変更では、特段の事情がない限り、保全の必要性は肯定するのは困難であると思われる。

　いずれにせよ、労働者側としては、単なる精神的苦痛を述べるだけではなく、当該転勤命令により労働者が被る不利益を詳細具体的に客観的事情に即して主張疎明するべきであろう。

V　解雇の事前差止めを求める仮処分

　時折、退職勧奨を受けた労働者が、解雇される前に解雇の事前差止めを求める仮処分を申し立てることがある。

　まず、何が被保全権利となるか問題となるが、解雇権の不存在確認請求権と解したとしても、解雇権という形成権を行使した効果を争えば足り、形成権行使前に形成権の不存在を確定する利益や必要性がない。また、被保全権利を解雇不作為請求権と解したとしても、労働契約上、このような不作為請求権を導くことができるのか疑問である。

　次に、保全の必要性についても疑問があり、解雇されてから賃金仮払仮処分を申し立てることができるから、事前に解雇の差止めを求める保全の

必要は乏しいと思われる。

Ⅵ 労働者側の主張疎明の留意点

1 「保全の必要性」として求められる具体的な疎明事項

　従前、保全の必要性について、抽象的に「保全の必要性がある」と記載し、何らの疎明をしないか、陳述書のみで抽象的に疎明する例が珍しくないが、これまで述べてきたように、このような申立ては、当然にさらなる主張疎明が必要となり、迅速処理を目的とする民事保全制度と矛盾しているといわざるを得ない。

　債権者（労働者）においては、申立ての当初より、保全の必要性に配慮した準備が必要である。具体的には、債権者の家族構成、必要経費（生活費、借家の場合の家賃、住宅ローンの額、就学する子供の学費、病人の治療費等）、保有資産の有無および内容、アルバイト・副収入の有無および額、配偶者等の収入の有無および額、保有資産の有無および内容、親族や支援団体の援助の有無および額等について、保全の必要性を基礎付ける事情として具体的に主張するべきである。

　そして、主張する際には、住民票、所得証明や給与振込口座の通帳等客観的資料を申立書、準備書面で逐一引用しつつ、これらを疎明することが必要である。特に預金通帳は、疎明資料として重要であるから、クリーンコピーを取り、末尾だけではなく全部を資料として提出することが望ましい。

2 「保全の必要性」の重要性

　なお、仮処分の必要性の存否について審理判断する前に被保全権利について審理判断しなければならない必然性はない。被保全権利の存否について判断することなく、保全の必要性がないとして、申立てを却下することができる。

仮処分の必要性がないことを理由に申立てを全部却下する例は少ないが、これは、裁判所から保全の必要性の疎明が足りないとの示唆を受けて、債権者が申立てを取り下げ、本案または労働審判を提起することが多いからである。

したがって、申立てに当たっては、保全の必要性についても十分に意を払い、債務者から、保全の必要性について釈明され、結局取り下げざるを得なくなることのないよう注意しなければならない。

Ⅶ 使用者から申し立てる仮処分

職場占拠に伴う争議行為に関して、労働組合に対し、所有権、占有権及び営業権に基づく妨害排除請求権を被保全権利として、使用者の所有する不動産の明渡し等を仮に求める場合がある（結果的に否定された例として、大阪高決平成28年2月8日労判1137号5頁・きょうとユニオン（iWAi分会）事件）。

その他、考えられるものとして、労働組合が、使用者の本社前、社長宅前やその近隣等で、シュプレヒコールやビラ配布をするなど街宣活動をするとして、使用者が、労働組合またはその組合員を相手方として、これらの差止めを求める場合がある。

この点については、「労使関係の場で生じた問題は、労使関係の領域である職場領域で解決すべきであり、企業経営者といえども、個人として、住居の平穏や地域社会における名誉・信用が保護、尊重されるべきであるから、労働組合の諸権利は企業経営者の私生活の領域までは及ばないと解するのが相当である。したがって、労働組合の活動が企業経営者の私生活の領域において行われた場合には、当該活動は労働組合活動であることのゆえをもって正当化されるものではなく、それが、企業経営者の住居の平穏や地域社会における名誉・信用という具体的な法益を侵害しないものである限りにおいて、表現の自由の行使として相当性を有し、容認されることがあるにとどまるものと解するのが相当である。したがって、企業経営者は、自己の住居の平穏や地域社会における名誉・信用が侵害され、今後

も侵害される蓋然性があるときには、これを差し止める権利を有しているというべきである。」との枠組が参考になる（東京地判平成16年11月29日労判887号52頁・JR東海事件、東京高判平成17年6月29日労判927号67頁・旭ダイヤモンド工業（東京・中部地域労働組合）事件）。

Ⅷ　労働組合の内部関係に関する仮処分

　組合の非民主的運営による組合員の権利の侵害、労働組合による統制処分などに当たって、その差止仮処分等が求められる場合がある。

　この労働組合の内部関係に関する仮処分は、内部運営への介入の度合いが極めて強度であり、団結自治を侵害する強い危険性ももっているとしながらも、組合員の重大な権利が侵害されるおそれがあって、しかも事後的救済では救済の実をあげることができない事情がある場合には、やむを得ないこともあるとする考えがある（西谷・労組法105頁）。

　すなわち、役員選挙に当たって平等な選挙権・被選挙権が保障されることは、組合員の最も重要な権利であり、組合民主主義の不可欠の前提であるとし、この選挙権・被選挙権を制約する規約条項は無効であり、同じくそれを不当に制約する機関の決定も無効であるとする立場から、非民主的な手続でなされた役員の選挙の無効確認のほか、事情によっては、役員選挙の差止仮処分、候補者たる地位を仮に定める仮処分を命じ得ると解すべきであり、裁判所も基本的にそうした立場を取っていると主張する（西谷・労組法110頁）。

　確かに、中央執行委員「選挙」立候補者たる地位にある旨の仮処分がなされた事例（東京地決昭和61年8月7日労判481号46頁・雪印乳業労働組合事件）、「組合員再確認書」の不提出をもって組合員資格を否認することは許されないとし、労働組合員の組合員たる地位にあることを仮に定めた事例（東京地決昭和55年7月21日労判346号16頁・全電通福島県支部事件）等が存在する。

　しかし、一方で、争議行為等による免職処分に対する闘争を終結するとの方針に基づき、いわゆる犠牲者救済の打ち切りと被免職処分者の組合員

資格の剥奪を行った組合に対し、被免職処分者が、組合員たる地位確認の仮処分を申し立てたところ、「そもそも地位保全の仮処分は相手方の任意の履行を期待する仮処分であるだけでなく、前記のように債務者の前記方針は中央執行委員会で決定されたうえ、最高決定機関である全国大会の承認を経ているものであることからすると、早期の方針変更の可能性は極めて少なく、本案判決を待ったのでは債権者らに著しい損害が生じたり急迫な危険が生じたりするとは認め難い。また、債権者らが主張するその他の必要性も、結局は債務者の運動方針を変更させるための活動の必要性であるから、その可能性が極めて少ない以上、仮に債権者ら主張の事実が疎明されたとしても、そのことによって保全の必要性が認められるものではない」、「以上のとおりであるから、仮に債権者らに対する中央執行委員会の組合員資格喪失決定が無効であり、被保全権利の存在が認められるとしても、保全の必要性があるとは認め難く、結局債権者らの組合員資格を仮に定める旨の仮処分の申立てもその理由がない。」とした事案がある（東京地決平成4年12月11日労判623号50頁・全逓信労組事件）。このような仮処分申立ては、任意の履行を求める仮処分に当たるところ、労働組合が裁判所の仮処分命令に従う旨述べている場合を除き、「債権者に生ずる著しい損害又は急迫の危険」が存在するのか疑問がある。

Ⅸ　不服申立て

1　保全異議

　申立てが認容された場合は、債務者は、仮処分命令を発した裁判所に保全異議を申し立てることができる（民事保全法26条）。また、執行停止を申し立てることができるが（民事保全法27条）、これが認められることは稀である。

　保全異議において、賃金仮払がなされていたにもかかわらず、仮処分命令が取り消された場合には、債務者（使用者）は、原状回復の裁判を申し立てることができる（民事保全法33条）。民事保全法施行前において、最

570　第29講　仮処分

三判昭和 63 年 3 月 15 日民集 42 巻 3 号 170 頁・宝運輸事件は、賃金仮払仮処分命令が取り消された事案において、本案訴訟が係属中でも債務者は独立の訴訟によって仮払金の返還を請求することができるとした。そこで、独立の訴訟（緊急の必要性があれば、逆断行の仮処分）によって原状回復請求をする以外に、より簡易な手続である旧民訴法 198 条 2 項（民訴法 260 条 2 項）を類推適用して、当該仮処分命令の取消手続内で原状回復を命ずる裁判を求めることができるかどうかについて議論があったことから、民事保全法が本条を新設したものである（瀬木比呂志監修『エッセンシャル・コンメンタール民事保全法』（判例タイムズ社、2008）270 頁）。

　民事保全法 33 条は、①仮処分命令が取り消された場合、債権者（労働者）は給付を保持すべき理由を失い、これを返還すべき義務を負うこと、②債務者はこの返還請求権を保全異議の手続内で簡易な方法で行使できることを明らかにした。①については、旧法下においては、仮処分命令が取り消されても本案の敗訴判決が確定しないうちは取消の効力は遡及しないとの立場があったことから、これを否定し、仮処分制度の仮定性・暫定性および当事者双方の公平性の観点から、遡及効を認め、本案判決確定前であっても原状回復請求が可能であることを明らかにしたものである。②については、仮定的暫定的な裁判であるにもかかわらず債権者に断行の仮処分という強力な手段を与えた以上、それが取り消される場合には、債務者の返還請求権を迅速に実現するために逆断行の仮処分に類似する救済を与えるのが公平であるとの考えに基づく。

　したがって、この点でも、債権者（労働者）は、十分な見通しをもって仮払仮処分を申し立てる必要がある。

　本条は、保全異議のほか、保全取消（民事保全法 40 条 1 項）および保全抗告（民事保全法 41 条 4 項）による仮処分命令の取消の場合に準用されている。

2　その他の不服申立て等

　このほか、債務者に認められた不服申立制度としては保全命令の要件で

ある被保全権利または保全の必要性が発令後に消滅するなどして不当になった保全命令の取消を求める保全取消（民事保全法38条）、仮処分により債務者に償うことができない損害を生じるおそれがあるとき、その他特別の事情がある場合に担保を立てることを条件に仮処分を取り消す特別の事情による保全取消（民事保全法39条）、本案の不提起等による保全取消（民事保全法37条）がある。

　仮処分命令が発令された後、本案訴訟において被保全権利が存在しないことが確定した場合、保全命令は違法なものであったことになる。そのような場合、債務者として保全命令を受けた者は、債権者に対して、損害賠償の支払を求めることができる。最三判昭和43年12月24日民集22巻13号3428頁・弘南バス事件は「一般に、仮処分命令が異議もしくは上訴手続において取り消され、あるいは本案訴訟において原告敗訴の判決が言い渡され、その判決が確定した場合には、他に特段の事情のないかぎり、右申請人において過失があつたものと推認するのが相当である。」と判示しつつ、「しかしながら、右申請人において、その挙に出るについて相当な事由があつた場合には、右取消の一事によつて同人に当然過失があつたということはでき」ないと判示した。

3　債権者（労働者）による不服申立て

　申立てが却下された場合は、債権者（労働者）は、告知を受けた日から2週間以内の不変期間内に即時抗告することができる（民事保全法19条1項、民訴法331条、286条）。

　審理手続は、民事保全法7条による民訴法331条、297条の準用によって、1審の保全命令手続に関する規定（民事保全法12条ないし18条）による。即時抗告を申し立てても、即時抗告には保全命令の執行力を停止する効果はないので、保全命令の執行力を停止しようとする場合には、即時抗告の申立てとともに、即時抗告に伴う執行停止の申立てをもしておく必要がある（民訴法334条参照）。

　原決定を取り消し、仮の地位を定める仮処分命令を発するときは、口頭

弁論または債務者が立ち会うことができる審尋の期日を経なければ、これを発することができない（民事保全法23条4項）が、この規定は抗告審にも準用される。

　高等裁判所の即時抗告却下決定に対しては、再抗告は許されない（民事保全法19条2項）が、最高裁判所への許可抗告（民事保全法7条、民訴法336条）は可能である。

参考文献

・　林豊「仮処分」新大系16・労働関係訴訟Ⅰ230頁。
・　飯島健太郎「賃金仮払仮処分の必要性」新大系16・労働関係訴訟Ⅰ249頁。
・　滝澤孝臣「賃金仮払仮処分の必要性(1)」大系5・労働訴訟115頁。
・　古館清吾「賃金・退職金等仮払の仮処分の必要性」鈴木忠一ほか監修『新・実務民事訴訟講座11　労働訴訟』（日本評論社、1982）247頁。
・　納谷肇「従業員の地位保全仮処分及び賃金仮払仮処分の必要性について」判時1270号3頁。

第30講
労働審判制度

白石　哲

I　はじめに

　労働審判手続が開始された平成18年4月から現在（平成30年4月）までに12年が経過した。労働審判制度は、裁判官である労働審判官1名と、最高裁が任命した民間の労働関係に関する専門的な知識経験を有する労働審判員2名の合計3名で構成される労働審判委員会（なお、労働審判員は、全国的な労使団体が選任し推薦した者から任命され、各労働審判委員会においては労使それぞれ1名ずつが構成員となる）が、個別労働関係民事紛争について審理し、調停成立による解決の見込がある場合には調停を試み、調停による解決に至らない場合には労働審判を行うことにより、紛争の実情に即した迅速、適正かつ実効的な解決を図る制度である。労働審判制度は、労使専門家の司法手続への参加、3回以内の期日での迅速処理、口頭主義、調停を包摂した審判手続、審判に異議ある場合の通常訴訟への移行等の特徴を持った、これまでにない新しい個別労働紛争解決の制度である。

　労働審判制度は、司法制度改革の目玉の1つであったが、これまで、開始当時の予測を大きく上回る利用がされ、多少の変動はあるものの申立てから平均して70日余りで、7割を超える事件が調停によって終局しており、さらに、かなり複雑困難な事案も申し立てられるようになるなど、この手続は、関係者の熱心な努力もあって個別労働紛争解決の手段として、実務に確実に定着し成功したといえるであろう。

　本講では、東京地裁における労働審判手続の運用の概要を説明した上で、労働者側、使用者側の労働審判における留意点について、説明した

い。

　以下、労働審判法を「法」と、労働審判規則を「規則」と、労働審判委員会を「委員会」と、労働審判官を「審判官」と、労働審判員を「審判員」と略称する。

Ⅱ　東京地裁における労働審判事件の概要

　東京地裁においては、全国の約3割の労働訴訟事件および労働審判事件を取り扱っているが、平成28年12月末までの統計資料に基づき、労働審判事件の動向について紹介しておきたい。

1　事件数の動向──事件の激増と高止まり

　労働審判手続が開始された平成18年4月以降の東京地裁本庁における労働審判事件の新受事件数は、平成18年度（4月から12月）258件、平成19年度485件、20年度711件、21年度1140件、平成22年度1053件（なお、平成22年4月から立川支部でも労働審判事件が取り扱われるようになり、同年4月から12月までの立川支部の新受件数は53件である）、平成23年度1021件（立川支部79件）、平成24年度991件（立川支部62件）、平成25年度973件（立川支部73件）、平成26年度983件（立川支部70件）、平成27年度1056件（立川支部73件）、平成28年度970件（立川支部65件）である。このように、制度導入から平成21年度までは、前年度の1.4倍から1.6倍といった新受事件の激増が続き、その後は、概ね1000件前後の事件数であって、高止まりの状況にある。

　なお、東京地裁労働部（本庁）で取り扱っている労働仮処分事件は、労働審判制度が導入されてから減少していたが（平成18年138件、平成19年111件、平成20年118件）、これは、労働審判制度が導入されたことにより、それ以前は仮処分事件として申し立てられていたものが労働審判手続に移行したためとも解されていた。しかし、労働審判事件が著しく増加した平成21年度において、労働仮処分事件は、再び前年度比77％増の

209 件と急増し、平成 22 年度 181 件、平成 23 年度 160 件であることからすると、雇用経済状況悪化の影響を受けて、その当時、労働紛争自体が増加し、労働仮処分事件も高止まりの状況に至ったものと考えられる。

2 事件種別

　労働審判手続における事件類型は、多岐にわたっているが、労働者が解雇や雇止めの無効を主張して、地位確認や未払賃金の支払を求める事案が半数程度を占める。そのほかに、賃金、退職金、解雇予告手当、残業代等のみを求めるものや、セクハラ・パワハラによる損害賠償を求めるものもある。事件の中には、就業規則の不利益変更が問題になったり、整理解雇事案や労働災害と認められるか否かが争点となったりするような複雑な事案も増加している。また、これまでの傾向として、労働者が、単純に解雇等の無効を主張して地位確認と未払賃金の支払を求めるだけでなく、これらに加えて、残業代の請求をしたり、解雇に至る経緯の中での上司からの違法な退職強要があったとして慰謝料の支払を求めたり、さらには上司のパワハラによって精神疾患（うつ病が多い）に罹患したとして損害賠償を求めるような、複数の請求を合わせて申し立てる事案が増加している。加えて、最近では、複数の請求の中に残業代請求が含まれる事件が顕著に増加していると感じられる。

3 終局事由

　終局事由については、平成 23 年 12 月までの統計資料においても、調停成立が圧倒的で、全体の 72％である。そのほか、同資料によると労働審判によるものが 17％、後記の 24 条終了によるものが 3％、取下げが 8％である。労働審判をした事件についても、そのうち 37％は、双方からの異議がなく確定しており、また、取下げの中には、実質的な解決がされたため取下げに至ったものも相当数あるため、結局、80％以上の事件が労働審判手続の中で解決しており、労働審判手続が個別労働紛争の解決手

段として、極めて有用であることを示しているといえよう。

　そして、ここ数年においても、平成25年は調停成立が72.5％、審判が17.6％、24条終了が1.9％、平成26年は調停成立が67.4％、審判が20.5％、24条終了が3.1％、平成27年は調停成立が66.9％、審判が17.9％、24条終了が4.4％、近時の平成28年は、調停成立が71.5％、労働審判が15.1％、24条終了が1.5％、取下げが9.6％となっている。平成28年の審判で終局した事件のうち33.8％の事件が審判に対して異議が出されず確定しているし、また、異議が出されて訴訟移行した事件でも、労働審判をたたき台として早期に和解に至るものもある。労働審判が申し立てられた事件のうち、調停や確定した審判によって75％以上が労働審判の手続の段階で解決に至っているのは、労働事件の特性に加え、特に非公開の手続で早期に、かつ柔軟な解決に至るというメリットが双方にあることが原因といえよう。

　なお、委員会が「事案の性質に照らし、労働審判手続を行うことが紛争の迅速かつ適正な解決のために適当でないと認めるとき」（法24条1項）に行われる24条終了であるが、委員会としては、複雑な事案であっても、極力、24条終了することを避けて、調停成立を目指して粘り強く努力しているのが実情であり、前記統計上もこのことを裏付けている。現実に24条終了となったものは、当事者が多数の事案、背景に会社と組合との深い対立がある事案、経理担当者の横領が問題となって長期間にわたる帳簿の精査が必要な事案、2年間にわたる具体的な時間外労働の実態が鋭く争われている残業代事案などである。

4　代理人の選任状況

　労働審判手続は、主張や証拠を第1回期日までに一括して提出することを予定しており、専門家である弁護士が代理人となることが相当であると解されるところ、東京地裁においては、平成23年までは双方に弁護士がついている事件が72％であり、他方、弁護士を依頼せず、本人で申し立てる事件は11％、申立てを受けて弁護士を依頼せずに対応する事件が

12％であった。

そして、平成28年12月までの状況をみると、双方に弁護士がついている事件が全体の9436件中、7064件の約75％であり、他方、弁護士を依頼せず、本人で申し立てる事件は947件で約10％、申立てを受けて弁護士を依頼せずに対応する事件が409件と約4.3％であり、代理人選任率は、特に使用者側で増加しているといえる。

5　審理期間等

労働審判手続の申立てから終局するまでの日数は、東京地裁においては、平成23年当時までは平均68.42日（全国平均73.6日）であり、この審理期間は、制度発足当初に比して短くなっている傾向にある。

また、労働審判手続は、特別の事情がない限り3回以内の期日で審理を終結しなければならないところ（法15条2項）、ごくわずかな例外（全体の3％程度）を除いて、3回以内の期日で終結していた。そして、実際に労働審判手続が終局（この中には、調停成立、労働審判および24条終了を含む）する期日で最も多いのは、第2回期日（全体の約38％）であり、次いで、第3回期日（全体の約32％）であるが、第1回期日においても約25％の事件が終局していた。

ただし、最近の平成28年の平均審理期間は、77.37日であり、平成27年（76.50日）に比しても若干長期化しているし、90日を超える事件が26.8％（平成27年は24.2％）あり、やや長期化している傾向が指摘できる。もっとも、終局時までの期日回数を見ると、平成28年は、第1回期日で終局するものが37.4％（平成26年が25.7％、平成27年は30.6％）、第2回期日で終局するものが39.9％（平成26年は41.3％、平成27年は43.9％）、第3回期日で終局するものが20.7％（平成26年が29.9％、平成27年は24.2％）であり、期日回数は、ここ数年は減少傾向にある。平均審理期間が長期化している原因としては、複雑困難な事案が持ち込まれている可能性や第1回期日までの期間が以前より長期化している可能性も考えられる。

Ⅲ　東京地裁における労働審判手続の審理の実情等

1　第1回期日の指定等

　申立てがされてから、おおむね 40 日以内に第 1 回期日を指定している（規則 13 条参照）。そして、裁判所から相手方に対して、申立てがされてから速やかに、申立書および証拠書類の写しとともに、期日呼出状および答弁書催告状（答弁書の提出期限は、第 1 回期日の 7 日前程度とすることが多い。規則 14 条 2 項）を普通郵便で送付しているが、併せて、①労働審判手続の概要、答弁書提出および期日変更についての注意事項等を記載した「注意書」と②委任状および答弁書等の提出に関する留意事項と期日までに十分な準備をすることや事情をよく知る担当者等の同行について協力を求める「労働審判事件の相手方代理人となられた皆様へ　労働審判事件の進行について」と題する書面も送付している。

　期日の変更については、審判員を指定するまでの間（通常は、第 1 回期日の 2 週間から 3 週間前までの間）に、相手方から期日変更の申立てがあった場合は、申立人の意向や具体的な変更理由等も考慮しつつ、認めることがあるが、その時期を過ぎてしまうと認めない運用をしている。

2　第1回期日の審理方法

⑴　主張証拠の一括提出

　労働審判手続は、第 1 回期日が正念場である。労働審判手続の特色として、当事者は、主張立証責任にとらわれることなく、主張書面や証拠書類を事前に一括して提出する必要があり（一括提出主義。規則 9 条 1 項ないし 3 項、16 条 1 項・2 項）、小出しに主張立証することは想定されておらず、第 1 回期日において、争点整理（単純な事案では、ほとんど時間がかからない）、証拠調べ、引き続いて調停手続を行っている。

　制度開始当初は、第 1 回期日は、1 時間半程度の枠をとっていたが、そ

Ⅲ　東京地裁における労働審判手続の審理の実情等　　579

れでは時間を超過することが多く、2時間程度の枠をとることに変更したが、それでも時間を超過することも多い。

⑵　事前評議

第1回期日の30分程度前から審判官と審判員2名で事前評議を行っているが、ここでは、あらかじめ検討している双方の主張や証拠に基づいて、事件の争点を確認し、事実認定上および法律上の問題点についての意見交換を行い、その段階での印象や事件の見通し、期日に出頭した本人や関係者に対する審尋の内容、解決の方向性等についても評議している。審判員は、審判官と同様ないしそれ以上に、詳細に記録を検討し、細かいメモを作成して評議に臨んでいることが多い。

⑶　労働審判手続における事案解明

第1回期日の開始にあたって、委員会メンバーの自己紹介の後、当事者双方の出席者を確認するが、近時は、それに引き続いて審判官から労働審判手続きの流れや進行について説明することが一般的である。この説明によって、本人らに労働審判手続についての理解を深めてもらい、その後の円滑な進行に役立つといえよう。

その後、提出済みの申立書や答弁書の記載や口頭の補充説明等によって争点を整理した上で、証拠書類の取調べを行い、本人や関係者を対席で審尋している。基本的には、審判官から質問することが多いが、審判員も適宜質問をし、代理人から質問することもあり、形式にはこだわっていない。一般的に、労働審判における審尋は、関係者の対席の下で、紛争が発生してからさほど時間も経過していない時期で、いわば双方があまり鎧を付けていない状況下で、生の事実について対質的な質問も行うため、関係者からは飾らない回答が引き出されることが多く、心証形成が容易である。

委員会が評議をする前に、当事者双方に対して言い足りない点はないか、評議をするに当たって、特に留意して欲しいことがあれば述べるように促して証拠調べ（審尋）を終えている例も多い。

⑷ 証拠調べ後の進行

そして、証拠調べが終わった段階で、当事者双方に退席してもらい、委員会で、審尋の結果等を踏まえて評議を行って心証を確認し、解決の方向性についても検討した上で、今度は、個別に、当事者から解決に向けての意見聴取を行うなどの円満な解決へ向けての調停手続きに入る。この場合、委員会が、個別の意見聴取に想定されるおおよその時間を双方に告げておくと、待っている当事者のストレス緩和になるし、意見聴取を受けている当事者もその時間内に意見をまとめて述べる努力をすることになるから円滑な進行に役立つ。

この調停手続の過程では、当事者双方に、事件の見通しも告げた上で、委員会としての具体的な解決案（調停案）を示すこともある。

第1回期日で、調停が成立するなどして、25％ないし30％を超える事件が解決していることも、前記のとおりである。なお、使用者側は、紛争の具体的事情を知る申立人（労働者）の直接の上司等の担当者だけではなく、決定権限のある役員等も同席していると、労働審判手続で行われたことやその場の雰囲気というものが直接理解されるし、持ち帰って社内で検討するといった過程が省かれ、解決も早くなるため、極力、同席させることが望ましい。後記のとおり、第1回期日に使用者側に決定権限のある者が参加していなかったために、紛争の早期解決の機会を逃すこともある。

3　第2回期日以降の審理

基本的に、第1回期日で、事案解明のための審理は終了しており、補充立証等がされることもないではないが（重要証人が第1回期日にどうしても出席できなかった場合とか、時間外労働等に対する割増賃金の請求の事案で、第1回期日での審理の結果、一定の休憩時間がとられていたことを前提としたり、賃金の一部を固定残業代として扱ったりするのが相当であるとして、当事者に再計算を指示する場合もある）、第2回期日以降は調停成立に向けての手続が行われる。

第2回期日以降は、事案にもよるが、1時間程度の枠で行うことが多い。第1回期日で、委員会の具体的調停案まで提示ができている場合は、第2回期日の冒頭に調停が成立することが多いが、複雑な事案の場合は、第2回期日での双方の意見聴取の結果を踏まえて、調停案を提示することになる。

4　調停の内容等

　調停の内容は、もちろん、具体的事案や証拠調べの結果による心証によって様々である。全体の半分以上を占める解雇事案については、解雇は有効とは認められない可能性が高くとも、紛争となって双方の信頼関係が喪失され、現実的には労働者の職場復帰が困難となっており（労働者も職場復帰を希望しない場合も多い）、合意退職をした上で、使用者（会社）が解決金を支払うものがほとんどであるといってよい。解決金の額については、ケースバイケースというしかないが、解雇が有効か否かの委員会の判断とそれが訴訟で維持されるかどうかの見通しが最重要であり、これに、双方の問題点の有無・程度（たとえば、結論的に解雇が無効との心証が形成されていたとしても、労働者の勤務成績や就業態度にも、かなりの問題が指摘される場合もある）、就労期間の長短、再就職の見込み、具体的給与額、現在の労働者および家族の生活状況、会社の支払能力等の諸般の事情を総合判断して定めることになる。

　また、専ら使用者側からの希望で、調停条項に、労働審判手続の審理の経緯および調停内容についての守秘義務を盛り込むことも少なくない。

　労働審判事件については、前記のとおり、70％程度が調停による迅速な解決がされているところ、調停成立後、申立人と相手方双方から、ほっとした表情で礼を述べられると、審判官として、改めて充実感とやりがいを覚えるところであり、審判員も同様の感想を述べている。

5 労働審判の主文等について

労働審判手続では調停を試みるが、これが不調となった場合は、手続の終結を宣言した上で、口頭で、労働審判を行っている。労働審判は、「審理の結果認められる当事者間の権利関係及び労働審判手続の経過を踏まえて」（法20条1項）行うものであり、「個別労働関係民事紛争の解決をするために相当と認める事項を定めることができる。」（法20条2項）ものであって、判決と異なって、かなり自由度が高く、柔軟な内容を盛り込むことができる。

主文には、いわゆる「判決主文型」といわれる通常の判決に類似したものと、いわゆる「調停条項型」といわれる調停条項に類似したものに分類されるが、「判決主文型」の割合は少なく、現実には、委員会が、双方に調停案として示した内容を労働審判の主文の内容とする「調停条項型」がとられることがほとんどである。

労働審判は、当事者や関係者が出頭している労働審判手続の期日において、審判官が、その主文および理由の要旨を口頭で告知する方法で行われており（法20条6項）、委員会が争点に関して認定した権利関係、当該紛争の解決のために相当と認めた方法を定めるに至った経緯や判断の要旨も口頭で説明している。なお、既に、委員会が調停案提示の際に、前記の内容等を詳細に説明している場合には、労働審判の理由について簡略な説明にとどめている。

6 労働審判に対する異議申立て

当事者は、労働審判に対し、審判書の送達または労働審判の告知を受けた日から2週間以内（不変期間）に、裁判所に対し、異議の申立てをすることができる（法21条1項）。異議の申立ては、書面でしなければならず（規則31条1項）、労働審判に対して適法な異議の申立てがあったときは、労働審判はその効力を失い、労働審判手続の申立てにかかる請求については、当該労働審判手続の申立てのときに、当該労働審判が行われた際に労

働審判事件が係属していた地方裁判所に訴えの提起があったものとみなされる（法21条3項、22条1項）。

　訴えの提起が擬制された場合、労働審判手続の申立書等は訴状とみなされる（法22条3項、規則32条）が、その他の労働審判事件の記録は訴訟には引き継がれないため、当事者は改めて訴訟において主張書面、証拠書類を提出する必要がある。この場合、労働審判手続を経て、双方の主張は整理され、事実関係も解明された点があるのであるから、東京地裁では、申立人（原告）に対し、労働審判手続の審理を踏まえ、法的主張等を整理し直した準備書面（訴状に代わる準備書面）の提出をするよう促している。この異議訴訟においては、既に、労働審判手続において主張整理等が行われてきていることから、第1回期日から弁論準備手続に付して、裁判所と当事者間で、進行等についての突っ込んだ意見交換をしている。

　なお、通常訴訟に移行した異議事件をこれに先行する労働審判事件を担当した裁判官が担当したとしても、違法の問題は発生しないが（最三判平成22年5月25日判タ1327号67頁・小野リース事件も「民訴法23条1項6号にいう『前審の裁判』とは、当該事件の直接又は間接の下級審の裁判を指すと解すべきであるから、労働審判に対し適法な異議の申立てがあったため訴えの提起があったものとみなされて訴訟に移行した場合において、当該労働審判が「前審の裁判」に当たるということはできない。したがって、本件訴訟に先立って行われた労働審判手続において労働審判官として労働審判に関与した裁判官が本件の第1審判決をしたことに違法はない。」と判示している）、東京地裁においては、通常訴訟に移行した異議事件を担当するのは、当該労働審判事件を担当した裁判官（審判官）以外の裁判官が担当する運用をしている。

Ⅳ　労働者側の留意点

1　紛争解決のための適切なメニュー選択

　まず、個別労働紛争解決のための手段には、種々のものがあり、適切な

584　　第30講　労働審判制度

メニュー選択が重要である。すなわち、個別労働関係民事紛争を解決する方法としては、労働審判手続のほかにも民事通常訴訟、少額訴訟、民事調停、民事保全など裁判所における紛争解決手続、労働局長による紛争解決援助や紛争調整委員会によるあっせんなど行政機関による紛争解決手続がある。これらの手続にはそれぞれ一長一短があり、どの手続を選択するかが、当該紛争を迅速かつ適正に解決するため極めて重要となるのであって、労働審判手続による解決が相応しい事件か否かを吟味すべきである。

　たとえば、賃金の未払事案で、当事者間に未払賃金額等についての争いは全くなく、ただ分割払いの額や支払方法についての交渉だけが予定されているものについては、その解決に審判員の労働関係に関する専門的知識経験の利用が必要とは解されず、簡裁での調停を利用するのがより適切であろうし、背景に、団体紛争があったり、労災問題があったりして、当事者の対立が激しく複雑な事案で、解決のために譲歩を基本的に考えていない場合には、当初から訴訟手続を利用するのが相当であると考えられる。

2　1労働者1申立ての遵守

　労働審判手続は、3回以内の期日という制約の中で、審判官以外の審判員も加わった合議体が、期日における口頭のやりとりで心証を形成して、具体的事案の迅速な解決を図る制度である。この点、複数の申立人からの請求であると、主張する内容や証拠も多くなることから、どうしても事案解明に時間がかかるし、審理が錯綜することも少なくない。さらに、調停の段階に至っても、各申立人の勤務期間や再就職の見込み等、個別事情が異なるのに、当事者のいずれかが画一的な解決に拘るような場合は、労働者ごとの柔軟な解決が困難となるおそれもある。したがって、同一企業に勤務する複数の労働者が申立てをする場合であっても、上記の労働審判手続の性質等にかんがみ、労働者ごとに、個別の申立てをするのが相当であるし、迅速な解決の早道ともなろう。

　近時は、上記の点についての申立人側（労働者側）の理解も進んできているようである。なお、委員会としては、一括処理が相当と解される場合

は、当事者の便宜等を考慮して、事案に応じて、複数の申立てを併合したり、併合手続はとらないが、複数の事件を同時に進行させるなどしたりして、柔軟な方策をとることも多い。

3 管轄と付加金請求

(1) 管轄について

　労働審判事件については、通常の民事訴訟事件と異なり、申立人の住所地には管轄はないが、この点を看過した申立ても時折見受けられる。

　労働審判手続は、①相手方の住所、居所、営業所もしくは事務所の所在地を管轄する地方裁判所、②個別労働関係民事紛争が生じた労働者と事業主との間の労働関係に基づいて当該労働者が現に就業しもしくは最後に就業した当該事業主の事業所の所在地を管轄する地方裁判所、③当事者が合意で定める地方裁判所に申し立てなければならない（法2条）。応訴管轄は認められず、管轄のない裁判所に誤って労働審判手続の申立てがされた場合には、申立てによりまたは職権で管轄のある裁判所に移送される（法3条）。迅速な解決を求めて労働審判手続を申し立てたのに、管轄を誤ると、移送手続に要する時間を浪費する結果になってしまうため、申立人としては、留意が必要である。

(2) 付加金について

　付加金（労基法114条）は、「裁判所」の判決によって命ぜられるものであるところ、労働審判は、「労働審判委員会」が行うものであり（法20条1項）、その労働審判は、適法な異議の申立てがなかった場合にでも裁判上の和解と同一の効力を有するにすぎない（法21条4項）。よって、付加金は、その性質に照らして労働審判の対象外と解するのが相当であり、実務上も、付加金請求の申立てがあっても、これを付する労働審判をしていない。

　ただし、労働審判に対して適法な異議の申立てがあった場合または委員会が事案の性質に照らして労働審判事件を終了させた場合には、労働審判

手続の申立ての時に、労働審判事件が係属していた地方裁判所に訴えの提起があったものとみなされる（法22条1項、24条1項・2項）ことから、労働審判手続申立て時に付加金請求の申立てをしておけば、申立て時に付加金についての2年の除斥期間（労基法114条ただし書）の進行を中断させることができる。このように付加金請求について除斥期間の経過を防止するため、労働審判手続の申立て時から付加金請求をしておく必要性もあることから、東京地裁においては、申立書に付加金請求の記載があったとしても、この取下げを求めたりはせず、労働審判をする際に、その主文において、付加金請求については「申立てを棄却する」または「申立てを放棄する」としている（判タ1315号28頁の鈴木拓児判事の「付加金」についての論稿参照）。

4 第1回期日に向けての充実した準備

(1) 充実した申立書の記載

　労働審判手続においては、第1回期日が天王山であるから、それまでに、主張と証拠を出し切っておく必要があり、第1に、委員会が事案全体を理解できるように、わかりやすく充実した申立書を提出しなければならない。

　申立書には、申立ての趣旨および理由（申立ての理由は、申立てを特定するために必要な事実および申立てを理由づける具体的事実を含むものでなければならない（規則9条2項））以外にも、次の実質的記載事項（法5条2項、規則9条1項）を記載しなければならない。

① 予想される争点および当該争点に関連する重要な事実

② 予想される争点ごとの証拠

③ 当事者間においてされた交渉（あっせんその他の手続においてされたものを含む）その他の申立てに至る経緯の概要

　時折、通常事件の簡略な訴状のように、申立ての理由が簡略に述べられているだけで、規則9条に定める必要的記載事項が欠落しているものがあるが、代理人としてかかる申立書を作成することについては、大きな反

省が必要である。

　さらに、申立書の必要的記載事項として「当事者間においてされた交渉その他の申立てに至る経緯の概要」を掲げてあるように、労働審判手続においては、当事者間での事前交渉がされることを予定しているといえるが、事前交渉が不十分なまま申し立てると、相手方の対応も予測できないし、3回以内の期日で解決をするという労働審判手続の目的が達成できないおそれもある。

　なお、細かい点であるが、相手方（会社）の資格証明として、代表者名のみが記載された証明書を提出する例が散見されるところ、会社の設立時期、目的、資本金、役員のすべてが記載された全部事項証明書を提出するのが相当である。相手方が誰でも知っているような企業ならともかく、相手方がどのような企業であるのかをあらかじめ把握する材料を委員会は欲しているのであって、全部事項証明はその一助となる（相手方の会社のホームページを印刷したものや会社のパンフレットなどがあるのであれば、それを提出することも考えてよい。要は、委員会に企業の概要も含めて、事業の内容を的確に理解してもらうための分かりやすい資料の準備が必要ということである）。

(2)　出頭する関係者等

　労働審判手続を担当する代理人（労働者側、使用者側を問わない）としては、事案解明を行う第1回期日に、申立人本人や事案をよく知る関係者を同行することは、必須である。当該期日に、代理人だけで出席したとしても、代理人自身は、事実を知らないのであるから委員会からの質問に答えようがないし、労働審判手続は、次回までに追って準備するというようなゆったりとした手続ではない。また、当事者から申立書等に記載するなどして、前もって出頭予定の関係者が知らされていれば、委員会としても、全体的な証拠調べ（審尋）の予定や、当該関係者から聴取する事項について議論もできて有用である。

588　　第30講　労働審判制度

⑶ 事前交渉の重要性

前記⑴の「充実した申立書の記載」の項でも述べたが、事前交渉も行わず、いきなり労働審判を申し立てると、相手方の対応方針も分からず、争点も明確にならないままに労働審判手続きに臨むことになって、迅速な解決を阻害することになる。事前交渉を経ておくことは、期日の制限等がある労働審判の性格に照らして極めて重要であるが、近時は、申立人代理人側に、事前交渉を試みるのが紛争の適正・迅速な解決に極めて重要であるとの認識がかなり浸透してきているようである。

5　割増賃金請求事件における労働審判手続利用の際の注意点

近時、労働審判手続においても増加が目立つ割増賃金請求事案について述べておきたい。

割増賃金（残業代）請求事件は、対象期間中の労働日ごとの労働時間が主要事実となり、この点が争われれば、細かく労働日ごとの労働実態の解明が必要になること、管理監督者、変形労働時間制、裁量労働制などの法定労働時間制の除外、例外などの会社の労働時間制度そのものが問題となることが多く、複雑困難な部類の類型として、労働審判にはなじまないとされてきた（座談会「労働審判制度」判タ1194号4頁以下［山口均裁判官発言部分8頁］参照）。しかし、現実には、労働審判手続においては、割増賃金請求事件も数多く申し立てられており、また、割増賃金のみを求める事案に加えて、解雇や雇止め無効を主張する地位確認の事件において、未払残業代の請求が伴っている例も多く、このような残業代が問題となる事案の多くが労働審判手続において、迅速に、合理的で実効的な解決をみている実情にある。

3回以内の期日（主張証拠の提出は第2回期日まで）での解決を目指す労働審判手続においては、日々の労働時間、労働実態の解明を緻密に行った上、これを積み上げていくという審理は想定されておらず、割増賃金請求事件の解決を目指す場合には、紛争全体を大枠でとらえて解決する、いわゆる「ざっくり型」の解決を視野において申立てをする必要があるが、

ざっくり型の解決を目指しているからといって、申立書自体が、いい加減でよいというわけでは決してない。申立の趣旨・理由としては、訴状に準じた内容を記載する必要があるし、最低限、その請求する割増賃金額合計を導く、1日ごとの時間外労働時間と割増賃金額が記載され、各月ごとの割増賃金額もまとめられた具体的な「割増賃金額一覧表」を添付することは必要である。仮に、実労働時間について、「毎日、所定労働時間を超えて少なくとも3時間は残業をした」という程度のごく大まかな主張をするとしても、表計算ソフトを利用して作成した前記一覧表に各労働日ごとの始業・終業時刻によって特定した労働時間を記載して申立書に添付すべきである。

委員会としても、このような一覧表もないままでは、申立ての相当性を検討することも困難であるし、また、審理が始まってから一覧表を作成しているようでは、委員会から審理の結果を踏まえたいくつかのシミュレーションに基づいた割増賃金額の算出を求められてもこれに対応できず、3回以内の期日で審理を終える労働審判手続での解決ができない事態に陥ってしまうおそれが大きい。

そして、基礎単価や休憩時間等について、大きな争いがある場合（固定残業代の有無が争点となっている場合、昼休み以外の休憩時間の有無が争点となっている場合など）において、申立人の主張する前提での「割増賃金一覧表」（第1案）に加えて、仮に、別の前提を置けば、このような割増賃金額となるというシミュレーションをした第2案、第3案の「割増賃金一覧表」を作成して申立書に添付することは、かかる複雑な事案の迅速かつ的確な解決に大きく役立つものである。

近時は、労働事件、とりわけ残業代事件に習熟した一部代理人の中には、待ち時間の間に、パソコンを駆使して割増賃金のシミュレーションを行って、これを即時に、委員会や相手方に提示することができる者もおり、これによって、残業代事件の解決に大いに寄与している例もある。

590　第30講　労働審判制度

6 解決に向けての基本的姿勢

　労働審判手続を利用するに際して、委員会の審理の結果を踏まえた意見や勧告を聴いて柔軟な対応をすることは、もちろん必要であるが、肝要なことは、当該労働紛争の解決に向けて、話合い解決をするのか、話合い解決をするとしてその方向性、譲歩するとしてその限界はどこまでか等の解決のための一定の基本ビジョンを持って、第1回期日から臨むことであり、これは労働者側、使用者側を問わない。

　そして、労働審判手続において、事案解明手続の後、その結果を踏まえて調停成立に向けて話合いがされる際には、交渉や駆引きの要素があることは否定できないものの、たとえば、労働者側の本音は、現職復帰は困難と考えており、退職を前提とし解決金を受領する方向での調停を考えているのに、解雇が無効なのであるから現職復帰をさせるべきであるといった建前論ばかり述べていたり、解決金の額についても、到底、相手方が応諾する余地のない高額の希望額を述べていたりすると、3回以内の期日を予定している労働審判手続において、実質的な話合いが十分にできずタイムアウトになってしまう可能性も高い。当事者双方共に、当初から、率直に、解決のための本音を述べ、思い切った提案、ぎりぎりの譲歩案を示すくらいの態度が必要である。

Ⅴ　使用者側の留意点

1　受け身の立場の使用者

　使用者は、ごくわずかに、債務不存在確認の形式で申立人となることもあるが、基本的には相手方となって、受け身で労働審判手続に臨む立場であり、申立てを受けて、第1回期日までの40日程度の期間（実質的には、答弁書等の提出期限は、委員会が検討するために、第1回期日の数日前に定められるから、申立書が郵送されてきてから、1か月程度の期間となる）で労働審判手続に向けての準備を整えなければならない。このように使用者側

は、申立てをする時期を選択できる申立人側と異なり、短い期間での密度の濃い準備をしなければならない負担があるが、将来的に労働審判手続の申立等が予測されるような労働紛争がある場合には、このようなことも念頭に入れて、たとえば、解雇手続を行う際にも、専門家に相談した上、必要資料を整え、書面化しておくなどの準備も必要であろう。そして、このような努力は、委員会の理解を得るのに役立つことが多い。

2　答弁書の充実および提出期限の厳守等

労働審判手続において第1回期日から実質的な審理を行うためには、相手方においても、提出期限までに実質的な記載がされた答弁書および予想される争点についての証拠書類を提出することが極めて重要である。答弁書には、規則16条1項所定の事項を簡潔に記載する必要があるところ（規則18条）、申立ての趣旨に対する答弁、申立書記載の事実に対する認否（民訴規則79条3項に準じて、否認する場合にはその理由を併せて記載すべきである）のほか、①答弁を理由づける具体的な事実（抗弁事実がある場合には答弁を理由づける事実としてこれを記載することになる）②予想される争点および当該争点に関連する重要な事実、③予想される争点ごとの証拠、④当事者間の交渉その他の申立てに至る経緯の概要を、記載する必要がある。

そして、答弁書についても、申立書と同様に、事案全体を委員会が理解しやすいようにわかりやすい記載をするとともに（時系列に沿って整理されたものが理解しやすい）、希望する解決案についても具体的に記載することが求められる（労働審判事件は、「争訟型非訟事件」と呼ばれるが、非訟事件の範疇に入り、弁論主義の適用はないのであって、使用者も主張立証責任にとらわれないで、使用者側からみた、事案の全体像をわかりやすく説明するのが相当である）。

また、使用者側にとって、答弁書等の提出までに限られた時間しかないことは理解できるが、殊に、委員会を構成する審判員は、非常勤であり、当事者から提出された主張等を検討するための一定の時間も必要であって

（また、当事者から提出された主張書面を裁判所から審判員に送付するための時間も必要となる）、提出期限を守ることも当然のことではあるが重要である。審判員からは、指定された期日までに書面の提出がされないと、審判官（裁判官）以上に、何故、規則（14 条）に基づいて定められた期限が守られないのか、一般社会において、締切り（納期）を守るのは当然であるとの、強い指摘がされることが多いことに留意すべきである。加えて、経験豊富な審判員から「答弁書の提出が遅いと双方の主張や疑問点を最終的に整理できないため、これらがよく分からず、結局、相手側（使用者）に対する心証があまりよくないという状況で期日に臨むことになる」旨の指摘がされていること（山川隆一ほか「座談会・現場から見た労働審判の 10 年」ジュリ 1480 号 43 頁以下、特に 54 頁）も認識すべきである。

3　決定権限を有する者の出席

　使用者側としても事案解明のために、当該事案をよく知る担当者や上司等の出席が必須であることは多言を要しないが、これに加えて、労働審判手続は、調停による解決を目指す手続でもあり、第 1 回期日から調停を行うことがほとんどであるから、紛争解決のために組織上の決定権を持つ担当者や役員（企業の規模によっては、社長ということも考えられよう）も出席すべきである。先にも述べたように、かかる担当者等が出席していれば、労働審判手続で行われたことやその場の雰囲気というものが直接理解されるし、持ち帰って社内で検討するといった過程が省かれ、解決も早くなる。

　そして、決定権限を持つ者が第 1 回期日から出席すれば（労働者側は本人は当然に出席している）、紛争の迅速で適切な解決に資することは明らかであり、使用者側代理人は、このことを十分に認識し、使用者（会社）をより熱心に説得して決定権限を有する者の出席を求めておくべきである（労働者は、当日における早期解決を求めており、第 1 回期日に使用者側の決定権限を有する者がいれば解決できたと思われるのに、続行したために労働者側が翻意して調停が不成立となる事案もないではない）。

V　使用者側の留意点　　593

4 割増賃金（残業代）請求事件について

　最近、増加している割増賃金請求事件においては、使用者においても、単に、申立人の主張を否認するのみではなく、使用者側の主張を前提として単価を算定し、使用者として把握している労働実態をもとにした労働時間を前提として割増賃金を計算し、これを一覧表にして示すのが、解決の早道である。そして、使用者が、申立人は管理監督者（労基法41条2号）に該当するなどとして、そもそも割増賃金が発生しないと主張する場合においても、（予備的に）上記の一覧表は提出すべきである。そうした準備をせず、委員会が証拠調べの結果、管理監督者の主張が成り立たないとの判断をした後に、やおら使用者が具体的な労働実態をもとにした主張立証をしようとしても、3回以内の期日を予定している労働審判手続においてはタイムアウトになってしまう。

　また、使用者（会社）側は、基礎資料（雇用契約書、労働条件通知書、就業規則、賃金規程、賃金台帳、給与明細、タイムカード、日報等）を保有しているのであるから、これらも早期に提出して、当該事件の事案解明に積極的に協力するのが相当である。

Ⅵ　最後に──よりよい労働審判手続の実施のために

　労働審判は、3回以内の期日内で、基本的に調停の成立を目指して迅速かつ適正な審理を行うものであるから、このためには、当事者および代理人が、当該事件をどのように解決するかについての明確なビジョンを持ち、これに基づいて、予想される争点に絞った、説得力があるわかりやすい申立書や答弁書を作成し、厳選された書証を提出するなど十分な準備をした上で、審尋期日において、事実関係を熟知する者から、明快な説明をさせるなどの工夫が必要である。当事者および代理人には、この観点からの一層の充実した準備を期待したいところである（一部の例外的事象というべきであろうが、規則9条や16条に記載された事項の記載を欠く主張書面が提出されたり、提出期限が守られないケースもあったり、また、解決方針を

問うても明確な回答がされない場合も見受けられる）。

なお、労働審判手続の審理方法（主張証拠の一括提出主義や 3 回以内の期日での解決）は、争点が比較的単純で、膨大または緻密な立証を要しない一般民事訴訟手続にも応用できる大きな可能性を持つものであることを指摘しておきたい。また、これを応用した一般訴訟における訴訟審理を模索している実務家もいる（「労働審判方式を取り入れた民事紛争解決方式（L 方式）について」浅見宣義判事の判時 2095 号 3 頁以下の論文や、「労働審判制度がもたらす民事司法イノベーション——口頭主義・一括提出主義。審尋主義・PPP な実務家養成・IT 審判制度」定塚判事の判時 2251 号 3 頁以下の論文が参考となろう）。

参考文献

- 菅野・労働審判。
- 類型別実務 405 頁〜454 頁（第 12 章）。
- 最高裁判所事務総局行政局監修『労働審判手続に関する執務資料』（法曹会、2006）。
- 最高裁判所事務総局行政局監修『条解労働審判規則』（法曹会、2006）。
- 鴨田哲郎ほか『労働審判制度その仕組みと活用の実際』（日本法令、2005）。
- 菅野 1089 頁以下。
- 「特集 労働審判制度開始からの 5 年間を振り返る」法律のひろば 64 巻 6 号 4 頁以下。
- 座談会「労働審判制度」判タ 1194 号 4 頁以下。
- 「特集 労働審判 10 年——実績から見る成果と課題」ジュリ 1480 号 14 頁以下。
- 「労働審判制度創設 10 周年記念シンポジウム」季労 248 号。

● 事項索引

◆ 数字・欧文

1年単位の変形労働時間制 ……………… 76
1労働者1申立て ……………………… 585
1か月単位の変形労働時間制 …………… 72
1週間単位の非定型的変形労働時間制 · 82
24条終了 ……………………………… 576
DSM-5 ………………………………… 517
ICD-10 …………………… 513, 517, 526

◆ あ行

アクセスログ ………………………… 258
　——の提出方法 …………………… 266
合わせ技による総合的判断 …………… 336
安全配慮義務 ………………………… 293
移動時間 ……………………………… 66
インターネットの私的利用 … 256, 257, 263
　——と労働契約との関係 ………… 257
　——と労働時間との関係 ………… 264
訴え提起後の証拠保全 ……………… 545
うつ病 ………………………………… 516
閲覧の必要性 ………………………… 267

◆ か行

解雇回避措置 ………………… 317, 372
解雇協議条項 ………………………… 378
解雇権濫用 …………………………… 289
解雇権濫用法理 ……… 308, 342, 464, 481
解雇事由 ……………………………… 315
　——の性質決定 …………………… 332
解雇の客観的合理性（客観的に合理的な
　理由を欠くか否か）……………… 314
解雇の事前差止めを求める仮処分 …… 566
解雇の社会的相当性 ………………… 323
解雇の自由 …………………………… 307
会社解散手続 ………………………… 365
会社更生手続 ………………………… 367

街宣活動 ……………………………… 568
解約権留保 …………………………… 438
過失相殺 ……………………………… 302
仮眠時間 ………………………… 64, 70
仮処分 ………………………………… 236
過労自殺 ……………………………… 515
管轄 …………………………………… 586
監視・断続的労働従事者 …………… 161
管理監督者 …………………………… 153
管理職 ………………………………… 158
企画業務型裁量労働制 ……………… 108
期間満了 ……………………………… 341
企業設備の私的利用 ………………… 262
　——の禁止 ………………………… 257
企業秩序遵守義務違反 ………… 257, 262
危険因子 ……………………………… 502
危険責任 ……………………………… 500
偽装請負 ……………………………… 32
基礎疾患 ……………………………… 501
期待可能性の原則 ……………… 317, 321
喫煙被害 ……………………………… 298
機密事務取扱者 ……………………… 160
休日および深夜労働 ………………… 115
休職 …………………………………… 239
休職命令 ……………………………… 240
教育訓練 ……………………………… 14
競業避止義務 ………………………… 411
行政官庁の許可 ………………… 161, 163
業務関連性 …………………………… 496
業務起因性 ……………………… 496, 516
業務執行取締役 ……………………… 10
業務担当取締役 ……………………… 11
業務妨害 ……………………………… 399
業務命令違反 ………………………… 398
勤務場所限定の合意 ………………… 225
経済的事由（会社経営上の事由）による
　解雇 …………………… 314, 331, 335

事項索引　　597

継続雇用制度	471	就業規則変更	
経歴詐称	398	——の経過措置	187
研修生	14	——の代償措置	187
兼職禁止	401	——の必要性	183
降格	201	——の不利益性	176
降級	201	——の不利益の程度	179
抗告訴訟	506	宿日直勤務	163
高年齢者継続雇用規程	475	受診命令	240
高年齢者雇用確保措置	471	出勤停止・自宅待機命令	397
公務員の採用内定	426	出向	221, 233
高齢者雇用	471	試用期間	357, 438
個人事業者	4	——の延長	450
個体側要因	527	——の再延長	452
固定残業代	115	——の長さ	448
個別審査の原則	331	条件関係	498
コンプライアンス通報	208	証拠保全	539

◆ さ行

		使用者	22
最終的手段の原則	316	——の指揮監督下における労務提供の	
財務諸表	379	有無	5
採用内定	424	使用従属性の要件	3
——の成立	428	使用人兼務取締役	9
——の取消し	430	消滅時効	304
時間外等割増賃金	151	賞与	143
時間外労働	65, 115, 530	将来の予測の原則	315
時季指定権	39	職業安定法	33
時季変更権	41	職種限定契約	201
長期休暇と——	45	職種限定の合意	224
事業場外労働	93	職場環境配慮義務	270
事業の正常な運営を妨げる場合	43	職場規律違反	399
自殺	513	職務懈怠	398
私生活上の非行	399	職務限定特約	243, 245, 248
実質的周知	190	職務専念義務違反	257, 261
実労働時間	54	職務等級制	205
従業員兼務取締役	9, 11	所定労働時間	97
「従業員」性	1	処分行政庁	509
就業規則	151	人員削減の必要性	369
——の限定列挙説	314	人事考課の公正性	182
——の拘束力の理論的根拠	166	人選の合理性	375
——の周知性	190	人的事由による解雇	314, 331
		深夜割増賃金	151

心理的負荷 ……………………… 520
スタッフ職 …………………… 154
「ストレス―脆弱性」理論 ……… 519
成果主義・能力主義賃金 …… 180, 205
精神障害 ……………………… 515
精神的損害 …………………… 302
整理解雇 ………… 331, 335, 363, 460
　　――の手続的相当性 ……… 377
セクシュアル・ハラスメント（セクハラ）
　　…………… 269, 271, 298, 529
専任職 ………………………… 172
専門業務型裁量労働制 ………… 102
素因減額 ……………………… 302
相当因果関係 …………… 496, 498, 522
即時抗告 ……………………… 572

◆　た行

退職金 ………………………… 13
退職金規程 …………………… 408
退職金不支給（減額）規定 …… 409
退職前の年休取得と時季変更権 … 42
代替要員確保義務 ……………… 44
代表取締役 …………………… 10
大量観察方式 ………………… 550
地位確認訴訟の早期和解の効用 … 259
地位保全の仮処分 ……………… 563
地方労災医員協議会精神障害等専門部会
　　………………………… 533, 535
治癒 …………………………… 247
懲戒解雇 ………… 259, 276, 409
　　――に対する権利濫用の判断 … 395
　　――の普通解雇への転換 …… 392
　　――の本質 ………………… 390
懲戒解雇事由の追加・変更 …… 393
懲戒解雇手続 ………………… 396
長期雇用システム ……………… 166
調査嘱託 ……………………… 551
長時間労働 …………………… 521
賃金仮払仮処分 ……………… 557
定額給制 ………………… 117, 129

定額手当制 ……………… 117, 124
定年 …………………………… 471
定年制 …………… 166, 172, 174
手待時間 ……………………… 64
電子メールの私的利用 ………… 260
転籍 ……………………… 221, 233
登録型派遣 …………………… 355
特殊関係事業主 ……………… 490
取締役 ………………………… 8
取締役会設置会社 ……………… 10
取締役会非設置会社 …………… 10

◆　な行

内々定 ………………………… 436
内部告発 ……………………… 401
年休権 ………………………… 39
年功的賃金制度 ……………… 204
年次有給休暇 ………………… 41
年俸制 …………… 116, 139, 205

◆　は行

配置転換の効力停止を求める仮処分 … 565
配転 ……………… 206, 220, 224
配転命令権の行使が権利濫用 …… 226
派遣法 ………………………… 32
破産手続 ……………………… 365
早出残業 ……………………… 68
パワーハラスメント（パワハラ）
　　………………………… 269, 277
非正規労働者 ………………… 341
非代替的業務 ………………… 46
歩合給 …………………… 116, 136
付加金請求 …………………… 586
復職 …………………………… 246
普通解雇 ………………… 307, 386
　　――の手続的相当性 ……… 324
不当利得返還請求 ……………… 419
不服前置主義 ………………… 508
不利益緩和措置 ……………… 385
フレックスタイム制 …………… 71

事項索引　599

文書送付嘱託 ······················· 546, 552
文書提出義務 ····························· 549
文書提出命令 ····························· 548
平均的労働者 ····················· 500, 522
平成 11 年判断指針 ············ 514, 523
平成 13 年通達 ·························· 503
平成 21 年改正判断指針 ········ 514, 523
平成 23 年認定基準 ············ 514, 523
変形労働時間制 ························· 71
　　──およびフレックスタイム制の適用
　　除外 ································· 88
　　──の適用制限 ··················· 83
弁護士照会 ····························· 555
弁明の機会の付与 ····················· 397
片面的強行法規性 ······················ 22
報酬の労務対償性の有無 ················ 6
法人格の形骸化ケース ·················· 36
法人格の濫用ケース ···················· 36
法人格否認の法理 ······················ 35
法律関係文書 ·························· 158
保全異議 ······························ 570
保全の必要性 ····················· 236, 557

◆ ま行

マタニティハラスメント（マタハラ）····· 269
未消化年休 ···························· 42
民事再生手続 ·························· 367
明確区分性（判別可能性）·········· 131, 132
メンタルヘルス ························ 239
黙示の労働契約 ······················· 26
持ち帰り残業 ··························· 66

◆ や行

役付取締役 ····························· 11
雇止め ···························· 341, 464
やむを得ない事由 ····················· 460
有期労働契約 ·························· 341

◆ ら行

ライフイベント法 ····················· 520
ライン職 ······························ 154
労基法上の労働時間 ···················· 62
労災保険制度 ·························· 513
労使委員会 ···························· 108
労使慣行 ························· 177, 409
労使協定 ··························· 99, 104
労働仮処分事件 ······················· 575
労働協約 ··························· 151, 408
　　──の一般的拘束力 ··············· 170
労働組合等との交渉経過 ··············· 189
労働契約 ······························· 2
労働時間 ······························· 62
　　──に関する不利益変更 ··········· 179
「労働者」性 ····························· 1
労働者派遣 ···························· 458
労働審判委員会 ······················· 574
労働審判員 ···························· 574
労働審判官 ···························· 574
労働審判制度 ·························· 574
労働審判手続 ·························· 574
録音テープの証拠能力 ················· 283

◆ わ行

割増賃金 ··························· 115, 589

● 判例索引

最一判昭和 29 年 1 月 21 日〔池貝鉄工整
　理解雇事件〕 ·················· 378

大阪地判昭和 33 年 4 月 10 日〔東亜紡織
　懲戒解雇事件〕 ·················· 44

最一判昭和 36 年 5 月 25 日〔山崎証券事
　件〕 ·················· 4

最二判昭和 37 年 5 月 18 日〔大平製紙解
　雇事件〕 ·················· 4

札幌地判昭和 39 年 2 月 24 日〔札幌中央
　交通懲戒解雇事件〕 ·················· 395

長野地諏訪支判昭和 39 年 8 月 10 日〔三
　協精機転勤命令履行請求事件〕 ······ 563

東京高判昭和 41 年 7 月 30 日〔長野電鉄
　（仮処分）事件〕 ·················· 400

最二判昭和 43 年 8 月 2 日〔西日本鉄道事
　件〕 ·················· 399

横浜地判昭和 43 年 8 月 19 日〔東芝柳町
　工場事件〕 ·················· 352

最三判昭和 43 年 12 月 24 日〔弘南バス事
　件〕 ·················· 572

最大判昭和 43 年 12 月 25 日〔秋北バス事
　件〕 ·················· 166, 391

最一判昭和 44 年 2 月 27 日〔山世志商会
　事件〕 ·················· 36

大阪高判昭和 45 年 1 月 27 日〔滲透工業
　事件〕 ·················· 63

長野地判昭和 45 年 3 月 24 日〔長野電鉄
　（本訴）事件〕 ·················· 400

徳島地判昭和 45 年 3 月 31 日〔光洋精工
　事件〕 ·················· 449

最一判昭和 45 年 6 月 4 日〔荒川農業協同
　組合事件〕 ·················· 417

大阪高判昭和 45 年 7 月 10 日〔大阪読売
　新聞社事件〕 ·················· 450

最三判昭和 45 年 7 月 28 日〔横浜ゴム事
　件〕 ·················· 400

東京高判昭和 45 年 9 月 30 日〔東芝柳町

工場事件〕 ·················· 352

福岡地判昭和 45 年 10 月 19 日〔チェー
　ス・マンハッタン銀行事件〕 ········· 376

奈良地判昭和 45 年 10 月 23 日〔フォセ
　コ・ジャパン・リミティッド事件〕
　·················· 415

東京高判昭和 45 年 11 月 27 日〔静岡市教
　職員事件〕 ·················· 96

東京高判昭和 45 年 11 月 30 日〔森尾電機
　事件〕 ·················· 432

熊本地八代支判昭和 45 年 12 月 23 日
　〔チッソ年休拒否事件〕 ·················· 43

松江地判昭和 46 年 10 月 6 日〔大同木材
　工業事件〕 ·················· 452

津地決判昭和 46 年 12 月 21 日〔タチカワ・
　ドル・ショック事件〕 ·················· 375

大津地判昭和 47 年 3 月 29 日〔大日本印
　刷事件〕 ·················· 424

東京高判昭和 47 年 3 月 31 日〔森尾電機
　事件〕 ·················· 432

最一判昭和 47 年 4 月 6 日〔静岡県教職員
　事件〕 ·················· 153

名古屋地判昭和 47 年 4 月 28 日〔橋元運
　輸事件〕 ·················· 401

最二判昭和 48 年 1 月 19 日〔シンガー・
　ソーイング・メシーン事件〕 ········· 195

最二判昭和 48 年 3 月 2 日〔国鉄郡山工場
　賃金カット事件〕 ··········· 39, 40, 42, 43

最二判昭和 48 年 3 月 2 日〔林野庁白石営
　林署賃金カット事件〕 ········· 39, 40, 43

最一判昭和 48 年 4 月 12 日〔日立製作所
　（転籍）事件〕 ·················· 222

長野地諏訪支判昭和 48 年 5 月 31 日〔上
　原製作所事件〕 ·················· 451, 452

大阪地決昭和 48 年 6 月 20 日〔奥村内燃
　機事件〕 ·················· 378

静岡地判昭和 48 年 6 月 29 日〔動労静岡

鉄道管理局事件〕·················· 46

熊本地判昭和 48 年 10 月 4 日〔国労熊本
地本事件〕·················· 76

最大判昭和 48 年 12 月 12 日〔三菱樹脂事
件〕·············· 425, 438, 440, 441, 442

横浜地川崎支決昭和 49 年 1 月 26 日〔日
本工業検査事件〕·················· 67, 96

最一判昭和 49 年 2 月 28 日〔国鉄中国支
社事件〕·················· 399

最二判昭和 49 年 3 月 15 日〔日本鋼管事
件〕·················· 400

横浜地判昭和 49 年 6 月 19 日〔日立製作
所在日朝鮮人採用取消事件〕·········· 435

最一判昭和 49 年 7 月 22 日〔東芝柳町工
場事件〕·················· 308, 352, 491

最三小判昭和 50 年 2 月 25 日〔陸上自衛
隊八戸車両整備工場事件〕·········· 293

最二判昭和 50 年 4 月 25 日〔日本食塩製
造事件〕·················· 308

最二判昭和 50 年 10 月 24 日〔ルンバー
ル・ショック事件〕·················· 498

長崎地大村支判昭和 50 年 12 月 24 日〔大
村野上事件〕·················· 370

山形地判昭和 51 年 5 月 31 日〔山形電報
電話局停職事件〕·················· 43

東京地決昭和 51 年 6 月 30 日〔大腿四頭
筋短縮症カルテ証拠保全事件〕········ 541

千葉地決昭和 51 年 7 月 15 日〔千葉中央
バス事件〕·················· 400

東京地決昭和 51 年 7 月 23 日〔日本テレ
ビ放送事件〕·················· 224

東京地判昭和 51 年 9 月 29 日〔東亜石油
事件〕·················· 559, 560

大阪高判昭和 51 年 10 月 4 日〔大日本印
刷事件〕·················· 425

最二判昭和 51 年 11 月 12 日〔熊本地裁八
代支廷吏事件〕·················· 497

東京地判昭和 52 年 1 月 25 日〔芝信用金
庫事件〕·················· 565

東京高判昭和 52 年 1 月 26 日〔動労静岡

鉄道管理局事件〕·················· 46

最二判昭和 52 年 1 月 31 日〔高知放送事
件〕·················· 308

新潟地判昭和 52 年 5 月 17 日〔新潟鉄道
郵便局懲戒事件〕·················· 41

最二判昭和 52 年 8 月 9 日〔三晃社事件〕
·················· 409

最三判昭和 52 年 12 月 13 日〔富士重工業
事件〕·················· 257

最三判昭和 52 年 12 月 20 日〔神戸税関事
件〕·················· 396

大阪高判昭和 53 年 1 月 31 日〔電電公社
此花電報電話局事件〕·················· 40

福岡地小倉支判昭和 53 年 6 月 5 日〔吉富
製薬事件〕·················· 225

広島地判昭和 53 年 6 月 29 日〔出島運送
事件〕·················· 372

福岡高判昭和 54 年 6 月 18 日〔三萩野病
院解雇事件〕·················· 372

最二判昭和 54 年 7 月 20 日〔大日本印刷
事件〕·················· 426, 429

岡山地決昭和 54 年 7 月 31 日〔住友重機
玉島製作所事件〕·················· 370

名古屋地決昭和 54 年 8 月 1 日〔栃木合同
輸送事件〕·················· 561

東京高判昭和 54 年 8 月 29 日〔理研精機
事件〕·················· 393

東京高判昭和 54 年 10 月 29 日〔東洋酸素
事件〕·················· 370

最三判昭和 54 年 10 月 30 日〔国鉄札幌運
転区事件〕·················· 391

仙台高判昭和 55 年 4 月 28 日〔山形電報
電話局停職事件〕·················· 43

最二判昭和 55 年 5 月 30 日〔電電公社近
畿電通局事件〕·················· 426, 429

東京地決昭和 55 年 7 月 21 日〔全電通福
島県支部事件〕·················· 569

最一判昭和 55 年 12 月 18 日〔大石塗装・
鹿島建設事件〕·················· 302

最二判昭和 56 年 2 月 16 日〔航空自衛隊

芦屋分遣隊事件〕……………… 296

大阪地判昭和 56 年 3 月 24 日〔すし処「杉」事件〕……………… 64

東京高判昭和 56 年 3 月 30 日〔新潟鉄道郵便局懲戒事件〕……………… 41

千葉地判昭和 56 年 5 月 25 日〔日立精機事件〕……………… 234

東京高判昭和 56 年 7 月 16 日〔日野自動車工業事件〕……………… 63

水戸地判昭和 56 年 11 月 5 日〔茨交大洗タクシー事件〕……………… 74

東京高判昭和 56 年 11 月 25 日〔日本鋼管鶴見造船所事件〕……………… 398

最二判昭和 56 年 12 月 18 日〔国鉄小郡駅事件〕……………… 400

最一判昭和 57 年 3 月 18 日〔電電公社此花電報電話局事件〕……… 41, 42

最一判昭和 57 年 5 月 27 日〔東京都建設局事件〕……………… 427

東京地決昭和 57 年 11 月 19 日〔小川建設事件〕……………… 401

千葉地決昭和 57 年 11 月 25 日〔なかやタクシー懲戒解雇事件〕……………… 560

大阪高判昭和 57 年 12 月 10 日〔井上運輸・井上自動車整備事件〕……………… 96

大阪地判昭和 58 年 2 月 14 日〔八尾自動車興産事件〕……………… 67

東京高判昭和 58 年 5 月 25 日〔アール・エフ・ラジオ日本事件〕……………… 224

福岡高判昭和 58 年 6 月 7 日〔サガテレビ事件〕……………… 27

大阪地判昭和 58 年 6 月 14 日〔宝塚エンタープライズ事件〕……………… 418

最二判昭和 58 年 7 月 15 日〔御国ハイヤー事件〕……………… 169

大阪地判昭和 58 年 8 月 30 日〔立正運送事件〕……………… 64

最一判昭和 58 年 9 月 8 日〔関西電力事件〕……………… 400

最二判昭和 58 年 9 月 16 日〔ダイハツ工業事件〕……………… 395

最二判昭和 58 年 11 月 25 日〔タケダシステム事件〕……………… 169

東京地決昭和 58 年 12 月 14 日〔リオ・テイント・ジンク（ジャパン）事件〕……………… 322

名古屋地判昭和 59 年 3 月 23 日〔ブラザー工業事件〕……………… 448

最三判昭和 59 年 4 月 10 日〔川義事件〕……………… 297

名古屋地判昭和 59 年 6 月 8 日〔高蔵工業事件〕……………… 418

最一判昭和 59 年 10 月 18 日〔日野自動車工業事件〕……………… 63

大阪高判昭和 59 年 11 月 29 日〔日本高圧瓦斯工業退職金等請求事件〕……………… 410

東京地判昭和 60 年 11 月 20 日〔雅叙園観光事件〕……………… 452

大阪地判昭和 61 年 3 月 11 日〔吉村商会事件〕……………… 418

最一判昭和 61 年 3 月 13 日〔帯広電報電話局事件〕……… 166, 241

大阪地決昭和 61 年 3 月 31 日〔新日本技術コンサルタント事件〕……………… 231

最二判昭和 61 年 7 月 14 日〔東亜ペイント事件〕……… 207, 226, 565

東京地判昭和 61 年 8 月 7 日〔雪印乳業労働組合事件〕……………… 569

甲府地決昭和 61 年 11 月 7 日〔富士産業事件〕……………… 224

東京高判昭和 61 年 11 月 13 日〔京セラ事件〕……………… 241

広島地決昭和 61 年 11 月 21 日〔西条精神病院証拠保全事件〕……………… 541

最一判昭和 61 年 12 月 4 日〔日立メディコ事件〕……… 352, 491

東京地判昭和 62 年 1 月 30 日〔小里機材事件〕……………… 130

福井地判昭和 62 年 6 月 19 日〔福井新聞社事件〕……………… 419

判例索引　603

最二判昭和 62 年 7 月 10 日〔弘前電報電
話局職員戒告事件〕‥‥‥‥‥‥ 44
最三判昭和 62 年 9 月 22 日〔横手電話中
継所職員戒告等事件〕‥‥‥‥‥ 44
京都地判昭和 62 年 10 月 1 日〔京都福田
事件〕‥‥‥‥‥‥‥‥‥‥‥‥ 56
東京高判昭和 62 年 11 月 30 日〔小里機材
事件〕‥‥‥‥‥‥‥‥‥‥‥ 130
東京高判昭和 62 年 12 月 24 日〔日産自動
車村山工場事件〕‥‥‥‥‥‥ 225
最三判昭和 63 年 2 月 16 日〔大曲市農業
協同組合事件〕‥‥‥‥‥‥‥ 168
最三判昭和 63 年 3 月 15 日〔宝運輸事件〕
‥‥‥‥‥‥‥‥‥‥‥‥‥‥ 570
東京地判昭和 63 年 5 月 27 日〔三好屋商
店事件〕‥‥‥‥‥‥‥‥‥ 56, 127
仙台地決昭和 63 年 7 月 1 日〔東北造船事
件〕‥‥‥‥‥‥‥‥‥‥‥‥ 367
最一判昭和 63 年 7 月 14 日〔小里機材事
件〕‥‥‥‥‥‥‥‥‥‥‥‥ 130
最一判昭和 63 年 9 月 8 日〔京セラ事件〕
‥‥‥‥‥‥‥‥‥‥‥‥‥‥ 241
大阪高判昭和 63 年 9 月 29 日〔郡山交通
事件〕‥‥‥‥‥‥‥‥‥‥‥ 57
大阪地判昭和 63 年 10 月 26 日〔関西ソ
ニー販売事件〕‥‥‥‥‥ 119, 125
大阪地判昭和 63 年 11 月 2 日〔阪神高速
道路公団事件〕‥‥‥‥‥‥‥ 418
東京高判昭和 63 年 12 月 19 日〔時事通信
社けん責事件〕‥‥‥‥‥‥‥ 44
大阪地判平成元年 4 月 20 日〔北陽電機事
件〕‥‥‥‥‥‥‥‥‥‥‥‥ 56
最三判平成元年 7 月 4 日〔関東電通局職
員戒告事件〕‥‥‥‥‥‥‥‥ 45
札幌地決平成元年 7 月 24 日〔鈴蘭交通解
雇事件〕‥‥‥‥‥‥‥‥‥‥ 44
最三判平成元年 10 月 17 日〔日田労基署
長事件〕‥‥‥‥‥‥‥‥‥‥ 4
東京地判平成元年 11 月 20 日〔東菓産業
事件〕‥‥‥‥‥‥‥‥‥‥‥ 67

最一判平成元年 12 月 7 日〔日産自動車村
山工場事件〕‥‥‥‥‥‥‥‥ 225
名古屋地判平成元年 12 月 22 日〔地公災
基金愛知県支部長（瑞鳳小学校教員）
事件〕‥‥‥‥‥‥‥‥‥‥‥ 499
旭川地判平成元年 12 月 27 日〔繁機工設
備事件〕‥‥‥‥‥‥‥‥‥‥ 400
最三判平成 2 年 6 月 5 日〔神戸弘陵学園
事件〕‥‥‥‥‥ 357, 440, 442, 449
名古屋高判平成 2 年 8 月 31 日〔中部日本
広告社事件〕‥‥‥‥‥‥‥‥ 417
最二判平成 2 年 11 月 26 日〔日新製鋼事
件〕‥‥‥‥‥‥‥‥‥‥‥‥ 195
福岡地判平成 2 年 12 月 12 日〔福岡大和
倉庫事件〕‥‥‥‥‥‥‥‥‥ 355
最二判平成 2 年 12 月 21 日〔亜細亜大学
事件〕‥‥‥‥‥‥‥‥‥‥‥ 355
大阪高判平成 3 年 1 月 16 日〔龍神タク
シー異議事件〕‥‥‥‥‥‥‥ 356
千葉地判平成 3 年 1 月 23 日〔千葉県レク
リエーション都市開発事件〕‥ 393
大阪地判平成 3 年 2 月 26 日〔三栄珈琲事
件〕‥‥‥‥‥‥‥‥‥‥‥‥ 65
大阪地決平成 3 年 3 月 29 日〔讀宣事件〕
‥‥‥‥‥‥‥‥‥‥‥‥‥‥ 228
最三判平成 3 年 6 月 18 日〔進学ゼミナー
ル予備校事件〕‥‥‥‥‥‥‥ 355
大阪高判平成 3 年 8 月 9 日〔川崎重工業
事件〕‥‥‥‥‥‥‥‥‥‥‥ 228
東京地判平成 3 年 8 月 27 日〔国際情報産
業事件〕‥‥‥‥‥‥‥‥‥‥ 131
名古屋地判平成 3 年 9 月 6 日〔名鉄運輸
事件〕‥‥‥‥‥‥‥‥‥‥‥ 124
最一判平成 3 年 11 月 28 日〔日立製作所
武蔵工場事件〕‥‥‥‥‥‥‥ 166
東京地判平成 4 年 2 月 27 日〔エア・イン
ディア事件〕‥‥‥‥‥‥‥‥ 225
最三判平成 4 年 3 月 3 日〔中国電力事件〕
‥‥‥‥‥‥‥‥‥‥‥‥‥‥ 400
福岡地判平成 4 年 4 月 16 日〔株式会社内

企画事件〕························· 272, 274

最三判平成 4 年 6 月 23 日〔時事通信社けん責事件〕····················· 42, 46

最二判平成 4 年 7 月 13 日〔第一小型ハイヤー事件〕······················ 169

東京地判平成 4 年 9 月 18 日〔エス・バイ・エル事件〕···················· 396

東京地判平成 4 年 9 月 28 日〔吉村・吉村商会事件〕······················ 483

最三判平成 4 年 10 月 20 日〔川崎重工業事件〕··························· 228

東京地決平成 4 年 12 月 11 日〔全逓信労組事件〕························· 570

東京地判平成 5 年 3 月 4 日〔東京貯金事務センター職員賃金請求事件〕····· 41

秋田地決平成 5 年 5 月 17 日〔共栄火災事件〕··························· 228

大阪高判平成 5 年 6 月 25 日〔商大八戸ノ里ドライビングスクール事件〕··· 178

名古屋地判平成 5 年 7 月 7 日〔名古屋近鉄タクシー年休事件〕·············· 44

東京地判平成 5 年 12 月 16 日〔ケイエム観光事件〕······················ 400

千葉地判平成 6 年 1 月 26 日〔エール・フランス事件〕···················· 283

最三判平成 6 年 2 月 22 日〔日鉄鉱業事件〕···························· 304

東京高判平成 6 年 3 月 24 日〔東京貯金事務センター職員賃金請求事件〕········ 41

大阪地決平成 6 年 3 月 31 日〔大阪神鉄交通事件〕························ 396

最二判平成 6 年 5 月 16 日〔地公災基金岡山県支部長（倉敷市職員）事件〕···· 497

金沢地輪島支判平成 6 年 5 月 26 日〔株式会社乙田建設（セクハラ）事件〕···· 274

最二判平成 6 年 6 月 13 日〔高知県観光事件〕··························· 136

東京地判平成 6 年 6 月 28 日〔トヨタ工業事件〕························· 410

東京地八王子支判平成 6 年 8 月 31 日〔日

本電信電話（年休）事件〕··············· 47

東京地判平成 6 年 9 月 27 日〔横河電機事件〕···························· 67

最一判平成 7 年 2 月 9 日〔興栄社事件〕································· 9

最三判平成 7 年 2 月 28 日〔朝日放送事件〕···························· 23

最一判平成 7 年 3 月 9 日〔商大八戸ノ里ドライビングスクール事件〕····· 178

東京地判平成 7 年 6 月 12 日〔吉野事件〕···························· 408, 410

東京高判平成 7 年 6 月 22 日〔学校法人松蔭学園（森）事件〕··············· 321

東京高判平成 7 年 8 月 30 日〔富国生命事件〕···························· 243

東京地決平成 7 年 10 月 16 日〔東京リーガルマインド事件〕··········· 414, 415

東京地判平成 7 年 11 月 21 日〔東京コンピュータサービス事件〕············· 412

東京地判平成 7 年 12 月 12 日〔旭商会事件〕···························· 410

東京地判平成 7 年 12 月 25 日〔三和機材事件〕··························· 222

最三判平成 8 年 1 月 23 日〔地公災基金東京都支部長（町田高校）事件〕
·························· 497, 532

東京高判平成 8 年 1 月 31 日〔日本電信電話（年休）事件〕··············· 47

最三判平成 8 年 3 月 5 日〔地公災基金愛知県支部長（瑞鳳小学校教員）事件〕
·························· 532

最三判平成 8 年 3 月 26 日〔朝日火災海上保険事件〕······················ 169

徳島地判平成 8 年 3 月 29 日〔城南タクシー事件〕························· 65

金沢地判平成 8 年 4 月 18 日〔西日本ジェイアールバス年休権害損害賠償事件〕
······························· 45

東京地判平成 8 年 4 月 26 日〔東京ゼネラル事件〕························· 418

判例索引　　605

東京高判平成 8 年 5 月 29 日〔帝国臓器製
薬事件〕……………………………… 228
福岡高判平成 8 年 7 月 30 日〔九州朝日放
送事件〕……………………………… 224
最一判平成 8 年 9 月 26 日〔山口観光事件〕
………………………………………… 394
大阪地判平成 8 年 10 月 2 日〔共立メンテ
ナンス事件〕………………………… 127
名古屋高金沢支判平成 8 年 10 月 30 日〔株
式会社乙田建設（セクハラ）事件〕
……………………………………… 273, 274
最一判平成 8 年 11 月 28 日〔横浜南労基
署長事件〕…………………………… 2, 4, 8
大阪地判平成 8 年 12 月 25 日〔日本コン
ベンションサービス（退職金請求）事
件〕…………………………………… 412
東京地判平成 8 年 12 月 25 日〔広告代理
店A社事件〕………………………… 274
東京地決平成 9 年 1 月 24 日〔デイエフア
イ西友事件〕………………………… 560
大阪地判平成 9 年 1 月 27 日〔銀装事件〕
………………………………………… 231
最二判平成 9 年 2 月 28 日〔第四銀行事件〕
………………………………………… 168
東京地判平成 9 年 2 月 28 日〔ちらし広告
A社（セクハラ）事件〕…………… 274
東京地判平成 9 年 3 月 13 日〔三晃印刷
（割増賃金請求）事件〕……… 56, 119
大阪地判平成 9 年 3 月 24 日〔新日本通信
事件〕………………………………… 225
釧路地帯広支判平成 9 年 3 月 24 日〔帯広
厚生病院事件〕……………………… 229
京都地判平成 9 年 4 月 17 日〔丙川商事会
社事件〕……………………………… 270
最三判平成 9 年 4 月 25 日〔大館労基署長
事件〕………………………………… 497
仙台高秋田支判平成 9 年 5 月 28 日〔羽後
銀行（北都銀行）事件〕…………… 179
熊本地判平成 9 年 6 月 25 日〔熊本バドミ
ントン協会役員事件〕……………… 273

札幌地決平成 9 年 7 月 23 日〔北海道コ
カ・コーラボトリング事件〕……… 229
東京地判平成 9 年 8 月 1 日〔ほるぷ事件〕
…………………………………… 65, 96
東京地決平成 9 年 10 月 31 日〔インフォ
ミックス事件〕……………………… 436
津地判平成 9 年 11 月 5 日〔三重県厚生農
協連合会事件〕……………………… 270
横浜地判平成 9 年 11 月 14 日〔学校法人
石川学園事件〕……………………… 408
東京高判平成 9 年 11 月 20 日〔建設会社
A社事件〕…………………………… 274
和歌山地判平成 10 年 3 月 11 日〔和歌山
青果卸売会社（セクハラ）事件〕… 273
名古屋高金沢支判平成 10 年 3 月 16 日〔西
日本ジェイアールバス年休権侵害損害
賠償事件〕…………………………… 45
千葉地判平成 10 年 3 月 26 日〔千葉A不
動産会社（セクハラ）事件〕……… 273
最一判平成 10 年 4 月 9 日〔片山組事件〕
…………………………………… 244, 249
大阪高判平成 10 年 5 月 29 日〔日本コン
ベンションサービス（退職金請求）事
件〕…………………………………… 412
東京地判平成 10 年 6 月 5 日〔ユニ・フ
レックス事件〕………………… 119, 125
大阪地決平成 10 年 7 月 7 日〔グリン製菓
事件〕………………………………… 366
最一判平成 10 年 9 月 10 日〔九州朝日放
送事件〕……………………………… 224
東京地判平成 10 年 11 月 16 日〔高栄建設
事件〕………………………………… 66
大阪高判平成 10 年 12 月 22 日〔大阪市立
中学校（セクハラ）事件〕………… 274
大阪地判平成 11 年 1 月 29 日〔高島屋工
作所事件〕…………………………… 337
東京高判平成 11 年 4 月 27 日〔片山組（差
戻審）事件〕………………………… 244
大阪地判平成 11 年 5 月 26 日〔キング商
事事件〕……………………………… 412

大阪地判平成 11 年 5 月 31 日〔千里山生
活協同組合事件〕············· 56, 65, 96
札幌高判平成 11 年 7 月 9 日〔北海道龍谷
学園事件〕······························ 248
最二判平成 11 年 9 月 17 日〔帝国臓器製
薬事件〕································· 228
大阪地判平成 11 年 10 月 4 日〔東海旅客
鉄道（退職）事件〕··················· 250
東京地決平成 11 年 10 月 15 日〔セガ・エ
ンタープライゼス事件〕··············· 321
大阪地判平成 11 年 10 月 18 日〔全日本空
輸（退職強要）事件〕················· 248
大阪地判平成 11 年 11 月 17 日〔浅井運送
（損害賠償請求）事件〕··············· 367
最三決平成 11 年 12 月 14 日〔徳島南海タ
クシー事件〕·························· 137
仙台地判平成 11 年 12 月 22 日〔東北福祉
大学事件〕······························ 564
東京地決平成 12 年 1 月 21 日〔ナショナ
ル・ウエストミンスター銀行 3 次仮処
分事件〕································· 370
最三判平成 12 年 1 月 28 日〔ケンウッド
事件〕··································· 229
東京地判平成 12 年 1 月 31 日〔アーク証
券（本訴）事件〕··············· 181, 202
大阪地判平成 12 年 2 月 28 日〔ハクスイ
テック事件〕·························· 184
最一判平成 12 年 3 月 9 日〔三菱重工業長
崎造船所（一次訴訟・会社側上告）事
件〕······························ 62, 63, 264
最一判平成 12 年 3 月 9 日〔三菱重工業長
崎造船所（一次訴訟・組合側上告）事
件〕····································· 63
最二判平成 12 年 3 月 24 日〔電通事件〕
······································· 299
最二判平成 12 年 3 月 31 日〔日本電信電
話（年休）事件〕····················· 47
東京地判平成 12 年 4 月 26 日〔プラウド
フットジャパン事件〕················· 319
東京地判平成 12 年 4 月 27 日〔JR東日本

事件〕······························ 75, 76
大阪地判平成 12 年 4 月 28 日〔キャスコ
事件〕··································· 127
大阪地判平成 12 年 5 月 1 日〔南労会（松
浦診療所）事件〕····················· 399
大阪地判平成 12 年 6 月 19 日〔キヨウシ
ステム事件〕·························· 415
大阪高判平成 12 年 6 月 30 日〔日本コン
ベンションサービス（割増賃金請求）
事件〕······························ 58, 128
大阪高判平成 12 年 6 月 30 日〔わいわい
ランド事件〕·························· 483
大阪地判平成 12 年 8 月 28 日〔フジシー
ル事件〕································· 230
最一判平成 12 年 9 月 7 日〔みちのく銀行
事件〕··································· 170
最三判平成 12 年 9 月 12 日〔羽後銀行（北
都銀行）事件〕························ 170
最二判平成 12 年 9 月 22 日〔函館信用金
庫事件〕································· 170
大阪地判平成 12 年 9 月 22 日〔ジャクパ
コーポレーションほか 1 社事件〕····· 417
大津地決平成 12 年 9 月 27 日〔京都テク
ノシステム事件〕····················· 261
東京地判平成 12 年 11 月 24 日〔エスエイ
ロジテム事件〕························ 58
東京地判平成 12 年 12 月 18 日〔アイビ・
プロテック事件〕····················· 418
東京地判平成 12 年 12 月 18 日〔東京貨物
社（退職金）事件〕··················· 415
大阪高判平成 13 年 3 月 14 日〔全日本空
輸（退職強要）事件〕················· 249
仙台地判平成 13 年 3 月 26 日〔株式会社
乙山事件〕······························ 270
大阪高決平成 13 年 4 月 26 日〔某私立大
学事件〕································· 564
東京地決平成 13 年 5 月 17 日〔労働大学
第 2 次仮処分事件〕··················· 375
広島高判平成 13 年 5 月 23 日〔マナック
事件〕··································· 202

判例索引　　607

大阪高判平成 13 年 6 月 28 日〔京都銀行
　事件〕………………………… 58, 62
大阪地判平成 13 年 7 月 19 日〔光安建設
　事件〕……………………………… 57
東京地判平成 13 年 7 月 25 日〔黒川建設
　事件〕……………………………… 36
東京地決平成 13 年 8 月 10 日〔エース損
　害保険事件〕…………………… 322
仙台高判平成 13 年 8 月 29 日〔岩手第一
　事件〕……………………………… 75
大阪高判平成 13 年 8 月 30 日〔ハクスイ
　テック事件〕…………………… 184
東京地判平成 13 年 8 月 31 日〔アメリカ
　ンスクール事件〕……………… 201
東京高判平成 13 年 9 月 12 日〔富士見交
　通事件〕………………………… 394
東京高判平成 13 年 11 月 28 日〔日本電信
　電話（年休）（差戻審）事件〕………… 48
東京地判平成 13 年 12 月 26 日〔コニカ
　（東京事業場日野）事件〕…………… 399
東京地判平成 14 年 2 月 26 日〔日経クイッ
　ク情報（電子メール）事件〕……… 258
最一判平成 14 年 2 月 28 日〔大星ビル管
　理事件〕………… 62, 64, 74, 76, 264
東京地判平成 14 年 2 月 28 日〔東京急行
　電鉄事件〕………………………… 63
大阪地判平成 14 年 3 月 22 日〔森下仁丹
　事件〕…………………………… 321
東京地判平成 14 年 3 月 28 日〔東建ジオ
　テック事件〕…………………… 128
大阪地判平成 14 年 3 月 29 日〔サンマー
　ク事件〕…………………………… 96
東京高判平成 14 年 4 月 17 日〔群英学園
　事件〕…………………………… 393
大阪地判平成 14 年 5 月 17 日〔創栄コン
　サルタント事件〕……………… 141
東京地判平成 14 年 5 月 29 日〔日本ロー
　ル製造事件〕…………………… 177
東京地八王子支判平成 14 年 6 月 17 日
　〔キョーイクソフト事件〕…………… 185

大阪高判平成 14 年 6 月 19 日〔カントラ
　事件〕…………………………… 248
広島高判平成 14 年 6 月 25 日〔JR 西日本
　事件〕……………………………… 75
横浜地川崎支判平成 14 年 6 月 27 日〔川
　崎市水道局（いじめ自殺）事件〕…… 278
大阪地判平成 14 年 7 月 19 日〔光和商事
　事件〕……………………………… 96
東京地判平成 14 年 8 月 30 日〔ダイオー
　ズサービシーズ事件〕………… 416
東京地判平成 14 年 9 月 27 日〔都立墨東
　病院事件〕………………………… 65
東京地判平成 14 年 10 月 22 日〔ヒロセ電
　機（解雇無効確認）事件〕……… 320
大阪地判平成 14 年 10 月 25 日〔システム
　ワークス事件〕………………… 140
東京地判平成 14 年 11 月 5 日〔東芝（退
　職金残金請求）事件〕…………… 410
東京地判平成 14 年 11 月 11 日〔ジャパン
　ネットワークサービス事件〕………… 56
仙台地決平成 14 年 11 月 14 日〔日本ガイ
　ダント事件〕…………………… 229
東京地判平成 14 年 11 月 15 日〔阿由葉工
　務店事件〕………………………… 66
東京地決平成 14 年 12 月 27 日〔明治図書
　出版事件〕……………………… 230
大阪地判平成 15 年 1 月 22 日〔新日本科
　学事件〕………………………… 416
東京高判平成 15 年 2 月 6 日〔県南交通事
　件〕……………………………… 184
東京地判平成 15 年 2 月 21 日〔中央労基
　署長（大島町診療所）事件〕……… 163
東京高判平成 15 年 3 月 25 日〔川崎市水
　道局（いじめ自殺）事件〕……… 278
最二判平成 15 年 4 月 18 日〔新日本製鐵
　（日鐵運輸第 2）事件〕…………… 234
東京高判平成 15 年 4 月 24 日〔キョーイ
　クソフト事件〕………………… 185
大阪地判平成 15 年 4 月 25 日〔愛徳姉妹
　会事件〕………………………… 450

大阪地判平成 15 年 4 月 25 日〔徳洲会野崎徳洲会病院事件〕……………… 65

東京地判平成 15 年 5 月 6 日〔東京貨物社（解雇・退職金）事件〕………… 410, 418

さいたま地川越支判平成 15 年 6 月 30 日〔所沢中央自動車教習所事件〕……… 393

東京地判平成 15 年 7 月 7 日〔カテリーナビルディング事件〕………………… 484

大阪地判平成 15 年 7 月 16 日〔大阪第一信用金庫事件〕…………………… 185

東京地判平成 15 年 8 月 27 日〔ゼネラル・セミコンダクター・ジャパン事件〕………………………………………… 364

東京地八王子支判平成 15 年 9 月 19 日〔リンクシードシステム事件〕……… 260

東京地判平成 15 年 9 月 22 日〔グレイワールドワイド事件〕………………… 261

名古屋地判平成 15 年 9 月 30 日〔トヨタ車体事件〕………………………… 410

最二判平成 15 年 10 月 10 日〔フジ興産事件〕…………………………… 190, 392

東京地判平成 15 年 10 月 31 日〔日欧産業協力センター事件〕……………… 356

大阪高判平成 15 年 11 月 13 日〔大森陸運ほか 2 社事件〕…………………… 367

東京高判平成 15 年 12 月 11 日〔小田急電鉄事件〕………………………… 411

東京地判平成 15 年 12 月 22 日〔イセキ開発工機（解雇）事件〕…………… 367

名古屋地判平成 16 年 1 月 20 日〔オンテックス事件〕…………………………… 67

横浜地川崎支判平成 16 年 2 月 26 日〔ノイズ研究所事件〕………………… 188

東京地判平成 16 年 3 月 9 日〔更生会社新潟鐡工所事件〕………………… 187

東京地判平成 16 年 3 月 26 日〔独立行政法人 N 事件〕………………… 248, 251

東京地判平成 16 年 3 月 31 日〔エーシーニールセン・コーポレーション事件〕…………………………………………… 205

福岡地小倉支判平成 16 年 5 月 11 日〔安川電機八幡工場事件〕…………… 358

東京地判平成 16 年 6 月 23 日〔オプトエレクトロニクス事件〕……………… 431

大阪高判平成 16 年 7 月 15 日〔関西医科大学研修医（過労死損害賠償）事件〕………………………………………… 302

静岡地沼津支決平成 16 年 8 月 4 日〔御殿場自動車事件〕…………………… 367

東京地決平成 16 年 8 月 26 日〔モルガン・スタンレー・ジャパン・リミテッド事件〕……………………………………… 260

神戸地判平成 16 年 8 月 31 日〔プロクター・アンド・ギャンブル・ファー・イースト・インク事件〕……………… 230

東京地判平成 16 年 9 月 1 日〔エフ・エフ・シー事件〕……………………… 202

広島高判平成 16 年 9 月 2 日〔下関セクハラ事件〕………………………… 275

東京地決平成 16 年 9 月 22 日〔トーレラザールコミュニケーションズ事件〕……………………………………………… 415

さいたま地判平成 16 年 9 月 24 日〔誠昇会北本共済病院事件〕…………… 278

東京地判平成 16 年 9 月 28 日〔そごう事件〕……………………………… 371

大阪地判平成 16 年 10 月 22 日〔かんでんエンジニアリング事件〕………… 57

津地判平成 16 年 10 月 28 日〔第三銀行事件〕…………………………… 189

東京高判平成 16 年 11 月 16 日〔エーシーニールセン・コーポレーション事件〕……………………………………………… 206

東京地判平成 16 年 11 月 29 日〔JR東海事件〕…………………………… 569

福岡地久留米支判平成 16 年 12 月 17 日〔K 工業技術専門学校（私用メール）事件〕……………………………………… 259

東京高判平成 17 年 1 月 19 日〔ハネウェルジャパン事件〕………………… 202

判例索引　609

大阪高判平成 17 年 1 月 25 日〔日本レス
トランシステム事件〕……………… 213, 226
東京地判平成 17 年 1 月 25 日〔S 社（派
遣添乗員）事件〕……………………… 483
東京高判平成 17 年 1 月 26 日〔日欧産業
協力センター事件〕…………………… 356
東京地判平成 17 年 1 月 28 日〔宣伝会議
事件〕…………………………………… 432
東京地判平成 17 年 2 月 18 日〔K 社事件〕
……………………………………………… 242
名古屋地判平成 17 年 2 月 23 日〔山田紡
績事件〕………………………………… 367
東京地判平成 17 年 2 月 25 日〔ビル代行
事件〕……………………………………… 63
東京高判平成 17 年 3 月 30 日〔神代学園
ミューズ音楽院事件〕………………… 66
大阪地判平成 17 年 3 月 30 日〔ネスレコ
ンフェクショナリー事件〕…………… 358
大阪地判平成 17 年 4 月 27 日〔黒川乳業
事件〕…………………………………… 178
神戸地姫路支判平成 17 年 5 月 9 日〔ネス
レジャパンホールディング事件〕…… 229
札幌地判平成 17 年 5 月 26 日〔全国建設
工事業国民健康保険組合北海道東支部
事件〕…………………………………… 260
最二判平成 17 年 6 月 3 日〔関西医科大学
事件〕…………………………………… 14
大阪高判平成 17 年 6 月 7 日〔日本郵政公
社事件〕………………………………… 274
東京高判平成 17 年 6 月 29 日〔旭ダイヤ
モンド工業（東京・中部地域労働組合）
事件〕…………………………………… 569
東京高判平成 17 年 7 月 20 日〔ビル代行
事件〕……………………………………… 63
名古屋地判平成 17 年 8 月 5 日〔オンテッ
ク・サカイ創建事件〕………………… 129
大阪地判平成 17 年 9 月 9 日〔ユタカ精工
事件〕…………………………………… 430
福岡高判平成 17 年 9 月 14 日〔K 工業技
術専門学校（私用メール）事件〕…… 258

東京地判平成 17 年 9 月 30 日〔コミネコ
ミュニケーションズ事件〕…………… 96
大阪地判平成 17 年 10 月 6 日〔ピーエム
コンサルタント事件〕……………… 57, 65
最三決平成 17 年 10 月 14 日〔国（金沢労
基署長）災害調査復命書提出命令事件〕
……………………………………… 550, 551
東京地判平成 17 年 10 月 19 日〔モルガ
ン・スタンレー・ジャパン（超過勤務
手当）事件〕…………………………… 141
東京地判平成 17 年 11 月 11 日〔クアトロ
事件〕…………………………………… 64
大阪高判平成 17 年 12 月 1 日〔ゴムノイ
ナキ事件〕……………………………… 59
東京地判平成 17 年 12 月 9 日〔インター
ネットサファリ事件〕………………… 96
仙台地決平成 17 年 12 月 15 日〔三陸ハー
ネス事件〕……………………………… 366
東京地判平成 17 年 12 月 28 日〔松屋フー
ズ（パート未払賃金）事件〕………… 56
大阪地判平成 18 年 1 月 6 日〔三都企画建
設事件〕………………………………… 463
名古屋高判平成 18 年 1 月 17 日〔山田紡
績事件〕………………………………… 367
名古屋地判平成 18 年 1 月 18 日〔富士電
機E＆C事件〕………………………… 241
東京地判平成 18 年 1 月 25 日〔日音事件〕
……………………………………………… 411
東京地判平成 18 年 1 月 27 日〔フジスタッ
フ事件〕……………………………… 445, 461
東京地判平成 18 年 2 月 27 日〔住友スリー
エム（職務格付）事件〕………… 214, 215
最二判平成 18 年 3 月 3 日〔地公災基金鹿
児島県支部長事件〕…………………… 497
東京地判平成 18 年 3 月 24 日〔協和出版
販売事件〕……………………………… 176
大阪地判平成 18 年 3 月 29 日〔クリスタ
ル観光バス（賃金減額）事件〕……… 181
大阪高判平成 18 年 4 月 14 日〔ネスレジャ
パンホールディング事件〕…………… 229

高松高判平成 18 年 5 月 18 日〔伊予銀行・いよぎんスタッフサービス事件〕…… 465

京都地判平成 18 年 5 月 29 日〔ドワンゴ事件〕…………… 106

大阪地判平成 18 年 6 月 15 日〔大虎運輸事件〕…………… 64

東京高判平成 18 年 6 月 22 日〔ノイズ研究所事件〕…………… 181

東京高判平成 18 年 6 月 29 日〔マイスタッフ（一橋出版）事件〕…… 465

東京地判平成 18 年 7 月 14 日〔精電舎電子工業事件〕…………… 202

東京地決平成 18 年 8 月 9 日〔新生銀行事件〕…………… 564

東京地判平成 18 年 9 月 13 日〔損害保険ジャパンほか（人事考課）事件〕…… 206

札幌地判平成 18 年 9 月 29 日〔NTT東日本（北海道・配転）事件〕………… 202

東京地判平成 18 年 9 月 29 日〔明治ドレスナー・アセットマネジメント事件〕…………… 202

最二判平成 18 年 10 月 6 日〔ネスレ日本（懲戒解雇）事件〕…………… 395

大阪地判平成 18 年 10 月 6 日〔昭和観光事件〕…………… 65

東京地判平成 18 年 10 月 25 日〔マッキャンエリクソン事件〕………… 210, 215

東京地判平成 18 年 11 月 10 日〔PE＆HR事件〕…………… 57

東京地判平成 18 年 11 月 29 日〔東京自転車健康保険組合整理解雇事件〕……… 364

大阪高判平成 18 年 12 月 28 日〔クリスタル観光バス（雇用延長）事件〕……… 483

大阪高判平成 19 年 1 月 19 日〔クリスタル観光バス（賃金減額）事件〕……… 181

東京地判平成 19 年 2 月 14 日〔住友重機械工業事件〕…………… 189

東京地判平成 19 年 2 月 26 日〔武富士（降格・減給等）事件〕…………… 209

東京地判平成 19 年 3 月 16 日〔スカイマーク（スカイネットワーク）事件〕…… 207

福岡高判平成 19 年 3 月 23 日〔Ｘ堂薬局（セクハラ）事件〕…………… 284

岡山地判平成 19 年 3 月 27 日〔セントラル・パーク事件〕…………… 57

大阪地判平成 19 年 3 月 28 日〔NTT西日本事件〕…………… 230

東京地判平成 19 年 4 月 24 日〔ヤマダ電機事件〕…………… 414, 417

東京地判平成 19 年 5 月 17 日〔国際観光振興機構事件〕…………… 211

東京地判平成 19 年 5 月 25 日〔日刊工業新聞社事件〕…………… 187

大阪地決平成 19 年 6 月 15 日〔大阪国際学園地位保全等仮処分命令申立事件〕…………… 564

東京地判平成 19 年 6 月 15 日〔山本デザイン事務所事件〕………… 64, 131, 265

最一判平成 19 年 6 月 28 日〔藤沢労基署長事件〕…………… 4

大阪地決平成 19 年 8 月 21 日〔桃山学院地位保全等仮処分命令申立事件〕…… 564

東京地判平成 19 年 8 月 27 日〔ヤマト運輸（懲戒解雇）事件〕…………… 401

東京地判平成 19 年 9 月 18 日〔北沢産業事件〕…………… 261

最二判平成 19 年 10 月 19 日〔大林ファシリティーズ（オークビルサービス）事件〕………… 62, 65, 264

大阪地判平成 19 年 10 月 25 日〔トップ（カレーハウスココ壱番屋店長）事件〕…………… 57

大阪高判平成 19 年 10 月 26 日〔第一交通産業ほか（佐野第一交通）事件〕…… 36

名古屋高判平成 19 年 10 月 26 日〔名古屋南労基署長（中部電力）事件〕……… 534

東京高判平成 19 年 10 月 30 日〔中部カラー事件〕…………… 190

大阪地判平成 19 年 11 月 29 日〔オフィステン事件〕…………… 57

判例索引　611

東京地判平成 19 年 11 月 29 日〔イン
　フォーマテック事件〕‥‥‥‥‥‥‥ 483
大阪地判平成 20 年 1 月 25 日〔キヤノン
　ソフト情報システム事件〕‥‥‥‥ 250
東京地判平成 20 年 1 月 28 日〔日本マク
　ドナルド事件〕‥‥‥‥‥‥‥‥‥‥ 160
名古屋地判平成 20 年 2 月 20 日〔みなと
　医療生活協同組合（協立総合病院）事
　件〕‥‥‥‥‥‥‥‥‥‥‥‥‥‥‥ 211
東京地判平成 20 年 2 月 22 日〔総設事件〕
　‥‥‥‥‥‥‥‥‥‥‥‥‥‥‥ 63, 66
東京地判平成 20 年 2 月 29 日〔スリム
　ビューティハウス事件〕‥‥‥‥‥ 206
大阪地判平成 20 年 3 月 7 日〔ハイクリッ
　プス事件〕‥‥‥‥‥‥‥‥‥‥‥‥ 96
東京高判平成 20 年 3 月 25 日〔東武スポー
　ツ（宮の森カントリー倶楽部）事件〕
　‥‥‥‥‥‥‥‥‥‥‥‥‥‥‥‥‥ 195
最一判平成 20 年 3 月 27 日〔NTT東日本
　北海道支店事件〕‥‥‥‥‥‥ 302, 306
東京高判平成 20 年 3 月 27 日〔ノースウ
　エスト航空事件〕‥‥‥‥‥‥‥‥ 228
大阪高判平成 20 年 4 月 25 日〔パナソニッ
　ク・プラズマディスプレイ事件〕‥‥ 32
東京地判平成 20 年 5 月 20 日〔日本美術
　刀剣保存協会事件〕‥‥‥‥‥‥‥ 354
東京地判平成 20 年 5 月 27 日〔フォーシー
　ズンズプレス事件〕‥‥‥‥‥‥‥‥ 59
東京地判平成 20 年 6 月 27 日〔インター
　ネット総合研究所事件〕‥‥‥‥‥ 430
松山地判平成 20 年 7 月 1 日〔前田道路事
　件〕‥‥‥‥‥‥‥‥‥‥‥‥‥‥‥ 279
福岡高判平成 20 年 8 月 25 日〔海上自衛
　隊（損害賠償請求等）事件〕
　‥‥‥‥‥‥‥‥‥‥‥ 278, 280, 287
東京高判平成 20 年 9 月 9 日〔大林ファシ
　リティーズ（オークビルサービス・差
　戻審）事件〕‥‥‥‥‥‥‥‥‥‥‥ 65
東京地判平成 20 年 9 月 9 日〔浜野マネキ
　ン紹介所事件〕‥‥‥‥‥‥‥‥‥ 463

さいたま地川越支判平成 20 年 10 月 23 日
　〔初雁交通事件〕‥‥‥‥‥‥‥‥‥ 191
大阪地判平成 20 年 11 月 6 日〔医療法人
　光愛会事件〕‥‥‥‥‥‥‥‥‥‥ 201
東京高判平成 20 年 11 月 11 日〔ことぶき
　事件〕‥‥‥‥‥‥‥‥‥‥‥‥‥ 152
東京地判平成 20 年 11 月 18 日〔トータル
　サービス事件〕‥‥‥‥‥‥‥‥‥ 415
東京地判平成 20 年 11 月 28 日〔ソニー・
　ミュージックエンタテインメント事件〕
　‥‥‥‥‥‥‥‥‥‥‥‥‥‥‥‥‥ 419
東京地判平成 20 年 12 月 8 日〔国・中労
　委（JR北海道・転勤）事件〕‥‥‥ 207
大阪高判平成 21 年 1 月 15 日〔NTT西日
　本事件〕‥‥‥‥‥‥‥‥‥‥‥‥ 230
東京地判平成 21 年 1 月 16 日〔ヴィナリ
　ウス事件〕‥‥‥‥‥‥‥‥‥‥‥ 279
東京地判平成 21 年 1 月 30 日〔ニュース
　証券事件〕‥‥‥‥‥‥‥‥‥ 132, 447
東京地判平成 21 年 2 月 16 日〔日本イン
　シュアランスサービス事件〕‥‥‥ 96
宮崎地判平成 21 年 2 月 16 日〔都城市職
　員懲戒免職事件〕‥‥‥‥‥‥‥‥ 401
津地判平成 21 年 2 月 19 日〔日本土建事
　件〕‥‥‥‥‥‥‥‥‥‥‥‥‥‥ 279
大阪地判平成 21 年 3 月 19 日〔協愛事件〕
　‥‥‥‥‥‥‥‥‥‥‥‥‥‥‥‥‥ 192
大阪地判平成 21 年 3 月 25 日〔NTT西日
　本（高齢者雇用・第 1）事件〕‥‥‥ 473
大阪地判平成 21 年 3 月 25 日〔NTT西日
　本（高齢者雇用・第 2）事件〕‥‥‥ 474
最二決平成 21 年 3 月 27 日〔伊予銀行・
　いよぎんスタッフサービス事件〕‥ 355
大阪地判平成 21 年 3 月 30 日〔ピアス事
　件〕‥‥‥‥‥‥‥‥‥‥‥‥‥‥ 418
東京地判平成 21 年 4 月 16 日〔トムの庭
　事件〕‥‥‥‥‥‥‥‥‥‥‥‥‥‥ 57
東京地判平成 21 年 4 月 20 日〔日東電工
　事件〕‥‥‥‥‥‥‥‥‥‥‥‥‥ 207
高松高判平成 21 年 4 月 23 日〔前田道路

事件〕 ----------------------------------- 279

仙台地判平成 21 年 4 月 23 日〔京電工事件〕 ----------------------------------- 265

大阪高判平成 21 年 4 月 24 日〔加西市（職員・懲戒免職）事件〕 --------- 401

東京地判平成 21 年 4 月 24 日〔Y社（セクハラ・懲戒解雇）事件〕 ------- 262, 276

東京地判平成 21 年 4 月 27 日〔学校法人聖望学園ほか事件〕 ----- 206, 216, 217

宇都宮地栃木支決平成 21 年 4 月 28 日〔プレミアライン（仮処分）事件〕 ------- 461

東京地判平成 21 年 5 月 18 日〔国・熊谷労基署長（東芝）事件〕 ----------- 522

東京地判平成 21 年 5 月 20 日〔渋谷労基署長（小田急レストランシステム）事件〕 ------------------------- 523, 534

名古屋地判平成 21 年 5 月 28 日〔国・中央労基署長（日本トランスシティ）事件〕 ------------------------- 523, 532

大阪地判平成 21 年 6 月 12 日〔シン・コーポレーション事件〕 ----------- 57, 265

東京地判平成 21 年 6 月 12 日〔骨髄移植推進財団事件〕 ------------------ 277

大阪地判平成 21 年 7 月 1 日〔大阪市教育委（高校管理作業員・懲戒免職）事件〕 ----------------------------------- 401

福井地決平成 21 年 7 月 23 日〔ワークプライズ（仮処分）事件〕 --------- 460

東京地判平成 21 年 8 月 31 日〔アクサ生命保険事件〕 ------------------- 445

東京高判平成 21 年 9 月 15 日〔ニュース証券事件〕 --------------------- 447

大阪地判平成 21 年 10 月 8 日〔日本レストランシステム（人事考課）事件〕 ----------------------------------- 208

東京地判平成 21 年 10 月 15 日〔医療法人財団健和会事件〕 ------------- 280

東京地判平成 21 年 10 月 21 日〔ボス事件〕 ------------------------------- 56

大阪地決平成 21 年 10 月 23 日〔モリクロ

事件〕 ----------------------------------- 417

東京地判平成 21 年 10 月 28 日〔キャンシステム事件〕 --------------- 413

東京高判平成 21 年 11 月 4 日〔東京都自動車整備振興会事件〕 ---- 212, 217

東京地判平成 21 年 11 月 16 日〔NTT東日本（高齢者雇用）事件〕 ------- 474

大阪高判平成 21 年 11 月 27 日〔NTT西日本（高齢者雇用・第 1）事件〕 ----- 472

最二判平成 21 年 12 月 18 日〔ことぶき事件〕 --------------------------- 151

最二判平成 21 年 12 月 18 日〔パナソニック・プラズマディスプレイ事件〕 ----- 27

高松高判平成 21 年 12 月 25 日〔国・江戸川労基署長（四国化工機工業）事件〕 ----------------------------------- 523

東京高判平成 21 年 12 月 25 日〔東和システム事件〕 ------------------- 125

東京地判平成 22 年 1 月 15 日〔オリンパス事件〕 --------------------- 208

大阪地決平成 22 年 1 月 20 日〔東大阪市環境保全公社（仮処分）事件〕 ------- 562

東京地判平成 22 年 2 月 2 日〔東京シーエスピー事件〕 --------------------- 57

東京地判平成 22 年 2 月 8 日〔エルメスジャポン事件〕 ------------------- 229

東京地判平成 22 年 3 月 11 日〔国・三田労基署長（日本電気）事件〕 --------- 523

高松高判平成 22 年 3 月 12 日〔NTT西日本（継続雇用制度・徳島）事件〕 ---- 472

大阪高判平成 22 年 3 月 18 日〔協愛事件〕 ----------------------------------- 192

東京地判平成 22 年 3 月 24 日〔J学園（うつ病・解雇）事件〕 --------------- 253

大阪地判平成 22 年 3 月 29 日〔地公災基金大阪府支部長（堺市立中学校）事件〕 ----------------------------------- 522

札幌地判平成 22 年 3 月 30 日〔日本ニューホランド（再雇用拒否）事件〕 ------- 481

名古屋高判平成 22 年 4 月 16 日〔国・豊

判例索引　　613

橋労基署長（マツヤデンキ）事件〕
……………………………………500

大阪地判平成 22 年 4 月 23 日〔NTT西日
本ほか（全社員販売等）事件〕………68

大阪地判平成 22 年 5 月 21 日〔大阪府板
金工業組合事件〕……………210, 216

最三判平成 22 年 5 月 25 日〔小野リース
事件〕…………………………………584

東京地判平成 22 年 5 月 25 日〔GEヘルス
ケア事件〕…………………………207

東京地判平成 22 年 6 月 30 日〔H会計事
務所事件〕…………………………95

東京地判平成 22 年 7 月 2 日〔阪急トラベ
ルサポート（派遣添乗員・第 2）事件〕
……………………………………96, 98

東京地判平成 22 年 7 月 27 日〔日本ファ
ンド（パワハラ）事件〕……………279

東京地判平成 22 年 8 月 26 日〔東京大学
出版会事件〕………………………483

東京地判平成 22 年 9 月 7 日〔デンタルリ
サーチ社事件〕……………………56

東京地判平成 22 年 9 月 29 日〔阪急トラ
ベルサポート（派遣添乗員・第 3）事
件〕……………………………96, 98

大阪地判平成 22 年 9 月 30 日〔津田電気
計器事件〕…………………474, 481

東京高判平成 22 年 10 月 13 日〔国・中央
労基署長（リクルート）事件〕………500

東京高判平成 22 年 10 月 19 日〔社会福祉
法人賛育会事件〕…………………191

東京地判平成 22 年 10 月 27 日〔レイズ事
件〕……………………………………95

東京地判平成 22 年 10 月 29 日〔新聞輸送
事件〕………………………………206

大阪高判平成 22 年 11 月 16 日〔奈良県
（医師・割増賃金）事件〕……………164

東京高判平成 22 年 12 月 22 日〔NTT東
日本（高齢者雇用）事件〕…………472

福岡高判平成 23 年 2 月 16 日〔コーセー
アールイー（第 1）事件〕……………433

東京地判平成 23 年 2 月 23 日〔ロフテム
事件〕……………………………………96

福岡高判平成 23 年 3 月 10 日〔コーセー
アールイー（第 2）事件〕……………433

東京地判平成 23 年 3 月 17 日〔コナミデ
ジタルエンタテイメント事件〕………212

東京地判平成 23 年 3 月 23 日〔ココロプ
ロジェクト事件〕……………………57

大阪高判平成 23 年 3 月 25 日〔津田電気
計器事件〕……………481, 482, 490

東京地判平成 23 年 3 月 25 日〔国・川崎
北労基署長（富士通ソーシアルサイエ
ンスラボラトリ）事件〕……………522

最三判平成 23 年 4 月 12 日〔INAXメンテ
ナンス事件〕…………………………24

最三判平成 23 年 4 月 12 日〔新国立劇場
事件〕……………………………………24

東京地判平成 23 年 5 月 12 日〔ソフトウ
エア興業（蒲田ソフトウエア）事件〕
……………………………………413

東京地判平成 23 年 5 月 30 日〔エコスタッ
フ（エムズワーカース）事件〕………367

大阪高判平成 23 年 7 月 15 日〔泉州学園
事件〕………………………………364

最一決平成 23 年 7 月 21 日〔国・豊橋労
基署長（マツヤデンキ）事件〕………500

東京高判平成 23 年 8 月 31 日〔オリンパ
ス事件〕……………………208, 231

東京高判平成 23 年 9 月 14 日〔阪急トラ
ベルサポート（派遣添乗員・第 1）事
件〕……………………………………95

東京地判平成 23 年 9 月 21 日〔ジェイ・
ウォルター・トンプソン・ジャパン事
件〕………………………………374

東京地判平成 23 年 10 月 14 日〔マッシュ
アップほか事件〕……………………122

神戸地決平成 23 年 11 月 14 日〔東亜外業
事件〕………………………………562

大分地判平成 23 年 11 月 30 日〔中央タク
シー事件〕……………………62, 64

東京高判平成 23 年 12 月 27 日〔コナミデ
　ジタルエンタテイメント事件〕……… 212

東京地判平成 24 年 1 月 13 日〔アメリカ
　ン・ライフ・インシュアランス・カン
　パニー事件〕……………………………… 415

大阪地判平成 24 年 1 月 27 日〔スリー・
　エイト警備事件〕…………………………… 56

大阪高判平成 24 年 2 月 10 日〔日本基礎
　技術事件〕………………………………… 444

東京地判平成 24 年 2 月 17 日〔本田技研
　工業事件〕………………………………… 349

東京地判平成 24 年 2 月 27 日〔NEXX事件〕
　…………………………………………… 195

東京高判平成 24 年 3 月 7 日〔阪急トラベ
　ルサポート（派遣添乗員・第 3）事件〕
　……………………………………………… 95

最一判平成 24 年 3 月 8 日〔テックジャパ
　ン事件〕…………………………… 116, 121

東京地判平成 24 年 3 月 19 日〔三晃印刷
　（不利益変更）事件〕…………………… 183

東京地判平成 24 年 3 月 29 日〔日本航空
　（運航乗務員）事件〕…………………… 368

東京地判平成 24 年 3 月 30 日〔日本航空
　（客室乗務員）事件〕…………………… 368

東京地判平成 24 年 4 月 16 日〔いすゞ自
　動車（雇止め）事件〕…………………… 349

最二判平成 24 年 4 月 27 日〔日本ヒュー
　レット・パッカード事件〕……… 242, 398

大阪高判平成 24 年 7 月 5 日〔国・橋本労
　基署長（バッキーズ）事件〕…………… 535

東京地判平成 24 年 7 月 17 日〔コアズ事
　件〕………………………………………… 202

大阪高判平成 24 年 7 月 27 日〔エーディー
　ディー事件〕……………………………… 104

東京地判平成 24 年 7 月 27 日〔ロア・ア
　ドバタイジング事件〕…………………… 67

東京地判平成 24 年 8 月 23 日〔ライトス
　タッフ事件〕……………………………… 447

東京地判平成 24 年 8 月 28 日〔アクティ
　リンク事件〕……………………………… 122

東京高判平成 24 年 9 月 28 日〔NTT東日
　本事件〕…………………………………… 411

札幌高判平成 24 年 10 月 19 日〔ザ・ウィ
　ンザー・ホテルズインターナショナル
　事件〕……………………………………… 134

東京地判平成 24 年 10 月 30 日〔ワールド
　ビジョン事件〕…………………………… 95

最一判平成 24 年 11 月 29 日〔津田電気計
　器事件〕…………………………………… 490

東京地判平成 24 年 12 月 25 日〔第一興商
　事件〕……………………………………… 253

東京高判平成 24 年 12 月 26 日〔三晃印刷
　（不利益変更）事件〕…………………… 183

東京地判平成 24 年 12 月 27 日〔ブロッズ
　事件〕……………………………………… 57

東京地判平成 25 年 1 月 31 日〔リーディ
　ング証券事件〕…………………………… 444

大阪地判平成 25 年 2 月 1 日〔CFJ合同会
　社事件〕…………………………………… 203

大阪地判平成 25 年 2 月 15 日〔大阪経済
　法律学園事件〕…………………………… 191

東京地判平成 25 年 2 月 28 日〔イーライ
　フ事件〕…………………………………… 122

大阪高判平成 25 年 3 月 14 日〔天満労基
　署長（CSKうつ病自殺）事件〕……… 522

東京高判平成 25 年 4 月 25 日〔淀川海運
　事件〕……………………………………… 364

横浜地判平成 25 年 4 月 25 日〔東芝ライ
　テック事件〕……………………………… 349

東京地判平成 25 年 5 月 22 日〔ヒロセ電
　機（残業代等請求）事件〕……………… 96

長野地松本支判平成 25 年 5 月 24 日〔オ
　リエンタルモーター事件〕……………… 58

東京地判平成 25 年 7 月 23 日〔ファニメ
　ディック事件〕…………………………… 446

東京地判平成 25 年 9 月 13 日〔全日本海
　員組合（依命休職処分）事件〕……… 262

福岡地判平成 25 年 9 月 19 日〔社会保険
　労務士法人パートナーズ事件〕……… 445

東京地判平成 25 年 11 月 12 日〔リコー子

判例索引　615

会社出向事件〕………………………… 235

東京高判平成 25 年 11 月 21 日〔オリエンタルモーター事件〕……………… 58, 68

名古屋地判平成 26 年 1 月 15 日〔メイコウアドヴァンス事件〕…………… 279

最二判平成 26 年 1 月 24 日〔阪急トラベルサポート（派遣添乗員・第 2）事件〕………………………………………… 95

熊本地判平成 26 年 1 月 24 日〔熊本信用金庫事件〕……………………… 191

東京高判平成 26 年 2 月 26 日〔シオン学園（三共自動車学校）事件〕……… 191

東京高判平成 26 年 2 月 27 日〔レガシィーほか 1 社事件〕………………… 104

最二判平成 26 年 3 月 24 日〔東芝（うつ病・解雇）事件〕……………… 300

横浜地相模原支判平成 26 年 4 月 24 日〔田口運送事件〕……………………… 64

静岡地判平成 26 年 7 月 9 日〔社会福祉法人県民厚生会ほか事件〕……… 201

東京地判平成 26 年 7 月 31 日〔サントリー事件〕………………………… 279

東京地判平成 26 年 9 月 17 日〔八王子労基署長（東和フードサービス）事件〕………………………………………… 535

東京地判平成 26 年 9 月 19 日〔日本雇用創出機構事件〕………………… 235

最一判平成 26 年 10 月 23 日〔広島中央保健生協事件〕……… 281, 288, 291

東京高判平成 26 年 11 月 26 日〔マーケティングインフォメーションコミュニティ事件〕………………………… 135

東京地判平成 26 年 11 月 26 日〔アメックス事件〕………………………… 254

東京地判平成 26 年 12 月 9 日〔メルセデス・ベンツ・ファイナンス事件〕…… 320

東京地判平成 27 年 1 月 28 日〔X設計事件〕………………………………… 445

大阪地判平成 27 年 2 月 20 日〔フュー

チャーインフィニティ事件〕………… 106

最一判平成 27 年 2 月 26 日〔L館事件〕……………………………… 202, 276

東京高判平成 27 年 3 月 26 日〔いすゞ自動車（雇止め）事件〕……………… 349

福岡地判平成 27 年 5 月 20 日〔北九州市・市交通局事件〕……………………… 64

東京地判平成 27 年 7 月 29 日〔日本電気事件〕………………………… 247

岐阜地判平成 27 年 10 月 22 日〔穂波事件〕………………………………… 135

東京高判平成 27 年 11 月 11 日〔DNPファインオプトロニクス事件〕………… 34

広島高判平成 27 年 11 月 17 日〔広島中央保健生協（差戻審）事件〕………… 282

横浜地決平成 27 年 11 月 27 日〔コンチネンタル・オートモーティブ（解雇・仮処分）事件〕……………………… 561

大阪高決平成 28 年 2 月 8 日〔きょうとユニオン（iWAi分会）事件〕………… 568

最二判平成 28 年 2 月 19 日〔山梨県民信用組合事件〕……………………… 194

福岡地小倉支判平成 28 年 4 月 19 日〔ツクイ事件〕………………………… 283

東京高判平成 28 年 5 月 19 日〔学校法人関東学院事件〕………………… 284

東京高決平成 28 年 7 月 7 日〔コンチネンタル・オートモーティブ（解雇・仮処分）事件〕……………………… 561

大阪高判平成 28 年 7 月 26 日〔ハマキョウレックス（差戻審）事件〕………… 350

東京高判平成 28 年 8 月 3 日〔空調服事件〕………………………………… 444

東京地決平成 28 年 8 月 9 日〔国際自動車（再雇用更新拒絶・仮処分第 1）事件〕……………………………… 561, 564

東京高決平成 28 年 9 月 7 日〔学校法人常葉学園（短大准教授・保全抗告）事件〕………………………………… 564

東京高判平成 28 年 11 月 16 日〔ファイ

ザー事件〕················· 191

最一判平成 28 年 12 月 1 日〔福原学園事
件〕················· 349

最三判平成 29 年 2 月 28 日〔国際自動車

事件〕················· 116, 137

最二判平成 29 年 7 月 7 日〔医療法人社団
康心会事件〕··········· 116, 119, 141

裁判実務シリーズ1

労働関係訴訟の実務〔第2版〕

2012年 6 月25日	初　版第 1 刷発行	
2018年 5 月15日	第 2 版第 1 刷発行	
2022年 1 月31日	第 2 版第 2 刷発行	

編 著 者　　白　石　　　哲

発 行 者　　石　川　雅　規

発 行 所　　株式会社 商 事 法 務
　　　　　　　〒103-0025 東京都中央区日本橋茅場町 3-9-10
　　　　　　　TEL 03-5614-5643・FAX 03-3664-8844〔営業〕
　　　　　　　TEL 03-5614-5649〔編集〕
　　　　　　　　　　　　　https://www.shojihomu.co.jp/

落丁・乱丁本はお取り替えいたします。　　　　印刷／広研印刷㈱
© 2018 Tetsu Shiraishi　　　　　　　　　　Printed in Japan
　　　　　　　　Shojihomu Co., Ltd.
　　　　　　ISBN978-4-7857-2628-7
　　　　　＊定価はカバーに表示してあります。

[JCOPY] ＜出版者著作権管理機構　委託出版物＞
本書の無断複製は著作権法上での例外を除き禁じられています。
複製される場合は、そのつど事前に、出版者著作権管理機構
（電話 03-5244-5088、FAX 03-5244-5089、e-mail: info@jcopy.or.jp)
の許諾を得てください。